Klaus van Eickels/Tania Brüsch

Kaiser Friedrich II.

Leben und Persönlichkeit
in Quellen des Mittelalters

Patmos

Bibliographische Information der Deutschen Bibliothek
Die Deutsche Bibliothek verzeichnet diese Publikation
in der Deutschen Nationalbibliographie;
detaillierte bibliographische Daten sind im Internet
über http://dnb.ddb.de abrufbar.

Umschlaggestaltung: butenschoendesign, Lüneburg
Umschlagmotiv: Arthur Georg Frhr. v. Ramberg: Der Hof des Kaisers
Friedrich II. zu Palermo (Detail Mittelteil),
Foto: © Bayer & Mitko/ARTOTHEK, Weilheim. Standort: München,
Neue Pinakothek
Printed in Germany
ISBN 3-491-69134-6
www.patmos.de

Inhalt

Bearbeiter der Kapitel

Klaus van Eickels: Vorwort, Einleitung, 1, 2, 3, 4, 10, 11, 12, 13, 14, 15, 16, 18, 27, 28, 29, 31, 32, 33, 34, 35 – Tania Brüsch: 5, 6, 7, 8, 9, 19, 20, 21, 22, 23, 24, 25, 26, 36, Verzeichnisse – Gerald Hiltensberger: 30 (außerdem Vorarbeiten zu 15 u. 16) – Klaus van Eickels/ Gerald Hiltensberger: 17

Vorwort

Das Erscheinen einer neuen Quellensammlung zu Friedrich II. bedarf im Jahr vor seinem 750. Todestag keiner besonderen Begründung. Mehr als dreißig Jahre sind vergangen, seit Klaus J. Heinisch eine Auswahl der Briefe Friedrichs II. und eine Auswahl der wichtigsten erzählenden Quellen über das Leben des letzten staufischen Kaisers in deutscher Übersetzung herausbrachte. Obwohl seine Sammlungen es zusammen auf mehr als tausend Druckseiten bringen, konnte er nur einen kleinen Ausschnitt aus der reichhaltigen, selbst im Originaltext keineswegs vollständig ediert vorliegenden Überlieferung erfassen.

Es ist jedoch sein bleibendes Verdienst, daß er damit wenigstens einen größeren Teil der wichtigeren und immer wieder zitierten Briefe, Urkunden und chronikalischen Berichte über Friedrich II. einem breiteren Leserkreis erschloß und zugleich (in Zeiten allgemein schwindender Lateinkenntnisse) den Studierenden des Faches Geschichte, aber auch den forschenden Historikern den Zugang zu ihrem Quellenmaterial wesentlich erleichterte.

Aufgrund der von Heinisch dargebotenen Materialfülle werden seine Übersetzungen auch in Zukunft ihren Wert behalten. Überholt scheint heute allerdings die Form, die er seiner „Brief- und Dokumentensammlung zur Person Friedrichs II.", aber auch seiner Sammlung „zeitgenössischer Berichte" gab. Drei Jahrzehnte intensiver methodischer und geschichtstheoretischer Diskussion haben uns gelehrt, daß uns die Vergangenheit nicht „an sich", sondern immer nur vermittelt durch Texte entgegentritt und daß wir nur durch die Fragen, die wir bewußt oder unbewußt an diese Texte richten, unsere Quellen zum Sprechen bringen. „Friedrich und seine Umgebung möglichst unvoreingenommen anzuhören", ohne „die Sonde der Skepsis, wie sie spätere Jahrhunderte liebten und lieben, an das, was der Kaiser und seine Freunde schreiben, anzulegen", führt daher in eine Sackgasse, ebenso die durch keinerlei Kommentar beeinflußte Lektüre längerer (und doch nicht vollständiger) Übersetzungen von erzählenden Quellen.

„Lassen wir uns nicht täuschen!", schrieb bereits 1942 der französische Historiker Marc Bloch, dessen Ansatz bis heute die Geschichtswissenschaft in Frankreich bestimmt, in Deutschland aber erst in den siebziger Jahren rezipiert wurde. „Es kommt zweifellos vor, daß die Fragestellung ganz instinktiv erfolgt. Dennoch ist sie vorhanden. Ohne daß sich der Forscher dessen bewußt ist, werden ihm die einzelnen Fragen von Erfahrungen diktiert, die sich ihm in

Form von Bestätigungen oder Zweifeln dunkel eingeprägt haben; sie werden ihm diktiert von der Tradition und vom allgemeinen Menschenverstand, was allzuoft heißt: von den allgemeinen Vorurteilen. Wir sind nie so aufnahmefähig, wie wir glauben, und man kann einem Anfänger keinen schlechteren Rat geben als den, geduldig und unvoreingenommen auf die Inspiration durch das Dokument zu warten."

Anders als in den Quellensammlungen Heinischs und seiner Vorläufer von den Steinen und Bühler in den zwanziger Jahren dieses Jahrhunderts sind daher im folgenden die Quellenauszüge in ihren historischen Kontext und den Zusammenhang ihrer Entstehung gestellt, so daß sie als Zeugnisse einer Sicht Friedrichs II. erkennbar werden, als Überreste der Vergangenheit und nicht lediglich als Aussagen über sie. Wir hoffen, daß dies in übersichtlicher und benutzerfreundlicher Weise gelungen ist.

Viele haben dazu beigetragen, daß das Buch in seiner vorliegenden Form rechtzeitig zum 750. Todesjahr Friedrichs II. erscheinen kann. Gerald Hiltensberger verfaßte das Kapitel „Friedrich II. als Kaiser der Endzeit" sowie Teile des Kapitels „Die Rückeroberung Apuliens und der Frieden von San Germano". Die Kapitel „Kreuzzugsvorbereitungen und päpstlicher Bann" und „Der Kreuzzug Friedrichs II." beruhen zu erheblichen Teilen auf seinen Vorarbeiten. Andrea Briechle, Marcus Rau, Tobias Schönauer und Alexander Schubert ermittelten Belegstellen und Literatur, begleiteten kritisch unsere Formulierungen und lasen mit großer Sorgfalt die Korrektur unserer Texte. Der Initiative und dem beharrlichen Drängen von Herrn Ulrich Mattejiet ist es zu verdanken, daß wir trotz anderer wichtiger Verpflichtungen die Gestaltung der vorliegenden Quellensammlung übernommen und zu Ende geführt haben. Unser Dank gilt schließlich Herrn Prof. Dr. Bernd Schneidmüller, der es ermöglichte, daß dieses Buch an seinem Lehrstuhl entstand.

Bamberg, am 772. Jahrestag der ersten Bannung
Friedrichs II. durch Gregor IX.

Klaus van Eickels — Tania Brüsch

Einleitung

„Es starb aber um diese Zeit Friedrich, der größte unter den Fürsten des Erdkreises, das Staunen der Welt *(stupor mundi)* und ihr wunderbarer Verwandler *(immutator mirabilis)*". Mit diesen Worten faßte wenige Jahre nach dem Tod Friedrichs II. der englische Chronist Matthaeus Paris sein Urteil über den letzten staufischen Kaiser zusammen. Friedrich II., geboren am 26. Dezember 1194 in Jesi in der Mark Ancona, gestorben am 13. Dezember 1250 auf Kastell Fiorentino bei Lucera in Apulien, hat nicht nur die Zeitgenossen in seinen Bann geschlagen.

Schon bald nach seinem Tod kam die Legende auf, er sei nicht gestorben, sondern werde als Kaiser der Endzeit zurückkehren. In Sizilien glaubte man, er sei in den Ätna entrückt. In Deutschland galt bald der thüringische Kyffhäuser als der Ort, von dem er einst wiederkehren werde, um das römische Reich zu erneuern. Erst im 16. Jahrhundert trat allmählich Friedrich Barbarossa an seine Stelle: Das Reich, das sich seit dem Ende des Mittelalters als „Heiliges Römisches Reich deutscher Nation" begriff, setzte seine Hoffnungen nun auf den letzten Kaiser, der Deutschland mit mächtiger Hand regiert hatte, nicht mehr auf dessen Enkel, den „Verwandler der Welt", für den das Reich nördlich der Alpen nur Durchgangsstation auf dem Weg zum Kaisertum geblieben war.

Noch bei den Reformatoren des 16. Jahrhunderts genoß Friedrich II. jedoch wegen seiner Standfestigkeit in den Auseinandersetzungen mit Papst und Kurie hohes Ansehen. Das positive Bild, das sie sich von ihm machten, gründete sich vor allem auf einen Text: Um 1470 war in Augsburg die 1229/1230 verfaßte Chronik des Prämonstratenserabtes Burchard von Ursberg wiederentdeckt worden. In ihrer eigenen Zeit war sie ohne erkennbare Wirkung geblieben. In den frühen siebziger Jahren des 15. Jahrhunderts jedoch fand ihre auf die Leistungen der staufischen Kaiser zentrierte Darstellung der Geschichte des Reiches unter Friedrich Barbarossa, Heinrich VI., Philipp von Schwaben, Otto IV. und Friedrich II. lebhaftes Interesse, entwarf sie doch ein Gegenbild zur Krise des Reiches in der eigenen Gegenwart.

Der Habsburger Kaiser Friedrich III. (1440-1493) hatte sich in seine österreichischen Erbländer zurückgezogen und war seit 1444 nicht mehr ins Binnenreich gekommen. Seit 1469 nutzte Herzog Karl der Kühne von Burgund die Handlungsunfähigkeit des Reiches zum Erwerb des Elsaß und niederrheinischer Territorien mit dem Ziel, nach dem Vorbild des karolingischen Lotharingien die burgundischen Länder zu einem eigenständigen Königreich zwischen dem Reich und Frankreich zu verbinden und die linksrheinischen Territorien aus dem Reichsverband zu lösen. Der Kaiser selbst stand dieses Plänen nicht ablehenend gegenüber; im Reich jedoch, bis hin zu den Städten und Territorien des Nordens und Ostens, löste die burgundische Expansion eine erstmals von patriotischer Begeisterung getragene Abwehrstimmung aus, die Friedrich III. schließlich sogar zwang, den Reichskrieg gegen Karl den Kühnen zu eröffnen und im Juni 1475 die belagerte Stadt Neuss durch ein Entsatzheer vor der burgundischen Eroberung zu bewahren.

Wie viele Krisen weckte auch die Krise des Reiches in den siebziger Jahren des 15. Jahrhunderts das Bedürfnis nach historiographischer Selbstvergewisserung. Die Kaiser und Reich in den Mittelpunkt stellende Chronik Burchards von Ursberg war eine passende Antwort auf die als Bedrohung empfundene burgundische Expansion. Zwischen 1470 und 1474 wurde ihr letzter, die Jahre 1152 bis 1230 umfassender Teil als eines der ersten historiographischen Werke des Mittelalters überhaupt in Augsburg gedruckt.

Der Erfolg der Drucklegung überdauerte die Bedingungen seiner Entstehung. In ihrer papstkritischen Sicht traf die Chronik Burchards in besonderem Maße die Erwartungen der Kirchenreformer. 1515 wurde der vollständige Text in Augsburg gedruckt. Philipp Melanchthon veranlaßte sogar eine Ergänzung und Fortschreibung der Chronik Burchards, die 1537 in Straßburg gedruckt wurde. Weitere Ausgaben folgten 1540, 1569 und 1609. Für die weite Verbreitung und das große Interesse der Zeitgenossen spricht, daß 1566 eine Übersetzung ins Deutsche angefertigt wurde und im Druck erschien.

Das positive Bild der Staufer, das die Chronik Burchards von Ursberg transportierte, blieb nicht ohne Wirkung: Ulrich von Hutten (1488-1523) nannte Friedrich II. einen „redlichen, streitbaren, ehrenreichen Fürsten (...), an Leib und Seele dermaßen wohlgeraten, daß sich die Welt füglich eines solchen Fürsten hätte freuen sollen". Sein Leben lang habe er sich „mit den Päpsten, von denen ihm drei nacheinander feindlich gewesen, beißen müssen", und weil sie sich an dem Lebenden nicht hätten rächen können, hätten sie das Gift ihrer unrechten Beschuldigungen auch nach seinem Tod noch über ihn ausgegossen, „in der Hoffnung, sie würden bei den Nachkommen und für die Zukunft doch recht behalten".

Philipp Melanchthon (1497-1560) lobte Friedrichs „scharfen Verstand" und wies die Schuld für sein letztliches Scheitern gleichfalls allein den Päpsten zu: „Wenn die römischen Bischöfe nicht seine herrlichsten Pläne zuschanden gemacht hätten, so hätte Deutschland nie einen nützlicheren Fürsten besessen".

Das Interesse der Protestanten an Friedrich II. stand und fiel jedoch mit ihrem Bild vom Reich. Obwohl die habsburgischen Kaiser stets katholisch blieben, identifizierten die Protestanten sich im 16. und frühen 17. Jahrhundert in besonderem Maße mit Kaiser und Reich, sahen sie doch im Reichsrecht das Dach, unter dem sich ihre Konfession überhaupt erst entfalten konnte. Lutherische Staatsrechtler wurden zu betonten Verfechtern des monarchischen Reichsgedankens und einer kaiserfreundlichen Reichskonzeption. Vor allem unter Rudolf II. (1576-1612) setzten sie Hoffnungen auf den Kaiser als Schutzherrn der Protestanten. In diesem Kontext hatte Friedrich II. eine wichtige Vorbildfunktion als Kaiser, der sich seine Unabhängigkeit vom Papsttum bewahrte, päpstliche Übergriffe und klerikale Einflußnahme abzuwehren wußte. Kaum zufällig erschien die letzte Neuauflage der Chronik Burchards von Ursberg unmittelbar nach dem Höhepunkt des Schriftenstreits um die These des evangelischen Juristen Gottfried Antonius, der Rudolf II. als *verus monarchus*, als Monarchen mit voller herrscherlicher Gewalt über das Reich, apostrophiert hatte.

Als jedoch bald darauf im Dreißigjährigen Krieg klar wurde, daß die Nachfolger Rudolfs II. dessen toleranten Kurs nicht fortsetzten, trat der monarchische Reichsgedanke zugunsten ständisch-korporativer Vorstellungen zurück bis hin zu der vor allem von reformierten Juristen vertretenen These, das Reich sei nur eine Scheinmonarchie, in Wirklichkeit aber ein Bund souveräner Stände. Der lutherischen Verklärung folgte die calvinistische Entzauberung des Reiches. Die Chronik Burchards von Ursberg geriet in Vergessenheit. Im späten 18. Jahrhundert noch einmal gedruckt, fand sie erst spät das Interesse der Editoren des 19. Jahrhunderts; bis heute wurde sie nicht mehr vollständig ins Deutsche übersetzt.

Mit dem Verschwinden der Chronik Burchards trat auch das Bild Friedrichs II. in den Hintergrund. Die Historiker des Sturm und Drang entdeckten ihn gänzlich neu, als eine zu Unrecht vergessene, außergewöhnliche Gestalt des Mittelalters. „Sollten es nicht die Zeiten der schwäbischen Kaiser verdienen, daß man sie mehr in ihr Licht der deutschen Denkart setzte? Sollte es nicht Friedrich II. aus diesem Hause insonderheit verdienen, daß ein Kenner der mittleren Geschichte ihn mehr in sein Licht setzte, da er jetzt bloß aus der Dunkelheit hervorschimmert? Dieser Mann, den der Schutzgeist Deutschlands brauchen wollte, um der Wiederhersteller der griechischen und morgenländischen Literatur, der echten römischen Sprache, der Weltweisheit und Naturkunde zu sein, der selbst ein Kenner voll Gelehrsamkeit und Geschmack war, der aber ohngeachtet aller seiner Mühe nichts als der Märtyrer seiner Zeit wurde: dieser ruhmwürdige Kaiser hat nicht einmal das leidige Verdienst, von unserer Zeit als der Morgenstern eines besseren Tages (...) betrachtet zu werden." Mit diesen Worten umschrieb Johann Gottfried Herder (1744-1803) seine Kritik am Bild Friedrichs in der Historiographie, die er vorfand.

Für die Nationalbewegung des 19. Jahrhundert taugte Friedrich II. allerdings kaum als Identifikationsfigur, da unter seiner Herrschaft endgültig die Weichen dafür gestellt worden waren, daß sich in Deutschland moderne Staatlichkeit vor allem auf der Ebene der Territorien ausbildete, das Reich dagegen nicht zum Nationalstaat wurde, sondern sich in den napoleonischen Kriegen in einen lockeren Staatenbund auflöste. Mit klarem Blick skizzierte Herbert Grundmann 1933 die Gründe für die „Gleichgültigkeit und Abneigung, mit der Friederich II. im 19. Jahrhundert betrachtet wurde. Die Liebe der Romantik hatte gerade jenen Zügen des Mittelalters gegolten, die dem letzten Staufenkaiser fehlten; die Verurteilung der mittelalterlichen Kaiserpolitik durch die preußisch-kleindeutschen Historiker steigerte sich gegenüber dem Sizilianer, der deutscher König nur im Nebenamt war, bis zur Verweigerung jeder Anteilnahme unserer nationalen Geschichtsschreibung an seinen Taten und Leiden; die katholisch-großdeutsche Gegenseite vermochte ihn, dem der endgültige Zerfall des Heiligen Reichs zur Last fiel, der die Kirche bekämpft, Glauben und christliche Kultur zersetzt hatte, in ihre Rechtfertigung der Kaiserpolitik nicht mit einzubeziehen".

Nicht die politische Geschichte, sondern die Kulturgeschichte entdeckte daher Friedrich II. wieder. Sie faszinierte (und fasziniert bis heute) vor allem die augenscheinliche Modernität seines Denkens und Handelns: Ferdinand Gregorovius (1821-1891) nannte ihn den „vollständigsten und genialsten Menschen seines Jahrhunderts"; Jacob Burckhardt (1818-1897) sah in ihm „den ersten modernen Menschen auf dem Thron" und pries seine „völlig objektive Beurteilung und Behandlung der Dinge" (allerdings nicht ohne seine Zeitgenossen vor „liberalen Sympathien" mit dem Schöpfer des modernen, zentralisierten Gewaltstaates zu warnen); Franz Kampers schließlich beschrieb ihn 1929 als den „Wegbereiter der Renaissance".

Seine religiöse Toleranz im Verhältnis zu Juden und Muslimen, gewachsen während seiner Kindheit in der multikulturellen Gesellschaft Siziliens; sein Drang, die Wirklichkeit ohne Rücksicht auf überlieferte Autoritäten zu erkennen; sein Versuch, das normannische Königreich Sizilien zu einem zentralisierten Einheitsstaat mit rationaler Rechtsordnung und effizienter Administration auszubauen; sein Selbstbewußtsein gegenüber Kirche und Papst; sein unblutiger, aber zur Rückgewinnung Jerusalems führender Kreuzzug, auf dem er als vom Papst Gebannter durch diplomatische Verhandlungen erreichte, was militärisch jahrzehntelang vergeblich versucht worden war; die Selbstverständlichkeit, mit der er sich die Krone des Königreichs Jerusalem selbst aufsetzte, als eine kirchliche Krönung wegen der Exkommunikation nicht möglich war; seine Entschlossenheit, die letzte, mehr als ein Jahrzehnt dauernde Auseinandersetzung mit dem Papsttum militärisch zu entscheiden, statt wie Heinrich IV. in Canossa, Heinrich V. in Worms und Friedrich I. in Venedig eine Einigung auch um den Preis äußerer Unterwerfung zu suchen: in vieler Hinsicht könnte Friedrich II. in der Tat als ein Herrscher erscheinen, der seiner Zeit um Jahrhunderte voraus war, als ein „freigeistiger Absolutist", dessen „mit fast übermenschlicher Kraft durchgehaltener Wille" es war, „Ordnung im Chaos zu schaffen" (Herbert Nette).

Nicht recht in dieses gleichsam zum historischen Mythos gesteigerte Bild passen allerdings sein Kreuzzugsgelübde, die von ihm betriebene Intensivierung der Ketzerverfolgung, seine Verehrung der heiligen Elisabeth von Thüringen und sein Tod in der Zisterzienserkutte, die ihn bei aller „Modernität" im einzelnen doch als mittelalterlichen Herrscher erscheinen lassen, der in allen Auseinandersetzungen stets zwischen der Autorität der Kirche und der Unwürdigkeit ihrer Vertreter zu unterscheiden wußte, die ihm in den Weg tretenden Päpste erbittert bekämpfte, ohne den göttlichen Auftrag ihres Amtes je in Frage zu stellen.

Die Bilder von Friedrich II., die uns in der Historiographie des 15. bis 19. Jahrhunderts entgegentreten (Wahrer des Reiches, Protestant *avant la lettre*, aufgeklärter Absolutist, moderner Freigeist) sind deshalb nicht falsch. Jede Zeit hat das Recht, sich ihr eigenes Bild von der Vergangenheit zu machen, ihre eigenen Fragen an sie zu richten. Die aufgezeigten Widersprüche machen uns aber bewußt, daß auch das Bild, das wir als Antwort auf unsere Fragen aus den Quellen entwickeln, kein objektiver Reflex einer vergangenen Wirklichkeit ist.

Auch das 20. Jahrhundert hat seine spezifischen, zeitgebundenen Fragestellungen entwickelt, die unser Bild von Friedrich II. bis heute prägen. Schon im späten 19. Jahrhundert zeichnete sich ab, daß die Stilisierung Friedrichs II. zum modernen, neuzeitliche Vorstellungen und Werte vorwegnehmenden Herrscher nur begrenzt tragfähig war. Das Unbehagen an der entfremdeten Rationalität der bürgerlichen Gesellschaft warf neue Fragen auf und rückte statt der „Modernität“ seines Denkens und Handelns die „Persönlichkeit“ Friedrichs II. in den Mittelpunkt des Interesses.

Friedrich Nietzsche (1844-1900) nannte Friedrich II. einen „große(n) Freigeist, das Genie unter den deutschen Kaisern“ und rechnete ihn neben Alkibiades und Caesar zur kleinen Schar „jene(r) zauberhaften Unfaßbaren und Unausdenklichen, jene(r) zum Sieg und zur Verführung vorher bestimmten Rätselmenschen“. Diese Worte Nietzsches prägten die von Historikern der Zwischenkriegszeit (wie von den Steinen und Kantorowicz) entwickelte Sicht des letzten staufischen Kaisers entscheidend mit; in Texten über Friedrich II. werden sie noch heute gerne zitiert. Gerade deshalb aber lohnt ein Blick auf den kulturkritischen, zugleich aber antidemokratischen, antichristlichen und antisemitisch-rassistischen Kontext, dem sie entstammen.

„Freigeist“ und „Genie“ ist Friedrich II. für Nietzsche in seinem Werk der „Der Antichrist“: „Der deutsche Adel fehlt beinahe in der Geschichte der höheren Kultur: Man errät den Grund (...) Christentum, Alkohol – die beiden großen Mittel der Korruption (...) . An sich sollte es ja keine Wahl geben angesichts von Islam und Christentum, so wenig als angesichts eines Arabers und eines Juden. Die Entscheidung ist gegeben, es steht niemandem frei, hier noch zu wählen. Entweder ist man ein Tschandala (= Angehöriger einer niederen Kaste) oder man ist es nicht (...). ‚Krieg mit Rom bis auf's Messer! Friede, Freundschaft mit dem Islam!‘: So empfand, so tat *jener große Freigeist, das Genie unter den deutschen Kaisern*, Friedrich der Zweite. Wie? Muß ein Deutscher erst Genie, erst Freigeist sein, um anständig zu empfinden? – Ich begreife nicht, wie ein Deutscher je christlich empfinden konnte.“

In „Jenseits von Gut und Böse“, in seinen Überlegungen zur „Naturgeschichte der Moral“, dagegen ordnet Nietzsche Friedrich II. einem Typus zu: „Der Mensch aus einem Auflösungszeitalter, welches die Rassen durcheinanderwirft, der als solcher die Erbschaft einer vielfältigen Herkunft im Leibe hat, d.h. gegensätzliche (...) Triebe und Wertmaße, welche miteinander kämpfen und sich selten Ruhe geben, – ein solcher Mensch der späten Kulturen und der gebrochenen Lichter wird durchschnittlich ein schwächerer Mensch sein: Sein gründlichstes Verlangen geht danach, daß der Krieg, der er ist, einmal ein Ende habe; das Glück erscheint ihm in Übereinstimmung mit einer beruhigenden (z.B. epikureischen oder christlichen) Medizin oder Denkweise vornehmlich als das Glück des Ausruhens (...). – Wirkt aber der Gegensatz und Krieg in einer solchen Natur wie ein Lebensreiz und -kitzel mehr und ist andererseits zu ihren mächtigen und unversöhnlichen Trieben auch die eigentliche Meisterschaft und Feinheit im Kriegführen mit sich selbst, also Selbstbeherrschung und Selbstüberlistung, hinzuvererbt und angezüchtet, so entstehen *jene zauberhaften Unfaßbaren und Unausdenklichen, jene zu Sieg und Verführung vorherbestimmten Rätselmenschen*, deren schönster Ausdruck Alcibiades und Caesar (– denen ich gerne jenen ersten Europäer nach meinem Geschmack, den Hohenstaufen Friedrich den Zweiten zugesellen möchte), unter den Künstlern vielleicht Leonardo da Vinici ist. Sie erscheinen genau in denselben Zeiten, wo jener schwächere Typus mit seinem Verlangen nach Ruhe in den Vordergrund tritt: Beide Typen gehören zueinander und entspringen den gleichen Ursachen."

Entscheidenden Einfluß auf die weitere Vermittlung dieses Bildes von Friedrich II. hatte der Dichter Stefan George (1868-1933) und sein Kreis, zu dem auch die Historiker Wolfram von den Steinen und Ernst Kantorowicz gehörten. George erwuchs Friedrich II. zum Inbegriff des neuen geistigen Reiches der deutschen Nation nach antikem und mittelalterlichem Vorbild, das er verkündete. Aufgebracht über die von Wilhelm II. im Jahre 1900 angeordnete Öffnung und Untersuchung der salisch-staufischen Grablege im Speyerer Dom, verfaßte er 1902 das Gedicht „Die Gräber in Speier". „Beim bann" der „tränen unseres zornes" über „der leichenschändung frische trümmer" entsteigen vor seinem geistigen Auge dem Boden nacheinander die Salier von Konrad II. bis zu Heinrich IV., dann Rudolf von Habsburg „mit sippe" (bis hin zum Selbstmord des Thronfolgers Rudolf 1889), schließlich Beatrix von Burgund, die Gemahlin Friedrichs I., die den Blick lenkt auf ihren Enkel, den in Palermo begrabenen Friedrich II. (und seinen Lieblingssohn Enzio):

Vor allen aber strahlte von der Staufischen
Ahnmutter aus dem süden her zu gast
Gerufen an dem Arm des schönen Enzio
Der Grösste Friedrich · wahren volkes sehnen
Zum Karlen- und Ottonen-plan im blick
Des Morgenlandes ungeheuren traum,
Weisheit der Kabbala und Römerwürde
Feste von Agrigent und Selinunt.

Die Orient und Okzident, dazu griechische und römische Tradition verbindende Weite seines Denkens und die Universalität seines Herrschaftsanspruchs waren die Elemente der neuen Anziehungskraft, die von Friedrich II. ausging. Aus diesen Grundlagen entwikkelte Ernst Kantorowicz seine bis heute literarisch unübertroffene Biographie, in der er 1927 Friedrich II. – wie Albrecht Brackmann ihm vorwarf, in „mythischer Wesensschau" – zum „Weltenkaiser" mit der „strahlenden Glorie und dem göttlichen Nimbus des östlichen Herrschers" stilisierte.

Aber auch eine ganz andere, geradezu entgegengesetzte Einordnung ermöglichte die Faszination, die von der in solcher Schau erfaßten Persönlichkeit des letzten Staufers ausging. In enger Anlehnung an die Gedanken Nietzsches, wies Wolfram von den Steinen im Krisenjahr 1923 auf Friedrich II. als einen der wenigen „triebhaften Täter" der deutschen Geschichte (im Gegensatz zu den vielen „betriebsam Tätigen, die überall aushelfen"), als „Vorzeichen und Vorgeburt der höchsten deutschen Wirklichkeit", als eine der wenigen „Gestalten, in deren Handeln das deutsche Wesen sich erfüllte, in deren Kraft die deutschen Kräfte sich vereinigten, die nicht nur durch die Macht, sondern durch die geistige Tat und das tathafte Wort groß waren".

Daß Friedrich II. nur wenige Jahre seines Lebens in Deutschland verbrachte, auch der Herkunft nach kaum als Deutscher in Anspruch genommen werden konnte, stand einer solchen Deutung nicht im Wege: Den „geistigen Raum", in dem „der Held (Friedrich) offen erschaut werden und, ohne sich aufzulösen, auf das Ganze wirken" konnte, sah von den Steinen bestimmt durch drei Elemente: „das germanische Blut und deutschen Willen, durch die christliche Gottheit und kirchliche Zucht, dazu durch antikisch-südliche Helle". „Sein Wirken gehörte dem heiligen Reiche" und „er zeigte die große staatliche Tat in weiteren Räumen als denen der Nation – gerade darin war er am meisten deutsch", begründete von den Steinen seinen Verweis auf den „Vollender der mittelalterlichen Kaiserreihe" als Hoffnungszeichen dafür, daß unser „Los uns die Freiheit bewahrt hat zu erfüllen, was keine der Nachbarn zu versuchen wagte – daß wir, anders als sie, feurig und flüssig geblieben sind für eine Prägung, die noch schärfer, noch schöner sei als die des gesamten christlichen Zeitalters".

Die völkisch-nationale Interpretation der Persönlichkeit Friedrichs faszinierte in der Folge vor allem jüngere Historiker, deren Fragen an die Geschichte sich nicht in politik- und rechtsgeschichtlich ausgerichteter Quellenanalyse erschöpften. Als Herbert Grundmann 1935 den Artikel „Friedrich II." für den ersten Band des Sammelwerkes „Die Großen Deutschen. Neue Deutsche Biographie" verfaßte, stellte er die Frage, ob „dieser gewaltige, unvergleichliche Herrscher eine Gestalt der deutschen Geschichte, ein Deutscher" war, an den Anfang seines Beitrages. „Nach Blut und Heimat, nach Wesensart und Gesinnung und nach seinem eigenen Empfinden gehörte dieser Kaiser nicht zum deutschen Volk", räumte er ein, eines aber sei allen Vorfahren Friedrichs gemeinsam: „Sie alle sind

Abkömmlinge des germanischen Erobereradels aus der Zeit der Völkerwanderung", der „überall fast unvermischt die herrschende Adelsschicht bildet, die sich über die Länder-, Völker- und Sprachgrenzen hinweg allein als ebenbürtig anerkennt und in immer neuen Verbindungen ihre Blutsgemeinschaft stetig erneuert. Deutsch sind wenige von Friedrichs Ahnen; germanisch sind sie wohl alle".

Als Exponent einer ganz Europa beherrschenden germanischen Erobererschicht konnte Friedrich II. in der Sicht engagiert nationalsozialistischer Historiker sogar zur „neben Adolf Hitler größten Führergestalt der deutschen Geschichte" werden. 1942, im „zweiten Jahr der deutsch-italienischen Waffenbrüderschaft", veröffentlichte Karl Ipser – nach eigenem Bekenntnis ein „fanatischer Nationalsozialist, erfüllt von unbändigem Stolz auf sein deutsches Volk" – seine Darstellung „Kaiser Friedrich der Zweite. Leben und Werk in Italien" (gewidmet „dem Ghibellinen Alfred Rosenberg"). „Nach Herkunft, Aussehen und Leistung ein nordischer Deutscher" habe Friedrich „im Kampf gegen die Theokratie" Europa „die Freiheit bewahrt". Besonders faszinierte Ipser, daß Friedrich Ehen sizilischer Untertanen mit Landesfremden ohne königliche Genehmigung untersagt und dies mit der Gefahr begründet hatte, die der „Reinheit des Königreiches durch die Vermischung mit anderen Völkern" drohe: „Was Friedrich damals zum strengen Gesetz erhoben, das hat im Rassegedanken des Führers seine klassische Erfüllung gefunden. Des Führers Werk ist ohne Beispiel und Vorbild, das germanische Genie aber rückt diese beiden Erwählten des deutschen Volkes über Raum und Zeit eng zusammen".

Diese politische Instrumentalisierbarkeit der von Nietzsche und George über von den Steinen und Kantorowicz zu Grundmann führenden Denktradition, die Friedrich II. als geniale Herrscherpersönlichkeit zu erfassen suchte, erklärt zugleich, weshalb die Biographie von Kantorowicz – das Buch eines Autors, der als Jude Deutschland verlassen mußte – zur bevorzugten Lektüre führender nationalsozialistischer Politiker werden konnte.

Nach der Katastrophe des Dritten Reiches traten Rationalität und geistige Freiheit im Bild Friedrichs II. erneut in den Vordergrund, allerdings unter dem Eindruck der gelungenen Westintegration charakteristisch überformt. 1964 schrieb Hans Martin Schaller einleitend in seiner Darstellung des Lebens Friedrichs II.: „(Im 12. Jahrhundert) begann die verhängnisvolle Trennung Deutschlands von Westeuropa und das, was ein Historiker unserer Tage, Hermann Heimpel, das wirkliche deutsche Unglück genannt hat: die Verspätung. Die historische Bedeutung der staufischen Kaiser aber liegt darin, daß sie ein Jahrhundert lang versucht haben, das Schicksal des

Reiches in andere Bahnen zu lenken." Abschließend stellte er fest: „Friedrich II. lebte in einem Jahrhundert, in dem sich auf allen Gebieten ein grundlegender Wandel abzeichnete. Ein tiefes Sehnen nach Freiheit ging damals durch das Abendland. Nicht nur das staatliche Leben löste sich damals von der Kirche. (...) Der Sinn für die Wirklichkeit schärfte sich, und erste Anfänge einer neuen Kunst und einer neuen Naturerkenntnis wurden sichtbar; Anfänge der Welt, in der wir heute leben. Diese allgemeine geistesgeschichtliche Entwicklung ist zweifellos durch Friedrich II. und die Kultur seines Hofes vorangetrieben worden, und auch so gesehen war der letzte staufische Kaiser in einem tieferen und größeren Sinne, als seine Gegner es wollten, ein Verwandler der Welt." „Sehnen nach Freiheit" und historische Alternative zur „verhängnisvollen Trennung Deutschlands von Westeuropa": Erneut erwuchs Friedrich II. zum Exponenten der bewegenden politischen Themen der eigenen Gegenwart.

Das Interesse an Friedrich als Persönlichkeit war gleichwohl nicht erloschen. Kantorowicz gestattete 1963 den Nachdruck seiner 1927 erschienenen Biographie, wenngleich mit großen Vorbehalten, da er sein Jugendwerk in seiner eigenen wissenschaftlichen Entwicklung längst hinter sich gelassen hatte und einer erneuten rechtsnationalen Vereinnahmung keinen Vorschub leisten wollte. In einer zunehmend das Individuum und seine Psychologie in den Mittelpunkt rückenden Gesellschaft ging die Entwicklung jedoch andere Wege: Klaus J. Heinisch publizierte 1968 in deutscher Übersetzung eine umfangreiche Auswahl von Briefen und Urkunden Friedrichs II. mit dem Ziel, die kunstvollen Schreiben der kaiserlichen Kanzlei als „Selbstzeugnisse" Friedrichs zu erschließen. Er griff damit eine bis heute aktuelle Fragestellung auf, überforderte aber zugleich das mittelalterliche Quellenmaterial, das es nur höchst selten (und allenfalls anekdotisch) erlaubt, individuelle Züge des Herrschers aus der Gesamtheit der Äußerungen seiner Kanzlei und seiner juristisch, theologisch-philosophisch wie literarisch geschulten Berater herauszulösen.

Die vielen Bilder von Friedrich, die sich Zeitgenossen und spätere Generationen machten, weisen nur wenige Gemeinsamkeiten auf. Die modernen Wertungen – die positiven wie die negativen – sind sich jedoch mit den erhaltenen zeitgenössischen Aussagen darin einig, daß sie die ungewöhnliche Individualität Friedrichs II., die Eigenständigkeit seines Denkens und Handelns betonen. Aus heutiger Perspektive erscheint dies positiv; vielen Zeitgenossen dagegen galt er aus denselben Gründen als Ketzer und Antichrist. Auch das eingangs zitierte Urteil des englischen Chronisten Matthaeus Paris war (im Gegensatz zu unserem heutigen Verständnis seiner Worte) durchaus negativ, zumindest ambivalent: *stupor mundi* meint nicht das bewundernde, sondern das betroffene Staunen, *immutator mirabilis* nicht den innovativen Beschleuniger des Fortschritts, sondern denjenigen, der es unternahm, die von Gott gesetzte Ordnung zu verändern.

Die Einigkeit, mit der moderne wie zeitgenössische Wertungen in Friedrich eine ganz und gar außergewöhnliche Persönlichkeit sehen, beruht allerdings zum Teil auf einer Illusion. Der Übergang von rituell-symbolhaftem Handeln zu begrifflich-abstraktem Denken, die allgemeine Systematisierung der Rechtsvorstellungen und die Wiederentdeckung des römischen Rechts, die rapide fortschreitende Verschriftlichung einer bislang überwiegend auf mündlicher Kommunikation beruhenden Gesellschaft schufen seit dem späten 12. Jahrhundert Herausforderungen eines Wandels, dem gegenüber konventionelles Reagieren nicht mehr möglich war. Die Jahrzehnte an der Wende vom Hoch- zum Spätmittelalter sind daher insgesamt eine außergewöhnliche Zeit des Umbruchs, die fast nur außergewöhnliche, mit konventionellen Maßstäben nicht zu messende Herrscherpersönlichkeiten, große Sieger wie große Verlierer, hervorbrachte: in Frankreich Philipp II. Augustus und Ludwig IX. (den Heiligen), in England Johann Ohneland und Heinrich III. Auch in den meisten anderen europäischen Reichen nehmen die zur Zeit Friedrichs II. regierenden Herrscher eine Sonderstellung in der jeweiligen Nationalgeschichte ein, ebenso Innozenz III., aber auch Gregor IX. und Innozenz IV. in der Geschichte des Papsttums. Manche historiographische Kontroverse relativiert sich, wenn man bedenkt, daß Friedrich II. nicht nur als außergewöhnliche Persönlichkeit seine Umwelt herausforderte, sondern ebensosehr auf außergewöhnliche Herausforderungen reagierte, vor die seine Umwelt ihn stellte.

Die Fragen, anhand derer wir am Ende des 20. Jahrhunderts unser Bild von Friedrich II. entwickeln, sind sicher andere als die der zwanziger, aber auch andere als die der sechziger und siebziger Jahre. In einer weitgehend entchristlichten Gesellschaft, die ihre staatliche Ordnung kaum mehr auf transzendente Legitimation gründet, ist das Verhältnis von Kirche und Staat, die Auseinandersetzung um Theokratie oder Freiheit des säkularen Staates von religiös-dogmatischer Bevormundung kaum mehr ein zentrales, persönliches Engagement herausforderndes Problem. Dagegen ist die Frage, auf welchen Grundlagen das Zusammen- und Nebeneinanderleben unterschiedlicher Kulturen in einer „multikulturellen Gesellschaft" gestaltet werden kann, das Verhältnis des Westens zum Islam, der

Umgang mit religiösem Fundamentalismus von großer Aktualität und Relevanz.

Eine individualistische Gesellschaft, die nicht mehr im preußischen Verwaltungsstaat ihr höchstes Ideal sieht, sondern in der Freiheit des einzelnen, wird auch an den „modernen Beamtenstaat" Friedrichs II. in Sizilien andere Fragen richten als nur die nach Effizienz und Rationalität; zugleich aber wird sie die Forderung der Fürsten, Barone und Stadtkommunen, die in den von Friedrich beherrschten Reichen – von Deutschland über Italien und Sizilien bis nach Zypern und Jerusalem – in unterschiedlicher Weise ihre gewachsenen Konsensrechte einforderten, nicht mehr nur mit Nietzsche als Widerstand „kluger Herdenmenschen" gegen den überlegenen Willen eines „unbedingt Befehlenden" bewerten.

Auch die Fürstenprivilegien Friedrichs II. und die Goldbulle von Rimini für den Deutschen Orden erscheinen heute in anderem Licht als in Zeiten nationalstaatlichen Denkens: Der älteren Forschung hatten die Fürstenprivilegien als entscheidender letzter Schritt zur Auflösung des Reiches gegolten, ausgeglichen allenfalls durch die Goldbulle von Rimini und die Erhebung Lübecks zur Reichsstadt, durch die vermeintlich die Grundlagen für die deutsche Ostkolonisation, die Entstehung Preußens (und damit indirekt die Voraussetzungen für die Reichsgründung von 1871) geschaffen wurden.

In einem Europa der Regionen dagegen gewinnt die Anerkennung der landesherrlichen Rechte durch Friedrich II. als ein wichtiger Schritt auf dem Weg der Staatswerdung der Territorien und damit als einer der vielen Anfänge des deutschen Föderalismus mit all seinen Stärken und Schwächen neues Profil; währenddessen erscheint die von Friedrich II. rechtlich abgesicherte Eroberung des preußischen Landes durch den Deutschen Orden ihrer positiven Konnotationen zumindest teilweise entkleidet, wenn man sie nicht mehr nur aus deutscher, sondern auch aus prussischer und polnischer Perspektive betrachtet.

Ein weit stärkeres Interesse als in der Vergangenheit wird schließlich, vor dem Hintergrund der erst in den letzten Jahrzehnten in vollem Maße ins Bewußtsein getretenen Erfahrung des Holocaust, das Verhältnis Friedrichs zu den Juden und die Frage auf sich ziehen, ob seine Maßnahmen der weiteren Entwicklung der Judenfeindschaft im Mittelalter eher Vorschub geleistet oder sie gehemmt haben.

Welche Fragen auch immer wir an Friedrich II. richten: Kein Weg führt zurück hinter die auf uns gekommenen Texte. Wie jeder mittelalterliche Herrscher ist auch Friedrich II. uns nur im Spiegel dieser Texte zugänglich. Rekonstruieren können wir daher zunächst nur das Bild, das die einzelnen Quellen von Friedrich zeichnen. Unser eigenes Bild, das wir uns von ihm machen, kann immer nur eine Konstruktion sein, die von den Wahrnehmungs- und Deutungsmustern unserer mittelalterlichen Gewährsleute ebenso abhängt wie von unseren eigenen Fragen und unserem eigenen Erkenntnisinteresse.

In seiner Kontroverse mit Kantorowicz forderte Brackmann 1929, es sei die Aufgabe des Historikers, „das wahre Bild (Friedrichs II.) von der Übermalung mit (...) zeitgenössischen Farben zu befreien und durch die bilderreichen Vergleiche hindurch das eigentliche Wesen des Herrschers zu schildern". Die Forderung, die Farbschichten abzutragen, mit denen zeitgenössische (und spätere) Geschichtsschreiber den „wirklichen Friedrich" übermalten, scheint plausibel, formuliert aber letztlich nur die Illusion einer „objektiv" gegebenen historischen Wirklichkeit – und enthüllt in der Metapher zugleich deren Problematik: Gewiß kann ein Restaurator alle Farbschichten eines Bildes abtragen, doch erhält er als Ergebnis nur die „objektive" Grundlage des Gemäldes: die jedes Sinnes und jeder Bedeutung entkleidete Leinwand, das „Faktengerüst" des Ereignisablaufs. Nun gleicht eine Persönlichkeit wie Friedrich II. sicherlich nicht einem Stück Leinwand, sondern – um im Bilde Brackmanns zu bleiben – weit eher einer aus Stein gemeißelten Figur, auf die Zeitgenossen und Nachgeborene teils eigenständig, teils in Abhängigkeit voneinander ihre Farben auftrugen. Von einem solchen Standbild die mittelalterlichen und neuzeitlichen Farbschichten abzutragen gleicht jedoch dem Vorgehen der purifizierenden Restauratoren des 19. Jahrhunderts, die unseren romanischen Domen erst jene Monumentalität erhabener Schlichtheit verliehen, die uns bis heute in ihren Bann schlägt, dem Eindruck, den ihre ursprüngliche Farbigkeit auf die Menschen des Mittelalters machte, aber kaum nähersteht als die Umbaumaßnahmen früherer Epochen.

Ziel der folgenden Auswahl übersetzter Quellentexte ist es, die Vielschichtigkeit der unterschiedlichen, ja gegensätzlichen Bilder von Friedrich II., die uns aus dem 13. Jahrhundert überliefert sind, als unterschiedliche Wahrnehmungen der Wirklichkeit verständlich zu machen. Dies erforderte eine Konzentration auf die Ereignisse und Zeitabschnitte im Leben Friedrichs II., die zu unterschiedlichen Deutungen und Darstellungen in den Quellen geführt haben. Dabei wurden vor allem solche Texte ausgewählt und kommentiert, die schlaglichtartig Friedrich II. und sein herrschaftliches Handeln beleuchten (und daher immer wieder zitiert werden), und solche, die erkennen lassen, wie Friedrich II. sich selbst darstellte, sich darstellen ließ oder dargestellt wurde.

Inhaltlich liegt der Schwerpunkt auf den ersten Lebensjahrzehnten Friedrichs II., d.h. vor allem auf den Jahren vor 1237, weniger auf den Jahren seines „Endkampfes“ mit dem Papsttum, der politisch kaum mehr war als „ein Epilog, die Geschichte seiner vergeblichen Versuche ein auf Italien gegründetes Reich zu errichten“ (James Powell). Die dreizehn Lebensjahre, die Friedrich II. nach der Schlacht bei Cortenuova noch verblieben, bieten den Stoff für den Höhepunkt vieler dramatisierender Lebensbilder des letzten staufischen Kaisers. Das Quellenmaterial dazu erschöpft sich jedoch in oft ermüdend langen Beschreibungen der Belagerung und Eroberung oberitalienischer Städte, der Darstellung ihrer oft wechselnden und von außen kaum überschaubaren Koalitionen und Bündnisse, schließlich vor allem in den theologisch und juristisch hochdifferenzierten Texten der Propagandaschlacht, die sich die kaiserliche und päpstliche Kanzlei (vor allem Petrus de Vinea und Rainer von Viterbo) seit 1239 lieferten. Wichtige Gedanken über das Verhältnis von Kirche und weltlicher Gewalt, von Papst und Konzil und über die Rechte des weltlichen Herrschers wurden in diesen Auseinandersetzungen erstmals formuliert, Argumente, die Jahrzehnte später von anderen, v.a. von den französischen Königen, wiederaufgegriffen werden sollten. Nur in diesem Kontext werden sie verständlich (und entziehen sich daher weitgehend einer Einordnung in eine auf Friedrich II. ausgerichteten Quellensammlung).

Die folgende Auswahl kann nur einen kleinen Ausschnitt aus dem erhaltenen Quellenmaterial bieten. Friedrich II. lebte und regierte in einer Zeit rapide anwachsender Schriftlichkeit. Zudem verbrachte er den größten Teil seines Lebens südlich der Alpen, wo schon im Hochmittelalter weit mehr geschrieben wurde als im Deutschland selbst des 13. Jahrhunderts. Für die Geschichte seines herrschaftlichen Handelns steht daher ein Vielfaches der Quellenmenge zur Verfügung, auf der etwa unser Bild von der Geschichte des Reiches im 11. oder 12. Jahrhundert beruht: Allein die (bei weitem nicht vollständige) Edition der Urkunden und Briefe Friedrichs II. durch Huillard-Bréholles umfaßt sechs umfangreiche Doppelbände; hinzu tritt die noch wesentlich umfangreichere Urkundenproduktion der päpstlichen Kanzlei, von der im 13. Jahrhundert gleichfalls stark anwachsenden Zahl von Urkunden regionaler Herrschaftsträger ganz zu schweigen. Zu den urkundlichen Überresten treten die umfangreichen Editionen erzählender Quellen aus den Reichen Friedrichs II. (Deutschland, Italien, Sizilien, Zypern), aber auch aus Frankreich und England sowie die (in höchst unterschiedlicher Weise aufgearbeiteten) Berichte arabischer Geschichtsschreiber. Die tabellarische Erfassung der chronologisch einzuordnenden Informationen aus urkundlichen und erzählenden Quellen in den vier Teilbänden der „Regesta Imperii 5" füllt über 2 000 kleinbedruckte großformatige Seiten.

Für die analytische Arbeit des forschenden Historikers bedeutet dies einen methodisch nicht unproblematischen Wechsel von der hochmittelalterlichen Methode der vollständigen Sichtung aller erhaltenen Quellen zum gezielt auswählenden Zugriff auf Teile eines im ganzen nicht mehr überschaubaren Quellenbestandes. Mehr noch gilt der gleiche Verzicht für die Zusammenstellung einer Quellensammlung: In einem Band alle wichtigen Quellen zu Leben und Persönlichkeit Friedrichs II. erfassen zu wollen, wäre ein vermessener Anspruch. Genug wäre erreicht, wenn Auswahl, Einleitung und Kommentierung der nachfolgenden Texte den Leser in die Lage versetzten, seine eigenen Fragen an die Gestalt des letzten staufischen Kaisers zu richten und sich ein eigenes Bild von Friedrich II. zu entwerfen.

Hinweise zur Benutzung

Der Aufbau der einzelnen Kapitel ist einheitlich gestaltet: Einer allgemeinen Einleitung folgen die ausgewählten Quellentexte, denen jeweils eine textbezogene Vorbemerkung vorangestellt ist.

Die Einleitungen zu den Kapiteln sollen weder eine umfassende Biographie Friedrichs II. ersetzen noch können sie die Forschungsdiskussion der letzten Jahrzehnte im einzelnen vollständig nachvollziehen; sie sollen die Quellenauszüge in ihren historischen Kontext stellen und gegebenenfalls unterschiedliche Interpretationsmöglichkeiten sowie ungelöste Forschungskontroversen andeuten.

Die Einleitungen zu den Quellentexten bieten eine Auswahl der wichtigsten Informationen, die zum Verständnis und zur Einordnung der Quelle notwendig sind: Autor (wenn bekannt), Entstehungzeit und -ort; Angaben und Überlegungen zur Tendenz, Akzentuierung und Überlieferung; in einzelnen Fällen auch Begriffserklärungen oder weitergehende Hinweise. Die wichtigsten Angaben zu den mehrfach zitierten Quellen sind außerdem in einer Übersicht am Ende des Bandes zusammengestellt.

Die Quellen- und Literaturangaben am Ende der Quellen beschränken sich auf das Wesentliche: die üblicherweise zitierte (und leicht zugängliche) kritische Edition (O), die Übersetzung (Ü) sowie eine Auswahl der Literatur (L), die sich unmittelbar mit dem Quellentext befaßt. Weitere Literaturangaben (v.a. auch zu den Einleitungen) bieten die „Bibliographischen Hinweise", mit deren Hilfe sich auch die Kurztitel auflösen lassen. Soweit englische, französische oder italienische Untersuchungen den Forschungsstand bestimmen, wurden in den „Bibliographischen Hinweisen" ergänzend ältere deutschsprachige Studien, gelegentlich auch für einen breiteren Leserkreis geschriebene Überblicksdarstellungen berücksichtigt.

In vielen Fällen konnten vorhandene Übersetzungen verwendet werden; sie entstammen überwiegend den beiden Sammlungen von Klaus J. Heinisch sowie den beiden Reihen „Geschichtsschreiber der deutschen Vorzeit" (GdV) und den „Ausgewählten Quellen zur deutschen Geschichte des Mittelalters" der Freiherr vom Stein-Gedächtnisausgabe (FSGA). Die Übersetzungen wurden sprachlich überarbeitet, wo Stand der Forschung, der Vergleich mit der Edition oder der moderne Sprachgebrauch es erforderte. Unterschiedliche Schreibweisen wurden angeglichen, dabei folgt die Schreibweise von Namen im Zweifelsfall dem Lexikon des Mittelalters. Die in Klammern stehenden Namen, Daten und Teilsätze sind Hinweise und Ergänzungen, die nicht in der Vorlage stehen. Auslassungen wurden mit (...) gekennzeichnet.

DIE GEBURT FRIEDRICHS II.

Friedrich II. wurde am 26.12.1194 in Jesi in der Mark Ancona geboren. Seine Mutter Konstanze war auf dem Weg von Oberitalien nach Sizilien und wählte die kleine mittelitalienische Stadt wohl eher zufällig als Ort ihrer Niederkunft. Die Lage Jesis in der Grenzregion zwischen *imperium* und *regnum* (zwischen Reichsitalien und Sizilien), zudem in einem vom Papsttum als *patrimonium Petri* (als Besitz des Apostels Petrus) beanspruchten Gebiet, verlieh dem Geburtsort Friedrichs II. allerdings symbolische Bedeutung. In der Person Friedrichs verband sich der auf dynastisch gebundener Wahl durch die Reichsfürsten beruhende Anspruch der Staufer auf das Kaisertum mit den Erbansprüchen Konstanzes auf das Königreich Sizilien. Die vom Papsttum seit dem Investiturstreit beanspruchte Überordnung über das Kaisertum hatte damit ihre weltliche Grundlage verloren, denn fortan war es dem Papst im Falle eines Konfliktes nicht mehr möglich, den König des normannischen Reiches in Sizilien und Unteritalien gegen den Kaiser auszuspielen.

Daß die Geburt Friedrichs II. zu einem Wendepunkt im Verhältnis zwischen Kaiser und Papst werden konnte, war das Ergebnis dynastischer Planung, gewaltsamer Durchsetzung und biologischen Zufalls gleichermaßen. Nach langer Auseinandersetzung mit Friedrich Barbarossa und den von ihm eingesetzten Gegenpäpsten hatte Papst Alexander III. 1177 im Frieden von Venedig die Niederlage und Unterordnung seines kaiserlichen Gegenspielers eindrucksvoll in Szene gesetzt. Die Überwindung des alexandrinischen Schismas ermöglichte es dem Kaiser jedoch 1184, die Vereinigung Siziliens mit dem Reich (die *unio regni ad imperium*) vorzubereiten, indem er eine Ehe seines Sohnes Heinrich (VI.) mit Konstanze, der Tante und vermutlichen Erbin des kinderlosen sizilischen Königs Wilhelm II., anbahnte. Nach dem Tod Wilhelms II. 1189 erhoben die sizilischen Barone allerdings zunächst Tankred von Lecce, einen illegitimen Neffen Konstanzes, zum König. Nachdem ein erster Eroberungsversuch 1191 gescheitert war, gelang es Heinrich VI. schließlich im Herbst 1194 die Ansprüche seiner Gemahlin Konstanze durchzusetzen. Am 20.11.1194 zog er in Palermo ein und ließ sich dort am Weihnachtstag 1194 zum König von Sizilien krönen.

Sollte die Vereinigung beider Reiche Bestand haben, mußte aus der Ehe Heinrichs VI. mit Konstanze ein Sohn und Nachfolger hervorgehen. Dies aber war keineswegs selbstverständlich zu erwarten: Bei ihrer Eheschließung am 27.1.1186 war die bis dahin unverheiratete Konstanze bereits 32 Jahre alt gewesen. Über acht Jahre war ihre Ehe mit dem elf Jahre jüngeren Heinrich VI. kinderlos geblieben. Ob Konstanze überhaupt (noch) Kinder gebären konnte, galt vielen als fraglich. Daß der so lange vergeblich ersehnte Erbe nur einen Tag nach der Krönung seines Vaters zum König von Sizilien geboren wurde, war ein so unverhoffter Zufall, daß die Nachricht davon fast unglaubhaft erscheinen mußte. Entsprechend gegensätzlich waren die Reaktionen der Zeitgenossen auf die Geburt Friedrichs II. Den einen erschien der neugeborene Knabe als ein Geschenk des Himmels, andere dagegen äußerten Zweifel an seiner Legitimität.

Petrus von Eboli

Unmittelbar nach der Geburt Friedrichs II. verfaßte Petrus von Eboli (um 1160–1220), ein Kleriker aus Salerno, sein Heinrich VI. gewidmetes „Buch zu Ehren des Kaisers“ (*Liber ad honorem Augusti*), eine Geschichte der Auseinandersetzungen im Königreich Sizilien vom Tod Wilhelms II. bis zur Krönung Heinrichs VI. in Palermo (18.11.1189–25.12.1194). In panegyrischer Überhöhung preist er am Ende seines Werkes Friedrich II. als den in Vergils IV. Ekloge verheißenen Knaben, der die Zeiten erneuern und ein Reich ewigen Friedens bringen wird:

Eben als im Triumph der Kaiser läßt ruhen die Waffen,
wird ihm geboren der Sohn, künftiger Waffentaten Held.
Glücklich preist sich der Vater, doch glücklicher noch wird das Kind sein:
Diesem Knaben erst wird vollkomm'ner Segen zuteil.
Fügt doch der Vater zum Ganzen mit siegender Lanze die Teile,
schafft dem Reich jenen Rang, den es vordem einst genoß.

Knabe verheißen der Welt, Erneurer der Zeiten und Reiche,
Roger und Friedrich, eins werden beide in dir,
größer als jeglicher Ahn dank glücklicher Fügung des Schicksals,
da du schon bei der Geburt sie durch den Vater besiegst.
Friede kehrt ein mit dir, denn deine Geburt schafft auch uns erst;
deine Geburt macht aus uns, was frommes Wünschen erstrebt.

Es folgt in Anlehnung an Vergil und den Propheten Jesaja eine Schilderung des goldenen Zeitalters, das Friedrich II., die „Sonne ohne Wolken, die sich niemals verfinstert“, heraufbringen wird: Wüste wird fruchtbares Land, Getreide wächst in Fülle; im Wald und in der Nacht, zu Wasser und zu Lande sind Reisende sicher; Rinder fürchten nicht den Löwen, Schafe nicht die Wölfe. So wie Sonne und Mond Tag und Nacht erhellen, unzertrennlich wie die olympischen Zwillinge Castor und Pollux herrschen Heinrich und Friedrich gemeinsam über die Welt.

Lebe Italiens Zier, erneuerter Zeiten Erfüllung,
der du der Großväter Ruhm doppelt, den doppelten, mehrst.
Lebe, du strahlendes Licht, und strahle als ewige Sonne,
der aus der Wiege du schon hellest den düsteren Tag.
Lebe, du Juppitersproß, du Erbe des römischen Namens,
der du das Reich und die Welt uns zu erneuern bestimmt.
Lebe, dem Vater zum Ruhm, der glücklichen Mutter zur Ehre
kommst du in Tage, die voll üppigen Segens dir sind.
Lebe, du Sohn des Glücks, du glücklicher Sprößling der Eltern.
Lebe, erlauchtestes Kind, Liebling der Götter der Welt.

Q: Muratori[2] 31.1, S. 177–182 = Petrus de Ebulo, Liber ad honorem Augusti, hg. v. T. Kölzer/M. Stähli, Sigmaringen 1994 (mit Einl., Abb. und Prosaübers.), S. 205–209, V. 1369–1374, 1377–1382,

1407–1416; vgl. auch ebd. Buch III, cap. 48/49 – Ü: Stürner (1992), S. 1 / Heinisch (1969), S. 8 – L: Stürner (1992), S. 46 f.; LexMA VI, Sp.1974; Heinrich der Löwe und seine Zeit, Braunschweig 1995, Bd. 2, S. 41–46.

Brief Heinrichs VI. an Walter von Rouen

Nur ein zufällig in den Ymagines Historiarum des englischen Geschichtsschreibers Radulfus de Diceto († 1202) überlieferter Brief Heinrichs VI. an Erzbischof Walter von Rouen vom 20.1.1195, verfaßt auf dem Weg von Palermo nach Messina, unterrichtet uns darüber, wie die kaiserliche Kanzlei die Geburt Friedrichs II. bekannt machte. Die Sicherung der staufischen Herrschaft in Sizilien steht in diesem Brief ganz im Vordergrund; die Geburt des Nachfolgers wird nur beiläufig am Ende erwähnt. Diese aus moderner Sicht distanziert wirkende Zurückhaltung war im Mittelalter aufgrund der hohen Säuglingssterblichkeit durchaus nicht ungewöhnlich.

Gleichwohl wäre zu erwarten gewesen, daß Heinrich VI. die unerwartete Geburt eines Sohnes nach langer Kinderlosigkeit in ähnlicher Weise öffentlich gefeiert hätte wie wenige Jahrzehnte zuvor König Ludwig VII. von Frankreich die Geburt Philipps II. am 21.8.1165. Die Kanzlei Heinrichs VI. versuchte offenbar, durch demonstrative Gelassenheit den Blick des Empfängers davon abzulenken, daß die Geburt Friedrichs II. ein unerwartetes (und daher zu Zweifeln Anlaß gebendes) Ereignis war:

Da wir wissen, daß deine Aufrichtigkeit sich über die glücklichen Erfolge unserer Erhabenheit sehr freut, teilen wir dir mit, daß wir durch die Gnade Gottes das ganze Königreich Sizilien und Apulien in Frieden besitzen. Einige Barone dieses Reiches jedoch, die uns anfangs Widerstand geleistet hatten, begingen nach Wiedererlangung unserer Gnade ruchlosen Verrat an uns. Da es aber nichts Verborgenes gibt, das nicht enthüllt wird, wurde dieser Verrat durch die Gnade Gottes entdeckt und durch den Verrat einiger Verräter offenbar. Wir befahlen daher, alle diese festzunehmen und in Ketten zu legen. Zur Vermehrung unseres Glücks hat unsere Gemahlin Konstanze, die erhabene Kaiserin der Römer, am Tag des hl. Stephan, des ersten Märtyrers, uns einen Sohn geboren. Freue dich daher mit an unserem Glück und unterrichte uns über dein Befinden und den Zustand deines Landes.

O: RS 68.1, S. 127; vgl. RI IV.3, Nr. 401 – Ü: van Eickels – L: Stürner (1992), S. 47.

Gesta Innocentii III

Zweifel an der Legitimität Friedrichs II. sind bereits unmittelbar nach seiner Geburt belegt. In seiner 1201 abgeschlossenen Chronik berichtet der Engländer Roger von Howden zu 1197, die Kurie habe von Konstanze einen Eid gefordert, daß Friedrich tatsächlich ihr Sohn sei. Etwa gleichzeitig berichten die an der Kurie aufgezeichneten „Taten Papst Innozenz' III.“, Markward von Annweiler, vormals engster Vertrauter Heinrichs VI., habe nach dem Tod Konstanzes im Sommer 1199 versucht, selbst die sizilische Krone zu erlangen und als Rechtfertigung angeführt, Friedrich II. sei in Wirklichkeit gar kein Sohn Konstanzes:

In der Hoffnung (den Papst) durch Versprechungen erweichen zu können, ließ (Markward von Annweiler) (...) mehrfach heimlich und vorsichtig vorfühlen, ob (der Papst) durch Gewährung von Geschenken besänftigt werden könnte. Er versprach ihm sogleich 20 000 Unzen Gold zu geben, wenn er, ohne ihm irgendeine Unterstützung zu gewähren, nur aufhöre, ihn (bei seinem Versuch) zu behindern, (das Königreich Sizilien an sich zu bringen); sobald er Palermo in Besitz genommen habe, werde er ihm noch einmal die gleiche Summe geben, ihm ligische Treue schwören, den jährlichen Zins verdoppeln und die Dienste vervielfachen, welche die Päpste vom Königreich Sizilien gewohnheitlich erhielten. Ferner werde er das Königreich unmittelbar vom apostolischen Stuhl zu Lehen tragen. Es brauche kein Hindernis zu sein, daß der Papst (als Vormund) die Sorge für den kleinen Knaben (Friedrich II.) übernommen habe, denn dieser Knabe sei, wie er fest versicherte, weder Sohn des Kaisers noch der Kaiserin, sondern ein untergeschobener Neugeborener. Hierfür versprach er, Zeugen zu stellen.

D: PL 214, S. XLIII B/C; vgl. auch ebd. S. LVII C – L: Stürner (1992), S. 43 f.; Church and Chronicle in the Middle Ages (FS John Taylor), London 1991, S. 87–99.

Albert von Stade

Das Gerücht, Friedrich sei in Wirklichkeit kein Sohn Konstanzes und Heinrichs VI., fand in der Folge weite Verbreitung. Der norddeutsche, aus sächsisch-welfischer Sicht schreibende Franziskaner Albert von Stade greift es in seiner 1240 begonnenen und kurz nach 1256 abgeschlossenen Weltchronik (*Annales Stadenses*) auf. Obwohl er seine Einträge sonst meist annalistisch knapp gestaltet, widmet er ihm einen ausführlichen Exkurs zum Jahr 1220:

Friedrich, König von Sizilien, Sohn Kaiser Heinrichs, wurde in Rom von Papst Honorius (III.) zum 89. Kaiser seit Augustus gekrönt (22.11.1220). Jedoch erhob sich mehrfach das Gerücht, dieser Friedrich sei nicht in Wirklichkeit der Sohn Kaiser Heinrichs, sondern nur angeblich. Dies habe sich folgendermaßen zugetragen:

Konstanze, die Tochter König (Rogers II.) von Sizilien, war dem Kaiser unter der Bedingung vermählt worden, daß, wenn ihr Onkel, der das Königreich Sizilien, Apulien und Kalabrien besaß, früher als

Konstanze sterbe, das Reich nach dem Erbrecht Konstanze zufallen solle. Konstanze war aber, als sie den Kaiser heiratete, angeblich bereits sechzig Jahre alt. Man fürchtete aber, sie werde unfruchtbar bleiben. Daher bemühte sich der Kaiser, dem Rat der Ärzte zu folgen, damit sie die Unfruchtbarkeit überwinde und fruchtbar werde, auf daß das Königreich Sizilien nicht ohne Erben bleibe. Und die Ärzte versprachen ihm bei diesem Vorhaben Rat und Hilfe.

Sie ließen aber ihre Gebärmutter durch Arzneien allmählich anschwellen, so daß der Kaiser fest glaubte, sie sei schwanger. In der Mitte der Zeit aber sahen sich die Ärzte nach einem Kinde um, so daß von verschiedenen schwangeren Frauen, die zur Zeit der Niederkunft Konstanzes gebären mußten, nach einem streng geheimen Plan ein Kind geraubt wurde, um zur Zeit der Niederkunft Konstanzes in den Palast an ihr Bett getragen zu werden, wo es so, obwohl anderswo zur Welt gekommen, gleichsam von Konstanze geboren wurde, so daß der Sohn eines anderen für den Sohn des Kaisers und der Kaiserin gehalten worden ist.

Man sagte, es sei zweifelhaft, ob jener Knabe der Sohn eines Arztes oder eines Müllers oder eines Falkners war; aber die Leute beteuern wahrhaftig, er sei der Sohn eines dieser drei gewesen.

In seiner Liste der Herrscher vermerkt Albert von Stade hinter Friedrichs Namen ausdrücklich „Sohn Heinrichs, wie ich glaube“ *(filius Hinrici, sicut ego puto)*.

O: MGH SS 16, S. 357 (und 328) – Ü: Heinisch (1969), S. 219 – L: VerfLex[2] 1, S. 143–151; LexMA 1, Sp. 290.

Salimbene de Adam

Ganz ähnlich schrieb Alberts italienischer Mitbruder Salimbene de Adam aus Parma (1221 – nach 1288) in den achtziger Jahren des 13. Jahrhunderts in seiner *Cronica*, von Friedrich werde erzählt, er sei der Sohn eines Fleischers aus Jesi gewesen. Ob allerdings Johann von Brienne, König von Jerusalem und Schwiegervater Friedrichs II., es tatsächlich gewagt hat, den Kaiser selbst damit zu konfrontieren, wie Salimbene berichtet, muß offenbleiben. Da das französische Wort für „Fleischer“ schon im 13. Jahrhundert in der übertragenen Bedeutung „Schlächter“ belegt ist, könnte Johann auch darauf angespielt haben, daß Heinrich VI. seine Herrschaft in Sizilien mit blutiger Gewalt durchgesetzt hatte:

Jesi aber ist die Stadt, in der Kaiser Friedrich (II.) geboren wurde. Dort ging das Gerücht von ihm, er sei der Sohn eines Fleischers aus Jesi, weil die Kaiserin Konstanze schon in vorgerücktem Alter war, als Kaiser Heinrich sie heiratete, und weil sie weder einen Sohn noch eine Tochter außer ihm gehabt haben soll. Deshalb sagte man, daß sie ihn von seinem leiblichen Vater übernommen und, nachdem sie sich vorher schwanger gestellt, ihn sich untergeschoben habe, damit man glaubte, er sei von ihr selbst geboren.

Dies zu glauben aber bestimmt uns dreierlei: erstens, daß die Frauen solches wohl zu tun pflegen, wie ich mehrfach gehört zu haben mich entsinne; zweitens, daß Merlin (in seinen Weissagungen) so von ihm schrieb: „Der zweite Friedrich, von unerhoffter und wundersamer Geburt!"; drittens, daß Johann (von Brienne), König von Jerusalem und Schwiegervater des Kaisers, eines Tages zornigen Sinnes und mit gerunzelter Stirn in seinem Französisch den Kaiser den Sohn eines Fleischers nannte, weil er seinen (Neffen Walter II. Otto von Brienne) ermorden wollte.

Da er das mit Gift nicht fertigbrachte, sollte es mit dem Schwert geschehen, sobald er mit ihm beim Schachspiel sitze. Denn der Kaiser fürchtete, es möchte einst durch irgendeinen Zufall das Königreich Jerusalem auf diesen übergehen. Das aber war König Johann nicht unbekannt. Und so ging er hin, nahm seinen Neffen, als er mit dem Kaiser spielte, beim Arm, führte ihn vom Spiel weg und fuhr den Kaiser in seinem Französisch heftig an: *„Fi de becer diabele!"* („Pfui Teufel, du Sohn eines Schlächters!").

Der Kaiser aber erschrak und wagte nichts zu sagen. König Johann nämlich war groß und stark und von hoher Gestalt, kräftig und im Kampf geschult, so daß man ihn für einen zweiten Karl (den Großen) hielt.

Q: CC.CM 125, S. 61 f. (= MGH SS 32, S. 42 f.) – Ü: GdV 93, S. 24 f. – L: Stürner (1992), S. 45; LexMA 7, Sp. 1302.

Giovanni Villani

Weit über das Ende der staufischen Dynastie hinaus spaltete der Parteistreit zwischen Guelfen (= Welfen) und Ghibellinen (= Waiblinger, Staufer) die politischen Führungsschichten der italienischen Städte. Die Einschätzung Friedrichs II. blieb entsprechend kontrovers. Seit dem späten 13. Jahrhundert verbanden sich die Zweifel an der legitimen Geburt Friedrichs II. in den italienischen Quellen (Roberto Malespini, Giovanni Villani, Pandolfo Collenuccio) mit der Überzeugung von der göttlichen Sendung des kaiserlichen Knaben zu der Vorstellung, Konstanze sei, um jeden Zweifel an ihrer Mutterschaft auszuschließen, öffentlich in einem Zelt auf dem Marktplatz von Palermo (oder Jesi) niedergekommen. Der Florentiner Giovanni Villani (1280–1348) schreibt:

Papst geworden, krönte Coelestin (III.) am zweiten Tag nach seiner Weihe Heinrich (VI.) zum Kaiser (14.4.1191). Die Kirche aber hatte damals Streit mit Tankred, dem König von Sizilien und Apulien

(...), weil er sich weigerte, der Kirche treu den geschuldeten Zins zu zahlen, auch Bischöfe und Erzbischöfe nach seinem Willen einsetzte zum Schaden des Papstes und der Kirche.

Bevor Heinrich nach Deutschland zurückkehrte, verhandelte daher Papst Coelestin mit dem Erzbischof von Palermo darüber, das Königreich Sizilien und Apulien Tankred zu entziehen. Er ließ den Erzbischof anweisen, er solle Konstanze, die Tante König Wilhelms (II.) und nächste Erbin des sizilischen Reiches, die Nonne in Palermo war und schon mehr als fünfzig Jahre zählte, aus dem Kloster entlassen und ihr Dispens erteilen, weltlich zu leben und eine Ehe zu schließen. Daraufhin ließ sie der genannte Erzbischof Sizilien verlassen und nach Rom kommen. Die Kirche gab sie Kaiser Heinrich zur Frau. Aus dieser Ehe wurde wenig später Kaiser Friedrich II. geboren, der die Kirche so sehr verfolgen sollte.

Nicht ohne Grund und Ratschluß Gottes konnte es gelingen, daß ein Erbe aus dieser Ehe hervorging, denn er wurde geboren von einer Nonne und das in einem Alter von über fünfzig Jahren, in dem es natürlicherweise einer Frau geradezu unmöglich ist, schwanger zu werden; somit wurde er geboren gegen zwei Hindernisse, gegen ein geistliches und gewissermaßen wider die Vernunft gegen ein weltliches.

Als die Kaiserin Konstanze mit Friedrich schwanger war, erregte es, wie wir gefunden haben, in Sizilien und im ganzen apulischen Reich Verdacht, daß sie in ihrem hohen Alter schwanger sein konnte. Als die Zeit ihrer Niederkunft kam, ließ sie daher ein Zelt auf dem Marktplatz von Palermo aufstellen und gab öffentlich bekannt, daß jede Frau, die dies wollte, kommen sollte, sie zu sehen; und viele kamen und sahen zu. So wurde der Verdacht zerstreut.

O: Cronica di Giovanni Villani, ed. F. Gherardi-Dragomanni, Florenz 1823 (ND Rom 1980), Bd. 1, S. 235 f. – Ü: van Eickels – L: Stürner (1992), S. 45 f., Anm. 9 (zur umstrittenen Abhängigkeit Villanis von Malespini); ebd. auch Hinweise auf weitere spätmittelalterliche Quellen, insb. die Anonymi Vaticani Historia (Muratori[1] 8, S. 776 f.), „wo die als Greisin von einem Dämon geschwängerte Konstanze zum Beweis ihrer Mutterschaft ihre mit Milch gefüllten Brüste vor ihren Untertanen entblößt".

Pandolfo Collenuccio

Ein Jahrhundert später übernahm der Humanist Pandolfo Collenuccio (1444-1504) eine ihrer religiösen Bezüge weitgehend entkleidete Fassung der Erzählung in seinen „Abriß der Geschichte des Königreichs Neapel"' (*Compendio delle historie del regno di Napoli*). Die Einladung, bei der öffentlichen Entbindung zuzuschauen, richtet sich nun nicht mehr nur an die Frauen, sondern an alle „Adligen und Barone des Reiches". An der Wende vom Mittelalter zur Neuzeit war die Verdrängung der Frau aus dem öffentlichen

Leben soweit fortgeschritten, daß es kaum mehr vorstellbar schien, daß die Männer, auf deren Überzeugung von der legitimen Geburt Friedrichs II. es letztlich ankam, einen Akt von so eminenter „staatspolitischer" Bedeutung allein ihren Frauen überlassen hätten:

Konstanze war in schwangerem Zustande zurückgeblieben; als sie ihrem Gemahl Heinrich nach Deutschland folgen wollte, erhielt sie in der Mark Ancona von diesem den Befehl, nicht weiterzureisen, sondern sich in die Nähe des Königreichs zurückzuziehen wegen bestimmter Umtriebe, die, wie er gehört hatte, dort im Gange waren. Weil sie jedoch der Niederkunft nahe war, begab sie sich in die Stadt Jesi und gebar dort im Jahre 1194 einen Knaben, der nach dem Namen seines Großvaters Friedrich genannt wurde. Weil sie jedoch bereits in vorgerücktem Alter war und die Fünfzig überschritten hatte, glaubte fast niemand, daß sie wahrhaftig schwanger sei, und Heinrich war als erster argwöhnisch gewesen, weshalb er sich sofort, als er hörte, daß sie schwanger sei, darüber verwunderte und Gewißheit haben wollte von dem Abt Joachim [von Fiore], der damals hochberühmt war und im Rufe prophetischen Geistes stand; und der Abt versicherte ihm, daß Konstanze von ihm schwanger sei, und sagte ihm voraus, daß sie einen Knaben gebären werde, sowie dessen sämtliche Erfolge im Leben, und er sagte ihm auch voraus, daß er selbst in Kürze sterben werde, und zwar im Gebiet von Milazzo, das dem von Messina benachbart ist, und legte ihm einige Weissagungen der erythäischen Sibylle und des Merlin aus.

Aus diesem Grunde, und um von jeglichem Verdacht loszukommen, ließ Konstanze als kluge und vorsichtige Frau ein Zelt auf dem Marktplatz von Jesi aufschlagen, und in dieses begab sie sich zur Stunde der Entbindung; und sie wünschte, daß es allen Baronen und Adligen, Männern und Frauen erlaubt sei, herbeizukommen und sie gebären zu sehen, damit jeder wisse, daß es kein untergeschobenes Kind sei. Nach der Entbindung reiste sie nach Gaeta und überließ Friedrichs Pflege und Ernährung der Herzogin von Spoleto.

O: Scrittori d'Italia 115, S. 112 f. – Ü: Heinisch (1969), S. 234 f. - L: MGH Schriften 38, S. 145-163; Dizionario biografico degli Italiani 27 (1982), S. 1-5; Güterbock (1905), S. 51.

Richard von San Germano

Die Feier des Geburtstages war im Mittelalter nicht üblich; lediglich in der Karolingerzeit und im Spätmittelalter ist die Erinnerung an den Tag der Geburt in Einzelfällen in den Quellen faßbar. Von den meisten hochmittelalterlichen Herrschern kennen wir dagegen das Geburtsdatum nicht. Da es keine lebenspraktische Relevanz hatte, wurde es in der Regel nicht überliefert.

Abbildung 1

Abbildung 2

Abbildung 3

Eine Ausnahme bildet Friedrich II. Daß er „am Tag des Protomärtyrers Stephan" geboren wurde, wissen wir nicht nur aus dem zufällig erhaltenen Brief Heinrichs VI. an den Erzbischof von Rouen, sondern auch durch einen Nachtrag in der Chronik, die Richard von San Germano bei Montecassino um 1243 aufzeichnete. Daß er Tag und Monat der Geburt seines Königs am Rand des Eintrags zu 1194 ergänzte, erklärt sich wahrscheinlich daraus, daß Friedrich II. 1233 seinen Geburtstag im ganzen Königreich Sizilien feiern ließ, eine Herausstellung der eigenen Person, die sonst aus dem Mittelalter nur von Karl dem Kahlen überliefert ist. Von einer Wiederholung der Feier in den folgenden Jahren ist allerdings nichts bekannt; möglicherweise hatte Friedrich sie ins Auge gefaßt, dann aber wegen der unruhigen politischen Entwicklung nicht mehr umgesetzt:

1233. Der Kaiser ordnete an, daß sein Geburtstag im ganzen Königreich am Fest des Protomärtyrers Stephan großartig gefeiert werde. Im Dezember wurde dieser von den Leuten von San Germano zu Ehren des Kaisers großartig gefeiert, dergestalt daß über 500 Arme auf dem Marktplatz mit Brot, Wein und Fleisch im Übermaß gespeist und gesättigt wurden.

O: Muratori[2] 7.2, S. 186 f. – Ü: van Eickels - L: Borst (1996), S. 46 f. , 54 f. und 70.

Kindheit in Sizilien

Seine ersten Lebensjahre verbrachte Friedrich II. in der Obhut der Herzogin von Spoleto in der mittelitalienischen Stadt Foligno. Konrad von Urslingen († 1202), ein schwäbischer Adliger, den Friedrich I. 1176/77 zum Herzog von Spoleto erhoben hatte, war einer der engsten Vertrauten Heinrichs VI. Dieser ernannte ihn 1195 sogar zu seinem Stellvertreter im Königreich Sizilien (*vicarius regni Siciliae*); da er in der Folge als Berater Konstanzes nicht in Erscheinung tritt, ist anzunehmen, daß seine Beauftragung vor allem für den Fall eines plötzlichen Todes der Königin galt. In diesem Fall wäre ihm als demjenigen, der den legitimen Thronerben in seiner Obhut hatte, ohnehin eine entscheidende Rolle im Königreich zugewachsen.

Wie kaum ein anderer verband Konrad von Urslingen in seiner Person die deutschen, italienischen und sizilischen Traditionen, die in der Herrschaft Heinrichs VI. zusammenliefen. Aber auch praktische Gründe sprachen dafür, daß Friedrich II. im Grenzbereich von *regnum* und *imperium* blieb und weder an den Hof seiner Mutter nach Palermo geholt wurde noch seinen Vater ins Reich nördlich der Alpen begleitete. In Sizilien, wo Heinrich VI. nach seiner Königskrönung den Widerstand der Barone gewaltsam gebrochen und Wilhelm III., den minderjährigen Sohn Tankreds von Lecce, nach einer Verschwörung rücksichtslos als Thronprätendenten ausgeschaltet hatte, war die Stellung Konstanzes zwar gesichert, aber mit dem Makel der Fremdherrschaft belastet; mit einem neuerlichen Aufstand, wie er im April 1197 tatsächlich ausbrach und wiederum mit einem schreckenerregenden Strafgericht endete, war im Fall einer Krise jederzeit zu rechnen.

Auch im Reich nördlich der Alpen war die Lage durchaus prekär. 1196 scheiterte Heinrich VI. mit seinem „Erbreichsplan". Die Reichsfürsten gingen nicht auf seinen Vorschlag ein, gegen das Zugeständnis voller Erblichkeit ihrer Lehen auf ihr Recht zu verzichten, den König zu wählen, d.h. das Reich in eine Erbmonarchie nach sizilischem Vorbild umzuwandeln und so die *unio regni ad imperium*, die Verbindung Siziliens mit dem Reich, dauerhaft zu sichern. Nur mit Mühe konnte sein Bruder Philipp von Schwaben Ende 1196 erreichen, daß die Fürsten den kaum zweijährigen Friedrich zum Nachfolger Heinrichs VI. wählten, während gleichzeitig Papst Coelestin III. das Ansinnen des Kaisers zurückwies, Friedrich II. zugleich zu taufen und zum König zu salben.

Völlig überraschend starb in dieser äußerlich gefestigten, unterschwellig aber spannungsgeladenen Situation Heinrich VI. am 28.9.1197 in Messina. Neben der Herrschaftssicherung war seine Politik seit 1196 vor allem auf die Vorbereitung eines Kreuzzuges ausgerichtet gewesen. Zahlreiche Reichsfürsten waren bereits ins Heilige Land aufgebrochen, als Heinrich VI. kurz vor seiner Einschiffung einem Rückfall der Malaria erlag, mit der er sich auf seinem ersten Sizilienzug 1194/95 infiziert hatte.

Philipp von Schwaben war gerade im Begriff, den wenige Monate zuvor von den Fürsten gewählten Friedrich II. nach Aachen zu holen, um ihn noch vor dem Aufbruch seines Vaters ins Heilige Land zum römischen König krönen zu lassen, als der Tod des Kaisers bekannt wurde und überall in

Italien ein Aufstand gegen die staufischen Amtsträger losbrach. Kurz vor seinem Ziel, wohl in Montefiascone, mußte Philipp umkehren.

Auch in Foligno war Friedrich nun kaum mehr sicher. In einem Privileg für die Johanniter gab Konstanze im Oktober 1197 ihrer Sorge um die Sicherheit ihres Sohnes (*incolumitas benedicti filii nostri*) Ausdruck. Durch zwei Vertraute, die seit 1191 zuverlässige Parteigänger Heinrichs VI. gewesen waren, ließ sie ihn nach Palermo holen und ihn dort am 17.5.1198 zum König von Sizilien krönen.

Vorrangiges Ziel ihrer Politik war nun die Sicherung ihrer und seiner Herrschaft in Sizilien: Nach dem Tod Heinrichs VI. entfernte sie umgehend alle deutschen Berater aus ihrer Umgebung. Daß sie sich weiterhin „Kaiserin" (*Romanorum imperatrix semper augusta*) nannte, ist kaum bemerkenswert. Als gekrönter Kaiserin stand ihr dies zu: Auch Mathilde, die Witwe Heinrichs V., hatte den Titel „Kaiserin" beibehalten, als sie 1125 als Erbin des englischen Throns nach England zurückgekehrt war; ebenso bezeichnete sich Johanna, die Witwe König Wilhelms II. von Sizilien, auch nach ihrer Eheschließung mit Graf Raimund von Toulouse 1196 weiterhin als Königin.

Dagegen verwies der doppelte Titel „König der Römer und Siziliens" (*Romanorum et Sicilie rex*), den Konstanze anfangs ihrem Sohn beigelegt hatte, tatsächlich auf seine staufische Herkunft und die daraus erwachsenden imperialen Herrschaftsansprüche. Im Mai 1198 erfuhr Konstanze, daß sich Philipp von Schwaben zum König hatte wählen lassen, um der Wahl eines antistaufischen Kandidaten zuvorzukommen. Sogleich ließ sie jeden Anspruch auf das römische Königtum Friedrichs fallen, wohl auch deshalb, weil sie so ihren Sohn unbelastet von Erinnerungen an seine staufische Herkunft den sizilischen Baronen um so glaubwürdiger als legitimen Erben Siziliens darstellen konnte.

Auch mit Papst Innozenz III., der am 8.1.1198 die Nachfolge Coelestins III. angetreten hatte, suchte sie den Ausgleich: Unter Verzicht auf die kirchenrechtlichen Privilegien, durch die ihr Vater Roger II. die sizilische Kirche dem Zugriff des Papsttums fast vollständig entzogen hatte, erklärte sie sich bereit, ihr Reich wie ihre Vorgänger vom Papst zu Lehen zu nehmen.

Das römische Königtum und die Aussicht auf die Kaiserkrone verloren, die Herrschaft über Sizilien gesichert, so stellte sich die Lage Friedrichs II. dar, als auch Konstanze am 27.11.1198 überraschend starb. In ihrem Testament setzte sie Innozenz III. als Vormund für Friedrich ein. Damit gab sie ihn in die Hand des schärfsten Gegners der staufischen Ansprüche auf das Kaisertum, verpflichtete den Papst aber zugleich, als Lehensherr Siziliens Friedrich die Krone dieses Reiches zu bewahren, da er als Vormund die Rechte seines Mündels nicht schmälern durfte.

Die politische Entwicklung Siziliens wurde in den folgenden Jahren vom ständigen Konflikt dreier Parteien bestimmt: Walter von Pagliara, den Konstanze auf Bitten Innozenz III. kurz vor ihrem Tod als Kanzler des Reiches wiedereingesetzt hatte; Markward von Annweiler, der sich (vom Papst aus der Markgrafschaft Ancona vertrieben) in seine zum *regnum Siciliae* gehörende Grafschaft Molise bei Monte Cassino zurückgezogen hatte und sich auf seine Einsetzung als Verwalter des Reiches durch letztwillige Verfügung

Heinrichs VI. berief; Innozenz III., der zwar nie nach Sizilien kam, als Lehensherr und Vormund Friedrichs II. aber das Recht in Anspruch nahm, die sizilischen Verhältnisse durch die Entsendung von Legaten zu regeln.

Friedrich II. blieb zunächst in der Obhut Walters von Pagliara, der sich jedoch im Sommer 1200 mit dem Papst überwarf. 1201 brachte Markward von Annweiler den jungen König durch handstreichartige Besetzung des Castello a Mare in Palermo in seine Gewalt. Nach Markwards Tod 1202 bemächtigte sich Wilhelm Capparone, wohl ein nach dem Tod Heinrichs VI. auf Sizilien verbliebener deutscher Heerführer, Friedrichs II. und beanspruchte als „Wächter des Königs" die Regentschaft, während sich Walter von Pagliara wieder mit Innozenz III. aussöhnte. Im Auftrag des Papstes kam schließlich Diepold von Acera im November 1206 nach Palermo, um Friedrich II. zu befreien; er konnte Wilhelm Capparone zur kampflosen Übergabe bewegen, wurde jedoch gleich darauf von Walter von Pagliara des Verrats bezichtigt und festgenommen. Bis zu seiner Volljährigkeit (Weihnachten 1208), kehrte der junge König in die Obhut des Kanzlers seiner Mutter zurück.

Über die Lebensbedingungen Friedrichs II. in den unsicheren Jahren zwischen 1202 und 1206 gibt es kaum gesicherte Informationen. Gestützt auf vage Andeutungen in späten und wenig zuverlässigen Quellen, haben Kantorowicz und andere moderne Biographen Friedrichs II. die Vorstellung entwickelt, der königliche Haushalt habe damals den jungen König kaum versorgen können; aus Mitleid hätten reiche Bürger Palermos den Knaben abwechselnd in ihren Häusern ernährt; unbeaufsichtigt sei er durch die Gassen und Märkte der Hauptstadt gestreift, wo ihm neben reicher Lebenserfahrung auch arabische und griechische Sprachkenntnisse zuwuchsen.

Gegen dieses den Idealen der Jugendbewegung und der Reformpädagogik so sehr entsprechende und auch heute noch faszinierende Bild spricht vor allem, daß (mit Ausnahme vielleicht Markwards von Annweiler) alle am Konflikt Beteiligten die Verfügung über die Person des unmündigen Königs nicht anstrebten, um ihn auszuschalten und sich an seine Stelle zu setzen, sondern um den eigenen Anspruch auf die Regentschaft zu legitimieren. Unbeaufsichtigt umherstreifen lassen konnten sie ihn daher keinesfalls; auch ist kaum anzunehmen, daß sie ihn gänzlich vernachlässigten, da sie ja sonst nach seiner Volljährigkeit keine Belohnung hätten erwarten konnten. Im Gegenteil dürfte der Streit um seine Person Friedrich bereits früh die Bedeutung seiner königlichen Würde bewußt gemacht haben.

In die Zeit der Kindheit Friedrichs II. auf Sizilien fällt auch die Entscheidung über seine erste Ehe. In der schwierigen Lage des Jahres 1202 hatte Papst Innozenz III. mit König Peter von Aragón (1196-1213) eine Ehe Friedrichs mit Sancha, einer Schwester Peters vereinbart. 1207 nahm er die Verhandlungen wieder auf. Im Oktober 1208, wenige Monate vor dem Ende der Regentschaft, schloß ein Gesandter des Papstes in Vertretung Friedrichs die Ehe mit Konstanze, einer anderen Schwester Peters von Aragón. Konstanze war elf Jahre älter als ihr kaum vierzehnjähriger Bräutigam und in erster Ehe mit König Emmerich (Imre) von Ungarn (1196-1204) verheiratet gewesen. Die Ehe mit Konstanze stärkte Friedrichs Stellung in Sizilien, da sie ihm einen wichtigen regionalen Bündnispartner verschaffte, auch wenn die Ritter, die Konstanze begleitet hatten, bald einer Seuche zum Opfer fielen. Die Ehe entsprach auch den Interessen Innozenz' III., da sie zum einen Friedrichs Bindungen an Sizilien festigte und seine Ansprüche auf das Imperium zurücktreten ließ, zum anderen aber eine engere Verbindung zwischen den beiden vom Papsttum lehensabhängigen Königreichen im westlichen Mittelmeer herstellte.

Briefe Friedrichs II. an die Städte Jesi und Foligno

Obwohl Friedrich II. nur die beiden ersten Jahre seines Lebens in Mittelitalien verbrachte, blieb in seiner Umgebung die Erinnerung an seine Geburt in Jesi und seine früheste Kindheit in Foligno präsent. In zwei Briefen, die Petrus de Vinea als Notar und Vertrauter des Kaisers in seinem Namen verfaßte, erinnerte er die Bürger beider Städte im August 1239 und im Januar 1240 daran, daß er dort die erste Zeit seines Lebens zugebracht hatte.

Diese Erinnerung an die Stätten der frühesten Kindheit ist ungewöhnlich; für keinen seiner Vorgänger haben sich ähnliche Zeugnisse erhalten. Gleichwohl sind die Schreiben kaum als Ausdruck besonderer persönlicher Bindungen Friedrichs II. an diese Orte zu verstehen. Vielmehr veranschaulichen sie einen grundlegenden Unterschied zwischen Italien, dessen Führungsschicht sich als Adel in der Stadt verstand, und dem nordalpinen Reich mit seinem ausgeprägten Gegensatz von adliger Herrschaft auf dem Land und abgegrenzten Inseln städtischer Autonomie. Anders als seine nördlich der Alpen geborenen und erzogenen Vorgänger, kam Friedrich II. in einer Stadt zur Welt und wuchs auch in einem städtischen Umfeld auf. Während die nordalpinen Pfalzen lediglich Einheiten der könglichen Besitzverwaltung ohne eigenständiges kollektives Gedächtnis waren, hatten die Stadtkommunen von Jesi und Foligno selbst ein Interesse daran, daß die Erinnerung nicht verblaßte, an welchem Ort ihr Kaiser geboren und aufgewachsen war.

Als mit der Besetzung des Herzogtums Spoleto und der Mark Ancona 1239 durch Friedrich II. der Konflikt zwischen Kaiser und Papst um die Herrschaft in Mittelitalien erneut offen ausbrach, griff Petrus de Vinea den Gedanken der Verbundenheit des Kaisers mit seiner *patria* in rhetorisch durchgestalteter Form auf, um die Bürger Jesis dazu zu bewegen, sich auf die Seite Friedrichs II. zu stellen. Der Vergleich Jesis mit Bethlehem ist dabei Teil der heilsgeschichtlichen Überhöhung seiner Person, die Friedrich II. nach seiner zweiten Bannung im März 1239 der päpstlichen Propaganda entgegensetzte, die ihn als Vorläufer des Antichrist darstellte:

Wenn die Stätten der Geburt von allen ohne Unterschied durch einen angeborenen Trieb des Willens besonders geliebt werden, wenn die natürliche Liebe zur Heimat mit ihrer Süßigkeit jeden leitet und nicht zuläßt, daß er seiner selbst uneingedenk sei, so werden auch wir von dem gleichen Triebe unserer Natur geleitet und gehalten, Jesi, der Marken edle Stadt, unseres Ursprungs erlauchten Anbeginn, wo unsere göttliche Mutter uns zum Lichte brachte, wo unsere Wiege erglänzte, mit innigster Liebe zu umfangen, auf daß diese Stätte nicht aus unserem Gedächtnis entschwinden könne und unser Bethlehem, die Heimat und Ursprungsstätte des Kaisers, unserer Brust um so tiefer eingewurzelt bleibe.

Und so bist du, Bethlehem, Stadt der Marken, nicht die geringste unter den Fürsten unseres Geschlechtes. Denn aus dir ist der Herzog hervorgegangen, der Fürst des römischen Reiches, auf daß er über dein Volk herrsche und es schirme und nicht gestatte, daß es länger Fremden untertan sei.

So stehe also auf, erste Mutter, und schüttle das fremde Joch ab! Denn voller Erbarmung über eure und der anderen Getreuen Beschwernisse haben wir beschlossen, euch und die anderen in der Mark Ancona sowie im Herzogtum Spoleto vom Druck des Beleidigers zu befreien. Da er es bei uns und dem Reiche wegen seiner offensichtlichen Undankbarkeit so verdient, wollen wir euch von dem Eide lösen, den ihr der Kirche unter Wahrung des kaiserlichen Rechtes geleistet habt, und schicken unseren geliebten Sohn Enzio voraus, den erlauchten König von Sardinien, den Spiegel unserer Macht.

O: HB 5, S. 378 – Ü: Heinisch (1968), S. 452 f.; von den Steinen (1923), S. 69 f. – L: Schaller (1993), S. 417-422; vgl. Kantorowicz (1927), S. 467: „Es ist ein Kult des Geburtsortes, wie er (...) seit Justinian, der seinen Geburtsort zum Bischofssitz, zum ersten nach Rom erhob, nicht mehr erhört war."

Wenige Monate später wandte sich Friedrich II. in ähnlicher Weise an die Bürger von Foligno:

Auch wenn wir gehalten sind, euch mit der allgemeinen ehrlichen Zuneigung, mit der wir alle unsere Getreuen umarmen, liebevoll zu begleiten, drängen sich doch besondere Gründe unseren Gedanken auf, die uns in mehrfacher Hinsicht einladen, gerade eure Stadt unter den übrigen Städten Italiens bevorzugt zu fördern. Uns bringt dazu der alte Eifer eurer Treue, den sein hohes Alter nicht schwächt und der Verlauf der Jahre nicht erschüttert, sondern je mehr Zeit vergeht, desto frischer zeigt ihr euch in der Treue zu uns. Uns bringt dazu ferner die Beständigkeit eurer ehrlichen Ergebenheit, die weder durch das Beispiel der Nachbarn noch durch feindliche Verfolgung erschüttert als stets heiterer Teil des Himmels bei dieser wolkenreichen Witterung in der Treue zu uns um so mehr erglühte, je mehr Widrigkeiten sie ertragen mußte. Nichtsdestoweniger bringt uns dazu vor allem, daß in Foligno unsere Kindheit zuerst erstrahlte; da wir uns an eure Stadt als den Ort erinnern, der uns nährte, da wir daran denken, daß wir mit euch gleichsam als euer Mitbürger zusammengelebt haben, überschreiten wir euch gegenüber die

Grenzen des Herrschers und verpflichten uns von einer gewissen natürlichen Demut verführt freundschaftlich dazu, euch zu eurem Nutzen zu regieren. So in Anspruch genommen durch die Sorge für euch, glauben wir fest, daß die Ehrlichkeit eurer Treue vom Guten zum Besseren stets wächst (...). Nichtsdestoweniger fordern wir eure Treue auf und weisen euch sorgfältig an, daß ihr wie gewohnt in Treue und Dienst für uns wachsam seid und entsprechend den Anweisungen unseres Schwagers und Getreuen Thomas von Aquin, unseres Statthalters für diese Gebiete, den wir als Abbild unserer Person zu euch schicken (...), euch den gegen uns Aufständischen so machtvoll und mannhaft entgegenstellt, daß ihr die Rechte unserer Erhabenheit gleichsam durch Dankesschuld zur Förderung von euch allen gemeinsam und jedes einzelnen von euch verpflichtet, indem ein lobenswertes Ende sich dem Anfang hinzugesellt.

O: HB 5, S. 662 f. –Ü: van Eickels – L: Stürner (1992), S. 50.

Breve chronicon de rebus Siculis und *Chronicon Siculum*

Aus Sizilien ist keine zeitnahe historiographische Darstellung der Ereignisse erhalten, die die Kindheit Friedrichs II. bestimmten. Das vergleichsweise ausführlichste Bild bietet die anonym in zwei Handschriften des späten 14. Jahrhunderts überlieferte „Kleine sizilische Chronik". Sie entstand um 1272 und bietet für die Jahre der Kindheit Friedrichs II. lediglich einen knappen Abriß der Ereignisse, der zudem vieles Wesentliche ausläßt. Obgleich weder chronologisch noch faktographisch sonderlich zuverlässig, hat diese Quelle das Bild der ersten Jahre Friedrichs II. in modernen Darstellungen entscheidend geprägt:

Die Königin Konstanze aber, die schon mit dem Kaiser Heinrich (VI.), dem Sohne Kaiser Friedrichs I., verheiratet war und an die das Königreich Sizilien von Rechts wegen fallen mußte, konnte es nicht in Besitz nehmen, da Tankred, ein natürlicher Sohn Rogers (von Apulien, des ältesten, 1149 verstorbenen Bruders der Kaiserin), bereits mit Zustimmung und nach dem Willen der Grafen und Barone des Königreichs sich seiner bemächtigt hatte. Dieser regierte fünf Jahre.

Nach seinem Tode aber kam Kaiser Heinrich im Jahre (1194) mit einem gewaltigen Heere, in seiner Begleitung Frau Konstanze, seine Gemahlin. Als sie in die Stadt Jesi in der Mark Ancona gelangt waren, gebar sie einen Sohn am Tage des Festes des heiligen Stephan. Und während sie mit dem Kinde dort zurückblieb, betrat der Kaiser machtvoll das Königreich und nahm es in Besitz.

Er ergriff Wilhelm, den Sohn des genannten Tankred, ebenso dessen Mutter und drei Schwestern, sowie elf weitere Adlige des Königreichs und führte sie gefangen nach Deutschland. Alle diese Menschen, außer den Frauen, entzog er dem Licht des Tages und hielt sie im Kerker fest. Der Kaiser selbst aber starb vier Jahre, nachdem er die Herrschaft über das Königreich erlangt hatte, in Messina (28.9.1197).

Nachdem Frau Konstanze auf diese Weise verwitwet war, entlohnte sie alle deutschen Krieger, die ihr Mann in Sizilien um sich gehabt hatte, reichlich und schickte sie nach Deutschland zurück zu Herrn Philipp, dem Bruder des Kaisers. Dieser Herr Philipp ließ auf Bitten des Herrn Papstes Innozenz III. alle apulischen Adligen, die in Deutschland gefangen waren, mitsamt ihren Frauen frei; und sie kehrten in ihr Eigentum zurück.

Den kleinen Friedrich aber, der in der Obhut und Pflege der Gemahlin des Herzogs Konrad von Spoleto in der Stadt Foligno war, schickte, auf Anforderung der Mutter, der Graf Peter von Celano durch den Grafen Berard von Loreto, seinen Vetter, zu seiner Mutter. Nach seiner Ankunft wurde der Fünfjährige am Pfingstfest 1197 (17.5.1198) im Dom zu Palermo zum König gesalbt.

Am Feste des heiligen Andreas aber (27.11.1198) starb auch Frau Konstanze und ließ den Knaben unter dem Schutz des höchsten Priesters, des Herrn Innozenz (III.), und der römischen Kirche zurück und übergab ihn der Obhut des Herrn (Erzbischofs) Matthaeus von Capua (und des Herrn Erzbischofs Bartholomaeus von Palermo) sowie des Herrn Bischofs Walter von Troia, des Kanzlers des Königreichs Sizilien.

Innerhalb kurzer Zeit jedoch starben jene beiden (Erzbischöfe), der von Palermo und der von Capua, in Palermo, und es blieb allein Herr Walter (von Pagliara), der die Sorge für den Knaben klug und glücklich versah. Der Adel des Königreiches aber, der übriggebliebene war, besetzte fast das ganze Königreich zu seinem Nutzen und ging auf den Tod des Knaben aus, auf daß jenes Wort des bretonischen Merlin erfüllt würde, der da sagt: „Er wird zwischen den Geißen zerrissen, aber nicht verschlungen werden."

Auch die zahlreichen Sarazenen, die damals in Sizilien lebten, erhoben sich gegen ihn. Und er geriet in solche Not, daß er kaum noch etwas hatte, was er essen konnte. (Die zweite Handschrift hat stattdessen: Und sie gerieten in solche Not, daß sie kaum noch etwas hatten, was sie essen konnten.)

Als aber der Deutsche Markward (von Annweiler), der durch Kaiser Heinrich (VI.) Markgraf von Ancona und Graf von Romagnola geworden war, vom Tode der Frau Kaiserin Konstanze gehört hatte, drang er mit einem Landheer ins Königreich ein, besetzte das ganze Land bis Salerno und fuhr dann mit einer Flotte von Salerno ab, um in Trapani zu landen. Er wurde sowohl von den Christen wie auch von den Sarazenen zum überwiegenden Teile (freundlich) empfangen, zumal er sagte, er sei vom Vater zum Hüter des Knaben bestimmt. Und so eilte er mit seinem Heere bis nach Palermo. Der Herr Kanzler und Bischof von Troia rückte ihm mit einem Heere mannhaft und mächtig entgegen. In einer Schlacht in der Nähe von Monreale wurde der Markgraf in die Flucht geschlagen. Nichtsdestoweniger behielt er außer der Stadt Palermo ganz Sizilien in seiner Hand. Noch einmal zog der Herr Kanzler gegen ihn, und in einem Treffen im Gebiet von Randazzo wurde der Markgraf wiederum in offener Feldschlacht besiegt.

Trotzdem ließen alle Sizilier nicht von der Treue zu ihm ab. Als er jedoch vor die Stadt Patti kam, um die Stadt Messina, zu der er von deren Bürgern gerufen wurde, einzunehmen, starb er in der genannten Stadt Patti (Sep. 1202). Darauf eroberte der Herr Kanzler Sizilien zum größten Teil zurück.

O: HB 1, S. 891-893 – Ü: Heinisch (1969), S. 11-13 – Stürner (1992), S. 106 (insb. Anm. 100).

In der Mitte des 14. Jahrhunderts verfaßte ein unbekannter Bürger der Stadt Palermo eine „Sizilische Chronik", deren ausführlichste erhaltene Fassung von 820 bis 1348 reicht. Ihr Wert besteht vor allem in den zahlreichen Dokumenten, die der Verfasser im königlichen Archiv von Palermo einsehen konnte und oft im Wortlaut in seine Chronik übernahm. Die chronologisch und sachlich wenig zuverlässigen verbindenden Texte beschränken sich oft auf die Nennung der Regierungszeiten und genealogische Angaben, betonen aber vor allem die besondere Rolle Palermos und seiner Bürger. Diese steht auch im knappen Bericht über die Kindheit Friedrichs in Sizilien im Vordergrund. Die Sicht des Chronicon Siculum ist im übrigen bestimmt vom Gegensatz zwischen den Anjou von Neapel, die gestützt auf ihre Belehnung durch den Papst seit 1265 die Herrschaft über das gesamte normannisch-staufische Erbe in Unteritalien beanspruchten, und den vom sizilischen Adel erhobenen aragonesischen Königen von Sizilien, die sich auf ihre (wenngleich illegitime) staufische Herkunft beriefen. Die prostaufische Legitimationsstrategie und die in den Auseinandersetzungen Ludwigs des Bayern mit der Kurie pro-kaiserliche Haltung der Könige von Sizilien spiegelt sich auch in der Darstellung der Kindheit Friedrichs: Seine Königskrönung erfolgt durch die Palermitaner, seine Kaiserkrönung nicht durch, sondern lediglich „mit Gunst" (*cum favore*) des Papstes; beides zusammen erinnert auffällig sowohl an die Ausrufung Friedrichs III. zum König von Sizilien durch die Barone und Städte der Insel 1295 als auch an das Vorgehen Ludwigs des Bayern, der sich 1328 durch Vertreter des römischen Volkes zum Kaiser hatte krönen lassen:

22. Kaiser Heinrich starb am 4.10.1197 und hinterließ den vierjährigen Friedrich. Diesen brachte die Kaiserin so klein nach Palermo und ließ Graf Rainer von Sarteano (...) nach Sizilien kommen, damit er das Reich für den Waisenknaben Friedrich regiere und innehabe.

23. Dieser Graf verwaltete eine Zeit lang für den Waisenknaben das Reich. Später aber rebellierte er mit allen Siziliern gegen ihn, ausgenommen jedoch die Palermitaner, die nur die Stadt Palermo für Friedrich in Besitz hielten und ihn ernährten, bald ein Bürger eine Woche, bald ein anderer einen Monat und so weiter, bis er etwa sieben Jahre alt war.

24. Im Alter von sieben Jahren aber wurde Friedrich im Jahre 1200 von den Palermitanern zum König von Sizilien gekrönt. Mit neunzehn Jahren wurde er dann mit Gunst des Papstes Kaiser (und im vierten Jahr seines Kaisertums durch seine Gemahlin Isabella König von Jerusalem).

O: Rosario Gregorio, Bibliotheca scriptorum qui res in Sicilia gestas sub Aragonum imperio retulere, Palermo 1791/1792, Bd. 2, S. 129 f. (= Muratori[1] 10, Sp. 816) – L: Gina Fasoli. Cronache medievali di Sicilia, Bologna 1995, S.48-54; Stürner (1990), S. 106.

Brief Rainalds von Capua

Als Markward von Annweiler am 1.11.1201 das den Hafen von Palermo beherrschende Castello a Mare besetzte und den von seinen Verteidigern verlassenen Friedrich II. in seine Gewalt brachte, wurde Wilhelm Francisius, der Erzieher des jungen Königs, Augenzeuge des Geschehens. Er unterrichtete umgehend Rainald von Celano, der Ende 1199 zum Erzbischof von Capua gewählt worden war, obwohl er das kanonische Alter von 30 Jahren noch nicht erreicht hatte. Rainald hatte seine Laufbahn als Subdiakon an der Kurie begonnen und war in den ersten Jahren seiner Amtszeit einer der wichtigsten Vertreter der päpstlichen Position auf dem sizilischen Festland; als Neffe Walters von Pagliara und seines Bruders Gentilis von Manopello unterhielt er jedoch auch enge Beziehungen zu der von diesen angeführten sizilischen Adelspartei, in deren Obhut sich Friedrich II. bis zum Handstreich Markwards von Annweiler befunden hatte. Noch im November 1201 berichtete Rainald von Capua in einem Brief an Papst Innozenz III.:

Groß ist in den menschlichen Dingen der „Schatten der Veränderlichkeit" (Jak 1, 17), der die Fluten des weltlichen Geschehens durch viele Schwankungen verändert, indem er Frohes mit Traurigem und Trauriges mit Frohem verbindet.

Noch war, Heiliger Vater, mein Herz nicht ganz ausgefüllt von dem Glück, das mich wegen des Sieges über die Ungläubigen gleichsam in einen Zustand heiliger Freude versetzte, noch war mein Mund nicht fertig, den Namen Gottes zu preisen, der auf Grund eurer großen Verdienste eurem Vorkämpfer vergönnt hatte, die Treulosigkeit des abtrünnigen Volkes zu überwinden, siehe, da „diente plötzlich meine Harfe mir zum Trauerliede, zu bitterem Schluchzen die Schalmei“ (Hiob 30,31), und der laute Jubel der Freude, der sich eben über das glückhafte Geschehnis erhoben hatte, wurde durch die Bitternis des überraschenden Jammers unterdrückt.

Weh mir! Am Montag, den 5.11.(1201) kam – da der Allmächtige es so glücklich fügte, daß ein Umstand, den er betreffs des Königs melden sollte, auf schnellstem Wege zum Hüter des Königs gelangte – ein Bote des Wilhelm Francisius aus Palermo in die Gegend, in der ich wohne, mit der überaus traurigen und gewissen Nachricht, daß jener vom Kelche des göttlichen Zornes trunkene Mensch, der treulose Markward, begünstigt durch das infolge des Mangels am Notwendigsten und durch den lähmenden Hunger geschwächte Volk, sowie auf Antrieb Gilberts von Montfort und Walters von Mazzara, am 18. Oktober mit seinen Leuten in Palermo eindrang.

Bald erreichte man dann in den folgenden Tagen, daß, obschon der Graf Gentilis (von Manopello, der Bruder Walters von Pagliara), der sich im Schmerz über den abscheulichen Verrat zum Schutze des Königs in das Castello a Mare zurückgezogen hatte und gewissermaßen von dem Schmutz dieser offenkundigen Schmach nicht befleckt ist, sich bemühte, das Vorhaben jenes Nichtswürdigen und seiner Genossen zu verhindern, dergestalt daß er sich, wenn er nicht infolge der Verderbnis aller und der offenkundigen Niederträchtigkeit des Verrats gestrauchelt wäre, der drohenden Kriegsgefahr entgegengeworfen und einen erbitterten Kampf begonnen hätte – daß also der Hofkastellan von Accarino und seine Genossen eben diesem Markward den König, den Palast und den erwähnten Wilhelm Francisius, den Lehrer des Königs, am Feste Allerheiligen, die jene vernichten mögen, um die dritte Stunde des Tages auslieferten.

Weh mir! Beweinenswertes habe ich zu berichten, Dinge, die trauervolle Seufzer hervorrufen, mitleidswürdige, die aufrichtiges Mitgefühl erwecken, die ohne Schmerz auszusprechen man jedenfalls ein eisernes Herz haben und die ohne tiefstes Mitleid anzuhören man von unmenschlicher Hartherzigkeit sein müßte.

Als der Knabe durch die fluchwürdige Treulosigkeit seiner Wächter verraten und er, der sanfte junge König, von dem, der ihm nach dem Leben trachtete, in den innersten Gemächern des Palastes gestellt war und als er nun die Gefangenschaft unabwendbar vor Augen sah, weil die Schwäche seiner Jugend und der Abfall seiner Leibwächter jede Möglichkeit einer Verteidigung ausschlossen, als ihm klar wurde, daß er nun den Fesseln der Barbaren ausgeliefert sei, er, der eben noch mit Wiegenliedern hatte in den Schlaf gesungen werden sollen, da schützte er sich selbst statt durch Waffengewalt mit Tränen und vermochte doch nicht – ein gutes Vorzeichen für den künftigen Herrscher – den Adel königlicher Gesinnung zu verleugnen, wie der Berg Sinai, den kein Unwürdiger besteigen darf (Ex 19,12; Hebr 12,20); so sprang er, da er ja doch erhascht werden mußte, dem Häscher entgegen und suchte, so gut er konnte, den Arm dessen, der den Gesalbten des Herrn antastete, zu lähmen. Darauf nestelte er seinen Königsmantel auf, zerriß voll Schmerz seine Kleider und zerkratzte mit der Schärfe der einschneidenden Nägel sein zartes Fleisch.

Dann aber überließ der Graf Gentilis das erwähnte Kastell treuen Hütern und ging nach Messina, wohin er meiner Meinung nach nur deshalb gekommen ist, um jenem Kastell die nötige Zufuhr an Lebensmitteln, an denen es äußersten Mangel litt, zu besorgen; denn wie oder warum er dorthin kam, konnte ich von dem genannten Boten nicht genau in Erfahrung bringen.

Was ich aber über den Grafen berichtet habe, teile ich euch nicht deshalb mit, weil ich es für unbedingt wahr halte oder gar die Absicht habe, ihn durch meinen Bericht über Gebühr zu loben, oder weil ich euch die Meinung, die ich von ihm habe, aufdrängen, sondern weil ich euch die wahrhaftigen Tatsachen der Reihe nach enthüllen will; Rücksicht auf Verwandte leitet mich nämlich niemals so, daß ich das Blut dem Geist vorziehe. Glaubt also, bitte, nicht etwa, ich berichtete zugunsten meines eigenen Fleisches und Blutes, wenn ich von dem, von dessen Treue seine eigenen Taten Zeugnis ablegen, lediglich nach bestem Wissen Bericht erstatte.

Da nun also die Gefahr des ganzen Reiches in dieser bis dahin unerhörten Verworfenheit liegt und darum die Feinde um so schrecklicher wüten, das kleinmütige Volk um so verzweifelter hin und her schwankt, wage ich in Staub und Asche vor eure Augen zu treten, zu bitten und in jenem Glauben, der vieles für möglich hält, zu fragen, ob ihr mit der elenden Gefangenschaft, in der der zarte kindliche König gehalten wird, und den geraubten Rechten eures Mündels frommes Mitleid haben, wie ich sicher glaube, und darüber hinaus in erneuter angstvoller Sorge euch aufmachen und mit dem huldreichen Ratschluß Gottes, den ihr von Angesicht zu Angesicht schaut (1 Kor 13,12), über seine Rettung zu beraten geruhen wollet.

Die Befreiung des zersprengten Gefolges, die bekanntlich unsere eigene Bedrängnis verhindert, möge mit Gottes Hilfe so beschleunigt werden, daß nicht durch unheilvolle Verzögerung die fluchwürdige Herrschaft um sich greife und das erhabene Königtum mit dem Ende des sterbenden Königs schmachvoll untergehe, da ja, abgesehen von aller Tyrannei, die jener Treulose in den besetzten Städten und Kastellen ausüben könnte, bezüglich des Lebens des

Königs mehr zu fürchten ist, das, je erbärmlicher es in Bedrängnis ist, um so gebieterischer euch und den Friedliebenden, um ihm zu Hilfe zu kommen, da Not am Manne ist, einen Waffenstillstand verbietet, da die Unschuld des Lammes in den Zähnen des Wolfes schlecht aufgehoben ist und das Blut des Knaben in der Hand dessen, der nach ihm trachtet, keinesfalls gelassen werden darf. Wollet mich also, wenn ihr es tun wollt, bitte, durch apostolisches Schreiben unterrichten, da ich, wenn ich auch eifrig auf dem Pfade eurer Befehle bin, dennoch von eurem Wunsch und Willen stets angetrieben sein möchte.

O: Hampe (1901), S. 592-595 – Ü: Heinisch (1968), S. 9-12 – L: Stürner (1992), S. 98 f.; Neumann (1986), S. 100-102.

„Brief Friedrichs II. an die Fürsten der Welt" (1201)

Die Verhältnisse, unter denen Friedrich II. in Sizilien aufwuchs, sind auch Gegenstand eines im Namen des unmündigen Königs verfaßten Briefgedichtes „an alle Könige und Fürsten der Welt". Anklänge an die Wortwahl in päpstlichen Schreiben des Sommers 1201 haben zu der Vermutung geführt, daß dieser Brief tatsächlich im Umfeld Friedrichs II. entstand und im Juni 1201 verschickt wurde.

Dies ist jedoch kaum vorstellbar: Wer das Schreiben im Namen des Königs versandt haben könnte, ist nicht erkennbar (offenbar nicht diejenigen, in deren Obhut er sich befindet, denn diese hätten sich ja selbst darin belastet), ebensowenig eine klare politische Zielrichtung. In der Lage des Jahres 1201 scheint der Rückgriff auf die Idee eines Erbanspruchs Friedrichs auf das Kaisertum zudem ganz unpassend, da sie den Interessen keiner Partei entspricht.

Mit Sicherheit handelt es sich um eine der in Briefsammlungen nicht seltenen Stilübungen, die einen Gegenstand aus einem anderen echten Brief aufgreifen und in rhetorisch durchgestalteter Form ausführen. Im Mittelpunkt steht die königliche Würde und die Frage, inwieweit die Herrschaftsträger in einem Reich die königliche Handlungsfreiheit einschränken dürfen, ein im frühen 13. Jahrhundert in allen europäischen Reichen aktuelles Thema:

Allen Königen des Erdballes und den Fürsten der Welt, die mit irgendwelcher Würde des heiligen Glaubens geziert sind, wünscht der noch unmündige, unschuldige König Siziliens namens Friedrich Heil im Herrn, soweit wie möglich. Vom Norden und vom Meere strömt herbei, ihr Völker, eilt herbei, ihr Könige, sputet euch, ihr Fürsten, und schaut, ob es einen Kummer wie den meinen gibt, und wenn ihr die Aufstände, die gegen meine kindliche Schwäche gerichtet sind, am eigenen Leibe spürt, so kommt dem unschuldigen Knaben zu Hilfe, oder beklagt die Drohungen, die gegen mich, den beleidigten König, ausgestoßen wurden, und die unerhörten Schmähungen eurerseits mit mir!

Weil ich, von dem erhabenen Kaiser Heinrich gezeugt und an den Brüsten seiner erhabenen Gemahlin, der seligen Kaiserin Konstanze, gesäugt, durch ein feindseliges Geschick – o Jammer! – so rasch hintereinander beider Eltern beraubt bin und es mir deshalb nicht vergönnt war, die prinzlichen Wonnen zu verkosten, durfte ich, der ich unter schleichenden Bedrängungen die Härten der Unmündigkeit erlitt, nicht das Antlitz der Eltern schauen.

Während mir also solches widerfuhr und ich anstatt des Erbes des Königtums und der kaiserlichen Würde einer knechtischen Bevormundung unterworfen bin, wie ein Lamm unter Wölfen gleichsam als Testamentsfälscher des Lebens geachtet werde, seither mannigfachen Völkern und Angehörigen verschiedener Stämme übergeben, als königlicher Sproß eines so erlauchten Paares so in die vielfachen Schlingen geriet und in die Zwistigkeiten der Untergebenen gezogen wurde, weil sie ihren Vorteil mehr im Besitz des Königreiches als des anvertrauten Königs suchen, habe ich den Ruhm unseres angestammten Königtums verloren, und sie haben daraufhin über Kleid und Person des Königs das königliche Los zu werfen vorgegeben. Denn seither quält mich bald der Deutsche (Markward von Anweiler und Diepold von Schweinspeunt), bald verletzt mich der Toskaner (Pisa), bald stört mich der Sizilier (die Sarazenen), bald beunruhigt mich der Gallier (Walter von Brienne) und der Barbare oder irgendwer sonst. Das tägliche Brot wird mir nach Gewicht, der Trank becherweise, die Freiheit quentchenweise zugemessen. Unter dauerndem Mißbrauch des königlichen Namens werde ich mehr regiert, als daß ich regiere, mehr geheißen, als daß ich heiße, muß ich mehr erbitten, als ich bekomme.

Was soll ich noch mehr sagen? Das Volk ist töricht und nicht weise; es ist nicht verträglich, sondern streitsüchtig. Wenn also mein höchster Erlöser lebt und mich aus dem Meere derartigen Leides zu erheben geruhen will, so bitte ich euch, ihr Fürsten, die ihr den Erdball beherrscht, so flehentlich, wie ich vermag, ihr möget nicht so sehr mit mir als vielmehr untereinander in dieser Angelegenheit wetteifern, den Knechten zu widerstehen, den Sohn des Kaisers zu befreien, die Krone des Königs wieder zu erheben und das zerstreute Volk zu sammeln, damit ihr, während ihr solcherart vor aller Augen handelt, wenn der Herr vom Himmel herab auf die Söhne der Menschen schaut, seht, ob er solches bemerkt und entdeckt, er, durch den ihr herrscht und die Länder der Erde in Gerechtigkeit richtet.

Denn sicherlich werden dann die Himmel das Verborgene enthüllen und, wenn ihr nicht dafür gesorgt habt, daß sich rächende

Hände gegen die Schuldigen ausstrecken, so werdet ihr fürchten müssen, daß ihr selbst mit ähnlichem Unheil bestraft werden werdet.

O: HB 1, S. 78 f. – Ü: Heinisch (1968), S. 12 f. – L: Stürner (1992), S. 107 (Anm. 102).

Zwei Schreiben von 1207

Ein unbekannter Verfasser aus der unmittelbaren Umgebung Walters von Pagliara und Friedrichs II. beschrieb 1207 in einem Brief an einen namentlich nicht bekannten Freund Walters, Erscheinung, Gestalt und Charakter des jungen Königs. Ziel der Briefe ist es, den Adressaten zur Hilfe für Friedrich II. zu bewegen. Die idealisierende Tendenz der Darstellung ist unverkennbar; zahlreiche Motive sind gängige Topoi der Panegyrik jugendlicher Herrscher. Individuellere Züge gewinnt das Bild vor allem an den Stellen, an denen der Verfasser das unkonventionelle Verhalten des Königs beschreibt und (mit der Hoffnung auf Besserung) tadelt:

Da du infolge der Verschiedenartigkeit der Berichterstatter im unklaren bist über den Charakter des Königs, seine Erscheinung, seine Gestalt und seine Haltung, wünschest du eine Beschreibung darüber in meinem Briefe an dich. Wenn nun aber auch meine Feder kaum einer genaueren Schilderung genügen mag, so bin ich dennoch auf Grund deiner aufrichtigen Gesinnung entschlossen, sie desto sorgfältiger zu liefern, um so lieber ich deinem Wunsche entspreche.

Die Statur des Königs also hast du dir nicht gerade klein vorzustellen, doch auch nicht größer, als es seinem Alter entspricht. Den Vorzug aber hat ihm die Natur verliehen, daß sie ihm zu einem widerstandsfähigen Körper kräftige Gliedmaßen gab, denen zu jeder Betätigung eine natürliche Ausdauer innewohnt. Niemals in Ruhe, verbringt er den Tag in ständiger Tätigkeit, und damit die Kraft durch Übung gemehrt werde, schult er seinen gelenken Körper in jeglicher Handhabung und Kunst der Waffen. Und wenn er sich darin übt, dann zieht er wohl sein Schwert, das ihm mehr als alles andere vertraut ist, und gerät in wilde Wut, als wollte er in das Antlitz seines Gegners stoßen. Den Bogen zu spannen und Pfeile zu entsenden, hat er wohl gelernt und übt sich fleißig darin. Er hat seine Freude an edlen und schnellen Rossen; sie mit dem Zügel zu lenken und zum Laufe zu spornen, versteht – das kannst du glauben – niemand besser als der König. So schult er sich in jeglichem Kriegshandwerk, verbringt in immer wechselnder Betätigung den ganzen Tag bis zur Nacht und verwendet dann noch die ganze Zeit der folgenden Vigilie auf die Waffenkunde.

Übrigens eignet ihm eine königliche Würde, die Miene und gebieterische Majestät des Herrschers. Sein Antlitz ist von anmutvoller Schönheit, mit heiterer Stirn und einer noch strahlenderen Heiterkeit der Augen, so daß es eine Freude ist, ihn anzuschauen. Aufgeweckt ist er, voll Scharfsinn und Gelehrigkeit, aber er zeigt ein ungehöriges und unschickliches Betragen, das ihm nicht die Natur mitgegeben, sondern an das ihn rüder Umgang gewöhnt hat.

Doch die natürliche Begabung des Königs, sich leicht zum Besseren zu wandeln, wird wohl noch die Unschicklichkeiten, die er angenommen hat, allmählich durch bessere Gewöhnung ändern. In Verbindung damit steht freilich, daß er, ganz unzugänglich für Ermahnungen, nur dem Triebe seines eigenen freien Willens folgt und es, soviel man sehen kann, als schimpflich empfindet, noch bevormundet und für einen Knaben, nicht aber für einen König geachtet zu werden; und daher kommt es, daß er wohl jede Bevormundung von sich abschüttelt und die Freiheit, die er sich dann nimmt, oft das Maß dessen, was einem Könige erlaubt ist, überschreitet; er läßt sich dann zu sehr in öffentlichen Umgang ein, und das allgemeine Gerede darüber muß die Ehrfurcht vor der Majestät mindern.

So sehr aber eilen seine Gaben dem Alter voran, daß er, noch ehe er zum Manne herangewachsen ist, wohl ausgerüstet mit Kenntnissen, die Gabe der Weisheit empfangen hat, die er doch erst im Laufe der Zeiten hätte erwerben sollen. Darum rechne bei ihm nicht die Zahl der Jahre nach, und erwarte nicht erst die Zeit der Reife, da er an Wissen schon jetzt ein Mann ist und an Majestät ein Herrscher.

In einem zweiten, etwa gleichzeitig entstandenen Brief greift derselbe Verfasser das in Beschreibungen jugendlicher Herrscher verbreitete Bild des *puer senex*, des „altersweisen Knaben", auf:

Darüber hinaus muß ich euch, meinem Herrn, wahrheitsgetreu berichten: Der König hat an Wissen und Kraft sein eigenes Alter so übertroffen, daß man an ihm nur finden kann, was einen reifen und vollkommenen Mann zieren würde. Man muß ihm unverzüglich und ohne Zögern gehorchen, da er von sich aus zwischen Getreuen und Ungetreuen, zwischen Guten und Schlechten unterscheidet.

O: Hampe (1901), S. 596-598 – Ü: Heinisch (1968), S. 16-18 – L: Stürner (1992), S. 108-110.

Ernst Kantorowicz

Auf der Grundlage dieser Quellen entwarf Ernst Kantorowicz 1927 folgendes Bild der Kindheit Friedrichs in Palermo:

Wenn es wahr ist, daß der Knabe in seiner Jugend der Spielball der gleichen Kräfte ist, die er später als Mann in ihrer Gesamtheit beherrscht und durchdringt, so war Friedrich wohl schon damals die Weltherrschaft bestimmt. Denn in dem kleinen Sizilien waren alle Kräfte des Morgen- und Abendlandes vertreten durch eine Auslese sämtlicher Mächte der damaligen Welt, die sich auf der Insel und in Apulien herumschlugen und tummelten und wie im Urchaos mit primitivsten Trieben durch- und übereinanderwogten (...) .

Nur ein einziger Trieb war diesen Parteien gemein: dem plattesten Gewinn nachzugehen und sich möglichst auf Kosten des wehrlosen Königs zu bereichern (...). Der Person des Königs habhaft zu werden war das erstrebenswerteste Ziel, weil dieses Kind für den jeweiligen Machthaber und Sieger die legale Grundlage bedeutete einer mehr oder weniger gewalttätigen Herrschaft. Genau wie das sizilische Königssiegel, so wanderte Friedrich II. selbst als ein wertvoller aber gleichgültiger Gegenstand von Hand zu Hand, von jedem der Machthaber ausgebeutet, von den meisten angefeindet, oft mit dem Tode bedroht (...) „unter reißenden Wölfen ein Lamm", wie ein Chronist ihn genannt hat.

Das war die Luft, in der Friedrich II. aufwuchs: Unter Waffenlärm, bisweilen tatsächlich in Lebensgefahr, und durch Jahre in wirklicher Not. In der ersten Zeit (...) mag alles einigermaßen erträglich gewesen sein. Als Friedrich aber siebenjährig Markward von Annweiler und dessen Genossen und Nachfolgern in die Hände fiel, begann für ihn eine schlimme und wüste Zeit (...).

In der Königsburg selbst scheint sich fortan niemand mehr um den Knaben bekümmert zu haben. So arg hatte man außerdem mit dem königlichen Gute gewirtschaftet, daß es dem Kinde buchstäblich oft an dem Nötigsten fehlte, bis sich die mitleidigen Bürger Palermos seiner ein wenig annahmen und ihn wenigstens beköstigten: einer eine Woche, ein anderer einen Monat, je nachdem die Bürger selbst dazu in der Lage waren.

Die Leute mögen den schönen Knaben, dessen heitere, strahlende Augen damals schon auffielen, gern in ihrer Nähe gesehen haben und unbeaufsichtigt streifte der acht-, neunjährige König durch Gassen, Märkte und Gärten der halb-afrikanischen Hauptstadt am Fuße des Pellegrino, wo in verwirrend buntem Gemisch Völker, Religionen, Sitten sich wechselseitig durchdrangen (...): Normannen und Italiener, Sarazenen, Deutsche, Juden und Griechen. Auf den Verkehr mit ihnen allen war der geweckte Knabe angewiesen, der Gebräuche und Sprachen all jener Völker und Stämme sehr bald beherrschen lernte.

Ob da wohl ein weiser Imâm die Stelle eines Chiron bei dem vereinsamten Knaben übernahm? Oder ob die Kräfte der Erde und der Natur ein anderer den künftigen Weltenbeherrscher kennen, beobachten, nutzen lehrte, dessen Wissen um die Lebensgesetz von Mensch, Tier und Pflanze später die Welt ebenso in Erstaunen setzte wie seine unmittelbare Erdnähe schreckte? Wir wissen es nicht. Doch das eine ist sicher, daß seine Erziehung ganz ungewöhnlicher Art war, von der aller anderen Königssöhne im innersten Grund verschieden.

Friedrich ist nicht etwa wie sein Vater von einem gelehrten Kaplan (...) erzogen worden, auch nicht wie so viele andere Fürsten in klösterlicher Stille von einem weltflüchtigen Mönch. Gerade wegen seines späteren umfassenden Wissens und seiner staunenerregenden fremdartigen Gelehrtheit hat man angestrengt nach dem eigentlichen Erzieher des Staufers geforscht – den Aristoteles Friedrichs hat man nicht gefunden.

Und das ist begreiflich. Denn einen Lehrer seiner Art, den er hätte übertreffen oder auch enttäuschen können, gab es damals nicht (...). Friedrich ist ein typischer Nicht-Schüler gewesen: niemandem hatte er etwas zu danken und was er war, war er „sua virtute“.

Die elementaren Kenntnisse freilich mag ihm etwa jener Magister Wilhelm Francisius beigebracht haben, der in der Umgebung des siebenjährigen Knaben einmal erwähnt noch um 1208 nachweisbar ist, (...) auch in anderen Dingen mag er, wenn auch unregelmäßig unterrichtet worden sein (...) doch eine wirkliche Erziehung hat er niemals genossen und seiner späteren Gelehrtheit merkt man es sehr wohl an, daß sie nicht Erzeugnis einer „Schule“ war, sondern ein Erzeugnis des Lebens, das ihn schon im zartesten Alter zwang, unmittelbar und ohne fremde Hilfe jeglichem Stoff die gerade ihm nötige Kraft zu entsaugen (...).

Erzogen hat den Stauferknaben einmal der Dinge Not (...), dann aber Markt und Gasse Palermos, das heißt: das Leben selbst. Auf jenen Streifzügen, die ihn zum Freund aller Welt machten, wird er auch den Grund seiner späteren Lebensweisheit gelegt haben.

O: Kantorowicz (1927), S.29-32 – L: Stürner (1992), S. 106 f.

Brief Innozenz III. an Peter II. von Aragón

Anfang 1208 schrieb Papst Innozenz III. an König Peter II. von Aragón, der auf die in den Monaten zuvor wiederaufgenommenen Verhandlungen um eine Ehe Friedrichs II. mit einer seiner Verwandten nur zögerlich eingegangen war. Um ihn von den Vorteilen einer sizilisch-aragonesischen Eheverbindung zu überzeugen, schildert Innozenz III. in diesem Schreiben die Vorzüge Friedrichs II.:

Die besondere Neigung, die wir deiner Person und dem Königreiche Aragón entgegenbringen, treibt uns, deine Hoheit nicht nur betreffs des dir und jenem Vorteilhaften zu mahnen, sondern auch dann zu tadeln, wenn du dich um dieses nicht so kümmerst, wie es sich gehört. Denn wir sind dir auch in dieser Beziehung ein Vater, der seinen geliebten Sohn zurechtweist und züchtigt.

Deine königliche Hoheit ist sich sicherlich bewußt wie wir über die Angelegenheit der zwischen deiner Schwester und unserem in Christo geliebten Sohne Friedrich, dem erhabenen König von Sizilien, zu vollziehenden Ehe, über die bereits von deiner Mutter ein Vertrag geschlossen worden war, einst mit dir nachdrücklich gesprochen und dich oft durch unsere Briefe daran erinnert haben. Aber wenn du auch kürzlich zu seiner Unterstützung zwei Galeeren bestimmt hast, wofür wir deine königliche Fürsorge angelegentlich dem Herrn empfahlen, so hast du dennoch die Bestätigung jener Verbindung, die wir von seiten des besagten Königs nicht ohne große Mühe erlangt haben, was dich betrifft, länger aufgeschoben, als es nötig und ersprießlich ist.

Nunmehr solltest du es, zumal du es früher nicht wenig zu wünschen schienst, nicht weiter verschieben, weil man außer dem Umstand, daß durch solche Verzögerung der Vorteil eines überaus großen Nutzens zunichte gemacht wird, von dir spottend sagen könnte: Seht den Mann, der anfing und nicht vollenden konnte! Um übrigens in gleicher Weise mit dir und für deine Ehre zu sprechen: Welche Trägheit hindert dich noch? Welche Lässigkeit widerrät dir die Vollendung einer für dich so vorteilhaften Sache und den Vollzug einer so glückverheißenden Verbindung, daß du ein heutiges Glück auf morgen verschiebst und immer wieder vertagst? Fernerhin gibt es keinen Grund, aus dem es sich schickte, deine Schwester einer so großartigen Heirat zu entziehen.

Sehr hochgestellt ist nämlich der Bräutigam: Er trägt den Titel eines Königs von seiner Mutter her; um den Adel seines Geschlechtes ist es nicht schlechter bestellt, sondern auf beiden Füßen schreitet er fest einher und vermehrt die von Geschlecht zu Geschlecht vererbte Größe seines Blutes durch die Herrlichkeit seiner Gaben. Sohn und Enkel nämlich ist er von Kaisern; denn nicht nur sein Vater war Kaiser, sondern auch sein Großvater. Von einer erhabenen Mutter stammt er ab, die, selbst Königin von Sizilien, einst eines Königs Schwester war, eines Königs Tante, eines Königs Tochter und außerdem die Enkelin dessen, der, ruhmvoller durch seine Taten als durch seinen Namen, König über zwei unterschiedliche und feindliche Mächte, über die Venezianer und andere Völker an einem Tage in verschiedenen Gegenden der Erde zu Wasser und zu Lande triumphiert haben soll.

Ansehnlich bezüglich seiner Abstammung überschreitet der Bräutigam deiner Schwester – wie es von den ihm ebenbürtigen Cäsaren geschrieben steht: Ihre Mannheit tritt vor der Zeit ein! – beschwingten Schrittes die Schwelle der Reife und beginnt, indem er durch Leistung das fehlende Alter ersetzt, wunderbar mit den ersten Regierungsversuchen.

Schließlich ist auch sein Erbland reich und edel unter den übrigen Reichen der Welt, ist deren Nabel und Hafen; von ihm aus und durch es könnten dir um so größere Vorteile erwachsen, als sein Reich dem deinen über See am nächsten liegt und von uns infolge der besonderen Vorliebe des heiligen Petrus vorzüglich geliebt wird.

Da also unser ehrwürdiger Bruder, der Bischof von Mazzara, ein ebenso kluger wie treuer und durch seine wohlerwogenen besonderen Eigenschaften zu diesem Geschäft geeigneter Mann, zu deiner und deiner Beauftragten Unterrichtung abgesandt wird, um deine Schwester herüberzuholen, so mahnen wir deine königliche Hoheit und ersuchen dich eindringlich und ernsthaft, sie mit einer angemessenen Mitgift und einem ehrenvollen Geleite, dem sie selbst, wie es einer solchen Braut zusteht, voranschreite und von dem ihr Bräutigam den Trost einer willkommenen Hilfe empfange, unverzüglich absenden zu wollen, die Kosten und den Aufwand, die ein solch ehrenvolles Unternehmen fordert, keinesfalls zu scheuen, da sie dir, wenn, wie wir sicher hoffen, Gott gnädig ist, zehnfach zurückerstattet werden.

O: HB 1, S. 131-133 – Ü: Heinisch (1968), S. 23 f. – L: Stürner (1992), S. 108.

VON PALERMO NACH KONSTANZ

Die Regentschaft Papst Innozenz III. endete am 26.12.1208, als Friedrich II. vierzehn Jahre alt wurde. Schon die ersten eigenständigen Handlungen des jungen Königs lassen erkennen, daß er die Regierung des Reiches nun selbst in die Hand zu nehmen beabsichtigte. Als eine seiner ersten Amtshandlungen nahm er Einfluß auf die Besetzung des vakanten Erzbistums Palermo und zeigte damit, daß er gewillt war, entgegen den Zugeständnissen seiner Mutter Konstanze die volle Kirchenherrschaft seiner normannischen Vorfahren wiederherzustellen.

Schon im Frühjahr 1209 begann er außerdem in Sizilien und Kalabrien damit, planmäßig die in seinem Namen in den Jahren seiner Minderjährigkeit ausgestellten Privilegien prüfen zu lassen und entfremdeten königlichen Besitz zurückzufordern. Diese Maßnahmen richteten sich vor allem gegen Walter von Pagliara, der als Kanzler für die in den Jahren zuvor ergangenen Urkunden verantwortlich war. Friedrich II. verdrängte ihn bald aus seiner beherrschenden Stellung, indem er Adlige und Geistliche in den Kreis der Familiaren (den königlichen Rat) berief, die in Auseinandersetzungen mit Walter von Pagliara verwickelt gewesen waren. Im Februar 1210 verwies er ihn von seinem Hof.

Gestützt auf seine neuen Berater war Friedrich II. gerade dabei, seine Herrschaft über die Barone und Adligen Siziliens durchzusetzen, als am 18. August 1209 Konstanze von Aragon, begleitet von einer großen Zahl aragonesischer Ritter in Palermo landete. Ein Brief Friedrichs II. an die apulischen Barone zeigt, daß er gestützt auf diese Streitmacht hoffte, seine Herrschaft auch auf dem Festland bald in vollem Umfang wiederherstellen zu können. Als die aragonesischen Ritter jedoch schon nach kurzer Zeit einer Seuche erlagen, zeigte sich, daß die Herrschaft Friedrichs auch in Sizilien noch keineswegs gesichert war.

Im Reich nördlich der Alpen hatten sich die Verhältnisse gleichfalls zu Friedrichs ungunsten verschoben. Philipp von Schwaben, den die staufische Partei 1198 anstelle Friedrichs zum König gewählt hatte, war am 21.6.1208 in Bamberg ermordet worden, als der Thronstreit bereits zu seinen Gunsten entschieden war. Die Unterstützung der Reichsfürsten fiel nun seinem welfischen Gegner zu. Otto IV. zog nach Italien. Am 4.10.1209 krönte ihn Innozenz III. zum Kaiser. Die Verbindung Siziliens mit dem Reich schien auf Dauer durchbrochen. Im Dezember 1209 brach Otto IV. jedoch die Versprechungen, die er dem Papst gemacht hatte und begann unter Berufung auf das „alte Recht des Reiches" (*antiquum ius imperii*) mit Vorbereitungen zur Eroberung Unteritaliens und Siziliens.

Als Otto IV. im November 1210 tatsächlich die Grenze des Königreichs Sizilien überschritt, schien das Schicksal Friedrichs II. besiegelt zu sein. Innozenz III. exkommunizierte zwar unter Aufhebung aller Treueide Otto IV. und seine Anhänger, doch konnte dieser Unteritalien weitgehend in Besitz nehmen, ohne auf größeren Widerstand zu stoßen.

Mitte Oktober 1211 bereitete sich Otto darauf vor, von Kalabrien aus nach Sizilien überzusetzen und auch die Insel zu erobern, als ihn eine unerwartete Nachricht zwang, überstürzt ins Reich nördlich der Alpen zurückzukehren. Ausgestattet mit der ausdrücklichen Genehmigung des Papstes „auch schon vor der Absetzung Kaiser Ottos einen anderen Kaiser zu wählen“, hatten sich die Erzbischöfe von Mainz und Magdeburg, König Ottokar von Böhmen und Landgraf Hermann von Thüringen mit anderen oppositionellen Fürsten einen Monat zuvor in Nürnberg versammelt, Otto IV. als einem Ketzer die Treue aufgekündigt und an seiner Stelle – die von Innozenz III. selbst gewählte Formulierung aufgreifend – Friedrich II. „zum Kaiser“ gewählt.

Friedrich II. sah sich damit plötzlich und unerwartet in die Rolle des vom Papst favorisierten Gegenkönigs versetzt. Die Vorbehalte, die Innozenz III. während der Jahre des Thronstreites immer wieder gegen die Staufer als ein „Geschlecht von Kirchenverfolgern“ (*genus persecutorum*) vorgebracht hatte, waren ebenso hintangestellt wie die Bedenken gegen eine Verbindung Siziliens mit dem Reich, auf deren Verhinderung Innozenz III. und seine Vorgänger mit aller Macht hingearbeitet hatten.

Die Fürsten, die Friedrich gewählt hatten, entsandten zwei schwäbische Adlige als Gesandte über die Alpen, um den Papst und Friedrich selbst von der Wahl zu unterrichten. Gegen die Bedenken seiner Berater und vor allem der Königin Konstanze, entschloß sich der gerade siebzehnjährige Friedrich die Wahl anzunehmen und nach Deutschland zu gehen. Innerhalb von nur drei Monaten traf Friedrich die notwendigen Vorkehrungen für das risikoreiche Unternehmen: Ein Legat nahm im Namen Innozenz’ III. in Palermo Friedrichs Treueid als päpstlicher Vasall entgegen und verpflichtete den Papst dadurch, Friedrich zu schützen. Heinrich, der einjährige Sohn Friedrichs, wurde zum König von Sizilien gekrönt und so die Nachfolge für den Fall gesichert, daß Friedrich zu Tode käme, zugleich aber die Möglichkeit eröffnet, Friedrich vor einer Krönung zum römischen König oder zum Kaiser dazu zu drängen, auf die Krone Siziliens zugunsten seines Sohnes zu verzichten. Die Regentschaft für die Zeit der Abwesenheit übernahm Konstanze, der nun wieder der 1210 in Ungnade gefallene Walter von Pagliara beigegeben wurde, wohl in dem Bestreben auch die oppositionellen Kräfte Siziliens in die Regentschaft einzubinden und diese auf möglichst breiten Konsens zu gründen.

Nachdem diese Vorbereitungen abgeschlossen waren, begab sich Friedrich II. im März 1212 zu Schiff von Messina über Gaeta nach Rom, wo er von Papst, Kardinälen und Stadtgemeinde feierlich empfangen wurde. Auf dem Seeweg reiste Friedrich wenige Tage später weiter nach Genua, um sich von dort mit kleinem Gefolge einen Weg nach Deutschland zu suchen. Da der bayerische Herzog auf seiten Ottos IV. stand, mußte Friedrichs Ziel sein angestammtes Herzogtum Schwaben sein. Zudem waren die schwäbischen Pässe in Graubünden in der Hand des päpstlichen Bitten gegenüber aufgeschlossenen Bischofs von Chur, während die Brennerroute durch den Herzog von Meranien beherrscht wurde, dessen Brüder im Verdacht standen, an der Ermordung Philipps von Schwaben beteiligt gewesen zu sein. Der Zugang zum Lukmanier und Septimer über den Lago Maggiore oder den Comer See war jedoch durch die Mailänder versperrt, die der Zerstörung ihrer Stadt durch Friedrich Barbarossa 1162 und weiterer Niederlagen eingedenk alles daran setzten, eine Erneuerung des staufischen Königtums im Reich zu verhindern.

Es blieb Friedrich daher nur die Möglichkeit, zunächst quer durch die Lombardei in Richtung Osten zu ziehen. Am 15. Juli 1212 brach er, begleitet von Erzbischof Berard von Bari als päpstlichem Legaten und Markgraf Wilhelm von Montferrat, aus Genua auf. Pavia und Cremona, die traditionell in Opposition zu Mailand standen, gewährten ihm Geleit. Alessandria, den Vorposten Mailands, umgehend, wandte er sich zunächst nach Westen und zog über Asti nach Pavia, wo er mit kaiserlichen Ehren empfangen wurde. Seine Weiterreise war jedoch gefährdet, da Mailand von Norden und Piacenza von Süden sowohl den Wasserweg über den Po als auch die Straßenverbindungen nach Osten sperren konnten. Nur mit knapper Not entkam Friedrich am Lambro, wo ihn die Pavenser den Cremonensern übergeben wollten, einem Angriff der vereinigen Streitmacht beider Städte. Über Cremona und Mantua erreichte Friedrich schließlich Ende August 1212 Verona und damit den Rand der Alpen. Durch das Etschtal zog er wahrscheinlich über den Ofenpaß ins Engadin und von dort (wie König Sigismund im August 1413) über den Julier, Albula oder über Flüela und Strela weiter nach Chur, wo ihn der Bischof aufnahm und nach St. Gallen geleitete.

Mit den Rittern, die er dort als Verstärkung seines Gefolges erhalten hatte, erschien Friedrich vor den Toren der Stadt Konstanz. Dort bereitete man sich schon auf den Empfang Ottos IV. vor, der auf die Nachricht vom bevorstehenden Eintreffen Friedrichs aus Thüringen herbeigeeilt war und von Überlingen am Nordufer des Bodensees mit dem Bischof über seine Aufnahme verhandelte. Wäre Friedrich nur wenig später in Konstanz eingetroffen, hätte er die Stadt verschlossen und den Weg nach Schwaben versperrt gefunden.

Nun aber überstürzten sich die Ereignisse: Der päpstliche Legat verkündete in Konstanz öffentlich die Exkommunikation Ottos, der Bischof von Basel öffnete Friedrich seine Stadt. Bei seinem feierlichen Einzug dort erwarteten ihn bereits zahlreiche schwäbische Adlige, an ihrer Spitze der Bischof von Straßburg mit großem militärischem Aufgebot. Innerhalb weniger Tage fiel Friedrich ganz Schwaben zu. Der Versuch Ottos IV., das Herzogtum als Erbe seiner Gemahlin Beatrix, einer Tochter Philipps von Schwaben, an sich zu bringen, wurde von den schwäbischen Adligen als Fremdherrschaft empfunden. Obwohl die Welfen ursprünglich selbst aus Schwaben stammten, waren sie (vor allem seit der letzte schwäbische Welfe den Stammbesitz der Familie an die Staufer verkauft hatte) in ihrem Selbstverständnis wie in der Wahrnehmung durch andere zu einem sächsischen Adelsgeschlecht geworden; zudem war Beatrix, auf deren staufische Herkunft Otto IV. seinen Erbanspruch gründete, kurz vor Friedrichs Eintreffen am 11.8.1212 verstorben. Als auch die Bürger von Breisach, bei denen Otto IV. Zuflucht gesucht hatte, wenig später ihren Kaiser vertrieben, stand Friedrich der Weg rheinabwärts in den Westen des Reiches offen.

Brief Friedrichs II. vom August 1209

Unmittelbar nach der Ankunft seiner künftigen Gemahlin in Palermo am 18.8.1209, sandte Friedrich II. ein Schreiben in die noch nicht unterworfenen Festlandsprovinzen. Er berichtet von seiner glanzvollen Durchsetzung in Messina, betont die Ankunft seiner Gemahlin „in Macht und Herrlichkeit", d.h. mit militärischem Gefolge, und kündigt gestützt auf diese deutlich, wenngleich ohne drohende Provokation herausgestellte Machtbasis einen Zug zur Unterwerfung Apuliens an:

Da unsere Hoheit weiß, wie eure Wünsche im Eifer der Treue darauf brennen, daß euch sichere Kunde von unserem Glück erfreue, tun wir eurem Verlangen kund, daß mit der Hilfe dessen, der den Königen Heil verleiht (Ps 143,10), unsere Lage zu lauter Glück gediehen ist und in erwünschtem Gedeihen weiter blüht.

Denn da wir in großer Macht durch Sizilien ritten, machte die Furcht vor unserer Gewalt die Söhne des Aufruhrs, die den Frieden hassen, so friedlich, daß sie das Joch unserer Herrschaft in aller Ergebenheit auf sich nahmen und sie sich unserer Macht demütig unterwarfen. Darüber freut sich unser ganzes Land, und es jubelt das Volk sicher in der Fülle des Friedens (Ps 71,7).

Damit aber diesem Vorzeichen die göttliche Gnade glückliche Erfolge unserer Hoheit folgen lasse, hörten wir, als wir in lauter Ruhm und Triumph zu Messina weilten, am Dienstag, dem 28. August, aus sicherer Quelle, die erlauchte Königin, unsere Gemahlin durch Gottes Güte, sei am Feste der Himmelfahrt Mariä (15.8.1209) in Macht und Herrlichkeit in Palermo gelandet und dort mit gebührender Ehrfurcht empfangen worden. Deshalb schicken wir uns an, mit ihr, so Gott es will, die Eheschließung zu begehen.

Nach deren glücklichem Vollzug beabsichtigen wir machtvoll in die Gefilde Apuliens zu ziehen zum Jubel unserer Getreuen und zur Bestürzung jener, die bisher nicht ohne den Makel der Untreue in der Tiefe ihres Herzens einherwandelten (1 Petr 4,3).

Wir wünschen daher und befehlen euch, in der Treue zu uns standhaft auszuharren und, wie ihr bisher dem Grafen von Fondi, Richard von Aquila, unserem getreuen Statthalter, angehangen seid, auch weiterhin euch ihm in jeder Weise treu und anhänglich in euren Diensten zu erweisen, gewiß, was nahe bevorsteht, daß ihr entsprechend eurer Dienste Belohnung durch die Freigebigkeit unserer huldreichen Majestät empfangen werdet.

O: Hampe (1901), S. 170 - Ü: Heinisch (1968), S. 25 f.

Breve chronicon de rebus Siculis

Die nach 1272 verfaßte „Kleine sizilische Chronik" schildert den Verlauf der Ereignisse ganz aus der Perspektive Walters von Pagliara, der für die Jahre 1198-1210/1211 als fürsorglicher Sachwalter des jungen Königs dargestellt wird. Sein Sturz wird daher auch nicht Friedrich II. selbst zugeschrieben, sondern dem schlechten Einfluß Konstanzes von Aragon. Diese Entscheidung erscheint im Gang der Erzählung nicht nur politisch falsch, sondern auch undankbar, da Konstanze der Chronik zufolge ihre Ehe mit Friedrich überhaupt nur der Vermittlung Walters von Pagliara verdankte. Dem mittelalterlichen Leser dürfte die Darstellung unmittelbar eingeleuchtet haben, da ihm ihre Struktur vom biblischen Bericht über den Sündenfall vertraut war: Wie Eva auf die Schlange, so hört Konstanze auf einen „schlechten Rat", wie Eva zunächst selbst die Sünde begeht, aber sogleich auch Adam hineinzieht, so fällt auch Konstanze die Entscheidung selbst, teilt die Verantwortung aber mit ihrem Gemahl.

Im Laufe der Zeit nun heiratete (der junge König Friedrich), auf fürsorgliche Mahnung des Kanzlers und Bischofs von Troja hin, Frau Konstanze, die Tochter des Königs (Alfons II.) von Aragon, die die Gemahlin des (1204) verstorbenen Königs (Emmerich) von Ungarn gewesen war. Diese brachte ihr Bruder, der Graf (Alfons II.) von der Provence, im August des Jahres 1209 mit einer Flotte nach Sizilien. Nach kurzer Zeit jedoch starb dieser Graf in Palermo sowie auch der größere Teil der Ritter, die mit ihm gekommen waren.

Im zweiten Jahre nach der Vermählung (Anfang 1211) schenkte die Herrscherin ihrem Gemahl einen Sohn, der Heinrich genannt wurde. Auf einen schlechten Rat hin entfernte sie sodann im Einvernehmen mit ihrem Manne den Kanzler, der inzwischen zum Bischof von Catania erhoben worden war, von ihrem Hofe.

Im dritten Jahre nach der Ankunft der Herrscherin krönte Innozenz (III.) Otto (IV.), der aus dem Geschlechte der Herzoge von Sachsen stammte, zum Kaiser (4.10.1209). Dieser schwor bei der Krönung dem Papst, das Königreich Sizilien auf keinen Fall zu betreten. Als er aber auf dem Heimwege in der Stadt Orti weilte, drang er auf die dringenden Bitten einiger Großen des Königreiches in dieses ein und bemächtigte sich des Landes bis nach Kalabrien. Inzwischen (18.11.1210) jedoch exkommunizierte ihn der Papst Innozenz (III.) und schrieb an die Fürsten Deutschlands, sowohl an die weltlichen als auch an die geistlichen, sie sollten sich alle gegen jenen erheben. Auf diese Kunde hin kehrte Otto im Monat September (Nov. 1211) nach erfolgter Krönung nach Deutschland zurück.

Unterdessen kamen einige Fürsten Deutschlands zu Friedrich und legten ihm dar, daß sie ihn einmütig zum Kaiser wählen wollten. Er nahm mit sechs Galeeren den Seeweg und wandte sich in Rom an den Papst (April 1212). Der aber ermutigte und bestärkte ihn in seiner Absicht. Darauf gelangte er nach Genua, von wo aus er sich dem ungewissen Schicksal anvertraute und die Lombardei betrat. Die Lombardei aber war, außer Crema und dem Markgrafen (Wilhelm VIII.) von Montferrat, gänzlich eines Sinnes mit Otto. Friedrich schlug sich durch, so gut er konnte, und gelangte nach Deutschland.

O: HB 1, S. 893 - Ü: Heinisch (1969), S. 13.

Richard von San Germano

Richard von San Germano bei Montecassino († 1244) war Notar seiner Heimatstadt, nach 1220 zeitweise auch in der Finanzverwaltung Friedrichs II. tätig. Er verfaßte eine Chronik der Jahre 1208 bis 1227 (Rezension A), die er gegen Ende seines Lebens umarbeitete und auf die Jahre 1189 bis 1243 erweiterte (Rezension B). Seine Sicht ist kaiserfreundlich, doch bemüht er sich um eine sachliche Darstellung der Konflikte Friedrichs II. mit dem Papsttum.

Ausführlicher als andere Chronisten berichtet Richard von San Germano über den Empfang Friedrichs II. in Rom im April 1212. Der Empfang und der Segen des Papstes standen 1212 sicherlich im Mittelpunkt des Zeremoniells. Die Beteiligung des römischen Volkes erlaubte es jedoch Friedrich II. Anfang 1238 in einem Schreiben an die Römer ohne Erwähnung des Papstes darauf zu verweisen, daß ihre „königliche Stadt" ihn „wie eine Mutter aus ihren Armen nach Deutschland geschickt habe, die kaiserliche Erhabenheit zu erlangen":

1212. Im selben Jahr ließ König Friedrich (B: von Papst Innozenz gerufen) Frau und Sohn in Palermo zurück und kam (A: um das Fest des heiligen Benedikt) von den Gaetanern zu Schiff befördert nach Gaeta (17.3.1212) (...). Gaeta verlassend gelangte er über das Meer nach Rom, wo er von Papst Innozenz (III.) und den übrigen Kardinälen, dem Senat und dem Volk von Rom mit großer Freude (B: Ehre) empfangen wurde (...) .

Nach wenigen Tagen, (A: die er dort in Freude und Jubel verbracht hatte,) verließ er Rom (A: nach empfangenem Segen und) mit Erlaubnis des Papstes und der Kardinäle und gelangte zu Schiff glücklich nach Genua (1.5.1212). Von dort überschritt er, mit wenigen Begleitern den Weg über Cremona (30.7.1212) und Verona (25.8.1212) nehmend, (B: gegen den Willen der Mailänder, die seine Durchreise verhindern wollten,) die Alpen (Sep. 1212).

O: Muratori[2] 7.2, S. 34 f.; vgl. HB 5, S. 162 – Ü: van Eickels – L: LexMA 7, Sp. 824 f.

Johannes Codagnello: *Annales Placentini*

Unter dem Namen Johannes Codagnello, der in der ersten Hälfte des 13. Jahrhunderts als Notar in Piacenza lebte, ist eine Sammlung historischer und historisch-legendärer Schriften überliefert, die sicherlich nicht alle von ihm verfaßt sind. Mit großer Wahrscheinlichkeit lassen sich ihm jedoch die „Annalen von Piacenza" (1031-1235) zuweisen. Seine Einstellung ist ausgesprochen anti-staufisch. Schon zu 1208 deutet er die Ermordung Philipps von Schwaben als Eingreifen Gottes, der die „mit Gold und Silber erkaufte" Anerkennung Philipps durch Innozenz III. nicht hinnehmen wollte; mit fast identischen Worten erklärt er im folgenden Text die Niederlage der Pavenser am Lambro 1212 als Zeichen göttlichen Mißfallens über ihre Parteinahme für Friedrich II. Daß er Friedrich durchgehend „Knabe" (*puer*) nennt, ist wahrscheinlich geringschätzig gemeint, auch wenn in anderem Kontext (etwa in der deutschen Kaiserchronik) der Verweis auf das jugendliche Alter des Königs („Kind von Apulien") eher staunende Bewunderung ausdrückt und auch sonst *puer* nicht selten in der Bedeutung „junger Mann" gebraucht wird:

Am Freitag, den 14. (oder 13.) Juli, verließ der Knabe von Sizilien mit dem päpstlichen Legaten (Erzbischof Berard von Bari), Markgraf (Wilhelm IV.) von Montferrat, Graf (Richard) von San Bonifacio, den Gesandten von Pavia und Cremona und einigen anderen Genua und gelangte durch Montferrat und jene Gebiete nach Asti. Von dort zog er am Freitag, den 20. (oder 22.) Juli, weiter nach Pavia. Dort wurde er vom gesamten Klerus, den Rittern und den zu Fuß kämpfenden Bürgern der Stadt großartig und geziemend empfangen, indem sie einen Stoffhimmel über ihm trugen, wie es gewohnheitlich der kaiserlichen Größe zukommt. Die Cremonenser, Pavenser und der Markgraf von Este bekräftigten und sagten öffentlich, daß sie diesen Knaben heimlich und gewaltsam mit ihren Freunden gegen den (Willen) aller Getreuen des unbesiegbaren Kaisers Otto nach Cremona und Verona bringen würden. Dies erschien vor allem den Bürgern von Mailand und Piacenza beschwerlich, lästig und unerträglich; und weil dies gegen die Erhabenheit der kaiserlichen Majestät zu verstoßen schien, zogen die Mailänder sehr (erregt) und verärgert ihren Streitwagen (‚das höchste Zeichen ihrer Streitmacht,) heraus. Daher nahmen sich die Bürger von Mailand und Piacenza, hervorragend mit Kriegswaffen gerüstet und dem Hof des Kaisers treu ergeben, vor, mit ihrer gesamten Streitmacht, Rittern und Fußsoldaten, Bogen- und Armbrustschützen, den Cremonensern und Pavensern und allen ihren Freunden, die den Knaben heimlich nach Cremona bringen wollten, in der Grafschaft Lodi beim Übergang über den Lambro oder anders mit erhobenem Feldzeichen (*aquilis tensis*) mannhaft zu widerstehen, ihren Weg und die

Person des Knaben in jeder Weise zu behindern und den Knaben gewaltsam an sich bringen zu können, und zogen ihren Streitwagen heraus. Was sie jedoch mit Worten gesagt hatten, wollten sie nicht in ihren Taten erfüllen.

Am Samstag, den 28. Juli, bei hereinbrechendem Abend, verließen sie beim Schlag der Glocke mit dem Knaben, dem König von Sizilien, ihre Stadt und ritten die ganze Nacht hindurch. Zur gleichen Stunde verließen die Cremonenser mit dem Markgrafen von Este und ihren Gefolgsleuten, wie sie es mit den Pavensern vereinbart hatten, Cremona und erreichten in derselben Nacht den Übergang über den Lambro. Als der Sonntag heraufzog, übernahmen sie morgens den Knaben. Während all dies heimlich geschah, wollte unser Herr Jesus Christus, der Rächer aller schlechten Taten, der mit herrscherlicher Hand einem jeden Gerechtigkeit und Rechenschaft bereithält, daß seine Wunder über eine so schlechte Tat und einen so grausamen Eid allen bekannt werde. Es geschah durch die Gnade Gottes zufällig und unerwartet, daß sie am genannten Samstag bei Einbruch der Nacht auszogen und sich dorthin begaben, wo die Pavenser waren. Als der Sonntag heraufzog, griffen die Mailänder das Heer der Pavenser an (...). Als die Pavenser merkten, daß sie im Kampf zu schwach waren und den starken Waffen der Feinde nicht widerstehen konnten, wandten sie sich, nachdem sie Ausrüstung und Pferde verloren hatten, zur Flucht. Die Mailänder aber, die sie mannhaft verfolgten, nahmen über tausend der führenden Bürger von Pavia gefangen, führten sie als Besiegte nach Mailand und kerkerten sie dort ein; niemand entkam ihnen, außer denen, die sich in Wäldern, Sümpfen und Gewässern versteckt hatten. Am folgenden Montag aber, den 30. Juli, erreichte der Knabe von Sizilien Cremona und wurde dort mit großer Freude empfangen. Am Montag, den 19. (oder 20.) August, aber erreichte der Knabe Mantua, danach Verona.

O: MGH SSrG 23, S. 40 f. (vgl. S. 32 f.) – Ü: van Eickels – L: LexMA 2, Sp. 2197; NA 16 (1891), S. 253-346, v.a. S. 260 f.

Thomas von Pavia

Thomas, ein aus der Toskana stammender und in Pavia aufgewachsener Franziskaner (1258/60-1278 Provinzial der Toskana), verfaßte 1279 seine „Taten der Kaiser und Päpste" (*Gesta imperatorum et pontificum*). Über die Ereignisse des 13. Jahrhunderts konnte er teilweise aus eigener Anschauung berichten (so über das Konzil von Lyon, an dem er 1245 im Gefolge des Vertreters seines Ordens teilnahm). Reisen inner- und außerhalb Italiens (u.a. nach Paris, Köln und Prag) erweiterten seinen Erfahrungshorizont.

Zusätzlich erschlossen sich ihm durch die netzwerkartig ganz Europa umspannende, auf ständigen Informations- und Personalaustausch angelegte Organisationsstruktur seines Ordens Kontakte zu zahlreichen Gewährsleuten, die ihm ihrerseits aus eigener Erfahrung oder von anderen Gehörtes weitergeben konnten. Dabei differenzierte er allerdings kaum zwischen glaubwürdigen und unglaubwürdigen Berichten. So schreibt er ohne die Andeutung eines Zweifels zum Jahr 1231, auf dem Hoftag von Ravenna sei ein deutscher Ritter namens Richard erschienen, der von sich behauptete, als Schildträger Olivers, eines der zwölf Paladine Karls des Großen, bereits einmal in Ravenna gewesen zu sein, und habe dies auch tatsächlich durch Auffindung des verschütteten Grabmals der Galla Placidia belegt. Seine weitgehend unkritische Darstellung zeigt jedoch besser als jede faktographisch zuverlässige Quelle, welche mündlichen Traditionen über Friedrich II. in den Jahrzehnten nach seinem Tod im Umlauf waren und weitergegeben wurden. Ausführlicher als die meisten anderen Chronisten schildert er die Reise Friedrichs II. von Palermo nach Konstanz im Frühjahr 1212. Mit erkennbarer Sympathie beschreibt er den Versuch der Bürger von Pavia und Cremona Friedrich an der mit Otto IV. verbündeten Stadt Mailand vorbeizubringen, um ihm einen Weg über die Alpen zu eröffnen:

Als Friedrich die Nachricht von seiner Wahl (zum römischen König) erhalten hatte, gelangte er, arm und abgerissen wie ein Bettler, über das Meer nach Rom und wurde von den Römern ehrenvoll empfangen und erhielt vom Papst die Bestätigung seiner Wahl. Als er darauf von den Pavensern geleitet wurde, damit er den Cremonensern, die ihnen entgegenkamen, übergeben werde, die ihn weiterleiten sollten, griffen die Mailänder, die Otto anhingen, zwischen Pavia und Lodi bei dem Fluß namens Lambro die Pavenser an und töteten und fingen in heftigem Kampfe viele von ihnen. Friedrich aber entfloh auf einem ungesattelten Pferd, durchquerte den Fluß und wurde von den jenseits wartenden Cremonensern in Empfang genommen und nach Cremona gebracht. Hier nahm sein Haß gegen die Mailänder seinen Anfang, weil sie ihn ja fangen wollten.

O: MGH SS 22, S. 510 – Ü: Heinisch (1968), S. 27 – L: Stürner (1992), S. 150; LexMA 8, Sp. 722

Annales Mediolanenses Minores Notas Sancti Georgii

Ganz anders wird das Gefecht am Lambro in zwei in Mailand entstandenen annalistischen Aufzeichnungen dargestellt. Bemerkenswert ist zunächst, daß der erfolglose Versuch der Mailänder, Friedrich II. gefangenzunehmen, überhaupt aufgenommen ist. Sowohl die „Kleinen Mailänder Annalen" (bis 1281) als auch die „Notizen von St. Georg zu Mailand" (bis 1295) vermerken zu den einzelnen Jahren, wenn überhaupt, allenfalls den Namen der Stadtregenten (*potestates*, ital. *podestà*) und ein (selten zwei) wichtige militärisch-politische Ereignisse. Zum Jahre 1212 lautet der Eintrag der Annales Mediolanenses Minores:

1212. Im Juli wurden (...) viele Pavenser gefangengenommen und Roger Friedrich durchnäßte seine Hose im Lambro (*balneavit sarabulum in Lambro*).

Diese geringschätzige Bemerkung über Friedrich II. steht in auffälligem Kontrast zum ansonsten gattungstypisch knappen und sachlichen Stil des Textes, der an keiner anderen Stelle ironische Kommentare oder ähnliches aufweist. Möglicherweise spielt der Verfasser hier auf die Legende des heiligen Gerhard Tintore von Monza an. Dieser hatte am Lambro ein Hospital gegründet. Wegen mehrerer schon zu Lebzeiten gewirkter Wunder wurde er von seinem Tod am 6.6.1207 an sogleich als Heiliger verehrt. Seine Vita ist zwar nur in der für den Kanonisationsprozeß 1582 aufgezeichneten Fassung erhalten, doch geht sie sicher auf ältere Traditionen zurück und dürfte in ähnlicher Form dem Verfasser der Annales Mediolanenses Minores bekannt gewesen sein. In der Legende heißt es, der heilige Gerhard habe nach einem Wolkenbruch, um zu seinem Hospital zu gelangen, seinen Mantel auf den Fluten ausgebreitet und so den Lambro überquert, „ohne daß dieser ihn oder seinen Mantel durchnäßte" (*sic ipsum Lambrum transivit, qui nec ipsum nec capam balneavit*).

Die Kleinen Mailänder Annalen stehen jedoch mit ihrer Tendenz, das Entkommen Friedrichs II. ins Lächerliche zu ziehen, nicht allein. Auch die wenig später gleichfalls in Mailand entstandenen Notas Sancti Georgii versuchen auf diese Weise, den für die weitere Entwicklung der Stadt so folgenschweren Mißerfolg der Mailänder am Lambro zu bewältigen:

1212. Die Pavenser wurden (...) gefangengenommen, als sie den Zaunkönig (*reatinus*; ital.: *reattino*) von Pavia bis zur Furt durch den Lambro zu den Cremonensern geleiteten.

O: MGH SS 18, 398 (vgl. Acta Sanctorum, Venedig 1741, Junius, Bd. 1, S. 769) und 388 – Ü: van Eickels.

Wilhelm der Bretone

Wilhelm der Bretone († 1227) verfaßte in den zwanziger Jahren des 13. Jahrhunderts in Fortsetzung der 1207 endenden Darstellung Rigords eine bis 1219 reichende Lebensbeschreibung des französischen Königs Philipp II. Augustus (*Gesta Philippi regis*). Wilhelm wurde früh Kapellan und Vertrauter des Königs; u.a. betrieb er als Gesandter in vertraulicher Mission an der Kurie die Auflösung der Ehe Philipps II. mit Ingeborg von Dänemark. Seine Darstellung ist darauf angelegt, die Leistungen Philipps II. herauszustellen. Dabei kommen gelegentlich, wenn auch unzusammenhängend, die italienischen und die deutschen Verhältnisse in den Blick:

Im Jahr 1211 wählten die Fürsten Deutschlands auf Rat König Philipps von Frankreich, Friedrich, den Sohn Kaiser Heinrichs (VI.)

zum König und baten den Papst, ihre Wahl zu bestätigen. Obgleich dieser das gerne wollte, verheimlichte er es doch, da die römische Kirche stets Würde zu bewahren und Neues nur nach schwieriger und reiflicher Überlegung zu gewähren pflegt und weil er dessen Geschlecht nicht liebte. Friedrich kam daher, nachdem er auf Rat des französischen Königs von den Fürsten gerufen worden war, zu Schiff nach Rom, wo er vom Papst und den Römern ehrenvoll empfangen wurde. Von dort zog er weiter nach Genua, wo man ihn mit größter Freude und Ehre aufnahm; mit Hilfe des Markgrafen Bonifatius von Montferrat, den Bürgern von Pavia und Cremona und fast aller Städte der Lombardei, vor allem aber des Markgrafen von Este, überquerte er die rätischen Alpen, betrat Deutschland und kam nach Konstanz.

Erinnerungswürdig ist, daß jeder, der beabsichtigt, die Kirche Gottes niederzudrücken, in kurzer Zeit selbst niedergeworfen wird. Am selben Tag war Otto im Begriff, in dieselbe Stadt zu kommen; er hatte schon seine Diener vorausgeschickt und seine Köche, die schon Speisen bereitet hatten. Er war weniger als drei Meilen von der Stadt entfernt, als Friedrich mit 60 Rittern die Stadt betrat; Otto aber, der von seiner Ankunft wußte, folgte ihm mit 200 Rittern. Nachdem jedoch Friedrich aufgenommen worden war, wurde Otto das Tor verschlossen und er selbst mit den Seinen schmachvoll zurückgewiesen. Man sagt, wenn Friedrich nur drei Stunden später gekommen wäre, hätte er Deutschland nie betreten.

O: Société de l'histoire de France. Publications 92.1, S. 238-240 – Ü: van Eickels –L: LexMA 9, Sp. 166 f.

Burchard von Ursberg

Aus staufischer Perspektive schildert der Prämonstratenserpropst Burchard von Ursberg um 1230 die Ereignisse der Jahre 1209 bis 1212. Für einen deutschen Chronisten ist er auffällig gut über die italienischen Entwicklungen informiert, da er sich 1210/11 an der Kurie aufhielt. Schon 1198 war er einmal in Rom gewesen und auch in den früheren Teilen seiner Chronik verwertete er in größerem Umfang italienische Vorlagen. Deutlich stellt Burchard die Unabhängigkeit des Königtums Friedrichs vom Papsttum heraus. Die Initiative zu Friedrichs Wahl geht von den Fürsten aus; den Anspruch auf das Kaisertum vermittelt ihm die Akklamation durch das römische Volk:

1209. Nachdem Otto (IV.) also zum Kaiser gekrönt worden war (4.10.1209), entließ er sein Heer und blieb selbst mit wenigen Begleitern in Italien und nahm das Land in Besitz. Auch die Reichsinsignien sandte er nach Mailand, wodurch er sich bei den Mailändern große Gunst erwarb. Darauf durchzog er die Toscana und die Mark (Ancona) entgegen dem Eide, den er dem Papst (Innozenz III.) geleistet hatte, und begann, in feindlicher Absicht in die Gebiete des heiligen Petrus, die der römischen Kirche gehören, einzumarschieren.

Außerdem verachtete er völlig die Eide, die er bezüglich des Friedensschlusses mit dem König Philipp (II.) von Frankreich und dem König Friedrich von Sizilien geleistet hatte, des Inhalts, daß er hierin den Wünschen des Papstes folgen würde, auf daß nicht die ganze Kirche in Verwirrung gerate; vielmehr drang er mit kriegerischer Gewalt in Apulien ein und brachte viele Städte, die zum Königreich Sizilien gehören, in seine Gewalt; er eroberte das Fürstentum Capua und den Palast dieser Stadt und richtete sich dort ein. Nachdem er daher, um wieder zur Besinnung zu kommen, häufig vom Papst gemahnt worden war, blieb er trotzdem störrisch und widerspenstig und wurde deshalb von jenem exkommuniziert, und der Bann wurde überall verkündet (18.11.1210).

1210. Damals kamen die Fürsten Deutschlands, also der König (Ottokar I.) von Böhmen, der Herzog (Leopold VI.) von Österreich, der Herzog (Ludwig I.) von Bayern und der Landgraf (Hermann I.) von Thüringen und viele andere mehr zusammen und wählten (Anfang Sep. 1211 in Nürnberg) König Friedrich von Sizilien zum Kaiser, jenen, dem sie schon seinerzeit, als er noch in der Wiege lag, Treue geschworen hatten.

Sie bestellten daher Boten, die diese Wahl sowohl in der Stadt Rom wie auch dem genannten Friedrich übermitteln und ihn selbst nach Deutschland bringen sollten. Mit dieser Gesandtschaft wurden die edlen Herren Heinrich von Neiffen und Anselm von Justingen, ein Freiherr, betraut; ihnen wurden für ihre Auslagen unterwegs je 1500 Mark aus den Einkünften des Reiches versprochen.

Als sie zusammen nach Verona gekommen waren, blieb der genannte Heinrich dort, um dem genannten König (Friedrich) die Gunst der Lombarden, vor allem der Veroneser zu sichern. Der genannte Anselm aber gelangte unter großer Anstrengung und vielen Gefahren nach Rom, und dort erreichte er durch den Rat und die Vermittlung des Papstes Innozenz (III.), daß Friedrich von den Bürgern und vom römischen Volk zum Kaiser ausgerufen wurde; und die somit erfolgte Wahl bestätigte der Papst.

Darauf brach also der genannte Anselm auf und kam zu dem mehrfach genannten König Friedrich von Sizilien und erreichte bei ihm mit großer Mühe, daß er nach Deutschland zog. Seine Gemahlin (Konstanze) nämlich, die Tochter des Königs (Alfons II.) von Aragon, die vorher der König (Emmerich) von Ungarn zur Frau gehabt hatte, gab sich die größte Mühe, ihn zurückzuhalten, auf daß er nicht gehe, ebenso auch viele Große Siziliens, die fürchteten, es könne ihm durch den Trug der Deutschen ein Unheil zustoßen.

Er aber, der bereits ein Söhnchen Heinrich (VII.) von seiner Gemahlin hatte, das später König wurde, ließ Frau und Kind und Land zurück und machte sich mannhaft auf den Weg, um das Reich zu erwerben, und landete zuerst in Rom. Nachdem er dort den Rat und den Segen des Papstes erhalten hatte, gelangte er nach Genua. Die Bürger dieser Stadt gaben ihm sicheres Geleit; sie fürchteten nämlich einen Angriff der Mailänder und brachten ihn bis nach Pavia. Dann führten ihn die vereinten Pavesen und Cremonesen bis zum Tal von Trient (...).

1212. In diesem Jahre kam Kaiser Otto (IV.) nach Deutschland, sammelte ein Heer und zog gegen den Landgrafen (Hermann I.) von Thüringen und andere Aufrührer den ganzen Frühling und Sommer über zu Felde. Unterdessen kam der zum Kaiser gewählte Friedrich, da er nicht auf unmittelbarem Wege nach Deutschland gelangen konnte, vom Tal von Trient, indem er einen Umweg durch die rauhesten und unwegsamsten Gegenden und über die höchsten Pässe der Alpen machte, nach Chur in Rätien und wurde dort von Bischof (Arnold II.) von Chur und Abt (Ulrich) von St. Gallen sowie dem edlen Herrn Heinrich von Sacco bis in die Stadt Konstanz geleitet.

Nachdem man aber von seiner Ankunft gehört hatte, war Kaiser Otto inzwischen von Thüringen herbeigeeilt, in der Absicht, seinen Gegner zu fangen oder zu töten. Er selbst blieb in der Stadt Überlingen, aber, von vielen verlassen, konnte er Friedrich nicht in einer Schlacht entgegentreten.

O: MGH SSrG 16, S. 98-100 und 108 f. – Ü: Heinisch (1969), S. 205-207.

Kaiserchronik

In den sechziger Jahren des 13. Jahrhunderts setzte (vielleicht in Regensburg, jedenfalls aber im bayerisch-österreichischen Sprachgebiet) ein unbekannter Verfasser die in der Mitte des 12. Jahrhunderts in Versen verfaßte Kaiserchronik fort. Seine Sicht ist geprägt durch die Erfahrung des Interregnums, als es für mehr als zwei Jahrzehnte keinen von allen anerkannten König gab und das Königtum als fester legitimierender Bezugspunkt im Herrschaftsgefüge des Reiches weitgehend ausfiel. Die Ordnungsfunktion des Königtums steht in der Fortsetzung ganz im Vordergrund. Die Herrschaft Friedrichs II. wird in diesem Sinne so verklärt, daß seine Auseinandersetzungen mit den Päpsten überhaupt nicht vorkommen. Sogar die spannungsreiche Regierungszeit Heinrichs (VII.) stilisiert der Verfasser als eine vierzehnjährige Periode des Friedens (v. 756 f.: *und da zwischen nie chain tac / in tiuschem riche unfride wart*). Als unmittelbaren Reflex der Wahrnehmung des jungen Friedrich bei seiner Ankunft im Reich nördlich der Alpen dürfen die folgenden Verse daher nicht verstanden werden. Sie zeigen jedoch, wie die Erinnerung an die Anfänge seines Königtums in den Jahrzehnten der Krise nach seinem Tod fortlebte:

Die Herren waren, wo sie sind,
die schickten Botschaft an das Kind,
das man „von Apulien" (*von Pülle*) hieß;
jeder für sich ihm sagen ließ:
komme es in deutsches Land,
sie machten es da unverwandt
zum König und zum Oberherrn.
Das Kind vernahm die Kunde gern.

Der Kaiser hatte größre Kraft,
das Kind jedoch ward sieghaft
ganz ohne eines Schwertes Streich;
die Gnade wog der Menge gleich.

O: MGH Dt. Chron. I, S. 402, v. 417-424 und 447-450 - Ü: Heinisch (1968), S. 27 f. – L: VerfLex[2], Sp. 960 f.; MGH Dt. Chron. I, S. 393-396; Jünemann (1909).

Albert von Stade

Sehr viel deutlicher dagegen betont Albert von Stade aus welfischer Sicht die Rolle des Papstes. Innozenz III. habe Otto IV. den König von Sizilien als Feind entgegengestellt und diesem die Unterstützung vieler italienischer Städte gesichert; die Beteiligung deutscher Fürsten am Aufstieg Friedrichs und seine Wahl zum römischen König dagegen verschweigt er ganz. In der Darstellung Alberts von Stade erscheint Friedrich daher als italienischer Herrscher, der vom Papst ins Reich nördlich der Alpen geschickt wird, um dem 1208 von den deutschen Fürsten einmütig erhobenen und im folgenden Jahr in Rom zum Kaiser gekrönten Otto IV. die Herrschaft zu nehmen:

1208. König Philipp wurde am 22. Juni durch Graf (Otto) von Wittelsbach in Bamberg ermordet. König Otto, dem sich zuerst die Sachsen, darauf (auch) die (übrigen) Fürsten anschlossen, verlobte sich mit (Beatrix,) der Tochter König Philipps, von der er dessen ganze Erbschaft erhielt, und seine Herrschaft wurde plötzlich (von allen) anerkannt.

1209. Otto, der Sohn Herzog Heinrichs, wurde in Rom von Papst Innozenz (III.) als 88. (Kaiser) seit Augustus gekrönt (4.10.1209).

1210. Der Kaiser eroberte die Städte und Burgen, die, wie der Papst behauptete, dem heiligen Petrus gehörten, in ganz Tuszien, und auch nach Apulien, das dem König Friedrich von Sizilien gehörte, schickte er ein Heer. Daher exkommunizierte ihn der Papst (18.11.1210/31.3.1211).

1211. Der Kaiser hielt die Burgen und Städte in Apulien besetzt.

1212. Papst Innozenz (III.) stellte dem nach Deutschland zurückkehrenden Kaiser einen Feind entgegen in der Person Friedrichs, des Königs von Sizilien, des Sohnes Kaiser Heinrichs (VI.), dem durch Vermittlung des Papstes viele Städte Italiens zur Seite traten.

O: MGH SS 16, S. 354 f. - Ü: Heinisch (1969), S. 216 f.

Durchsetzung im Reich und Belohnung der Anhänger

Seine Kindheit und Jugend verbrachte Friedrich II. in Sizilien, seine Jahre als junger Erwachsener in Deutschland. Aus der Sicht des Biographen erscheint es offensichtlich, daß diese so unterschiedlichen Lebensphasen Friedrichs ineinandergreifen, ihn in unterschiedlicher Weise prägten und jedenfalls eng zusammenhängen. Die Quellen zeigen jedoch, daß die Zeitgenossen kaum eine Verbindung zwischen dem sizilischen und dem deutschen Wirkungsbereich Friedrichs herstellten. Aus der Sicht der deutschen Quellen war Friedrich der „Knabe aus Apulien“ (*kint von Pülle*), der wie ein „Märchenprinz“ über die Alpen kam, ohne daß man von seiner Vorgeschichte näheres wußte.

Ähnlich verkürzt ist die Sicht der sizilischen und italienischen Quellen. Der Berichtshorizont der „Kleinen sizilischen Chronik“ reicht nach Norden kaum über die Alpen hinaus. Nur ganz summarisch kommen die Jahre, die Friedrich in Deutschland verbrachte in den Blick. „Vor (Friedrichs) Antlitz floh Otto und zog sich am Ende in die Stadt Braunschweig zurück, wo er von dem Knaben zusammen mit anderen Fürsten belagert wurde. Nicht lange danach starb er dort (19.5.1218). So kam die volle Herrschaft über ganz Deutschland in die Hand des Knaben.“ Sogar Pandolfo Collenuccio spart am Ende des 15. Jahrhunderts die deutsche Entwicklung vollkommen aus und schließt an den ausführlich geschilderten Zug Friedrichs durch Italien 1211 mit nur einem überleitenden Satz unmittelbar den Bericht über die Kaiserkrönung 1220 an: „Mit Hilfe des Königs Philipp II. von Frankreich besiegte und bezwang (Friedrich) Otto IV., indem er ihn so bedrängte, daß er gezwungen wurde, sich in sein Heimatland Sachsen zurückzuziehen, wo er ruhmlos starb. Nach Ordnung der deutschen Angelegenheiten, kehrte Friedrich nach Italien zurück und wurde (...) zum Kaiser gekrönt.“

Auch Friedrich II. selbst scheint Sizilien und das Reich nördlich der Alpen als zwei vollkommen voneinander getrennte Wirkungsbereiche gesehen zu haben. Anders als in Sizilien unternahm er in Deutschland keinen Versuch, die königliche Stellung gegenüber den Fürsten planmäßig auszubauen. Es ist bezeichnend, daß selbst entschieden staufische Geschichtsschreiber wie Burchard von Ursberg ihren Bericht über die Jahre 1212 bis 1220 kaum mit Taten Friedrichs füllen. In den Augen der Zeitgenossen waren andere Entwicklungen wichtiger: Die Entscheidung des englisch-franzöischen Konflikts in der Schlacht bei Bouvines 1214, die kirchenrechtlichen und theologischen Weichenstellungen des Vierten Laterankonzils 1215, die Entstehung der Bettelorden und die Vorbereitung des Fünften Kreuzzuges, der 1217-1222 ohne Beteiligung Friedrichs II. stattfinden sollte.

Die Politik Friedrichs II. in den Jahren 1214 bis 1220 blieb im wesentlichen reaktiv, sicherlich auch, aber nicht nur, weil die starke Stellung der Fürsten und die Existenz eines zweiten Königs Friedrich nur einen begrenzten Handlungsspielraum ließen. Im Vordergrund stand die Sicherung seines Königtums und die Belohnung seiner Anhänger durch großzügige Erfüllung von Privilegienwünschen fürstlicher und anderer Antragsteller, auch wenn sich diese nicht immer zu einer konsistenten Politik fügten: Im Juli 1215 bestätigte er dem gerade auf seine Seite übergetretenen Bischof Johannes von Cambrai alle Privilegien Ottos IV. einschließlich der vollen Stadtherrschaft über seine Bischofsstadt, kaum zwei Monate später aber den Bürgern von Cambrai ihre alten Freiheiten. Als Bischof Johannes im April 1216 vom Konzil aus Rom zurückkehrte, konnte er nur durch ein förmliche Klage und fürstlichen Urteilsspruch die Aufhebung des zweiten Privilegs erreichen. Vereinzelt steht dagegen die Aussage von zwei elsässischen Chronisten, die Friedrich als tatkräftigen König schildern, aber wohl im wesentlichen Elemente des topischen Herrscherlobes aufgreifen: Der Fortsetzer der Chronik von Ebersmünster schreibt 1235/37, Friedrich habe den Frieden gesichert und Verbrecher unnachsichtig bestraft. Richer von Senones in den Vogesen († 1267) ergänzt, Friedrich habe klug und umsichtig Räuber, Brandstifter, Diebe und andere Übeltäter verfolgt und die Kaufleute hätten ihn dafür „von ganzem Herzen geliebt, weil er das Königreich mit allen Wegen und Straßen so befriedet hatte, daß sie sicher reisen konnten, wohin auch immer sie wollten".

Offensichtlich war das römische Königtum für Friedrich II. im wesentlichen der Schlüssel zum Kaisertum und zur Herrschaft über Norditalien. Die Herrschaft über das Reich nördlich der Alpen diente zudem der Ausschaltung Ottos IV. als eines gefährlichen Gegners, der auch nach seinem Scheitern 1210/11 bei nächster Gelegenheit wieder einen Angriff auf Sizilien hätte versuchen können.

Zu seiner Durchsetzung im Reich hat Friedrich durch seinen entschiedenen Zugriff auf das Herzogtum Schwaben und seine Freigebigkeit gegenüber seinen Anhängern wesentlich beigetragen. Die eigentliche Entscheidung des Thronstreites jedoch fiel außerhalb des Reiches. Im englisch-französischen Konflikt stand Friedrich II. in Fortsetzung des alten staufisch-kapetingischen Bündnisses auf der Seite Philipps II., während Otto IV. seinen Verwandten, den englischen König Johann Ohneland unterstützte. Am 27.7.1214 trafen Otto IV. und die englischen Truppen unter Wilhelm von Salisbury, einem Halbbruder des englischen Königs, bei Bouvines in Nordfrankreich auf Philipp II., der in ungünstigem Gelände mit seinem Heer gerade eine kleine Brücke überquerte. Der Überraschungsangriff mißlang jedoch und aus dem Gefecht entwickelte sich eine der im Mittelalter so seltenen großen Feldschlachten. Alles schien für einen englisch-welfischen Sieg zu sprechen: König Philipp wurde zu Boden gerissen und konnte von seinem Gefolge nur mühsam gedeckt werden, als das Pferd Ottos IV. ins Auge getroffen sich aufbäumte und seinen Reiter abwarf. Der Kaiser benutzte das ihm zur Verfügung gestellte zweite Roß zur Flucht und entschied damit die Schlacht, die Philipp II. den Beinamen „Augustus" einbrachte, was sowohl der „Erhabene" als auch der „Kaiser" bedeuten kann. Der Reichsadler, das Feldzeichen Ottos IV., fiel mit gebrochenen Schwingen in die Hände des französischen Königs, der ihn wieder instandgesetzt Friedrich II. übersandte. Der staufisch-welfische Konflikt im Reich war damit zugunsten Friedrichs entschieden. Zugleich aber war deutlich geworden, daß sich der Schwerpunkt der politischen Entwicklung aus dem Reich nach Westeuropa verlagert hatte. Dies war auch den Zeitgenossen durchaus bewußt: Der Abt des Stiftes Petersberg bei Halle vermerkte um 1230 in seiner Chronik, daß „seit dieser Zeit, wie genugsam bekannt ist, der Ruf der Deutschen bei den Welschen sank".

Walther von der Vogelweide

Walther von der Vogelweide verfaßte zwischen 1190 und 1230 als fahrender Sänger zahllose Minnelieder und Sangsprüche, von denen sich über 500 Strophen erhalten haben. Sein Lebensweg läßt sich im wesentlichen nur aus den Andeutungen erschließen, die er in seinen Liedern selbst macht. Walther fand zeitweise Aufnahme am Hof Philipps von Schwaben, zu dessen Lob er mehrere Lieder verfaßte. Von der geringeren Freigebigkeit Ottos IV. enttäuscht, wandte er sich wohl schon 1213 Friedrich II. zu.

In seinem „König Friedrichston" preist Walther die Freigebigkeit des jungen staufischen Königs und dankt ihm für das Lehen, das Friedrich ihm gab. Er gibt damit jedoch keineswegs nur seiner eigenen Freude über eine persönliche Begünstigung Ausdruck. Auch andere Chroniken loben die „angeborene Großzügigkeit" (*innata liberalitas*) Friedrichs. Freigebig zu sein gehörte zu den wesentlichen Eigenschaften eines guten Königs; die persönliche Förderung, die Walther besingt, traf bei seinen adligen Zuhörern auf ein hohes Indentifikationspotential, sei es daß sie ähnliche Begünstigung selbst erfahren hatten, sei es daß sie darauf hofften:

Ich hatt' Herrn Ottos Wort, er wollte reich mich machen.
Wie trüglich war sein Wort! Es ist zum Lachen.
Soll das, was er versprach, mir Friedrichs Hand verleihen?
Ich kann ihn bitten nicht um eine Bohne.
Es sei denn, daß ihn meine Sprüche machten froh.
Es lehrte weiland seinen Sohn ein Vater so:
Dem schlimmsten Manne diene, daß dir der beste lohne!
Ich bin der Sohn, Herr Otto, ihr der schlimmste Mann;
Denn schlimmern Herrn ich nimmer finden kann.
Herr König, seid der beste! Gott erkennt Euch an.
Ich wollt' Herrn Ottos Milde nach der Länge messen:
Da hatt' ich an dem Maß ein Teil vergessen:
Wär er so mild wie lang, er hätte Tugend viel besessen.
Dann maß den Leib ich ab, wie man ihn ehrte,
Da ward er viel zu kurz wie ein verschnitten Werk,
An mildem Sinne kleiner als ein Zwerg;
Und doch ist er zu alt, als daß sein Werk sich mehrte.

Da ich den König maß, wie hoch empor er schoß!
Sein junger Leib ward mächtig und ward groß.
Seht, wie er wächst! Bald ist er Riesen ein Genoß.

O: Die politischen Lieder Walthers von der Vogelweide, hg. v. Friedrich Maurer, Tübingen [3]1972, S. 93 f.; Walther von der Vogelweide, Werke, hg. u. übers. v. Jörg Schaefer, Darmstadt 1972, S. 314 f. – Ü: Heinisch (1968), S. 29 f. – L: Stürner (1992), S. 157 f.; F. Maurer (wie oben), S. 87 f. (zur Datierung).

Burchard von Ursberg

Der Bericht Burchards von Ursberg über die Erfolge Friedrichs nach seinem Eintreffen in Konstanz zeigt ebenfalls, daß die Freigebigkeit Friedrichs, durch die er die Unterstützung der alemannischen Adligen und später der Reichsfürsten sicherte, nicht als kritikwürdige Verschleuderung von Reichsrechten erschien, sondern zu den Verhaltensweisen gehörte, die man von einem König erwartete:

Daher kam es, daß (Friedrich) mit Hilfe des Grafen (Ulrich III.) von Kyburg und anderer, an die er die Güter des Reiches und seiner Familie freigebig verteilte und versprach, bis nach Basel gelangte, wo Heinrich von Veringen, der Bischof von Straßburg, mit fünfhundert Rittern zu ihm stieß. Im Vertrauen auf deren und anderer Hilfe zog er durch die Rheinebene und nahm die Städte und Länder mit Ausnahme von wenigen Burgen in seinen Besitz.

Otto aber versuchte nichtsdestoweniger, Widerstand zu leisten und zog auf der anderen Seite des Rheines abwärts und gelangte vor eine Burg namens Breisach, die er in seiner Gewalt hatte. Während er dort weilte, erhoben sich die Bürger dieses Platzes aus mir unbekanntem Anlaß kühner aufgrund der umgehenden Gerüchte, gegen ihn und gegen seine Leute; sobald einige von denen verwundet und getötet worden waren, floh er selbst und entkam ihnen nur mit Mühe.

Burchard von Ursberg geht, nachdem er den Weg Friedrichs II. nach Deutschland ausführlich beschrieben hat, auf die Durchsetzung seiner Herrschaft nicht weiter ein. Indem er unmittelbar nach der Flucht Ottos IV. aus Breisach die Aachener Krönung Friedrichs nennt, hat es den Anschein, daß Friedrich gleichsam von selbst als König anerkannt wurde. Erst im Anschluß daran beschreibt Burchard ausführlich die Schlacht bei Bouvines. Durch das rhetorische Mittel der Vorwegnahme (*prolepsis*) gelingt es ihm, den von Wilhelm Brito so deutlich herausgestellten Anteil des französischen Königs am Sieg Friedrichs II. über Otto IV. ganz in den Hintergrund treten zu lassen.

Das Interesse Burchards in den Jahren 1212-1220 gilt im übrigen ganz der päpstlichen Politik und den Kreuzzugsvorbereitungen. Zu Otto IV. erwähnt er erst wieder dessen Tod 1218, aber auch Friedrich II. erscheint erst wieder mit seiner Kaiserkrönung im Jahre 1220. Daß Burchard Otto IV. bis zu seinem Tod als Kaiser (*imperator*) bezeichnet, steht nur auf den ersten Blick im Widerspruch zu seiner staufischen Perspektive. Indem er auf die Vorstellung zurückgreift, Friedrich sei König, Otto IV. aber Kaiser gewesen, vermeidet er es, die Herrschaft Friedrichs auf die Absetzung eines Kaisers durch den Papst zu gründen:

1212. Als sich die Kunde (von der Flucht Ottos IV. aus Breisach) verbreitete, kehrte er ziemlich mühsam nach Sachsen zurück, und so wurde er aus der Königsherrschaft vertrieben (*de regno pellitur*). Friedrich aber wurde (am 25.7.1215) in Aachen gekrönt (...).
1214. Kaiser Otto (IV.), mit dem König (Johann) von England und den Grafen von Flandern und von Boulogne und vielen anderen verbündet, sammelte ein Heer, um gegen den König Philipp (II.) von Frankreich zu kämpfen, den er für den Hauptschuldigen an all seinem Unglück hielt (...). Die Franzosen errangen den Sieg (...). Kaiser Otto und der König von England und einige andere entkamen nur mit knapper Not (...).
1218. Kaiser Otto IV. starb.

O: MGH SSrG 16, S. 109-114 – Ü: Heinisch (1969), S. 205-207.

Wilhelm der Bretone

Auch Wilhelm der Bretone stellt in seiner Lebensbeschreibung König Philipps II. von Frankreich die Vertreibung Ottos IV. aus Breisach als entscheidenden Wendepunkt für die Durchsetzung Friedrichs gegen Otto dar. Aus seiner französischen Perspektive sind Otto und sein sächsisches Gefolge die unkultivierten „Deutschen“ (*Teutonici*), deren Herrschaft die Frankreich näherstehenden kultivierten Schwaben ablehnen:

Nachdem Otto so von Konstanz mit Schande vertrieben war, zog er nach Breisach, von wo er mit nicht geringerer Schande als von Konstanz verjagt wurde, weil (seine) Deutschen sowohl die Bürger dieser Stadt beleidigten und ungerecht behandelten als auch ihre Töchter und Ehefrauen vergewaltigten. Friedrich aber wurde von ihnen wie von den übrigen Fürsten des Reiches mit Freude und Ehrerbietung aufgenommen.

O: Société de l'histoire de France. Publications 92.1, S. 240 – Ü: van Eickels –L: LexMA 9, 166 f.

Albert von Stade

Ganz aus welfischer Perspektive dagegen beschreibt Albert von Stade die weitere Entwicklung nach 1212. Seiner Darstellung liegt die Ordnungsvorstellung zugrunde, daß es nur einen legitimen König und Kaiser im Reich geben kann. Die Wahlen und Krönungen Friedrichs von 1211, 1212 und 1215 werden daher nicht erwähnt. Der Königstitel Friedrichs ist somit weiterhin der sizilische. Erst beim Tod Ottos IV. geht das römische Königtum, symbolisiert durch die Übergabe der Reichsinsignien, an Friedrich über:

1213. (...) Der Kaiser verheerte das Bistum Magdeburg und das Gebiet des Landgrafen (Hermann I. von Thüringen). König Friedrich folgte ihm mit (König Ottokar I. von) Böhmen, in der Absicht, Braunschweig zu belagern, kehrte aber nach Quedlinburg zurück (...).

1214. (...) Der Kaiser kämpfte (am 27.7.1214 bei Bouvines) gegen König (Philipp II. Augustus) von Frankreich, wurde aber geschlagen (...).

1215. König Friedrich eroberte (die Burgen) Trifels und Landskron (...). Im selben Jahre starb Papst Innozenz (III.) in Perugia (16.7.1216). Ihm folgte Honorius (III.) (...).

1218. Kaiser Otto (IV.) wurde im zwanzigsten Jahr seiner Regierung auf der Burg Harzburg von unaussprechlicher Zerknirschung ergriffen, so daß er seinen Köchen befahl, sie sollten auf seinen Nakken treten, und starb am 19. Mai (1218), nachdem er von Bischof Sigfrid von Hildesheim losgesprochen worden war. Diese Lossprechung bestätigte Papst Honorius. Beigesetzt wurde er aber in Braunschweig (...). König Friedrich wurde auf einem Reichstag in Herford in seiner Herrschaft bestätigt.

1219. König Friedrich hielt eine Beratung ab und rief die Fürsten in Goslar zusammen, wo ihm (am 24.6.1219) Herzog Heinrich (d.h. Heinrich Pfalzgraf bei Rhein, der Bruder Ottos IV.) die Reichsinsignien überreichte.

O: MGH SS 16, S. 356 f. – Ü: Heinisch (1969), S. 216-218.

DIE GOLDBULLE VON EGER

Obwohl es Friedrich durch seine Freigebigkeit gelang, zahlreiche Anhänger unter den Fürsten zu gewinnen, war sein Kampf gegen Otto IV. noch nicht entschieden. In dieser Situation mußte er sich auf die Unterstützung durch Papst Innozenz III. verlassen können. Innozenz war umgekehrt daran gelegen, die von dem Welfen im Vorfeld seiner Kaiserkrönung gemachten Zugeständnisse nun auch von Friedrich verbrieft zu bekommen. In den Verhandlungen versuchte er, jede Umgehung oder Uminterpretation der Zusagen auszuschließen, indem entsprechende Formulierungen in den Text der „Goldbulle" aufgenommen wurden. Auch sah der Papst die Möglichkeit, die Trennung von sizilischem Königreich und Imperium zu festigen. Friedrich mußte ausdrücklich versprechen, der römischen Kirche bei der Bewahrung des Königreichs Sizilien – Sardinien und Korsika eingeschlossen – behilflich zu sein. Außerdem bestand der Papst darauf, zwei Sizilianer, die ursprünglich in der Zeugenliste genannt wurden, aus dieser zu streichen.

Die Bestätigung des kirchlichen Besitzes sowie der Verzicht des Staufers auf zahlreiche Rechte konnten Innozenz hoffen lassen, sein großes Ziel erreicht zu haben: die territoriale Selbständigkeit des Apostolischen Stuhls in Mittelitalien, das damit zu einer scheinbar kaum überwindbaren Barriere zwischen dem Königreich Sizilien und dem römischen Imperium wurde. Ob Friedrich aus der Not heraus die päpstlichen Wünsche akzeptierte oder ob er auf eine spätere Revision hoffte, läßt sich nicht mehr nachvollziehen.

Das Privileg Friedrichs II. für die römische Kirche liegt in drei Ausfertigungen vor, die alle das Datum des 12.7.1213 tragen, vermutlich aber nacheinander bis in den Spätsommer 1214 hinein entstanden sind. Sie wiederholen inhaltlich ein Privileg, das Otto IV. 1209 ausstellen ließ. In der dritten, hier wiedergegebenen Fassung wurde der Verweis auf ältere Kaiserurkunden gestrichen und anstelle dessen die ausdrückliche Zustimmung der Reichsfürsten erwähnt, was dem Privileg den Charakter einer reinen Bestätigungsurkunde nahm und die Abtretungen in den Vordergrund rückte. Den Namen „Goldbulle von Eger" erhielt das Privileg erst durch die Forschung aufgrund des angegebenen Ausstellungsortes sowie der Goldbulle, die verloren gegangen ist. Diese Art des Siegels bestand normalerweise aus zwei miteinander verbundenen, aus Goldblech geprägten Plättchen, deren Hohlraum mit Wachs oder anderem Material gefüllt wurde. Goldbullen waren in der Regel Kaisern und Königen vorbehalten und dienten der Besiegelung besonders wichtiger Urkunden.

Im Namen der heiligen und ungeteilten Dreifaltigkeit. Friedrich II., durch das Walten von Gottes Gnaden römischer König und allzeit Mehrer des Reiches und König von Sizilien.

(1) Unser Reich wird dann gefestigt, wie wir glauben und vertrauen, wenn wir den Allerhöchsten ehren, aus dessen Hand wir die Güter empfangen haben, die wir jetzt besitzen. Denn wir sind gehalten, dem Herrn, der uns die Güter zuteilt, Opfergaben des Wirkens und der Hingabe in dem Maße darzubringen, wie wir ihn mildtätig

gegen uns und mächtig erfahren. Indem wir also die Gnade erkennen, die uns von ihm zuteil wurde, und auch eure ungeheuren und unzähligen Wohltaten vor Augen haben, geliebter Herr und hochwürdigster Vater, unser Schirmer und Wohltäter, Herr Innozenz, von Gottes Gnaden ehrwürdiger Papst, – durch dessen Wohltat, Wirken und Vormundschaft wir aufgezogen, geschützt und erhoben wurden, nachdem unsere Mutter seligen Angedenkens Konstanze, die Kaiserin und Königin von Sizilien, uns gewissermaßen aus ihrem Schoße in eure Sorge geboren hat, – wenden wir euch, Heiliger Vater, und allen euren katholischen Nachfolgern sowie der heiligen römischen Kirche, unserer besonderen Mutter, demütigen Herzens und ergebenen Sinnes stets allen Gehorsam, alle Ehrerbietigkeit und Ehrfurcht zu, die auch unsere Vorgänger, die katholischen Könige und Kaiser, euren Vorgängern bekanntlich zugewendet haben; wobei wir den Willen haben, daß davon nichts vermindert, sondern daß es vielmehr erweitert wird, damit unsere Hingabe um so mehr hervorleuchte.

(2) In dem Willen also, auch jenen Mißbrauch abzuschaffen, dem bisweilen einige unserer Vorgänger, wie man weiß und sagt, gehuldigt haben bei den Wahlen der Prälaten, gewähren und gebieten wir, daß die Wahlen der Prälaten frei und kanonisch vor sich gehen sollen, auf daß der mit der Leitung einer verwaisten Kirche betraut wird, den das ganze Kapitel oder dessen größerer und verständigerer Teil glaubt wählen zu sollen, vorausgesetzt daß diesem nichts an kanonischen Bestimmungen entgegensteht.

(3) Berufungen aber an den Apostolischen Stuhl in kirchlichen Angelegenheiten und Rechtssachen sollen frei sein; niemand soll sich herausnehmen, ihre Verhandlung und Durchführung zu behindern.

(4) Auch verlassen und verwerfen wir jenen Mißbrauch, den unsere Vorgänger mit der Inbesitznahme der Habe verstorbener Prälaten und der Güter verwaister Kirchen nach dem Antrieb ihres eigenen Beliebens zu begehen pflegten. Alles Geistliche aber überlassen wir euch und den anderen Prälaten der Kirchen zur freien Verfügung, damit dem Kaiser, was des Kaisers ist, und Gott, was Gottes ist (Mt 22,21; Mk 12,17; Lk 20,25), in richtiger Verteilung gegeben wird.

(5) Bei dem Ausrotten des Irrtums ketzerischer Verworfenheit aber werden wir wirksame Hilfe und Mühe walten lassen.

(6) Auch die Besitzungen, welche die römische Kirche zurück erlangt hat und die von unseren Vorgängern oder sonst jemand anderem früher zurückgehalten worden waren, überlassen wir ihr frei und unangefochten, und wir versprechen, sie bei deren Besitzerhaltung treu und ehrlich zu unterstützen. Was sie aber noch nicht zu-

rück erlangt hat, bei dessen Zurückerlangung werden wir nach Kräften Helfer sein; und bei all dem, was in unsere Hände gelangt, werden wir uns ohne Schwierigkeiten und Verzug um Rückerstattung an sie kümmern. Dazu gehört das ganze Land von Radicofani bis Ceprano, die Mark Ancona, das Herzogtum Spoleto, das Land der Gräfin Mathilde, die Grafschaft Bertinoro, das Exarchat von Ravenna, die Pentapolis (= Küstengebiet von Ancona bis Rimini), die Massa Trabaria mit den angrenzenden Gebieten und allen sonstigen, die zur römischen Kirche gehören, auf daß die römische Kirche sie für immer und ewig besitze mit all ihrer Rechtshoheit, Amtsgewalt und Ehre. Doch wenn wir, vom Apostolischen Stuhl gerufen, zum Empfang der Krone des Reiches und wegen der Nöte der Kirche kommen, werden wir im Auftrag des Papstes davon die Verwaltung oder das Fodrum übernehmen.

(7) Alles zuvor Genannte also und alles andere, was zur römischen Kirche gehört, geben wir auf, widerrufen und erstatten ihr frei nach unserem Willen und Gewissen, mit Rat und Zustimmung der Reichsfürsten; um aber jeglichen Zweifel zu zerstreuen und damit es bessere Kraft hat und als wirksamer verstanden wird, verleihen, übertragen und schenken wir dies, damit nach Beseitigung jeglichen Zündstoffes zu Streit und Zwietracht starker Friede und volle Eintracht zwischen Kirche und Reich für immer und ewig bestehen.

(8) Wir werden der römischen Kirche auch behilflich sein, das Königreich Sizilien zu bewahren und zu schützen, zusammen mit allem, was dazu gehört, diesseits des Faro und jenseits sowie Korsika und Sardinien, auch die übrigen Rechte, die ihr bekanntlich zustehen – ich werde dies tun als ein ergebener Sohn und katholischer Herrscher.

(9) Damit aber dies alles gegenüber euch, dem genannten Heiligen Vater, unserem Herrn Innozenz, Papst der hochheiligen römischen Kirche, und euren Nachfolgern durch uns und unsere Nachfolger, die römischen Könige und Kaiser, beachtet wird und stets rechtskräftig und unerschüttert bleibt, haben wir das vorliegende abgefaßte Privileg mit der goldenen Bulle unserer Hoheit versehen lassen.

Zeugen aber sind folgende: Siegfried Erzbischof des Mainzer Stuhles und Legat des Apostolischen Stuhles, Eberhard Erzbischof von Salzburg, Konrad Bischof von Regensburg, Otto Bischof von Würzburg, Manegold Bischof von Passau, Engelhard Bischof von Zeitz, Ottokar König der Böhmen, Ludwig Herzog von Bayern, Leopold Herzog von Österreich und Steiermark, Hermann Landgraf von Thüringen, Graf Albrecht von Eberstein, Graf Adolf von Schauenburg, Graf Burkhard von Mansfeld, Graf Gerhard von Diez, Graf Ludwig von Württemberg, Gebhard Burggraf von Magdeburg,

Heinrich von Stahelburg, Walther von Langenburg, Heinrich von Kalden Marschall des Reiches, Walther von Schüpf Mundschenk des Reiches, und recht viele andere.

Handzeichen des Herrn Friedrich II., unüberwindlichster römischer König und König von Sizilien.

Ich Konrad, von Gottes und des Apostolischen Stuhles Gnaden Bischof von Metz, habe in Vertretung des Herrn Siegfried, Erzbischof von Mainz und Legat des Apostolischen Stuhles sowie Erzkanzler von ganz Deutschland, die Ausfertigung beglaubigt.

Verhandelt wurde dies im Jahre unseres Herrn Jesus Christus 1213, in der 1. Indiktion, unter der Herrschaft des Herrn Friedrich II., ruhmvoller römischer König und König von Sizilien, im ersten Jahr seines römischen Königtums, und im 16. seines Königreichs Sizilien. Gegeben zu Eger, von der Hand Bertholds von Neuffen, Protonotar des königlichen Hofes, am 12. Juli.

O: MGH Const. 2, Nr. 48, S. 59 ff. – Ü: FSGA 32, Nr. 89, S. 358 ff. – L: Stürner (1992), S. 159 ff.; Laufs (1980), S. 289-307.

DIE ÜBERFÜHRUNG PHILIPPS VON SCHWABEN NACH SPEYER

Philipp von Schwaben, der jüngste Sohn Kaiser Friedrichs I., war 1198 nach dem Tod seines älteren Bruders Kaiser Heinrichs VI. von den staufischen Anhängern unter den Fürsten zum König gewählt worden. Aufgrund seiner umfangreichen materiellen Ressourcen konnte er sich nach zähem Ringen gegen seinen Gegner Otto IV. durchsetzen, der – anders als der Staufer – von Papst Innozenz III. unterstützt wurde. Als der Durchbruch geschafft schien und Philipp auch eine Annäherung an den Papst gelungen war, wurde er am 21.6.1208 in Bamberg von dem bayerischen Pfalzgrafen Otto von Wittelsbach ermordet – angeblich aus persönlichen Rachemotiven.

Als Friedrich II. im Herbst 1212 nach Deutschland kam, agierte er zunächst von den herkömmlichen staufischen Machtzentren in Süddeutschland aus. Ganz bewußt stellte er sich dabei in staufische Traditionen, indem er Bischöfen und Klöstern ihre Rechte und Besitztümer bestätigte und damit vielfach Privilegien erneuerte, die seine Vorfahren ausgestellt hatten.

In diesem Zusammenhang muß auch die Überführung Philipps von Schwaben von Bamberg nach Speyer gesehen werden. Das Jahr 1213 hatte zu militärischen Auseinandersetzungen zwischen der welfischen und der staufischen Partei geführt, die in der Vertreibung der Quedlinburger Stiftsdamen durch Otto IV. gipfelten. Die Rückeroberung Quedlinburgs mißlang, und Friedrich II. mußte sich wegen des herannahenden Winters zurückziehen. Er nutzte die erzwungene Kampfpause, um den Leichnam seines Onkels in einem eigens dafür angefertigten Bleisarg nach Speyer bringen zu lassen, wo er ihn Weihnachten 1213 feierlich bestattete. Verschiedene Gründe werden hier eine Rolle gespielt haben. Zum einen gehörte die Sorge um das Seelenheil der lebenden und verstorbenen Angehörigen zu den vornehmsten Verwandtenpflichten, zum anderen geschah der Akt offenbar auf Vorschlag und Bitten Bischof Konrads von Speyer, dem Friedrich als seinem Kanzler zu Dank verpflichtet war. Entscheidend war jedoch der symbolische Charakter: Friedrich bekannte sich zum Königtum seines Onkels und betonte die staufische Kontinuität. Da Speyer die Grablege der Salier war, knüpfte er zugleich an dieses Herrscherhaus an: Die salischen Kaiser zählten durch die Eheschließung Friedrichs I., Herzog von Schwaben, mit Agnes, der Tochter König Heinrichs IV. im Jahr 1079 zu seinen Verwandten und Vorfahren.

Annales Marbacenses

Das Augustinerchorherrenstift Marbach ist aufgrund der benutzten Quellen, die alle an diesem Ort vorlagen, als Entstehungsort der „Marbacher Jahrbücher“ gesichert. Die genaueren Umstände der Niederschrift sind hingegen umstritten. Die Marbacher Annalen entstanden in drei Abschnitten: Den ersten Teil bis 1200 verfaßte ein unbekannter Marbacher, der möglicherweise mit dem Straßburger Propst Friedrich von St. Thomas identisch ist. Es folgte eine Phase unregelmäßiger, teilweise später eingefügter zusammenfassender Eintragungen, bis man ab 1222 wieder kontinuierlich die Ereignisse eintrug. Immerhin läßt sich für die Jahre 1207/08 bis 1218 erkennen, daß ein oder mehrere Schreiber mit größerer Sorgfalt das Werk fortsetzten. Zum Jahr 1208 heißt es:

Der sehr fromme König Philipp, im Begriff den Feldzug nach Sachsen anzutreten, damit der langwierige Streit dort – wie es mit dem römischen Stuhl ausgemacht war – ein Ende nähme, war nach Bamberg gekommen und erwartete die Sammlung seines Heeres. Nachdem er sich zur Ader gelassen hatte, ruhte er sich mit einigen Getreuen seines Reiches in den inneren Räumen des Palastes aus, als der vorgenannte Pfalzgraf (Otto, Pfg. von Bayern), wie er denn schon längst die schlimme Tat in seinem Herzen beschlossen hatte, herbeikam, um Einlaß bat und diesen erhielt. Hier zog er das Schwert, indem er sich stellte, als spiele er gleich einem Possenreißer, verwundete aber bei sich ergebender Gelegenheit den König in der Gegend des Halses und ergriff sogleich die Flucht. Und in Folge dieser Verwundung verlor der König das Leben. Die Leiche wurde daselbst beerdigt, später aber, nach Ablauf einiger Zeit wurden die Gebeine von König Friedrich in die königliche Gruft nach Speyer gebracht und feierlich dort bestattet. Der Marschall von Kalden aber verfolgte jenen, tötete ihn (1209) in einer Scheune nächst der Donau und warf sein Haupt ins Wasser.

O: MGH SSrG 9, 78 – Ü: GdV 74, S. 31; vgl. auch FSGA 18a – L: Schmale (1998).

Burchard von Ursberg

Sehr viel ausführlicher und deutlicher Partei ergreifend berichtet Burchard von Ursberg, der zum Zeitpunkt der Ermordung Philipps als Prämonstratenser im oberschwäbischen Schussenried lebte. Burchard verweist auf die Motive Ottos von Wittelsbach; ebenso wie er nennen auch andere Quellen die von Philipp gelöste Verlobung Ottos mit seiner Tochter als Beweggrund. Philipp hatte die Verbindung angeblich wegen eines von Otto verübten Mordes oder ganz allgemein wegen seiner Grausamkeit gelöst. Die Forschung ging daher lange Zeit von einem „privaten Racheakt“ aus. Neueren Überlegungen zufolge muß man die Beteiligung der auch bei Burchard genannten Fürsten, Bischof Ekbert von Bamberg und Markgraf Heinrich von Istrien, ernster nehmen und von einer Art Verschwörung gegen Philipp ausgehen.

Die unterschiedlichen Interpretationen beruhen auf den komplizierten verwandtschaftlichen Verhältnissen, der Heiratspolitik Philipps, der vier Töchter in die Ehe geben konnte, den daraus resultierenden Ansprüchen der

– zukünftigen – Schwiegersöhne und den miteinander kollidierenden Einzelinteressen vieler Fürsten. Schwer zu durchschauen ist auch die Haltung der drei Brüder aus dem Hause Andechs-Meranien, die sich mehrfach für die staufischen Interessen einsetzten: Herzog Otto von Meranien hatte am Tag des Königsmordes Beatrix, die Nichte Philipps und Erbtochter von Burgund, geheiratet und war mit seiner Frau erst kurz vor der Tat abgereist. Ihn hielten die zeitgenössischen Geschichtsschreiber für unschuldig, während seine Brüder Ekbert und Heinrich sich nie ganz von dem Verdacht der Mittäterschaft reinwaschen konnten.

Ob hier ein weiterer Grund zu finden ist, warum Friedrich II. seinen Onkel nach Speyer überführte, muß offen bleiben. Zwar deutet Burchard etwas Derartiges an, verweist aber ebenso wie die Marbacher Annalen auf die Beisetzung Philipps im Kreis der Vorfahren in Speyer. Es wäre vorstellbar, daß Friedrich den Leichnam nicht am Ort des Verbrechens und in nächster Nähe eines der Verdächtigen lassen wollte, denn Ekbert war es 1209 gelungen, durch päpstlichen Richterspruch sein Bistum zurückzubekommen, nachdem einige Zeit zuvor die Reichsacht über ihn und seinen Bruder Heinrich verhängt worden war. Gleichzeitig bemühte sich Ekbert um eine erneute Annäherung an den staufischen Hof und nahm 1215 an der Krönung Friedrichs II. in Aachen teil.

Im folgenden Jahr (1208) beschloß Philipp, mit einem Heer nach Sachsen gegen diejenigen zu ziehen, die dort noch gegen ihn rebelliert hatten. So gelangte er nach Bamberg. Dorthin kam auch der ruchlose Pfalzgraf (von Bayern) Otto von Wittelsbach. Der König wurde dort von den Venen beider Arme zur Ader gelassen, und viele der Seinen ebenso. Da betrat der verruchte Otto, begleitet von bewaffneten Männern des Bischofs Ekbert (von Bamberg) und des Markgrafen Heinrich von Andechs (Markgraf von Istrien), dem Bruder des Bischofs, den Palast. Jener Gewissenlose begab sich zur Tür des Gemachs, in dem der König ruhte, und klopfte an, um eingelassen zu werden; und der König, der nichts Böses argwöhnte, befahl, daß er hereingelassen werde. Als er sah, daß außer dem König, dem Kanzler (Konrad von Scharfenberg, Bischof von Speyer) und dem Truchseß Heinrich von Waldburg, die zu seinem Rat gehörten, niemand in dem Raum war, machte er kehrt, öffnete die Tür des Gemachs, nahm von einem Dienstmann das Schwert entgegen, ergriff es und schwang es gegen den Hals des Königs; doch da der Truchseß laut aufschrie, konnte er den Hieb kaum vollenden und fügte dem König nur eine kleine Wunde am Hals zu, durchtrennte dabei aber eine Schlagader. Als der Truchseß ihm den Ausgang mit der Tür versperren wollte, verwundete er ihn mit demselben Schwert am Kinn, welches löbliche Narben bis zu seinem Tod (nach 1209) trug. Überall brach der Tumult aus, und der König hauchte nach wenigen Schritten sein Leben aus. Jener Bösartige nahm Zuflucht bei dem Bischof und dem Markgrafen, weshalb auch jene in Mordverdacht gerieten.

Der König wurde am (21.) Juni erschlagen, einzig aus dem Grund, weil er, nachdem er seine Tochter mit jenem Ruchlosen verlobt hatte, sich dann weigerte, ihm diese Tochter zu geben, nachdem derselbe einen Freien aus dem Gefolge des Herzogs von Bayern hinterlistig getötet hatte, wofür er von den Fürsten öffentlich gerügt wurde.

Nach kurzer Zeit, während Otto (IV.) regierte, tötete der Marschall Heinrich von Kalden aus Rache für seinen Herrn ruhmvoll jenen Verbrecher auf einem klösterlichen Wirtschaftshof nicht weit von Regensburg. Der Körper des Königs wurde zunächst in Bamberg bestattet. Bald darauf allerdings, nachdem Kaiser Friedrich II. die Königsherrschaft übernommen hatte, wollte er nicht, daß der Leichnam seines Onkels in Bamberg ruhe, sondern er ließ ihn aus dem Grab heben, nach Speyer bringen und ihn dort auf den Rat (Konrads) von Scharfenberg, des Speyerer Bischofs und Kanzlers des kaiserlichen Hofes, bei seinen Vorfahren beisetzen. Und für das Gebetsgedenken des Königs übertrug er den Kanonikern der Kirche von Speyer zur Mehrung ihrer Pfründe die Kirche in Esslingen mit allem Zubehör.

O: MGH SSrG 16, S. 89 ff. – Ü: Brüsch – L: Verfasserlexikon[2] 1, Sp. 1119 ff.; Backmund (1972), S. 8-33.

Urkunde Friedrichs II. für die bischöfliche Kirche zu Speyer

Mit der am 30.12.1213 ausgestellten Urkunde übertrug Friedrich II. – wie bei Burchard von Ursberg erwähnt – dem Hochstift Speyer die Kirche zu Esslingen mit allen dazugehörigen Rechten, um das Gebetsgedenken für seine Vorfahren sicherzustellen. In der Urkunde wird ausdrücklich betont, daß der Dom zu Speyer die Ruhestätte von Kaisern und Königen, der Vorfahren Friedrichs und Philipps, sei. Die namentliche Hervorhebung seines Vaters Kaiser Heinrich VI. und seines Oheims König Philipp signalisieren in aller Deutlichkeit, daß Friedrich als legitimer Nachfolger seiner staufischen Vorgänger im Königtum auftrat:

Im Namen der heiligen und unteilbaren Dreifaltigkeit. Friedrich II., durch Gottes gnädige Huld der Römer König, immer erhaben, und König von Sizilien. In Ewigkeit.

Wenn es den Juden, solange sie unter dem Schatten des Alten Bundes lebten, überflüssig und eitel erschien, für ihre Toten zu beten, da sie nicht hofften, daß die Abgeschiedenen wieder auferstehen würden, so können wir, die wir zur Zeit der Gnade und Wahrheit leben, in der Festigkeit des katholischen Glaubens an der künftigen Auferstehung der Toten nicht zweifeln. Heilsam und notwendig erachten wir es daher, für die teuren Toten zu beten und ihnen durch Almosenspenden zu Hilfe zu kommen, damit, sofern ihnen etwa eine Spur von Schuld der menschlichen Gebrechlichkeit anhängt, diese durch die Almosen und Gebete der Lebenden getilgt werde.

Daher ist unser Wunsch und Wille, daß allen derzeit Lebenden sowohl wie den nachfolgenden Geschlechtern, die gegenwärtiges Schreiben vor Augen bekommen, bekannt sei, daß wir an demselben Tag, an dem wir den Leichnam unseres lieben Oheims, des ruhmreichen und erhabenen Königs der Römer, Philipp, von der Stadt Bamberg, wo er unschuldig und ebenso grausam wie hinterlistig ermordet wurde, überführen und im Dom zu Speyer neben den Ruhestätten der Kaiser und Könige, unserer Vorfahren und Vorgänger, die da liegen, beisetzen ließen, zur Ehre Gottes und der heiligen Jungfrau Maria, zu deren Ehre der Dom von Speyer erbaut ist, und zum Heile der Seelen unseres geliebten Vaters Heinrich, des ruhmreichen und erhabenen Kaisers der Römer und Königs von Sizilien, sowie unseres genannten teuren Oheims, des Königs Philipp, der Römer erhabenen Königs, zugleich aber auch für die Seelen unserer anderen Vorfahren, die Kirche in Esslingen, die uns nach dem Erbschaftsrecht zugehört, dem genannten Dom von Speyer zugesprochen haben: das heißt also das Patronatsrecht wie auch alle anderen, die unzweifelhaft zu jener Kirche in Esslingen gehören, wie Abgaben, Zehnten und Dienste und was sonst offenkundig dieser Kirche zusteht, so daß die gesamten Einkünfte und eingehenden Zahlungen jeder Art von dieser Kirche, ihren Abgaben, Zehnten und Auflagen ohne erdichtete Widersprüche dem gemeinen Wohle der Herren Kanoniker des Speyrer Domes zukommen und es in ihrem Willen und Gutdünken, sowie in ihrem Belieben liegt, was sie bezüglich jener Kirche anordnen wollen. Wir wünschen jedoch, daß sie eifrig und mit gebührender Verehrung die Jahrestage sowohl unseres Vaters als auch unseres Oheims begehen und zu begehen befehlen.

O: HB 1.1, S. 283-285 – Ü: Heinisch (1968), S. 31 f. – L: Stürner (1992), S. 162.

Reiner von Lüttich

Reiner von Lüttich berichtet in seinen Annalen kurz und knapp von der Überführung; bemerkenswert ist dabei sein Hinweis auf die Grablege der Könige und Kaiser in Speyer, der deutlich macht, welche Bedeutung die Zeitgenossen einem solchen Akt beimaßen. Da man im Mittelalter das Jahr meist am Weihnachtstag, also am 25. Dezember, beginnen ließ, steht diese

Nachricht gleich am Anfang des Jahresberichtes 1214 und nicht zum Jahr 1213 verzeichnet.

Friedrich, König von Apulien und Deutschland, hielt zu Weihnachten einen feierlichen Hoftag in Speyer. Auf den Rat seiner Freunde hin überführte er den Körper seines Oheims König Philipp von Bamberg, wo er von einem ruchlosen Grafen getötet worden war und begraben lag, nach Speyer; und dort wurde er ehrenvoll in der Kirche, in der zahlreiche Leiber von Kaisern und Königen ruhen, beigesetzt.

O: MGH SS 16, S. 670 – Ü: Brüsch – L: LexMA 7, Sp. 666.

Aachener Krönung und Kreuzzugsgelübde

Nachdem Friedrich in der ersten Hälfte des Jahres 1214 in Süddeutschland um Anhänger geworben hatte, plante er eine Heerfahrt nach Aachen. Er überschritt die Mosel drei Wochen nach der Niederlage seines welfischen Gegners Otto IV. bei Bouvines, was vermutlich einige Grafen der Gegend dazu bewog, mit ihm Frieden zu schließen. Die Tore Aachens blieben Friedrich allerdings verschlossen, und er zog sich zunächst zurück, nachdem mit der Gewinnung Herzog Heinrichs von Brabant eines seiner Hauptziele erreicht war. Im Verlauf des Jahres belehnte er den Bayernherzog Ludwig, einen Wittelsbacher, mit der Pfalzgrafschaft bei Rhein, trat im Norden das von Dänen besetzte Reichsgebiet an König Waldemar II. ab, um eine dänisch-welfische Allianz zu verhindern, und verlieh das Königreich Arelat an Wilhelm von Baux, einen einflußreichen Adligen aus der Provence.

Friedrichs wachsende Zuversicht wurde durch den Übertritt weiterer, vermutlich sächsischer Großer so gestärkt, daß er im Sommer 1215 beschloß, gegen Aachen und das Otto IV. noch treu ergebene Köln zu ziehen. Doch bevor es so weit kam, setzte sich in Aachen die stauferfreundliche Partei gegen die Welfenanhänger durch, worauf Friedrich mit großem Gefolge feierlich in Aachen einzog. Nach der Erneuerung der Wahl Friedrichs kurz nach seiner Ankunft in Deutschland Anfang Dezember 1212 und der anschließenden Krönung im Mainzer Dom wurde er nun am 25.7.1215 noch einmal feierlich vom Mainzer Erzbischof an dem Ort gekrönt, der sich im Verlauf von zwei Jahrhunderten als der „richtige“ Krönungsort der römischen Könige herausgestellt hatte: in der Marienkirche zu Aachen, der Pfalzkirche Karls des Großen.

Im Anschluß an die Krönung gelobte Friedrich seine Teilnahme am Kreuzzug. Dieser Entschluß war wohl nicht spontan getroffen, sicherlich aber durch die Krönungszeremonie gestärkt worden. Der junge König war überzeugt, Gott allein habe ihn auf den Karlsthron gesetzt, und dafür war er bereit, ihm seine Dankbarkeit und Ehrfurcht in Form eines solchen Opfers zu erweisen. Offenbar hatte ihn die allgegenwärtige Kreuzzugswerbung, ihre Wirkung auf die Bevölkerung und einzelne Fürsten wie Herzog Ludwig von Bayern, der zwei Monate zuvor seine Teilnahme am Kreuzzug gelobt hatte, tief beeindruckt. Demonstrativ lauschte er am Tag nach der Krönung bis zum Spätnachmittag den Kreuzzugspredigten, die in der Marienkirche gehalten wurden. Sein offenkundiges Interesse an den Predigten, sein Gelöbnis, sein Zureden, aber wohl auch Versprechungen und Geschenke bewogen viele geistliche und weltliche Fürsten, seinem Vorbild zu folgen und ebenfalls das Kreuz zu nehmen.

Annales S. Pantaleonis Coloniensis

Die Jahrbücher aus dem Kölner Kloster St. Pantaleon wie auch andere Quellen betonen, daß die Krönung nur deshalb von dem Mainzer Erzbischof vorgenommen wurde, weil der Kölner Stuhl zu dieser Zeit vakant war. Seit zwei Jahrhunderten stritten die Erzbischöfe von Mainz und Köln um den entscheidenden Einfluß bei der Wahl des römischen Königs und um die Rolle des Coronators. Einen ersten durchschlagenden Erfolg hatte der Kölner Metropolit 1024 bei dem Wechsel des Königtums von den Ottonen auf die Salier erzielen können. Nachdem der Mainzer Erzbischof es abgelehnt hatte, die Gemahlin Konrads II. zu krönen, zeigte der Kölner weniger Skrupel: Er krönte Gisela in Köln und vier Jahr später auch Heinrich III. in Aachen. Zur Sicherung dieses Anspruches ließ sich sein Nachfolger das Recht, innerhalb seiner Kirchenprovinz – zu der auch Aachen gehörte – die Herrscherweihe vorzunehmen, durch ein päpstliches Privileg bestätigen. Gegen Mainzer Proteste konnten die Kölner Erzbischöfe dieses Vorrecht wahren und wachten um so eifriger darüber, als den Mainzer Metropoliten der entscheidende Einfluß bei den Königswahlen nicht mehr zu nehmen war.

Zu derselben Zeit (im Juli 1214) überschritt Friedrich von Sizilien mit einem sehr starken Heer die Mosel und brachte durch den Schrecken, der vor ihm herging, alle Edlen des dortigen Landes auf seine Seite. Hierauf überschritt er die Mosel und zog gegen den Herzog von Brabant. Dieser, durch seine schnelle Ankunft erschreckt, kam demütig bittend zu ihm, versprach Treue und stellte außerdem seinen Sohn und andere edle Männer als Geiseln. (...) An demselben Tag (am Tag vor dem Fest des heiligen Jakobus) kam König Friedrich von Sizilien mit mehreren Fürsten und den Edlen aus ganz Lotharingien nach Aachen und wurde tags darauf, also am Fest des heiligen Jakobus, von Siegfried, dem Legaten des Apostolischen Stuhls – denn in Köln war kein Erzbischof – zum König gesalbt und auf den königlichen Thron gesetzt. Als er hierauf geweiht worden war, bezeichnete er sich zur Unterstützung des heiligen Landes mit dem Kreuz, angetrieben durch die Kreuzzugspredigt des Scholastikers Johannes aus Xanten.

O: MGH SSrG 18, S. 235 f. – Ü: GdV 89, S. 268.

Reiner von Lüttich

Zwei Tage nach seiner Krönung vollzog Friedrich II. einen weiteren symbolträchtigen Akt. Sein Großvater Friedrich Barbarossa hatte im Jahr 1165 die Heiligsprechung Karls des Großen erwirken können und angeblich einen kostbaren Reliquienschrein in Auftrag gegeben. Indem sein Enkel die Gebeine des Karolingers in diesen umbetten ließ und ihn eigenhändig verschloß, vollendete er das Werk, stellte sich damit in die staufisch-karolingische Tradition und demonstrierte so seinen Anspruch, das Reich in seiner Größe und Bedeutung zu wahren.

Bisher wurde immer angenommen, daß Friedrich Barbarossa noch in dem Jahr der Heiligsprechung die Anfertigung des Aachener Karlsschreins angeordnet habe, dessen Goldschmiedearbeiten teilweise aber vielleicht erst unter Otto IV. angefertigt wurden. Nach dendrochronologischen Untersuchungen wurden jedoch die Bäume, die das Holz für das Reliquienbehältnis lieferten, erst 1182 gefällt und kurz darauf verarbeitet. Außerdem steht das Bildprogramm offensichtlich nicht in primär staufischen Zusammenhängen, sondern verweist direkt nach Aachen. Der Hinweis bei Reiner, daß die Aachener den Schrein angefertigt haben, stützt diese Annahme: Demnach sollte das Bildprogramm des Karlsschreines die Herrscher auffordern, in der Nachfolge des großen und heiligen Karl die Rechte der Aachener Kirche und ihren Anspruch als Krönungskirche zu wahren.

Die Aachener schrieben dem König Friedrich, er möge friedlich kommen, da sie bereit seien, ihn als Herrn aufzunehmen. So geschah es, daß der König Friedrich, umgeben von Fürsten und Würdenträgern des Reiches, mit großer Pracht und Herrlichkeit am Vorabend des Festes des heiligen Jakobus nach Aachen kam. Am folgenden Tage aber wurde er in der Kirche der heiligen Maria zum König geweiht und gekrönt und auf den königlichen Thron erhoben durch den Erzbischof von Mainz, da die Kölner Kirche damals keinen Herrn hatte. Sofort nach der Messe nahm der König völlig unerwartet das Zeichen des lebenspendenden Kreuzes und forderte alle Würdenträger und Fürsten des Reiches sowohl selbst als auch durch den Mund der Prediger, die das Wort des Kreuzes predigten, auf, dasselbe zu tun. So bewog er die meisten zur Zustimmung. (...)
Am zweiten Feiertage (27.7.) nach der feierlichen Messe ließ der König den Leichnam des heiligen Karl des Großen, den sein Großvater, der Kaiser Friedrich, aus der Gruft erhoben hatte, in einem höchst prachtvollen Sarkophag, den die Aachener hergestellt hatten und der mit Gold und Silber beschlagen ist, beisetzen. Er selbst legte seinen Mantel ab, nahm einen Hammer, erstieg mit dem Werkmeister das Gerüst und schlug vor den Augen aller Anwesenden zusammen mit dem Meister die Nägel des Schreines fest.

O: MGH SS 16, S. 673 – Ü: Heinisch (1968), S. 35 f. – L: Wiese (in Druckvorbereitung).

Annales Marbacenses

Die allgemeine Kreuzzugsbegeisterung, in der ein neues religiöses Empfinden zutage trat, das von der uneingeschränkten Bereitschaft geprägt war, sich dem göttlichen Willen zu unterwerfen und aufzuopfern, spiegelt sich in eindrucksvoller Weise im Kinderkreuzzug wider: 1212 brachen einige tausend Kinder zu einem eigenen Kreuzzug ins Heilige Land auf, angetrieben von dem festen Glauben, ihnen, den Armen und Unschuldigen, werde die Wiedergewinnung des Grabes Christi gelingen. Die Bewegung hatte ihren Ursprung in den Rheinlanden und in Niederlothringen; von hier zogen die Kinder über die Alpen, um von Genua aus mit dem Schiff nach Palästina zu reisen. Aber nur wenige kamen so weit, viele mußten sich als Knechte und Mägde verdingen, um zu überleben, nicht wenige endeten auf mediterranen Sklavenmärkten, und nur einige fanden den Weg zurück.

Die zeitgenössischen Berichte über dieses Phänomen sind zahlreich und fallen häufig recht ausführlich aus. Sie offenbaren die Ratlosigkeit, mit der die Menschen auf den Marsch der Kinder, die sich nicht aufhalten ließen, reagierten. Auch wenn viele Chronisten den Kinderkreuzzug verurteilen, zeigt sich hier doch eine religiöse Grundstimmung der Zeit, die Papst Innozenz III. zu nutzen versuchte, als er im Frühjahr 1213 für seinen Kreuzzug ins Heilige Land zu werben begann, und der auch Friedrich II. bei seinem Gelübde nach der Krönung erlegen war.

Die Marbacher Jahrbücher sind nur eine Quelle von vielen, die das Unternehmen der Kinder beschreiben; auch hier wird die vom Papst nicht gebilligte Aktion heftig gerügt:

1212. (...) Zur selben Zeit wurde eine alberne Heerfahrt unternommen von Kindern und Unbesonnenen, welche ohne einige Überlegung das Kreuz nahmen, mehr aus Neugier als ihres Heiles wegen. Es zogen Kinder beiderlei Geschlechts, Jungen und Mädchen, nicht nur kleinere, sondern auch Erwachsene, verheiratete und Jungfrauen mit leerem Geldsack nicht nur durch ganz Deutschland, sondern auch durch Teile von Gallien und Burgund. Und von Eltern und Freunden ließen sie sich in keiner Weise abhalten, mit allem Eifer diese Heerfahrt zu machen, und zwar so, daß sie hier und da in Dörfern und auf dem Feld ihr Arbeitsgerät und das, was sie gerade unter Händen hatten, zurückließen und sich den Vorüberziehenden anschlossen. Und wie wir so Ungewöhnlichem oft gerne unser Zutrauen schenken, so meinen viele, dies geschähe nicht aus Leichtsinn, sondern auf göttliche Eingebung und aus einer gewissen Frömmigkeit, weshalb sie ihnen auch auf eigene Kosten Lebensmittel und das, was sie nötig hatten, darreichten. Den Geistlichen aber und den anderen, die vernünftigeren Sinnes waren, die widersprachen und diesen Zug für eitel und unnütz erklärten, leisteten die Laien heftigen Widerstand, indem sie behaupteten, die Geistlichen wären ungläubig und widersetzen sich diesem Unternehmen, mehr aus Neid und Geiz, als um der Wahrheit und Gerechtigkeit willen. Da aber kein Unternehmen, das in unvernünftiger und unüberlegter Weise begonnen wird, einen guten Ausgang hat, verbreitete und zerstreute sich diese törichte Menge, als sie in Italien angekommen war, in größere und kleiner Städte; und viele von ihnen wurden von den Bewohnern des Landes als Knechte und Mägde zurückbehalten. Andere sollen ans Meer gekommen sein, wo sie von den Schiffern und Seeleuten getäuscht und in entlegene Weltgegenden gebracht wurden. Die übrigen gelangten nach Rom, und als sie sahen, daß sie keinen Erfolg haben würden, weil sie ohne alle Vollmacht waren, erkannten sie endlich ihre Bemühungen als albern und vergeblich; sie wurden aber vom Kreuzzugsgelübde durchaus nicht losgesprochen mit Ausnahme der Knaben, welche die Jahre der Einsicht noch nicht erreicht hatten und jener, welche das Alter niederbeugte. So traten sie also getäuscht und beschämt den Rückweg an, und diejenigen, die vorher in Scharen und Streithaufen und unter Absingen des Celeuma (ein Gesang, den die Seeleute bei günstiger Fahrt anstimmten) das Land durchzogen, kehrten jetzt einzeln und im Stillen, barfuß und hungernd zurück; sie wurden allen zum Gelächter, weil sehr viele Jungfrauen geraubt waren und die Blüte ihrer Jungfrauenschaft verloren hatten.

O: MGH SSrG 9, S. 82 f. – Ü: GdV 74, S. 34 f.; vgl. auch FSGA 18a, S. 218-221.

AUF DEM WEG ZUR WAHL HEINRICHS (VII.)

Im Juli 1215 war Friedrich II. in Aachen zum König gekrönt worden, im November desselben Jahres kam es auf dem Vierten Laterankonzil zu einer Entscheidung im Thronstreit zwischen dem Welfen Otto IV. und dem Staufer: Papst Innozenz III. entschied zugunsten Friedrichs und bestätigte sein Königtum, wodurch dieser dem Ziel der Kaiserkrönung einen Schritt näher kam. Der Weg bis dahin war jedoch noch weit, denn gleichzeitig versuchte der König, seinem 1211 geborenen Sohn Heinrich die deutsche, d. h. die römische, Königskrone zu sichern. Dabei mußte er vielfältige Hindernisse überwinden.

Sowohl Innozenz III. als auch sein Nachfolger Honorius III. wollten in jedem Fall die Vereinigung des sizilischen *regnum* mit dem *imperium* verhindern, konnten es aber nicht zum Bruch mit Friedrich kommen lassen, wenn ihre Kreuzzugspläne nicht gefährdet werden sollten. Der Staufer brauchte die Hilfe der Fürsten, um seinem Sohn die Nachfolge zu sichern, denn nur sie konnten den Knaben zum römischen König wählen; ohne Zugeständnisse in Bereichen, die ihre Belange unmittelbar betrafen, war ihre Zustimmung nicht zu gewinnen. In diesem Geflecht von Widerständen und Wünschen – den eigenen, denen der Kurie und denen der Fürsten – mußte Friedrich fordern, einlenken, taktieren und verhandeln, bis er, unbeirrbar an seinen Plänen festhaltend, im Jahr 1220 nicht nur die Wahl seines Sohnes, sondern auch seine eigene Krönung zum Kaiser erreicht hatte.

Breve chronicon de rebus Siculis

Zunächst ließ Friedrich seine Frau Konstanze und seinen Sohn von Sizilien nach Deutschland holen, um Heinrich, der bereits König von Sizilien war, in einem ersten Schritt zum Herzog von Schwaben zu machen. Erzbischof Berard von Palermo, einer der beiden Vertrauensleute, die Friedrich mit der Aufgabe betraut hatte, die Reise von Frau und Sohn zu begleiten, brach offenbar gleich nach der stauferfreundlichen Entscheidung des Laterankonzils nach Sizilien auf; der zweite, Graf Albert von Eberstein, läßt sich Ende Dezember 1215 letztmalig am Hof nachweisen, wird also Anfang 1216 aufgebrochen sein. Er zählte von Anfang an zu den zuverlässigsten Gefolgsleuten des Königs, eine in der Chronik erwähnte angebliche Verwandtschaft mit Konstanze ist jedoch unwahrscheinlich. Beide, der Bischof und der Graf, stellten im Juni Urkunden in Messina aus, von wo sie kurz darauf die Reise antraten. Spätestens im Dezember dürfte die Reisegruppe den Hof Friedrichs in Nürnberg erreicht haben. Der einzige, im großen und ganzen glaubwürdige Bericht hierüber entstammt der kleinen Sizilischen Chronik, die um 1272 verfaßt wurde:

Im Jahre des Herrn 1214 (eigentlich 1215) fand im Monat November unter dem Vorsitz des Papstes Innozenz III. im Lateran eine Synode statt, an der eine unzählige Menge von Prälaten teilnahm.

Dort wurde über die Wiedereroberung des Heiligen Landes verhandelt.

Nach Beendigung dieser Synode schickte Friedrich den Erzbischof von Palermo, Berard von Castacca, und einen mächtigen deutschen Herrn, der sich Graf Albert (von Eberstein) nannte und der mit seiner Gemahlin blutsverwandt war, nach Sizilien, um diese nach Deutschland zu holen.

Die Königin gelangte im Juni derselben Indiktion (1216) mit sechs Galeeren von Messina bis nach Santa Eufemia mit ihrem Söhnchen, das damals fünf Jahre alt war, und dem genannten Erzbischof sowie dem Grafen. Von dort aus reiste sie zu Lande, der Sohn aber zu Schiff bis nach Genua. Denn als sie selbst schon in der Lombardei war, schickte sie nach ihrem Sohn, auf daß er zu ihr komme. Darauf brachen sie gemeinsam nach Deutschland auf zu ihrem Gemahl und Vater. Der aber verweilte dort sieben Jahre und länger; dann wurde der Knabe an seine Stelle gesetzt, er selbst aber von dem Herrn Papst Honorius (III.) zur Krönung gerufen.

O: HB 1.2, S. 894 f. – Ü: Heinisch (1969), S. 14 – L: Stürner (1992), S. 106 mit Anm. 100.

Friedrich II.: Versprechen der Abtretung Siziliens an Heinrich (VII.)

Am 16.6.1216 starb Papst Innozenz III. in Perugia. Der Tod seines früheren Vormunds, der ihn auf seinem Weg zur römischen Königswürde unterstützt hatte und dem Friedrich zu Dank verpflichtet war, erleichterte dem König sicherlich das weitere Vorgehen. Allerdings hatte ihn auch die Dankbarkeit gegenüber seinem Förderer nicht abhalten können, die Wahl seines Sohnes in Deutschland zu betreiben: Seine Boten nach Sizilien waren bereits um die Jahreswende aufgebrochen, um Heinrich (VII.) nach Deutschland zu holen. Noch am 1. Juli, also kurz vor dem unerwarteten Ableben Innozenz', sandte Friedrich von Straßburg aus einen Brief an den Papst, der die Fortführung seiner kirchenfreundlichen Politik signalisieren und Innozenz beruhigen sollte.

Friedrich verspricht in dem Brief, nach seiner Kaiserkrönung zugunsten seines Sohnes Heinrich, der bereits zum König von Sizilien gekrönt worden war, auf das Königreich Sizilien zu verzichten. Durch die Betonung, daß dies erst geschehen solle, *nachdem* er selbst die Kaiserkrone erlangt habe, hielt er sich alle Optionen offen, da er nichts für die Zeit davor oder den Fall des Scheiterns zusagte. Er schlug Innozenz gleichsam ein Tauschgeschäft vor: die Kaiserwürde gegen den lang gehegten päpstlichen Wunsch, das *regnum Siciliae* mit noch größerer Sicherheit vom *imperium* zu trennen und so scheinbar die Vereinigung des Reiches mit dem Kaisertum (*unio regni ad imperium*) dauerhaft zu verhindern.

Das Ende des Briefes stellt eine vorweggenommene Antwort auf das nicht unberechtigte Mißtrauen dar, das die Kurie den königlichen Plänen entgegenbrachte. Ob der Papst den Brief noch zur Kenntnis nehmen konnte, ist ungewiß. In keinem Fall blieb ihm die Zeit, darauf zu reagieren, so daß alle weiteren Entscheidungen bei seinem Nachfolger Honorius III. lagen.

Dem Heiligsten Vater in Christo, seinem Herrn Innozenz, dem Oberpriester der hochheiligen römischen Kirche, entbietet Friedrich durch Gottes und seine Gnade alle Zeit erhabener König der Römer und König von Sizilien mit kindlicher Unterwürfigkeit schuldigen Gehorsam in allem und Ehrfurcht vor dem Apostolischen Stuhl.

In dem Bestreben, sowohl der römischen Kirche als auch dem Königreich Sizilien zu nützen, versprechen und gestehen wir ausdrücklich, sogleich nach Empfang der Kaiserkrone unseren Sohn Heinrich, den wir eurem Auftrag gemäß zum König krönen ließen, aus der väterlichen Gewalt freizugeben und ihm das Königreich Sizilien sowohl diesseits wie jenseits des Faro als Lehen der römischen Kirche zu überlassen, so wie wir selbst es von dieser haben, dergestalt, daß wir es von da ab nicht mehr innehaben und uns nicht mehr König von Sizilien nennen werden, sondern nach eurem Wunsch jenes Reich im Namen unseres Sohnes bis zu seiner Volljährigkeit durch eine geeignete Person verwalten lassen, die in allem Recht und Dienst der römischen Kirche, der bekanntlich allein die Herrschaft über dieses Reich zusteht, Verantwortung schuldet. Es soll dadurch, daß wir durch göttliche Gnade zum Gipfel des Kaisertums berufen sind, nicht die Meinung entstehen, als bestünde irgendwann irgendeine Art von Verbindung zwischen dem sizilischen Reich und dem Kaisertum, wenn wir Kaiser- und Königreich zugleich innehätten. Denn dadurch könnte sowohl dem Apostolischen Stuhl als auch unseren Erben Nachteil entstehen. Damit aber dieses unser Versprechen, unser Zugeständnis und unser Beschluß den gebührenden Nachdruck erhalte, ließen wir vorliegendes Schreiben mit unserem Goldsiegel versehen.

O: HB 1.2, S. 469 f. – Ü: Heinisch (1968), S. 38 f. – L: Stürner (1992), S. 189.

Brief Friedrichs II. an Papst Honorius III.

Zur Vorbereitung auf den bevorstehenden Kreuzzug und die Abreise Friedrichs trat in der zweiten Aprilhälfte 1220 in Frankfurt ein Hoftag zusammen, für den erstmals seit Januar auch die Anwesenheit Heinrichs (VII.) nachweisbar ist. Der Tag, an dem die Wahl des Königssohns zum römischen König erfolgte, ist nicht sicher überliefert. Sie muß zwischen dem 20. und 26. April stattgefunden haben, da Heinrich in einer Urkunde vom 20. April noch als Herzog von Schwaben bezeichnet, in dem Fürstenprivileg vom 26. April aber bereits als König betitelt wird. Im allgemeinen nimmt man den 23. an, da eine Willenserklärung der Fürsten an den Papst, mit der alle bisherigen und noch folgenden Privilegien Friedrichs II. für die römische Kirche bestätigt wurden, auf diesen Tag datiert ist. Ebenso versicherten die Fürsten, daß es keine Vereinigung von *imperium* und sizilischem *regnum* geben würde. Damit signalisierten sie, daß mit der bereits vollzogenen oder kurz darauf erfolgten Wahl Heinrichs zum *Romanorum rex*, zum „König der Römer", kein Zusammenschluß, sondern lediglich eine Personalunion für eine weitere Generation staufischer Könige geplant war.

Der Ablauf der Ereignisse bis zur Wahl und der wenige Tage später erfolgten Ausfertigung des berühmten Fürstenprivilegs, der *Confoederatio cum principibus ecclesiasticis*, deutet darauf hin, daß zwischen Friedrich II. und den Fürsten alles im voraus abgesprochen worden war. Auch der Willebrief an den Papst hätte wohl kaum ohne die Zustimmung des Königs, allein auf den Wunsch des anwesenden päpstlichen Gesandten Alatrin hin ausgestellt werden können. Dennoch beteuert Friedrich in seinem Brief an Honorius vom 13. Juli, daß die Wahl seines Sohnes ohne sein Wissen und in seiner Abwesenheit erfolgt sei. Man wird ihm glauben dürfen, daß er tatsächlich nicht anwesend war, daß er aber von dem Wahlakt völlig überrascht wurde, ist schwerlich vorstellbar.

Immerhin decken sich die Aussagen Friedrichs im großen und ganzen mit dem Bericht, den der Kanzler, Bischof Konrad von Speyer und Metz, an den Papst sandte. Allein die Begründung unterscheidet sich ein wenig. Betont Friedrich den Zwist zwischen dem Erzbischof von Mainz und dem Landgrafen von Thüringen, streicht Konrad die Sorge der Fürsten heraus, daß Kirche und Reich wieder in Unordnung gestürzt werden könnten, wenn Friedrich auf dem bevorstehenden Kreuzzug etwas zustieße. Für diesen Fall hätten die Fürsten die Wahl eines Königs aus königlichem Blut (*de sanguine regio*) verlangt. Die Wahl Heinrichs (VII.) scheint in jedem Fall soviel Unruhe bei der Kurie verursacht zu haben, daß Friedrich sich genötigt sah, ohne Aufforderung oder Anfrage einige Erklärungen abzugeben.

Wir erfuhren, zwar noch nicht durch Schreiben von euch, jedoch weitgehend aus Berichten, daß unsere Mutter, die Kirche, über die Erhöhung unseres geliebten Sohnes in nicht geringem Maße beunruhigt ist; deswegen weil wir seinetwegen, der schon lange in ihrem Schoße und ihr völlig überantwortet ist, weiterhin keinerlei Sorge und Unruhe zu haben gelobten. Dennoch erklärten wir nach seiner Erhöhung der apostolischen Heiligkeit nichts, ebensowenig warum wir uns gezwungen sahen, unsere eurer Heiligkeit so oft angekündigte Ankunft bis heute aufzuschieben. Dies jedoch wollen wir eurer Heiligkeit der Reihe nach wahrheitsgetreu auseinandersetzen.

Angesichts eurer Milde und Güte können und dürfen wir nämlich nicht leugnen, daß wir auf die Erhöhung unseres einzigen Sohnes, den nicht zu lieben uns, dem Vater, so gut wie unmöglich ist, stets mit allen Kräften hinarbeiteten; es war uns indessen bisher nicht möglich, dieses Ziel zu erreichen. Während wir aber persönlich nach Frankfurt unterwegs waren, wohin wir zur Unterrichtung der Fürsten nach dem Brauch des Reiches einen allgemeinen Hoftag berufen hatten, um dann gemäß eurem Wunsche vor eure Füße zu eilen und sodann die Kreuzfahrt mit Gottes Geleit anzutreten, erneuerte sich zwischen unseren geliebten Fürsten, dem ehrwürdigen Erzbischof Siegfried von Mainz und dem Landgrafen Ludwig von Thüringen, die zu dem erwähnten Hoftag gekommen waren, ein Streit, der schon vor langer Zeit zwischen ihnen ausgebrochen war, und begann infolge der Ansammlung von Rittern und Streitkräften beider so um sich zu greifen, daß dem ganzen Reich Gefahr und Nachteil drohte. Als das nun die anwesenden Fürsten bemerkten und einer solchen Gefahr entgegentreten wollten und deshalb schworen, nicht von der Stelle zu gehen, ehe nicht zwischen den genannten Fürsten, womöglich durch einen Machtspruch ihrerseits oder durch freundschaftliche Übereinkunft Frieden gestiftet sei, bekräftigten auch wir dies durch ein Schreiben von uns. Und als darüber längere Zeit von den Fürsten verhandelt worden war, ohne daß ihre Bemühungen irgend etwas erreichten, weil sie unter jenen keine Einigung erzielen konnten und die Auseinandersetzung solche Formen annahm, daß angesichts unserer offensichtlich bevorstehenden Abreise noch mehr Mißhelligkeiten und größter Unfriede im Reiche daraus entstanden wären, wählten die anwesenden Fürsten und auch diejenigen, die früher gegen die Erhebung unseres Sohnes gewesen waren, in unserer Abwesenheit und ohne unser Wissen ganz unerwartet eben diesen zum König.

Als uns dann die Wahl eröffnet wurde, weigerten wir uns, sie anzuerkennen, da sie ja ohne euer Wissen und ohne euren Auftrag, ohne die wir nichts planen und nichts unternehmen wollen, erfolgt war. Ja, wir drangen im Gegenteil sogar darauf, daß, wenn sie unsere Zustimmung haben wollten, ein jeder seinen Beschluß in einem mit seinem Siegel versehenen Schreiben niederlegen solle und eure Heiligkeit darauf diese Wahl bestätige. Auch wurde angeordnet, daß einer von ihnen mit dem Wahlprotokoll unverzüglich zu euch reise. Wie es aber bald darauf anders kam, werdet ihr durch unsern eigenen Mund, sobald wir mit Gottes Hilfe vor euch stehen werden, oder durch unseren Freund, euren Kaplan Alatrin, ausführlicher hören. Nichtsdestoweniger bestimmten wir, daß unser geliebter Freund, der Bischof Konrad von Metz, Kanzler des Reiches, dieserhalb zu euch eile; auch dieser aber verschob mit unserer Zustimmung, obwohl er auf unser Drängen zur Kreuzfahrt gerüstet war, infolge einer ihn plötzlich überfallenden Erkrankung, seine Reise bis heute.

Es scheint uns aber, heiligster Vater, und wir glauben das von vornherein ganz fest, daß ihr bei der herzlichen Liebe, die ihr zu uns und unserem Sohn hegt, nur deshalb über die Erhebung unseres Sohnes unwillig seid, weil ihr wegen der Vereinigung Siziliens mit dem Reiche Bedenken tragt. Was aber könnte unsere Mutter, die Kirche, fürchten oder argwöhnen, da wir doch deren Trennung mit allen Mitteln betreiben und demnächst in eurer Gegenwart eure Wünsche und Befehle eurem Willen gemäß in jeder Beziehung erfüllen werden? Ferne sei es nämlich, daß das Reich mit dem Königreich irgend etwas gemein habe oder daß wir beide bei Gelegenheit der Wahl unseres Sohnes miteinander vereinigen! Ja, wir widersetzen uns ihrer Vereinigung jederzeit mit allen Kräften, wie ihr am Ende sehen werdet, da wir darin wie auch in anderen Dingen uns der apostolischen Heiligkeit gegenüber so erweisen wollen, daß sich die Kirche, unsere Mutter, mit Recht freuen können wird, einen solchen Sohn hervorgebracht zu haben. Denn selbst wenn die Kirche im Königreiche keinerlei Rechte besäße und wir ohne gesetzlichen Erben verscheiden sollten, so würden wir es doch eher der römischen Kirche als dem Reiche vermachen.

Deshalb wundern wir uns über eure und der Kirche so offensichtliche und unverhüllte Beunruhigung, die ihr wegen der Erhebung unseres Sohnes zur Schau tragt. Der Allmächtige weiß, daß wir mehr für die Kirche als für uns selbst aushielten und aushalten, dadurch daß den Widersachern und jenen, die zwischen ihr und uns Zwietracht säen wollen, offenbar Anlaß gegeben wird. Diese drängten sich uns auf und sagten, jene Zuneigung, welche die Kirche uns bisher angeblich entgegengebracht habe, sei nicht aufrichtig. Wir jedoch glaubten ihren giftigen Einflüsterungen nicht, die hier und da laut wurden. Wir halten demütig stand und werden mit Gottes Hilfe zu keiner Zeit in unserer Ergebenheit, Unterwürfigkeit und Treue gegenüber unserer Mutter, der römischen Kirche, wanken.

Übrigens verzögerten unsere Ankunft viele und unvermeidliche Geschäfte; deshalb mußten wir den Entschluß unseres Willens nicht einmal, sondern oft, sehr gegen unseren Willen, ändern.

Der Graf Egeno (von Urach) nämlich, der Bruder des Bischofs Konrad von Porto, den wir aus Ehrerbietung vor dem Apostolischen Stuhl gnädig empfingen und von dem wir von den 25 000 Silbermark, die er uns zahlen sollte, nur 3 000 erhielten, da wir ihm alles andere nachgelassen hatten aufgrund seines Gelöbnisses, mit zehn Rittern und ebenso vielen Schleuderern im Dienste Christi überzufahren, wurde von seinem Bruder, dem Bischof, bei dessen Ankunft von seinem Kreuzzugsgelübde vollständig entbunden, und nicht nur er, sondern sogar noch mehrere seiner Leute weigern sich, mit uns zu kommen, indem sie sich damit brüsten, eine ähnliche Lossprechung erhalten zu haben. Auch verschafften sich einige Kreuzfahrer, die unserer Heerfahrt folgen sollten, und besonders solche aus dem Elsaß, indem sie denselben Bischof angingen, völlige Befreiung unter der Bedingung, daß sie gegen die Albigenser zögen. Das riefen sich nun die Fürsten und Großen Deutschlands eifrig ins Gedächtnis und entzogen sich daher bei dieser Gelegenheit in großer Anzahl dem Dienste Christi.

Und noch etwas anderes ist nicht weniger schrecklich als das eben Erwähnte: Denn nach der Ankunft des genannten Bischofs, der, wie wir glaubten, gekommen war, um Frieden zwischen uns und seinem Bruder zu stiften, verband sich, während der Bischof selbst sich damit die größte Mühe gab, sein besagter Bruder mit einem anderen Grafen, der unsere Gnade aufgrund vorausgegangener Vorfälle nicht besaß, gegen unseren Urteilsspruch, obwohl sie beide vorher die ärgsten Feinde gewesen waren, und läßt nicht ab, unter Verletzung des von uns erlassenen Burgfriedens zusammen mit ihm uns und unser Land zu belästigen.

Auch die Angelegenheit der Gräfin von Champagne (Gertruds von Dagsburg, der Witwe Thiébaut I., Herzog von Lothringen) verzögert nicht weniger unsere Abreise. Diese schloß gegen unseren Willen und in Nichtachtung der Größe unserer Wohltaten, wie eure Heiligkeit, nachdem wir es dem erlauchten König von Frankreich (Ludwig VIII.) mitgeteilt haben, von seinem Sohn weiß, als Witwe des Herzogs von Lothringen die Ehe mit dem Grafen Tedbald IV. von Champagne (und Brie), der, um sich einiger Lehen aus unserem Erbteil und des Reiches sowie der Besitzungen, die wir von der Kirche von Metz innehaben, zu bemächtigen, tollkühn seine Hände ausstreckte. Darüber waren die Fürsten nicht wenig erregt und beunruhigt, weil ein Fremder in Besitzungen des Reiches einbrach, und rieten uns in aller Ehrerbietigkeit, unseren Aufbruch so lange zu verschieben, bis wir darüber einen nützlichen und heilsamen Beschluß zur Wahrung der Ehre des Reiches gefaßt hätten.

Noch mehrere Anliegen tauchten auf, derentwegen wir bis heute mehr gezwungen als freiwillig von unserem Vorhaben, zu kommen, abstehen mußten. Da wir uns indessen mit allen Kräften bemühen, unsere Ankunft nicht mehr länger zu verzögern, siehe, so werden wir, da wir im Augenblick ohne größere Schwierigkeit kommen können, jetzt auch unsere Reise nicht länger aufschieben.

Eure Aufgabe aber, Herr und Vater, wird es sein, während unserer Abwesenheit dem Reiche eure Sorge und Aufmerksamkeit zuzuwenden, damit euer Sohn an seiner Ehre und Würde keine Einbuße erleide.

Weil aber die Werke des Guten zuweilen durch Einflüsterungen Übelwollender herabgesetzt werden, wollten wir, damit nicht bezüglich des Verweilens eures Subdiakons und Kaplans, unseres Freundes Alatrin, euren Ohren etwas Abträgliches eingeflüstert werde, eure Väterlichkeit von dem in Kenntnis setzen, was er während seines Aufenthalts in den deutschen Landen mehr zum Vorteil der römischen Kirche als zu unserem vorhatte, und daß wir willens waren, ihn im Ernst bei uns zu behalten, damit er mit unserem geliebten Kanzler in italienische Lande gehe, um die Besitztümer der Kirche wiederzugewinnen, bis wir selbst in diesen Gegenden sind, damit diejenigen, die jene in Besitz genommen haben, durch unsere Gegenwart erschreckt, sie ihr um so leichter zurückgeben. Mit welchem Eifer und welcher Anstrengung jener euer Kaplan bei uns über den ihm aufgetragenen Geschäften wacht, beweist sowohl der Erfolg seiner Mühen als auch das Zeugnis, das wir ihm darüber ausstellen.

Deswegen aber und unserer anderen Anliegen wegen glaubten wir unseren getreuen Notar, den Magister Petrus von Salerno, vor die Füße eurer Heiligkeit schicken zu sollen, den euer Gnaden gütig zu empfangen und anzuhören und dem ihr in allem, was er in unserem Namen vorbringen wird, vollen Glauben zu schenken geruhen möget.

O: Acta imperii 1, Nr. 180, S. 156 ff. – Ü: Heinisch (1968), S. 52-57.

DIE *CONFOEDERATIO CUM PRINCIPIBUS ECCLESIASTICIS*

Die seit dem 19. Jahrhundert so bezeichnete *Confoederatio cum principibus ecclesiasticis*, das Bündnis mit den geistlichen Fürsten, steht in engem Zusammenhang mit der Wahl Heinrichs (VII.). Das Einverständnis der Fürsten war die Voraussetzung für die Wahl gewesen, und unter ihnen spielten die geistlichen Fürsten die entscheidende Rolle, da sie den weltlichen Fürsten allein zahlenmäßig weit überlegen waren. In den Jahren, in denen Friedrich in Deutschland weilte, hatte er versucht, die Besitz- und Rechtsstellung seiner staufischen Vorgänger zurückzugewinnen, zu vermehren und das Königtum durch gezielte Territorialpolitik zu stärken. Dies traf die Fürsten um so härter, als sie sich in den Jahren des Thronstreits sich zahlreiche Rechte angeeignet hatten, auf die sie nicht ohne weiteres wieder verzichten wollten. Gleichwohl wurde Friedrichs Vorgehen im großen und ganzen akzeptiert, zumal sich der König neben seinen Konsolidierungsmaßnahmen durch Schenkungen sehr großzügig erwies. Die Chance, im Zusammenhang mit der Nachfolge im Reich die eigene Position zu stärken, ließen die Fürsten indes nicht ungenutzt.

Während sich die Interessen der weltlichen Fürsten an den jeweiligen Bedürfnissen ausrichteten, gab es bei den geistlichen Fürsten einen gewissen Konsens über ihre gemeinsamen Anliegen. Seit wann und in welcher Art und Weise Friedrich im Vorfeld die Wahl seines Sohnes mit letzteren verhandelt hatte, ist ungewiß. Man kann aber davon ausgehen, daß die Vereinbarungen bis ins Detail ausgehandelt wurden, bevor man sie in der *Confoederatio* schriftlich fixierte. Die Tatsache, daß dieses Fürstenprivileg kurz nach der Wahl, am 26.4.1220, ausgefertigt wurde und Friedrich einleitend seine Dankbarkeit für die Treue der geistlichen Fürsten bekundet, zeigt deutlich, daß sehr genaue Absprachen vorausgegangen sein müssen.

Sowohl die *Confoederatio cum principibus ecclesiasticis* als auch das *Statutum in favorem principum* wurden in der älteren Forschung nicht ganz korrekt als „Fürstengesetze" bezeichnet. Die *Confoederatio* ist das erste dieser zwei großen Fürstenprivilegien Friedrichs II., mit denen er den *principes* wichtige Rechte verbriefte. Zwar suggeriert der Inhalt, daß Friedrich zugunsten der geistlichen Fürsten auf eine Reihe von bedeutenden Rechten verzichtet habe, tatsächlich war aber nur wenig Neues enthalten. Die meisten Bestimmungen hielten nur längst vertrautes Gewohnheitsrecht oder in vielen Fällen bereits vorgenommene Privilegierungen einzelner Fürsten fest. Zu den neuen, von der Kirche allerdings seit langem geforderten Bestimmungen zählen die Regelungen zur Verschärfung der Exkommunikation, die besagt, daß künftig der kirchlichen Strafe nach einer Frist von sechs Wochen die Reichsacht folgen sollte.

Die entscheidende und zukunftsweisende Neuerung dieses „Bündnisses mit den kirchlichen Fürsten", das nur in der Ausfertigung für das Bistum Eichstätt als Original erhalten ist, stellt der Empfängerkreis dar: War es bisher üblich gewesen, Einzelprivilegien für die jeweilige Institution auszustellen, richtete sich die *Confoederatio* an die geistlichen Fürsten, die *principes ecclesiastici*, als Gruppe, so daß sie durch ihre als gemeinsame Anliegen erkannten Forderungen dem Königtum erstmals als geschlossene Einheit gegenüber traten.

Im Namen der heiligen und ungeteilten Dreifaltigkeit. Friedrich II., durch das Walten von Gottes Gnaden römischer König und allzeit Mehrer des Reiches und König von Sizilien.

Als wir uns in angemessener Betrachtung daran erinnerten, mit welcher Wirksamkeit und Treue unsere lieben getreuen geistlichen Fürsten uns bislang beigestanden haben, indem sie uns zum Gipfel des Kaisertums erhoben, nach der Erhebung dort stärkten und sich schließlich unseren Sohn Heinrich (VII.) wohlwollend und einträchtig zum König und Herrn erwählten – kamen wir zu der Überzeugung, wir sollten diejenigen, durch die wir erhoben wurden, ständig erheben, und durch die wir gestärkt werden, zusammen mit deren Kirchen ständig durch unseren Schutz gegen jeglichen Schaden stärken. Weil nun zu deren Beschwernis einige Bräuche, und um es genauer zu sagen: Mißbräuche infolge der langen Wirren des Reiches, das nun durch die Gnade Gottes ruhig und friedlich geworden ist, eingerissen sind an neuen Zöllen und Münzen, die sich gegenseitig wegen der Ähnlichkeit der Bilder zu stören pflegten, an Streitigkeiten der Vögte und an anderem Übel ohne Zahl, sind wir mit einigen Anordnungen diesen Mißbräuchen begegnet:

(1) Erstens versprechen wir, daß wir künftig beim Tode eines geistlichen Fürsten niemals seinen Nachlaß für das Reichsgut beanspruchen werden; wir verbieten auch, daß ein Laie ihn jemals unter irgendeinem Vorwand für sich beansprucht, vielmehr soll er dem Nachfolger zufallen, wenn der Vorgänger ohne letztwillige Verfügung dahingegangen ist; wenn er dafür eine letztwillige Verfügung getroffen hat, soll diese, so wollen wir, gültig sein. Wenn sich aber jemand vermessen sollte, gegen diese Verordnung einen Nachlaß zu beanspruchen, so soll er für geächtet und rechtlos gehalten werden und soll Lehen oder Pfründe, falls er sie besessen hat, für immer verlieren.

(2) Ferner werden wir in Zukunft neue Zoll- und Münzstätten auf deren Gebieten und Rechtsbereichen ohne ihren Beirat oder gegen ihren Willen nicht einrichten, sondern die alten Zölle und Münzrechte, die deren Kirchen gewährt worden sind, werden wir unverbrüchlich und rechtskräftig bewahren und schützen, wir werden sie nicht antasten noch dulden, daß sie auf irgendwelche Weise von andern verletzt werden; wie ja die Münzen durch die Ähnlichkeit der Bilder immer wieder verwirrt werden und an Wert verlieren – was wir gänzlich verbieten.

(3) Wir werden die Leute, die von ihnen in irgendeiner Art Hörigkeit abhängen, wenn sie sich aus irgendwelchem Grund ihrer Botmäßigkeit entziehen, nicht zu ihrem Nachteil in unsere Städte aufnehmen. Und wir wollen auch, daß dies von ihnen untereinander und von allen Laien ihnen gegenüber allgemein beachtet wird.

(4) Wir bestimmen ferner, daß niemand eine Kirche an ihren Gütern schädigen darf aufgrund seiner Stellung als Vogt dieser Güter; wenn er sie aber schädigt, soll er den Schaden in doppelter Höhe erstatten und einhundert Mark Silber an unsere Kammer entrichten.

(5) Ferner wenn jemand von ihnen einen seiner Lehnsleute, der sich etwa gegen ihn vergangen hat, nach Lehnrecht belangt und so das Lehen wieder an sich zieht, werden wir es für seine Nutzung schützen. Und wenn er selbst ein Lehen aus gutem und freiem Willen uns übertragen will, werden wir es annehmen – Gunst oder Ungunst bleiben davon unberührt. Falls aus irgendeinem Grunde, und sei es auch aufgrund des Todes des Belehnten, einem geistlichen Fürsten ein Lehen ledig werden sollte, werden wir uns dieses nicht etwa aus eigener Befugnis – vielmehr: eigener Gewalt aneignen, es sei denn, wir könnten es mit seinem guten Willen und freien Zugeständnis erlangen; doch wir werden uns bemühen, es wirksam für seine Nutzung zu schützen.

(6) Ebenfalls werden wir, wie es recht ist, die von ihnen Exkommunizierten meiden; jedoch müssen sie von ihnen durch deren lebendiges Wort (eine persönliche Mitteilung), durch einen Brief oder durch ehrsame glaubwürdige Boten uns gemeldet sein; und wenn sie nicht zuvor die Lossprechung erhalten, werden wir ihnen nicht gestatten, eine Rolle vor Gericht zu übernehmen, doch machen wir dabei die Unterscheidung: Die Exkommunikation entbindet sie nicht davon, sich Klägern gegenüber zu verantworten, nur ohne Rechtsbeistand; sie nimmt ihnen jedoch Recht und Fähigkeit, Urteile und Zeugenaussagen vorzutragen und andere zu belangen.

(7) Und weil das weltliche Schwert eingesetzt ist zur Hilfe des geistlichen Schwertes, soll der Exkommunikation – wenn auf einem der zuvor genannten Wege für uns feststeht, daß die Exkommunizierten schon mehr als sechs Wochen darin verharren – unsere Acht folgen, die nicht widerrufbar ist, es sei denn, zuvor würde die Exkommunikation widerrufen.

(8) So also und auf jede andere Weise, und zwar nach gerechter und wirksamer Entscheidung, ihnen zu nützen und sie zu schützen, haben wir fest versprochen, und sie haben ihrerseits unter Treue versprochen, daß sie gegen jedermann, der sich einer solchen Entscheidung von uns, die ihnen gegenüber zu fällen war, gewaltsam widersetzt, uns nach Kräften wirksam beistehen werden.

(9) Ebenso haben wir verfügt, daß keine Baulichkeiten – und zwar Burgen und Städte – aufgrund und Boden der Kirchen etwa mit Hilfe des Vogteirechts oder unter irgendeinem anderen Vorwand errichtet werden. Und wenn etwa solche errichtet wurden gegen den Willen derer, denen der Grund und Boden gehört, sollen sie kraft königlicher Anweisung eingerissen werden.

(10) Ferner verbieten wir nach dem Vorbild unseres Großvaters, des Kaisers Friedrich (Barbarossa) seligen Angedenkens, daß sich einer unserer Amtleute in den Städten dieser Fürsten irgendwelche Rechtsbefugnis über die Zölle, Münzen oder anderen Ämter jeglicher Art anmaßt, es sei denn in den acht Tagen vor einem dorthin öffentlich angesagtem Hoftag von uns, sowie in den acht Tagen nach seinem Ende. Auch sollen sie (die königlichen Amtleute) während dieser Tage sich nicht vermessen, irgendwie die Rechtsausübung der Fürsten und die Gewohnheiten der Stadt zu beeinträchtigen. So oft wir aber ohne den Anlaß eines öffentlichen Hoftages zu einer von ihren Städten kommen, sollen sie darin keinerlei Recht besitzen, sondern deren Fürst und Herr soll sich in ihr seiner vollen Befugnis erfreuen.

(11) Ja, je größere Treue der zuvor genannten Fürsten wir an uns erkannt haben, umso nachdrücklicher bemühen wir uns darum, stets auf deren Fortkommen bedacht zu sein. Und weil das Vergessen als Feind des Gedächtnisses die Taten der Menschen im langen Verlauf der Zeiten zu begraben pflegt, wollen wir, unter Anwendung wachsamster Sorge, diesen den Kirchen zuerteilten Wohltaten unserer Huld auch ewige Dauer verleihen. Daher setzen wir fest, daß unsere Erben und Nachfolger im Reich sie als rechtsgültig bewahren und ausüben sowie zum Schutze der Kirchen von den Laien insgemein beachten lassen. Und damit es den Künftigen bekannt werde und bei den Gegenwärtigen nicht aus dem Gedächtnis oder der Kenntnis schwindet, haben wir dies in dieser Urkunde aufzeichnen und die Urkunde mit dem Verzeichnis der Namen der Teilnehmer, also der Fürsten, und dem Aufdruck unseres Siegels versehen lassen.

Zeugen sind folgende: Siegfried Erzbischof von Mainz, Dietrich Erzbischof von Trier, Engelbert Erzbischof von Köln, Albrecht Erzbischof von Magdeburg, Hugo Bischof von Lüttich, Otto Bischof von Utrecht, Ekbert Bischof von Bamberg, Konrad Bischof von Regensburg, Hartwig Bischof von Eichstätt, Dietrich Bischof von Münster, Heinrich Bischof von Worms, Engelhard Bischof von Naumburg, Heinrich Bischof von Basel, und recht viele andere.

Namenszeichen des Herrn Friedrich II., des unüberwindlichsten römischen Königs und Königs von Sizilien.

Ich Konrad Bischof von Metz und Speyer, Kanzler des kaiserlichen Hofes, habe in Vertretung des Herrn Siegfried, Erzbischof des Mainzer Stuhles und Erzkanzler von ganz Deutschland, die Ausfertigung beglaubigt.

Verhandelt wurde dies im Jahre der Geburt des Herrn 1220, in der 9. Indiktion, unter der Herrschaft des Herrn Friedrich II., des ruhmreichsten römischen Königs und Königs von Sizilien, im 8. Jahr seines Königtums in Deutschland, im 23. aber in Sizilien. Gegeben zu Frankfurt, am 26. April.

O: MGH Const. 2, Nr. 73, S. 89 ff.; HB 1.2, S. 765-768 – Ü: FSGA 32, S. 376-383 – L: HRG 1, Sp. 1358-1361; Koller (1958); Zinsmaier (1963).

DIE KAISERKRÖNUNG FRIEDRICHS II.

Durch die Wahl Heinrichs (VII.) zum König und das Bündnis mit den geistlichen Reichsfürsten war die Lage im Reich nördlich der Alpen soweit geordnet, daß Friedrich II. im Frühsommer 1220 Romzug, Kaiserkrönung und schließlich Aufbruch zum Kreuzzug ins Auge fassen konnte. Ungeklärt war jedoch noch die Lage in Italien, wo sich Bischof Konrad von Metz und Speyer als Kanzler Friedrichs II., der Bischof von Turin und der Markgraf von Montferrat darum bemühten, die oberitalienischen Städte zur Anerkennung und friedlichen Aufnahme des Königs zu bewegen.

Erst im September 1220 brach Friedrich II. mit kleinem Heer von Augsburg aus auf. Für eine langwierige militärische Auseinandersetzung fehlten ihm Zeit und Mittel. Da unter diesen Bedingungen eine Durchsetzung der kaiserlichen Herrschaftsrechte auf breiter Linie gegenüber den Stadtkommunen unmöglich war, beschränkte sich er sich darauf, die ihm vorgelegten Privilegien zu bestätigen, ohne jedoch seinen grundsätzlichen Anspruch auf die volle Wiederherstellung der Reichsrechte in Oberitalien preiszugeben oder seinen Handlungsspielraum als König von Sizilien, das er als seine eigentliche Machtbasis betrachtete, einengen zu lassen.

Seinen Möglichkeiten, diejenigen Städte zu belohnen, die ihm 1212 den Weg nach Deutschland ermöglicht hatten, waren damit enge Grenzen gesetzt: Cremona, die traditionelle Stütze staufischer Herrschaft in der Lombardei, und ihre Verbündeten wurden demonstrativ bevorzugt, indem sie schon 1219 von Hagenau und Speyer aus Bestätigungen ihrer Privilegien und die Zusicherung erhielten, daß Mailand nicht ohne Zustimmung Cremonas die königliche Huld wiedererlangen solle. Genua dagegen, das sich 1212 ebenso sehr für Friedrich eingesetzt hatte, fühlte sich hintergangen, als Friedrich lediglich die ohnehin kaum strittigen Privilegien Genuas im Reich (d.h. in Oberitalien) bestätigte, nicht aber die dominierende Stellung, die es inzwischen in Sizilien erworben hatte.

Erst kurz vor seinem Eintreffen in Rom und während seines Aufenthaltes dort, klärte Friedrich in Verhandlungen die Bedingungen, zu denen der Papst bereit war, ihn und seine Gemahlin Konstanze zu krönen. Vorrangiges Ziel Honorius' III. war es, Friedrich auf einen baldigen Aufbruch ins Heilige Land festzulegen: Die seit 1218 unter Führung des päpstlichen Legaten Pelagius um die ägyptische Stadt Damiette kämpfenden Kreuzfahrer waren nach anfänglichen Erfolgen in eine militärisch aussichtslose Lage geraten, so daß das gesamte päpstliche Unternehmen ohne kaiserliche Unterstützung in einer Katastrophe zu enden drohte. Auf die von Friedrich wiederholt versprochene Trennung Siziliens vom Reich dagegen verzichtete Honorius III.: Um den Kreuzzug Friedrichs nicht durch eine Verzögerung der Kaiserkrönung weiter hinauszuschieben, begnügte er sich mit einer formalen Bestätigung der rechtlichen Eigenständigkeit Siziliens. Er nahm es sogar, wenngleich unter Protest, hin, daß Friedrich zahlreiche Barone und Bischöfe Siziliens nach Rom geladen hatte, damit sie an seiner Krönung teilnehmen und ihm als Kaiser neue Treueide leisten konnten. Für den außenstehenden Betrachter mußte so der Eindruck entstehen, daß Sizilien wenn schon nicht im engeren Sinne zum Reich, so doch zu dem Gebiet gehörte, über das Friedrich nun als Kaiser herrschte.

Über den Verlauf der Kaiserkrönung sind wir durch zeitgenössische Quellen im einzelnen kaum unterrichtet. Alle betonen jedoch den ungewöhnlich harmonischen Verlauf des Romaufenthalts Friedrichs: Die üblichen Spannungen zwischen kaiserlichen Truppen und stadtrömischem Adel blieben aus, wenngleich der Annalist Reiner von Lüttich (1157-1230) kritisch vermerkt, dies sei „mehr aus Furcht als aus Liebe" zu Friedrich geschehen. Das Zeremoniell selbst betonte nach den Konflikten der vorangegangenen Jahrzehnte demonstrativ die Einheit von Kaiser und Papst. Noch in der Peterskirche verkündete Friedrich eine Reihe von „Gesetzen", die vor allem dem Schutz der Kirche dienten. Das Ziel, dem das Zusammenwirken der Universalgewalten diente, wurde sinnfällig dadurch verdeutlicht, daß Friedrich im Anschluß an die Kaiserkrönung aus der Hand des Kardinals Hugolino, des späteren Papstes Gregor IX., nochmals feierlich das Kreuz nahm.

Brief Friedrichs II. an Papst Honorius III.

Nach Durchquerung der Lombardei gelangte Friedrich II. im Oktober 1220 nach Bologna. Erst zu diesem fortgeschrittenen Zeitpunkt seines Romzuges erwies er dem Papst die Ehre einer hochrangigen Gesandtschaft, in der erstmals auch Hermann von Salza, der Hochmeister des erst zwei Jahrzehnte zuvor gegründeten Deutschen Ordens (1209-1239), als Unterhändler Friedrichs II. erscheint. Bereits hier zeichnet sich die Vermittlerrolle ab, in die Hermann in den beiden folgenden Jahrzehnten hineinwachsen sollte. Er hatte 1216 in Nürnberg Kontakte zum staufischen König geknüpft, dann aber 1218 an den Kämpfen der unter der Führung eines päpstlichen Legaten kämpfenden Kreuzfahrer vor Damiette in Ägypten teilgenommen, wohin er 1221 zurückkehrte. In dem Beglaubigungsschreiben für seine Gesandten berichtete Friedrich dem Papst am 4.10.1220 über den Verlauf seiner Reise und seine weiteren Pläne. Das Schreiben ist versöhnlich angelegt: Der lange Aufenthalt in Deutschland zur Festigung seiner Herrschaft wird als Handeln im päpstlichen Auftrag, der Verzicht auf eine ähnlich langwierige Durchsetzung in Oberitalien als besonderes Entgegenkommen dargestellt. Mit keinem Wort erwähnt Friedrich den eigentlichen Zweck seines Romzuges, die Kaiserkrönung. Eine Bitte um die Krönung hätte als Unterwerfung gedeutet werden können, die Krone zu fordern wäre einer Provokation gleichgekommen. So aber entsteht der Eindruck einer vollkommenen Harmonie beider Universalgewalten, welche die konfliktträchtige Frage gar nicht erst aufkommen läßt, ob das Kaisertum unmittelbar von Gott oder durch den Papst verliehen wird:

Um eure Ohren nicht durch allzu häufige Wiederholungen zu ermüden, hielten wir es nicht für angebracht, Heiliger Vater, die vielerlei Wohltaten, die wir von euch und unserer Mutter, der hochheiligen römischen Kirche, aus aufrichtiger und väterlicher Zuneigung von unserer Wiege an in unseren Nöten immer wieder offenkundig und tatkräftig empfangen zu haben uns erinnern, wieder und wieder zu wiederholen. Daß wir aber die empfangene Huld in gebührender Dankbarkeit anerkennen, daß wir diese beständig bezeugen, ist schon vielen ausgiebig bekannt geworden und beweist unsere ständig wachsende Ergebenheit so vollständig, daß es die Mutter Kirche nicht bereuen wird, einen solchen Sohn hervorgebracht und mit ihrer eigenen Milch gestärkt zu haben.

Gemäß dem von eurer Heiligkeit des öfteren an uns ergangenen Auftrag ordneten wir die Verhältnisse Deutschlands, wie es der Drang der Zeit und eure freundliche Aufforderung erheischten, und betraten den Boden der Lombardei. Und wenn auch nicht durch feierliche Gesandte, die abzusenden wir zögerten, da wir durch zahlreiche Geschäfte in Anspruch genommen und verwirrt waren, besonders im Dienste der Kirche, zu dessen Erfüllung unsere Hoheit mit größter Sorgfalt und unter Zurücksetzung alles anderen erfolgreiche Mühe aufwandte, so sind wir uns doch bewußt, durch unsere Berichte eure Herrlichkeit ins Bild gesetzt zu haben.

Jetzt aber, nachdem unsere und des Reiches Angelegenheiten von einem Ort der Lombardei zum anderen geordnet und der Zustand des Landes zur Ehre der Kirche und des Reiches in Ordnung gebracht ist, wie es in der Eile unseres Weiterschreitens möglich war, werden wir unter Übergehung aller Rechte des Reiches, die sich irgendwer angeeignet hat und zu deren Wiedererlangung wir längere Zeit benötigten, zu euren Füßen eilen.

Wir bitten also eure Heiligkeit und ersuchen euch inständig, die Überbringer dieses Schreibens, den ehrwürdigen Bischof Wilhelm von Como, Heinrich (von Tann), den Protonotar unseres Hofes, und den (Hochmeister des Deutschen Ordens), Bruder Hermann (von Salza), unsere lieben Getreuen, die wir, um euch über unsere Ankunft und unser Ergehen Bericht zu erstatten, sowie unserer anderen Anliegen wegen im voraus als Boten zu euren Füßen schikken, in gewohnter Güte zu empfangen und mit väterlicher Geneigtheit zu behandeln, sie wohlwollend anzuhören und gütigst aufzunehmen, was sie euch in unserem Namen vortragen.

O: HB I.2, S. 863 – Ü: Heinisch (1968), S. 58 – L: van Cleve (1972), S. 131.

Die *Annales Ianuenses*

Die Jahrbücher der Stadt Genua wurden für die Jahre 1220-1223 durch den Notar und Stadtschreiber Marchisius geführt. Er führte das Urkundenbuch der Stadt; 1217, 1220 und 1223 reiste er als Gesandter seiner Stadt nach Korsika, Sardinien, Marseille und Tunis. Als juristisch und historisch gebildeter Angehöriger der politischen Führungsschicht der Stadt war er über die Begebenheiten, die er beschrieb, gut unterrichtet. Die Zurückhaltung Friedrichs II. gegenüber einer umfassenden Bestätigung aller Rechte Genuas (einschließlich seiner beherrschenden Stellung in Sizilien) erschien Marchisius als Vertrauensbruch. 1212 hatte er selbst miterlebt, wie Friedrich mittellos nach Genua gekommen war und der Stadt eidlich zugesagt hatte, ihre sämtlichen Privilegien zu erneuern, falls es ihm durch ihre Hilfe gelinge, das römische Königtum zu erlangen. Formal hielt er dieses Versprechen ein, indem er alle Rechte Genuas in Reichsitalien bestätigte, jedoch behandelte er die Genuesen damit kaum besser als seine früheren Gegner, die ihm auch jetzt nur widerstrebend Durchzug gewährten. Bemerkenswert ist die differenzierte Darstellung des Zeremoniells und der diplomatischen Kommunikationsformen. Während Friedrich auf die Forderungen der Genuesen ungehalten reagiert und sie demonstrativ warten läßt, ehrt sein Kanzler durch ostentative Freundschaftsgesten den Podestà und schafft dadurch eine Möglichkeit, bei Bedarf das gute Einvernehmen Friedrichs mit Genua rasch wiederherzustellen:

(1220) Friedrich aber, der hohe und immer erhabene König der Römer und Siziliens, verließ die deutschen Lande und eilte nach Rom, um das kaiserliche Diadem zu empfangen. Auf seine Mahnung begab sich nach dem Willen des Rates (der Podestà) Rambertinus mit vielen Edlen der Stadt zu ihm, da er annahm, daß er für die Stadt Genua viele Vorrechte und Ehren von ihm empfangen werde, denn Friedrich hatte sehr oft in seinen Briefen dies zu tun versprochen, die vielen – wie er oft anerkannte – ihm von der Stadt geleisteten Dienste zu vergelten. Als er ihn bei Modena angetroffen hatte, folgte er ihm über Bologna hinaus bis nach Castel San Pietro (auf dem Weg nach Imola).

Dort aber wollte Friedrich (am 4.10.1220), nachdem ihm unsere Privilegien vorgelegt worden waren, kaum einen Teil dessen bestätigen, was auf das Kaiserreich (d.h. hier v.a. Oberitalien) Bezug hatte. Als Entschuldigung brachte er vor, er könne das, was sich auf das Königreich Sizilien beziehe, erst bestätigen, wenn er in diesem Reiche selbst sei; dann aber werde er nach seinen festgefaßten Vorsätzen der Stadt Genua nicht allein dies, sondern noch viel mehr gewähren.

Er ermahnte sie aber, ihm bis nach Rom zu folgen. Die unsrigen jedoch erwogen, daß dies, wenn es zur Gewohnheit würde, künftig unserer Stadt eine schwere Last sein könne, und wollten seinem Verlangen nicht willfahren. Sie sagten daher, ohne Erlaubnis des Rates von Genua dürften sie es nicht tun, zumal die Stadt Genua auch zur Krönung seiner Vorgänger gewöhnlich keine Gesandten geschickt habe. Nachdem Friedrich sie entlassen hatte, kehrten sie in ihre Heimat zurück.

Ihr Verhalten hatte aber vor allem folgenden Grund: Während er anfangs die unsrigen wohlwollend aufgenommen hatte, mied er sie zuletzt so beharrlich und nahm so wenig Kenntnis von ihnen, daß er sie nicht wie gute Freunde, sondern ganz wie Fremde behandelte und sie täglich vor seinem Zelt warten ließ. Deswegen wollten sie nicht längere Zeit hindurch die Mißachtung der Stadt Genua, wie sie ihnen in der kurzen Zeit schon ersichtlich wurde, zur Schande der Stadt ertragen.

Konrad aber, der Bischof von Metz und Speyer und Kanzler des kaiserlichen Hofes, behandelte unsere Mitbürger, wie wir nicht übergehen dürfen, mit größerer Ehre und Güte. Er ließ es sich angelegen sein, unsere Geschäfte nach Kräften zur Ehre der Stadt Genua zu fördern und geruhte sogar, dreimal das Zelt unseres Podestà aufzusuchen und bewies ihm, um die Stadt Genua zu ehren, eine nicht geringe Vertraulichkeit und Freundschaft. Dafür überreichte ihm der Podestà im Namen der Stadt herrliche Geschenke als Zeichen der Liebe.

Der König der Römer aber empfing am (22.11.1220) die Krone der Kaiserwürde und zog dann weiter in die Gebiete des Königreichs Sizilien.

O: Fonti per la Storia d'Italia 12.2, S. 168 f. – Ü: GdV 76, S. 165 f. / van Eickels – L: van Cleve (1972), S. 130; Stürner (1992), S. 247.

Instruktionen der päpstlichen Unterhändler

Über die Verhandlungen, die Honorius III. im Vorfeld der Kaiserkrönung mit Friedrich II. führte, sind wir nur durch die in den päpstlichen Registern überlieferten Instruktionen der päpstlichen Legaten, Kardinal Nikolaus von Tusculum und Kaplan Alatrin, unterrichtet:

Gemäß dem Rat unserer Brüder (d.h. der Kardinäle) weisen wir euch mit diesem Schreiben an, daß ihr euch wirkungsvoll darum bemüht, daß die in der Anlage beigefügten Kapitularien, in geeigneten Worten, die jedoch den Sinn bewahren, im Namen des Königs als öffentliche Gesetze formuliert und und uns vom König besiegelt übersandt werden, auf daß sie am Tag seiner Krönung unter kaiserlichem Namen in der Basilika des Apostelfürsten (Petrus) feierlich verkündet werden.

Außerdem sollt ihr euch klug und vorsichtig bemühen, die Haltung und Pläne des Königs hinsichtlich der zu vermeidenden Verbindung des Königreichs (Sizilien) mit dem Kaiserreich und hinsichtlich der Hilfe für das Heilige Land zu erkunden. Dabei sollt ihr den Ohren des Königs ausdrücklich einhämmern, daß er offensichtlich gegen seine beurkundeten Versprechungen verstoßen hat, als er dafür sorgte, daß sein zum König von Sizilien gekrönter Sohn zum König der Römer gewählt wurde, aber auch als er die Prälaten und Barone des Königreichs Sizilien zu seiner Kaiserkrönung rief und von ihnen neue Treueide forderte und fordert, durch die zum Schaden des Apostolischen Stuhles und auch seiner (eigenen) Nachkommenschaft die genannte Verbindung herbeigeführt zu werden scheint, worüber sich viele nicht zu Unrecht wundern.

Die Not des Heiligen Landes sollt ihr stark hervorheben, wie es die Sache erfordert, und dem erhabenen König nahebringen, wie die Hoffnung und Zuversicht dieses Unternehmens nächst Gott fast ganz von ihm abhängt, wie sich aus den Berichten der Gesandten und den Briefen unseres Legaten (Pelagius), der Prälaten und der Barone des christlichen Heeres offenkundig ergibt. Fügt auch hinzu, daß, wenn nicht bei der nächsten Überfahrt (im Frühjahr 1221) dem christlichen Heer große Unterstützung zukommt, ohne Zweifel zu befürchten ist, daß das genannte Unternehmen zugunsten des Heiligen Landes sich gänzlich auflöst. Was ihr darüber hinaus in Erfahrung bringen könnt, laßt uns so schnell wie möglich getreulich wissen.

O: MGH Const. 2, Nr. 83 (= HB I.2, S. 881) – Ü: van Eickels – L: Stürner (1992), S. 248 f.

Erklärung Friedrichs II. über die Unabhängigkeit Siziliens vom Reich

Während der Verhandlungen gelang es den päpstlichen Legaten nicht, Friedrich II. dazu zu bewegen, auf die unmittelbare Herrschaft über Sizilien zu verzichten und durch Einsetzung eines der Kurie genehmen Statthalters die Unabhängigkeit des Königreichs Sizilien vom Reich deutlich zu machen. Entgegen seinen früheren Versprechungen behauptete Friedrich die Verbindung Siziliens mit dem Reich in seiner Hand. Der Papst gab sich, um den von Friedrich zugesagten Kreuzzug nicht zu gefährden, mit einer formalen Erklärung Friedrichs zufrieden, in der die rechtliche Unabhängigkeit Siziliens festgeschrieben wurde. Politisch war diese Erklärung von geringer Relevanz, rechtlich aber keineswegs unwichtig: Sie belegt zum einen die fortgeschrittene, wenngleich noch immer an konkrete Symbole gebundene Abstraktion der Rechtsvorstellungen im frühen 13. Jahrhundert; zum anderen eröffnete sie dem Papsttum die Möglichkeit zu verhindern, daß aus der politischen Situation des Jahres 1220 Gewohnheitsrecht erwuchs, auf das sich später auch nicht-staufische Kaiser hätten berufen können:

Da gelegentlich das, was den Gegenwärtigen sicher und klar ist, im Lauf der Zeit zweifelhaft und dunkel wird, kommt in recht nützlicher Weise das geschriebene Wort dem Gedächtnis gegen den Schaden des Vergessens zur Unterstützung des allgemeinen Nutzens zur Hilfe. Daher erklären wir durch dieses authentische Schriftstück, daß das Reich keinerlei Recht im Königreich Sizilien hat und wir auch durch das Kaisertum keinerlei Recht in ihm erwerben, da es nicht durch unseren Vater oder seine Vorgänger auf uns gekommen ist, sondern ausschließlich durch die Nachfolge unserer Mutter, die aus der Familie der Könige Siziliens stammt, die dieses Königreich (als Lehen) der römischen Kirche innehatten. Auch wir haben es (als Lehen) inne und erkennen das Eigentumsrecht dieses Königreiches selbiger Kirche zu. Um alle Vermutung und allen Verdacht einer Vereinigung dieses Königreiches mit dem Reich auszuräumen, bestimmen und versprechen wir, daß wir sowohl im Königreich (Sizilien) wie im Reich für die Angelegenheiten des Königreichs (Sizilien) Amtsträger aus diesem Reich haben und uns zu Beurkundungen in sizilischen Angelegenheiten eines eigenen Siegels bedienen werden. Außerdem versprechen wir und bekräftigen wir eidlich, daß wir uns weder durch Wort noch Rat noch Tat noch Zustimmung daran beteiligen werden, daß das Königreich (Sizilien) dem Eigentum der Kirche entzogen oder zu irgendeinem Zeitpunkt mit dem Reich vereinigt wird.

O: MGH Const. 2, Nr. 84 – Ü: van Eickels – L: Stürner (1992), S. 249 f.; van Cleve (1972), S. 132.

Die *Constitutio in Basilica Sancti Petri*

Unmittelbar nach seiner Kaiserkrönung verkündete Friedrich II. noch in der Petersbasilika zehn „Gesetze". Sie beruhen, wie die Instruktion der päpstlichen Unterhändler zeigt, auf kurialen Entwürfen; ob die kaiserliche Kanzlei diese lediglich redigiert oder auch in der Sache verändert hat, lassen die drei erhaltenen Fassungen nicht erkennen. Die Funktion dieser Bestimmungen ist zunächst zeremoniell: Ihre Verkündung demonstriert das Recht des neuen Kaisers, herrschaftlich zu handeln, ihr Inhalt veranschaulicht die Einheit der beiden Universalgewalten Kaiser und Papst und die Entschlossenheit des Kaisers, die Kirche und die seinem Schutz anvertrauten Wehrlosen zu verteidigen. Wie sehr das Verständnis Friedrichs II. von seinem Kaisertum zudem durch das seit dem 12. Jahrhundert wiederentdeckte und an den neuentstehenden Universitäten gelehrte römische Recht geprägt war, zeigt sich in der von ihm gewählten Form der Veröffentlichung. Er übersandte eine Abschrift an die Universität Bologna mit dem Auftrag, sie den spätantiken Rechtskodifikationen anzufügen und hinfort als Teil des römischen Rechts in der Lehre zu berücksichtigen:

Friedrich, durch die Gnade Gottes Kaiser der Römer und allezeit Mehrer des Reiches, (gewährt) allen Lehrenden und Lernenden des römischen Rechts (*sacrarum legum doctores et scholares*) in Bologna seinen Gruß und seine Gnade.

Zur Ehre des allmächtigen Gottes und seiner heiligen Kirche haben wir an dem Tag, an dem wir aus der Hand unseres heiligsten Vaters, des Papstes, die Kaiserkrone empfingen, einige Gesetze erlassen. Diese haben wir auf diesem Blatt aufschreiben lassen und weisen euch durch kaiserliches Schreiben an, daß ihr sie in eure Codices eintragen laßt und von jetzt an feierlich lest als gültig für ewige Zeiten. Diese Gesetze aber sind folgende:

1. Zur Würde und Zierde des Reiches und zum Lob des römischen Kaisers trägt offensichtlich nichts mehr bei, als daß (...) die Kirche Gottes in vollkommener Ruhe stark ist und sich sicherer Freiheit erfreut (...). Da die Kirche, die nach nichts außer dem Guten streben soll, durch das Wirken Gottes nichts will, was wir in demselben Zusammentreffen der Willen nicht wollen, heben wir, Friedrich, durch die Gnade Gottes Kaiser der Römer und allezeit Mehrer des Reiches, durch dieses Edikt und Gesetz alle Satzungen und Gewohnheiten auf, die Städte, Orte, Podestà, Ratsherren und andere Personen gegen die Freiheiten der Kirche und ihrer Personen gegen kanonische oder kaiserliche Verbote erlassen und einzuhalten versucht haben, und ordnen an, daß diese innerhalb von zwei Monaten nach Verkündung dieses Ediktes aus ihren Statutenbüchern gänzlich entfernt werden. (Ähnliche Beschlüsse sollen in Zukunft von vornherein nichtig sein und werden mit Geldstrafe von 1000 Mark sowie Recht- und Ehrlosigkeit der Beteiligten bedroht.)

2. Keine Gemeinschaft, kein Amtsträger oder Privatperson soll Kirchen, geistlichen Institutionen oder Klerikern Abgaben auferlegen oder es wagen, in kirchlichen Besitz einzudringen; wer es doch tut und sich auf kirchliche oder kaiserliche Aufforderung weigert, Genugtuung zu leisten, soll das dreifache erstatten und nichtsdestoweniger der kaiserlichen Acht verfallen, die ohne angemessene Genugtuung nicht aufgehoben wird.

3. Jede Gemeinschaft oder Person, die mehr als ein Jahr wegen (Beeinträchtigung) der Freiheit der Kirche exkommuniziert bleibt, soll kraft Rechts der kaiserlichen Acht verfallen, von der sie sich nicht ohne vorherige kirchliche Absolution befreien kann.

4. Wir bestimmen aber, daß niemand es gegen kanonische und kaiserliche Bestimmungen wagen soll, einen Kleriker in einer Straf- oder Zivilsache vor das weltliche Gericht zu ziehen. Tut er es doch, soll der Kläger sein Recht, das Urteil seine Kraft und der Richter seine richterliche Gewalt verlieren.

5. Wir bestimmen auch, daß wer es wagt, Klerikern oder kirchlichen Personen ihr Recht zu verweigern, nach dreimaliger Aufforderung seine richterliche Gewalt verlieren soll.

6. Katharer, Patarener, Leonisten, Speronisten, Arnaldisten, Beschnittene und alle Häretiker beiderlei Geschlechts, wie immer sie genannt werden, verurteilen wir zu ewiger Ehrlosigkeit und ächten sie. Wir bestimmen, daß ihre Güter konfisziert und ihnen nicht zurückgegeben werden, so daß ihre Söhne sie nicht erben können, da es schwerer wiegt, die ewige als die zeitliche Majestät zu beleidigen. Diejenigen aber, die sich nur verdächtig machen, sollen, wenn sie nicht auf Weisung der Kirche nach Beurteilung des Verdachtes und Eigenschaft der Person ihre Unschuld durch geeignete Reinigung gezeigt haben, allen als ehrlos und geächtet gelten; wenn sie in diesem Zustand ein Jahr verharren, verurteilen wir sie als Häretiker.

7. Wir bestimmen auch durch dieses auf ewig gültige Edikt, daß jeder Podestà, Ratsherr und Inhaber irgendeines Amtes, einen öffentlichen Eid zur Verteidigung des Glaubens ablegen soll, daß sie in dem ihrer Herrschaft unterworfenen Gebiet alle von der Kirche bezeichneten Häretiker nach bestem Gewissen und besten Kräften auszulöschen bemüht sein werden (...). Wenn aber ein weltlicher Herr nach Aufforderung durch die Kirche sich weigert, sein Land von der Häresie zu reinigen, setzen wir sein Land nach Ablauf eines Jahres den Katholiken zur Besetzung aus. (Wer Häretikern Zuflucht gewährt oder sie begünstigt, soll ehrlos sein, seine Ämter sowie sein Testier- und Erbrecht verlieren.)

8. Gestrandete Schiffe (mit Ausnahme derjenigen, die der Piraterie oder gegen die Christen gerichteten Handlungen dienen) und ihre Ladung sollen unter Aufhebung jeglichen entgegenstehenden Gewohnheitsrechts (Grundruhr) demjenigen gehören, dem sie vor dem Unfall gehörten (...).

9. Alle Reisenden und Fremden sollen frei Aufenthalt nehmen, wo sie wollen. Wenn sie ein Testament machen wollen, sollen sie Freiheit haben, ihre Dinge zu ordnen, und ihre Verfügungen sollen eingehalten werden. Wenn sie ohne Testament versterben, soll nichts von ihrem Besitz an ihren Gastgeber fallen, sondern durch die Hand des Ortsbischofs, wenn möglich, den Erben ausgehändigt oder zu frommen Zwecken ausgegeben werden. Wenn aber der Gastgeber gegen diese unsere Bestimmung etwas vom Besitz solcher (Verstorbener) behält, soll er dem Bischof das Dreifache zurückerstatten (...).

10. Bauern und in der Landwirtschaft Tätige sollen, solange sie das Land bebauen, überall sicher sein. Niemand soll so verwegen sein, es zu wagen, sie selbst, ihre Rinder, ihre Ackergeräte und, was

sonst zur landwirtschaftlichen Tätigkeit gehört, anzugreifen, festzunehmen oder gewaltsam wegzuschleppen. Wer aber gegen diese Bestimmung vermessen verstößt, soll das Geraubte vierfach zurückerstatten, kraft Rechts der Ehrlosigkiet verfallen und nichtsdestoweniger durch kaiserliche Ungnade gestraft werden.

O: MGH Const. 2, Nr. 85 f. – Ü: van Eickels – L: Stürner (1992), S. 251.

Brief Honorius' III. an seinen Legaten Pelagius

Über die Kaiserkrönung Friedrichs II. sind wir nur durch zwei beiläufige Angaben in Briefen Honorius' III. informiert. Am 27.11.1220 unterrichtete der Papst den mit der Werbung für den Kreuzzug in Deutschland beauftragten Mainzer Scholaster Konrad über die verzweifelte Lage der Kreuzfahrer vor Damiette, teilt ihm aber zugleich mit, daß Friedrich „in allem Frieden und aller Ruhe aus unseren Händen die Kaiserkrone empfangend" feierlich versprochen habe, im nächsten März ein Heer ins Heilige Land zu entsenden und im August persönlich aufzubrechen. Die zugesagte baldige Kreuzfahrt Friedrichs steht naturgemäß auch im Mittelpunkt des Schreibens, das Honorius III. am 10.12.1220 an seinen Legaten Pelagius schickte, der den Oberbefehl über die Kreuzfahrer vor Damiette führte:

Da wir wissen, daß du gespannt auf Nachrichten über die Lage des Reiches wartest, teilen wir dir als unserem Bruder mit, daß wir am Sonntag vor dem 1. Advent unseren geliebten Sohn in Christus Friedrich, Kaiser der Römer, allezeit Mehrer des Reiches und König von Sizilien und seine erhabene Gemahlin, die Kaiserin, in der Basilika des Apostelfürsten (Petrus) mit unermeßlicher Freude und unermeßlichem Frieden der römischen Bürger feierlichst gekrönt haben. Nachdem er sich drei Tage auf dem Monte Mario aufgehalten hatte, gewährte er uns schließlich die Zusicherung, daß er im nächsten März dir und dem christlichen Heer großartige Hilfe schicken und im folgenden August persönlich (ins Heilige Land) übersetzen wird. Daraufhin betrat er mit Frieden und Freude (empfangen) das Königreich (Sizilien), um dort die Hilfe für das Heilige Land vorzubereiten. Tröste dich daher im Herrn und bestärke die Herzen der Kreuzfahrer in seinem Dienst, da du ja mit Gottes Hilfe die ersehnte Unterstützung in großartiger Weise erhalten wirst.

O: HB II.1, S. 82 f.; vgl. a. S. 52 f. u. MGH SS 16, 678 (Reiner von Lüttich) – Ü: van Eickels – L: van Cleve (1972), S. 133.

Begleitet von nur wenigen deutschen Kreuzfahrern, jedoch zahlreichen sizilischen Baronen, die an der Kaiserkrönung teilgenommen hatten, zog Friedrich II. Ende November 1220 von Rom nach Süden und betrat nach achtjähriger Abwesenheit wieder sein sizilisches Königreich. Wie in den Jahren der Minderjährigkeit Friedrichs hatten die Barone, aber auch die oberitalienischen Seehandelsstädte Genua und Pisa während seines Aufenthaltes in Deutschland das Königreich weitgehend unter sich aufgeteilt. Genua kontrollierte Syrakus und Palermo. Die Barone des Festlandes, von denen einzelne wie Thomas von Celano, der Graf von Molise, bis zu 1400 Ritter und Knechte aufbieten konnten, hatten sich königlicher Kontrolle vollständig entzogen und sich in großem Umfang Besitz und Rechte des Königtums angeeignet. Viele von ihnen hatten offenbar nicht mehr mit einer Rückkehr Friedrichs gerechnet.

Trotz seiner schwachen militärischen Position verkündete Friedrich II. bereits Mitte Dezember auf einem Hoftag in Capua zwanzig „Assisen" (Gesetze), die darauf zielten, die königliche Gewalt in dem vollen Umfang wiederherzustellen, wie sie beim Tod des letzten normannischen Königs Wilhelms II. 1189 bestanden hatte. Alle Besitzstände, Befestigungen und Rechtszustände sollten auf den Stand des Jahres 1189 zurückgeführt werden. Die entscheidende Handhabe dazu bot die Bestimmung, daß alle seither im Namen Heinrichs VI., Konstanzes oder auch Friedrichs II. selbst ergangenen Urkunden zur Überprüfung vorzulegen seien (Ass. 15).

Das Todesjahr Wilhelms II. war als Bezugspunkt der Reform überzeugend gewählt: Wilhelm II. wird in den sizilischen Quellen des späten 12. und frühen 13. Jahrhunderts durchgehend als Inbegriff des gerechten, frommen und guten Königs geschildert; die Forderung, die Zustände seiner Herrschaftszeit wiederherzustellen, implizierte daher den Anspruch, das „goldene Zeitalter" des normannischen Sizilien zu erneuern. Ergänzt wurden die „Assisen von Capua" durch vier im Frühsommer 1221 in Messina verkündete Gesetze, in denen Friedrich die Ausgrenzung einiger sehr unterschiedlicher Randgruppen (Gotteslästerer und Prostituierte, aber auch Juden und Spielleute) aus der Gemeinschaft des sizilischen Untertanenverbandes forderte.

Die Durchsetzung des in Capua verkündeten Programms sollte sich jedoch mehr als zwei Jahre hinziehen. Auf nur wenige Barone gestützt, die sich von Anfang an bedingungslos auf seine Seite stellten, brach Friedrich in mehreren Feldzügen den Widerstand des sizilischen Adels. Exemplarisch wurde Graf Thomas von Molise bestraft, der mächtigste der apulischen Barone. Seine freiwillige Unterwerfung lehnte Friedrich ab, nahm ihm militärisch seine wichtigsten Burgen und schickte ihn in die Verbannung. Als er sich wenig später einer Vorladung vor das kaiserliche Gericht nicht stellte, wurden auch die seiner Gemahlin noch belassenen Eigengüter eingezogen, die wichtigste Stadt seiner Grafschaft (Celano) zerstört und ihre Bewohner nach Sizilien verschickt. Um die königliche Herrschaft in allen Teilen des Reiches zu sichern, wurde das gesamte Land mit einem Netz von Burgen überzogen, die – anders als die Wohnburgen des Adels – nur einer militärischen Besatzung als Aufenthalt dienten.

Mit ebenso durchgreifenden Maßnahmen gelang es Friedrich, die Stellung der Seestädte Genua und Pisa auf Sizilien zu brechen. Bei der in Capua angeordneten Überprüfung der Urkunden wurden ihre Privilegien nicht erneuert. Stattdessen „kaufte“ und „mietete“ Friedrich zwangsweise ihre Schiffe und stellte so eine eigene königliche Handelsflotte zusammen, während er gleichzeitig mit dem Aufbau einer schlagkräftigen sizilischen Kriegsflotte begann, die für den Kreuzzug unentbehrlich war, zugleich aber Sizilien zu einer der führenden Seemächte im Mittelmeer aufsteigen ließ.

Die Assisen von Capua

Der im Jahr 1244 gestorbene Chronist Richard von San Germano wurde wahrscheinlich in der Klosterschule von Monte Cassino erzogen und ist für die Zeit von 1186 bis 1232 als Notar für San Germano und Monte Cassino urkundlich bezeugt. Nach 1220 scheint er auch in den Diensten Friedrichs II. gestanden zu haben. In Fortsetzung der älteren Annalistik von Monte Cassino verfaßte er zunächst eine Chronik der Jahre 1208 bis 1227, die er später zu einer umfassenden Darstellung der Geschichte Siziliens von 1189 bis 1243 ausbaute und umarbeitete. Seine sprachlich schlichte Chronik ist eine der wichtigsten Quellen zur Geschichte Süditaliens in der ersten Hälfte des 13. Jahrhunderts, da Richard sich gut informiert zeigt und viele Briefe und Gesetzestexte nur bei ihm überliefert sind.

Der Text der „Assisen von Capua“ galt lange als verloren: In der jüngeren Redaktion seiner Chronik beschränkte sich Richard auf eine knappe Inhaltsangabe, da die Assisen 1232 in überarbeiteter Form fast vollständig in die „Konstitutionen von Melfi“, das große Gesetzbuch Friedrichs II. für Sizilien, übernommen worden waren und daher als überholt gelten konnten. Erst als Gaudenzi 1888 die ältere Fassung edierte, zeigte sich, daß Richard die Assisen zunächst durchaus im Volltext aufgenommen und als langfristig gültige Gesetzestexte für überlieferungswert erachtet hatte:

Der Kaiser verließ das Gebiet von Rom und betrat durch Kampanien mit zahlreichem Gefolge großartig das Königreich (Sizilien). Ihm voraus zog die Kaiserin, die am Fest der heiligen Lucia im Dezember in San Germano ankam und am folgenden Tag nach Monte Cassino hinaufstieg (...). Die Kaiserin zog weiter nach Sessa Aurunca (bei Gaeta), der Kaiser aber nach Capua. Nachdem er dort wegen des Zustandes des Königreiches einen Hoftag abgehalten hatte, erließ er die folgenden Bestimmungen (...):

1. Vor allem weisen wir alle Getreuen an, die Prälaten der Kirchen, die Grafen, Barone und Bürger, die Landbewohner und alle in unserem Königreich, alle guten Gebräuche und Gewohnheiten, nach denen sie zur Zeit König Wilhelms zu leben pflegten, fest zu beachten.

2. Wir ordnen an, daß den Kirchen die Zehnten gemäß der Gewohnheit König Wilhelms gegeben werden und niemand Gerechtsame der Kirchen zurückhalte oder in ihre Besitzungen eindringe.

3. Wir ordnen ferner an, daß niemand aus eigener Machtvollkommenheit für geschehene oder künftige Ungerechtigkeiten und Missetaten das Recht in die eigene Hand nehme, Zwangs- oder Vergeltungsmaßnahmen ergreife oder Fehden im Königreich anfange; vielmehr soll er vor den Großjustitiaren oder den Justitiaren sein Recht geltend machen.

4. Desgleichen ordnen wir an, daß niemand bewaffnet, d.h. in Rüstung, umhergehe oder ein spitzes Messer trage oder eine Lanze. Auch ordnen wir an, daß man sich innerhalb und außerhalb der Städte all jener Waffen enthalte, die zur Zeit König Wilhelms zu tragen verboten waren. Wer dagegen zu verstoßen wagt, wird in der Gnade des Hofes sein (d.h. über dessen Bestrafung verfügt der Hof nach freiem Ermessen).

5. Wir ordnen auch an, daß niemand einen Dieb oder Räuber zurückhalte; wer auch immer ihn bei seinem Verbrechen ergriffen hat, soll ihn baldigst den Großjustitiaren oder Justitiaren ausliefern, damit Gerechtigkeit walte.

6. Desgleichen ordnen wir an, daß die von uns bestimmten Großjustitiare und Justitiare auf die heiligen Evangelien Gottes schwören, daß sie jedem Kläger ohne Trug Gerechtigkeit widerfahren lassen und die Kläger ohne Trug so schnell sie können abfertigen werden.

7. Wir wollen auch, daß der Großkastellan und die Kastellane selbst außerhalb nichts aus eigener Macht tun außer auf unsere besondere Anweisung und sich in keine Angelegenheit des Landes irgendwie einmischen. Die Dienstmannen sollen die Burgen nur mit Erlaubnis des Kastellans verlassen, und zwar höchstens zu viert und ohne Schwerter, es sei denn die Großjustitiare gebieten es ihnen; dann dürfen sie auf ihre Anweisung auch Waffen tragen.

8. Wir heben auch alle Zölle und Verkehrsabgaben auf, die von wem und wo auch immer nach dem Tod Kaiser Heinrichs, unseres Vaters, und der Kaiserin, unserer Mutter, errichtet worden sind.

9. Neue Märkte sollen in Zukunft nicht mehr eingerichtet werden. Die nach dem Tod unserer Eltern errichteten heben wir auf und ordnen an, daß die zur Zeit König Wilhelms bestehenden, fest beachtet werden, ohne Rücksicht auf etwa von irgendjemandem darüber erlangte Privilegien oder Reskripte.

10. Unsere Domäne wollen wir ungeschmälert besitzen, d.h. alle Städte, Befestigungen, Burgen, Dörfer, Landgüter und alles, was innerhalb oder außerhalb dazu und zur Domäne zu gehören pflegte und was rechtlich in unsere Hände gelangen kann. Wir wollen auch

alle unsere Einkünfte haben und daß sie in Häfen, an Zollstellen und anderen Orten von unseren Verwaltern und Beamten in der Weise gefordert werden, wie sie zur Zeit König Wilhelms gefordert zu werden pflegten, und zwar von den Auswärtigen wie von den Leuten des Königreichs ohne Rücksicht auf etwa jemandem gewährte Zugeständnisse oder Freiheiten.

11. Wir verbieten, daß irgendjemand eine königliche Baronie innehabe, sondern sie soll vom Königshof verwaltet werden, wie es zu sein pflegte. Wer eine Baronie innehat, soll sie uns zurückgeben; ansonsten soll der Halter in der Gnade des Hofes sein (s.o. Nr. 4).

12. Desgleichen ordnen wir an, daß kein Graf oder Baron es wagen soll, seine Baronie zu mindern oder irgendetwas von ihr irgendeiner Person ohne besondere Anweisung von uns zu verleihen; wenn etwas so geschehen ist, erklären wir es für null und nichtig.

13. Wir ordnen auch an, daß die Herren ihre Vasallen haben und halten sollen, wie sie sie zur Zeit des Königs Wilhelm hielten; und sie sollen keinen anderen Dienst von ihnen fordern außer dem, der zur Zeit dieses Königs gefordert zu werden pflegte. Und die Lehensleute selbst sollen das ihren Herren leisten, was sie zu dieser Zeit zu leisten pflegten.

14. Desgleichen ordnen wir an, daß in keiner Stadt ein Podestà eingesetzt werde und daß sie keine (gewählten) Konsuln oder Rektoren haben sollen. Vielmehr soll ein Verwalter durch die bestimmten Hofkämmerer eingesetzt werden und die Gerechtigkeit soll durch die Justitiare und Beamten des Hofes nach der Ordnung des Rechts gewahrt und nach den approbierten Gewohnheiten des Königreichs beachtet werden.

15. Da nach dem Tode Kaiser Heinrichs unser Siegel in die Hände Markwards (von Annweiler) fiel, der – wie man sagt – unter diesem Siegel zahlreiche (Urkunden) ausstellte, die zu unserem Nachteil sind, und – wie man glaubt – ähnliches mit dem Siegel der Kaiserin, unserer Mutter, nach ihrem Tod geschah, wollen und befehlen wir streng, daß alle von diesem Kaiser und dieser Kaiserin ausgestellten Privilegien von denen, die diesseits der Straße von Messina leben, bis Ostern, von denen in Sizilien bis Pfingsten (uns zur Überprüfung) vorgelegt werden. Auch ordnen wir an, daß alle Privilegien und schriftlichen Zugeständnisse, die wir seither irgendjemandem gemacht haben, zu den gleichen Terminen vorgelegt werden. Wenn sie sie aber nicht vorlegen, sollen sie diese Privilegien nicht straflos gebrauchen; vielmehr sollen, nachdem (diese Privilegien) vollkommen ungültig gemacht worden sind, diejenigen die diese (Anordnungen) mißachten, dem kaiserlichen Unwillen verfallen.

16. Desgleichen bestimmen wir, daß Zugeständnisse und Privilegien, die zukünftig von unserem Hof ausgehen, auf ewig Bestand haben sollen.

17. Wir ordnen an, daß kein Graf oder Baron ohne unsere Zustimmung eine Ehe eingeht, es sei denn nach dem (zur Zeit) König Wilhelms (geltenden) Gewohnheitsrecht, und daß kein Sohn und keine Tochter beim Tod von Vater oder Mutter es wagt, sich Erbe oder Besitz anzueignen, es sei denn nach demselben Gewohnheitsrecht des Königs (Wilhelm).

18. Desgleichen ordnen wir an, daß außer den Justitiaren, denen das Amt von uns übertragen wurde, keine geistliche oder weltliche Person aufgrund irgendeiner bestehenden Gewohnheit in seinem Gebiet auf irgendeine Weise das Amt des Justitiars auszuüben wage; vielmehr sollen alle (Rechtssachen) durch die von uns eingesetzten Justitiare entschieden werden, jedoch so, daß die Justitiare, Verwalter und andere nach den bestimmten Gesetzen, die auf die Gerechtigkeit Bezug haben, rechtsprechen sollen, nach denen sie zu Zeiten des vorgenannten Königs rechtgesprochen haben.

19. Wir ordnen auch an, daß alle Burgen, Befestigungen, Mauern und Gräben, die seit dem Tod König Wilhelms bis heute in jenen Gebieten und Orten, die nicht in unserer Hand sind, neu angelegt wurden, unseren Boten überantwortet werden, auf daß sie vollkommen zerstört und in den Zustand zurückversetzt werden, in dem sie zu Zeiten König Wilhelms zu sein pflegten. Mit denen, die in unserer Domäne und im (Verfügungsbereich) unseres Hofes liegen, werden wir nach unserem Belieben verfahren.

20. Desgleichen ordnen wir an, daß alle entfremdeten Lehen und lehenbaren Güter ohne Rücksicht auf irgendjemandes Einwände oder Entfremdung vollständig zurückgefordert werden und daß alle, die ein Lehen innehaben, die Pferde, Waffen und andere Dinge, mit denen sie rechtlich zu dienen verpflichtet sind, bereithalten, damit sie auf unsere oder unserer Beamten Aufforderung hin vorbereitet sind, den schuldigen Dienst zu leisten. Wer dies nicht tut, soll sein Lehen verlieren.

O: Muratori[2] 7.2, S. 88-93 – Ü: van Eickels – L: Dilcher (1975), S. 18. f.; van Cleve (1972), S. 139-143; Pitz (1971), S. 237-248; Kantorowicz (1927), S. 105 u. 108; Scheffer-Boichorst (1905), S. 132-165.

Die Assisen von Messina

Anders als die „Assisen von Capua“ (Dez. 1220) zielten die „Assisen von Messina“ (Mai/Juli 1221) nicht auf die Wiederherstellung der königlichen Gewalt, sondern auf Ausgrenzung der Gotteslästerer und Juden, der Prostituierten und Spielleute aus dem allgemeinen Untertanenverband des Königreichs. In der zweiten Redaktion seiner Chronik berichtet Richard von San Germano über den Hoftag von Messina zusammenfassend:

> Da die anderen im Königreich dem Kaiser ihren Nacken beugten, zog er durch Apulien und Kalabrien und setzte glücklich nach Sizilien über. In Messina leitete er einen allgemeinen Hoftag und erließ dort einige einzuhaltende Assisen gegen die Los- und Würfelspieler, die den Namen des Herrn lästern; gegen die Juden, daß sie sich durch unterschiedliche Kleidung und unterschiedliches Verhalten von den Christen unterscheiden sollen; gegen die Prostituierten, daß sie nicht mit den ehrbaren Frauen Bäder aufsuchen und ihre Wohnung nicht innerhalb der Stadtmauern nehmen sollen; gegen verleumderische Spielleute, daß, wer sie persönlich oder ihren Besitz angreift, nicht als Verletzer der kaiserlichen Friedens gelten soll.

Vor allem die Aussage, alle übrigen im Königreich hätten „vor dem Kaiser den Nacken gebeugt", ist von Kantorowicz und anderen als Beleg dafür zitiert worden, daß Friedrich (geradezu im Gegensatz zu Wilhelm II.) mehr gefürchtet als geliebt wurde. In der älteren Redaktion jedoch heißt es stattdessen, alle hätten ihn „so gerne wie freudig als Herrn anerkannt". Die spätere Fassung spiegelt somit vor allem die zunehmende Überhöhung der kaiserlichen Herrschaft in den dreißiger Jahren, kaum dagegen die Stimmung im Königreich Sizilien bei der Rückkehr Friedrichs 1220/21.

Im Anschluß an diesen Satz bringt die ältere Redaktion den vollen Text der Assisen von Messina. Auch in sprachlichem Aufwand und Ausführlichkeit der Begründung unterscheiden sie sich von den ein halbes Jahr zuvor in Capua getroffenen knappen Anordnungen: Indem er die Gotteslästerung beim Würfelspiel verbot, Juden und Christen, Prostituierte und ehrbare Frauen sichtbar voneinander abgrenzte und die Verfolgung einer Verleumdung durch fahrende Sänger erleichterte, handelte Friedrich demonstrativ als Wahrer und Wiederhersteller der gottgewollten Ordnung und ging exemplarisch gegen Verhaltensweisen vor, die den Frieden seines Reiches mit Gott und den Frieden seiner Untertanen untereinander störten.

Besonders ausführlich begründete er das Verbot der Gotteslästerung beim Würfelspiel. Er dürfte sich kaum der Illusion hingegeben haben, durch seine Anordnung das weitverbreitete Fluchen tatsächlich wesentlich eindämmen zu können; dagegen boten ihm die sozial vom Grafen bis zum einfachen Landbewohner sorgfältig abgestuften Strafen die Möglichkeit, fast jedem seiner Untertanen bei unbotmäßigem Verhalten mit Landesverweis, Vermögenskonfiskation oder Abschneiden der Zunge zu drohen. Die Ankündigung, auch Geistliche für solche Vergehen vor sein weltliches Gericht zu ziehen, war nach kanonischem Recht ein massiver Eingriff in die Freiheit der Kirche, gleichwohl kirchlicherseits kaum zu beanstanden, da Friedrich lediglich einen Beschluß des Vierten Laterankonzils von 1215 ausführte, das den Klerikern das Würfelspiel grundsätzlich untersagt hatte.

Die Anordnung einer besonderen Kleidung für Juden ging ganz auf einen Beschluß desselben Konzils zurück. Es hatte den Juden die Ausübung christlicher Berufe verboten und angeordnet, alle Juden, Männer wie Frauen, müßten sich überall „durch eine besondere Art der Kleidung von der übrigen Bevölkerung unterscheiden", damit zukünftig im Falle „frevelhaften (geschlechtlichen) Verkehrs (zwischen Juden und Christen) kein Irrtum mehr vorgeschützt werden" könne. Diese Beschlüsse waren Teil einer langfristigen Entwicklung: Die rechtliche Stellung der Juden hatte sich in allen europäischen Reichen seit den Judenpogromen im Vorfeld des Ersten Kreuzzuges kontinuierlich verschlechtert. Das Dritte Laterankonzil hatte 1179 die anti-jüdische Gesetzgebung der frühen Kirche erneuert und verboten, daß Juden Christen beschäftigten oder Christen in jüdischem Umfeld wohnten. In Frankreich hatte Philipp II. zu Beginn seiner Herrschaft 1181 die Juden aus der Krondomäne vertrieben und ihr Vermögen beschlagnahmt.

Die „multikulturelle Gesellschaft" Siziliens war von diesem Wandel der Einstellungen und rechtlichen Bestimmungen jedoch weitgehend unberührt geblieben. Um so erstaunlicher scheint es, daß Friedrich II. mit Heinrich III. von England zu den ersten Herrschern gehörte, der die Bestimmung des Vierten Laterankonzils über das „Judenzeichen" in die Praxis umsetzte, während z.B. in Frankreich Ludwig IX. erst 1269 eine entsprechende Anordnung erließ. Allerdings beschränkte sich Friedrich in Messina auf den demonstrativen Akt der Kennzeichnung der Juden; das diffamierende Verbot geschlechtlicher Beziehungen zwischen Juden und Christen wird dagegen als Begründung nur vage angedeutet, vor allem aber die in Sizilien faktisch unbegrenzte wirtschaftliche Betätigungsfreiheit der Juden nicht beschnitten. In ähnlicher Weise erklärte er 1236 die Juden in Deutschland programmatisch zu „kaiserlichen Kammerknechten", um sie nach umfassender Untersuchung wegen erwiesener Unschuld vom Vorwurf des Ritualmordes freizusprechen und unter seinen besonderen Schutz zu stellen. Indem er die Forderungen des Kirchenrechts formal erfüllte, schützte er die Juden vor wirklich gefährlichen Angriffen, intensivierte aber zugleich ihre Abhängigkeit vom Königtum durch die stets mögliche Drohung mit Vermögenskonfiskation (und erschloß sich überdies durch den Verkauf von Einzelbefreiungen eine neue Einnahmequelle).

Ähnlich wie die Juden wurden auch die Prostituierten im Verlauf des 13. und 14. Jahrhunderts überall in Europa systematisch aus der allgemeinen Gesellschaft ausgegrenzt. Seit dem späten 13. Jahrhundert wurden ihnen in fast allen europäischen Städten abgegrenzte Bezirke außerhalb der Stadtmauern angewiesen und das Tragen einer bestimmten Kleidung auferlegt. Die Kennzeichnung der Prostituierten (hier durch männliche Gewandung, die sie als Teil des öffentlichen Bereichs auswies) greift der allgemeinen Entwicklung um ein halbes Jahrhundert voraus. Das auch dem römischen Recht entsprechende Verbot, in der Stadt zu wohnen, hatte dagegen schon Roger II. in einer Assise ausgesprochen. Die eigentliche Zielrichtung der gesamten Bestimmung ist allerdings nicht die Einschränkung der Prostitution, sondern der Schutz „ehrbarer Frauen" vor Verwechslung.

Es wäre verfehlt, in den „Assisen von Messina" Ansätze einer gezielt gegen die betroffenen „Randgruppen" (insb. die Juden) gerichteten Politik Friedrichs II. zu sehen. Im staufischen Sizilien waren die Juden keineswegs nur geduldet: Friedrich II. übertrug ihnen 1231 die Verwaltung des Seiden- und Färbermonopols; 1239 förderte er sogar die Zuwanderung nordafrikanischer Juden, die u.a. den Anbau von Dattelpalmen aus Djerba mitbrachten.

In die Konstitutionen von Melfi wurden die Assisen von Messina nicht übernommen. Stattdessen stärkte Friedrich II. 1232 die rechtliche Stellung von Juden und Prostituierten: Entgegen den Beschlüssen des Dritten Laterankonzils sicherte er den Juden uneingeschränkten Rechtsschutz (*defensa*) zu; die Vergewaltigung einer Prostituierten – vielerorts nicht oder nur mit Geldstrafe geahndet – bedrohte er in Erneuerung eines Gesetzes Wilhelms II. mit der Todesstrafe:

1. Einige aus unserem Kaiser- und Königreich erfreuen sich sehr am Los- und Würfelspiel, das „Spiel des Verrates" genannt wird. Zwar steht es uns nicht an, dieses Spiel selbst zu verbieten, da es zu Trost und Erheiterung – wie man sagt – erfunden wurde und es den Anschein hätte, wir beraubten sie der Wohltat eines gemeinschaftlichen Trostmittels. Was aber die Spieler, wenn sie ihr Geld verlieren, zur Verächtlichmachung und Lästerung des göttlichen Namens und zur Beschimpfung des christlichen Glaubens vorzubringen nicht zögern, das müssen wir mit allen Rechtsmitteln verhindern. Durch dieses auf ewig gültige Gesetzesedikt bestimmen wir daher, daß niemand in Zukunft es wage, Gott, seine heiligste Mutter oder die Heiligen bei diesem oder anderen Spielen nur zu lästern oder mit beleidigenden und schändlichen Worten zu reizen (d.h., wie weithin üblich, Heilige für nicht gewährte Hilfe symbolisch zu bestrafen).

Wer aber gegen dies zu verstoßen versucht, soll, wenn er ein Graf ist, für zwei Jahre ins Exil gehen; wenn er ein Baron ist, für drei Jahre; wenn er ein Ritter ist, soll er sich für sechs Jahre außerhalb seines Wohnortes aufhalten; wenn er ein edler Bürger ist, für acht Jahre; wenn er aber ein unedler Bürger oder Landbewohner ist, soll er die Zunge, die er zur Verletzung Gottes und zur Schmähung der Himmlischen angestachelt hat, verlieren, damit er an dem (Körperteil) die Strafe verspürt, mit dem er sich vergangen hat.

Der öffentlich (bekannte) Spieler aber, der seine Zeit ständig mit Spielen zubringt, soll neben Verlust der Zunge auch an der rechten Hand verstümmelt werden, wenn er sich nicht sorgfältig der Lästerungen und verbotenen Beleidigungen enthält.

Priester, die ja in den Weinberg des Herrn Sabaot gesandt und zur Hingabe an den Gekreuzigten (...) besonders bestimmt sind, sollen wissen, daß sie von diesem Gesetz nicht ausgenommen sind. Wir weisen sie daher streng an und schreiben vor, daß sie sich gemäß kanonischem Gebot des Spiels des Verrates enthalten. Wenn aber einer von ihnen zu Schaden und Belastung seiner Seele dies zu erfüllen vernachlässigt hat, soll er – schon aus Ehrfurcht und Achtung vor der göttlichen Ordnung – damit er nicht den Laien ein Beispiel der Verfehlung gebe, denen er die Richtschnur der richtigen Lebensführung zu geben und zu predigen hat, sich der Lästerungen und verbotenen Beleidigungen enthalten und die Lippen seines Mundes beschneiden, die er beständig zum Lobe des Herrn zu öffnen gehalten ist. Er soll aber sicher wissen, daß er eines solchen Vergehens angezeigt keineswegs der Strafe entgehen wird, sondern daß wir ihn, nachdem er durch seinen eigenen Bischof abgesetzt worden ist, gemäß dem oben für die Laien angegebenen Verfahren der weltlichen Gewalt überantworten werden.

2. Wie durch Handeln ohne Unterscheidung die Aufgaben der Dinge in Unordnung geraten, so geraten auch gewisse Gewohnheiten des christlichen Glaubens durcheinander und verfallen dann zumeist die Regel überschreitend zu einer Art der Sünde, weil es zwischen Christen und Hebräern kaum einen Unterschied in Kleidung und Verhalten gibt. Dies wollen wir zu Ehre und Ruhm des Gekreuzigten besser regeln und weisen daher durch allgemeines Edikt alle Juden an, daß jeder von ihnen über seiner Kleidung ein rundum geschlossenes Kleidungsstück aus himmelblauem Leinen trage und, gemäß seinem Lebensalter, den Bart wachsen lasse und bärtig einherschreite, auf daß dies der allgemeine Unterschied zwischen den Rechtgläubigen und ihnen sei, anhand dessen sie sich unterscheiden und besser unerlaubter Handlungen enthalten können.

Hebräer aber, die dieses Gesetz mißachten, bestrafen wir mit dem Verlust all ihrer Güter, die von den Ortsvorstehern zugunsten der Verwalter unserer königlichen Kasse eingezogen werden sollen. Wenn sie aber mittellos sind oder nur bescheidenen Besitz haben, sollen sie auf der Stirn gebrandmarkt werden.

Weil der *rudellus* eine Art von Gewand, Mantel oder Umhang ist, durch den sich die hebräische Frau kaum von der christlichen unterscheidet, und aus diesem Irrtum heraus entsteht, was der christlichen Keuschheit feindlich und schauderhaft ist, bestimmen wir, daß die hebräischen Frauen über dem *rudellus* oder Mantel (oder, wenn sie ihn abgelegt haben, über den Kopfbändern) einen himmelblauen Gürtel tragen sollen, das allen ein Zeichen (ihres) Judentums sei.

3. Oft verdirbt schlechter Umgang einen guten Charakter, und ein krankes Schaf verdirbt die ganze Herde, indem es sie ansteckt. Wenn öffentliche Dirnen innerhalb der Stadtmauern wohnen, dann gereicht dies oft ehrbaren Frauen zum Verderben und ihre Nachbarschaft besudelt sie und macht sie ehrlos. Da wir dies bessern wollen,

ordnen wir an, daß Dirnen ihre Bordelle nach außerhalb des Stadtgebietes verlegen, wo auch immer sie wollen. Um die Stadt mit ihren Habseligkeiten zu verlassen, gewähren wir ihnen eine Frist von zwei Monaten, gerechnet von dem Tag, an dem dieses Edikt unserer Majestät ihnen bekannt wird. Damit das Vorrecht der Ehrbarkeit ohne Beeinträchtigung gewahrt bleibe und ehrbare Frauen von diesen Frauen besser zu unterscheiden sind, bestimmen wir, daß selbige Dirnen wie die Männer (kurze) Dirnenmäntel (*curia pallia*) tragen sollen, die unten gewunden sind, und daß sie nicht ohne gewundene Mäntel (*pallia ligozata*) in den Städten und Dörfern umhergehen sollen. Bäder sollen sie nicht mit ehrbaren Frauen zusammen besuchen, sondern für ihr Bad wird allein der Mittwoch bestimmt. Dirnen, die dagegen verstoßen, sollen durch die Stadt geprügelt werden.

4. Wir ordnen fest an, daß, wer auch immer üble Nachrede verbreitende Spielleute oder deren Habe angreift, den kaiserlichen Frieden nicht verletzt und dafür von niemandem bestraft werden soll.

O: Muratori[2] 7.2, S. 94-97 – Ü: van Eickels – L: Dilcher (1975), S. 19; van Cleve (1972), S. 144 f.; Kantorowicz (1927), S. 113.

Thomas von Gaeta

Die auf bedingungslose Wiederherstellung und umfassenden Ausbau der königlichen Macht zielende Politik Friedrichs II. blieb nicht ohne Kritik. Thomas von Gaeta, der schon in der Kanzlei Tankreds Notar gewesen war und in der Folge zunächst Konstanze, dann auch Friedrich II. mehrfach als Gesandter an die Kurie gedient hatte, nahm deutlich wahr, wie sehr sich die Politik Friedrichs von der seiner Vorgänger unterschied. Vermutlich zwischen 1223 und 1225, als er bereits aus dem königlichen Dienst ausgeschieden war, verfaßte er zwei Mahnschreiben an seinen Herrn, die ihn zur Mäßigung seines Vorgehens aufriefen. Sie sind allerdings nur als Eintrag in einer von ihm selbst angelegten Sammlung verschiedener Urkunden und Briefe überliefert und zudem undatiert, so daß wir nicht wissen, wann sie entstanden sind und ob sie ihren Adressaten je erreichten.

Im ersten der beiden Schreiben beklagt er zunächst den Streit zwischen Kaiser und Papst als Ärgernis und wagt es dann, seinem Herrn einen Rat zu erteilen, der in der erhaltenen Abschrift des Briefbuches ausgelassen ist. Im zweiten Teil des Briefes bittet er Friedrich, seine das Reich überlastenden Steuerforderungen zu mäßigen und mehr danach zu streben, daß seine Untertanen ihn lieben, als darauf bedacht zu sein, daß sie ihn fürchten.

Thomas von Gaeta spielt dabei die im Hochmittelalter gewachsene Sprache wechselseitiger personaler Bindung gegen den abstrakten einseitigen Herrschaftsanspruch Friedrichs aus: „Liebe" und „Treue", die klassische Formel vasallitischer Bindung, ist der „Furcht" und dem „Gehorsam" überlegen, die der König von seinen Untertanen fordern kann. Der gute König erwirbt sich die Herzen seiner Untertanen, indem er ihnen mehr gibt als er nimmt. Er verwaltet sein ererbtes Reich als gebundenen, in der Substanz zu erhaltenden Familienbesitz, nicht als absolutes Eigentum, über das er nach römischem Recht bis hin zur Zerstörung frei verfügen kann. Der kanonistisch-legistischen Sprache dagegen ist die Bezeichnung der Untertanen als „Gesamtheit" (*universitas*) entlehnt. Diese *universitas* repräsentiert das Gemeinwesen des Königreiches und an sie ist der König, unbeschadet seiner Herrschaft über jeden einzelnen seiner Untertanen, gebunden (*rex est maior singulis, universis minor*):

Es war zu hoffen und die ganze Christenheit erwartete sehnsüchtig, daß ihr und der Papst, denen der ganze Erdkreis dient und sich beugt, eines Geistes wäret in Christus, der unser Frieden ist und aus beiden eines macht (Eph 2,14). Da es aber aufgrund der Sünde anders kam als erhofft, sage ich betrübt und trauernd: Weh der Welt der Ärgernisse wegen! (Mt 18,7). Wieviel Schlechtes, wieviele Gefahren in diesen lauern, weiß jeder und vermag niemand eindringlich genug zu erklären. Daher sollen diese Ärgernisse, da sie zum Untergang der Welt führen, wenn es möglich ist, vermieden werden; wenn sie aber, weil Schuld entgegensteht, nicht vermieden werden können, sollen sie nicht durch euch kommen (...). Und da ja die ganze Welt im Argen liegt (1 Joh 5,19) (...), möge es eurer Erhabenheit gefallen, (...) daß die Ratschläge der Weisen euren Handlungen vorausgehen (...). Es ist besser für euch, über Schlangen und Feuer zu schlafen, als über drohenden Gefahren, die treulich von denen gefürchtet werden, die euch in Wahrheit lieben. Wenn der Knecht es wagen darf, seinem Herrn einen Rat zu erteilen, so ist es der Ratschlag eures treuen Dieners (...), daß usw.

Fürwahr möge es eurer Majestät mehr gefallen, geliebt zu werden als gefürchtet, denn keine größere Verteidigung, keine kraftvollere Stärke gibt es als die Liebe der Untertanen, die, wenn sie lieben, miteinander wetteifernd Gefahren auf sich nehmen, eher bereit für ihre Herren zu sterben, als sie zu überleben wünschend. Die Furcht aber ist nicht der vollkommene Wächter der Treue, denn wer Schrecken verbreitet muß auch selbst Angst haben und, wie ein (Philosoph) sagt: Viele muß fürchten, den viele fürchten.

Bei Gott, Herr, laßt Abstände zwischen den Steuererhebungen (*collectae*), mäßigt die Auferlegung von Abgaben (*servitia*), laßt das von Lasten schon erschöpfte Königreich durchatmen, das zu den Zeiten der glücklichen Könige, eurer Vorgänger, mit allen Gütern blühte; die Tränen sollen aus den Augen (der Untertanen) gewischt werden und die Menschen sollen nicht mehr betrübt sein.

Milder geht um mit den Völkern und Städten eures Reiches, das euer glänzendes und leuchtendes Erbe ist, damit so die Herzen der

Gesamtheit (eurer Untertanen) wieder gesunden, die durch die häufigen Stöße der Steuern und Abgaben verletzt sind, und sie euch und eurem Sohn wie durch ein Siegel fest verbunden seien. Diese sind nämlich, wenn sie aufrichtig sind, allen Burgen und jedem Heer gänzlich überlegen.

Daher, weisester der Fürsten, sorgt weise dafür, daß euch die Herzen aller mehr als ihr äußerliches Verhalten dienen und sie, wo und wann es nützt, durch freigebige Verteilung von Wohltaten (oder Lehen) gebunden werden. Vor allem aber nehmt euch Gott (...) als Beistand und in seiner Furcht sei euch die Zuversicht der Tapferkeit. Denn (...) wer Gott fürchtet, den werden alle Dinge fürchten, und wer Gott nicht fürchtet, der muß alle Dinge fürchten (Ps 3,9). Der Herr ist Heil und wie niemand aus sich selbst ist, so ist niemand heil aus sich selbst. Euch möge heil machen, der die Könige heil macht, und euch stets vor allem Bösen bewahren. Amen.

O: QFIAB 8 (1905), S. 53 f. (Nr. X) – Ü: van Eickels – L: QFIAB 8 (1905), S. 18 f.

Im zweiten, wohl etwa gleichzeitig entstandenen Schreiben, ist von den Auseinandersetzungen mit dem Papst keine Rede. Stattdessen steht das Begriffspaar „Liebe“ und „Treue“ programmatisch am Anfang: „Ich spreche zu meinem Herrn, obwohl ich Staub und Asche bin, und schreibe so zuversichtlich vertrauend wie ich treulich liebe (*tam fidenter scribo quam fideliter amo*)“. Thomas bittet Friedrich zunächst, durch die Bauten, die er in recht großer Zahl zugleich im ganzen Königreich errichte (*que plura simul per regnum erigitis*), die Armen nicht zu bedrücken – offenbar eine Anspielung auf die Burgenbaupolitik nach 1223. Ferner mahnt er ihn, wie seine Vorgänger, die sogar in Zeiten des Krieges Kirchen und Klöster errichteten, Gott die „Erstlingsgabe“ seiner Bautätigkeit nicht vorzuenthalten. Im Mittelpunkt des Schlußabschnittes steht dann wiederum das im ersten Satz bereits evozierte Verhältnis von „Liebe“ und „Herrschaft“. Als „Getreue“ (*fideles*) und „Freunde“ (*amici*) soll Friedrich seine Untertanen behandeln, fordert Thomas von Gaeta ihn auf – und läßt so seinen Brief ausklingen mit der typischen Anrede eines Herrn an seine Vasallen:

Freilich ist es nicht notwendig, daß eure Majestät Burgen auf den Höhen errichtet, schwer zugängliche Hügel befestigt oder die Seiten der Berge durch mehrfache Mauern abschneidet und mit Türmen einschließt: Das Erweisen von Wohltaten (*beneficentia*) und die Milde (*clementia*) gewähren einem König (selbst) in der offenen (Ebene) Sicherheit. Nur eine einzige Festung ist uneinnehmbar: Die Liebe der Untertanen, die sich für ihren gütigen Herrn dem gezückten Schwert entgegenwerfen, für ein einziges Haupt so viele tausend Eisen empfangen und mit vielen Toden ein einziges Leben zu retten miteinander wetteifern, manchmal sogar (das Leben) eines Alten und Hinfälligen. Indem ihr daher Wohltaten austeilt (*beneficando*), was sich vor allen anderen Dingen für einen Fürsten ziemt, möget ihr euch und euren Nachkommen die Herzen eurer Getreuen als festes Pfand erwerben und sie fromm wie Söhne behandeln, da ja auch Jesus Christus es nicht als unwürdig erachtete, seine Söhne (= Jünger) Freunde zu nennen (Joh 15,14 f.).

O: QFIAB 8 (1905), S. 55 f. (Nr. XI) – Ü: van Eickels – L: QFIAB 8 (1905), S. 19 f.

Die Umsiedlung der Sarazenen Siziliens nach Lucera

Für etwa zwei Jahrhunderte, von 827/902 bis 1061/91, war das zuvor zum byzantinischen Reich gehörende Sizilien ein arabisches Emirat gewesen, bevor die Normannen von Süditalien aus die Insel erobert hatten. Im Laufe des 12. Jahrhunderts war Zahl und Einfluß der Muslime bei Hof und in den Städten deutlich zurückgegangen; im unzugänglichen Bergland Westsiziliens stellten die Muslime jedoch an vielen Orten weiterhin die Mehrheit der Bevölkerung. In den Jahren der Minderjährigkeit und Abwesenheit Friedrichs II. hatten sich diese unter eigenen Emiren weitgehend verselbständigt, zahlreiche christliche Gebiete erobert und das von ihnen kontrollierte Gebiet bis an die Südküste ausgedehnt, wo sie mit Agrigent sogar einen Hafen eroberten, der ihnen eine Verbindung nach Nordafrika eröffnete.

In mehreren Feldzügen brach Friedrich II. zwischen 1222 und 1225 den Widerstand der Muslime. Ihre erbitterte und langanhaltende Gegenwehr zeigte jedoch, daß sie nicht wirklich zu unterwerfen waren, solange ihnen das innersizilische Bergland eine fast uneinnehmbare Verteidigungsposition verschaffte. Friedrich entschloß sich daher, die Überlebenden der Auseinandersetzung (15 000-20 000 waffenfähige Männer mit ihren Familien) größtenteils in Lucera in Apulien neu anzusiedeln. Nach einem erneuten Aufstand der in Sizilien verbliebenen Muslime wurden 1245 auch die letzten von ihnen dorthin umgesiedelt.

Friedrich II. schuf sich in Lucera eine mit 30 000 ha Ackerland ausgestattete Militärkolonie, aus der er jederzeit Krieger aufbieten konnte, die ihm als ihrem einzigen Schutzherrn im christlichen Umfeld treu ergeben und gegen die päpstliche Waffe der Exkommunikation unempfindlich waren. Die Führungsschicht der Stadt bildeten sarazenische Ritterfamilien, die in aller Form die Schwertleite empfingen (ein Indiz für die in der Literatur des 12./13. Jahrhunderts vielfach nachweisbare Offenheit des Ritterideals auch für den „edlen Heiden").

Zudem entwickelte sich Lucera zu einem Zentrum der Waffen- und Teppichherstellung; auch Tierbändiger und ein sarazenischer Tänzer aus Lucera werden in späteren Schreiben Friedrichs II. erwähnt. Bis zur Zerstörung durch Karl von Anjou im Jahre 1300 lebten die Muslime von Lucera weitgehend autonom unter eigenen Kadis und Scheichs.

Manchen Chronisten (dem Franzosen Philippe Mousket ebenso wie dem stauferfreundlichen Verfasser der Chronik des Nicolaus de Jamsilla) galt die „Befreiung Siziliens von den Sarazenen" als große Tat eines christlichen Herrschers, die wichtigste Leistung Friedrichs zwischen seiner Kaiserkrönung und seinem Kreuzzug überhaupt. Diese Auffassung vertrat auch die kaiserliche Kanzlei in ihren Schreiben an die Kurie. Die päpstliche Propaganda dagegen rückte die Ansiedlung der Sarazenen in Lucera in den Mittelpunkt ihrer Argumentation. Daß Friedrich ihnen dort die freie Ausübung ihrer Religion gestattete, sich ihrer als Kämpfer und Berater bediente und ihre Bekehrung zum Christentum nicht nachdrücklich betrieb, machte ihn verdächtig und gipfelte bei seiner Absetzung 1245 in dem Vorwurf, er halte sich dort einen Harem sarazenischer Sklavinnen, mit denen er „von verbotenen Reizen gelockt (...), in schamloser Weise“ verkehre.

„Nicolaus de Jamsilla“

In der unter dem Namen des Nicolaus de Jamsilla bekannten „Geschichte der Taten Kaiser Friedrichs II. und seiner Söhne Konrad und Manfred“ schildert der Chronist (vielleicht Gottfried von Cosenza, der 1269 zusammen mit zwölf anderen Anhängern der staufischen Herrschaft auf Befehl Karls I. von Anjou gehängt wurde) die Niederwerfung und Umsiedlung der sizilischen Sarazenen als eine der größten Leistungen Friedrichs überhaupt. In der nur wenige Seiten langen Lebensbeschreibung Friedrichs ist es das einzige Ereignis, das zwischen Kindheit und Kreuzzug erwähnt wird:

Während Papst Honorius III. den Apostolischen Stuhl innehatte, ließ (Friedrich) Deutschland ruhig in der Obhut seines erstgeborenen Sohnes Heinrich, den ihm seine spanische Gemahlin, die Kaiserin Konstanze, geboren hatte und kehrte nach Sizilien zurück. (Dort) trieb er die Sarazenen, die zur Zeit seiner Unmündigkeit aufrührerisch gewesen waren und sich auf den Höhen der Berge verschanzt hatten, mit den Waffen seiner Macht und Weisheit von den Bergen in die Ebene herab und schickte damals einen großen Teil von ihnen, im Laufe der Zeit aber sämtliche Sarazenen nach Apulien, wo sie in gebührender Abhängigkeit einen Ort, den man Lucera nennt, bewohnen sollten.

Nachdem aber die Sarazenen von den Bergen vertrieben und im ganzen Königreich Ruhe und Frieden gesichert waren, fuhr er in sein Reich Jerusalem, in dem die überseeischen Sarazenen zur Schande seines Namens, weil zur Schmach des Grabes des Herrn und des christlichen Glaubens, die Schmählichkeiten ihres Aberglaubens ausübten.

Q: Muratori[1] 8, S. 494 f.; vgl. a. MGH SS 26, S. 767, v. 23351 f. (Philippe Mousket) und RI 5.1, Nr. 2149 – Ü: Heinisch (1969), S. 30 f. – L: LexMA 6 (1993), Sp. 1133 f.; HistJb 19 (1898), S. 1-28.

Am 16.4.1236 hatte Friedrich II. in einem Schreiben an Gregor IX. die Umsiedlung der sizilischen Sarazenen in ganz ähnlicher Weise gerechtfertigt:

Über die schon alte Fabel (...), aufgrund derer wir wegen der Ansiedlung von Sarazenen in Apulien bei euch der mangelnden Ergebenheit gegenüber der Kirche bezichtigt werden, sollte ganz geschwiegen werden. Daß aber der Vater, dem – wie wir dachten – die Gerechtigkeit unserer Sache nicht verborgen ist, die Sarazenen in dieser Weise erwähnt, muß uns nicht nur befremden, sondern auch Schmerz bereiten, da wir die Stiche ungerechten Tadels für etwas erleiden, für das wir glaubten, den verdienten Preis des Ruhmes zu erlangen. Nicht ohne große eigene Anstrengung sowie Gefahr und Ausgaben unserer Getreuen haben wir die dort wohnenden Sarazenen von den Bergen Siziliens entfernt, wo ihre Ruchlosigkeit mehr Christen, als heute auf der Insel wohnen, getötet hatte. Sie selbst haben wir inmitten einer Ebene der Christen angesiedelt. Dabei haben wir den Nutzen erzielt, daß sie täglich durch das Beispiel der katholischen Christen angeleitet werden und ihre eifrige Knechtschaft deren Freiheit neiderfüllt sieht, so daß sie gereinigt durch das Wasser der Taufe (...) zur Einheit des katholischen Glaubens zurückkehren, und zwar in solchem Maße, daß – im Glauben und in der Hoffnung, uns werde der, wie sie sagten, uns daraus erwachsende Schaden erschüttern – ihre *alchadi* (= Kadi) genannten Oberen sich bei uns, während wir in Apulien weilten, darüber beklagten, daß schon ein Drittel von ihnen von ihrem Ritus zur Gemeinschaft unseres Glaubens zurückgeführt worden sei. Es ist ohne Zweifel anzunehmen, daß, wenn die Zukunft der Vergangenheit entspricht, nach Verlauf nicht weniger Tage dasselbe auch mit allen übrigen geschehen wird.

O: HB 4.2, S. 831; vgl. RI 5.1, Nr. 2149 – Ü: van Eickels.

Briefwechsel Gregors IX. mit Friedrich II. über die Sarazenen von Lucera

Am 3.12.1232 wandte sich Papst Gregor IX. mit einem Schreiben an Friedrich II., um ihn um Wiederinstandsetzung einer von den Sarazenen Luceras als Steinbruch verwendeten, demnach wahrscheinlich verfallenen Kirche an das Laurentiuskloster in Aversa (bei Neapel) zu bitten. Das Schreiben ist, wie fast alle derartigen Papstbriefe, nicht in erster Linie als Äußerung Gregors IX. zu verstehen, sondern spiegelt vor allem die Sicht der Mönche von Aversa, die um das Schreiben ersucht hatten. Unverkennbar ist jedoch die päpstliche Kritik an der privilegierten Stellung der Sarazenen von Lucera:

Verwundert und bestürzt vernahmen wir, daß die Söhne des Verderbens, die Sarazenen nämlich, die du in Apulien angesiedelt hast, unter Zusicherung deiner Gnade, was kaum glaublich scheint, die Kirche des heiligen Petrus in Bagno Fojetano, die mit vollem Recht zum Kloster des heiligen Laurentius in Aversa gehört, in einen Ort des Teufels verwandelten, während sie vorher der Wohnort der Engel war, und sie von Grund auf zerstörten, indem sie ihre Steine und Balken nach Lucera transportierten, um dort ihre Häuser zu bauen. Da nun ein so ungehöriges Unterfangen nicht ohne Schande für den Schöpfer und Unbill gegen den Apostolischen Stuhl gleichsam mit wissentlicher Beschimpfung unseres Namens vorgenommen wird, bitten und ersuchen wir deine Hoheit angelegentlichst, genauestens zu untersuchen, ob eine und vor allem ob eine innerhalb deines Königreichs liegende Kirche, die sich deines Schutzes erfreuen soll, da du ihr und aller anderen vom Herrn bestellter Beschützer bist, durch die gottesschänderischen Hände der Ungläubigen zerstört werden soll, während die Macht des Allerhöchsten doch von den Gläubigen erhöht werden muß; wir bitten dich ferner, aus Ehrfurcht vor Gott und zur Vermehrung deiner Hoheit die genannte Kirche wiederherstellen und ihr die geraubten Materialien zurückerstatten zu lassen, die ihr zur Zeit ihrer Unversehrtheit zugehörten.

Überdies möge es, da eine Überfülle an Freiheiten, die du, wie man sagt, den Sarazenen gewährt hast, in einer für die Christen gefährlichen Nachbarschaft besteht und vielen, die davon hören, Schrecken verursacht, deiner Hoheit gefallen, ihre Anmaßung so zu ersticken, daß sie in Kürze die Herzen deiner Untertanen nicht mehr zu verwirren wagen, zumal es unserem Erlöser Unrecht scheinen muß, wenn die Söhne Belials, die durch die Fessel der Knechtschaft gebunden sein sollten, die Söhne des Lichts in unseren Landen bedrängen oder sich sündhafterweise ihnen an Freiheit gleichachten.

O: MGH Epistolae saec. XIII e regestis pontificum Romanorum selectae 1, S. 398 f. (= HB 4, S. 405 f.); RI 5.2, Nr. 6925 – Ü: Heinisch (1968), S. 66 f.

Am 27.8.1233 bat Gregor IX. Friedrich II., die Sarazenen Luceras anzuweisen, daß sie Dominikanerbrüder, die er als Missionare zu ihnen sende, friedlich aufnehmen und aufmerksam anhören sollten. In seiner Antwort gibt Friedrich den Inhalt des päpstlichen Schreibens wieder und verspricht, den Missionaren, wie erbeten, Gelegenheit zur Predigt zu geben. Wenn er abschließend seine besondere Freude über etwaige Bekehrungen aufgrund dieser Predigttätigkeit hervorhebt, erteilt er damit zugleich implizit allen Versuchen einer gewaltsamen Bekehrung eine Absage:

Das Schreiben eurer Apostolischen Hoheit nahmen wir kürzlich in aller Ehrfurcht in Empfang. Sein Inhalt, überreich an geistlichen Zeugnissen und heilsamen Ermahnungen, haftet uns so im Herzen, daß wir es aus Übereinstimmung des Wollens und Einmütigkeit der Einsicht für billig erachten, euren Absichten zuzustimmen. Da wir nämlich, wie euer Brief es ausdrückte, nächst dem Stellvertreter Christi, dem römischen Priester, der nach Gottes Ratschluß Führer und Meister der christlichen Heerscharen ist, gehalten sind, den katholischen Glauben zu verteidigen, um aufgrund der uns übertragenen kaiserlichen Würde das (weltliche) Schwert nicht vergebens empfangen zu haben oder grundlos zu führen, möge eure Väterlichkeit nicht zweifeln, daß wir hochherzig den Entschluß faßten, unter eurer Führung und eurer Wegweisung die Feldlager des Herrn zu beschützen und gegen die Feinde des Glaubens die Schlachten des

Herrn zu schlagen. Wir wünschen nämlich, jene Einheit tatkräftig aufrechtzuerhalten, die bei der Überlassung der beiden Schwerter der Herr auf Erden zusammenfügte und die er durch die Pflicht des priesterlichen und des königlichen Amtes erfüllt haben wollte. Deshalb wollen wir alle Kraft und Mühe, deren wir fähig sind, aufbieten, damit der Weinberg des Herrn, den er selbst pflanzte, höhere Schößlinge hervorbringe und die Keime der Unfruchtbarkeit ausgetilgt werden.

Da es nun aber eurer Heiligkeit gefällt, einige Brüder des Predigerordens zur Bekehrung der Sarazenen, die in Lucera in der Capitanata wohnen und die italienische Sprache beherrschen, auszusenden, so ist es uns recht, wenn diese Prediger kommen und das Wort des Herrn zu predigen beginnen. Denn wir beabsichtigen, in Kürze in jener Gegend zu sein, wo wir den Brüdern beistehen wollen mit Rat wie mit Tat, damit sie mit Hilfe Gottes in Werk und Wort Erfolg haben, zumal ja viele von den Sarazenen mit unserer Zustimmung auf den Ruf des Herrn bereits zur Erkenntnis des Glaubens bekehrt worden sind. Deshalb wird uns die Bekehrung dieses Volkes eine in dem Maße besondere Freude sein, wie sie durch vorgängige Predigt zur Verehrung des einzigen Gottes geführt werden. Wir wetteifern nämlich in himmlischer Begeisterung, auf daß nicht nur die Sarazenen Luceras, sondern die Gesamtheit der Völker zum Glauben zurückkehre, damit wir, ebenso wie wir aufgrund der Würde des uns übertragenen Reiches den katholischen Glauben verteidigen, so aufgrund dieser Pflicht durch Neubekehrte geschmückt werden, auf daß durch sie die Erhabenheit unseres Kaisertums Ruhm und Glanz gewinne.

O: HB 4, S. 457 f.; RI 5.1, Nr. 2034; vgl. Registres Gregoire IX, Nr. 1540 u. 1682 – Ü: Heinisch (1968), S. 67 f. / van Eickels.

Ibn Wasil

Ein Jahrzehnt nach dem Tod Friedrichs II. besuchte der arabische Gelehrte Ibn Wasil als Gesandter des ägyptischen Sultans König Manfred von Sizilien. Sein Bericht belegt, daß Lucera zu dieser Zeit nicht nur eine „Militärkolonie“ zur Rekrutierung sarazenischer Kämpfer war, sondern auch ein kulturelles Zentrum, wo arabische Wissenschaften gepflegt und Berater für den Hof König Manfreds ausgebildet wurden. Ob Ibn Wasil diese Aussage auch für Friedrich II. machen will, bleibt allerdings im arabischen Text ebenso unklar wie in der Übersetzung:

Im Monat Ramadan 659 (August 1261) begab ich mich als Botschafter des großen Sultans Baibars seligen Andenkens zu Manfred; ich wurde hoch geehrt und hielt mich bei ihm auf in einer Barletta genannten Stadt Apuliens im langen Land, das an Spanien grenzt (= Italien). Verschiedene Male mußte ich mit ihm verhandeln, dabei lernte ich ihn als vornehmen Mann kennen, der die dialektischen Wissenschaften liebte und die zehn Bücher Euklids über die Geometrie auswendig wußte. Nicht weit von meinem Aufenthaltsort lag eine Stadt mit Namen Lucera, deren Einwohner alle Muslime von der Insel Sizilien sind: Hier wird der Freitagsgottesdienst öffentlich abgehalten, und alle bekennen sich offen zum muslimischen Glauben. Das ist dort so seit der Zeit des Kaisers, Manfreds Vaters. Er hatte dort ein wissenschaftliches Institut eingerichtet, um alle Zweige der spekulativen Wissenschaften zu pflegen. Die Mehrheit seiner Vertrauten und Höflinge waren Muslime, in seinem Lager erscholl offen der Gebetsruf, und das vorgeschriebene Gebet wurde verrichtet.

O: BN Paris, Ms. Ar. 1702, f. 121r-123r – Ü: Gabrieli (1973), S. 336 f.; vgl. S. 436 (Anm. 311).

Die Gründung der Universität Neapel

Seine mit den Assisen von Capua und Messina beginnende sizilische Gesetzgebung stützte Friedrich II., beraten u.a. durch den Bologneser Rechtslehrer Roffrod von Benevent, wesentlich auf das im 12. Jahrhundert wiederentdeckte römische Recht. Für die Reorganisation Siziliens als Beamtenstaat, in dem der König überall im Land über Verwalter verfügte, die seine Gesetze ausführten und seine Anordnungen umsetzten, benötigte er in großer Zahl Juristen, die mit der begrifflichen Systematik der im Corpus Iuris Civilis zusammengefaßten Rechtskodifikationen der Spätantike vertraut waren.

Solche Kenntnisse waren an den traditionellen Bildungsstätten des hohen Mittelalters, den Kloster- und Domschulen, nicht zu erwerben. Neben diesen waren jedoch im 12. Jahrhundert, insbesondere in einigen großen Bildungszentren, private Schulen einzelner Magister aufgekommen, die von den Honoraren ihrer Schüler lebten (für das in Italien und Südfrankreich besonders gepflegte römische Recht v.a. in Bologna, für Theologie und Philosophie v.a. in Paris). Die Magister und Scholaren dieser Schulen schlossen sich im ausgehenden 12. Jahrhundert zur Wahrung ihrer Interessen zu Korporationen zusammen. Aus diesen kirchlicher und weltlicher Kontrolle weitgehend entzogenen Zusammenschlüssen entstanden in der Folge durch päpstliche und kaiserliche Privilegierung die „Universitäten".

Um die zahlreichen Beamtenstellen in seinem sizilischen Königreich zu besetzen, bot sich Friedrich II. daher nur die Möglichkeit, landesfremde Juristen anzuwerben oder Sizilianer zur Ausbildung nach Bologna, d.h. in ein traditionell stauferfeindliches, von ihm jedenfalls nicht zu kontrollierendes Umfeld, zu entsenden. Dies veranlaßte ihn 1224 zu einem bis dahin beispiellosen Schritt: der Gründung einer eigenen Universität in Neapel. Hier – und nur hier – sollten in Zukunft Sizilianer studieren dürfen: Der Besuch auswärtiger Universitäten wurde ihnen untersagt, konkurrierende Ausbildungsstätten innerhalb des Königreichs geschlossen. Die Gründung der Universität Neapel 1224 nimmt damit den im späten Mittelalter und in der frühen Neuzeit verbreiteten Typus der „Landesuniversität" vorweg, die sich nicht als autonome Bildungsstätte der gesamten Christenheit verstand, sondern vor allem als vom Landesherrn abhängige Ausbildungsstätte für den Juristen- und Klerikernachwuchs seines Territoriums. Als „Staatsuniversität" verkörpert sie zudem das Gegenmodell zu den aus freien Zusammenschlüssen entstandenen „Privatuniversitäten" Bologna und Paris.

Die weitere Entwicklung der Universität Neapel verlief nicht geradlinig. Als Friedrich II. in seiner Auseinandersetzung mit den oberitalienischen Städten 1226 die Acht über Bologna verhängte, hob er zugleich die dortigen „Schulen und Studien" auf und wies Magister und Scholaren an, nach Neapel überzusiedeln. Der Versuch, „die berühmte Rechtsschule Bolognas nach Neapel zu verpflanzen" (Kantorowicz), schlug jedoch fehl. Nachdem er sich mit dem Papst geeinigt hatte, mußte Friedrich die gegen Bologna ausgesprochene Acht (und damit auch die Auflösung der dortigen Rechtsschulen) widerrufen.

In den Jahren des Kreuzzugs und während der Besetzung Unteritaliens durch die „Schlüsselsoldaten" des Papstes kam der Studienbetrieb in Neapel zum Erliegen. Im Oktober 1234 ordnete Friedrich II. jedoch die Wiedererrichtung der Universität an: „Das vom Kaiser eingerichtete Studium in Neapel, das sich während der Wirren zwischen der Kirche und dem Reich ganz aufgelöst hatte, wurde durch den Kaiser in Neapel erneuert", berichtet Richard von San Germano.

1239 schloß Friedrich Scholaren aus den aufständischen oberitalienischen Städten vom Besuch der Universität aus, die in den folgenden Jahren erneut in Verfall geraten zu sein scheint. Mehrere rasch aufeinanderfolgende Versuche einer „Erneuerung" (*reformatio*) lassen auch in der Folge eine krisenhafte Entwicklung erkennen: 1254 faßte Konrad IV. die Studien aller Fächer in Salerno zusammen, 1258/59 erneuerte Manfred sie, ebenso Karl I. von Anjou 1266.

Schreiben Friedrichs II. *pro ordinando studio Neapolitano*

Im Juni oder Juli 1224 – so Richard von San Germano in der jüngeren Redaktion seiner Chronik – machte Friedrich II. allen geistlichen und weltlichen Amtsträgern sowie allen Untertanen des Königreichs Sizilien seine Anordnungen „zur Ordnung des Studium in Neapel" bekannt. Die Funktion der neugegründeten Universität als „Staatsuniversität" mit Monopolanspruch ist deutlich ausgesprochen, jedoch verbunden mit der Zusicherung günstiger rechtlicher und wirtschaftlicher Rahmenbedingungen für die Studierenden (zum Teil übernommen aus dem Privileg *Habita*, das Friedrich I. 1155 den Scholaren von Bologna erteilt und den spätantiken Kodifikationen des römischen Rechts „authentische Novelle" hatte anfügen lassen). Die beträchtlichen den Studierenden gewährten Vergünstigungen (bis hin zu einem regulierten Wohnungsmarkt) lassen erkennen, daß Friedrich entweder mit erheblichem Widerstand gegen den Zwang zum Studium in Neapel rechnete oder aber hoffte, auch nicht-sizilianische Studierende aus Bologna, das bereits mehrere „Scholarensezessionen" erlebt hatte, nach Neapel ziehen zu können. Das Schreiben ist zum einen undatiert in der Briefsammlung des Petrus de Vinea überliefert, zum anderen (in leicht abweichender Form) auch in der älteren Redaktion der Chronik Richards von San Germano. Dieser gibt einleitend den Monat Juli, in der Datumszeile dagegen den 5.6.1224 als Datum an:

Mit der Gnade Gottes, durch den wir leben und regieren, dem wir alle unsere Taten weihen, dem wir alles, was wir tun, zuschreiben, wünschen wir, daß es in unserem Königreiche durch eine Quelle der Wissenschaften und eine Pflanzschule der Gelehrsamkeit viele kluge und weitschauende Männer gebe, Männer, die durch das Studium der Natur und die Erforschung des Rechts Gott dienen können, dem alles dient, und die uns durch die Pflege der Gerechtigkeit gefallen, deren Vorschriften nach unserem Willen alle gehorchen sollen.

Wir verfügen aber, daß in der lieblichen Stadt Neapel die Wissenschaften jeder Art gelehrt werden und die Studien blühen sollen, damit alle, die hungrig und durstig nach der Gelehrsamkeit sind, im Königreich selbst den Ort finden, an dem ihre Begier gestillt werden kann, und damit sie nicht gezwungen sind, auf der Suche nach Wissen auswärtige Völker aufzusuchen und in fremden Gegenden zu betteln. Wir erstreben aber, daß dieses Gut unserem Staatswesen zu Nutzen gereiche, da wir die Wohlfahrt der Untertanen in unserer besonderen Huld im Auge haben. Denn natürlich werden die Unterrichteten die besten Aussichten haben und die meisten Güter erwarten können, während den Faulen kein Aufstieg erwartet, dem der Adel folgt. Wer sich auf das Richteramt vorbereitet, den erwarten Reichtümer in Fülle, dem steht Gunst und Gnade in Aussicht.

Ferner berufen wir gelehrte Männer in unsere Dienste, verdienstvolle und gepriesene, und übertragen jenen, die sich ausgezeichnet haben durch die Beharrlichkeit ihres Eifers, die Lehre des Rechts und der Gerechtigkeit.

Fröhlich also und bereit zum Unterricht, den die Studenten wünschen, mögen sich jene aufmachen, denen wir da einen Wohnplatz anweisen, wo alles zu haben ist, wo die Häuser hübsch und recht geräumig und wo die Einwohner freundlich und gutartig sind; wo auch alles, was die Menschen zum Leben brauchen, über Land und Meer leicht herangeschafft wird, woher wir selbst unseren Unterhalt beziehen, bereiten wir Wohnungen vor, bestellen wir Lehrer, verheißen wir Stipendien und versprechen wir denen Geschenke, die uns ihrer würdig erscheinen. Indem wir sie unter den Augen ihrer Eltern studieren lassen, entheben wir sie vieler Mühen und ersparen ihnen lange Reisen, oft sogar ins Ausland. Wir sichern sie vor den Nachstellungen der Räuber, und diejenigen, die ihres Vermögens und Besitzes auf langen Landfahrten beraubt wurden, mögen sich freuen, daß sie ihre Schulen unter geringeren Kosten und auf kürzeren Wegen durch unsere Freigebigkeit erreichen können.

Aus der Schar der Gelehrten aber, die wir dort einzusetzen beschlossen haben, schicken wir unsere Getreuen, den Richter und Magister Roffred von Benevent und den Magister Petrus von Isernia als Professoren des bürgerlichen Rechts, Männer von großer Gelehrsamkeit, bekannter Tüchtigkeit und gewissenhafter Erfahrung, die sie unserer Majestät stets bewiesen und beweisen, auf die wir, wie auch auf einige Getreue unseres Königreiches, vollstes Vertrauen setzen. In anderen Disziplinen setzen wir andere ein.

Wir wünschen also und befehlen euch allen, die ihr die Provinzen verwaltet und an der Spitze der Behörden steht, daß ihr dies alles allenthalben und öffentlich verkündet und den Scholaren unter Androhung von Leibes- und Geldstrafen befehlt, daß keiner seiner Studien wegen außerhalb des Königreichs zu gehen und auch keiner innerhalb des Königreichs anderswo zu lernen und zu lehren wage. Wer aber aus dem Königreich außerhalb des Königreichs eine Schule besucht, dessen Eltern sollt ihr unter vorgenannter Strafe auftragen, daß er bis zum Feste des heiligen Michael unverzüglich zurückkehre. Die Bedingungen aber, die wir den Scholaren gewähren, werden folgende sein:

Vor allem werden in der genannten Stadt Gelehrte und Lehrer von jeder Fakultät sein. Die Scholaren aber, woher sie auch kommen, sollen Sicherheit haben für ihre Reise, ihren Aufenthalt und ihre Rückkehr und sollen keinerlei Einbuße weder an ihrer Person noch an ihrem Besitz, erleiden. Die Unterkunft, die den Scholaren in der Stadt aufs beste bereitet wird, soll jährlich zwei Goldunzen kosten und diesen Preis nicht übersteigen. Innerhalb der genannten Summe aber und bis zu diesem Höchstpreis werden alle Unterkünfte nach der Schätzung zweier Bürger und zweier Scholaren eingestuft werden. Gegen Pfand sollen den Scholaren von Leuten, die dazu eingesetzt werden, je nach Bedarf Bücher ausgeliehen und gegen Rückgabe gestellt werden unter entsprechender Eidesleistung der Scholaren. Der Scholar aber, der einen Wertgegenstand empfängt soll schwören, daß er den Ort nicht verläßt, bis er die Leihgabe zurückgegeben hat oder aber sie bezahlt oder den Gläubiger auf andere Weise befriedigt. Die genannten Leihgaben aber sollen von den Gläubigern nicht zurückverlangt werden, solange die Scholaren am Orte ihres Studiums verbleiben. Ferner sollen alle Scholaren zivilrechtlich ihren Dozenten und Lehrern unterstehen.

Alle also, die an irgendeiner Fakultät studieren wollen, sollen zum Studium nach Neapel gehen, und keiner wage, auf eine Schule außerhalb des Königreichs zu ziehen oder innerhalb des Königreichs an anderen Schulen zu lehren oder zu lernen; und wer aus dem Königreich an einer Schule außerhalb des Königreichs ist, soll unverzüglich bis zum Feste des heiligen Michael zurückkehren.

Hinsichtlich des Getreides aber, des Weines, des Fleisches, der Fische und anderer Lebensmittel setzen wir nichts Besonderes fest, da an all diesen Dingen die Provinz Überfluß hat; sie sollen den Studenten unter denselben Bedingungen verkauft werden wie den Bürgern.

O: HB 2.1, S. 450-453; vgl. Muratori² 7.2, S. 113-116; RI 5.1, Nr. 1537 – Ü: Heinisch (1968), S. 69-72 – L: Arnaldi (1982); Denifle (1885), S. 453 f.

Die das Monopol der Universität Neapel sichernden Bestimmungen wurden von der sizilischen Verwaltung zumindest in späteren Jahren tatsächlich umgesetzt. Dies zeigt ein in der Briefsammlung des Petrus de Vinea ohne Datum überliefertes Schreiben an den Justitiar der Terra di Lavoro. Da von einer „Erneuerung“ der Universität Neapel die Rede ist, könnte es 1234, vielleicht aber auch erst unter Friedrichs Nachfolgern Konrad IV. oder Manfred entstanden sein:

Wenn wir auch zur Vervollkommnung der Universität, die wir neulich in der Stadt Neapel zu erneuern für gut befanden, die besonderen Schulen allenthalben im Königreiche aufzuheben befahlen, so war es dennoch nicht unsere Absicht, alle Gegenden von Gelehrten so zu entblößen, daß nicht wenigstens die Grundlagen der Grammatik den Anfängern, wie die Brüste der stillenden Mutter den dürstenden Kindern, dargeboten werden. Wir wollen aber den Erlaß unserer Hoheit nur auf jene ausdehnen, die ihren Hörern, die nach Überwindung der ersten Schwierigkeiten ihr Verlangen auf höhere Bildung in anderen Fakultäten richten, gediegene Speise des Wissens bieten können. Deswegen befehlen wir eurer Treue ausdrücklich, daß ihr keinen der Lehrer, die im Bereich eurer Jurisdiktion die Knaben in den Anfangsgründen der Grammatik unterrichten, aufgrund besagten Anlasses belästigt, sondern sie ihre Einzelschulen ohne irgendein Hindernis leiten laßt.

O: HB 2.1, S. 453; vgl. RI 5.1, Nr. 1537 – Ü: Heinisch (1968), S. 77 – L: Arnaldi (1982), S. 100 f.; Denifle (1885), S. 458.

Brief der Magister und Scholaren der Universität Neapel an Petrus de Vinea

Wahrscheinlich im Frühjahr 1234 richteten die in Neapel verbliebenen Magister und Scholaren der im Krieg von 1229 geschlossenen Universität ein Schreiben an den Großhofrichter Petrus de Vinea, in dem sie ihn baten, beim Kaiser für eine baldige Wiedereröffnung ihrer Hochschule einzutreten. Es ist in derselben Capuaner Briefsammlung überliefert in der sich auch die beiden Briefe über die Kindheit Friedrichs II. in Palermo erhalten haben. Absender, Adressat und Datum des Briefes sind erschlossen; mehrere Wörter (darunter auch der Name der konkurrierenden Universität Bologna) sind in der einzigen erhaltenen Abschrift verschrieben, können aber schlüssig emendiert werden.

Der Brief zeigt, wie deutlich in Bologna erkannt wurde, daß die Gründung der „Staatsuniversität“ Neapel, der die in Jahrzehnten gewachsene Autonomie der „Privatuniversität“ Bologna fehlte, etwas qualitativ anderes war als die zahlreichen vorangegangenen Abwanderungen (Sezessionen) einzelner oder mehrerer Magister mit ihren Scholaren in andere, günstigere Bedingungen anbietende Städte (z.B. 1222 nach Padua). Anders als die Rechtsschulen in Bologna und Padua war die Universität Neapel allein abhängig vom Willen und politischen Schicksal des Kaisers, der sie geschaffen hatte (und daher frei über sie verfügen konnte). Diese Unsicherheit konnte auch die feste Besoldung der Lehrenden und die zugesagte großzügige Förderung der Studierenden nicht ausgleichen.

Die bildreiche Sprache des Briefes ist durchsetzt von biblischen Entlehnungen, aber auch mit Anklängen an das römische Recht. Wohl bewußt mehrdeutig gewählt ist das Wort *conceptum* („etwas Empfangenes"), das hier sowohl „Plan, Entwurf" im Gegensatz zur Ausführung bedeuten kann, als auch den im Mittelalter als Leibesfrucht ohne eigene Seele geltenden „Embryo" im Gegensatz zum vollentwickelten Menschen als eigenständiger Person:

Aus der Lehre der Heiligen Schrift haben wir gelernt, daß auf der Heiterkeit des königlichen Antlitzes das Leben beruht und seine Gnade wirkt wie ein Abendregen (Spr 16,5). Dies beides haben wir früher an unserem kaiserlichen Herrn gefunden. Daher war unser Leben gesichert. Nun aber hat durch die Schuld unserer Sünden unser Herr sein Angesicht von uns gewandt und will sich nicht mehr kümmern um den Weinberg, den er gepflanzt hat, zu dessen Zerstörung viele Nebenbuhler ihre Hände ausstrecken und ihn wie Füchslein verwüsten (Hld 2,15), nicht achtend das Unrecht, das dem Erhabenen geschähe, wenn in so kurzer Zeit die edle Pflanzung eines Studiums zerstört würde. Sieh, an uns erfüllt sich jenes Prophetenwort: „Nach Ägypten hinab ist mein Volk gezogen, um dort als fremde Siedler zu leben, und Assur hat gegen selbiges unbillig Ränke geschmiedet" (Jes 52,4). Denn berufen zu der lieblichsten, fürwahr bittersten Stadt Neapel, denken wir zurück an die vergangene Bedrängnis (Klgl 1,7) und erwarten für die Zukunft nicht anderes, als Frondienste zu leisten mit Ziegeln und Stroh (Ex 5,16).

Über all dies hinaus aber geht der Schmerz, der uns daraus erwächst, daß (Bologna), deren (Brüste) ausgetrocknet waren, sich als wahre Prophetin erwiesen hat, als sie gegen das Studium in Neapel prophetisch verkündete, dasselbe sei nur etwas Empfangenes und Zerstörbares (*conceptum et destructibile*), das nur werden könne, wenn der über Bindung erhabene Wille desjenigen, der es schuf, unabänderlich bestehen bleibe (*quod fieri non posset, nisi voluntas opificis, que maior est nexu, impermutabilis permaneret*).

Da also keinesfalls ein so großes Werk eines so großen Fürsten so schnell zugrunde gehen darf, glaubten wir, eure Meisterschaft (*magisterium vestrum*) von ganzem Herzen anflehen zu müssen, daß ihr, die ihr für die Ohren des Kaisers Ausleger der alleinigen Wahrheit seid, ihm vorzustellen geruht, was in diesem Falle der kaiserlichen Majestät gezieme.

O/Ü/L: Karl Hampe, Zur Gründungsgeschichte der Universität Neapel (Sitzungsberichte der Heidelberger Akademie der Wissenschaften. Philosophisch-historische Klasse 1923, 10), Heidelberg 1924 – Ü: Hampe / van Eickels – L: Kantorowicz (1931), S. 124; Kantorowicz (1927), S. 273 f.

Die Wiedererrichtung der Universität 1234

Wohl ebenfalls in das Jahr 1234 ist ein weiteres ohne Datumzeile in einer Briefsammlung des 15. Jahrhunderts überliefertes Schreiben Friedrichs II. an die Scholaren in Bologna zu datieren, in dem er sie aufruft, ihre Studien in Neapel fortzusetzen und dabei erstmals auch die einzelnen in Neapel gelehrten Disziplinen nennt: Theologie, römisches und kanonisches Recht, sowie als Unterbau die „sieben freien Künste". Die Medizin fehlte in Neapel, da für dieses Fach die traditionsreiche Schule von Salerno fortbestand:

Wir, die wir durch die Gnade Gottes auf dem Thron des römischen Reiches sitzen, verschmähen es, wenn wir auch von den öffentlichen Angelegenheiten des Erdkreises aufgrund der uns auferlegten Bürden und Würden entsprechend in Anspruch genommen sind, dennoch nicht, neben den allgemeinen Sorgen des Staates, durch die der kaiserliche Thron heftig bedrängt wird, unsere Aufmerksamkeit auf die besonderen Belange einzelner zu richten, derart daß wir, die wir wünschen, daß unsere Ritter den Waffendienst und nicht die Gesetze beherrschen, wollen, daß die Männer der Wissenschaft und die Freunde jeder Fakultät, deren Beredsamkeit unser Reich ziert, nichtsdestoweniger auch darin durch Wort und Tat nützen und mit den Verdiensten und dem Rat ihrer erworbenen Tüchtigkeit streiten helfen; denn nicht weniger durch die Wissenschaft als durch die Leistung der Männer werden die Reiche und Königreiche in Ordnung gehalten.

Also liegt es uns am Herzen, die einst in Neapel, der reichen Stadt, dem Orte, der innerhalb unseres Königreichs durch sein gesundes Klima an Vorzügen jeder Art hervorragt, gegründete Universität wiederherzustellen. Zweifelt nicht, daß wir ihrer Wiedererrichtung unsere tatkräftige Hilfe zuwenden! Denn auf der Stelle rufen wir durch unsere Schreiben und Boten gelehrte Theologen, Professoren beider Rechte und Lehrer aller freien Künste zur Einrichtung und Besetzung aller Fakultäten und Wissenschaften in dieser Stadt zusammen. Wir haben den Studenten alle Freiheiten und Befreiungen sowie ihre Gewohnheiten zugesichert und wollen sie gemäß der früheren Bewilligung sowohl den Lehrern als auch den Schülern durch öffentliche Schreiben bestätigen.

Daher sind wir sicher, daß am ersten Tage des kommenden Monats September Lehrer aller Fakultäten in der genannten Stadt ohne

Verzug zusammenströmen werden, um zu gegebener Zeit den Unterricht mit brennendem Eifer aufzunehmen.

Da also die meisten von euch aus alter Erfahrung die genannte Stadt kennen und wohl wissen, welche Vorteile dort einen jeden Studenten erwarten und welcher Fülle des Friedens und aller guten Dinge sich die Gesamtheit der Schüler dort zu erfreuen pflegt, da den Lehrern und Professoren die frohe Hoffnung, wirken zu können, gesichert ist, rufen wir alle auf und laden euch alle an diese Universität. Wir stellen es eurer Klugheit anheim, vertrauensvoll und einmütig unter dem Schutz und der Sicherheit unserer Majestät in die genannte Stadt zu eilen und die dem Studium wie den Studenten so günstige Gelegenheit zu nutzen. Unsere besondere Huld und Gnade nämlich wird jeder einzelne bei seiner Ankunft finden, und allbereite Sorge werden wir euren Fortschritten zuwenden. Die Bürger werdet ihr zudem, da sie aufgrund der früheren Universitätszeiten an eure Sitten in jeder Beziehung gewöhnt und um eure Vorteile besorgt sind, freundlich und entgegenkommend finden. Und so wird mit Gottes Hilfe euch an der Universität nichts zu eurem Fortkommen fehlen, und nichts wird eure Ruhe stören können, die durch die Kraft unserer Gnade gesichert ist.

O: HB IV.1, S. 496-498; vgl. RI 5.1, Nr. 2044 – Ü: Heinisch (1968), S. 73 f. – L: Arnaldi (1982), S. 91-100; Denifle (1885), 455 f. (vgl. auch S. 235); zur Briefsammlung: Otto von Heinemann, Die Handschriften der Herzoglichen Bibliothek zu Wolfenbüttel, Erste Abt.: Die Helmstedter Handschriften I, Wolfenbüttel 1884, S. 245, Nr. 331 (Cod. Guelf. 298 Helmst., f. 34r).

Die Goldbulle von Rimini für den Deutschen Orden

1190 als Hospitalbruderschaft bei der Belagerung von Akkon gegründet und 1198 von den Teilnehmern des Kreuzzugs Heinrichs VI. in einen Ritterorden umgewandelt, gehörte der Deutsche Orden zunächst zu den zahlreichen kleineren Ordensgemeinschaften, die nach dem Vorbild der Templer und Johanniter den Kampf gegen die Ungläubigen in den Mittelpunkt ihrer Tätigkeit gestellt hatten, sich an Größe und Bedeutung aber nicht mit den beiden großen, in der ersten Hälfte des 12. Jahrhunderts entstandenen Ritterorden messen konnten. Erst unter Hochmeister Hermann von Salza (1216-1239), der seit 1220 zu den engsten Vertrauten Friedrichs II. gehörte, erlangte der Deutsche Orden die rechtliche Gleichstellung mit den Templern und Johannitern und wurde zum führenden Ritterorden im Reich.

Ebenso wie die englisch-französisch dominierten Templer und Johanniter sah auch der Deutsche Orden sein Hauptbetätigungsfeld zunächst im Heiligen Land. Die Entwicklungsmöglichkeiten, die sich dort eröffneten, waren nicht ungünstig, vor allem seit Friedrich II. am 9.11.1225 die Erbin des Königreichs Jerusalem geheiratet hatte. Das Hauptinteresse Hermanns von Salza galt in der Mitte der zwanziger Jahre sicherlich dem Ausbau der Position seines Ordens im Orient, sei es im Königreich Jerusalem selbst, wo der Deutsche Orden bereits 1220 die Seigneurie de Joscelin durch Kauf erworben hatte, sei es auf Zypern, das als Reichslehen gleichfalls zum Einflußbereich Friedrichs II. gehörte.

Um so erstaunlicher ist es, daß sich Hermann von Salza im März 1226 in Rimini eine feierliche, mit Goldbulle besiegelte Urkunde ausstellen ließ, in der der Kaiser dem Deutschen Orden die Schenkung des Kulmer Landes durch den polnischen Herzog Konrad von Masowien bestätigte und ihm das noch zu erobernde Preußenland „wie einem Reichsfürsten“ als Teil der *monarchia imperii* – allerdings den Ordensprivilegien entsprechend ohne Pflicht zur Lehenshuldigung – übertrug.

Die ältere Forschung hat die Goldbulle von Rimini mit der im gleichen Jahr erfolgten Erhebung Lübecks zur Reichsstadt zusammengesehen und darin die Grundzüge einer weitgespannten Konzeption für die herrschaftliche Erschließung des Ostseeraumes erkannt, durch die Friedrich II. die Ausdehnung des Reiches nach Osten in die Wege leiten wollte.

Dies verkennt jedoch, daß die Goldbulle von Rimini wie jede mittelalterliche Urkunde zunächst vom Empfänger her zu interpretieren ist. Nicht aus eigenem Antrieb erteilte ein mittelalterlicher Herrscher Privilegien, sondern auf Ersuchen des Empfängers. Dessen Einfluß auf die Formulierung des Textes konnte so weit gehen, daß er die Urkunde selbst abfaßte und durch den Aussteller nur noch besiegeln ließ. Auch ein feierliches Diplom wie die Goldbulle von Rimini orientierte sich inhaltlich in erster Linie an den Vorgaben und Interessen des Empfängers; lediglich die sprachliche Form und das in ihr zum Ausdruck kommende Herrschaftsverständnis können als Äußerungen des Ausstellers, d.h. Friedrichs II. und seiner Kanzlei, betrachtet werden. Wirksam wurde die Urkunde nur, wenn sie der Orden in einem Rechtsstreit vorlegte; dann (aber auch nur dann) transportierte sie zugleich die Herrschaftsansprüche, die Friedrich II. in ihrem Text zum Ausdruck brachte. Auch die feierliche Form der Besiegelung mit einer Goldbulle belegt in erster Linie die besondere Bedeutung, die der Deutsche Orden der Urkunde beimaß, nicht ein besonderes Interesse Friedrichs II. an ihrer Ausstellung.

In der Goldbulle von Rimini einen „Auftrag" an den Deutschen Orden zu sehen, Preußen zu erobern, wäre daher verfehlt. Der Zweck der Urkunde konnte nur darin bestehen, Ansprüche Dritter abzuwehren, sei es des Herzogs von Masowien, sei es des zisterziensischen Bischofs Christian, der bereits zwei Jahrzehnte zuvor mit der Missionierung der Prussen begonnen hatte und durch Innozenz III. zum Bischof von Preußen erhoben worden war. Indem Friedrich II. das Preußenland als Teil der *monarchia imperii* – ein singulärer und offenbar bewußt wenig präzise gewählter Begriff – bezeichnete, gewährte er genau diesen Schutz, ohne jedoch dem Orden weitergehende Verpflichtungen gegenüber dem Reich aufzuerlegen, die seine Nachfolger gegen den Orden hätten verwenden können.

Was aber veranlaßte Hermann von Salza dazu, Friedrich II. im März 1226 um die Ausstellung eines entsprechenden Privilegs zu bitten? 1211 hatte König Andreas II. von Ungarn den Deutschen Orden in ähnlicher Weise wie 1225/26 Herzog Konrad von Masowien nach Siebenbürgen gerufen und dort umfassend privilegiert. Angesichts der unklaren politischen Lage im Reich nach der Exkommunikation Ottos IV. und dem Wiederaufleben des Thronstreits durch die Wahl Friedrichs II. (Sep. 1211) hatte der Orden die Gelegenheit, sich eine zweite Basis in Ungarn zu schaffen, gerne wahrgenommen.

Die Berufung des Deutschen Ordens nach Ungarn war jedoch Teil der Politik der Gemahlin Andreas' II., Gertrud, einer Andechs-Meranierin gewesen, die zahlreiche deutsche Adlige ins Land geholt, damit aber den Widerstand des ungarischen Adels herausgefordert hatte. Nachdem Gertrud von Verschwörern aus den Reihen dieser Opposition ermordet worden war, geriet Andreas II. zunehmend unter Druck, auch die Privilegien des Deutschen Ordens wieder aufzuheben und diesen schließlich im Sommer 1225 aus Ungarn zu vertreiben.

Die in Ungarn gemachten Erfahrungen ließen es ratsam erscheinen, die Eroberung des Preußenlandes nur nach umfassender Absicherung durch Kaiser und Papst zu beginnen. Vorerst blieb Preußen aber allenfalls ein Nebenkriegsschauplatz; erst als Friedrich nach 1229 seine Herrschaft im Heiligen Land nicht durchsetzen konnte und die Aussichten des Deutschen Ordens auf eine starke Stellung in den Kreuzfahrerstaaten schwanden, beschaffte sich Hermann von Salza auch ein der Goldbulle von Rimini entsprechendes päpstliches Privileg und leitete die Eroberung Preußens in die Wege, die sich allerdings unter seinen Nachfolgern noch bis 1283 hinziehen sollte.

Die Goldbulle von Rimini bietet neben den inhaltlichen eine Vielzahl urkundenkritischer Probleme. Sie ist in zwei Ausfertigungen erhalten, die von zwei verschiedenen, in der kaiserlichen Kanzlei sonst nicht nachweisba-

Abbildung 4

Abbildung 5

ren Schreibern angefertigt wurden. Den äußeren Merkmalen nach sind beide erhaltenen Originale nicht die Urkunde, die im März 1226 ausgestellt wurde, sondern Neuausfertigungen aus dem vierten Jahrzehnt des 13. Jahrhunderts:

Im Namen der heiligen und ungeteilten Dreifaltigkeit. Amen. Friedrich II., durch das Walten von Gottes Gnaden römischer Kaiser, allzeit Mehrer des Reiches, König von Jerusalem und Sizilien.

Dazu hat Gott unser Kaisertum vor den Königen des Erdkreises erhaben aufgerichtet und die Grenzen unseres Befehlsbereichs über die verschiedenen Zonen der Welt ausgedehnt, daß zur Verherrlichung seines Namens auf Erden und zur Verbreitung des Glaubens unter den Heiden – so wie er zur Verkündigung des Evangeliums das römische Reich zuvor bereitet hat – die Sorge unserer Wirksamkeit gerichtet ist, so daß wir auf die Unterwerfung der Heiden genauso wie auf ihre Bekehrung Bedacht nehmen, wobei wir die Gnade jener Fürsorge gewähren, durch welche rechtgläubige Männer, um die Heidenvölker zu unterwerfen und sie der Verehrung Gottes zuzuführen, die Mühen täglicher Arbeit darangeben und Besitz und Leben unablässig einsetzen.

Daher also wollen wir, es möge durch den Wortlaut gegenwärtigen Schriftstücks allen Gegenwärtigen und Zukünftigen des Reiches bekannt sein: Bruder Hermann, hochwürdiger Hochmeister des heiligen Ordens vom Hospital Sankt Marien der Deutschen in Jerusalem, unser Getreuer, hat den ergebenen Willen seines Herzens ganz sorgfältig dargelegt und vor uns berichtet, daß unser ergebener Konrad, Herzog von Masowien und Kujawien, ihm und seinen Brüdern versprochen und angeboten hat, hinsichtlich des sogenannten Kulmer Landes und auf anderem Land (und zwar zwischen seinem Grenzgebiet und dem Gebiet der Preußen) Sorge zu tragen, und zwar in der Weise, daß sie die Mühe auf sich nehmen sollten und recht bei ihrem Einsatz verharren, das Land Preußen zu betreten und einzunehmen, zur Ehre und zum Ruhme des wahren Gottes.

Er hatte es aufgeschoben, dieses Versprechen anzunehmen, und untertänig unsere Erhabenheit ersucht, wir möchten doch geruhen, seinem Verlangen zu willfahren, auf daß er, gestützt auf unsere Hoheit, anfangen könne, ein solches Unternehmen zu beginnen und weiter zu verfolgen, und auf daß unsere Durchlaucht ihm und seinem Ordenshaus sowohl das Land, das ihm der genannte Herzog schenken solle, wie auch das ganze Land, das im Gebiet Preußen durch deren Einsatz erworben würde, verleihe und bestätige, und außerdem sollten wir sein Ordenshaus mit den Immunitäten, Freiheiten und anderen Verleihungen, um die er aufgrund des Geschenkes dieses Landesherrn und aufgrund der Erwerbung Preußens nachsuchte, mit einem Privileg unserer Großmut bestätigen; er selbst würde das dargebotene Geschenk dieses Herzogs annehmen und zum Betreten und zum Erwerben des Landes unter fortwährenden und unermüdlichen Mühen Besitz und Leute des Ordenshauses zur Verfügung stellen.

Wir nun – in Anbetracht der bereitwilligen und deutlich gezeigten Hingabe dieses Hochmeisters, mit der er zur Erwerbung dieses Landes für sein Ordenshaus heiß ergriffen im Herrn arbeitet, auch weil dieses Land in die Monarchie des Kaisertums einbegriffen ist, sowie im Vertrauen auf die Klugheit dieses Hochmeisters, denn er ist ein Mann mächtig von Taten und Worten und durch seinen und seiner Brüder Einsatz wird er die Erwerbung des Landes mächtig beginnen und mannhaft fortführen, und er wird nicht etwa unnütz vom Unternehmen ablassen, wie die meisten, nachdem sie viele Mühen in diesem Geschäft erfolglos versucht haben, dann, obgleich sie anscheinend Fortschritte machten, erschöpft den Mut sinken ließen – wir nun haben diesem Hochmeister die Befugnis verliehen, in das Land Preußen mit den Mitteln des Ordenshauses und allem Bemühen einzurücken, wobei wir diesem Hochmeister, seinen Nachfolgern und seinem ganzen Ordenshause für immer und ewig sowohl das zuvor genannte Land verleihen und bestätigen, das er von dem genannten Herzog wie versprochen erhalten wird, und auch all das, was er sonst noch gibt, sowie das ganze Land, das er im Gebiet von Preußen durch das Wirken Gottes erwerben wird, wie das alte und gebührende Recht des Reiches an Bergen, Ebenen, Flüssen, Wäldern und auf dem Meere, so daß sie dies Land frei und ledig von jeder Dienstleistung und Abgabe innehaben und daher auch nicht gehalten sind, sich vor irgendwem zu verantworten.

Es soll ihnen darüber hinaus erlaubt sein, im ganzen Land ihrer Erwerbung, das sie sich bereits verschafft haben oder noch verschaffen werden, zu Nutzen des Ordenshauses Fährabgaben, Maute und Zölle zu erheben, Wochen- und ständige Märkte anzusetzen, Münzen zu prägen, Steuern und andere Rechtspflichten zu gebieten, Erhebungen zu Lande, an Flüssen und auf dem Meer, wie sie es als nützlich ansehen, festzulegen, Gruben und Bergwerke für Gold, Silber, Eisen und sonstige Metalle sowie für Salz, die es derzeit gibt oder noch gefunden werden in ihren Ländern, für immer und ewig zu besitzen und innezuhaben.

Darüber hinaus gewähren wir ihnen, Richter und Vorsteher zu wählen, die das ihnen unterstellte Volk (und zwar die bereits Bekehrten wie all die anderen, die in ihrem Götzendienst verharren) gerecht richten und lenken und Untaten der Verbrecher ahnden und bestrafen, entsprechend den Anforderungen der Rechtsordnung; außerdem sollen sie Zivilfälle und Strafsachen anhören und entscheiden nach rechtschaffener Erkenntnis. Wir fügen ferner aus unserer Huld noch hinzu, daß dieser Hochmeister und seine Nachfolger in ihren Ländern ebenfalls die Gerichtsbarkeit und Amtsgewalt haben und ausüben sollen, die jeder andere Reichsfürst bekanntlich bestens in dem Lande, das er hat, besitzt, daß sie also gute Bräuche und Gewohnheiten einführen, Assisen und Gebote bestimmen können, durch welche die Treue der Gläubigen gestärkt werden kann und sich all ihre Untertanen unangefochtenen Friedens erfreuen dürfen und ihn nutzen können.

Im übrigen verbieten wir kraft dieses vorliegenden Privilegs, daß etwa ein Fürst, Herzog, Markgraf, Graf, Dienstmann, Schultheiß, Vogt noch sonst jemand, weder hoch noch niedrig, Geistlicher oder Weltlicher, es wagt, gegen die Urkunde der vorliegenden Verleihung und Bestätigung etwas zu unternehmen; wer sich das herausnehmen sollte, der wisse, daß er einer Strafe von tausend Pfund Gold verfallen ist, wovon die Hälfte unserer Kammer, das Restliche den vom Unrecht Betroffenen ausgezahlt werden soll.

Zum Gedächtnis an diese unsere Verleihung und Bestätigung und zu ihrer festen Rechtskraft haben wir vorliegendes Privileg herstellen und mit einer goldenen Bulle und dem Aufdruck des Siegels unserer Hoheit versehen lassen. Zeugen dieses Vorgangs sind: die Erzbischöfe von Magdeburg, Ravenna, Tyrus, Palermo und Reggio, die Bischöfe von Bologna, Rimini, Cesena, Mantua und Tortosa; die Herzöge von Sachsen und Spoleto; der Markgraf von Montferrat, (...), und recht viele andere.

Handzeichen des Herrn Friedrich, von Gottes Gnaden unüberwindlichster Kaiser, allzeit Mehrer des Reiches, König von Jerusalem und Sizilien.

Verhandelt wurde dies im Jahre der Geburt des Herrn 1226, im Monat März, in der 14. Indiktion, unter der Herrschaft des Herrn Friedrich, von Gottes Gnaden allergnädigster römischer Kaiser, allzeit Mehrer des Reiches, König von Jerusalem und Sizilien; im 6. Jahr seines römischen Kaisertums, dem 1. seines Königreichs Jerusalem und dem 26. seines Königreichs Sizilien. Heil und Segen. Amen.

Gegeben zu Rimini, Jahr, Monat und Indiktion wie oben angegeben.

O: Acht Jahrhunderte Deutscher Orden, hg. v. K. Wieser, Bad Godesberg 1967, S. 25-27 (ed. E. Weise) – Ü: FSGA A.32, S. 405-411; vgl. RI 5.1, Nr. 1598 und RI 5.4, S. 195 – L: Kluger (1987), S. 54-65.

Kreuzzugsvorbereitungen und päpstlicher Bann

Am Tag seiner Königskrönung in Aachen, dem 25.7.1215, hatte Friedrich II. das Kreuz genommen, es sollte allerdings 13 Jahre dauern, bis er sein Gelübde einlöste. Kaum mehr entscheidbar ist, ob sich der junge König unter dem Eindruck der allgemeinen Kreuzzugsbegeisterung spontan zu diesem Schritt entschloß oder ob es sich um einen wohldurchdachten Akt handelte, durch den er die Führung des Unternehmens Papst Innozenz' III. aus den Händen nehmen und sich dadurch selbst als ‚Führer der Christenheit' etablieren wollte. Ob echte Frömmigkeit und Ergriffenheit oder das staufisch-herrscherliche Selbstverständnis in der Tradition von Vater und Großvater eine größere Rolle spielten, ist ohnehin eine moderne Frage, die Friedrich II. und seine Zeitgenossen kaum verstanden hätten.

Die Werbung für den Kreuzzug und die Vorbereitung des Unternehmens lief unterdessen, von der Kurie organisiert, erfolgreich weiter. Im Sommer 1217 brachen die österreichischen und ungarischen Kreuzfahrer von Split aus auf. Als im folgenden Frühjahr das niederrheinisch-friesische Kontingent Akkon erreichte, beschlossen die Kreuzfahrer, die ägyptische Stadt Damiette im Nildelta anzugreifen, die den Weg nach Kairo beherrschte. Im Herbst 1218 traf dort Kardinal Pelagius als päpstlicher Legat ein und übernahm die Führung der Kreuzfahrer. Der Kreuzzug unter päpstlicher Führung ohne Beteiligung eines abendländischen Königs verlief zunächst erfolgreich: Im Frühjahr 1219 bot der ägyptische Sultan al-Kamil den Kreuzfahrern die Rückgabe des gesamten Königreichs Jerusalem an, falls sie sich aus Ägypten zurückzögen. Pelagius jedoch lehnte dieses Angebot in der Hoffnung auf noch weiterreichende Erfolge ab, die sich zunächst auch einstellten: Im November 1219 wurde Damiette erobert, der Weg nach Kairo schien offenzustehen.

Erst jetzt wurde das Kreuzzugsgelübde Friedrichs von 1215 politisch relevant: Damit Pelagius seinen Kreuzzug fortsetzen konnte, brauchte er dringend Unterstützung, zumal das ägyptische Heer nun zum Gegenschlag ausholte. Der baldige Aufbruch Friedrichs war das einzige Ziel, das Honorius III. in seinen Verhandlungen um die Kaiserkrönung Friedrichs entschieden verfolgte und auch durchsetzte. Friedrich nahm bei seiner Krönung erneut das Kreuz und verpflichtete sich, im August 1221 persönlich nach Ägypten aufzubrechen. Ein beachtliches Kontingent unter der Führung Ludwigs von Bayern wurde im April 1221 vorausgesandt, ein zweites Kontingent unter Heinrich von Malta folgte im Juli. Es mag die tatsächlich bevorstehende Ankunft des Kaisers gewesen sein, die den Kardinallegaten Pelagius veranlaßte, gegen den Rat der militärischen Führer einen Vorstoß auf Kairo zu wagen, um den Sieg ohne Friedrichs Hilfe zu erlangen; vielleicht glaubte er auch selbst an die einen Sieg als unabwendbar darstellenden Prophezeiungen, die er zur Ermutigung der Kreuzfahrer in Umlauf gebracht hatte. Das Unternehmen endete in einem Debakel, machte alle bisherigen Erfolge des Feldzugs zunichte, zwang zur Aufgabe Damiettes und zur Einwilligung in einen achtjährigen Waffenstillstand. Obwohl die Niederlage eindeutig auf die militärische Fehlentscheidung des päpstlichen Legaten zurückzuführen war, wurde sie von der Kurie doch Friedrich II. angelastet.

An einen erneuten Kreuzzug unter päpstlicher Führung war nach der Katastrophe von Damiette kaum zu denken. Die Kreuzzugsbegeisterung des Adels war unter dem Eindruck der Niederlage erloschen; erst als 1224 der König von Jerusalem persönlich im Abendland um Unterstützung warb, kamen die Vorbereitungen allmählich wieder in Gang. Um so nachdrücklicher drängte die Kurie nun Friedrich II., sein Gelübde zu erfüllen und die endgültige Eroberung der letzten christlichen Positionen im Heiligen Land abzuwenden. Tatsächlich verstärkte der Kaiser seine Bemühungen, allerdings war die Resonanz bei der europäischen Ritterschaft vorerst gering, so daß der Abfahrtstermin mehrmals hinausgeschoben werden mußte, was Honorius III. in Anbetracht der Umstände zunächst großzügig bewilligte.

Die Vorbereitungen gipfelten in einem Treffen zwischen Kaiser und Papst in San Germano im Juli 1225, wo Friedrich beeidete, am 15.4.1227 aufzubrechen, auf seine Kosten 1000 Ritter auszurüsten sowie 50 Galeeren und 100 Transportschiffe zur Verfügung zu stellen. Als Sicherheit erklärte er sich zudem bereit, 100'000 Unzen Gold an Hermann von Salza, Johann von Brienne und den Patriarchen von Jerusalem zur Finanzierung des Feldzugs zu übergeben. Falls er seinen Verpflichtungen nicht nachkomme, sollte er automatisch dem Bann verfallen sein. Das Abkommen von San Germano band den Kaiser vollständig, da es Ausnahmen oder Entschuldigungsgründe (etwa Krankheit) nicht vorsah. Offensichtlich war er fest davon überzeugt, diese Bedingungen auch erfüllen zu können. Das unbedingte Versprechen, binnen zwei Jahren den Kreuzzug anzutreten, war ein Zugeständnis an die Kurie; dagegen war es ein Erfolg des Kaisers, daß der Vertrag von San Germano Vorbereitung und Durchführung des Kreuzzugs allein seiner Leitung anvertraute.

Unterstützt wurde dieses Engagement durch die Eheverbindung Friedrichs mit Isabella von Brienne, Erbin des Königreichs Jerusalem, für die ihr Vater, Johann von Brienne, die Regentschaft (und auch den Titel) führte. Papst Honorius III. hatte die Verbindung gefördert, da er darin ein Mittel sah, den Kaiser noch stärker in die Kreuzzugsplanung einzubinden. Kaum erwartet hatte er dagegen, daß Friedrich unmittelbar nach der Hochzeit als Gemahl Isabellas den Titel eines Königs von Jerusalem annnahm und so seinen Schwiegervater aus der Herrschaft drängte. Erbittert stellte sich Johann von Brienne in den Auseinandersetzungen der folgenden Jahre auf die Seite der Kurie und erhielt schließlich durch päpstliche Vermittlung das lateinische Kaisertum von Konstantinopel.

Der nächste Schritt, die Ausschreibung eines Hoftages zu Ostern 1226 in Cremona, der zur Vorbereitung des Kreuzzuges dienen sollte, weckte bei vielen lombardischen Städten den Verdacht, der Kaiser wolle bei dieser Gelegenheit die Ansprüche erneuern, die bereits sein Großvater, Friedrich Barbarossa, geltend gemacht hatte. Erneut schlossen sich die oberitalienischen Städte unter der Führung Mailands zu einem kaiserfeindlichen Bund zusammen. Friedrich II. war vom militärischen Zuzug aus Deutschland abgeschnitten, da der Lombardenbund die Veroneser Klause sperrte, so daß sein Sohn Heinrich (VII.) in Trient mit 1000 Rittern festsaß und schließlich nach Deutschland zurückkehren mußte. Friedrich belegte die beteiligten Städte mit der Reichsacht und nötigte die Kurie, auch den Kirchenbann über sie zu verhängen, da sie die Vorbereitung des Kreuzzuges behindert hatten. Dennoch war der Prestigeverlust bedeutend, da der Kaiser nicht in der Lage gewesen war, gegen die Widerstand leistenden Städte direkt vorzugehen; er zog sich nach Süditalien zurück und widmete sich den Vorbereitungen für die Einschiffung des Kreuzheeres in Brindisi. Der Lombardenbund wurde im Frühjahr 1227 unter der Bedingung vom Bann gelöst, 400 Ritter für den Kreuzzug zu stellen, was allerdings nie geschah.

Die Vorbereitungen des Kaisers machten im Sommer 1227 gute Fortschritte, die in den letzten beiden Jahren forcierte Kreuzzugspredigt zeigte Erfolg, so daß eine beachtliche Zahl an Kreuzfahrern nach Süditalien strömte. Die von Friedrich selbst zu stellenden Truppen standen bereit, auch Ludwig, der Landgraf von Thüringen, führte dem Kaiser ein größeres Kontingent an Rittern zu. Es zeigte sich jedoch bald, daß weitaus mehr Kreuzzugsteilnehmer in Brindisi zusammenkamen als erwartet. Die beengten Verhältnisse und die unerträgliche Sommerhitze ließen eine Seuche ausbrechen, die viele der auf ihre Einschiffung wartenden Männer dahinraffte, andere zur vorzeitigen Heimkehr bewog. Trotzdem brach der Hauptteil der Armee Mitte August von Brindisi auf, auch der Kaiser und der Landgraf, obwohl selber an der Seuche erkrankt, begaben sich zu Schiff und segelten südwärts in der Hoffnung, durch die frische Seeluft Genesung zu erlangen. Für Landgraf Ludwig kam allerdings jede Hilfe zu spät, er starb, bevor die Schiffe Otranto erreichten. Der Kaiser, ebenfalls schwer erkrankt, schickte ein größeres Geschwader unter Heinrich von Malta voraus und ließ sich in die Bäder von Pozzuoli bringen, was er dem Papst durch eine Gesandtschaft umgehend meldete.

Im März 1227 war jedoch Honorius III. gestorben, dessen vorrangiges Ziel die Organisation eines neuen Kreuzzuges gewesen war. Sein Nachfolger Gregor IX. dagegen, der aus derselben Familie wie Innozenz III. stammte, stellte wie dieser die Zurückdrängung der staufischen Macht in Italien in den Mittelpunkt seiner Politik, um die Unabhängigkeit des Papsttums für die Zukunft zu sichern. Für Gregor IX. war die Erkrankung Friedrichs II. eine willkommene Gelegenheit, den Konflikt eskalieren zu lassen: Ohne die Gesandtschaft auch nur anzuhören, erklärte er den Kaiser für wortbrüchig und exkommunizierte ihn am 29.9.1227. Es zeigte sich bald, daß der versäumte Abreisetermin lediglich ein Vorwand war. In den Schreiben, mit denen der Papst sein Vorgehen rechtfertigte, brachte er eine ganze Reihe offensichtlich falscher Behauptungen vor: Friedrich habe weder die versprochene Armee aufgestellt noch die nötigen Schiffe und die verabredete Geldsumme aufgebracht. Zudem machte er den Kaiser, der seine eigene Krankheit nur vortäusche, verantwortlich für den Tod vieler Kreuzfahrer in dem völlig ungeeigneten Brindisi (der Platz war im Einvernehmen mit Honorius III. ausgewählt worden und der traditionelle Hafen für solche Unternehmungen). Sich wohl bewußt, daß die Argumente auf die Öffentlichkeit wenig Eindruck machen würden, versuchte er von Anfang an, den alten

Streit um die kanonischem Recht nicht entsprechende Abhängigkeit der sizilischen Kirche vom Königtum, in das Verfahren hineinzuziehen. Friedrich antwortete in einem offenen Brief, in dem er die falschen Anschuldigungen widerlegte und bemüht war, die Debatte ausschließlich auf Fragen des Kreuzzugs zu beschränken. Daß sich die Stimmung der Öffentlichkeit bald zum Vorteil des Kaiser wandelte, zeigte sich, als Gregor von einer empörten Volksmenge aus Rom vertrieben wurde und Zuflucht in Rieti suchen mußte.

Das Hauptproblem des Kaisers lag in Gregors IX. Weigerung, Bedingungen für die Lösung vom Bann zu benennen. Friedrich hatte bekundet, im Mai 1228 ins Heilige Land aufbrechen zu wollen, worauf der Papst ihm dies – da er exkommuniziert sei – streng verbot und im weiteren Verlauf nach besten Kräften versuchte, Friedrichs Vorbereitungen zu verhindern. Ein Hoftag in Ravenna wurde vom Lombardenbund – diesmal mit dem päpstlichen Segen – durch die erneute Sperrung der Veroneser Klause verhindert. Gregor selbst wiederholte die Exkommunikation des Kaisers feierlich am Gründonnerstag, dem 23.3.1228.

Es besteht kein Zweifel, daß die Bannung des Kaisers nach den Abmachungen von San Germano völlig zu Recht erfolgte, da er nicht fristgerecht aufgebrochen war. Es mußte also Friedrichs Ziel sein, diesen Grund durch seine baldige Abreise zu beseitigen. Auf der anderen Seite war es offensichtlich das Ziel des Papstes, den Kaiser mit allen Mittel gerade daran zu hindern, da er diesen auf keinen Fall vom Bann lösen wollte. Der Streit ging nicht um den Kreuzzug, sondern um die Macht in Sizilien. Insofern ging der Kaiser ein großes Risiko ein, unter diesen Umständen das Königreich zu verlassen, da der Papst, der mit Kreuzzugsgeldern bereits Söldner anwerben ließ, mit Sicherheit versuchen würde, während der Abwesenheit des Staufers diesem sein Land zu entreißen. Auch rechtlich war die Situation für ihn aussichtslos: Zögerte er seinen Aufbruch weiter hinaus, konnte ihn Gregor IX. erneut als wortbrüchig bezeichnen. Als Exkommunizierter ein Heer im Namen Christi anzuführen, war jedoch eine unerhörte Provokation. Dennoch entschloß sich Friedrich, zu dem von ihm selbst versprochenen Termin aufzubrechen, offensichtlich in der Hoffnung, der Papst werde einem erfolgreichen Kreuzfahrer nicht auf Dauer die Absolution verweigern können.

Breve chronicon de rebus Siculis

Die „Kleine sizilische Chronik" gibt eine kurze Zusammenfassung der erneuten Kreuzzugsvorbereitungen nach der Niederlage des christlichen Heeres bei Damiette bis zum Frühjahr 1228:

Im Oktober oder November des Jahres 1222 landeten der Legat der römischen Kirche Pelagius, Bischof von Albano, der König Johann von Jerusalem und der Großmeister der Hospitaliter (Guarin de Montague), die in Ägypten gefangengenommen worden waren, zusammen in Brindisi. Dort traf sie der Kaiser, der damals von Sizilien herbeigekommen war, und empfing sie ehrenvoll. Sie aber reisten von dort weiter und hatten eine Unterredung mit Papst Honorius (III.) in Ferentino, einer Stadt Campaniens (März 1223), wo man verhandelte. Und der Kaiser nahm die Tochter (Isabella von Brienne) des genannten Königs Johann zur Gemahlin. Denn die Kaiserin Konstanze, seine Gemahlin, war auf Geheiß des Herrn im Juni (23.6.1222) in Catania dem Licht der Welt entzogen und in Palermo beigesetzt worden.

Im August (Juli) des Jahres 1225 hatte der Kaiser Friedrich eine Unterredung mit den Kardinälen Pelagius, Bischof von Albano, und Guala (Kardinalpriester von S. Martin). Er schwor dort, im kommenden Monat August der 15. Indiktion (1227) in die überseeischen Gebiete zu ziehen. In demselben Monat, also im August desselben Jahres (1225), schickte der Kaiser den Erzbischof Lando von Reggio, den Bischof Jacob von Patti, den Bischof Richer von Melfi und den Grafen Heinrich von Malta mit zwanzig Galeeren in die überseeischen Gebiete, um die Tochter des Königs Johann von Jerusalem, die er zur Gattin gewählt hatte, zu geleiten. Mit diesem Mädchen kehrten sie im Oktober in den Hafen von Brindisi zurück. Im November (9.11.1225) vermählte sich der Kaiser in dieser Stadt mit ihr.

Im Jahre 1225 wurde Friedrich zum König von Jerusalem gekrönt.

Im April des Jahres 1226 betrat der Kaiser mit einem kleinen Heere die Lombardei. Er hatte die Absicht, mit seinem Sohn Heinrich und anderen Fürsten über die Wiedereroberung des Heiligen Landes zu sprechen. Einige Städte der Lombardei aber, die ihm nicht gehorsam waren, stellten sich seiner Absicht entgegen und ließen seinen Sohn und die anderen Deutschen nicht zum Kaiser ziehen. Und so kehrte der Kaiser im August in das Königreich Sizilien zurück (...).

Im September des Jahres 1227 rüstete der Kaiser gewaltig und wollte mit dem Heere der Christenheit, das damals aus allen Teilen der Welt in Brindisi zusammengekommen war, übersetzen. Da er aber von einer Krankheit befallen wurde, konnte er nicht hinüberfahren. Trotzdem zögerte er nicht, ein Heer abzusenden unter dem Patriarchen (Gerold) von Jerusalem, der als Legat der römischen Kirche nach Syrien eilte. Er selbst aber blieb krank in Otranto, einer Stadt Apuliens, zurück, und im folgenden Monat November bannte Papst Gregor (IX.), der auf Honorius (III.) gefolgt war, nach Versammlung aller Prälaten Italiens, acht Tage nach dem Feste des heiligen Martin (18.11.1227) zu Rom in der Kirche des heiligen Petrus den Kaiser Friedrich deswegen, weil er nicht zum festgesetzten Termin übergefahren war (...).

Im April des Jahres 1228 gebar die Kaiserin Isabella, die Gemahlin des Kaisers Friedrich, die Tochter des Königs Johann, in Andria, einer Stadt Apuliens, am 26. (25.) des genannten Monats einen Sohn, den sie von ihrem Gemahl, dem Kaiser Friedrich, empfangen hatte. Ihm gab sein Vater, der Kaiser, sobald er von seiner Geburt in Troja, einer Stadt Apuliens, wo er sich damals aufhielt, vernommen hatte, den Namen Konrad. Seine Mutter aber ging zehn Tage nach seiner Geburt in derselben Stadt (Andria) zu Gott. Bei ihrem Tode waren alle Prälaten des Königreichs Sizilien anwesend, die zu einem allgemeinen Hoftage kamen, den der Kaiser in dieser Gegend anordnete. Dort traf er viele Bestimmungen über sein Königreich Sizilien, deshalb weil er nach Syrien fahren wollte, um sein Gelübde zu erfüllen.

O: HB 1.2, S. 896-898 – Ü: Heinisch (1968), S. 15-17 – L: van Cleve (1972), S. 179-207.

Der Vertrag von San Germano

Im Juli 1225 verpflichtete sich Friedrich im Vertrag von San Germano, unter Strafe des Bannes bis spätestens August 1227 ins Heilige Land aufzubrechen. Am 25.7.1225 versprach er feierlich:

Durch gegenwärtiges Schreiben tun wir allen kund, daß wir zur Unterstützung des Heiligen Landes übersetzen werden innerhalb von zwei Jahren vom kommenden August dieser gegenwärtigen 13. Indiktion ab und dort zwei Jahre lang 1000 Ritter bereithalten werden, so daß wir, falls einer an dieser Zahl zur festgesetzten Zeit fehlen sollte, seinen Ausfall mit 50 Mark Silber ersetzen wollen. Das durch diese Ersatzleistung angesammelte Geld aber werden wir, wenn wir dort sein werden, nach dem Rat und Gutdünken des Königs und des Patriarchen von Jerusalem sowie des Deutschordensmeisters und anderer bewährter Männer des Landes zum Dienste Jesu Christi zahlen, zu welchem Zwecke es ihnen am besten scheinen wird.

Wenn wir aber durch irgendeinen Zufall dann nicht dort sein können, soll die erwähnte Summe in die Hände des genannten Königs und des Patriarchen sowie des Deutschordensmeisters gelegt werden, um durch diese zugunsten des Heiligen Landes verwendet zu werden.

Die Überfahrt werden wir, sei es mit dem ersten Transport oder den zwei folgenden, 2000 Rittern und ihrem Gefolge sowie 3 Pferden für jeden Ritter ermöglichen. Wir werden 100 Lastschiffe mit uns führen, ebenso 50 ausgerüstete Galeeren zwei Jahre lang für den Notfall bereithalten. Wenn es etwa während dieser zwei Jahre nicht notwendig sein sollte, jene bereitzuhalten, oder wenn etwa keine Leute gefunden werden sollten, die zur Bemannung gebraucht werden, so soll der Aufwand, der für ihre Bereitstellung notwendig gehalten wird, ehrlich geschätzt werden, so wie wenn sie auf die gleiche Weise, wie sie ausgerüstet werden müßten, bereitgehalten würden, und wir wollen ebensoviel an Geld für Zwecke des Heiligen Landes zahlen auf diese Weise, wie oben mit den 50 Mark für die Ritter gesagt worden ist. Außerdem wollen wir 100'000 Goldgulden oder ihren Wert in Silber dem genannten König und dem Patriarchen sowie dem Meister und den Brüdern des Deutschordens zu treuen Händen übergeben, die zu folgenden Terminen zu zahlen sind: bei der ersten Überfahrt im August dieser 13. Indiktion 20'000, bei der zweiten Überfahrt im März der 14. Indiktion weitere 20'000, bei der folgenden Überfahrt im kommenden August der 14. Indiktion 20'000, weitere 40'000 bei den zwei folgenden Überfahrten im März und August des übernächsten Jahres, so daß die Raten der genannten Summe an den festgelegten Terminen von den einzelnen Transporten über das Meer mitgenommen werden. Wenn wir aber an einem Termin mehr zahlen, als oben gesagt ist, werden wir bei der folgenden Überfahrt entsprechend weniger zu zahlen haben.

Sobald wir aber nach Ablauf der zwei Jahre selbst die Überfahrt antreten, sollen uns die genannten 100'000 Gulden zur Bestreitung des Dienstes Gottes und des Heiligen Landes zurückgezahlt werden. Und wenn wir, was Gott verhüte, in jenem Lande oder hier vor Antritt der Reise verscheiden sollten oder aus irgendeinem Grunde etwa nicht übersetzen könnten, sollen der König und der Patriarch sowie der Deutschordensmeister nach Ratschlag und Verdienst der Ordensmeister der Hospitaliter und Templer und anderer bewährter Männer des Landes die Summe treulich, wie es ihnen zum Nutzen des Heiligen Landes am besten erscheint, für die Sache Jesu Christi und des Heiligen Landes zum Heile unserer Seele und unserer Vorfahren verwenden. Wenn uns aber, was fern sei, nach dem für die Überfahrt festgesetzten Termin irgendetwas Menschliches zustoßen oder wenn irgendetwas an dem, was oben genannt und versprochen wurde, fehlen sollte, so soll unser Königreich Sizilien zu allem verpflichtet bleiben, so daß, wer immer es innehaben wird, verpflichtet sein soll, es ungeschmälert zu erfüllen.

Wir aber schworen persönlich, daß wir über Meer zur Unterstützung des Heiligen Landes zu obengenanntem Termin fahren werden, und ließen Rainald, den Sohn des ehemaligen Herzogs von Spoleto, in unsere Seele schwören, daß wir alles übrige fest und treu erfüllen würden, wie es oben vermerkt ist; und alles Gesagte wollen wir getreulich beachten, da bereits jetzt der Bannspruch ergangen ist, dem wir verfallen, wenn wir nicht zum obengenannten Zeitpunkt übersetzen oder die 1000 Ritter nicht mit uns nehmen oder bereithalten oder die genannte Summe Geldes nicht schicken, wie es oben vermerkt ist. Wenn wir aber in einem dieser Punkte oder sonstwie fehlen, soll die römische Kirche gegen uns und unser Land mit unserer freien und bereits erteilten Zustimmung vorgehen. Wenn wir in der Innehaltung irgendeines Termins fehlen, sollen wir dem ergangenen Spruche so unterliegen, daß wir, wenn nach Überschreitung des Termins auf urkundliches Schreiben derjenigen, die für den König und den Patriarchen von Jerusalem sowie für den Deutschordensmeister zur Entgegennahme des Geldes zu den festgesetzten Terminen bestimmt sind, die römische Kirche festgestellt hat, daß wir den Schaden gutgemacht haben, sofort in diesem Betracht freigesprochen und in anderer Beziehung durch diesen Bannspruch auf keine Weise betroffen werden.

Um dieser Sache um so größeres Gewicht beizulegen, ließen wir gegenwärtiges Schreiben ausstellen und es mit goldenem Siegel versehen.

O: HB 2.1, S. 501-503; MGH Epistolae saec. XIII e regestis pontificum Romanorum selectae 1, S. 177 f. – Ü: Heinisch (1969), S. 124-127 – L: van Cleve (1972), S. 161-163.

Brief Friedrichs II. an Honorius III.

Die Städte der Lombardei, die sich unter der Führung Mailands am 26.3.1226 zur Erneuerung ihres alten Bundes zusammenfanden, machten durch die Sperrung der Veroneser Klause den Hoftag von Cremona unmöglich. Friedrich II. beklagte sich in einem Schreiben vom 29.8.1226 aus Ascoli beim Papst über die Lombarden:

Wir nehmen an, daß eure Heiligkeit wohl darüber unterrichtet ist, daß sich, als wir kürzlich in die Lombardei zogen, um, vor allem in Sachen des Heiligen Landes, zu Cremona einen Hoftag abzuhalten, gewisse Lombarden, nämlich die von Mailand, Piacenza, Lodi, Vercelli, Brescia, Mantua, Verona, Treviso, Padua, Vicenza, Bologna und Faenza, und diejenigen, die zu der Zeit, als in Mercaria durch den ehrwürdigen Vater, den Bischof von Porto und St. Rufina, seinerzeit Legat des Apostolischen Stuhles, die ehrwürdigen Erzbischöfe von Tyrus und Mailand, die Bischöfe von Brescia und Mantua und mehrere andere Prälaten, den ehrwürdigen Deutschordensmeister Hermann und euren Kaplan Alatrin Friede zwischen uns und ihnen angeordnet und von ihnen einmütig gebilligt worden war, sich unerlaubterweise mit eben diesen verschworen, indem sie sich einem so segensreichen Unternehmen leichtfertig widersetzten, uns und dem Reiche schweres und unerhörtes Unrecht zufügten; sie verwehrten nämlich unserem königlichen Sohn und den anderen Fürsten, die zu dem Hoftag berufen waren, frevelhafterweise den Zugang. Es weiß auch der, der alle Geheimnisse durchschaut, daß wir unter Zurücksetzung aller anderen Geschäfte seinen Dienst verfolgten und bei Annäherung des festgesetzten Termins zur Abhaltung des Hoftages gezogen waren im Geiste der Liebe und der Gnade allen gegenüber und daß wir nicht im Sinne hatten, irgend jemanden zu beleidigen, und daß wir keinerlei Haß gegen irgend jemanden hegten, dessentwegen man mit Recht an uns zweifeln mußte, wenn auch so mancher von jener Seite uns und das Reich ernsthaft beleidigt hatte. Wir wollten ihre Beleidigungen nicht so bestrafen, wie es die Würde unseres Kaisertums erforderte, und zeigten dies auch in der Gesinnung. Ja, wir wollten sogar aus Ehrfurcht gegen den Erlöser, dessen Sache wir wirksam zu fördern im Sinne trugen, wohlwollend mit ihnen verhandeln und Dinge tun, die wir niemals getan hätten, wenn uns nicht eine so heilige, ja die allerheiligste Unternehmung drängte.

Aber im selben Augenblick, als wir aufbrachen, fanden wir in ihnen ein solches Hindernis des Friedens und so viel Gemeinheit im Verhältnis zu unserem Wohlwollen, daß wir, so sehr wir uns auch bemühten, uns ihnen gegenüber freundlich zu verhalten, sie nicht von ihrem schändlichen Vorhaben abzubringen vermochten. Und so geschah es, daß durch ihre hartnäckige Niederträchtigkeit ein solcher Hoftag, der zum Zwecke eines so würdigen, ja des würdigsten Unternehmens anberaumt war, seinen Fortgang nicht nehmen konnte. Wie schwer dadurch Gott selbst, dessen Anliegen auf dem Spiele stand, beleidigt wurde, wie schwer die Ehre der heiligen römischen Kirche sowie die unsrige und die des Reiches geschädigt wurde, wird eure Heiligkeit selbst ermessen können.

Wenn wir auch, heiligster Vater, bisher solche und so große Beleidigungen rächen konnten und können, so glauben wir doch, da wir ja das Werk der Befreiung, das wir auf unsere Schultern nehmen zu müssen glaubten, nicht hintansetzen wollen und dürfen und auf seine Vollendung vor Eifer glühend drängen, indem wir dessen Beispiel folgen, der für uns den zeitlichen Tod erlitt und alles Unrecht geduldig ertrug, da wir ja auch von eurer Heiligkeit volles Vertrauen entgegengebracht bekommen, einen derartigen Fall zwischen uns und den besagten Lombarden eurer Anordnung, Verfügung und eurem Willen sowie dem eurer Brüder, der ehrwürdigen Kardinäle, freimütig übertragen zu sollen, in dem Bewußtsein, daß wir bekräftigen und sicher ausführen werden, was eure Weisheit beschließt.

O: HB 2.2, S. 676 f. – Ü: Heinisch (1968), S. 132 f. – L: van Cleve (1972), S. 167-189.

Burchard von Ursberg

Während die Kurie allein Friedrich die Schuld an der ständigen Verzögerung seines Aufbruchs ins Heilige Land gab, bietet die Chronik des Propstes Burchard von Ursberg die kaiserliche Sicht der Entwicklung:

1226. Vom Kaiser wurde nach Pfingsten ein Hoftag in Cremona angesagt, der nicht stattfand, da er, wie viele glauben, von den Kardinälen und der römischen Kirche verhindert wurde (...).
1227. Papst Honorius (III.) starb im Monat März. Ihm folgte Gregor IX., der früher Bischof Hugo von Ostia hieß und aus Anagni stammte. Dieser unternahm es, hochmütig wie er war, im ersten Jahre seines Pontifikats den Kaiser Friedrich aus nichtigen und falschen Gründen unter Hintansetzung jeder gerichtlichen Ordnung zu exkommunizieren, wie es der Kaiser in seinem Briefe an die Fürsten Deutschlands schreibt, indem er seinen ganzen Lebenslauf entrollt und seine Vorbereitungen, Maßnahmen sowie auch seine Unschuld betreffs der Hilfe für das Heilige Land (...).
1228. Da der Papst nicht von der Exkommunikation des Kaisers abstehen wollte, rief der Kaiser die Mächtigsten und Vornehmsten der römischen Bürger aus der Familie derer, die Frangipani heißen, und viele andere, die das römische Volk besonders achtet, und schloß mit ihnen einen Vertrag, demzufolge er sie zu Vasallen des Reiches machte, die ihm den Lehenseid schwören und in allen Nöten und Gefahren getreulich beistehen sollten. Er befahl ihnen daher, nach genauer Schätzung zu berechnen, wieviel ihr gesamtes unbewegliches Vermögen wert sei, das sie in der Stadt Rom besäßen, sowohl an Gebäuden wie an Äckern, Weingärten, Dienstleuten und anderen Dingen. Darauf kaufte er ihnen alles zu dem angegebenen Preise ab und übergab es ihnen als Lehen unter der Verpflichtung zur Treue, die sie ihm und dem Reiche schuldeten. Daher bewirkten sie nach ihrer Rückkehr, als der Papst den Kaiser wiederum (22.3.1228) exkommunizierte, daß er schimpflich vom Volke aus der Stadt getrieben wurde und in diesem wie im folgenden Jahre in Perugia blieb.

O: MGH SSrG 16, S. 121-124 – Ü: Heinisch (1969), S. 215-217 – L: van Cleve (1972), S. 179-207.

Enzyklika Gregors IX.

Am 29.9.1227 hatte Gregor IX. den Bann über Kaiser Friedrich II. ausgesprochen. Am 10.10.1227 folgte eine große Enzyklika, in der der Papst sein Vorgehen rechtfertigte:

So kommt es, daß der Apostolische Stuhl, um Ungeheuer solcher Art – Schlangen, die man im Glauben, Söhne zu nähren, am Busen aufwachsen läßt – zu vernichten und feindliche Gewalten niederzuschmettern, um die Wut der Stürme zu mildern, zu diesen Zeiten mit viel Sorgfalt einen Zögling aufzog, den Kaiser Friedrich nämlich, den er gleichsam aus dem Schoße der Mutter auf die Knie nahm, den die Kirche an ihren Brüsten säugte und auf ihren Schultern trug, dessen Leben sie oft den Händen der Häscher entriß, den sie unter großen Unkosten und Mühen zu erziehen sich abmühte, bis sie ihn zu einem vollkommenen Mann gemacht hatte, den sie zur Würde der königlichen Hoheit und schließlich zum Gipfel der kaiserlichen Majestät beförderte, in dem Glauben, er werde ein Stecken der Verteidigung und ein Stab ihres Alters. Er aber zeigte, während er nach Deutschland zog, um die Zügel des Reiches in seine Hand zu nehmen, manche, wie man glaubte, erfreuliche Vorzeichen, doch in Wahrheit Unzeichen in den Augen der Mutter. Denn aus eigenem Entschluß, nicht auf die Mahnung und ohne das Wissen des Apostolischen Stuhles heftete er das Kreuz auf seine Schultern und gelobte feierlich, zur Rettung des Heiligen Landes aufzubrechen. Darauf gab er zu, daß er und die anderen Kreuzfahrer exkommuniziert werden sollten, wenn sie nicht zu einem bestimmten Zeitpunkt aufbrächen. Aber immer wieder erbat er Aufschub und erhielt ihn (...).

Als nun auf sein häufiges Drängen viele tausend Kreuzfahrer aus Furcht vor der Exkommunikation zum festgesetzten Zeitpunkt zum Hafen von Brindisi geeilt waren, da der Kaiser fast allen anderen Hafenstädten seine Gunst entzogen hatte, hielt dieser, aller Versprechungen, die er dem Apostolischen Stuhl und den Kreuzfahrern brieflich betreffs der Überfahrt, der Ausrüstung und des Lebensunterhalts gemacht hatte, sowie seines eigenen Heiles uneingedenk, das christliche Heer so lange in der Glut der sommerlichen Hitze in dieser mörderischen Gegend und in der verseuchten Luft fest, daß nicht nur ein großer Teil des Volkes, sondern sogar eine nicht unbeträchtliche Menge von Adligen und Führern an der Seuche, der Heftigkeit des Durstes und vielen anderen Unzuträglichkeiten verstarb. Unter anderen verstarb der edle Landgraf (Ludwig von Thüringen) und der Bischof (Siegfried) von Augsburg seligen Angedenkens. Nicht wenige aber flohen, von der Krankheit befallen, und starben großenteils auf den Straßen und in den Wäldern, in den Bergen und auf den Hochflächen und in den Höhlen.

Gewiß begannen die übrigen, kaum daß der Kaiser es gestattet hatte, obwohl Galeeren, Lastschiffe und sonstige Fahrzeuge zum Transport der Lebensmittel, Menschen und Pferde nicht so ausreichend, wie er es versprochen hatte, vorhanden waren, am Tage Mariae Geburt, als die vorgeschrittene Zeit bereits die Gefahr mit sich brachte, daß die Schiffe aus den überseeischen Ländern zurückzufahren anfingen, in See zu stechen, indem sie sich im Namen Jesu Christi der Gefahr aussetzten und glaubten, der Kaiser werde ihnen unverzüglich folgen. Dieser aber verließ, ohne an seine Versprechungen zu denken, unter Bruch der Bande, durch die er gebunden war, und indem er die Furcht Gottes mit Füßen trat, unter Verachtung der Ehrfurcht vor Jesus Christus und Geringschätzung der kirchlichen Strafgewalt, indem er das christliche Heer im Stich ließ, das Heilige Land den Ungläubigen preisgab und die Ergebenheit des christlichen Volkes nicht achtete, zu seiner und der ganzen Christenheit Schmach den Hafen und zog sich, verlockt und verleitet, zu den gewohnten Schwelgereien seines Königreiches zurück, bestrebt, die Niedertracht seines Herzens mit leichtfertigen Ausreden zu bemänteln, wie man sagt (...).

Vereitelt ist also das große Unternehmen, getäuscht die Blüte der Gläubigen in ihren Hoffnungen. Aber nicht getäuscht werden kann die Welt durch die nichtigen und leeren Vorwände des Kaisers. Es schmerzt uns, daß dieser von der Kirche so sorgfältig erzogene und so hoch erhobene Sohn jetzt auf so erbärmliche Art und Weise ohne Krieg bezwungen und ohne Feinde zu Boden geworfen und in Schmach und Schande versunken ist. Allein das Schicksal der unglücklichen Kreuzfahrer und des im Stiche gelassenen Heiligen Landes darf uns keineswegs gleichgültig sein.

Damit wir also nicht gleich stummen Hunden, die nicht bellen können, einen Menschen mehr als Gott zu ehren scheinen, indem wir keine Rache an dem nehmen, der ein solches Unheil über das Volk Gottes brachte, haben wir den Kaiser Friedrich, weil er nicht zum festgesetzten Zeitpunkt ausfuhr, nicht das versprochene Geld mit den Transporten absandte, nicht 1000 Ritter, die zwei Jahre lang drüben bereitstehen sollten, zur Unterstützung des Heiligen Landes aussandte, sondern, in diesen drei Punkten offensichtlich fehlend, sich in die Schlinge der angekündigten Exkommunikation bewußt verfing, wenn auch ungern, öffentlich exkommuniziert und befehlen, daß er von allen gemieden, daß er durch euch und die übrigen Prälaten der Kirchen öffentlich als exkommuniziert bezeichnet werde. Gegen ihn selbst aber werden wir härter vorgehen, wenn er seinen Trotz auf die Spitze treibt, damit er einsehe, daß das Gesetz Gottes über die Willkür des Kaisers geht. Denn wir erstreben sein Heil im Herrn, nicht aber seinen Untergang, da wir ihn von jeher aufrichtig geliebt haben, als wir noch ein geringeres Amt innehatten.

O: HB 3.1, S. 24-30; MGH Epistolae saec. XIII e regestis pontificum Romanorum selectae 1, S. 281 ff. – Ü: Heinisch (1968), S. 142-144 – L: van Cleve (1972), S. 197 ff.

Rechtfertigungsschrift Friedrichs II.

Am 6. Dezember 1227 antwortete die kaiserliche Kanzlei auf die von Papst Gregor IX. erhobenen Vorwürfe mit einem ausführlichen Rechtfertigungsschreiben an die Könige und Fürsten der Christenheit. Von der aggressiven Polemik der päpstlichen Enzyklika setzt sich die kaiserliche Erwiderung durch eine betont sachliche Darstellung ab:

Da nun aber jener Vater der gesamten Menschheit, der Stellvertreter Christi und Nachfolger des heiligen Petrus, auf den wir unser hoffnungsvolles Vertrauen gesetzt haben, gegen unsere Person unziemlich und hart vorgeht und durchaus bereit zu sein scheint, Haß gegen uns zu entflammen, wer wird da nicht erschüttert und gerät in Staunen, daß ein so wütender Krieg gegen unsere Unschuld geführt wird, dem zu begegnen uns gegen unseren Willen nur die drängende Not zwingt, da wir glauben, daß man dem heiligen Petrus, wie ihm der Herr die Gewalt zu binden und zu lösen auf Erden übertrug, auch demütig Ehrfurcht erweisen muß? (...).

Wir aber, indem wir demütigen Herzens überlegten, was wir dem Herrn für so viele Wohltaten, die er selbst uns erwies, schuldeten, nahmen kaum in Aachen die Krone des Reiches, als wir, obwohl das kein vollwertiger Dank des Geschöpfes an seinen Schöpfer ist, auch schon unsere Person und unser Vermögen, nicht als Opfer, sondern als Dankopfer, reinen und aufrichtigen Sinnes dem Herrn weihten, indem wir unsere Schultern mit dem Zeichen des Kreuzes schmückten, um mit gelobtem und schuldigem Eifer die Wiedereroberung des Heiligen Landes in Angriff zu nehmen. Viele von den Fürsten aber und von der zahlreichen Menge der Edlen und Würdenträger brachten wir durch unser Beispiel, durch Versprechungen und Schenkungen zur Kreuznahme. Einige von ihnen brachen mit unserer Unterstützung schon damals zur Kreuzfahrt auf. So nämlich nahmen wir, mit heißen Gelübden und vom Eifer für den göttlichen Dienst beseelt, jenes Werk begeistert auf, daß wir, damit wir gehalten wären, um so rechtzeitiger mit den übrigen Kreuzfahrern persönlich aufzubrechen, mit großer Entschiedenheit forderten, sowohl uns als auch allen anderen unter kirchlicher Überwachung einen bestimmten Termin zum Aufbruch festzusetzen, den wir sehr gern eingehalten hätten, wenn nicht der Wille der Fürsten und die offenkundige Notwendigkeit, da der Aufruhr im Reiche noch nicht völlig gedämpft war, unsere Wünsche gekreuzt hätten, wenn auch infolge des geringen Verzuges unsere gute Absicht deshalb zu einer schlechten gestempelt wurde, weshalb sie Lob und Gnade verdiente.

Schließlich folgten wir nach Befriedung der Verhältnisse im Reiche dem apostolischen Rufe und empfingen feierlich die Krone, obwohl unsere Berufung durch den Apostolischen Stuhl, der große und schöne, an Reichtum und Manneskraft blühende Provinzen Italiens von uns erhielt, vielen nicht zugesagt hatte.

Nach der Übernahme der Kaiserkrone aber empfingen wir aus den Händen des ehrwürdigen Vaters, des jetzigen apostolischen Herrn, damaligen Bischofs von Ostia, noch einmal das Zeichen des Kreuzes in Ehrfurcht und fügten zu den alten neue Gelübde und neue Wünsche.

Endlich betraten wir unter günstigen Vorzeichen unser Erbreich, das infolge langwieriger Kriege seiner Güter und Schätze beraubt war, und fanden stark befestigte Burgen und unüberwindliche Befestigungen, die sowohl von aufrührerischen Christen wie von Sarazenen besetzt waren, und obwohl es erforderlich war, diese gleichsam erneut durch kriegerische Gewalt unserer Herrschaft zu unterwerfen, verfehlten wir dennoch nicht unter solchen Mühen und zu Zeiten eines noch nicht beruhigten Aufruhrs, dem Heiligen Lande zu helfen, indem wir unsere geliebten Fürsten, den Herzog von Bayern, den weiland Bischof von Padua und mehrere andere zur Unterstützung von Damiette vorausschickten. Durch zahlreiche Gesandte und Briefe schärften wir es dem christlichen Heere immer wieder ein, mahnten und baten, unsere Kriegsflotte und Verstärkung zu erwarten und sich keinesfalls von Damiette zu entfernen und mit Sicherheit auf unsere baldige Ankunft zu warten. Aber trotz unserer Bitten und Mahnungen fiel das unvorsichtig geführte Volk, ohne auf den Rat edler und kluger Männer zu hören, ohne die Hilfe unserer ruhmvollen Flotte zu erwarten, unversehens in den Fluß oder vielmehr in die Falle. Ohne von dieser unerwarteten Schlappe etwas zu wissen, schickten wir den Anselm von Justingen, der damals unser Marschall war, mit Nachschub an Rittern und Lebensmitteln zu Hilfe und ließen unverzüglich unseren getreuen Grafen Heinrich von Malta mit 40 Galeeren zur Unterstützung jenes Landes macht- und prachtvoll folgen; dieser landete glücklich in Damiette, und da er das Heer nicht vorfand, segelte er, weil ihm von uns befohlen war, dem Legaten des Apostolischen Stuhles, der das Heer befehligte, bis zu unserer Ankunft zu folgen und zu gehorchen, mit seinen Galeeren flußabwärts zu dem Heere, wo er auf den Befehl der Boten des Legaten, die ihm entgegenkamen, der Meister der Templer und des Deutschen Ordens und des Grafen Percy, umzukehren, mit ihnen, die deshalb gekommen waren, um dem

Sultan gegen die Befreiung der Gefangenen die Stadt zu übergeben, zurückkehrte. Diese ging auf solche Weise verloren und nicht durch ein Verbot, das, wie neuerliche Erfindungen behaupten, betreffs des Austausches von Damiette durch Briefe von uns ergangen sei, da es ja nicht wahrscheinlich ist, daß wir, der wir um die Befreiung des Heiligen Landes unter unermeßlichen Unkosten und mit unendlicher Mühe besorgt sind, ein Verbot des Tausches erließen, durch den unserer Mühe und allen Anstrengungen das ersehnte Ende bereitet worden wäre (...).

Nachdem der Bischof Konrad von Porto frommen Angedenkens in Deutschland und andere Prediger in den verschiedenen Ländern durch Apostolische Mahnungen und Beschlüsse, schließlich der König Johann und der Deutschordensmeister durch Versprechungen unsererseits, teils wenige, teils Geringe, sowie alle, die durch den kürzlichen Fall von Damiette so schwer bestürzt waren, zur Kreuznahme bewegen konnten, kamen wir, um nichts zu unterlassen, wodurch das Unternehmen gefördert werden konnte, in San Germano mit den ehrwürdigen Herren, dem Bischof Pelagius von Albano und dem Kardinalpriester Guala von St. Martin frommen Angedenkens, zusammen, und damit alle durch unsere Schenkungen und Versprechungen angefeuert würden, versprachen wir, nachdem der Abfahrtstermin um zwei Jahre verschoben worden war, persönlich überzusetzen und 1000 Ritter auf unsere Kosten für zwei Jahre in den Dienst des Heiligen Landes zu stellen, innerhalb des festgelegten Zeitraumes bestimmten Personen 100'000 Gulden für die überseeischen Länder auszuhändigen, darüber hinaus 100 Lastschiffe und 50 Galeeren bereitzuhalten und zu bestimmten Zeitpunkten für 2000 Ritter die Überfahrt zu gewährleisten. Nach feierlicher Festsetzung dieser Punkte schickten wir den Deutschordensmeister, um Ritter zu werben, mit der Vollmacht sogar, wackere Männer auszuwählen und nach seinem Gutdünken Belohnungen für besondere Verdienste zu versprechen. Ferner schlossen wir mit unserem edlen Vetter und Fürsten, dem Landgrafen von Thüringen, betreffs der Mark Meißen ein Abkommen, damit auch er das Kreuz nehme und komme; wir hätten diese Mark, die mehr als 20'000 Mark Silber jährlich einbringt, nach Reichsrecht genauso gut behalten können, fügten jedoch aus unserer Kammer noch 5000 Mark hinzu, da wir es lieber an unserem Vorteil fehlen lassen als am Dienste des Gekreuzigten.

Nach dem Beispiel des Landgrafen, des Herzogs von Limburg und anderer Fürsten, die wir durch Schenkungen und Versprechungen zur Kreuznahme bewegten, heftete sich eine unermeßliche Menge das Kreuz an; 700 Ritter wurden zudem durch den

Deutschordensmeister für unsere Dienste geworben. Auch befahlen wir, Werkmeister für die Herstellung von Lastschiffen in den verschiedenen Gegenden unseres Reiches zu bestellen, von denen 800 infolge der Ungunst des Klimas teils vom Tode, teils von Krankheit betroffen wurden; aus diesem Grunde konnten nicht alle Schiffe fertiggestellt werden, wenn auch der größte Teil vollendet wurde.

Endlich ließen wir bei Herannahen des Abfahrtstages die Fahrzeuge und Lastschiffe sowie 50 Galeeren zum Abfahrtsort, der nicht von uns, sondern seit der ältesten Zeit festgelegt ist, nach Brindisi nämlich, von wo aus die Überfahrt stets am besten vonstatten zu gehen pflegt, bringen und auslaufbereit machen. Wir selbst begaben uns persönlich dorthin, um den Landgrafen von Thüringen hohen Angedenkens und die anderen ankommenden Fürsten zu treffen. Als diese eintrafen, suchte uns, ehe wir noch die Überfahrt antraten, der Herr unterwegs mit einer schweren Krankheit heim, die uns so heftig befiel, daß uns die Ärzte zum Aufschub rieten; damit aber die Überfahrt nicht infolge unserer Abwesenheit gefährdet werde, unterließen wir es nicht, unter Außerachtlassung des ärztlichen Rates, in der Hitze des Sommers nach Brindisi zu reiten, wo wir die Kriegs- und Lastschiffe den Fürsten und den anderen Pilgern sowie unseren 700 Söldnern, wie es für die einzelnen nach der Art ihrer Ausrüstung und der Anzahl der Köpfe erforderlich war, zuzuteilen befahlen; dann wurden die Schiffe acht Tage lang mit Wasser und allen anderen Erfordernissen ausgestattet und segelten bei günstigem Winde heil ab.

Das Wetter war durch Gottes Güte so günstig, daß die Schiffe, auf denen unsere Kammer und unser Gefolge acht Tage nach dem Einlaufen der Schiffe verladen waren, innerhalb von elf Tagen in See stachen. Wir hatten aber eine solche Menge von Fahrzeugen, daß bei dem Ausfall von Pilgern viele Schiffe im Hafen zurückblieben. Durch die verseuchte Luft aber, die den Pilgern schadete und durch die die göttliche Vorsehung, die von den Menschen nicht durchschaut werden kann, bestimmte Gegenden der Erde und besonders unseres Reiches durch unerforschlichen Ratschluß geißelte, entstand keinem mehr als uns Schaden und Gefahr. Denn wir fühlten in eigener Person, woran wir mit den anderen litten. Noch nicht wiederhergestellt, bestiegen wir die Galeeren (8.9.1227), um mit unserem geliebten Vetter, dem Landgrafen, den Vorausgefahrenen zu folgen.Da befiel uns beide plötzlich ein solches Unwohlsein, daß sowohl wir einen schweren Rückschlag erlitten als auch der Landgraf nach unserer Landung in Otranto schmerzlicherweise mitten aus dem Leben schied. Über seinen Tod schwerstens betroffen, begannen wir heftig zu leiden. Die Fürsten wie auch andere erlauchte

Personen aus den östlichen Ländern, die in unserer Nähe weilten, beratschlagten über unser Vorhaben, überzusetzen; angesichts unseres Zustandes und nach Erwägung aller möglichen Umstände glaubten sie, uns nicht zur Überfahrt raten zu dürfen.

Da also die heftige Krankheit uns selbst zu vernichten imstande war und da von uns das Leben und das Schicksal vieler Völker abhängt, wurde die Überfahrt unserer Person aufgeschoben, um die Gesundheit wiederzuerlangen, aber, wenn Gott will, nicht aufgegeben, weil der glühende Eifer eines so erwünschten Vorhabens, solange die Hoffnung lebt, auf keine Weise durch irgendein Unglück ausgetilgt werden kann. Wir übertrugen daher unserem geliebten Fürsten und Vetter, dem Herzog Heinrich von Limburg, einstweilen bis zu unserem glücklichen Aufbruch die Sorge um das gesamte christliche Heer und befahlen, die 50 Galeeren, die für unsere Überfahrt im Hafen ausgerüstet lagen, dem ehrwürdigen Vater Gerold, dem Patriarchen von Jerusalem, dem Deutschordensmeister Hermann und anderen Großen, die übersetzen wollten, zuzuweisen; sie wollten aber nur 20 für ihre Zwecke annehmen. Wir aber ließen zur Unterstützung derer, die wir vorausgesandt hatten und zur Hilfe für das Heilige Land auf den Fahrzeugen und sonstigen Schiffen noch bessere Zurüstung anbringen, da wir vorhatten, im nächsten Sommer, um die Mitte des kommenden Monats Mai, wenn das Wetter geeigneter ist und das Meer sich den Seefahrern günstiger erzeigt, mit noch größerer Macht auszufahren.

Als wir aber alle Einzelheiten durch zwei unserer getreuen Gesandten von den Richtern unseres Hofes dem apostolischen Herrn unterbreiten ließen, da wir hofften, vom Vater der Väter die Arznei des väterlichen Trostes, den Trost des gütigen Mitleids und ein heilsames Mittel zu erlangen, weigerte sich der apostolische Herr, diese unsere Boten zu empfangen und anzuhören. Ja, er ließ weder Sachverständige noch Richter auf den Wunsch dieser unserer Gesandten zu, er schenkte dem unvermeidlichen Ereignis unserer Erkrankung überhaupt keine Beachtung, er zog die Zahlung der festgesetzten Summe und die bereits in unsere Dienste gestellten Ritter nicht in Erwägung, sondern verkündete – was wir nicht ohne Herzensbeklemmung berichten – gegen uns den Bann (29.9.1227) aufgrund der drei Punkte, in denen er, obwohl eine Verfehlung nicht vorliegt, eine Verfehlung sieht, weil es ihm so gefällt; das heißt also: weil wir nicht persönlich hinübergefahren sind, weil wir nicht 100'000 Gulden schickten, weil wir nicht für zwei Jahre 1000 Ritter auf unsere Kosten zur Unterstützung des Heiligen Landes sandten.

Als er, um darüber zu beraten, ein Provinzialkonzil bestimmter Prälaten aus ganz Italien berufen hatte, schickten wir erneut feierliche Gesandte zum Apostolischen Stuhl, nämlich die Erzbischöfe Lando von Reggio und Marinus von Bari, den Herzog Rainald von Spoleto und den Grafen Heinrich von Malta, unsere getreuen Freunde und Fürsprecher in dieser Angelegenheit, die damit beauftragt waren, in Gegenwart aller an unserer statt auszuführen, wie die offenkundige Krankheit unserer Person, von der die Spuren noch sichtbar sind, uns an der Überfahrt hinderte und daß wir gegenwärtig mehr als 1000 unserer Ritter auf unsere Kosten in den überseeischen Ländern zum Dienste Gottes bereithielten, nämlich die 700 deutschen Ritter, die von dem Deutschordensmeister für uns geworben seien, 250 Ritter des Königreiches, die wir, nachdem sie im vergangenen Jahre durch Gelder der Kirche zufriedengestellt worden waren, im folgenden Jahre auf unsere Kosten dort zurückhalten ließen, sowie aus unserem Gefolge und an anderen Rittern des Reiches, die die Überfahrt auf unsere Kosten gemacht haben, mehr als 100, und ferner die 400 Ritter, die auf Vermittlung der Kirche von den Lombarden versprochen wurden, über die zugesagte Zahl die wir alle zu den gleichen Diensten hinübergesandt hätten, wenn nicht die Kirche, durch die sie angefeuert werden sollten, ihrem Zögern und ihrer Säumigkeit zugestimmt hätte. Ja, wir erfüllten auch unser Versprechen hinsichtlich der 100'000 Gulden, indem wir zunächst an drei Terminen 60'000 Gulden absandten; am vierten Termin aber bat der Deutschordensmeister, der einer von denen ist, die dieses Geld in Verwaltung zu nehmen bestimmt wurden, ihm unsere Münze in Brindisi zuzuweisen für die vierte Rate von 20'000 Gulden; er nahm sie in Empfang und hält die Gulden für bezahlt.

Wenn nun der apostolische Herr in Gegenwart der Brüder und aller Prälaten, in Gegenwart auch unserer Gesandten, wie wir durch diese erfuhren, am Tage des Festes des heiligen Martin bedacht hätte, daß der genannte Ordensmeister unsere Zahlung habe, hätten wir die restlichen 20'000 Gulden, die wir bei unserer Abfahrt abführen sollten, mit unserem Hofe vorausgeschickt und unsere Gesandten und Unterhändler waren bereit, sich dafür zu verbürgen. Sie hätten, bevor die Prälaten zur Beratung schritten, gehört werden müssen. Er aber ließ sie unter Hintansetzung der Ordnung, wodurch unser Vorgehen erschwert wurde, kaum vor; erst als er sich beraten und den Prälaten einzeln und insgesamt durch einen Umlauf mitgeteilt, sowie alle, wie man sagt, vorher ermahnt hatte, sie sollten bei der Besprechung, wie auch immer sie verlaufe, nicht entgegengesetzter Meinung sein, gewährte er unseren Gesandten und Unterhändlern eine Audienz. Nachher besprach er sich nicht mehr mit den Prälaten und ließ auch unsere Gesandten nicht mehr vor. Er hörte also ihre gerechten Entschuldigungen und vernünftigen

Gründe nicht an, verschloß diesen unseren Unterhändlern und Boten den Mund der Gerechtigkeit, die beim Apostolischen Stuhl in jeder Sache von allen gehört werden soll, und wiederholte seine Verdammung, wie er wollte (17.9.1227).

Außerdem drangen die Bürger von Rieti, die durch unsere Großzügigkeit Untertanen der Kirche sind, sobald es ihnen nur bekannt wurde, daß wir uns in Brindisi eingeschifft hätten, auf Antreiben derjenigen, die das, wenn sie sich der Wohltaten des Reiches erinnerten, hätten verhindern müssen und ohne deren Erlaubnis sie es nicht versucht hätten, mit bewaffneter Hand in unser Königreich ein und versuchten, unsere Untertanen, die den einstigen Aufruhrstifter Rainald von Bareto heftig bedrängten, niederzuwerfen; aber die Rechte des Herrn vollbrachte es, daß sie von unseren Untertanen besiegt und in die Flucht geschlagen wurden und in die Schlingen fielen, die sie selbst gelegt hatten (...).

Wir bitten also eure Gesamtheit, mahnen eifrig und ersuchen euch, euer gemeinsamer Wille zu dem begonnenen Werke Christi möge nicht erkalten, sondern, je drängender die Not steigt, um so feuriger erglühen, und ihr, sowohl die Kreuzfahrer als auch die anderen, die der heilige Eifer zur Überfahrt spornt, möget euch inzwischen rüsten, um zur geeigneten Zeit zu kommen, damit wir Mitte des kommenden Monats Mai mit mächtiger Hand und erhobenem Arme glückhaft hinüberfahren. Wisset alle ohne jeden Zweifel, daß wir für die Überfahrt und alles andere freigebigst sorgen werden (...)!

O: HB 3.1, S. 37-47 – Ü: Heinisch (1968), S. 145-156 – L: van Cleve (1972) S. 199 ff.

Schreiben Friedrichs II. über seine Abreise

In seinem letzten Manifest vor der Abfahrt, wahrscheinlich schon an Bord einer Galeere auf der Höhe von Otranto geschrieben, mahnte der Kaiser seine Untertanen, in Treue zu ihm zu stehen und faßte noch einmal zusammen, was er gegen den Papst vorzubringen hat. Dabei betonte er besonders, daß Gregor IX. sich weigerte, ihm auch nur die Möglichkeit zu geben, sich mit der Kirche zu versöhnen:

Kürzlich erst boten wir durch unseren geliebten Fürsten, den ehrwürdigen Erzbischof Albert von Magdeburg, und zwei Richter unseres Hofes als unsere Sondergesandten in dieser Angelegenheit dem römischen Priester selbst den Wortlaut unserer Genugtuung an, damit er uns, der wir schon zur Kreuzfahrt im Dienste Jesu Christi gerüstet sind, das Geschenk und die Gnade seines Segens nicht verweigere. Er aber nahm sie keineswegs an. Ja, als der Erzbischof und unsere Gesandten ihn baten, er möge die Art und Weise der Genugtuung, die ihm gefalle, nennen, weigerte er sich, es zu tun. Außerdem aber, um uns härter als billig zu behandeln und unsere Sanftmut in Wut zu verwandeln, befahl er den Dienstleuten der Kirche, über die er, wenn er auch solcher Wohltaten nicht gedenkt, durch unser Entgegenkommen verfügt, die Waffen zu ergreifen und sich ernstlich zur Vernichtung unseres Reiches zu erheben, um unsere Rebellen zu schützen und zu fördern. Er war nicht zufrieden, daß die Bürger von Rieti zuerst unser Heer, das wir zur Belagerung des Verräters Rainald von Bareto entsandten, anzugreifen versuchten, wenn sie auch bis auf den letzten Mann niedergemacht und in die Flucht geschlagen wurden, wobei ihr größter Teil da dem rächenden Schwerte erlag, wo sie den Versuch gewagt hatten. Außerdem hält dieser römische Priester von dem Gelde, das er den Kreuzfahrern auszahlen soll, Söldner gegen uns, um uns auf alle mögliche Weise zu schädigen. Obgleich aber dieser römische Oberpriester sich durch dies alles unseren Wünschen entgegensetzt und auf unverschämte Weise versucht, unsere Sanftmut zu erbittern, so hielt er uns dennoch keineswegs vom Dienste Christi zurück.

Denn erfahret mit Gewißheit, daß wir bereits mit unseren Fahrzeugen und Galeeren, einem wackeren Gefolge von Rittern und einer Menge von Kämpfern unter Führung Christi, dessen Sache es gilt, glücklich von Brindisi nach Syrien, eilig unter günstigem Winde, unterwegs sind!

O: HB 3.1, S. 72-73 – Ü: Heinisch (1968), S. 165 f. – L: van Cleve (1972), S. 207.

DER KREUZZUG FRIEDRICHS II.

Ungeachtet der päpstlichen Bannsentenz brach Friedrich am 28.6.1228 mit 40 Schiffen unter dem Kommando Heinrichs von Malta und begleitet von den Erzbischöfen von Palermo, Reggio, Bari und Capua ins Heilige Land auf. Daß Friedrich als Exkommunizierter einen Kreuzzug antrat, war eine unerhörte Provokation. Zwar kam Friedrich, wie Rudolf Hiestand zurecht betont hat, als Gemahl Isabellas (bzw. nach ihrem Tod am 26.4.1228 als Vater Konrads IV.) in das Königreich Jerusalem als sein weltliches Eigentum. Der Papst konnte ihm den Status eines Kreuzfahrers absprechen, ihn jedoch nicht daran hindern, als König von Jerusalem die Rückgewinnung seines Reiches mit allen geeigneten Mitteln zu betreiben, und sei es durch einen friedlich ausgehandelten Vertrag mit dem andersgläubigen Gegner.

In den Augen der Zeitgenossen jedoch blieb Friedrich der gebannte Kreuzfahrer, und er war sich dessen bewußt: Er betrachtete mit seiner Ankunft in Akkon sein Gelübde von 1215 und sein im Vertrag von San Germano gegebenes Versprechen als erfüllt; gegenüber den Templern und Johannitern versuchte er sein Handeln zu legitimieren, indem er seine Anordnungen „im Namen Gottes und der Christenheit“ traf.

Der einzige rechtlich und in der öffentlichen Meinung tragfähige Grund für die Exkommunikation aber war die im Sommer 1227 nicht angetretene Kreuzfahrt. Ein rascher und durchschlagender Erfolg des Kreuzzuges bot Friedrich daher die Chance, nachträglich die Einwilligung des Papstes und die Lösung vom päpstlichen Bann zu erreichen.

Auf einen Erfolg konnte Friedrich II. zuversichtlich rechnen, da das Reich der Ayyubiden in drei konkurrierende Teile zerfallen war: Schon seit 1226 stand er in Verhandlungen mit dem Herrscher Ägyptens al-Kamil, der sich von seinem Bruder al-Muazzam, dem Herrn von Damaskus und Hauptgegner der Kreuzfahrerstaaten, bedroht sah. Durch seinen Emir Fahr ad-Din, der für Friedrich zu einem persönlichen Freund werden sollte, hatte al-Kamil die Rückgabe Jerusalems und weiterer eroberter Gebiete angeboten, falls der Kaiser nach Syrien komme und al-Muazzam unter Druck setze.

Noch bevor Friedrich in den Osten aufbrach, hatte sich allerdings seine Verhandlungsposition deutlich verschlechtert: Al-Muazzam war am 12.11.1227 gestorben und die Herrschaft in Damaskus auf seinen erst 21jährigen Sohn an-Nasir Dawud übergegangen, was den Druck auf al-Kamil erheblich minderte. Friedrichs Erscheinen in Syrien kam dem Sultan von Ägypten dennoch nicht ungelegen, da er sich gemeinsam mit seinem Bruder al-Ashraf, dem Herrn von Mesopotamien, anschickte, das Reich von Damaskus zu erobern.

Der Weg des Kaisers führte zunächst nach Zypern, das Heinrich VI. 1195 gegen Anerkennung seiner Lehenshoheit zum Königreich erhoben hatte. Friedrich fand hier eine Situation vor, die er nur schwer einschätzen konnte: König Heinrich I. von Lusignan war ein zwölfjähriger Knabe, in dessen Namen seit 1218 verschiedene Regenten das Reich verwaltet hatten.

Abbildung 6

Abbildung 7

Zugleich hatten die Barone (großenteils nach der Schlacht von Hattin 1187 aus dem Königreich Jerusalem zugezogene Adlige) in Theorie und Praxis ein Lehenrecht ausgebildet, das herrschaftliches Handeln des Königs in hohem Maße an den Konsens seiner Vasallen band. Selbst die Regentschaft (*bailliage*) galt ihnen als Lehen, über das nur mit Zustimmung der aus allen Lehensträgern der Krone bestehenden *Haute Cour* verfügt werden konnte.

Als Friedrich II. am 21.7.1228 in Limassol eintraf, beanspruchte er sogleich das Recht, als Lehensherr über die Regentschaft zu verfügen, traf damit jedoch auf den entschiedenen Widerstand der Barone, die 1227 Johann von Ibelin, den „alten Herrn von Beirut", als *bailli* eingesetzt hatten. Nur widerstrebend trat Johann die Regentschaft an Friedrich ab. Der Kaiser ließ sich durch den jungen König die Lehenshuldigung leisten und besetzte die wichtigsten Burgen Zyperns mit eigenen Parteigängern.

Keinen Erfolg hatte Friedrich dagegen mit seiner Forderung, Johann von Ibelin solle ihm sein Lehen Beirut zurückgeben. Johann bestand darauf, daß über den rechtmäßigen Besitz dieses Lehens nur die *Haute Cour* des Königreichs Jerusalem entscheiden könne. Bereits in Zypern zeichnete sich ab, daß Friedrich II. im Königreich Jerusalem ähnlich wie im Reich auf Vorstellungen konsensualer Herrschaft traf, die sich dort in Jahrzehnten der Krise ausgebildet hatten und nun von juristisch gebildeten Adligen zunehmend systematisiert wurden. Seine Stellung wurde zusätzlich geschwächt durch die Tatsache, daß Isabella im Jahr zuvor bei der Geburt Konrads IV. gestorben war, so daß er nur noch als *bailli* für seinen minderjährigen Sohn Anspruch auf das Königtum erheben konnte. Offensichtlich jedoch hoffte er, soviel Land zurückzugewinnen, daß er als Rückeroberer und nicht nur als von den Baronen des Königreichs bestätigter Regent des Königreichs Jerusalem ins Abendland zurückkehren konnte. Alles hing vom Erfolg des Kreuzzuges und dem Ausmaß der territorialen Zugewinne ab.

Friedrich traf am 7.9.1228 in Akkon ein und wurde dort freundlich begrüßt, obwohl ihm die Geistlichkeit als Gebanntem den Friedenskuß verweigerte. Die meisten Kreuzfahrer scheinen jedoch davon ausgegangen zu sein, daß mit der Ankunft des Kaisers im Heiligen Land der Grund für die Exkommunikation hinfällig geworden sei, ein Argument, dessen sich auch Friedrich bediente, der Heinrich von Malta und den Erzbischof von Bari nach Rom sandte, um dem Papst seine Ankunft in Syrien melden zu lassen und – allerdings vergeblich – die Lösung vom Bann zu erreichen. In der Folge gingen auch die Templer und Johanniter (Hospitaliter) stärker auf Distanz zum Kaiser, während der Deutsche Orden sich eindeutig auf Friedrichs Seite stellte.

Bei den nun folgenden Verhandlungen mit al-Kamil war der ägyptische Sultan, der inzwischen begonnen hatte, Damaskus zu belagern, deutlich im Vorteil: Anders als Friedrich, der sein sizilisches Königreich bedroht sah, konnte er auf Zeit spielen. Daß Friedrich unter diesen Umständen mit al-Kamil auch Botschaften über philosophische und wissenschaftliche Fragen austauschte, beeindruckte christliche wie islamische Zeitgenossen gleichermaßen: Neben dem unbestreitbaren Interesse Friedrichs II. an solchen Themen ist jedoch vor allem die diplomatische Funktion solcher Gesandtschaften zu berücksichtigen, die der laufenden Pflege der Kontakte und der Bekundung der wechselseitigen Wertschätzung dienten.

Ende November unternahm der Kaiser den Versuch, durch eine Demonstration militärischer Macht die Verhandlungen voranzutreiben, und ließ das Heer auf Jaffa vorrücken, das er neu zu befestigen begann. Die Templer und Johanniter hatten sich zuerst geweigert, mit dem kaiserlichen Heer zu ziehen und folgten im Abstand eines Tagesmarsches, wurden dann jedoch überzeugt, daß die einzelnen Truppenteile auf diese Art stärker gefährdet seien und schlossen zu Friedrich auf, der dafür die Befehle nicht mehr in seinem, sondern im Namen „Gottes und der Christenheit" ergehen ließ.

Am 11.2.1229 kam der Vertrag mit al-Kamil schließlich zustande und wurde eine Woche später vom Kaiser in Gegenwart der muslimischen Gesandten und vieler seiner eigenen Würdenträger feierlich beschworen. Der Vertrag sah die Rückgabe Jerusalems, Bethlehems und einer Reihe weiterer Orte vor, die die Verbindung von Jerusalem nach Akkon und Jaffa sichern sollten. Die Dörfer in der Umgebung Jerusalems und der Tempelplatz mit dem Felsendom und der al-Aqsa-Moschee verblieben in muslimischem Besitz. Die Laufzeit des Waffenstillstandes wurde auf 10 Jahre, 5 Monate und 40 Tage festgelegt und entsprach damit der vom islamischen Recht vorgeschriebenen Höchstdauer von 10 (Mond)jahren, 10 Monaten, 10 Wochen und 10 Tagen.

Die Zugeständnisse al-Kamils waren deutlich geringer als die Angebote, die er ursprünglich gemacht hatte. Aus der Sicht Friedrichs und der Kreuzfahrer, die ihn begleiteten, war die Rückgabe Jerusalems an die Christen ein überragender Erfolg. Kritik fand der Vertrag vor allem bei Patriarch Gerold von Jerusalem und den Templern, die von ihrem ehemaligen Besitz kaum etwas zurückerhalten hatten. Ebenso enttäuscht über das rasche Einlenken des Kaisers waren viele Ritter und Barone des Königreichs, die darauf gehofft hatten, ihre Besitzungen in den 1187 von den Muslimen eroberten Gebieten zurückzugewinnen. Auch auf muslimischer Seite blieb der Vertrag nicht ohne Kritiker, obwohl Felsendom und al-Aqsa-Moschee, die heiligen Stätten der Muslime, von der Rückgabe ausgenommen blieben.

Am 17.3.1229, einem Samstag, zog Friedrich mit dem Heer und einer großen Zahl von Pilgern in Jerusalem ein und besuchte noch am selben Tag die Grabeskirche. Am darauffolgenden Sonntag nahm der Kaiser in der Grabeskirche dann die Krone des Königreichs Jerusalem vom Altar, setzte sich diese aufs Haupt, schritt zum Thronsitz und ließ sich dort nieder. Diese „Selbstkrönung" hat in der Forschung weitreichende Kontroversen ausgelöst: Ernst Kantorowicz sah im Verzicht auf eine kirchliche Krönung die Wiederherstellung der kaiserlichen Gottunmittelbarkeit, eine Demonstration der Unabhängigkeit des Herrschers von der Kirche (auch wenn dies Friedrich II. selbst vielleicht nicht bewußt gewesen sei). In Wirklichkeit verzichtete Friedrich auf Anraten des Deutschordenshochmeisters Hermann von Salza bewußt darauf, sich als Exkommunizierter im Rahmen eines Gottesdienstes krönen zu lassen, da er den Graben zwischen sich und dem Papst nicht weiter vertiefen wollte. Das „Gehen unter der Krone" demonstrierte Friedrichs Anspruch auf die Herrschaft zur Genüge; der Verzicht darauf, sich die Messe lesen zu lassen, dagegen zeigte, daß er den päpstlichen Bann (und damit die Autorität des Papstes in geistlichen Dingen) respektierte.

Gestützt wird diese Sicht auch durch die Botschaft des Kaisers, die im Anschluß Hermann von Salza den versammelten Pilgern erst in lateinischer und dann in deutscher Sprache vortrug. Friedrich rechtfertigte darin sein Vorgehen, war jedoch sehr bemüht, das Verhalten des Papstes zu entschuldigen: deutlich erkennbar ein Friedensangebot an Gregor IX.

Bereits am folgenden Tag traf allerdings der Erzbischof von Caesarea in Jerusalem ein und belegte die Stadt mit dem Interdikt. Friedrich selbst blieb nicht länger in Jerusalem, sondern zog über Jaffa nach Akkon, wohin er die Flotte Heinrichs von Malta zur Rückreise bestellt hatte. In Akkon eskalierten die Spannungen zwischen dem Kaiser und dem Patriarchen Gerold, der auf die Unterstützung der Templer zählen konnte: Eine Art Belagerungszustand zwischen den Parteien stellte sich ein, ohne daß sich eine Seite stark genug fühlte, den Kampf zu eröffnen. Friedrich benannte schließlich seine Parteigänger Balian von Sidon und Garnier l'Aleman zu Regenten, da sich Thomas von Acerra als Landesfremder nicht durchsetzen ließ. Bei der Abreise zeigte sich, daß die Propaganda des Patriarchen ihre Wirkung getan hatte. Dasselbe Volk, daß ihn wenige Monate zuvor begeistert begrüßt hatte, bereitete ihm nun einen schmachvollen Abschied. Auf dem Weg zum Hafen sollen ihm die Metzger sogar Gedärme nachgeworfen haben.

Am 1.5.1229 brach Friedrich in Richtung Zypern auf, wo er noch einige Tage verweilte, um die Verhältnisse in seinem Sinne – das bedeutete zum Nachteil Johanns von Ibelin – zu ordnen, ehe die kaiserliche Flotte Kurs auf Italien nahm.

Als Kreuzfahrer war Friedrich erfolgreich gewesen: Ohne militärische Auseinandersetzung war ihm gelungen, was mehrere Kreuzfahrerheere seit 1187 mit Gewalt vergeblich versucht hatten: Jerusalem war wieder in christlicher Hand, wenngleich als kaum zu verteidigender Vorposten in feindlichem Umfeld und nur im Rahmen eines auf zehn Jahre befristeten Waffenstillstandes.

Der Erfolg Friedrichs reichte jedoch nicht aus, um seine Vorstellungen von königlicher Herrschaft gegen die Barone des Königreichs durchzusetzen. Der Versuch, die Königreiche Jerusalem und Zypern in das staufische Imperium einzugliedern, scheiterte schon bald. Bereits 1230 konnte Johann von Ibelin die fünf Barone, an die Friedrich bei seiner Rückreise die *baillia-ge* von Zypern verpachtet hatte, von der Insel vertreiben, da sie sich durch überhöhte Abgabenforderungen unbeliebt gemacht hatten. 1231 entsandte Friedrich II. nochmals eine Flotte unter Richard Filangieri mit dem Auftrag, den Widerstand der Ibelins und ihrer Parteigänger zu brechen, erreichte aber nur, daß sich fast alle Barone des Königreiches zur Kommune von Akkon zusammenschlossen und um Johann von Ibelin scharten, dessen Familie in den bis 1243 fortdauernden Auseinandersetzungen ein wirkungsvolles Handeln der kaiserlichen *baillis* weitgehend verhinderte und letztlich die Oberhand behielt.

Breve chronicon de rebus Siculis

Der Autor der „Kleinen sizilischen Chronik“ berichtet ausführlich und offensichtlich als Augenzeuge über die Reise des kaiserlichen Geschwaders von Brindisi nach Zypern. Er bietet damit eine der detailliertesten Beschreibungen einer Überfahrt von Kreuzfahrern ins Heilige Land. Eingehend berichtet er auch von Friedrichs Bemühungen, die Regentschaft über den minderjährigen Heinrich von Lusignan zu gewinnen, ohne jedoch Johann von Ibelin namentlich zu nennen. In seiner Darstellung erscheint das Vorgehen des Kaisers als erfolgreicher Versuch, Recht und Ordnung wiederherzustellen:

Im folgenden Monat Juni desselben Jahres (1228) aber stach der Kaiser in Begleitung einiger seiner Getreuen aus dem Königreich Sizilien mit vierzig Galeeren am Tage vor dem Feste des heiligen Petrus (28.6.1228) von Brindisi aus in See. Am folgenden Tage, dem Feste desselben Heiligen (29.6.1228), landete er in Otranto, einer Stadt Apuliens.

Darauf fuhren wir am späten Abend von Otranto ab und gelangten am folgenden Tage zu einer Insel Romaniens, die Atthanos (Othronos oder Othoni, heute Fano) heißt. Und von dort segelten wir ab und kamen am folgenden Tage (1.7.1228) gegen die sechste Stunde an die Insel und Burg, die Korfu genannt wird. Dort verweilten wir bis zum Abend und segelten darauf weiter.

Am folgenden Tage (2.7.1228) gelangten wir nach Sonnenuntergang zum Hafen Guiscardo (auf der Insel Kephalonia). Dort ruhten wir in jener Nacht und landeten am nächsten Tage (3.7.1228) gegen die sechste Stunde auf der Insel Kephalonia, auf der der Graf Majus, ein geborener Apulier, Herr war. Dort fanden wir alles Notwendige bereit, da der Graf dafür sorgte.

Gegen Sonnenuntergang aber fuhren wir wieder ab und kamen, während die Fluten des Meeres anschwollen, am folgenden Tage (4.7.1228) gegen die neunte Stunde nach Methone. Dort ruhten wir bis zum Morgen, darauf brachen wir gegen Sonnenaufgang wieder auf und gelangten spät am Abend zum Hafen von Oualeae (Portocaglie beim Vorgebirge Tanaron/Matapan). Dort übernachteten wir; frühmorgens (6.7.1228) brachen wir von dort auf und gelangten am selben Abend zur Insel Kythere. Dort verweilten wir bis zum Morgengrauen des folgenden Tages (7.7.1228), wo wir wieder aufbrachen und in Richtung Kreta absegelten; um die Abendstunde landeten wir auf dieser Insel bei einem Orte, der Suda heißt.

Dort hielten wir uns die ganze Nacht und den folgenden Tag, also den 8. Juli, auf. Dann, am 10. desselben Monats, begannen wir an der Nordküste der Insel entlangzufahren. Am 11. kamen wir um die dritte Stunde zu einer Stadt der Insel, die Candida (Heraklion) heißt, unterhalb derer wir ausstiegen; dort blieben wir jenen ganzen Tag und die Nacht.

Am folgenden Tage aber, also am 12. des Monats Juli, verließen wir Kreta und fuhren auf die hohe See hinaus. Am folgenden 13. Tage dieses Monats Juli gelangten wir zur Insel Rhodos, und, ein wenig ermüdet, ruhten wir dort die ganze Nacht. Wir segelten dann am 14. Tage dieses Monats Juli ab und gelangten um die neunte Stunde zu der Rhodos benannten Stadt.

Am Morgen (des 15.7.1228) brachen wir wieder auf und segelten an der Küste der Provinz Lykien entlang. Abends kamen wir zu der Stadt Patara (Arsinoe, heute Fethiye), in der Nikolaus, der Bekenner des Herrn, geboren wurde. Dort ruhten wir die ganze Nacht. Am nächsten Morgen (16.7.1228) brachen wir von dort auf, sahen um die dritte Stunde die Stadt Myra, in der der heilige Nikolaus durch göttliche Wunder berühmt wurde und Bischof war, und nach der neunten Stunde dieses Tages kamen wir zum Hafen von Phiniche, wo wir herrlich kühles Wasser, das in reichen Fluten hervorströmte, im Überfluß vorfanden. Während unseres Aufenthalts dort an jenem und den folgenden Tagen (16./17.7.1228) erholten wir uns beträchtlich.

Darauf machten wir uns am 18. Tage des genannten Monats Juli nach Sonnenaufgang daran, zur Insel Zypern zu segeln. Und am folgenden Tage betraten wir Limassol, eine Stadt dieser Insel. Am dritten oder vierten Tage kam Heinrich, der König dieser Insel, mit all seinen Rittern zum Kaiser nach Limassol. Denn seitens des Reiches, dessen Lehensmann er war, war er zur Huldigung verpflichtet.

Während aber der König eine unmündige Waise war, hatten einige Leute aus seinem Lande alle seine Güter verpraßt. Aus diesem Grunde berief sie der Kaiser, damit sie über das Land des Königs Rechenschaft ablegten. Sie aber, da sie fürchteten, daß sie ihm nicht volle Rechenschaft geben könnten, verließen am fünften oder sechsten Tage in der Nacht ihre Zelte und alle ihre Habe und entfernten sich heimlich ohne unser Wissen. Und sie gingen nach der Stadt Nikosia und begannen, drei Burgen, die auf der Insel liegen, zu befestigen, indem sie sagten: „Unser Antlitz wird das Antlitz des Kaisers nicht mehr erblicken."

Nachdem aber der Kaiser dies vernommen hatte, verweilte er noch bis zum 17. Tage des folgenden Monats August in Limassol. Darauf ritten wir nach dem eben genannten Nikosia. Dort kam uns der Fürst (Bohemund IV.) von Antiochia entgegen, und wir blieben dort eine Reihe von Tagen. Jene aber, die sich erhoben hatten, warfen sich alle zu Füßen des Kaisers.

Nachdem also Ordnung und Ruhe hergestellt und der Eid der Treue von allen geleistet worden war, machten wir uns am 2. September auf den Weg nach Syrien.

O: HB 1.2, S. 898-900 – Ü: Heinisch (1968), S. 19 f. – L: van Cleve (1972), S. 213 f.

Philipp von Novara

Ganz anders dagegen schildert Philipp von Novara († 1270), ein Lehensmann Johanns von Ibelin und einer der bedeutendsten Rechtsgelehrten des lateinischen Ostens, das Auftreten Friedrichs II. auf Zypern. Um 1200 in Novara in Oberitalien geboren, kämpfte er 1217-1221 als Knappe eines zypriotischen Ritters vor Damiette, bevor er Lehen sowohl in Zypern als auch im Königreich Jerusalem erwarb. Seine nach 1240 verfaßten „Erinnerungen" überliefern die Sicht der Ibelins und zeigen die lehenrechtliche Herrschaftsauffassung der Barone in den Kreuzfahrerstaaten. Im Gegensatz zu den kultivierten, französisch sprechenden Adligen Zyperns stilisiert Philipp von Novara Friedrich II. als rohen und hinterhältigen, im Vertrauen auf seine Stärke das Recht geringschätzenden Deutschen:

18. Im Jahr 1229 überquerte Kaiser Friedrich das Meer, um auf Anweisung des Papstes Gregor nach Syrien zu ziehen. Er kam mit einer Flotte von 70 Schiffen zunächst nach Zypern in die Stadt Limassol; ein großer Teil seines Heeres und seines Gefolges, sein Marschall und seine Pferde waren schon zuvor in Akkon angekommen. Aimerich (Barlais) und Gauvin (de Chenichi, zwei Gegner Johanns von Ibelin), zogen mit vielen Freunden und ihrem Gefolge (...) dem Kaiser entgegen (...) und sobald sie ihn sahen, trugen sie ihm Klagen gegen (Johann von Ibelin), den Herrn von Beirut, vor (...); auch gaben sie dem Kaiser zu verstehen (...), Zypern könne, wenn er es in seine Hand nehme, den gesamten Bedarf seines Hofes in Syrien decken und außerdem tausend Ritter unterhalten.

19. (...) Gleichwohl schickte der Kaiser sehr höfliche Briefe an den Herrn von Beirut in Nikosia, in denen er ihn als seinen lieben Onkel bat, zu einem Gespräch zu ihm zu kommen und den jungen König, seine drei Söhne und alle seine Freunde mitzubringen. (...).

20. Der Herr von Beirut versammelte seine Freunde und bat sie um Rat für den jungen König und für sich selbst. Alle riefen wie aus einem Munde aus, daß weder seine Kinder noch er selbst sich in die Gewalt des Kaisers begeben sollten; denn die schlechten Taten des Kaisers waren zu offensichtlich und oft schon hatte er schöne Worte und Bitten geäußert, denen schreckliche und schwere Taten folgten. Sie rieten ihm daher, sich irgendwie unter dem Vorwand zu entschuldigen, daß er, alle seine Freunde und das ganze Aufgebot Zyperns sich eiligst rüsteten, um ihm im Dienst Gottes nach Syrien zu

folgen und ihm in Syrien als Herrn zu dienen (...). Dies war ein guter Rat, denn in Syrien waren die Templer und Johanniter und andere gute Leute (...), so daß der Kaiser dort in keiner Weise nach seinem Belieben verfahren konnte.

21. Der Herr von Beirut entgegnete auf diesen Rat, daß sie ihm als Getreue und Freunde Rat erteilt hätten, aber daß er lieber gefangengenommen werden, sterben oder leiden wolle, was auch immer Gott vorherbestimmt habe, als zuzulassen, daß man von ihm oder seiner Familie oder von den Leuten diesseits des Meeres sagen könne, daß sie den Dienst Gottes oder die (Rück)eroberung des Königreichs von Jerusalem und Zypern aufgegeben hätten; denn er wollte unserem Herrn (Jesus Christus) nicht unrecht tun, damit man nicht in Ewigkeit sagen konnte: „Der Kaiser von Rom kam mit großer Macht über das Meer und eroberte alles. Aber der Herr von Beirut und die anderen untreuen (Barone) jenseits des Meeres liebten mehr die Sarazenen als die Christen. Daher erhoben sie sich gegen den Kaiser und wollten nicht, daß das Heilige Land zurückerobert würde."

22. Daher ging der Herr von Beirut zum Kaiser und mit ihm seine Kinder und alle seine Freunde und das ganze Aufgebot Zyperns, Ritter und Knappen, und sie brachten ihren kleinen Herrn, den König Heinrich, zum Kaiser (...). Dieser empfing sie festlich und augenscheinlich mit großer Freude (...), und sie boten seinem Befehl ganz und gar ihren Leib, ihr Herz und ihren Besitz; und der Kaiser dankte ihnen sehr erfreut und versprach, sie großzügig und reich zu belohnen.

23. (...) Der Kaiser aber bat sie, den ganzen nächsten Tag bei ihm zu bleiben. (...). In der Nacht aber ließ er (durch einen geheimen Eingang) mehr als dreitausend Bewaffnete in den Palast, (...).

24. (Als aber die Zeit des Essens gekommen und die Tische gedeckt waren), ließ der Kaiser den Herrn von Beirut und den alten Herrn von Caesarea, den Konnetabel von Zypern, neben sich Platz nehmen. An einer anderen Tafel aber setzte er den König von Zypern auf den vornehmsten Platz und den König von Saloniki, dann den Markgrafen von Lancia und andere Barone Deutschlands und des Königreichs; und er ordnete an, daß alle zypriotischen Ritter so sitzen sollten, daß der Herr von Beirut und die anderen ihn sehen und hören konnten, wenn er spräche. Er ordnete an, daß die beiden Söhne des Herrn von Beirut ihn bedienen sollten, der eine mit dem Becher und der andere mit der Schale; daß der junge Herr von Caesarea und Herr Anceau de Brie vor ihm tranchierten, und zwar alle vier mit nacktem Oberkörper (*en cors et seins par dessus lor secors*: mit bloßem Körper und bloßer Brust oberhalb ihres Schurzes), denn

er sagte, dies sei Gewohnheit und Recht des Reiches. Sie aber bedienten ihn bereitwillig und edel (...).

25. (Inzwischen ließ der Kaiser alle Räume, den Hof, alle Ausgänge des Palastes und auch den Festsaal von seinen Bewaffneten besetzen). Die Zyprioten bemerkten es wohl, aber sie sagten nichts und zwangen sich, gute Miene zum bösen Spiel zu machen. Der Kaiser aber wandte dem Herrn von Beirut sein Gesicht zu und sagte laut: „Herr Johann, ich bitte euch um zwei Dinge (...)!". Er aber antwortete: „Herr, sagt euer Begehren, und ich werde gerne davon tun, was ich als richtig erkenne oder was rechtschaffene Männer darüber als Urteil fällen."

26. „Das eine ist", sagte der Kaiser, „daß ihr mir die Stadt Beirut zurückgebt, denn ihr habt und haltet sie zu unrecht. Das andere ist, daß ihr mir zurückerstattet, was die *bailliage* von Zypern erbracht hat und was die königlichen Einkünfte seit dem Tod König Hugos wert waren und erbracht haben, d.h. die Rente von 10 Jahren, denn das ist mein Recht nach den Gewohnheiten Deutschlands." Der Herr von Beirut aber antwortete: „Herr, ich glaube ihr scherzt (...)!" Der Kaiser aber legte seine Hand auf seinen Kopf und sagte: „Bei diesem Haupt, das schon oft eine Krone getragen hat, was diese meine beiden Forderungen angeht, werde ich tun, was mir beliebt, oder ihr seid mein Gefangener."

27. Da aber erhob sich der Herr von Beirut und sagte laut und schön anzuhören: „Ich habe und halte Beirut als rechtes Lehen (...) und wenn ihr meint, ich halte es zu unrecht, werde ich es euch rechtlich beweisen vor dem Gericht des Königreichs Jerusalem. Was ihr aber von den Erträgen der *bailliage* und der königlichen Einkünfte fordert, so habe ich davon keine gehabt (...), sondern meine Nichte, die Königin (...). Und wenn ihr von mir dafür Rechenschaft fordert, werde ich euch Rechenschaft legen nach den Gewohnheiten und vor dem Gerichtshof des Königreichs Zypern; und seid versichert, daß ich aus Angst vor Tod oder Gefangenschaft nicht mehr tun werde, es sei denn das Urteil eines guten und rechten Gerichtshofes zwingt mich dazu."

28. Der Kaiser aber erregte sich sehr, fluchte und drohte und sagte schließlich: „Ich habe schon lange jenseits des Meeres gehört und erfahren, daß eure Worte sehr schön und geschliffen sind, daß ihr sehr gebildet und wortgewandt seid, aber ich werde euch zeigen, daß euer Verstand, eure Wendigkeit und eure Worte nichts gegen meine Stärke ausrichten können."

O: Les Classiques Français du Moyen Age 10, S. 12-17; engl. Übers.: J.L. LaMonte, The wars of Frederick II, New York 1936, S. 75 ff. – Ü: van Eickels – L: van Cleve (1972), S. 214.

Roger von Wendover
Matthaeus Paris

Der englische Chronist Roger von Wendover († 1236) verfaßte seine *Flores Historiarum* wenige Jahre nach dem Kreuzzug Friedrichs. Sein Bericht stellt den Erfolg Friedrichs II., die Rückgabe Jerusalems an die Christen, in den Mittelpunkt: Friedrich erscheint als Werkzeug Gottes, seine Gegner als vom Teufel angestiftete Widersacher. Roger kennt sowohl die kaiserliche als auch die päpstliche Propaganda: Die Schilderung des „Wetterwunders", das die Versorgung des Heeres ermöglichte, stammt aus dem auch an den König von England gesandten Kreuzzugsmanifest Friedrichs, dessen vollständigen Text er im übrigen geschlossen in seinen Text einfügt. Das Schreiben des Papstes über die Vergehen Friedrichs im Heiligen Land wird ausführlich referiert. In seiner Darstellung folgt Roger jedoch engagiert der kaiserlichen Position.

Die positive Darstellung des Kaisers entspricht dem englisch-staufischen Bündnis, das 1235 durch die Ehe Friedrichs mit Isabella, der Schwester Heinrichs III., zustandekam. Roger von Wendover läßt jedoch mehr erkennen als nur politische Sympathie, zumal er Heinrich III. durchaus kritisch, oft sogar feindselig gegenübersteht. Offensichtlich waren für ihn die Rechtfertigungsschreiben des gebannten Kaisers nach seinem erfolgreichen Kreuzzug überzeugender als die Vorwürfe des Papstes, der Templer und der Johanniter, die in den Jahrzehnten zuvor ähnliches zwar mit großem Aufwand versucht, aber nicht erreicht hatten. Er steht mit dieser Sicht sicherlich für die Mehrheit der Zeitgenossen, auch wenn die päpstlichen Schreiben „den Ruf des Kaisers nicht wenig verdunkelten und ihn bei vielen in Ungunst brachten".

Als Matthaeus Paris in den vierziger Jahren die *Flores Historiarum* Rogers von Wendover als Grundlage seiner eigenen *Chronica maiora* überarbeitete, übernahm er Rogers papst- und königskritische Perspektive. Er kürzte die Darstellung Rogers allerdings um ein umfangreiches (auch im folgenden bis auf den letzten Abschnitt weggelassenes) Kapitel über die Vorgeschichte der Rückgewinnung Jerusalems seit 1187 und fügte stattdessen einen Bericht über den Verrat der Templer und Johanniter ein. Daß er vor allem die Templer in ein ungünstiges Licht rückt, ist zu verstehen aus seiner allgemeinen Kritik an der Herrschaft Heinrichs III., zu dessen wichtigsten Stützen diese gehörten. Die von Matthaeus Paris eingefügten Zusätze sind in Klammern gesetzt und mit MP gekennzeichnet:

Im selben Jahr schiffte sich der römische Kaiser Friedrich auf dem Mittelmeer ein (28.6.1228), um die dem Herrn gelobte Kreuzfahrt auszuführen, und landete am Tage vor der Geburt der heiligen Jungfrau (7.9.1228) bei Akkon. Die Geistlichkeit und das Volk kamen ihm entgegen und empfingen ihn mit großen Ehrenbezeigungen, wie es einem solchen Mann gebührte. Weil sie aber wußten, daß er vom Papste exkommuniziert sei, so pflegten sie keine Gemeinschaft mit ihm, weder durch den Kuß noch durch das Mahl, sondern rieten ihm, er solle dem Papst Genugtuung leisten und zur Einheit der heiligen Kirche zurückkehren. Die Templer und Johanniter dagegen verehrten ihn bei seiner Ankunft mit gebeugten Knien und küßten ihm die Knie. Und das ganze anwesende Heer der Gläubigen pries Gott bei seiner Ankunft, in der Hoffnung, durch ihn werde Israel Heil widerfahren.

Darauf erhob der Kaiser vor dem ganzen Heere eine schwere Anklage gegen den römischen Bischof, daß er nämlich ein ungerechtes Urteil über ihn gefällt habe, und versicherte, daß er nur wegen seiner sehr ernsten Erkrankung (MP: und wegen anderer dringender Angelegenheiten, die die ganze Christenheit angingen) die Heerfahrt zum Schutze des Heiligen Landes aufgeschoben habe.

Der Sultan von Babylon (d.h. al-Kamil, der Sultan von Ägypten) aber schickte ihm, nachdem er von seiner Ankunft in Syrien erfahren hatte, viele und wertvolle Geschenke: Gold, Silber, seidene Tücher, kostbare Steine, Kamele und Elefanten, Bären und Affen und andere staunenerregende Dinge, deren aller die Länder des Westens entbehren.

Der Kaiser aber fand zu der Zeit, wo er in Akkon landete, von den Fürsten und Führern des christlichen Volkes den Herzog (Heinrich IV.) von Limburg, den Patriarchen (Gerold) von Jerusalem, die Erzbischöfe (Nikolaus) von Nazareth, (Petrus) von Caesarea und (Petrus) von Narbonne, die Bischöfe (Petrus) von Winchester und (Wilhelm) von Exeter in England, den Großmeister der Johanniter (Guarin de Montague) und den Großmeister der Templer (Pierre de Montague) sowie (Hermann von Salza) den Großmeister des Deutschen Ordens, die achthundert Kreuzritter und ungefähr zehntausend Fußsoldaten, die sie aus den verschiedenen Teilen der Welt gesammelt hatten, befehligten. Diese alle hatten, von gleichem Eifer beseelt, Caesarea und einige andere Burgen besetzt, so daß nichts mehr fehlte, als Joppe (Jaffa) wiederherzustellen und so den Weg zu der Heiligen Stadt zu gewinnen.

Der Kaiser billigte also, nachdem er den Zustand des Heiligen Landes kennengelernt hatte, das Vorhaben der Pilger höchlichst, und nachdem alles für den Vormarsch Notwendige beschafft worden war, kamen sie, der Kaiser an der Spitze, am 15. November glücklich nach Joppe. Es konnte aber nicht jeder im Heere die Lebensmittel, die er und sein berittenes Gefolge für mehrere Tage brauchten, mittels Saumtieren zu Lande mitnehmen, und es waren eigens zu diesem Zweck Schiffe im Hafen von Akkon bestimmt worden, die dem Heere die notwendige Verpflegung zuführen sollten. Da sich nun aber plötzlich ein Sturm erhob und die Wogen über alles Maß anschwollen, fehlte den Pilgern Christi sieben Tage lang die Nahrung. Damals herrschte bei vielen große Furcht, daß der Herr in seinem Zorn sein Volk von der Oberfläche der Erde vertilgen wolle. Aber die unsagbare Barmherzigkeit Gottes, die niemanden über das Maß seiner Kräfte versucht werden läßt (1 Kor 10,13), befahl endlich, durch die tränenreichen Gebete der Gläubigen gerührt, den Winden und dem Meere, und es entstand eine große Stille (Mt 8,26). Und alsbald landete im Geleit des Herrn bei Joppe eine unzählbare Menge von Schiffen mit einer ungeheuren Menge Weizen, Gerste, Wein und jeglicher Art von Lebensmitteln, so daß hinfort dauernd bis zur Vollendung des Wiederaufbaus der genannten Burg im Heere ein unerschöpflicher Überfluß herrschte, wie es die Lage der Dinge gerade erforderte (...).

Im selben Jahre suchte unser Herr Jesus Christus, der Retter und Tröster aller Jahrhunderte, sein Volk barmherzig heim und gab die heilige Stadt Jerusalem und das ganze Land, das eben dieser unser Herr und Erlöser mit seinem Blute geheiligt hat, auf die Bitten der gesamten Kirche dem christlichen Volke insgesamt und besonders dem römischen Kaiser Friedrich zurück. „Der Herr hatte ein Wohlgefallen an seinem Volke, er, der die Demütigen zu ihrem Heile erhöht" (Ps. 149, 4), indem er Rache nahm an den Völkern und Uneinigkeit stiftete unter den Stämmen der Sarazenen. Denn in jenen Tagen war der Sultan (al-Kamil) von Babylon von allen Seiten durch innere Kämpfe so stark in Anspruch genommen, daß er sich, um nicht mehr zu verlieren, als zu gewinnen war, gezwungen sah, mit dem Kaiser einen zehnjährigen Waffenstillstand abzuschließen und das Heilige Land dem christlichen Volke ohne Blutvergießen zurückzugeben. So schickte der Herr einen guten Krieg (der Sarazenen untereinander), um (den nach der Niederlage von Damiette geschlossenen) schlechten Frieden zu brechen (...).

(Nicht bei MP: Wahrhaftig und ohne jeden Zweifel „hörte der Herr das Seufzen der Gefangenen" (Ps 101,21) bei dieser Rückgabe des Heiligen Landes, die in jenen Tagen durch die Umsicht des Kaisers Friedrich dank der göttlichen Barmherzigkeit zustande kam, da durch den zwischen jenem und dem Sultan von Babylon geschlossenen Vertrag alle Gefangenen, die von den Heiden gefesselt und zu den niedrigsten Arten der Sklaverei gezwungen worden waren, bald vom Joche der Knechtschaft befreit in die heilige Stadt Jerusalem kamen, vor vieler Augen traten und nach Verrichtung ihrer Gebete an den verehrungswürdigen Stätten der heiligen Stadt durch die verschiedenen Gegenden des Erdkreises in ihre Heimat zurückkehrten, Gott lobend und preisend, da der Herr in allem, was sie gesehen und gehört hatten, wunderbar wirkte und sich ihnen offenbarte.)

Das christliche Heer zog also, wie gesagt, in die heilige Stadt Jerusalem ein, und der Patriarch (Gerold von Jerusalem) reinigte mit seinen Suffraganbischöfen den Tempel des Herrn, die Kirche des heiligen Grabes und der heiligen Auferstehung, sowie auch andere ehrwürdige Kirchen der Stadt. Indem sie Pflaster und Wände mit Weihwasser besprengten und unter Hymnen und Gesängen Prozessionen abhielten, gewannen sie alle durch den Unflat der Ungläubigen entweihten Orte dem Herrn zurück.

Solange sich aber der Kaiser, der ja exkommuniziert war, in den Mauern der Stadt aufhielt, erlaubte sich keiner der Prälaten, in ihr die Messe zu lesen. Magister Walther aber vom Orden der Prediger, ein frommer, besonnener und vorsichtiger Mann, in der Heiligen Schrift höchst gelehrt, Engländer von Geburt, der vom Papst das Predigtamt im christlichen Heere übertragen bekommen hatte, das er schon seit langer Zeit erfolgreich versehen hatte, feierte das göttliche Opfer in den Kirchen der Vorstädte; dadurch hielt er die Andacht der Gläubigen am besten wach.

Als nun alle Prälaten, die geringeren wie die höheren, sowie auch die Ordensleute ihre Kirchen und ehemaligen Besitzungen zurückerhalten hatten und sich über die Gaben des Himmels freuten, die ihnen wider Erwarten aller zugefallen waren, dachten sie mit allen Kreuzfahrern einmütig daran, die Stadt wieder zu befestigen und die Mauern und Gräben, die Türme und Schanzen mit großen Kosten und emsiger Arbeit wiederherzustellen. Und dies geschah nicht nur in der heiligen Stadt Jerusalem, sondern in allen Städten und Burgen im Lande, das der Herr Jesus Christus mit seinen heiligen Füßen betreten und mit seinem geweihten Blute geheiligt hat. (MP: Und es herrschte bei allen Christen solche Freude, daß Himmel und Erde sich zu verbinden schienen).

(MP: Nachdem aber so diese Angelegenheiten unter göttlicher Leitung geordnet waren, erhoben durch den Neid des alten Anstifters allen Zwistes und aller Zwietracht, des Satans, die Bewohner des Landes, vorzüglich die Templer und Johanniter, aus Neid auf die Erfolge des Kaisers ihre Hörner, aufgereizt durch den Haß des Papstes. Denn sie hörten ja, daß der Papst das Königreich des Kaisers bereits feindlich angegriffen habe.

Indem sie also wollten, daß alle jene großen Taten ihnen zugeschrieben würden, die von der ganzen Christenheit so viele Einkünfte empfangen und nur zur Verteidigung des Heiligen Landes so große Einnahmen verschlingen und gleichsam in den Schlund des Abgrundes versenken, meldeten sie hinterlistig und verräterisch dem Sultan von Babylon, daß der Kaiser beschlossen habe, den Fluß zu besuchen, in dem Christus von Johannes dem Täufer getauft wurde, um dort die Spuren Christi und seines Vorläufers, der größer war als alle, die vom Weibe geboren sind, zu Fuß und in wollenem Gewand mit geringer Begleitung heimlich in Demut zu verehren; und dort würde er ganz nach seinem Belieben den Kaiser entweder gefangennehmen oder niederstoßen können.

Als dies der erwähnte Sultan vernahm und den Brief, der es ihm meldete, mit dem ihm bekannten Siegel bekräftigt sah, da verabscheute er die Hinterlist, den Neid und die Verräterei der Christen und vor allem derer, die äußerlich das Kleid des Ordens mit dem Zeichen des Kreuzes tragen, und indem er zwei seiner geheimsten und vertrautesten Räte herbeirief, vertraute er ihnen alles an und zeigte ihnen den Brief, an dem noch das Siegel hing, mit den Worten: „Schaut her, das ist die Treue der Christen!" Und nachdem sie den Brief gelesen hatten, erwiderten sie nach langer und sorgfältiger Beratung folgendermaßen: „Herr, mit beiderseitigem Wohlgefallen ist der Friede geschlossen, den zu verletzen frevelhaft wäre. Aber zur Beschämung aller Christen schickt diesen Brief mit dem daranhängenden Siegel dem Kaiser, und er wird euer treuer Freund sein, und zwar mit Recht!" Ihrem Rate folgte der Sultan, schickte den Brief an den Kaiser und meldete ihm den ganzen, eben erzählten listigen Anschlag.

Während das nun geschah, war der Kaiser durch seine sehr gewissenhaften und behenden Späher gewarnt, aber er war unschlüssig, weil er nicht glaubte, daß eine so große Bosheit von Ordensleuten ausgegangen sei. Und während er noch so im Zweifel war, kam der Bote des Sultans zu ihm, der ihm den Brief überbrachte, durch den ihm volle Gewißheit darüber wurde. Er freute sich also, daß er den heimlichen Fallstricken entgangen war, hielt alles vorsichtig geheim bis zu dem Tage der Vergeltung und ließ alles vorbereiten, was zur Heimkehr in sein Land nötig war. Das war der Ursprung des Hasses zwischen dem Kaiser und den Templern und Johannitern. Jedoch fiel den Johannitern nur der geringere Teil der Schande wegen dieser Tat zu.

Von dieser Zeit an aber verband sich die Seele des Kaisers mit der Seele des Sultans durch die unauflöslichen Bande der Liebe und der Freundschaft. Sie verbündeten sich und schickten sich gegenseitig kostbare Geschenke; unter anderem schenkte der Sultan dem Kaiser einen Elefanten. Da aber die Templer und Johanniter samt ihren Spießgesellen erfuhren, daß der Kaiser die Pilgerfahrt zum Jordanfluß verschiebe, erkannten sie daran und aus anderen Anzeichen, daß ihr listiger Anschlag ohne Erfolg geblieben sei. Sie zogen deshalb den Patriarchen (Gerold) von Jerusalem in ihre Verschwörung, der zur Verunglimpfung des Kaisers einen (langen) Brief schrieb (...).

Als dieser Brief im Abendlande bekannt wurde, verdunkelte er den Ruf des Kaisers nicht wenig und brachte ihn bei vielen in Ungunst. Der Papst aber erhob sich eifriger als bisher zu seinem Sturze und ging noch gieriger darauf aus, Geld zu sammeln.)

Zur selben Zeit kam der Magister Stephan, ein Kaplan des Papstes, als Gesandter zum König (Heinrich III.) von England, um die Zehnten einzusammeln, die die Gesandten eben dieses Königs in Rom dem Papst zur Fortsetzung seines Krieges gegen den römischen Kaiser zugesagt hatten. Der Papst hatte nämlich (durch den Brief des Patriarchen Gerold von Jerusalem) viel Verabscheuungswürdiges erfahren, was der genannte Kaiser gegen das christliche Gesetz begangen hatte; dies alles faßte er schriftlich zusammen und ließ es durch apostolische Rundschreiben in den verschiedenen Gegenden der Welt bekanntmachen. Er warf ihm vor allem vor, daß er am Tage Mariae Verkündigung (25.3.1229, richtig am 18.3.1229), obwohl er exkommuniziert gewesen sei, die Kirche des heiligen Grabes in Jerusalem betreten und sich dort vor dem Hauptaltar mit eigener Hand gekrönt habe. So gekrönt, habe er sich auf den Stuhl des Patriarchen gesetzt und von dort zum Volke gesprochen, indem er seine eigene Bösartigkeit entschuldigte und die römische Kirche anklagte und ihr vorwarf, daß sie ungerecht gegen ihn vorgegangen sei; (MP: auch habe er ihr schmähend und rügend unersättliche und simonistische Habsucht nachgesagt). Daraufhin habe er in Begleitung seiner Anhänger und ohne einen einzigen Geistlichen die Kirche verlassen und die Krone bis zum Hause der Johanniter getragen. Ferner habe er in seinem Palast zu Akkon Sarazenen an seiner Tafel speisen lassen und diesen christliche Frauen als Tänzerinnen gegeben, um vor ihnen ihre Künste zu zeigen und, wie man sagt, zu fleischlicher Vereinigung.

Auch von dem Vertrage, den er mit dem Sultan einging, wisse außer ihm selbst niemand, unter welchen Bedingungen er zwischen ihnen zustande gekommen sei. Indessen scheine es nach dem, was man aus äußeren Umständen schließen könne, offenkundig, daß er das Gesetz der Sarazenen mehr gutheiße als das unseres Glaubens, weil er ihre Bräuche in vielen Stücken nachgeahmt habe. Auch sei in dem schriftlichen Vertrage zwischen ihm und dem Sultan etwas enthalten, was man in arabischer Sprache *mosepha* nenne, daß während der Dauer des Waffenstillstandes der Kaiser dem Sultan gegen alle seine Feinde, ob Sarazenen oder Christen, beistehen werde und umgekehrt der Sultan ihm. Ferner habe er die Chorherren vom Heiligen Kreuze in Akkon gewisser Einkünfte beraubt, die ihnen im dortigen Hafen zustanden, und ebenso den Erzbischof (Eustorgius) von Nikosia auf Zypern. Ferner habe er einen gewissen Bischof der

Surianer, der von einem exkommunizierten Schismatiker geweiht worden sei, mit weltlicher Macht gegen den Patriarchen geschützt. Ferner habe er die Chorherren des Heiligen Grabes der Opfergaben beraubt, die bei diesem Grab anfielen, den Patriarchen der Opfergaben auf dem Kalvarienberg und Golgatha und die Chorherren des Heiligen Tempels ihrer Opfergaben, und er habe alle diese Opfergaben durch die Hände seiner Leute einsammeln lassen. Wegen dieses Frevels habe Bruder Walther ihn und alle seine Anhänger in der Stadt Jerusalem exkommuniziert. Ferner habe er am Palmsonntag (8.4.1229) die Dominikaner von der Kanzel, von der sie predigten, voll Geringschätzung und mit Gewalt herabholen, mißhandeln und einsperren lassen. Endlich habe er am Leidenstage des Herrn (13.4.1229) den Patriarchen (Gerold) und die Bischöfe (Petrus) von Winchester und (Wilhelm) von Exeter und die Templer in ihren Häusern belagert, sei jedoch, als er gesehen habe, daß er nichts ausrichten könne, bestürzt abgezogen.

Aus diesen Gründen also, obgleich noch weitere nicht fehlten, hielt der Papst alles, was der Kaiser im Heiligen Lande getan hatte, für nichts und begann Krieg gegen ihn, indem er versicherte, es sei gerecht und für den christlichen Glauben notwendig, daß ein so mächtiger Verfolger der Kirche von der Höhe des Kaisertums herabgestürzt werde, da er, was verabscheuungswürdiger als dies alles sei, gegen seine Mutter, die heilige römische Kirche, eine so schwere Verfolgung ins Werk gesetzt habe, indem er ihre Burgen, ihre Länder und ihre (sonstigen) Besitzungen besetzt habe und wie ein erklärter Feind besetzt halte.

O: RS 84.2, S. 351 f., 364 und 372-374; RS 57.3, S. 159-161, 172 f., 176-179 und 184-186 – Ü: Heinisch (1969) S. 38-42; vgl. Heinisch (1968), S. 188 f. – L: Nicholson (1995), S. 46 f.; Kluger (1987), S. 119-121; Gransden (1974), S. 368; van Cleve (1972), S. 218-228.

Burchard von Ursberg

Wenige Monate nach der Rückkehr Friedrichs aus dem Heiligen Land (wohl im Frühjahr 1230) verfaßte Burchard von Ursberg den letzten Teil seiner Chronik, in dem er aus staufischer Sicht über den Kreuzzug des Kaisers berichtet. Die Rückgewinnung Jerusalems erscheint als großer weltlicher Erfolg Friedrichs und zugleich als politischer Versuch, Papst Gregor IX. zufriedenzustellen. Die Vorwürfe der päpstlichen Seite werden mit keinem Wort erwähnt, es fehlt aber auch jeglicher Hinweis auf die Hilfe und die Gnade Gottes:

1228. Der Kaiser, willens sein Gelübde zu erfüllen und sich den Papst zu versöhnen, fuhr ins Heilige Land hinüber. Vorher jedoch hatte er in diesem Jahre in der Fastenzeit einen Hoftag der Fürsten Deutschlands in Ravenna angesagt, an dem er wiederum durch die

Boten und Legaten des Papstes gehindert wurde. Denn die Veronesen und Mailänder erlaubten niemandem, ihr Gebiet zu durchziehen, raubten sogar den Kreuzfahrern ihre Habe, und zwar, wie sie sagten, auf Veranlassung des Papstes, was – o Jammer! – schändlich zu sagen ist. Nichtsdestoweniger gelangte der Kaiser im August ins Heilige Land, landete in Akkon und blieb dort, wo er, wie man berichtet, durch die verräterische Treulosigkeit der Templer vieles erlitt. Einzig und allein die Ritter vom Hause der heiligen Maria der Deutschen standen in Treue zu ihm, ebenso die Genuesen und Pisaner und die anderen Ritter, die mit ihm und für ihn ausgezogen waren. Die Venezianer aber schalten und schmähten.

In diesem Jahre und im folgenden wurde der Friedensvertrag zwischen dem Kaiser und dem Sultan (al-Kamil) und ihren Völkern geschlossen. Der Papst aber ergriff die Gelegenheit der Abwesenheit des Kaisers und schickte ein zahlreiches Heer nach Apulien und nahm die Länder des Kaisers, der im Dienste Christi stand, was ganz abscheulich zu berichten ist, in Besitz und unterwarf sie sich und verhinderte mit allem Eifer, sowohl in Apulien wie auch in der Lombardei, daß die Kreuzfahrer übersetzten. Wer sollte, wenn er Derartiges recht bedenkt, es nicht beklagen und verabscheuen, da es doch ein Anzeichen oder vielmehr ein Vorzeichen und eine Prophezeiung des Zusammenbruchs der Kirche ist?

1229. In der Fastenzeit erfolgte die Vereinbarung zwischen dem Kaiser und dem Sultan. Jerusalem, Nazareth und Joppe wurden mit den umliegenden Gebieten und einigen anderen Ortschaften dem Kaiser zurückgegeben, und ein zehnjähriger Waffenstillstand zwischen Christen und Sarazenen wurde festgesetzt. Als der Kaiser diese ruhmvolle und löbliche Tatsache dem Papst berichtete und der Christenheit diese Freude verkündigte, warf der Papst den Brief auf den Boden und bespie ihn.

In diesem Jahre feierte der Kaiser Ostern mit großem Prunk, nach königlichem Brauche mit der Krone auf dem Haupte einherschreitend, in Jerusalem. Er ließ auch die Häuser der Stadt wiederherstellen und Joppe, das zerstört war, wiederaufbauen sowie noch viele andere Ortschaften, in denen er Christen ansiedelte.

O: MGH SSrG 16, S. 124-126 – Ü: Heinisch (1969), S. 215 f. – L: van Cleve (1972), S. 219-221; vgl. Wulz (1982), S. 177-179.

Ibn Wasil

Gamal ad-Din ibn Wasil (1207-1298) stammte aus der syrischen Stadt Hamat am Orontes. Nach historischen, philosophischen, mathematischen und astronomischen Studien kam er 1244 nach Ägypten, wo er im Umfeld des ayyubidischen Hofes u.a. eine Weltgeschichte und einen astronomischen Traktat verfaßte. Nach 1252 trat er in den Dienst des neuen mamlukischen Sultans Baibars, der ihn 1261 nach Sizilien zu König Manfred entsandte. Um 1265 kehrte Ibn Wasil als Großkadi in seine Heimatstadt Hamat zurück, wo er von 1272-1285 sein bis 1282 reichendes Werk „Der Zerstreuer der Ängste hinsichtlich der Geschichte der Ayyubiden" (*Mufarrig al-kurub fi ahbar Bani Ajjub*) verfaßte. Im Mittelpunkt seiner Darstellung steht die ayyubidische Dynastie, deren Sturz in Ägypten er 1252 miterlebt hatte. Anlaß für die Abfassung des Werkes war vermutlich der Siegeszug Baibars', der sich zwischen 1261 und 1271 den größten Teil der ayyubidischen Fürstentümer und die Kreuzfahrerbesitzungen an den Grenzen seines Syrien und Ägypten umfassenden Machtbereichs unterworfen hatte. Als letztes ayyubidisches Fürstentum konnte Hamat, das sich eng an Baibars anlehnte, seine Eigenständigkeit bewahren. In den Auseinandersetzungen der Jahre 1228/1229 steht Ibn Wasil auf seiten al-Kamils: Der Vater seines Fürsten verdankte seine Wiedereinsetzung in die Herrschaft einer Nebenbestimmung des Friedens von Tell al-Adshul, mit dem al-Kamil 1229 die Voraussetzungen für seinen Vertrag mit Friedrich II. geschaffen hatte. Ibn Wasil erlebte die Übergabe Jerusalems in Damaskus, hatte aber sicher gute Kontakte nach Jerusalem, wo er in den beiden vorangegangenen Jahren seinen Studien nachgegangen war. Er verschweigt nicht die Empörung, die die Abtretung Jerusalems auf muslimischer Seite (vor allem bei den Gegnern al-Kamils) auslöste. Durch die intensivierte Propaganda der Kreuzzugsabwehr hatte Jerusalem seit der Mitte des 12. Jahrhunderts als nach Mekka und Medina dritte heilige Stadt des Islam einen festen Platz im Bewußtsein aller Muslime gewonnen. Ibn Wasil versucht jedoch das Zurückweichen al-Kamils als einen Akt politischer Klugheit zu rechtfertigen, indem er die Übergabe Jerusalems als unbefestigte, leicht zurückzuerobernde Stadt betont und Friedrich II. als Freund der Muslime stilisiert. Gänzlich unerwähnt bleibt daher, daß Friedrich nicht nur als Kaiser, sondern auch als Regent des Königreichs Jerusalem ins Heilige Land kam:

In diesem Jahre (625/1228) kam Kaiser Friedrich mit großem Gefolge von Deutschen und anderen Franken nach Akkon. Wir haben schon davon gesprochen, wie Emir Fahr ad-Din (...) im Auftrag Sultan al-Kamils zum König-Kaiser gekommen war; das war zur Zeit al-Muazzams gewesen. al-Kamil wollte durch den Vertrag mit dem Kaiser, dem König der Franken, und durch seine Einladung (seinem Bruder) al-Muazzam Ungelegenheiten machen (...).

Der Kaiser traf seine Vorbereitungen, kam mit seinem Heer an die syrische Küste und ging in diesem Jahr in Akkon an Land. Dort hatte sich schon vor ihm eine große Menge Franken versammelt, die sich jedoch aus Furcht vor al-Muazzam nicht rührten und deswegen auf den Kaiser, ihr Oberhaupt, warteten. Dieses Wort bedeutet in der Sprache der Franken „König der Fürsten". Sein Reich war die Insel Sizilien und im langen Land (Italien) die Provinzen Apulien und Lombardei (...).

Der Kaiser war ein König der Franken, vornehm und gelehrt, ein Freund der Philosophie, Logik und Medizin, und den Muslimen günstig gesonnen, denn seine eigentliche Heimat, wo er auch erzogen wurde, war Sizilien, dessen König er selbst, sein Vater und sein Großvater waren und dessen Einwohner in der Mehrzahl Muslime sind.

Als der Kaiser in Akkon angekommen war, fand sich al-Kamil in einer unangenehmen Lage, denn sein Bruder al-Muazzam, dessentwegen er den Kaiser gerufen hatte, war gestorben. So brauchte er ihn nicht mehr, konnte ihn andererseits wegen des vorhergehenden Vertrages nicht zurückweisen und gegen ihn kämpfen; das hätte dazu geführt, die Ziele zu verfehlen, die er sich zu der Zeit steckte. Er trat also in Verhandlungen mit ihm, zeigte sich sehr freundlich, und es ergab sich daraus, was wir noch erzählen, so Gott will.

Der Kaiser blieb bis Ende des Jahres in Akkon, während ständig Boten zwischen ihm und al-Kamil hin und her gingen. Die Verhandlungen zwischen al-Kamil und dem Kaiser gingen also weiter; dessen Ziele waren auf das festgelegt, was ursprünglich, noch vor dem Tode al-Muazzams, zwischen ihm und al-Kamil vereinbart worden war. Der König der Franken lehnte es ab, in sein Land zurückzukehren, es sei denn zu den vertraglich bestimmten Bedingungen, daß ihm Jerusalem und ein Teil der Eroberungen Saladins übergeben würden; al-Kamil wollte dagegen nichts von der Auslieferung aller dieser Gebiete hören. Schließlich einigten sie sich auf die Rückgabe Jerusalems unter der Bedingung, daß es entfestigt bleibe und seine Mauern nicht erneuert würden; von dem außerhalb der Stadt liegenden Gebiet solle den Franken nichts gehören, alle Dörfer der Umgebung sollten den Muslimen verbleiben, mit einem Statthalter in al-Bira, direkt in der Provinz Jerusalem; ebenso solle der heilige Bezirk in Jerusalem selbst mit Felsendom und al-Aqsa-Moschee in der Hand der Muslime verbleiben, die Franken sollten dort nur als Besucher Zutritt haben, wobei der Bezirk von den dort eingesetzten Muslimen verwaltet und der islamische Gottesdienst wie bisher abgehalten werden solle. Die Franken nahmen einige wenige Dörfer an der Straße von Akkon nach Jerusalem aus dem Vertrag aus und behielten sie in ihren Händen, im Unterschied zur übrigen Provinz Jerusalem.

Sultan al-Kamil nahm an, wenn er den Kaiser nicht voll zufriedenstelle und es zum Bruch komme, könne sich daraus Krieg mit den Franken und nicht wieder gutzumachender Schaden ergeben, so daß ihm alle Vorhaben entglitten, für die er gearbeitet hatte. Daher wollte er die Franken zufriedenstellen, ihnen das entfestigte Jerusalem überlassen und sich mit ihnen auf einen zeitlich begrenzten

Waffenstillstand einigen. Danach könne er ihnen, wann immer er wolle, diese Zugeständnisse wieder entziehen. Die Verhandlungen zwischen ihm und dem Kaiser führte Emir Fahr ad-Din; dabei entwickelten sich zwischen ihnen Gespräche über verschiedene Gebiete, und der Kaiser schickte al-Kamil Aufgaben zu schwierigen Fragen der Philosophie, Geometrie und Mathematik, um die tüchtigen Männer seines Hofes auf die Probe zu stellen. Der Sultan legte die mathematischen Fragen Scheich Alam ad-Din Qaisar vor, einem Meister dieses Fachs, und die anderen einer Gruppe Gelehrter, die auf alles eine Antwort fanden. Dann beschworen al-Kamil und der Kaiser die Abmachungen des Vertrages und schlossen einen Waffenstillstand für eine bestimmte Zeit. Damit waren die Verhältnisse zwischen ihnen geregelt, und beide Seiten fühlten sich sicher voreinander. Man hat mir erzählt, der Kaiser habe zu Emir Fahr ad-Din gesagt: „Hätte ich nicht den Verlust meines Ansehens bei den Franken zu fürchten, hätte ich dem Sultan nicht diese Bedingungen auferlegt. Ich habe keinerlei wirkliche Absichten auf Jerusalem oder andere Gebiete, sondern allein meine Ehre gegenüber der Christenheit bewahren wollen."

Nachdem der Waffenstillstand geschlossen war, ließ der Sultan in Jerusalem den Auszug der Muslime und die Übergabe der Stadt an die Franken bekanntmachen; die Muslime verließen sie unter Geschrei, Weinen und Wehklagen. Die ganze islamische Welt war tief getroffen und trauerte um den Verlust Jerusalems. Alle mißbilligten und tadelten diese Tat al-Kamils, denn die Rückeroberung der edlen Stadt und ihre Rückgewinnung aus den Händen der Ungläubigen war eine der größten Unternehmungen Saladins gewesen – Gott heilige seinen Geist! Doch al-Kamil seligen Andenkens wußte, daß die Franken sich in Jerusalem nicht würden verteidigen können, da die Mauern geschleift waren; sobald er sein Ziel erreicht habe und Herr der Lage sei, könne er Jerusalem von den Franken reinigen und sie verjagen. „Wir haben ihnen nichts weiter eingeräumt", sagte er, „als zerstörte Häuser und Kirchen in Trümmern. Der heilige Bezirk, der ehrwürdige Felsendom und alle anderen Heiligtümer, die Ziele unserer Wallfahrt sind, bleiben, wie sie waren, in den Händen der Muslime. Die Gottesdienste der Muslime und des Islams werden wie bisher uneingeschränkt gehalten, und für ihre Provinzen und ländlichen Bezirke haben die Muslime einen eigenen Statthalter."

Danach bat der Kaiser den Sultan um Erlaubnis, Jerusalem zu besuchen. Der Sultan gab seine Einwilligung und befahl dem Qadi von Nablus (...), er solle dem Kaiser während seines Besuches in Jerusalem und seiner Rückkehr nach Akkon zu Diensten stehen (...). (Dieser) hat mir erzählt: Als der Kaiser, König der Franken, nach Jerusalem kam, war ich an seiner Seite, wie mir Sultan al-Kamil befohlen hatte. Mit ihm betrat ich den heiligen Bezirk, wo er die kleineren Heiligtümer betrachtete. Dann gingen wir in die al-Aqsa-Moschee, deren Bau er bewunderte wie den des Felsendomes. Als wir zur Gebetsnische kamen, äußerte er seine Bewunderung über ihre Schönheit und die der Kanzel und stieg ihre Stufen bis oben hinauf; er kam wieder herunter, nahm mich bei der Hand, und wir gingen hinaus in Richtung auf al-Aqsa. Dort traf er einen Priester, der gerade mit einem Evangelium in Händen al-Aqsa betreten wollte. Der Kaiser fuhr ihn an und schrie: „Was suchst du hier? Bei Gott, kommt einer von euch noch einmal ohne Erlaubnis her, reiße ich ihm die Augen aus! Wir sind die Sklaven und Diener des Sultans al-Kamil. Er hat mir und euch diese Kirche großzügig zum Geschenk gegeben. Daß keiner von euch wage, sich mehr als den ihm zustehenden Platz anzumaßen!" Der Priester verschwand zitternd vor Furcht. Anschließend begab sich der Kaiser in das Haus, das ihm als Aufenthalt zur Verfügung gestellt worden war, und richtete sich dort ein (...). Ich empfahl dem Muezzin, aus Rücksicht auf den Herrscher in dieser Nacht nicht zum Gebet zu rufen. Als ich morgens bei ihm eintrat, fragte er mich: „Qadi, warum haben die Muezzine nicht wie sonst zum Gebet gerufen?" Ich antwortete: „Dieser niedrige Sklave hat es ihnen verboten aus Rücksicht und Achtung vor eurer Majestät." „Das hast du falsch gemacht", erwiderte der Kaiser, „ich habe vor allem in Jerusalem übernachtet, um dem Gebetsruf der Muslime und ihrem Lobe Gottes in der Nacht zu lauschen." Darauf verließ er Jerusalem und kehrte nach Akkon zurück.

Als die Nachricht von der Übergabe Jerusalems an die Franken Damaskus erreichte, begann an-Nasir seinen Oheim al-Kamil zu schmähen, um ihm die Gefühle der Bevölkerung zu entfremden, und befahl Shams ad-Din (...), der als Prediger beim Volk beliebt war, er solle in der großen Moschee von Damaskus eine Predigt halten; er solle an die große Geschichte Jerusalems erinnern, an die frommen Erzählungen und Überlieferungen, die sich auf die Stadt beziehen, um das Volk in Trauer zu versetzen, und von der Erniedrigung und Schande sprechen, die ihre Übergabe an die Ungläubigen für die Muslime bedeutete. Damit wollte an-Nasir das Volk al-Kamil entfremden und sich seiner Gefolgschaft im Kampf gegen ihn versichern. Shams ad-Din nahm Platz, um die Predigt zu halten, wie der Sultan ihm befohlen hatte, und das Volk kam, um ihn zu hören. Es war ein denkwürdiger Tag: Hoch erhoben sich Geschrei, Weinen und Stöhnen der Menge. Auch ich war bei dieser Versammlung dabei; unter anderem hörte ich Sibt Ibn al-Gauzi ein (Gedicht) vortragen, das er selbst verfaßt hatte (...); daraus ist mir in Erinnerung geblieben: „Im Heiligtum der Himmelfahrt und des Felsens, dessen Ruhm jeden anderen Felsen übertrifft, / sind Koranschulen, die des Vortrages der heiligen Verse jetzt beraubt sind, / ist ein Sitz der Offenbarung in den Höfen, die jetzt verlassen sind." An dem Tage sah man nur weinende Männer und Frauen.

Nachdem der Waffenstillstand zwischen al-Kamil und dem Kaiser geschlossen war, lichtete dieser die Anker und kehrte in sein Land zurück.

Über die weitere Entwicklung der Beziehungen zwischen Friedrich II. und al-Kamil berichtet Ibn Wasil:

Der Kaiser blieb ein aufrichtiger und herzlicher Freund al-Malik al-Kamils; sie hielten einen ständigen Briefwechsel aufrecht, bis al-Kamil starb – Gott erbarme sich seiner – und ihm sein Sohn al-Adil (1238-1240) folgte. Mit ihm war der Kaiser ebenso in aufrichtiger, herzlicher Freundschaft verbunden und stand in Briefwechsel mit ihm. Diese Beziehungen änderten sich auch nicht, als al-Adil starb und sein Bruder as-Salih (1240-1249) den Thron bestieg: as-Salih schickte den gelehrten Scheich Sirag ad-Din al-Urmawi, der heute Qadi von Kleinasien ist, zum Kaiser, und er blieb eine Zeitlang als Ehrengast an seinem Hofe; er verfaßte für den Kaiser ein Buch über Logik, und dieser überhäufte ihn mit Gunstbeweisen (...).

Als der König von Frankreich (Ludwig IX. der Heilige), einer der größten Frankenherrscher, im Jahre 647 (1249) einen Ägyptenzug unternehmen wollte, schickte ihm der Kaiser eine Botschaft, um ihn davon abzubringen; er erregte Furcht in ihm und stellte ihm vor Augen, in welch Unternehmen er sich stürzen wolle, aber er hörte nicht auf den Rat. Der Zeremonienmeister Manfreds, des Sohnes des Kaisers, erzählte mir, der Kaiser habe ihn als geheimen Botschafter zu as-Salih geschickt; er sollte ihm mitteilen, daß der König von Frankreich gegen Ägypten zu ziehen beschlossen habe, und ihn warnen, as-Salih solle sich gegen den Angriff wappnen; das tat er daraufhin. (Der Zeremonienmeister Manfreds) berichtete weiter, er sei als Kaufmann verkleidet hin- und zurückgereist, und niemand habe etwas von seiner Begegnung mit dem Sultan gewußt, denn die Franken hätten nicht wissen dürfen, daß der Kaiser sich zu ihrem Schaden mit den Muslimen verständige.

Als darauf as-Salih starb, zog der König von Frankreich aus und erlitt, was er erlitt: sein Heer wurde völlig vernichtet, seine Kämpfer fielen oder gerieten in Gefangenschaft; er selbst wurde von al-Muazzam Turansah gefangengenommen; der aber wurde umgebracht, so daß (der König) wieder freikam und in sein Land zurückkehren konnte. Da das alles geschehen war, schrieb ihm der Kaiser und erinnerte ihn an das, was er ihm geraten hatte, daß seine Starrköpfigkeit und sein Ungehorsam ihm geschadet hätten, und er tadelte ihn deswegen heftig.

Der Kaiser starb im Jahre 648 (1250) (...). Sein Sohn Konrad folgte ihm nach. Nachdem auch er gestorben war, bestieg sein Bruder Manfred den Thron. Sie alle wurden gehaßt vom Papst, dem Kalifen der Franken, weil sie den Muslimen zuneigten.

O: BN Paris, Ms. Ar. 1702, f. 119v-123r u. 252r-253v (vgl. RepFont 6, 214 f.) – Ü: Gabrieli (1973), S. 326-332 und 335-339; vgl. Heinisch (1968), S. 167-173 – L: Gabrieli (1973), S. 29 f.; The Encyclopedia of Islam, Bd. 3 (Fasz. 56, 1969), S. 967; Gottschalk (1958), S. 152-160.

Sibt Ibn al-Gauzi

Sibt Ibn al-Gauzi (1186-1256) lebte als angesehener Prediger und enger Vertrauter der dortigen Ayyubidenherrscher in Damaskus. 1228/1229 stand er auf Seiten der Gegner al-Kamils und hielt die von Ibn Wasil erwähnte Predigt gegen die Abtretung Jerusalems an die Christen. In seiner umfangreichen Universalgeschichte „Spiegel der Zeit" (*Mirat az-zaman*) überliefert er Einzelheiten über den Aufenthalt Friedrichs II. in Jerusalem, die sich weitgehend mit den Aussagen Ibn Wasils decken. Sein Bild Friedrichs ist jedoch deutlich negativer, da er sein Verhalten als Zeichen religiöser Indifferenz und materialistischer Gottesverleugnung deutet. Er rückt Friedrich damit in die Nähe des Heidentums, das anders als die Buchreligion des Christentums keinerlei Schutz beanspruchen kann. Dazu paßt, daß er auch das körperliche Erscheinungsbild Friedrichs als wenig beeindruckend schildert. Ebenso negativ erscheint al-Kamil, der nach seiner Darstellung seinen Bruder in Damaskus belagert, während ein ungläubiger Herrscher in Jerusalem einzieht:

Als die Nachricht von der Übergabe Jerusalems an die Franken eintraf, stürzte in allen Ländern des Islam die Welt ein. Das Geschehene wog so schwer, daß öffentliche Trauerfeiern angesetzt wurden. an-Nasir Dawud lud mich ein, einer Versammlung in der großen Moschee von Damaskus vorzusitzen und über das zu sprechen, was in Jerusalem geschehen war. Ich konnte es nicht ablehnen, da ich es als Teil der religiösen Pflichten und des Eifers für die Sache des Islams ansah, seinem Wunsche nachzukommen. Ich ließ mich daher (auf der Kanzel) der großen Moschee von Damaskus nieder, und auch an-Nasir wohnte der Versammlung bei (...). Es war ein denkwürdiger Tag, kein Einwohner von Damaskus blieb zu Hause. In meiner Ansprache sagte ich unter anderem: „Allen frommen Besuchern ist der Zugang nach Jerusalem gesperrt. Verlassen sind die Frommen, die dort wohnen, wie oft warfen sie sich nieder im Gebet, wieviel Tränen vergossen sie an ihren Wohnsitzen! Bei Allah!

Wären ihre Augen auch sprudelnde Quellen, sie könnten nicht die ganze Schuld des Kummers ableisten! Zersprängen ihre Herzen auch vor Gram, sie könnten den Schmerz nicht stillen! Wolle Gott die Ehre der Gläubigen leuchten lassen! Schande über die muslimischen Herrscher! Bei solchem Geschehen strömen die Tränen, brechen die Herzen vor Seufzern, erhebt sich hoch der Kummer!" So ging es weiter in einer langen Rede. Die Dichter verfaßten viele Verse über das Los Jerusalems (...).

Während Damaskus belagert wurde, begab sich der Kaiser nach Jerusalem. Im Laufe seines Besuches ereigneten sich verschiedene merkwürdige Zwischenfälle; einer davon ist folgender: Als er den Felsendom betrat, sah er einen Priester bei dem Abdruck des heiligen Fußes sitzen, der von den Franken Blätter entgegennahm. Er ging auf ihn zu, als wolle er ihn um den Segen bitten, stieß ihn aber mit der Faust zu Boden. „Schwein!", rief er, „der Sultan hat uns die Gunst erwiesen, diese Orte besuchen zu dürfen, und ihr treibt hier solche Dinge! Dringt noch einmal einer von euch so hier ein, bringe ich ihn um!"

Der Vorfall wurde von Wärtern des Felsendomes erzählt, und sie berichteten noch mehr: Er betrachtete eine im Innern des Heiligtumes umlaufende Inschrift, die besagte: „Saladin reinigte diese Stadt Jerusalem von den Heiden", und er fragte: „Wer mögen die Heiden sein?" Er fragte auch die Wärter des Heiligtums: „Wozu dienen diese Netze an den Türen des Heiligtums?" Sie antworteten: „Damit keine Spatzen hereinfliegen." Er entgegnete: „Stattdessen hat Gott euch die Riesen (arab. = Tyrannen; andere Lesart: Schweine) hergeführt!"

Als nun die Zeit des Mittagsgebetes nahte und der Ruf des Muezzins erscholl, erhoben sich alle seine Pagen und Diener mit ihrem Meister, einem Sizilianer, mit dem er die verschiedenen Abschnitte von Aristoteles' Logik zu lesen pflegte, und verrichteten das Gebet, denn sie waren alle Muslime. Der Kaiser, erzählten immer noch die Wärter, hatte eine rötliche Haut, war kahlköpfig und kurzsichtig – als Sklave hätte er keine zweihundert Dirham eingebracht.

Aus seinen Reden ging klar hervor, daß er ein Materialist war und sein Christentum einfach Spiel. al-Kamil hatte dem Qadi von Nablus, Shams ad-Din, befohlen, er solle während der ganzen Zeit, in der der Kaiser in Jerusalem zu Besuch weilte, die Muezzine anweisen, im heiligen Bezirk nicht auf die Minarette zu steigen und zum Gebet zu rufen. Der Qadi hatte aber vergessen, den Muezzinen Bescheid zu sagen, und so stieg der Muezzin Abd al-Karim in der Nacht mit der Morgendämmerung auf das Minarett, während der Kaiser im Haus des Qadi wohnte, und fing an, die Koranverse über die Christen zu singen, wie „Gott hat keinen Sohn", was sich auf Jesus als Sohn der Maria bezieht, und ähnliche andere. Morgens rief der Qadi Abd al-Karim zu sich und sagte: „Was hast du getan? Der Sultan hatte doch das und das angeordnet!“ Er entgegnete: „Du hast mir nichts davon gesagt. Es tut mir leid.“ In der zweiten Nacht stieg er also nicht auf das Minarett.

Am folgenden Morgen rief der Kaiser den Qadi, der in seinem Dienst nach Jerusalem gekommen war und der ihm die Stadt übergeben hatte. „Qadi“, sagte er, „wo ist der Mann, der gestern auf das Minarett stieg und jene Worte sagte?“ Der Qadi berichtete ihm, was der Sultan ihm aufgetragen hatte, doch der Kaiser entgegnete: „Das habt ihr falsch gemacht, Qadi, wollt ihr meinetwegen euren Glauben ändern? Wenn ihr bei mir in meinem Lande wäret, ließe ich vielleicht euretwegen die Glocken nicht läuten? Bei Gott, tut das nicht! Das ist das erste Mal, daß ich etwas an euch auszusetzen habe.“ Darauf verteilte er Geld an die Bediensteten, die Muezzine und die Frommen des Heiligtums und gab jedem zehn Dinar; er blieb nur zwei Nächte in Jerusalem und kehrte dann aus Furcht vor den Templern, die ihn ermorden wollten, nach Jaffa zurück.

O: Sibt Ibn al-Gauzi, *Mirat az-zaman*, hg. v. J.R. Jewett, Chicago 1907, S. 432-434 – Ü: Gabrieli (1973), S. 332-334 – L: Gabrieli (1973), S. 30.

Das Manifest Friedrichs II.

Friedrich mußte sehr daran gelegen sein, sein Verhalten und den erzielten Erfolg in der Öffentlichkeit entsprechend darzustellen. Datiert „Jerusalem, den 18. März 1229“ (in Wirklichkeit wohl erst einige Tage später von Jaffa oder Akkon aus abgeschickt), verfaßte er ein Manifest an den Papst, die Könige der Christenheit und seine Getreuen im Reich. Es ist in zwei unterschiedlichen Fassungen erhalten: Die in den Registern Gregors IX. erhaltene Abschrift des Schreibens an den Papst stimmt weitgehend überein mit den in einem Klosterneuburger und Passauer Kopiar erhaltenen Fassungen an die „Freunde und Getreuen“ bzw. die „Grafen, Barone, Ritter und Edlen im Reich“ und dem Exemplar, das der Bischof von Hildesheim erhielt. Das nur bei Roger von Wendover überlieferte Schreiben an König Heinrich III. von England dagegen weicht vor allem im Schlußteil erheblich ab. Die Anspielung auf den Widerstand der in England und Frankreich einflußreichen Templer und Johanniter ist weggelassen. Vor allem aber wird der triumphale Einzug Friedrichs in Jerusalem in einer Weise ausgestaltet, daß Friedrich mit Christus gleichgesetzt scheint.

Um die Interpretation dieses Manifestes, des einzigen kaiserlichen Schreibens des Mittelalters, das als Ausstellungsort „Jerusalem“ trägt, entbrannte 1929 eine der bis heute heftigsten Kontroversen über Herrschaftsauffassung und Selbstverständnis Friedrichs II. Ausgehend von der Fassung für Heinrich III. von England, vertrat Ernst Kantorowicz die These, Friedrich II. habe sich nach seiner „Selbstkrönung“ in diesem Manifest als orientalischer, gottähnlicher Herrscher stilisiert. Schon die Einleitung rücke ihn „in die ihm gebührende Gottnähe der Engel"; was er selbst getan, lasse Friedrich in seiner Darstellung Gott unmittelbar gewirkt haben, ohne daß die Kirche auch nur erwähnt werde; der Schluß umkleide ihn mit der „strahlenden Glorie, dem göttlichen Nimbus der östlichen Herrscher". Dieser Interpretation hielt Albert Brackmann entgegen, der wichtigste Adressat des Schreibens sei der Papst gewesen, dem Friedrich durch Aufzählung seiner Erfolge vor Augen führen wollte, daß ihm die Gnade Gottes offensichtlich beigestanden habe und eine Aufhebung des Bannes nun unabweisbar sei.

Im folgenden sind die nur in der Fassung an den Papst und die Getreuen im Reich stehenden Teile nach links, die nur im Schreiben an Heinrich III. von England vorhandenen Teile nach rechts gerückt:

Frohlocken und jubeln mögen alle im Herrn, und rühmen mögen ihn die, die aufrichtigen Herzens sind, da es ihm gefiel, die Sanftmütigen seines Volkes glückhaft zu erhöhen. Loben auch wir ihn, den die Engel loben, weil er unser Herr und Gott ist, der allein große Wunder tut und der seiner alten Barmherzigkeit nicht vergaß, sondern diese Wunder, die er, wie man liest, in alten Tagen getan hat, zu unseren Zeiten erneuerte, da er, weil er, um seine Macht kundzutun, nicht immer mit Pferden und Wagen prangt, sich jetzt Ruhm gab in der geringen Anzahl der Männer, auf daß alle Völker erkennen und begreifen, wie er furchtbar ist in seiner Herrlichkeit, ruhmvoll in seiner Majestät und wunderbar in seinen Plänen über den Menschensöhnen, da in diesen wenigen Tagen mehr durch ein Wunder als durch Tapferkeit jenes Werk glücklich vollbracht wurde, das seit langen, vergangenen Zeiten viele Mächtige und mancherlei Fürsten der Erde weder mit der Menge der Völker noch durch Furcht oder irgend etwas anderes zu vollbringen vermochten.

O wie rühmenswert ist die unsagbare Barmherzigkeit des Erlösers, der sein auf Grund unserer Sünden so lange verlassenes, ergebenes Volk jetzt, von seiner Höhe herabblickend, in der Fülle seiner Erbarmungen heimsuchte!

Seht, jetzt ist jener Tag des Heils gekommen, an dem die wahren Christen ihr Heil von ihrem Herrn und Gott empfangen, damit der Erdkreis erfahre und begreife, daß er es ist und kein anderer, der das Heil seiner Diener wirkt, wann und wie er will!

Wir glauben nun, daß wir das, was wir mit Hilfe des Allmächtigen bei unserer Landung in Akkon glücklich vollbrachten, eurer Geneigtheit bereits mitteilten. Heute aber wollen wir euch genauer unterrichten über all die glücklichen Ereignisse, die über alle Freude und alles Glück hinausreichen und die uns allein durch die Hilfe der göttlichen Macht widerfuhren; wir wollen dabei alles Vorangegangene übergehen, damit keine lange Vorrede eure Neugier lange in Spannung halte.

So möge denn also eure Geneigtheit wissen, daß wir, unsere Hoffnung immer fest auf Gott gerichtet und in dem Glauben, daß Jesus Christus, sein Sohn, für dessen Dienst wir Leib und Seele in Ergebenheit aufs Spiel gesetzt haben, uns in so unbekannten und fernen Gegenden nicht verlassen, sondern uns vielmehr zu seinem Ruhm und seiner Ehre Rat und Hilfe schenken werde, in seinem Dienst und in seinem Namen ausfuhren und am 15. Tage des vergangenen Monats November nach Joppe gekommen sind, um dort die Burg wieder aufzubauen, damit uns und dem christlichen Heere für den Zug nach der heiligen Stadt Jerusalem ein um so leichterer Weg offenstünde. Dennoch verbrachte das christliche Heer dort acht Tage größter Drangsal, da nämlich, weil nicht jeder im Heere imstande war, für mehrere Tage ausreichenden Proviant für sich und die Pferde mit Saumtieren über Land fortzuschaffen, und eigens zu diesem Zwecke einige Fahrzeuge im Hafen von Akkon bereitgehalten waren, die den Proviant bringen sollten, infolge eines plötzlichen starken Sturms, heftiger Böen und übermäßig anschwellender Sturmfluten der Nachschub dieser Fahrzeuge acht Tage lang den Kämpfern Christi und den Verteidigern des christlichen Glaubens aufgrund unserer Sünden gesperrt war. Es entstand aber darob Murren und große Furcht bei vielen, der Herr sei vielleicht über sein Volk erzürnt und wolle es mit dem Schwerte des Hungers völlig von der Erde vertilgen. Da aber der größte Zorn Gottes darin besteht, sich lieber zu erbarmen als zu erzürnen, da seine unaussprechliche Milde es nicht zuläßt, den Menschen mehr zu versuchen, als er es aushalten kann, befahl er auf Grund der Tränen und Bitten und der frommen Gebete den Winden, und es entstand eine große Stille auf dem Meere; und alle sprachen und riefen einmütig aus: „Wer ist es, der den Winden und dem Meere befiehlt, und sie gehorchen ihm?“ (Lk 8,25) Sogleich traf auch eine unzählige Menge von Schiffen mit einer ungeheuren Masse an Getreide, Gerste, Wein und allen notwendigen Dingen in Joppe ein. Da aber ward das ganze Heer so mit allen Gütern ausgestattet und erquickt, daß außer einigen Pilgern und anderen zufällig beim Heere weilenden Bettlern keiner mehr da war, der nicht das, was er brauchte, erhalten hätte, der eine für einen, der andere für zwei Monate im Überfluß. Und da nach der göttlichen Barmherzigkeit, damit der Herr uns seinen Ruhm noch offenbarer kundtue, die Stille des Meeres und der Luft gegen die Gewohnheit der Jahreszeit wunderbarerweise immer weiter andauerte, kamen die genannten Fahrzeuge nach Akkon zurück und fuhren wieder und wieder viele Male hin und her, und auf diese

Weise segelten sie jeden Tag beladen zu uns, so daß von da ab wunderbarer Überfluß an allem Erforderlichen herrschte und immer blieb. Wir aber verweilten dort und waren auf die prächtige Wiederherstellung der Burg bedacht, die, wie wir hoffen und glauben, uns und der ganzen Christenheit für alle Ewigkeit denkwürdig sein wird. Während wir und alle Pilger unentwegt damit beschäftigt waren, kamen vom Sultan von Babylon (al-Kamil) und gingen von uns zum Sultan mehrfach mehrere Boten und wechselten hin und her. Dieser Sultan, der nur eine Tagesreise von uns entfernt war, und sein Bruder, ein Sultan, der Sharaf (al-Ashraf) heißt, hatten bei der Stadt Gaza ein großes Heer; und auf der anderen Seite lag in der Stadt Sichem, die gewöhnlich Nablus genannt wird und in der Ebene liegt, der Sultan von Damaskus, ihr Neffe, (an-Nasir Dawud, dieser zog sich jedoch bald nach Damaskus zurück, da er einen Angriff seiner Verwandten fürchtete) mit einer unzähligen Menge von Rittern und Fußvolk seines Stammes, uns und dem christlichen Heere eine Tagesreise nah. Und als über die Rückgabe des Heiligen Landes von beiden Seiten unterhandelt wurde, fügte es schließlich Jesus Christus, Gottes Sohn, der unsere ergebene Geduld aus der Höhe anschaute, in seiner Barmherzigkeit und seinem Mitleid mit uns, daß uns der Sultan von Babylon die heilige Stadt Jerusalem wiedergab, die Stätte also, wo die Füße Christi standen, die Stätte auch, wo die wahren Anbeter in Geist und Wahrheit den Vater der Väter anbeten.

Und daß wir euch nun über diese Rückgabe im einzelnen berichten, wisset, daß uns nicht bloß die heilige Stadt selbst wiedergegeben wurde, sondern die ganze Landschaft, wie sie von dort hinabsteigt bis zur Küste und zur Burg Joppe, damit die Pilger fortan freien Zugang zum Grab des Herrn haben und sicheren Rückweg, mit der Einschränkung freilich, daß wir, weil die Sarazenen den Tempel in größter Verehrung halten und nach ihrem Brauche zur Anbetung nach Art der Pilger dorthin ziehen, ihnen erlaubten, freizukommen, allerdings ohne Waffen und nur so vielen, wie uns genehm sind; auch werden sie nicht in der Stadt hausen, sondern außerhalb, und nach ihrem Gebete wieder abziehen. Zurückerstattet ist uns außerdem die Stadt Bethlehem und das ganze Land zwischen Jerusalem und dieser Stadt, ebenso die Stadt Nazareth und das ganze Land zwischen Akkon und dieser Stadt, das ganze Land von Torro (Toron, östlich von Tyrus), das sehr ausgedehnt ist und weit und sehr vorteilhaft für die Christen; auch die Stadt Sidon mit der ganzen Ebene und dem, was dazugehört, ein Ort, der den Christen fortan um so nützlicher sein wird, je notwendiger er bisher den Sarazenen gewesen ist, und fruchtbarer als die anderen Gegenden, deshalb nämlich, weil dort ein Hafen ist und von dort Waffen und viele andere Bedarfsartikel häufig nach Damaskus und von Damaskus nach Babylon gebracht wurden. Wenn uns zudem auch vertragsmäßig erlaubt ist, die Mauern der heiligen Stadt Jerusalem, die Burg von Joppe, die Burg von Caesarea, die Burg von Sidon und die Burg des Deutschritterordens, die die Brüder im Gebirge von Akkon zu bauen begonnen haben, wieder aufzubauen, wie es zur Zeit eines Waffenstillstandes den Christen niemals erlaubt war, so soll dennoch der Sultan bis zum Ende des Waffenstillstandes, der zwischen uns und ihm auf 10 Jahre festgesetzt ist, irgendwelche Bauten oder Burgen weder neu errichten noch bauen.

Und so ward am Sonntag, dem 18. Tage des vergangenen Monats Februar, an dem Tage also, da Christus, der Sohn Gottes, von den Toten auferstanden ist und der von allen Christen zum Gedächtnis der Auferstehung des Herrn gefeiert und verehrt wird, der Abschluß dieses Friedens hier und da eidlich beschworen.

Was wir schließlich im Dienste Gottes an Rat und Hilfe von dem Patriarchen von Jerusalem und den Meistern und Brüdern der Ordenshäuser in den hiesigen Gegenden erfuhren, werden wir euch, wenn sich Zeit und Gelegenheit dazu findet, ausführlicher zu melden nicht verabsäumen. Eines jedoch können wir sagen und dürfen wir nach Gebühr nicht verschweigen, daß der Meister und die Brüder des Deutschordens der heiligen Maria von Anfang unserer Ankunft an uns im Dienste Gottes ebenso ergeben wie tatkräftig zur Seite standen.

Wahrhaftig, jetzt schien uns und allen jener Tag aufgeleuchtet zu sein, an dem die Engel sangen: „Ehre sei Gott in der Höhe und Friede den Menschen auf Erden, die eines guten Willens sind!"

Daher möge eure Heiligkeit, wenn es gefällt, dem Höchsten, der dies vollbracht hat, danksagen. Gebt stets Ehre seinem Ruhm und indem ihr in der Feier solchen Jubels und solcher Freude in der Furcht vor und in der Liebe zu Gott frohlockt, benedeit ihn, der allein große Wunder tut.

Eure Väterlichkeit möge aber wissen, daß wir am Samstag, dem 17. Tag dieses Monats März, die genannte Stadt Jerusalem mit gewaltigem Jubel des christlichen Heeres betraten, das Grab des lebendigen Gottes als katholischer (d.h. universaler und rechtgläubiger) Kaiser ehrfürchtig besuchten und am folgenden Sonntag zu Ehre und Ruhm des höchsten Königs dort die Krone trugen. Wir bemühten uns auch um die Wiederherstellung der Stadt selbst und ordneten an, daß sie in unserer Abwesenheit so gut und stark mit Mauern und

Türmen befestigt werde, als wären wir selbst anwesend, auf daß, so Gott es gibt, um sie in Zukunft nicht mehr zu fürchten sein wird. Wisset auch, daß der genannte Sultan sich zur Rückgabe sämtlicher Gefangener verpflichtet hat, sowohl derer, die er zu Zeit des Verlustes von Damiette und dem seinerzeit zwischen den Christen und ihm geschlossenen Vertrag nicht freigegeben hat, als auch der anderen, die später in seine Gefangenschaft geraten sind.

Gegeben in der heiligen Stadt Jerusalem, am 18. März in der 2. Indiktion.

Zur Anerkennung aber einer so großen Wohltat und solcher Ehre, wie sie über unser Verdienst und gegen die Meinung vieler zum ewigen Lob seines Erbarmens Gott uns barmherzig erwiesen hat, und damit wir ihm an der heiligen Stätte das Opfer unserer Mühen persönlich darbrächten, wisset, daß wir am Samstag, dem 17. Tage des Monats März der gegenwärtigen 2. Indiktion mit allen Pilgern, die mit uns getreulich Christus, dem Sohne Gottes, gefolgt sind, in die heilige Stadt Jerusalem einzogen und als katholischer Kaiser sogleich am Grab des Herrn ehrfürchtig unser Gebet verrichteten. Am folgenden Tage aber trugen wir die Krone, die uns der allmächtige Herr vom Throne seiner Majestät zusprach. In der besonderen Huld seiner Gnade hat er uns unter den Fürsten des Erdkreises wunderbar erhöht, damit es so, während wir über eine solche Würde beglückt sind, die uns nach dem Rechte des Königtums gebührt, der Welt mehr und mehr offenbar werde, daß die Hand des Herrn dies alles bewirkte. Und weil seine Werke im Erbarmen über allem bestehen, so sollen die Söhne des wahren Glaubens von nun an erkennen und weit und breit über den Erdkreis verkünden, daß er, der gebenedeit ist in Ewigkeit, sein Volk heimgesucht und uns als Horn des Heiles im Hause seines Vaters David errichtet hat.

Bevor wir nun aus der heiligen Stadt Jerusalem scheiden, haben wir für den prächtigen Wiederaufbau der Stadt, ihrer Türme und ihrer Mauern solche Anweisungen gegeben und wollen ihn uns so angelegen sein lassen, daß während unserer Abwesenheit keine geringere Sorgfalt und Tätigkeit darin beibehalten wird, als wenn wir persönlich dabei anwesend wären.

Damit aber dieser unser Brief überall voll des Jubels sei und sein Ende gleich dem Anfang so voll der Freude, daß er euer königliches Gemüt wunschgemäß erheitere, wollen wir zur Vermehrung der Freude und aller vorausgegangenen Heiterkeit eurer Freundschaft kundtun, daß der genannte Sultan alle jene Gefangenen, die er gemäß dem Vertrage zwischen den Christen und ihm aus der Zeit des Falles von Damiette nicht herausgegeben hat, sowie die anderen, die später gefangengenommen worden sind, uns sämtlich freigeben soll.

Daher sagt auch ihr dem Allmächtigen Dank, der dies tat, und im Jubel solcher Freude und solcher Heiterkeit ruft ihm in Furcht und göttlicher Liebe zu, und benedeit ihn, der allein so große Wunder wirkt!

Gegeben zu Jerusalem, der heiligen Stadt, am (18.) März, im Jahre des Herrn 1229.

O: MGH Const. 2, S. 164-167 (= HB 3.1, S. 96-99); vgl. RI 5.1, Nr. 1738 – Ü: Heinisch (1968), S. 173-178; vgl. von den Steinen (1923), S. 27-31 / Schluß der Fassung an den Papst: van Eickels. – L: van Cleve (1972), S. 223 f.; Kluger (1987), S. 117-122; Stupor mundi[1], S. 5-48 (Kantorowicz-Brackmann-Kontroverse).

Brief des Patriarchen Gerold an den Papst

Das Gegenbild zu dem im Bewußtsein des Erfolges, aber doch in konziliantem Ton gehaltenen Manifest des Kaisers bietet der feindselige Bericht, den Patriarch Gerold von Jerusalem am 26.3.1229 an Papst Gregor IX. sandte. Er betont, daß die Jerusalemer Kirche kaum materiellen Nutzen aus dem Vertrag zog und rückt die Templer und Johanniter, die den Kaiser zu behindern suchten, in ein günstiges Licht; negativ dagegen beurteilt er den Deutschen Orden und die deutschen Kreuzfahrer, die als Pilger nur ihr Interesse am freien Zugang zu den heiligen Stätten, nicht aber die Interessen seiner Kirche und des Königreichs Jerusalem im Auge hatten. Die politischen Bedenken Gerolds gegen die Bestimmungen des Vertrages waren nicht unbegründet, auch wenn die von inneren Konflikten zerrissene islamische Seite in den folgenden Jahren die Schwachstellen des Vertragstextes nicht ausnutzte. Die von Gerold erhobenen Vorwürfe, der Kaiser habe nach sarazenischer Sitte gelebt und überall sei das Gesetz Mohammeds ausgerufen worden, haben insofern einen wahren Kern, als Friedrich die Verhandlungen in arabischen Formen führte und in Jerusalem die Gebetsrufe der Muezzine ausdrücklich gestattet hatte; sie weisen allerdings schon voraus auf die Sprache, in der die päpstliche Seite zehn Jahre später die Rechtgläubigkeit Friedrichs in Frage stellte. Lediglich festgehalten, aber in keiner Weise als überheblicher Akt gebrandmarkt wird dagegen die „Selbstkrönung" Friedrichs in der Grabeskirche:

Dem heiligsten Vater in Christo, dem Herrn Gregor, durch Gottes Ratschluß höchsten Priester, entbietet Gerold, durch göttliche Barmherzigkeit demütiger und unwürdiger Patriarch von Jerusalem, mit höchster Ehrerbietung und ergebenem Kusse der heiligen Füße Heil.

Eure Heiligkeit, heiliger Vater, glaubten wir über die Lage der Dinge im Heiligen Lande durch gegenwärtiges Schreiben unterrichten zu sollen, damit aus der genauen Kenntnis der Sachlage die Aufmerksamkeit eurer Heiligkeit ein genaueres Bild von den Einzelheiten gewinnen kann.

Möge also eure Heiligkeit wissen, daß um das Fest des heiligen Clemens (23.11.1228) der Kaiser von Akkon nach Joppe aufgebrochen ist und das christliche Heer ihm folgte. Während er aber dort nach seiner Ankunft mit der Befestigung begann, liefen die Pilger in die umliegenden Dörfer, um Lebensmittel zu holen. Als dies der Sultan (al-Kamil), der mit seinem Heere in der Nähe lagerte, hörte, antwortete er den Gesandten des Kaisers, die schon von Akkon aus zu ihm geeilt waren, unfreundlich und sagte, daß er, solange der Friedensvertrag gelte, nicht, um Befestigungen anzulegen, nach Joppe hätte kommen und seine Dörfer plündern dürfen; deshalb schickte er die erwähnten Gesandten ärgerlich und zornig zurück. Daraufhin ließ der Kaiser alles, was die Pilger aus den vorgenannten Dörfern genommen hatten, zurückerstatten und die Dörfer selbst in jeder Beziehung sichern, indem er so begann, den Sultan zu versöhnen.

Zur selben Zeit sandte ihm der Sultan einige billige und verächtliche Waffenstücke, die einem Fechtmeister oder Barbier dienen könnten, mit dem Zusatz, sein Land habe Überfluß an derartigen Dingen. Darauf schickte der Kaiser seinen Notar zu dem Sultan, um noch einmal Friedensverhandlungen einzuleiten. Dieser wurde vom Sultan übel aufgenommen und kehrte unverzüglich zurück; auf dem Rückweg wurde er von den Sarazenen schimpflich behandelt und all seiner Habe beraubt.

Danach wurde, nicht ohne schweres Ärgernis und erstaunliche Aufregung bei den Pilgern, derselbe Notar noch einmal abgesandt; der Kaiser schickte dem Sultan seine eigenen Waffen, das heißt: seinen Panzer, seinen Helm und sein Schwert, und ließ ihm, wie uns als sicher berichtet wurde, sagen, er möge mit ihm, dem Kaiser, machen, was er wolle, da er fortan niemals mehr gegen ihn Waffen anlegen werde. Darauf antwortete der Sultan nichts und achtete alles, was geschah, gering.

Indessen sagte einer von den Vertrauten des Sultans, der so tat, als liebe er den Kaiser (Fahr ad-Din), dem Notar, wenn es dem Sultan gefalle, daß der Graf Thomas (von Acerra) zu ihm zurückkehre, so würden sie beide über einen Weg zu Frieden und Eintracht verhandeln. Daher bat der genannte Notar den Sultan mit höchster Eindringlichkeit flehentlich, er möge ihm in dieser Beziehung seine Zustimmung erteilen. Dieser gewährte endlich dem Bittenden die erbetene Gnade.

So also kehrte der Graf zum Sultan zurück, und durch ihn und den genannten Vertrauten des Sultans wurde der Friedensvertrag, der, wie oben berichtet, zum Ärgernis der ganzen Christenheit gebrochen worden war, zum doppelten Ärgernis neuerlich geschlossen.

Während seiner Dauer wurden unsere armen Pilger gefangengenommen und unterschiedslos getötet, und nach dem, was wir wahrheitsgetreu erfuhren, verloren wir auf diese Weise wohl mehr als 500 der Unseren, während, um die Wahrheit zu sagen, seit der Kaiser nach Syrien kam, von den Seinen oder von dem christlichen Heere kaum 10 Sarazenen gefangengenommen oder getötet wurden. Ja, einer wurde sogar gefangengenommen, sofort wieder freigelassen, mit teuren Kleidern beschenkt und so ehrenvoll dem Sultan zurückgeschickt, so daß jene, die ihn von seiten des Kaisers geleiteten, von den Sarazenen unterwegs all ihrer Habe beraubt wurden und kaum dem Tode entgehen konnten. So fanden also diejenigen, die durch die Feinde des Glaubens in Gefahr gerieten, keine Hilfe bei ihrem Fürsten. Wenn diese aber einer aus irgendeinem Grunde beleidigte, wurde er von ihm bestraft. Daher bedrohte draußen das Schwert und drinnen die Furcht die Unseren.

Auch darf nicht verschwiegen werden, was der Christenheit zur höchsten Schande zu gereichen schien. Der Kaiser bat den Sultan, das christliche Heer auf seine, des Kaisers, Kosten durch Sarazenen bewachen zu lassen; als der Sultan dies angeordnet hatte, fielen, da Wölfe zu Hirten gemacht worden waren, viele der Unseren im Vertrauen auf sie.

Was wir ferner mit größter Wahrhaftigkeit und brennender Scham berichten, ist, daß der Sultan dem Kaiser, als er hörte, daß dieser nach sarazenischer Sitte lebe, Sängerinnen, die auch Tänzerinnen genannt werden, schickte, sowie Gaukler, Personen also, die nicht nur verrufen sind, sondern von denen man unter Christen überhaupt nicht sprechen sollte; mit diesen vergnügte sich der Fürst dieser Welt bei abendlichen Gelagen, bei sarazenischen Getränken, in sarazenischen Kleidern und überhaupt in jeder Weise als Sarazene. Wenn auch das christliche Heer davon nichts wissen wollte, so werden mit Gottes Hilfe doch diejenigen, die es mit eigenen Augen sahen, es zu gegebener Stunde den Ohren eurer Heiligkeit berichten.

Gegen die Sarazenen war er nicht nur freigebig, sondern verschwenderisch, als wenn er den Frieden, den er nicht durch Gewalt oder Furcht erreichen konnte, kaufen wollte. Lange vor Weihnachten ließ er Schiffszwieback backen und seine Galeeren und sämtliches Gepäck richten. Als die Sarazenen das hörten, verachteten sie ihn, obwohl sie ihn vorher auch nicht fürchteten, noch mehr.

Schließlich rief er am Sonntag Septuagesima (11.2.1229), willens, den Friedensvertrag zu verkünden, der bis dahin noch geheimgehalten worden war, etwa vier von den Großen Syriens zu sich und vertraute ihnen an, daß er so arm sei und daß er nicht länger bleiben könne, da ihm bereits die Barmittel ausgingen, um auf diese Weise ihre Meinung um so leichter seinem Vorhaben und Wunsche geneigt zu machen.

Nachdem er aber seine Vorrede über die Armut beendet hatte, eröffnete er ihnen, der Sultan habe ihm die heilige Stadt angeboten, sich aber den Tempel des Herrn vorbehalten, weil er ihn von Sarazenen bewacht haben wollte, damit ihn die Muslime ohne Abgabe frei betreten könnten, die dorthin pilgern wollten; er aber könne die Stadt Bethlehem befestigen und zwei winzige Dörfchen, die an der Straße von Bethlehem nach Jerusalem liegen, Dörfer, die geradenwegs zwischen Jerusalem und Joppe liegen, Nazareth und zwei kleine Dörfer, die zwischen Nazareth und Akkon liegen, Tyrus und seine Umgebung, das er nicht befestigen dürfe, Sidon mit seiner Ebene und zwei kleine Dörfer, die in der Ebene liegen.

Dabei muß man wissen, daß dem Patriarchen außerhalb der Stadt nicht ein Schritt Landes zurückerstattet wird, ebensowenig dem Orden vom Grab des Herrn, dem des heiligen Johannes, dem der Lateinischen Brüder, dem vom Berge Josaphat, vom Tempel, den Mönchen vom Berge Oliva und vom Berge Sion – überhaupt wird, um mich kurz zu fassen, nichts außerhalb der Stadt zurückgegeben als das, was oben aufgezählt wurde; darunter fällt jedoch kein einziges Dorf, das irgendeiner Körperschaft der Stadt gehört, abgesehen vom Orden der Templer, dem einige von den Dörfern gehören, die zwischen Jerusalem und Joppe liegen. Die Dörfer aber, die als zurückerstattet genannt werden, sind wenige an der Zahl und die meisten von nicht nennenswertem Werte.

Darauf antworteten die obengenannten Edlen, sie wagten, da er so arm sei, daß er nicht länger bleiben könne, ihm von dem Vorschlag nicht abzuraten, allerdings müsse er die Stadt behalten und befestigen können. Danach wurden die Ordensmeister gerufen und befragt; sie antworteten alle mitsamt den Bischöfen von England, daß sie, ohne uns um Rat gefragt zu haben, überhaupt nichts dazu sagen wollten; sie sagten, daß man unsere Meinung vor allem einholen müsse, sowohl um der Würde des Patriarchats willen, als auch weil wir in diesen Ländern und ganz besonders in Sachen Jesu Christi das Amt eines Legaten bekleiden. Darauf antwortete der Kaiser, er wolle in dieser Angelegenheit unseren Rat weder suchen noch befolgen.

So also schwor der Kaiser heimlich, ohne daß einer aus dem Lande anwesend war, in Gegenwart der Gesandten des Sultans, er werde das halten, was in jenem Vertrage stehe, der niemals vor irgendeinem der Pilger oder irgendeinem aus dem Lande verlesen oder eröffnet worden war, der auch nicht vor den Gesandten des Sultans vom Kaiser selbst den Baronen oder den Ordensmeistern mitgeteilt und auch vom Sultan nicht veröffentlicht wurde. Und der Sultan begnügte sich mit dem Schwur des Fürsten allein, und keines anderen Sicherheit wurde dafür gefordert, da der Kaiser wohl wußte: wenn diese Sicherheit von einem anderen eingeholt würde, wie es zu geschehen pflegt, dann würde der, den man darum anginge, die einzelnen Punkte, bevor er schwüre, genauestens studieren wollen. Der Kaiser aber verbog, da er übel handelte, den Lichtstrahl der Vernunft überall.

Endlich rief der Kaiser seine Deutschen, die nichts anderes ersehnten, als das heilige Grab besuchen zu können, und er und der Deutschordensmeister nach ihm begannen auseinanderzusetzen, wie er durch sie erhöht sei und wie Gott ihn in dieser Sache ehre, nicht auf Grund seiner Verdienste, sondern durch ihre Gebete. Und wenn auch alle anderen widersprächen, so glaube er sich mit ihrer Zustimmung zufriedengestellt und bitte sie, sich seines Ruhmes zu freuen und einen Gesang zum Zeichen des Jubels und der Freude anzustimmen. So hob allein dieses Volk an zu singen und erleuchtete festlich die Stadt, während alle anderen das Geschehene für eine Dummheit ansahen, da viele von ihnen bereits den offenbaren Betrug darin erkannten.

Danach gingen der Deutschordensmeister, der Graf Thomas von Acerra und der Herr (Balian) von Sidon zum Sultan von Babylon (al-Kamil), um seinen Eid über die eingegangenen Verbindlichkeiten einzuholen. Nachdem sie ihn erhalten hatten, ging der Herr von Sidon zum Sultan von Damaskus (an-Nasir Dawud), um von ihm auf gleiche Weise den Eid einzuholen. Dieser Sultan aber hatte schon vorausgesehen, daß der Sultan von Babylon und Sharaf (al-Ashraf), seine Oheime, ihn völlig zu enterben im Sinne hatten und sein Land untereinander teilen wollten. Deshalb zog er sich nach Damaskus zurück, sammelte die Seinen um sich und versuchte jenen mannhaft zu widerstehen. Er wollte den Waffenstillstand auf keinen Fall beschwören und sagte, der Sultan von Babylon, sein Oheim, könne und dürfe sein Land den Christen ohne seine Zustimmung nicht überantworten.

Inzwischen verlangte der Deutschordensmeister, um das Ansehen des Fürsten zu erhöhen oder vielmehr um seine Falschheit, Niederträchtigkeit und Betrügerei zu bemänteln, von uns, indem er uns um Rat fragte und bat, persönlich zum Heere zu kommen, wir sollten mit den Pilgern feierlich in die heilige Stadt einziehen; alles werde dann nach unserem Ratschlag angeordnet werden, und der Kaiser wünsche unsere Anwesenheit sehr. Der Ordensmeister war sehr besorgt darum und bat unsere Freunde und Vertrauten beim Heere angelegentlich, uns zum Kommen zu überreden.

Von diesen allen erhielten wir Zuschriften, die wir lasen; wir glaubten jedoch, vorsichtig überlegen und beachten zu müssen, daß der Kaiser, in dem Bestreben, die Fühler seiner Falschheit auszustrecken, und in dem Bewußtsein, daß der Waffenstillstand und die Abmachungen, die er mit dem Sultan geschlossen hatte, tückisch und trügerisch jeder Grundlage der Wahrheit und Festigkeit entbehrten und daß ein so unsinniges Verbrechen nicht lange verheimlicht werden könne, da, sobald er das Land verlassen haben würde, das Land, das er erobert zu haben sich rühmte, nicht durch ihn gehalten werden könne, glaube, er sei entlastet, ja über alles geehrt, aber nach seinem Abzug bezüglich der Erwerbung, die er gemacht zu haben vorgebe, oder der Weiterführung der Arbeiten in Joppe von jeder Verpflichtung frei, und daß er, wenn wir später durch irgendein Ereignis gezwungen wären, Jerusalem aufzugeben oder das Werk unvollendet zu lassen, sagen würde: „Ich habe die heilige Stadt erobert; der Patriarch und Legat der römischen Kirche hat sie wieder verloren; ich habe Joppe zu befestigen begonnen, er hat es wieder verloren!" und daß er das nicht nur uns, sondern sogar der Kirche anrechnen würde.

Deshalb, heiliger Vater, unterließen wir es, obwohl wir die Tücke des Kaisers und den Trug und die Umgarnung des Ordensmeisters in dieser Beziehung ausdrücklich erwogen, dennoch absichtlich, auf das, was wir klar erkannt hatten, zu antworten, sondern schrieben dem Ordensmeister, er möge uns eine wortgetreue Abschrift des Vertrages und aller Abmachungen zusenden; nach gebührender Überlegung könnten wir dann, was er wünsche, um so vertrauender und sicherer erfüllen. Es schien uns nämlich nicht sicher, sondern reichlich gewagt, uns in die Hand des Sultans zu begeben, dessen Vertragsinhalt nicht bekannt war.

Auf diese Nachricht hin schickte uns der Ordensmeister unverzüglich durch den Bruder Walther vom Orden der Dominikaner, unseren Beichtvater, die obengenannte Abschrift. Nach ihrem Empfang und eifrigem Studium bemerkten wir, daß darin unter anderem Erstaunliches stehe, indem wir dem Urteil eures Scharfblicks die offensichtliche Bosheit dieses Fürsten überlassen. Wir aber begannen, da wir dem Inhalt des Vertragstextes nichts anderes entnahmen, von da ab unseren Plan zu fassen, wie wir in der ganzen Angelegenheit vorgehen müßten.

Da für uns vor allem feststand, daß der Sultan die heilige Stadt dem Kaiser und seinen Vögten zum Besitz und zur Befestigung übergeben habe, ohne daß der Kirche oder der Christenheit Erwähnung getan war, war es nicht unsere Absicht, uns an dieser Befestigung zu beteiligen, da der Sultan (al-Kamil) nach der Abreise des Kaisers sagen könnte: „Geht! Ich habe keinen Vertrag mit euch geschlossen!", und der Sultan von Damaskus (an-Nasir Dawud), mit dem wir keinen Waffenstillstand haben, uns heftig bekämpfen könnte. Und da der Inhalt des Vertrages ausdrücklich besagt, daß die Sarazenen den Tempel des Herrn wie bisher in ihrer Hand behalten sollten und dort nach gewohnter Weise ihr Recht gelten sollte, da also die Stadt dem Christentum überhaupt nicht zurückerstattet war, zumal der Sultan von Damaskus, dem durch die genannte Übergabe Gewalt angetan wurde, den Waffenstillstand nicht beschworen hatte, weshalb er uns geringe Dauer zu haben schien, verboten wir auf den Rat erfahrener Männer, die heiligen Stätten dort wiederherzustellen und den Gottesdienst abzuhalten, bis der Rat und die Zustimmung eurer Heiligkeit darüber eingeholt sei.

Da wir sahen, daß der Kaiser in allen diesen Dingen tückisch und betrügerisch vorging, verweigerten wir allen Pilgern ohne Unterschied die Erlaubnis, Jerusalem zu betreten und das heilige Grab zu besuchen, indem wir sagten, von eurer Heiligkeit und von euren Vorgängern sei darüber ein Erlaß ergangen; und da aus einem derartigen Besuch und der bereits genannten Besichtigung ein beträchtlicher Schaden und Gefahr für die Menschen entstehe, glaubten wir nicht, daß von eurer Heiligkeit jene Tatsache anerkannt, noch weniger aber der erwähnte Erlaß widerrufen werde; und da uns die Befreiung von jenem Erlaß nicht zustehe, ließen wir ihnen durch die Prediger offen verkünden, daß es nötig sei, von eurer Heiligkeit die Gnade dieser Befreiung zu erbitten.

Doch siehe, am Samstag (17.3.1229) vor dem Sonntag, da man singt „Oculi mei", zogen sie einträchtig an der Seite des Fürsten in die Stadt; der aber betrat am frühen Morgen des Sonntags, angetan mit königlichen Gewändern, die Grabeskirche und setzte sich die Krone aufs Haupt. Darauf erhob sich der Deutschordensmeister und begann zuerst in deutscher, danach in französischer Sprache eine lange und ausführliche Rede an die Edlen und das Volk, in der er, wie uns berichtet wurde, den Fürsten entschuldigte und feierte, die Kirche aber, unbeschadet ihrer Gnade, mehrfach belastete. Am Ende der Rede lud er die Edlen ein, bei der Befestigung der Stadt zu helfen.

Der Kaiser ließ den Gottesdienst am heiligen Grab und in den anderen Kirchen gegen den Willen und nach Ausweisung der Kanoniker durch weltliche Ritter wieder aufnehmen. Nach dem Frühstück verließ er die Stadt und ließ die ehrwürdigen Bischöfe Peter von Winchester und Wilhelm von Exeter, den Großmeister der Johanniter Guarin de Montague und den Präzeptor der Templer, da der Großmeister der Templer abwesend war, zu sich kommen. Nachdem er sich mit dem Deutschordensmeister beraten hatte, ersuchte er sie durch diesen zunächst um Unterstützung bei der Befestigung. Sie antworteten, sie wollten Zeit zur Überlegung darüber haben. Nach einer zweiten Beratung mit dem Ordensmeister bat er sie durch diesen um Rat, ob es nötig sei, die genannte Befestigung auszuführen; sie sollten ihm am kommenden Morgen darauf antworten.

Am nächsten Morgen aber verließ er in der ersten Morgendämmerung die Stadt mit seinem ganzen Gefolge zur Verwunderung aller, da er beschlossen hatte, den Rückzug anzutreten. Als dies jene hörten, die ihm an jenem Tage auf seine vorgenannte Frage antworten sollten, kamen sie eilig zu ihm, und die Tempelbrüder antworteten ihm einstimmig, sie wollten, wenn er, wie er versprochen hatte, die Stadt zu befestigen vorhabe, ihm bei diesem Werke auf solche Weise helfen, daß das Haus der Templer bei Gott und den Menschen deshalb mit Recht empfohlen sein werde. Er antwortete, er wolle darüber ein anderes Mal verhandeln.

So schied er von ihnen, ohne sich von jemandem in der Stadt verabschiedet zu haben, und eilte am selben Tage so rasch nach Joppe, daß ihm kaum jemand zu folgen vermochte. Als die Pilger das bemerkten und bedachten, daß sie auf Gedeih und Verderb mit ihm verbunden seien, als sie außerdem immer wieder laut und feierlich die Ausrufung des Gesetzes Mohammeds vernahmen, wurden sie von doppelter Erregung ergriffen und verließen, indem sie seinen Betrug bereits durchschauten, alle zusammen die Stadt und folgten ihm zum Hafen, so daß man nicht hoffen konnte, daß ein einziger Christ zurückbleibe.

Der Kaiser gelangte um die Mitte der Fastenzeit (22.3.1229) nach Akkon und beschleunigte auf alle mögliche Weise die Rückfahrt. Er versuchte, die deutschen Ritter mit sich zu nehmen; aber in dieser Beziehung konnte er nicht den Erfolg erringen, den er wünschte, da jene die Exkommunikation fürchteten und kein großes Vertrauen auf das Wetter hatten. Bereits waren einige Pilger beim Besuch des heiligen Grabes getötet worden; daher schien es denen, die hingingen, richtig, solchen Betrügereien den Glauben zu versagen.

Was nachher noch geschehen wird, werden wir eurer Heiligkeit, so rasch wie möglich, sorgfältig und getreulich mitzuteilen nicht unterlassen. Wir glaubten, dieses Schreiben durch verschiedene Boten befördern lassen zu müssen, damit wenigstens einer der Tapferen sein Ziel erreiche.

O: RS 57.3, S. 179-184 (= HB 3.1, S. 102-110) – Ü: Heinisch (1968), S. 179-187 – L: van Cleve (1972), S. 222 ff.

DIE RÜCKEROBERUNG APULIENS UND DER FRIEDEN VON SAN GERMANO

Im Königreich Sizilien hatte sich die Lage für Friedrich II. während seiner Abwesenheit erheblich verschlechtert. Päpstliche Truppen waren in den nördlichen Teil des Königreichs eingedrungen. Diese „Schlüsselsoldaten" (*clave signati*: so genannt nach dem Symbol des heiligen Petrus) wurden geführt durch den päpstlichen Legaten Pelagius, Kardinal Johannes Colonna und Johann von Brienne, den ehemaligen König von Jerusalem und Friedrichs Schwiegervater.

Gregor IX. hatte das Gerücht verbreiten lassen, der Kaiser sei verstorben, worauf sich nicht wenige Barone und Städte Apuliens den päpstlichen Truppen ergaben oder sich ihnen freiwillig anschlossen. Die Truppen Rainalds von Spoleto wurden in die Abruzzen abgedrängt und ein kaiserlicher Truppenverband unter der Führung des Oberjustitiars Heinrich von Morra nach zweimonatigem Widerstand schließlich aufgerieben, wodurch den päpstlichen Streitkräften das Gebiet um Montecassino zufiel. Die Lage im südlichen Italien, von der er regelmäßig Nachricht erhielt, bewog Friedrich II., eilig in sein Königreich zurückzukehren. Am 10. Juni 1229 landete sein Schiff, den anderen Schiffen des Verbandes weit voraus, überraschend in Brindisi. Mit wenigen schnell zusammengezogenen Truppen zog er nach Barletta, um von dort aus die Verteidigung zu organisieren. Gleichzeitig ging jedoch bereits eine erste Delegation an den Papst ab; dem Kaiser war bewußt, daß ihm nur ein vernünftiger Ausgleich mit Gregor IX. auf Dauer nützen konnte, doch war der Papst dazu vorerst noch nicht bereit, die Gesandtschaft kehrte im August erfolglos nach Barletta zurück.

Inzwischen hatte der Kaiser seine Truppen noch durch eine Anzahl deutscher Kreuzfahrer verstärken können und ging ernsthaft daran, sein Land zurückzuerobern. Die Kunde, daß Friedrich am Leben und zurückgekehrt sei, genügte jedoch meist schon, die Schlüsselsoldaten in die Flucht zu schlagen. Die päpstlichen Truppen, deren Soldzahlungen ins Stocken gekommen waren, zogen sich mit solcher Geschwindigkeit zurück, daß der Kaiser ihnen kaum zu folgen vermochte; bereits im Oktober war er wieder uneingeschränkter Herr des Königreichs Sizilien, der Legat Pelagius wurde in Montecassino belagert und Johann von Brienne war nach Frankreich zurückgekehrt. Der Feldzug des Papstes endete in einem militärischen Fiasko.

Für den Kaiser stellte sich nun die Frage, wie er mit den Baronen und Städten umgehen sollte, die auf die päpstliche Seite übergelaufen waren. Eine rasche Verzeihung hätte ihre Reintegration in das Königreich Sizilien erleichtert, die Autorität des Kaisers jedoch in den Augen vieler beeinträchtigt. Friedrich II. entschloß sich daher, seine herrscherliche Überlegenheit zu demonstrieren, indem er die „Verräter" unnachsichtig bestrafte. So wurde zum Beispiel die Stadt Sora, die sich auf die päpstliche Seite geschlagen hatte, am 28.10.1229 niedergebrannt und eine große Anzahl ihrer Bürger gehängt. Solche Aussichten bestärkten allerdings einige abgefallene Städte wie Gaeta und S. Agata de'Goti erst recht im Widerstand; die Frage ihrer

Rückgabe sollte die nun doch einsetzenden Friedensverhandlungen beträchtlich erschweren. Im ganzen Königreich Sizilien hatte der Kaiser zudem die Besitzungen des Templer- und Johanniterordens sowie der Prälaten, die den Papst unterstützt hatten, beschlagnahmen lassen.

Frieden und die Lösung vom Bann waren für den Kaiser nun die vorrangigen Ziele. Er hatte seine militärische Überlegenheit nicht genutzt, die Grenzen des *patrimonium Petri* (des weltlichen Herrschaftsbereiches des Papstes) zu überschreiten, da er damit den Papst lediglich in die Situation des Angegriffenen gedrängt hätte. Stattdessen begannen im November 1229 endlich ernsthafte Verhandlungen mit der Kurie, die von kaiserlicher Seite hauptsächlich durch den Hochmeister des Deutschen Ordens, Hermann von Salza, geführt wurden; für den Papst verhandelte Kardinal Thomas von Capua, dem im Frühjahr noch der Kardinal Jakob von Tusculum zur Unterstützung an die Seite gestellt wurde. Man traf sich in San Germano, in unmittelbarer Nähe des belagerten Montecassino, für das auch bald ein „Separatfrieden" ausgehandelt werden konnte: Die päpstlichen Truppen unter dem Legaten Pelagius erhielten freien Abzug, das Kloster wurde bis zum endgültigen Friedensschluß Hermann von Salza unterstellt.

Die Verhandlungen erwiesen sich aufgrund der von Gregor IX. gestellten Bedingungen als ausgesprochen schwierig und langwierig. Vor allem die vom Papst gewünschte Einbeziehung des Lombardenbundes bereitete Probleme, auch die Zukunft der Stadt Gaeta war für beide Seiten zu einer Prestigefrage geworden. Der Papst war sich bewußt, daß nur er die für den Kaiser existentiell notwendige Lösung vom Bann gewähren konnte, und tat von seiner Seite aus kaum etwas, um die Verhandlungen voranzutreiben. Doch auch Friedrich II. gefährdete mitunter bereits erzielte Fortschritte durch Maßnahmen, die an der Kurie Mißtrauen erzeugten: Die Kardinäle Thomas von Capua und Johann von Sabina waren im Mai bereits zur Absolution des Kaisers nach Capua unterwegs, als die Nachricht eintraf, Friedrich habe gegen einige Städte der Capitanata Strafmaßnahmen durchgeführt und deren Mauern niederreißen lassen, worauf die Gesandtschaft sofort nach San Germano zurückkehrte. Erst durch eine Delegation süddeutscher Fürsten und Bischöfe, die sich für einen Friedensschluß einsetzten und diesen auch zu verbürgen bereit waren, geriet Gregor IX. soweit unter Druck, daß es schließlich im Juli 1230 zu einer Einigung kam.

Eine Ausfertigung des Abkommens ist nicht erhalten, wohl aber eine *forma pacis inter Ecclesiam Romanam et imperatorem* im Register Gregors IX., der sich die wesentlichen Punkte entnehmen lassen: Der Kaiser garantiert eine Generalamnestie für alle päpstlichen Anhänger im Königreich und entschädigt die enteigneten Körperschaften und Personen. Er gewährleistet die Steuer- und Gerichtsfreiheit des Klerus in seinem Königreich und achtet die Freiheit kirchlicher Wahlen. Für die Städte Gaeta, S. Agata und weitere, die noch auf päpstlicher Seite verharren, wird ein Schiedsgericht eingesetzt, das es diesen ermöglicht, ohne Schaden für die Ehre der Kirche unter die kaiserliche Herrschaft zurückzukehren. Die Reichsfürsten Berthold, Patriarch von Aquileia, Erzbischof Eberhard von Salzburg, Bischof Siegfried von Regensburg und die Herzöge Leopold von Österreich und Steiermark, Bernhard von Kärnten und Otto von Meranien verpflichten sich zur Bürgschaft; falls der Kaiser den Vertrag verletzt, wollen sie der Kirche uneingeschränkt Hilfe bei der Durchsetzung der Abmachungen leisten.

Die Konzessionen, die Friedrich II. der Kirche in diesem Friedensschluß gemacht hat, sind mitunter übertrieben hoch eingeschätzt worden. Steuerfreiheit und Immunität des Klerus waren als Forderungen nicht neu und stets nur gewährleistet, solange Frieden zwischen weltlicher und geistlicher Macht herrschte. Der Einfluß Friedrichs II. auf die Besetzung der Bischofs- und Abtsstühle Siziliens verringerte sich durch die gewährte „Freiheit der kirchlichen Wahlen“ kaum, zumal die Wähler von sich aus ein Interesse hatten, in einem guten Verhältnis zum König stehende Personen zu berufen, da die geistlichen Institutionen in vielfältiger Weise von königlicher Förderung abhängig waren. Gewonnen hatte Friedrich dagegen die Möglichkeit, seinen Herrschaftsbereich nun unter günstigen Bedingungen neu ordnen zu können. Auch die den Kirchenstaat umklammernde Einheit von *imperium* und *regnum*, das Hauptproblem des Papstes, blieb bestehen.

Am 23.7.1230 gelangten die Verhandlungen zum Abschluß: Der Kaiser beschwor in der Kirche von San Germano seine Zusagen, am 28.8.1230 wurde in Ceprano, unmittelbar an der Grenze zum Kirchenstaat, die Lösung vom Bann vollzogen. Die Gegner waren sich mittlerweile auch räumlich nähergekommen: Der Papst war von Perugia im Februar 1230 nach Rom, im Juli dann nach Grottaferrata gezogen, um die Verhandlungswege abzukürzen. Der letzte Akt der Aussöhnung fand in Anagni statt: Um die wiederhergestellte Eintracht zu demonstrieren, trafen sich Papst und Kaiser in der Heimatstadt Gregors IX. am 1.9.1230 zu vertraulichen Gesprächen, an denen außer ihnen nur Hermann von Salza teilnahm, dessen Verdienste um diesen Friedensschluß nicht zu übersehen sind. Der „Jünger Mohammeds“ war – vorerst – wieder der „geliebte Sohn der Kirche“.

Brief des Grafen Thomas von Acerra

Im Februar oder März 1229 erhielt Friedrich II. in Akkon einen bei Roger von Wendover (und in Abhängigkeit von diesem auch bei Matthaeus Paris) überlieferten Brief, in dem Graf Thomas von Acerra ihn über das Vordringen der Schlüsselsoldaten unterrichtete:

Dem erlauchtesten Herrn Friedrich, durch Gottes Gnade Kaiser der Römer, dem immer Erhabenen, dem mächtigen König Siziliens, entbietet Heil und Sieg über seine Feinde Thomas, Graf von Acerra, ihm in allen Stücken getreu und ergeben.

Nach eurer Abfahrt, erhabenster Herr, ist Gregor, der römische Priester, eurer Herrlichkeit offenkundiger Feind, mit einem Heere, das ihm der bisherige König von Jerusalem, Johann von Brienne, und einige andere Kriegsmänner, die er zu Führern seiner Streitmacht erhob, gesammelt hatten, in euer und eurer Lehensleute Land feindselig eingedrungen und hat gegen das christliche Gebot beschlossen, euch mit dem weltlichen Schwerte zu besiegen, da es ihm nicht gelang, euch mit dem geistlichen niederzuwerfen, wie er versichert. Denn der vorgenannte Johann zieht aus Frankreich und anderen benachbarten Ländern eine nicht unbeträchtliche Streitmacht zusammen und nimmt in der Hoffnung auf die Kaiserwürde, falls es ihm gelänge, euch zu bezwingen, auf Kosten der apostolischen Schatzkammern Ritter in Sold. Daher also fallen dieser Johann und andere Heerführer des Apostolischen Stuhles in euer und eurer Leute Land feindlich ein, legen Feuer an Dörfer und Städte, rauben Güter und Vieh, nehmen die Menschen gefangen und setzen sie den verschiedensten Martern aus, erpressen die höchsten Lösegelder, schonen kein Alter und Geschlecht, lassen außer Kirche und Friedhof nichts in Frieden, verheeren Dörfer und Burgen und nehmen keinerlei Rücksicht darauf, daß ihr im Dienste Jesu Christi steht. Und wenn einer des Kaisers Erwähnung tut, so versichert Johann von Brienne, daß es keinen anderen Kaiser gebe als ihn selbst.

Deshalb, erhabenster Kaiser, wundern sich eure Freunde, und vor allem die Geistlichkeit eures Erbreiches, auf Grund welcher Erwägungen und in welcher Absicht der römische Priester so etwas tun und gegen Christus die Waffen erheben kann, zumal der Herr zu Petrus gesagt hat, als er mit dem weltlichen Schwerte zuschlagen wollte: „Stecke dein Schwert in die Scheide! Denn alle, die das Schwert ergreifen, werden durch das Schwert zugrunde gehen.“ (Mt 26,52); oder mit welchem Recht jener, der fast jeden Tag Räuber, Brandstifter und Christenverfolger exkommuniziert und aus der Gemeinschaft der Kirche ausstößt, solchen beistimmen und seine Zustimmung geben könne, darüber verwundern sie sich ebenfalls.

Sorget jetzt also, mächtigster Kaiser, ich beschwöre euch, für eure Sicherheit und Ehre, da euer oft genannter Feind Johann von Brienne alle Häfen mit nicht wenigen bewaffneten Kundschaftern besetzt hat, um euch, wenn ihr etwa unvorsichtig von eurer Pilgerfahrt zurückkehren solltet, gefangenzunehmen und einzukerkern. Das aber verhüte der Herr!

O: RS 84.2, S. 358-60 (Roger von Wendover); RS 57.3, S. 165 f. (Matthaeus Paris); HB 3, S. 110-112; vgl. RI 5.1, Nr. 1736a – Ü: Heinisch (1968), S. 218 f. – L: GdV 73, S. 10, Anm. 3 (zur Identität des Grafen Thomas „von Atera“).

Roger von Wendover

Der 1236 als Mönch der Benediktinerabtei St. Albans verstorbene englische Chronist Roger von Wendover beschreibt die Wiedergewinnung Süditaliens wenige Jahre nach den Ereignissen. Aus seiner Sicht ist der Kampf um Sizilien ein Konflikt zwischen Friedrich II. und seinem mit Unterstützung und im Namen des Papstes kämpfenden Schwiegervater Johann von Brienne, dem er die Krone Jerusalems genommen hatte:

Weil der Kaiser aber gehört hatte, daß Johann von Brienne ihm nachstellte, so hütete er sich, in einem Hafen diesseits ohne die nötige Vorsicht zu landen, und legte an einer sicheren Stelle an, nachdem er seine Späher vorausgeschickt hatte, die ihn in den Hafen der Ruhe und des Heiles geleiteten, damit sich seine Feinde nicht seiner Gefangennahme freuen könnten. Nachdem er also mit mäßiger Begleitung glücklich in Sizilien angekommen war, hörte er, daß seine Feinde sich bereits viele Burgen und Städte unterworfen hätten und das ganze kaiserliche Land ungehindert durchzögen und daß viele Söldner des Papstes, mit zahllosem Gelde im Überfluß gemästet, dort wüteten, da niemand da wäre, sich ihnen entgegenzustellen. Indessen sammelten sich, nachdem seine Ankunft endlich allenthalben bekannt war, die Mannen des Reiches, die ihm zur Treue verpflichtet waren, um ihn. Von diesen umgeben und noch durch weiteren Zuzug verstärkt, stürzte er sich mannhaft auf seine Feinde und gewann allmählich die verlorenen Ortschaften und Burgen zurück (...). Um die Fastenzeit dieses Jahres (1230) erlangte der römische Kaiser ein solches Übergewicht über seine Feinde, daß er alle seine Burgen und alle dem Reiche zuständigen Rechte mit Macht zurückeroberte. Alle seine Gegner, die er in seinen Burgen gefangennahm, ließ er lebendig schinden oder an den Galgen hängen. Johann von Brienne aber, der sein erklärter Feind war, fürchtete, ihm in die Hände zu fallen, und entfloh in sein Geburtsland Gallien mit seinen Söldnern, die der Papst mit dem Raub von den Ordensleuten bereichert und mit der Beute von den Armen aller Länder hoch geehrt hatte. So wurde denn durch Vermittlung von Freunden und Geistlichen zwischen dem Papst und dem Kaiser Waffenstillstand geschlossen, bis man sich über den Friedensschluß würde einigen können.

O: RS 84.2, S. 381-383. – Ü: Heinisch (1968), S. 220 – L: van Cleve (1972), S. 228-233.

Brief Friedrichs II. an Fahr ad-Din

Auch nach seiner Rückkehr aus Syrien hielt Friedrich II. weiter Kontakt mit dem Emir Fahr ad-Din, der die Verhandlungen für al-Kamil geführt hatte. Der zeitgenössische arabische Historiker Abu 'l-Fada'il aus Hamat überliefert in seinem bis 1233 reichenden Werk *Tarih Mansuri* einen Brief, den der Kaiser am 23.8.1229 von Barletta aus an seinen Freund schrieb. Nach einer persönlichen Einleitung, in der Friedrich die Trennung von Fahr ad-Din beklagt, gibt er einen kurzen Lagebericht:

Sprechen wir dann von uns – denn wir wissen, daß eure Hoheit gern gute Nachrichten und Neuigkeiten von uns und unseren edlen Taten hört – teilen wir euch mit: Wie wir (euch) schon in Sidon erklärt haben, hat der Papst voller Verrat und Täuschung (?) eine unserer Festen mit Namen Montecassino genommen, die ihm der verfluchte Abt dort übergab; er hatte versprochen, noch mehr Schaden anzurichten (?), doch er vermochte es nicht, da unsere getreuen Untertanen unsere glückliche Rückkehr erwarteten. So war er gezwungen, die falsche Nachricht unseres Todes auszustreuen, ließ die Kardinäle darauf schwören und darauf, daß unsere Rückkehr unmöglich sei. Mit diesen üblen Machenschaften versuchten sie, das Volk zu täuschen, und sagten, daß nach uns niemand unsere Länder für unseren Sohn so gut verwalten und schützen könne wie der Papst. So ließ sich auf die Schwüre derer, die die Hohenpriester der Religion und die Nachfolger der Apostel sein sollten, eine Bande von Lumpen und Übeltätem anwerben.

Als wir im Hafen des beschützten Brindisi ankamen, fanden wir, daß König Johann und die Lombarden feindliche Einfälle in unser Königreich gemacht hatten, und sogar bei der Nachricht von unserer Ankunft zweifelten sie, weil ihnen die Kardinäle eidlich das Gegenteil versichert hatten. Wir sandten Briefe und Boten aus mit der Nachricht unserer wohlbehaltenen Heimkehr, da gerieten unsere Feinde in Verwirrung, sie erschraken sehr und erregten sich, wandten den Rücken und zogen sich in zwei Tagesmärschen geschlagen zurück, während unsere Untertanen wieder zum Gehorsam uns gegenüber zurückfanden. Gleichermaßen drehten uns die Lombarden, die den größten Teil ihres Heeres ausmachten, den Rücken, denn sie wollten nicht ertragen, der Empörung und Treulosigkeit gegen ihren Herrscher überführt zu werden. Der obenerwähnte König und seine Gefährten schämten sich sehr und gerieten in Angst; sie sammelten sich an einem Engpaß, aus dem sie aber nicht wagten herauszukommen und etwas zu unternehmen; das war unmöglich, weil das ganze Land zu uns und zum Gehorsam uns gegenüber zurückgefunden hatte. In der Zwischenzeit hatten wir ein großes Heer gesammelt, von Deutschen, die mit uns in Syrien gewesen waren, und denen, die vor ihnen (aus dem Heiligen Land) abgereist waren und die der Wind an unsere Küsten geworfen hatte, und von anderen unserer Getreuen und Amtsträgem unseres Reiches. Mit all diesen begaben wir uns in Eilmärschen in die Länder unserer Feinde.

Zum Schluß geben wir eurer Hoheit das Verlangen kund, daß uns häufig Briefe von euch erreichen mögen, in denen ihr uns von eurem glücklichen Zustand berichtet, und von euren Neigungen und Bedürfnissen. Übermittelt unseren Gruß allen Befehlshabern des Heeres, euren Pagen und Mamluken und eurem Gefolge. Euch Heil, Barmherzigkeit und Segen Gottes. Geschrieben in Barletta, dem beschützten, am 23. August der zweiten Indiktion (1229).

In einem weiteren, gleichfalls bei im *Tarih Mansuri* überlieferten Brief schrieb Friedrich II. an Fahr ad-Din:

Wir haben ein großes Heer gesammelt und beeilen uns, die zu bekämpfen, die uns erwarten und nicht (wie die anderen) bei unserem Anblick geflohen sind. Jetzt ist eingetroffen, was wir vorausgesehen haben: sie hatten doch eine unserer Festen belagert, Katapulte gegen sie gerichtet, bewegliche Maschinen und ähnliches Kriegsgerät, aber als sie von unserem Anrücken vernahmen, verbrannten sie ohne Verzug alle ihre Belagerungsmaschinen, obwohl wir noch weit entfernt waren; sie flohen vor uns, während wir eilig Vorrückten, um sie zu erreichen, zu zerstreuen und zu vernichten. Der Papst wollte die wieder sammeln, die wir dort fanden, hat sie dann aber zurückgeschickt, da sie um ihren Kopf fürchteten (?) und sie ihr Vorhaben reute. Jede weitere Neuigkeit, die wir haben, werden wir eurer Hoheit mitteilen, so Gott will.

Abu 'l-Fada'il kommentiert beide Schreiben mit den Worten: „Diese Briefe haben wir hier aufgenommen, um deutlich zu machen, welche Reiche der König/Kaiser beherrscht und wie groß seine Macht ist. Denn niemals besaß jemand in der Christenheit ein Reich, das seinem geglichen hätte, von den Zeiten Alexanders bis heute; das gilt besonders hinsichtlich seiner Macht, seiner Haltung gegenüber ihrem Kalifen, dem Papst, und der Kühnheit, sich gegen ihn zu stellen und ihn zurückzuschlagen.“

Q: M. Amari, Seconda Appendice alla ‚Biblioteca arabo-sicula‘, Leipzig 1887, S. 34-37; vgl. auch Archivio storico Siciliano N.S. 9 (1884), S. 119-122; RI 5.2, Nr. 14708 f. – Ü: Gabrieli (1973), S. 339-342; vgl auch Heinisch (1968), S. 215-217 = von den Steinen (1923), S. 31-33 – L: van Cleve (1972), S. 228 f.

Schreiben Friedrichs II. an die Sarazenen Apuliens

Die rücksichtslose Härte, mit der Friedrich II. gegen seine Gegner in Apulien vorging, wird in verschiedenen Quellen hervorgehoben. Angeblich im September 1230 richtete Friedrich II. ein Schreiben an die Sarazenen Apuliens, in dem er ihnen bis ins einzelne gehende Anweisungen für die Bestrafung der Stadt Gaeta gibt. Dieser Brief ist jedoch kaum tatsächlich so ergangen. Mit hoher Wahrscheinlichkeit ist er als „Stilübung“ aufzufassen, die von der päpstlichen Seite in Umlauf gebracht wurde, um Friedrich als gottlosen Tyrannen zu brandmarken, der sich mit den ungläubigen Sarazenen verbündet, um grausame Rache an den Gaetanern zu nehmen, auf ihre früheren Verdienste aber keine Rücksicht nimmt. Auch wenn er kaum als Quelle für die Politik Friedrichs II. gelten kann, zeigt es doch, welches Bild man sich auf päpstlicher Seite von Friedrich machte und zu vermitteln suchte:

In vollem Vertrauen auf eure aufrichtige und lautere Treue, die wir in allen Schwierigkeiten als zuverlässig erfunden haben, glaubten wir, den Krieg gegen Gaeta und die Rache sowohl an der Stadt als an ihren Einwohnern, diesen Verrätern an uns, euch übertragen zu sollen. Daher befehlen wir eurer Treue auf Gefahr des Verlustes unserer Gnade ernst und strenge, unverzüglich 15'000 aus euren Reihen, die ihr als die Besten auswählen mögt, wohlversehen mit Pferden und Waffen zur Belagerung Gaetas auszusenden. Sobald sie gelandet sind, sollen sie Weinberge und Obstgärten von Grund auf zerstören. Darauf sollen sie, um das Gebiet zu erobern, Tag und Nacht unablässig an den Wurfmaschinen, Steinschleudern und Katapulten sein. Nach Einnahme der Stadt aber sollen sie die Angehörigen der höheren Stände und des Adels des Landes, die sie finden, blenden, der Nasen berauben und nackt und bloß aus der Stadt jagen. Den Frauen aber sollen sie die Nasen abschneiden zur Schande, dann aber abzuziehen erlauben. Den Knaben hingegen, die sie vorfinden, sollen sie die Hoden abschneiden und sie in der Stadt bleiben lassen. Die Mauern der Stadt, ihre Häuser und Türme sollen sie völlig zerstören, außer Kirchen und Pfarrhäusern, denen sie keinen Schaden antun sollen, so daß, wenn die Kunde von einem derartigen Strafgericht sich über den Erdball verbreitet hat, jeder Verräter bis ins Innerste erschüttert wird und angstvoll erbebt.

O: MGH Epistolae selectae 4, Anhang, Nr. 10, S. 109 f.; vgl. RI 5.1, Nr. 1774 – Ü: Heinisch (1968), S. 222.

Jans Enikel

Während die zeitnahen Quellen das rasche und rücksichtslose Vorgehen Friedrichs II. als Versuch deuten, seine Herrschaft über das ganze Königreich Sizilien wiederherzustellen und die von ihm Abgefallenen demonstrativ zu bestrafen, sieht der Wiener Bürger Jans Enikel in seiner „Weltchronik“ mehr als fünf Jahrzehnte später rückblickend den Kampf Friedrichs II. gegen die Schlüsselsoldaten ganz im Zeichen seiner Auseinandersetzung mit dem Papsttum. Die Reimchronik Enikels ist anekdotenreich und faktographisch wenig zuverlässig; sie zeigt jedoch, welche Einzelheiten aus der Zeit Friedrichs II. in der Führungsschicht der Stadt Wien am Ende des 13. Jahrhunderts für überlieferungswürdig gehalten wurden:

Nun weiß ich nicht, wie es kam,
daß ihn der Papst in Acht nahm
und tat ihn bannen,
dazu all seine Mannen.

Doch ward mir das bekannt:
der Krieg ging um Sizilienland;
das wollt der Papst gern fassen,
der Kaiser wollt's nicht lassen.
Darob erhob sich großer Streit.
Sie hatten beide Haß und Neid,
so daß sich um dasselbe Land
erhob viel Krieg und Raub und Brand.
Der Kaiser an die Arbeit ging:
wo er des Papstes Leute fing,
da hieß er sie mit Nöten
wahrhaftig alle töten.
Die Pfaffen mußten da ihr Blut
vergießen, denn in seiner Wut
riß ihnen er vom Kopf die Platte,
wie er im Herz gewünscht sich hatte.
Die Mönche konnten nicht entfliehen:
denen ließ die Haut er ziehen
bis über beide Ohren,
als ob sie wären Toren.

O: MGH Deutsche Chroniken 3, S. 556 f., v. 28013 ff. – Ü: Heinisch (1968), S. 220 f. – L: U. Liebertz-Grün, Das andere Mittelalter, München 1984, S. 96-100; vgl. jetzt auch U. Peters, Dynastengeschichte und Verwandtschaftsbilder, Tübingen 1999.

Rundschreiben Friedrichs II.

Fast ein Jahr dauerten die Verhandlungen mit Gregor IX., die vor allem von Hermann von Salza und dem Kardinal Thomas von Capua geführt wurden. Schließlich kam es am 28.8.1230 zum Friedensschluß von San Germano, über den der Kaiser wenige Tage später den Königen der Christenheit berichtete:

Nachdem euer Herz oft und lange in Bestürzung versetzt worden ist durch das, was bald durch apostolische Schreiben bald durch unsere Briefe über die allgemeine Verwirrung in aller Welt gemeldet worden war, ist es billig und recht, daß euch die Neuigkeiten von der Wiederherstellung des Friedens erfreuen und alle Aufregung, die euch ergriffen haben mag, besänftigt werde.

Wisset denn, daß wir durch die Gnade dessen, der den Sturm zum Lufthauch wandelt (Ps 107,29) und die Gemüter der Streitenden zu einem Willen versöhnt, am 28. Tage des vergangenen Monats August, öffentlich und feierlich, wie es einem katholischen Fürsten geziemt, weil es das Gesetz der Kirche erforderte, durch die ehrwürdigen Gesandten des Apostolischen Stuhles, den Kardinalbischof Johannes von Sabina und den Meister Thomas (von Capua), Kardinalpriester von St. Sabina, in Gegenwart der Fürsten und einer unendlichen Menge verschiedener Herkunft zum allgemeinen Jubel der gesamten Christenheit feierlich losgesprochen wurden. Darauf reisten wir, damit auf die Lossprechung in persönlicher Gegenwart aller die Heiterkeit der Gemüter um so erfreulicher folge, am 1. September zum Apostolischen Stuhl und nahten uns dem heiligsten Vater, dem höchsten Priester durch Gottes Gnade, dem Herrn Gregor ehrerbietig. Er aber empfing uns mit väterlicher Liebe, und nachdem wir den Frieden der Herzen durch heilige Küsse besiegelt hatten, eröffnete er uns seine Pläne so wohlwollend und so gütig, indem er nichts von dem, was vorausgegangen war, überging und einzelnes auf so verständige Weise erörterte, daß, obwohl uns die vorangegangenen Ereignisse heftig bewegt hatten und manchen Groll verursacht haben mochten, das Wohlwollen, das wir in ihm spürten, jede Erregung besänftigte und unseren Willen jeder Verstimmung enthob und so erheiterte, daß wir nicht weiter des Vergangenen gedenken wollen, das die Notwendigkeit mit sich brachte, auf daß das Gute, das aus dem Üblen hervorging, um so größere Freude stifte.

Wir haben also verziehen den einzelnen im besonderen und allen im allgemeinen, die einst gegen uns dem höchsten Priester anhingen, und darin wie in anderen Punkten, die ihm genehm waren, erfüllten wir den apostolischen Willen, indem wir ihm alle Ehrfurcht erwiesen, die wir ihm als dem einzigen und allgemeinen Vater schulden, und uns ihm als ergebenen Sohn der Kirche erzeigten in dem Bande der Liebe, durch das Priestertum und Kaisertum gegenseitig verbunden sind.

Von dem allen wollen wir, da wir wünschen, daß eure Liebe unserer Freude teilhaftig sei, euch willkommene Botschaft geben.

O: HB 3, S. 227-228; MGH Epistolae selectae 4, Nr. 20, S. 79 ff. – Ü: Heinisch (1968), S. 223 f. – L: van Cleve (1972), S.231 ff.; Gerhard Baaken, Ius imperii ad regnum, Köln 1993, S. 281-290.

Burchard von Ursberg

Aus deutscher Perspektive berichtet der Propst Burchard von Ursberg, der eindeutig auf der Seite des Kaisers steht, über die Vorgänge in Süditalien. Es handelt sich hier um das Ende der Chronik, die wohl noch während der Verhandlungen abgeschlossen wurde. Tatsächlich kam es noch im August 1230 zum Friedensschluß.

Während dies in den überseeischen Gebieten geschah (voran ging der Bericht über den Kreuzzug), ließ der Papst mit seinen Spießgesellen, wie die Leute versichern, in Apulien die Nachricht verbreiten, der Kaiser sei tot. Deswegen erwogen die Städte, die bisher dem

Kaiser anhingen, sich der Herrschaft des Papstes zu unterwerfen und alle Deutschen, die aus dem Heiligen Lande zurückkehrten und sich dort in Apulien aufhielten, auf grausamste und gemeinste Weise zu töten. Aber der barmherzige Gott sah es anders vor und rettete die Männer, die sich seinem Dienste geweiht hatten, zu Lob und Ruhm seines Namens gnädig. Denn zur Sommerszeit dieses Jahres kehrte der Kaiser nach Apulien zurück, bevor noch die anderen zurückkehrten. Nachdem aber seine Rückkehr bekanntgeworden war, legte sich die Grausamkeit der Wütenden, und die Wut der Angreifer beruhigte sich. Denn viele von denen von jenseits der Alpen wie auch von denen aus jenen Gegenden, Christen und Sarazenen, vereinigten sich mit dem Kaiser, so daß er ein sehr großes und sehr tapferes Heer zur Verfügung hatte. Er begann, die ihm abgenommenen Gebiete wiederzuerobern und die Feinde aus seinen Ländern zu vertreiben. Nichtsdestoweniger verlangte er jederzeit, solange der Papst ihn als exkommuniziert bezeichnete, die Gnade der Lossprechung demütig und in allem Gehorsam, aller Ergebenheit und Anerkennung jeglicher Gerechtigkeit. Um aber die Streitpunkte, die zwischen ihm und dem Papste zur Rede standen, genau zu bezeichnen und zu erledigen, berief er die Fürsten Deutschlands, auf daß sie nach Italien kämen, nämlich den Patriarchen (Berthold) von Aquileia, den Erzbischof (Eberhard II.) von Salzburg, den Bischof (Siegfried) von Regensburg, den Herzog Leopold (VI.) von Österreich und den Herzog (Otto VII. von Meranien und) von Dalmatien und Istrien. Als diese ankamen, weilte der Kaiser in Capua. Es wurde nun über Frieden und Eintracht zwischen dem Reich und dem Papsttum und dem Königreich Sizilien und über die Lossprechung des Kaisers verhandelt, wobei noch vieles andere vermittelt wurde, sowohl über die römische Kurie wie auch über Italien und Deutschland. Indessen wurde diese Vereinbarung, da sie in diesem Jahre nicht vollendet werden konnte, auf das folgende Jahr verschoben.

O: MGH SSrG 16, S. 126 f. – Ü: Heinisch (1969), S. 216 – L: van Cleve (1972), S. 228-233; Helmuth Kluger, Hochmeister Hermann von Salza und Kaiser Friedrich II., Marburg 1987, S. 141-162.

Richard von San Germano

Über die Aussöhnung des Kaisers mit seinem zuvor so unerbittlichen Gegner Gregor IX., die er aus nächster Nähe miterlebte, schreibt Richard von San Germano:

Am letzten Tage des Monats August zog der Kaiser nach Anagni, um mit dem Papste zu sprechen (...) Am 1. Tage des Monats September, der ein Sonntag war, wurde der Kaiser, da er im Lager vor

Anagni weilte, vom Papste eingeladen und begab sich mit einem glanzvollen Gefolge von Kardinälen und Vornehmen der Stadt nach Anagni; an diesem Tage saß er mit dem Papste zu Tische, und beide hielten allein, doch in Anwesenheit des Deutschordensmeisters (Hermann von Salza), im päpstlichen Privatzimmer eine lange Beratung miteinander. Am folgenden Montag kehrte er mit dem Segen des Papstes und der Kardinäle ins Lager zurück.

O: Muratori[2] 7.2, S. 171 = MGH SS 19, S. 362; vgl. auch HB 3, S. 228 f.; RI 5.1, Nr. 1821a/b – Ü: Heinisch (1968), S. 224 – L: van Cleve (1972), S. 232 f.; Helmuth Kluger, Hochmeister Hermann von Salza und Kaiser Friedrich II., Marburg 1987, S. 163 f.

DIE KONSTITUTIONEN VON MELFI

Unmittelbar nach dem Frieden von San Germano erteilte Friedrich II. seinem Großhofrichter Petrus de Vinea „und anderen Getreuen" den Auftrag, das im Königreich Sizilien geltende Recht in Form eines Gesetzbuches zusammenzustellen, das zukünftig die einzige Grundlage der königlichen Rechtsprechung sein sollte. Das Ergebnis ihrer Bemühungen, die im August 1231 auf dem Hoftag von Melfi (nördlich von Potenza) verkündeten Konstitutionen Friedrichs II., mit ihren späteren Novellierungen heute meist wie in den Quellen *Liber Augustalis* genannt, ist der erste Versuch einer umfassenden weltlichen Rechtskodifikation seit dem *Corpus Iuris Civilis* Justinians und den Volksrechten der Karolingerzeit; gleichzeitig aber gehört er zu den zahlreichen Rechtsbüchern des 13. Jahrhunderts, die bestehende Rechtsgewohnheiten nicht nur sammelnd kompilierten, sondern aus ihnen ein in sich schlüssiges System zu entwickeln versuchten:

Kurz nach der Veröffentlichung des *Liber Augustalis* durch den Kaiser setzte Papst Gregor IX. am 5.9.1234 für die gesamte lateinische Kirche den *Liber extra* in Kraft, die erste päpstliche Kodifikation des kanonischen Rechts (und gleichsam das kirchliche Pendant zu den Konstitutionen von Melfi). Etwa gleichzeitig verfaßte in Deutschland der sächsische Adlige Eike von Repgow den Sachsenspiegel. In den folgenden Jahrzehnten schufen juristisch gebildete Ritter und Barone in den Kreuzfahrerstaaten die sog. „Assisen des Königreichs Jerusalem" (vorgeblich eine Rekonstruktion älterer, nach der Schlacht von Hattin 1187 verlorengegangener Rechtsaufzeichnungen), während in Frankreich die „Établissements de St. Louis" entstanden, in Kastilien die *Siete Partidas* König Alfons X. (1252-1282) und in Norwegen das Landrecht König Magnus Hakonarson (1263-1280).

All diesen Versuchen ist außer dem systematisierenden Zugriff gemeinsam, daß sie die bestehende Rechtsordnung nicht zweckfrei beschreiben, sondern vor allem das Ziel verfolgen, die von ihren Urhebern beanspruchten Herrschafts- oder Mitbestimmungsrechte im Rückgriff auf allgemein anerkannte Rechtstraditionen auszubauen und zu legitimieren. Dies gilt auch für die Konstitutionen von Melfi. Nicht um einen „Modellstaat" (Antonio Marongiù) zu schaffen, sondern um seine Herrschaft nach Jahren der Abwesenheit und der Aufstände zu sichern, kodifizierte Friedrich II. das Recht seines Königreiches.

Obwohl die überwiegende Mehrheit der Konstitutionen seinen Namen trägt, erweckt der *Liber Augustalis* den Eindruck, eine Sammlung des bestehenden Rechts zu sein. Wie schon in den Assisen von Capua ein Jahrzehnt zuvor versuchte Friedrich II. durch die Übernahme von Assisen Rogers II., Wilhelms I. und vor allem Wilhelms II. an das „goldene Zeitalter" des normannischen Sizilien anzuknüpfen.

Gleichwohl sind die Konstitutionen von Melfi weit mehr als nur die Vollendung eines schon von den normannischen Königen des 12. Jahrhunderts geschaffenen Rechts- und Verwaltungssystems. Die Sprache, die Begrifflichkeit und die gedankliche Systematik, in die Friedrich II. sein Gesetzeswerk kleiden ließ, ist die des römischen Rechts. Aus dem römischen

Recht stammt insbesondere die Vorstellung, der Kaiser sei die Quelle des Rechts und an den Konsens seiner Untertanen nicht gebunden. Der daraus erwachsende umfassende Herrschaftsanspruch des Königtums wird im *Liber Augustalis* zum ersten Mal im Mittelalter zu einer solchen Konsequenz geführt, „daß in der Tat eine neue Stufe der Staatlichkeit sichtbar wurde" (Hagen Keller).

Verwaltung des Reiches durch besoldete, unbestechliche, nur vom Königtum abhängige Beamte, eine jedem Untertan zugängliche, nur der Gerechtigkeit und dem Gesetz verpflichtete königliche Gerichtsbarkeit nehmen tatsächlich Grundlagen des modernen Staates vorweg, die sich in anderen Reichen erst Jahrzehnte oder Jahrhunderte später ausbildeten. Allerdings dürfen wir weder den in den Konstitutionen Friedrichs II. zum Ausdruck kommenden Herrschaftsanspruch mit der daneben rückständig wirkenden Herrschaftspraxis anderer Herrscher des 13. Jahrhunderts vergleichen noch den Fortbestand baronialer Herrschaftsrechte und die Übernahme lehenrechtlicher Strukturen in das System des *Liber Augustalis* übersehen. Die Konstitutionen von Melfi, die ja vor allem die Reichweite der grundsätzlich nicht beschränkten königlichen Gewalt aufzeigen wollen, erwähnen sie nur am Rande, schaffen sie aber nicht ab. Sie verkünden den absoluten Herrschaftsanspruch des Kaisers im römischen Recht, respektieren aber in der Praxis die Beschränkungen der königlichen Gewalt, wo dies für die Akzeptanz des Gesamtwerkes unabdingbar war.

Der im *Liber Augustalis* in der Sprache des römischen Rechts formulierte Herrschaftsanspruch Friedrichs II. stand notwendigerweise in einem Spannungsverhältnis zum stärker konsensualen Herrschaftsverständnis der normannischen Barone des Königreichs, war diesen aber keineswegs neu. Von Anfang an hatte die *monarchia Sicula* Rogers II. das unterschiedliche, ja gegensätzliche Verständnis, das die normannische, die byzantinisch-griechische und die arabische Bevölkerung vom Königtum hatte, in sich verbunden: „Unvereinbar mit westlichen Elementen, wie der Rücksichtnahme auf den Adel, die in der Herrscherakklamation und auf den Hoftagen zum Ausdruck kam, sowie vor allem mit der Abhängigkeit vom päpstlichen Lehensherrn, war die byzantinisch-orientalische Auffassung von der absoluten, nur Gott unterworfenen Handlungsfreiheit des Herrschers. Ambivalent war auch die Selbstdarstellung des Königs, die sich, je nach der anzusprechenden Zielgruppe, lateinisch-westlicher, byzantinischer oder arabischer Repräsentationsmodelle bediente" (Hubert Houben).

Der *Liber Augustalis* stellt den *cultus iustitiae* so stark in den Mittelpunkt, daß Kantorowicz auf eine „geradezu göttliche Verehrung der Gerechtigkeit" im „Staat Friedrichs II." geschlossen hat. Die Worte bedeuten jedoch kaum mehr als die „Pflege des Rechts" und verweisen auf die Wahrung des Friedens und des Rechts als eine der wichtigsten Aufgaben jeden mittelalterlichen Königtums. Ob die Beamten und Justitiare Friedrichs II. sich in der Praxis tatsächlich vor allem vom Anspruch der Gerechtigkeit leiten ließen, die ihre Stellung und ihr Handeln legitimierte, muß in Ermangelung einer breiten Aktenüberlieferung offenbleiben.

Die Herrschaftsjahre Friedrichs II. waren so ausgefüllt von militärischen Auseinandersetzungen, für die das sizilische Königreich die finanziellen

Mittel bereitstellen mußte, daß eine geordnete, die Wohlfahrt der Untertanen in den Mittelpunkt stellende Verwaltung bald in den Hintergrund trat, wenn sie je beabsichtigt war. Skeptisch macht auch die deutlicher erkennbare Diskrepanz zwischen Anspruch und Wirklichkeit im „italischen Staat" Friedrichs II. nach 1239: Der vordergründigen administrativen Rationalität der „Generalvikariate", die ganz Italien ohne Rücksicht auf gewachsene städtische Strukturen und päpstliche Ansprüche durch nur dem Kaiser verantwortliche, jederzeit absetzbare Beamte herrschaftlich erfaßten, stand die wesentlich mittelalterlicher wirkende Praxis gegenüber, daß die Generalvikare als mit umfassender Vollmacht ausgestattete Stellvertreter des Kaisers wie Fürsten auftraten, auch so genannt wurden und bald nur noch aus dem Kreis der Söhne und Schwiegersöhne des Kaisers stammten.

Im folgenden sind einige der Bestimmungen zusammengestellt, die immer wieder als Beleg für die außergewöhnliche Modernität des Staatsentwurfs der Konstitutionen von Melfi herangezogen werden: das Verbot der Fehde, das die Untertanen auf den gewaltlosen gerichtlichen Konfliktaustrag als einzigen legitimen Weg verweist (I.8/9); das Verbot des Waffentragens, das das Gewaltmonopol des modernen Staates vorwegzunehmen scheint, jedoch die wichtigsten waffentragenden Gruppen (Ritter und städtische Oberschicht) ausnimmt (I.10); die Abschaffung von Zweikampf und Gottesurteil und ihr Ersatz durch eine geordnete Beweiserhebung durch den Richter (II.31/32); striktes Verbot der Beamtenbestechung und Vorteilnahme, bis hin zum Verbot, irgendwelche persönlichen Bindungen im Amtsbereich einzugehen (I.36/54/90.1, II.50.3, III.51); die Führung eines Vorstrafenregisters in der königlichen Kanzlei (II.5); die Beschränkung der Immunität der Kleriker vor der weltlichen Gerichtsbarkeit in Fällen „einer schweren Straftat, die unsere Majestät angeht" (d.h. nach dem Ermessen des Königs) (I.45); schließlich die Beschränkung der Heilkunde und Arzneimittelherstellung auf approbierte Ärzte und Apotheker (III.45). Durchaus modern wirkt auch die Bestrafung der Vergewaltigung unabhängig vom Status der betroffenen Frau und die eingehende Erörterung des in solchen Fällen besonders schwierigen Problems der Beweislast (I.19-22).

In eigenartigem Gegensatz zu diesen „rationalen" Maßnahmen steht die Beibehaltung des von Roger II. ausgesprochenen Verbots des Abfalls vom christlichen Glauben (I.3) und vor allem die verschärfte Verfolgung der Häresie als Majestätsverbrechen (I.1). Wie schon bei der Kaiserkrönung 1220 setzte diese einerseits ein Zeichen der Kirchentreue und war geeignet, jeden Verdacht der Häresie oder Apostasie von Friedrich II. abzuwenden; andererseits aber gab die Ketzerverfolgung als „Staatsverbrechen" (d.h. durch die königlichen Gerichte) dem König ein jederzeit ohne Mitwirkung der Kirche einsetzbares rechtliches Mittel gegen seine politischen Gegner in die Hand.

Auf den ersten Blick eigenartig wirken auch die Ehegesetze des *Liber Augustalis*: das heute selbstverständliche, im vortridentinischen Kirchenrecht aber nicht verankerte Gebot, alle Ehen öffentlich zu schließen (III.22); das alle Barone treffende Verbot, ohne königliche Genehmigung eine Ehe einzugehen (III.23.1); schließlich das ausführlich begründete, aber durch königliche Erlaubnis umgehbare Verbot der Eheschließung mit Ausländern (III.23.2). Erst in der Zusammenschau erschließt sich der Sinn dieser Gesetze: Sie erlauben der königlichen Verwaltung die Kontrolle über das durch Ehebündnisse konstitutierte Beziehungsnetzwerk der bedeutendsten Familien innerhalb des Königreiches und über alle die Grenzen des Königreiches überschreitenden verwandtschaftlichen Beziehungen der Untertanen. Die wortreiche Begründung des Eheverbotes mit Ausländern, das in dieser Form auch im anglo-normannischen England nachweisbar ist, stellt zwar den Gedanken der „Reinheit" in den Mittelpunkt, nicht jedoch die Reinheit des Blutes, wie der heutige Leser vermuten könnte, sondern die „Reinheit der Sitten", die sich in der besonderen „Dienstwilligkeit und Treue" der sizilischen Untertanen zeigt und in der Tat durch auswärtige Verbindungen beeinträchtigt werden kann; anders als die Begründung, richtet sich das Verbot im übrigen nicht grundsätzlich gegen Ehen mit Ausländern, sondern bindet sie lediglich an eine Genehmigung der königlichen Zentralverwaltung. Gleichwohl bezeichnete es der Jurist Andreas de Isernia († 1316) in seinem Kommentar als unbillige Härte und daher unanwendbar. Funktional entsprechen die Eheverbote des *Liber Augustalis* im übrigen der bis ins 20. Jahrhundert hinein üblichen Eheerlaubnis für Offiziere und der bis heute gültigen Regel, daß Angehörige des diplomatischen Dienstes nur nach Genehmigung eine Ehe mit einer Ausländerin oder einem Ausländer eingehen dürfen.

In der Forschung höchst kontrovers diskutiert wurde schließlich das Prooemium der Konstitutionen von Melfi, in dem Friedrich II. und seine Juristen die weltliche Gewalt nicht nur aus der „göttlichen Vorsehung" (*divina providentia*), sondern auch (und vor allem) aus der „Notwendigkeit der Dinge" (*rerum necessitas*) herleiten. In diesen Worten sah Kantorowicz „die Achse der ganzen Erörterung": Friedrich II. erkläre die Entstehung des Staates aus „naturgesetzlicher Zwangsläufigkeit" und „positiver Notwendigkeit" und stelle so dem hierokratischen Anspruch der Kirche die aristotelische Vorstellung von der Eigengesetzlichkeit des Staates entgegen. Eine genaue Betrachtung des Textes zeigt jedoch, daß der *Liber Augustalis* die Existenz der weltlichen Gewalt keineswegs rein innerweltlich begründet, etwa im Sinne des Marsilius von Padua (1290-1343), der drei Generationen später in seinem *Defensor pacis* die Ausbildung staatlicher Strukturen als notwendige Folge der natürlichen Sehnsucht aller Menschen nach einem guten Leben beschrieb. Im Prooemium der Konstitutionen von Melfi dagegen ist die Einsetzung einer das Gute schützenden, das Böse strafenden und so den Willen Gottes durchsetzenden Herrschaftsordnung eine den Menschen nach dem Sündenfall von der „göttlichen Vorsehung" gegen ihren Willen aufgezwungene Rettung vor ihrem sonst unvermeidlichen Untergang, eine alte, bis in die Spätantike zurückreichende Tradition der Genesis-Auslegung, die sich auch in einem wahrscheinlich Papst Honorius III. (1216-1227) zuzuschreibenden Brief findet.

Die eigentliche Abwehr hierokratischer Ansprüche des Papsttums, wie sie Innozenz III. und Gregor IX. vertraten, ist in einem eher unauffälligen Satz des Prooemiums verborgen: Die Aussage, der Herrscher müsse vor Gott Rechenschaft geben über den Schutz der Kirche, stellt die unmittelbare Verantwortung des Herrschers vor Gott heraus. Sie kehrt damit den von Papst Gelasius I. (492-496) formulierten Kernsatz der Zweigewaltenlehre um, die geistliche Gewalt stehe über der weltlichen, da sie vor Gott Rechenschaft ablegen müsse über das Seelenheil der Herrscher:

Kaiser Friedrich, der allzeit Erhabene, der Herrscher über Italien, Sizilien, Jerusalem und das Arelat, der Glückliche, Fromme, Sieger und Triumphator.

Nachdem der Bau der Welt durch die göttliche Vorsehung fest aufgerichtet und die ursprüngliche Materie durch den eine bessere Bildung bewirkenden Dienst der Natur zu den Gestalten der Dinge verteilt worden war, beschloß derjenige, der das, was zu tun war, vorausgesehen hatte, während er das Getane betrachtete und das Betrachtete guthieß, unterhalb der Sphäre des Mondkreises den Menschen, das unter den Geschöpfen würdigste, nach seinem eigenen Bild und seiner Gestalt geformte Geschöpf, den er um wenig geringer gemacht hatte als die Engel, nach gründlich erwogenem Plan über die übrigen Geschöpfe zu setzen. Er belebte den aus dem Erdenschlamm Hervorgebrachten im Geiste, gesellte dem mit dem Diadem der Ehre und des Ruhmes Gekrönten als Gattin und Gefährtin einen Teil seines Körpers bei und schmückte sie mit dem Schutz eines so großen Vorrechts, daß er beide anfänglich unsterblich machte; gleichwohl stellte er eben sie unter eine gewisse Gesetzesvorschrift. Weil sie es halsstarrig verschmähten, diese einzuhalten, belegte er dieselben mit der Strafe für ihre Übertretung und verordnete ihnen den Entzug jener Unsterblichkeit, die er ihnen zuvor übertragen hatte.

Damit die göttliche Gnade dennoch nicht in vollem Umfang das, was sie zuvor geformt hatte, so verderbenbringend, so plötzlich vernichte, und damit sich nicht nach der Zerstörung der menschlichen Gestalt als Folge die Zerstörung des übrigen ergebe, weil das Untergeordnete des Vorgesetzten entbehren würde und seine Zweckmäßigkeit niemandes Bedürfnissen dienlich wäre, füllte sie aus beider Samen die Erde mit Sterblichen und unterwarf sie eben diesen. Diese kannten die väterliche Entscheidung wohl; aber das sich das Laster der Übertretung von den Vätern auf sie fortgepflanzt hatte, ließen sie Haß gegeneinander in sich aufkommen und unterschieden das nach natürlichem Recht gemeinsame Eigentum an den Dingen, und der Mensch, den Gott recht und ehrlich erschaffen hatte, trug keine Bedenken, sich in Streitigkeiten einzumischen.

Und so wurden durch die zwingende Notwendigkeit der Verhältnisse selbst und nicht weniger auf Antrieb der göttlichen Vorsehung die Fürsten der Völker gewählt (*sicque ipsarum rerum necessitate cogente nec minus divinae provisionis instinctu principes gentium sunt creati*), damit durch sie die Zügellosigkeit der Verbrechen eingeschränkt werden könne; diese sollten als Richter über Leben und

Tod für die Völker gewissermaßen wie Vollstrecker des göttlichen Urteilspruchs festsetzen, welches Schicksal, welchen Rang und Stand jeder habe. Von ihren Händen wird, damit sie über das ihnen anvertraute Verwalteramt vollkommen Rechenschaft abzulegen imstande sind, vom König der Könige und Fürsten der Fürsten dies vornehmlich gefordert, daß sie die Befleckung der hochheiligen Kirche, der Mutter der christlichen Religion, durch die heimlichen Verrätereien der Verleumder des Glaubens nicht zulassen und daß sie eben diese vor den Angriffen der öffentlichen Feinde mit der Kraft des weltlichen Schwertes schützen und den Völkern den Frieden und, nachdem diese befriedet sind, die Gerechtigkeit, welche einander wie zwei Schwestern umarmen, nach Vermögen bewahren.

Daher wollen wir, welche allein die Rechte der göttlichen Macht gegen die Hoffnung der Menschen zu den Gipfeln des römischen Kaisertums und den Würden anderer Königreiche emporhob, in der Absicht, die uns anvertrauten Talente dem lebendigen Gott verdoppelt zurückzugeben, aus Verehrung für Jesus Christus, von dem wir alles, was wir haben, empfingen, durch die Pflege der Gerechtigkeit und die Abfassung von Gesetzen ein Opferkalb der Lippen darbringen, indem wir zuerst für den Teil unserer Herrschaftsgebiete sorgen, der bekanntermaßen gegenwärtig unserer Fürsorge bezüglich der Gerechtigkeit eher bedarf.

Da also das Königreich Sizilien, die kostbare Erbschaft unserer Hoheit, vor allem wegen der Schwäche unserer Jugend, vor allem auch wegen unserer Abwesenheit durch die Anschläge vergangener Verwirrungen bis jetzt beeinträchtigt erschien, entschieden wir, daß es angemessen sein werde, für seine Ruhe und Gerechtigkeit mit äußerster Anstrengung zu sorgen, fanden wir es doch zu Diensten für unsere Erlauchtheit immer bereit und treu ergeben, wenn auch einige Widerstand leisteten, die aus dem Schafstall des genannten Königreiches, aber nicht aus dem unsrigen stammten.

Wir wollen also, daß die vorliegenden Verfügungen in unserem Namen im Königreich Sizilien allein gelten, und schreiben vor, daß sie in Zukunft von allen unverletzlich eingehalten werden, nachdem im vorgenannten Königreich die Gesetze und Gewohnheiten, die diesen unseren Verordnungen widersprechen, verworfen und aufgehoben wurden. Wir haben befohlen, daß in sie alle vorhergehenden Verfügungen der Könige von Sizilien und unsere eigenen übernommen wurden, damit aus dem, was in der vorliegenden Sammlung unserer Verordnungen durchaus nicht enthalten ist, weder irgendeine Unterstützung noch irgendeine Beglaubigung vor den Gerichten oder außerhalb der Gerichte gewonnen werden kann.

I.1: *Von Häretikern und Patarenern. Kaiser Friedrich, der allzeit Erhabene.* Die Ketzer versuchen, den nahtlosen Rock unseres Gottes aufzutrennen; sie frönen der Sünde, von welcher sie den Namen führen, der ein Ausdruck der Trennung ist, und sind bestrebt, Spaltungen in die Einheit Seines unteilbaren Glaubens zu tragen und die Schafe aus der Hut Petri, dem sie vom Guten Hirten zur Weide anvertraut sind, abzusondern (...).

Angesichts solcher Widersacher Gottes und der Menschen können wir unseren Unmut nicht bezähmen, ohne das Schwert wohlverdienter Strafe gegen sie zu zücken. Wir wollen sie desto eifriger gerichtlich verfolgen, je mehr bekannt wird, daß sie – um den christlichen Glauben noch unverkennbarer zu beschimpfen – die Verbrechen ihres Aberglaubens in der nächsten Umgebung der römischen Kirche, welche als das Haupt aller übrigen Kirchen anerkannt wird, weit und breit begehen. Dahin ist es schon gekommen, daß sie von den Grenzen Italiens, speziell von den lombardischen Gebieten, bis zu unserem Königreich Sizilien hin Rinnsale ihrer Treulosigkeit geleitet haben.

Da wir dies für sehr schwerwiegend halten, bestimmen wir zuvörderst, daß das Verbrechen der Ketzerei und einer jeden verdammten Sekte, welcher Name auch immer ihren Anhängern beigelegt wird, unter die Staatsverbrechen gerechnet werden soll, so wie es schon durch die alten Gesetze eingeführt wurde. Allerdings wird von allen das, was als Absicht einer Beschimpfung der göttlichen Majestät bekannt wird, gegenüber dem Verbrechen der Verletzung unserer Majestät für schrecklicher erachtet, obwohl die eine Majestät die andere an Gerichtsgewalt nicht übertrifft.

Gleichwie denn das Verbrechen des Hochverrats die Todesstrafe und die Einziehung des Vermögens der Verurteilten nach sich zieht und nach dem Hingang das Gedenken an die Abgeschiedenen auslöscht, so wollen wir es auch bei dem Verbrechen der Vorgenannten, wofür die Patarener bekannt sind, allerwegen gehalten wissen, damit die Ruchlosigkeit derselben offenbar werde, welche in der Finsternis wandeln, weil sie Gott nicht nachfolgen.

Wir ordnen an, daß die Täter eines derartigen Verbrechens auch ohne Anzeige gewissenhaft verfolgt und durch unsere Beamten wie die anderen Missetäter der peinlichen Untersuchung unterzogen werden. Wir gebieten ferner, daß die, welche bei der Untersuchung auffallen – seien sie auch nur durch einen leichten Verdacht belastet – von Männern der Kirche und Prälaten verhört werden sollen. Falls sie aber durch diese offenbar als abtrünnig vom katholischen Glauben in wenigstens einem Glaubenssatz befunden werden sollten und selbst nach geistlicher Zurechtweisung nicht von den Fallstricken des finsteren Teufels lassen wollen, um den Gott des Lichtes zu bekennen, sondern beharrlich in dem einmal angenommenen Irrtum verbleiben, so bestimmen wir, daß die gemäß der Vorschrift dieses unseres Gesetzes schuldig gesprochenen Patarener den Tod erleiden, den sie erstreben: nämlich dem Urteil des Feuertodes anheimgegeben, bei lebendigem Leibe im Angesicht des Volkes verbrannt zu werden. Wir bedauern nicht, damit ihrem Wunsche entgegenzukommen, woraus ihnen nur Strafe, nicht aber irgendein Lohn ihres Irrtums erwächst. Niemand soll es sich herausnehmen, bei uns für solch verwerfliche Menschen einzutreten; hat einer es dennoch getan, so wird er sich unsere tiefe Ungnade zuziehen.

I.3: *Von den Abtrünnigen. König Roger.* Abtrünnige vom katholischen Glauben verfluchen wir ganz und gar, verfolgen sie und entziehen ihnen ihr ganzes Vermögen. Wir unterwerfen diejenigen, welche von der Profeß oder vom Gelübde abfallen, dem Zwang der Gesetze: Wir nehmen ihnen die Erbfolgerechte und sprechen ihnen jeden gesetzlichen Anspruch ab.

I.4: *Daß niemand sich in Handlungen und Entschlüsse des Königs einmischen soll. Derselbe.* Ein Richterspruch des Königs, seine Entschlüsse, Anweisungen oder Handlungen dürfen nicht kritisiert werden. Es kommt nämlich einem Gottesfrevel gleich, seine Richtersprüche, Handlungen, Anweisungen und Entschlüsse sowie das Verdienst desjenigen, den der König auswählt und für den er sich entscheidet, zu kritisieren.

I.8: *Von der Pflege des Friedens und der allgemeinen Friedenswahrung im Königreiche. (Kaiser Friedrich).* Wir verfügen, daß der Friede, welcher von der Gerechtigkeit und von dem die Gerechtigkeit nicht zu trennen ist, in allen einzelnen Teilen unseres Königreiches gewahrt werden soll. Niemand darf aus eigener Machtvollkommenheit für geschehene oder künftige Ungerechtigkeiten und Missetaten das Recht in die eigene Hand nehmen, Zwangs- oder Vergeltungsmaßnahmen ergreifen oder Fehden im Königreiche anfangen; vielmehr soll er vor dem Magister Justitiarius beziehungsweise den Justitiaren der Bezirke, Kämmerern der Orte oder den Bajuli und Herren, je nach der persönlichen Zuständigkeit in der gerichtlichen Untersuchung einer Rechtssache, seinen Rechtsfall im ordentlichen Gang der Gerichte verfolgen.

Hat übrigens jemand nach Herausforderung durch gewalttätige Rechtsverletzungen zum Schutz seines Leibes oder seines Hab und Gutes notgedrungen zu einem Verteidigungsmittel greifen müssen, und wendet er es unverzüglich an, das heißt, ehe er sich anderen und fernerstehenden Geschäften zuwendet, so verwehren wir ihm solches zwar nicht – beschränkt allerdings auf die gerechte Notwehr –, so daß er sich mit ähnlichen und gleichen Waffen verteidigen darf, wie diejenigen sind, mit welchen er angegriffen worden ist. Ist er etwa mit scharfen Waffen angegriffen worden, so darf er sich auch mit scharfen Waffen verteidigen. Hat sein Gegner ihn nicht mit scharfen oder mit beliebigen anderen Waffen angegriffen, so mag er sich in der gleichen Kampfesweise wehren, sofern er das nur – wie gesagt – unverzüglich tut.

I.9: *Vom Verbot der Fehde. Derselbe.* Ein Graf, Baron, Ritter oder irgendein anderer, der offen eine Fehde im Königreiche beginnt, soll unter Einziehung all seiner Güter zum Tode verurteilt werden. Wer aber Zwangs- oder Vergeltungsmaßnahmen ergreift, soll mit Einziehung der Hälfte aller Güter bestraft werden.

I.10: *Vom Verbot des Waffentragens. Derselbe.* Der nützliche Zweck unseres Vorhabens ist nicht so sehr auf die Bestrafung begangener Missetaten gerichtet als darauf, Gelegenheit und Veranlassung zu ihrer Begehung zu nehmen. Weil nun das Tragen verbotener Waffen zur Ursache ebensosehr von Körperverletzungen wie selbst von Morden wird, verbieten wir aus der richtigen Vorstellung heraus, daß man besser rechtzeitig vorbeugt als nachher strafend einschreitet, durch gegenwärtiges Gesetz allen Getreuen unseres Königreiches, daß jemand sich anmaße, scharfe und verbotene Waffen, das heißt einen spitzen Dolch, Schwerter, Spieße, Harnische, Schilde, Kettenhemden, Eisenkeulen und alle anderen Waffen, welche mehr um zu schaden denn um eines andern erlaubten Zweckes willen angefertigt worden sind, bei sich zu führen.

Hofbeamten aber und ihren Dienern erlauben wir, besagte verbotene Waffen zu tragen, solange sie sich bei uns am Hofe aufhalten, entweder in die Heimat gehen oder aus der Heimat kommen beziehungsweise in unseren Geschäften und Diensten ausgesandt werden.

Von der Vorschrift der gegenwärtigen Satzung nehmen wir weiter aus die Ritter und die Söhne von Rittern; ferner die Bürger, denen es von uns keineswegs verwehrt wird, Schwerter zu tragen, wenn sie in eigenen Angelegenheiten außerhalb ihrer Wohnorte reiten müssen. Jedoch wird ihnen zur Bedingung gemacht, daß sie die erwähnten Schwerter unverzüglich ablegen, sobald sie in besagte Orte zurückgekehrt sind oder irgendwo anders Herberge nehmen.

Ein jeder aber, der von nun an verbotene Waffen trägt, soll unserer Staatskasse, sofern es sich um einen Grafen handelt, fünf, als Baron vier, als einfacher Ritter drei, als Bürger zwei Unzen und als Bauer eine Unze zahlen. Wenn Bedürftige vielleicht dieser Strafe spotten, sollen sie auf Zeit zu öffentlichen Arbeiten verurteilt werden. All dies sollen der Magister Justitiarius und die Justitiare pflichtschuldig ausführen lassen.

I.20: *Über den Raub und die Vergewaltigung von Nonnen. König Roger.* Wenn jemand sich vermißt, gottgeweihte oder noch nicht mit dem Schleier eingekleidete Jungfrauen zu rauben, soll er zum Tode verurteilt werden, auch wenn er in der Absicht gehandelt hat, die Ehe einzugehen.

I.21: *Über die Vergewaltigung von Dirnen. König Wilhelm.* Alle dem Zepter unserer Herrschaft Unterworfenen sollen in der Huld unserer Majestät regiert werden und der eine durch den anderen, Männer wie Frauen, ohne sich gegen Mächtigere, Gleiche oder die Geringsten wehren zu müssen, den Glanz des Friedens genießen und nicht hinzunehmen brauchen, daß auf welche Art auch immer Gewalt verübt wird. Infolgedessen sollen auch die unglücklichen Weiber, welche in dem schändlichen Gewerbe der Unzucht ihr Geld verdienen, sich unseres Wohlwollens erfreuen in der frohen Empfindung, daß niemand sie gegen ihren Willen nötigen darf, seine Lust zu befriedigen. Wer gegen diese allgemeine Vorschrift handelt, soll, wenn er gestanden hat und überführt worden ist, mit der Hinrichtung bestraft werden. Dabei soll man jedoch regelmäßig in Betracht ziehen, daß das Geschrei der Überfallenen, sofern die Vergewaltigung an bewohntem Orte geschehen ist, gellend ausgestoßen werden und so schnell wie möglich hörbar sein muß; andernfalls wird die Tat, sobald darauf eine Frist von acht Tagen verstrichen ist, nicht als Vergewaltigung angesehen, es sei denn, daß die Frau erwiesenermaßen während dieses Zeitraums gegen ihren Willen festgehalten worden ist.

I.22.1: *Von Jungfrauen- oder Witwenräubern. Kaiser Friedrich, der allzeit Erhabene.* Wir verfügen, unverbrüchlich die Todesstrafe zu beachten, welche die Satzungen der göttlichen Augusti gegen die Räuber von Jungfrauen, Witwen, Verlobten oder auch schon verheirateten Frauen und deren Spießgesellen und Begünstiger verhängt haben. Jene Gewohnheiten, welche bisher in einigen Teilen unseres Königreiches Sizilien galten, wonach Räuber sich dadurch, daß sie die Geraubte zur Ehe nahmen oder sie einem anderen vermählten, dem Todesurteil entziehen konnten, seien gänzlich aufgehoben.

I.22.2.: (...) Da wir nicht wünschen, daß ein so schwerwiegendes Verbrechen mangels Beweises ungesühnt bleibe, bestimmen wir, daß Personen auch ohne vorherige Nachfrage bei uns dem in den früheren und unseren eigenen Konstitutionen enthaltenen Todesurteil unterliegen sollen, sofern sie einmal wegen Gewalttaten dieser Art angeklagt und durch ihr Geständnis, welches das schlechte Gewissen an den Tag gebracht hat, oder durch Zeugen, welche die Angeklagten – was indessen selten genug geschehen mag – bei diesen unzüchtigen Handlungen ertappt haben, etwa überführt worden sind.

Anders ist die Sachlage, wenn sich die wahre Beschaffenheit des Vorgangs nicht beweisen läßt außer einzig der Tatsache, daß jemand, der durch Gebärden oder auf andere Art die Keuschheit einer Frau antasten will, nach dreimaliger Verwarnung durch die Frau oder einen anderen von ihrer Seite, er solle doch von der Wiederholung dieses verbotenen Unterfangens Abstand nehmen, später dennoch zusammen mit der (...) von anderen mit lautem Geschrei Beistand heischenden Frau bloß im Ringen begriffen oder auch auf der Flucht im Haus oder nahe bei dem Haus der Frau ertappt worden ist bzw. wenn er, ohne daß die besagte Warnung vorausgegangen ist, die um Hilfe rufende Frau gewaltsam unter sich festhält in dem Bemühen, den Riegel ihrer Jungfernschaft zu öffnen und sie zu schänden oder eine nicht mehr unberührte Frau zu vergewaltigen. Wir bestimmen, daß diese Rechtssache vollständig verhandelt und mit den vorgenannten oder möglicherweise ähnlichen Beweisen versehen zur Kenntnisnahme an unsere Hoheit verwiesen werden soll, damit unsere Überlegung, die wir von himmlischer Hand empfangen haben, die Sache durch ein Urteil zum gebührenden Abschluß bringe. Der Angeklagte werde jedoch der gewissenhaften Obhut von Bürgen oder des Kerkers überliefert.

I.36.1: *Von Beamten, die Staatsvermögen heimlich beiseite geschafft oder fahrlässig zugelassen haben, daß es gemindert wird oder zugrunde geht. Derselbe.* Staatsbeamte oder Richter, die zur Zeit ihrer Amtstätigkeit öffentliche Gelder heimlich beiseite geschafft haben, machen sich des Verbrechens der Unterschlagung im Amt schuldig und werden mit dem Tode bestraft, sofern die Gnade des Königs nicht mit ihnen Nachsicht übt.

I.36.2: Beamte, welche durch ihre Nachlässigkeit öffentliches Vermögen haben mindern oder zugrunde gehen lassen, werden mit ihrer Person bzw. mit den eigenen Sachen gemäß Entscheidung von königlichen Gnaden dafür haftbar erklärt.

I.45: *Von der strafrechtlichen Verfolgung und Verurteilung der Geistlichen. König Wilhelm.* Wir wünschen und gebieten hinsichtlich der Person von Geistlichen unseres gesamten Königreiches: Sofern ein Geistlicher wegen irgendeiner Straftat, deretwegen er in Person gerichtet oder verurteilt werden müßte, belangt wird, so soll weder von uns noch unserem Hofe, sondern von der Kirche und von einem kirchlichen Gericht über ihn – soweit es seine Person betrifft – erkannt und er gemäß den Canones und kirchlichen Gesetzen abgeurteilt werden.

Eine Ausnahme findet statt, wenn jemand wegen Hochverrats oder einer anderen derartigen schweren Straftat, die unsere Majestät angeht, angeklagt worden ist: für diesen Fall wünschen und verordnen wir, daß über das, was unsere Majestät angeht, an unserem Hof Recht gesprochen werden soll.

I.54: *Daß die Justitiare und sämtliche Beamte bzw. deren Hausgemeinschaft nichts von Prozeßparteien annehmen sollen. Derselbe.* Bei den Justitiaren, allen niederen Staatsbeamten sowie Richtern braucht die komplizierte Kanzleiordnung, deren Beachtung wir eigens für unseren Großhof befohlen haben, keineswegs befolgt zu werden außer hinsichtlich der Bestimmung, daß sie selber, ihre Beamten oder deren Hausgenossen von Antragstellern bzw. Prozeßparteien überhaupt nichts entgegennehmen sollen – vor Erledigung des Dienstgeschäftes auch nicht Speise und Trank. Sie sollen ihrer Beamtenwürde entsetzt werden und ehrlos sein, wenn sie durch einen klaren Beweis überführt worden sind, unserer gegenwärtigen Satzung zuwider von Streitparteien, Antragstellern oder nicht Prozessierenden etwas empfangen zu haben. Darunter fallen Geld, Pferde oder andere Tiere, Waffen oder Kostbarkeiten dieser Art, mit Ausnahme von Speise und Trank, welche für die nächsten beiden Tage ausreichen und die sie nach ihrer Versicherung nur einmal, während sie an dem Orte weilten, entgegengenommen haben. Dem kommt es gleich, wenn sie von Prozeßparteien bzw. Antragstellern Speise, Trank, Getreide oder andere Zuwendungen empfangen oder eine diesbezügliche Zusage gestattet haben. Von dem, was sie als Geschenk oder Versprechen empfangen haben, sollen sie wie auf frischer Tat ergriffene Diebe das Vierfache an unseren Hof erlegen.

I.90.1: *Von verbotenen Handlungen, welche alle Beamten ohne Unterschied meiden müssen. Derselbe.* Insgemein müssen sowohl die Justitiare als auch die Kämmerer sowie alle anderen auf ein Jahr bestimmten Beamten der Provinzen das nachstehend Beschriebene meiden: Während der vorgenannten Zeitdauer ihrer Amtsführung nämlich dürfen weder sie selbst noch die Richter oder Notare bzw. ihre Angehörigen ein Darlehen in der ihnen zugewiesenen Provinz bei ihren Provinzbewohnern in Geld oder anderen Gegenständen aufnehmen.

Häuser oder andere Besitzungen sollen sie in ihrer Provinz von diesen aus keinem wie auch immer gearteten Rechtsgrund des Erwerbs noch auch zu Erbpachtrecht annehmen. Ferner sollen sie mit denselben keine Ehen oder Verlöbnisse eingehen noch Verhandlungen darüber führen. Die Strafe der Einziehung des gesamten Vermögens und des Verlustes des Gürtels, des Zeichens der Beamtenwürde, samt bürgerlicher Schande droht den diesem zuwiderhandelnden Beamten, welche – außer über das zum Leben Notwendige – irgendeinen Vertrag über bewegliche, unbewegliche oder sich bewegende

Sachen abschließen mit Leuten, die ihrer Gerichtsbarkeit unterworfen sind (...).

II.5: *Von der Kennzeichnung der Übeltäter und Verdächtigen. (Kaiser Friedrich).* Es liegt uns am Herzen, im Gesamtgebiet und in den einzelnen Teilen unseres Königreiches Männer von gutem Leumund zu erkennen und mit Schande belegte nicht zu verkennen. Daher zeigen wir allen unseren in den verschiedenen Provinzen eingesetzten Justitiaren mit Verkündigung unserer gegenwärtigen Konstitution an und verpflichten sie unter Androhung des sicheren Entzugs unserer Gnade, daß sie jedesmal, wenn sie künftig irgendwelche der Besagten wegen ihrer Säumigkeit in Bann legen sollten, jede Möglichkeit des Aufschubs meiden und unserem Hof Namen und Zunamen des Gebannten sowie Ursache, Art und Zeitpunkt des ergangenen Bannes durch ein Schreiben von ihrer Seite mitteilen müssen. Dieser Brief soll von der Hand des Gerichtsschreibers verfertigt, mit der Unterschrift des ihnen beisitzenden Richters gezeichnet sowie durch Aufdruck ihrer Siegel bestätigt werden. (...).

Die gleiche Regel ist in allen Fällen zu beachten, in denen sie irgendwelche Leute durch Endurteile mit dem Makel der Ehrlosigkeit bezeichnet bzw. bekannt gemacht haben, daß sie von Rechts wegen oder aufgrund einer Schandstrafe als ehrlos zu bezeichnen sind. Ferner haben wir den Magister Justitiarius unseres Großhofes ausdrücklich beauftragt, eigens hinsichtlich dieser Personen Sonderakten anzulegen, in denen er die Namen der Gebannten, Geächteten oder Ehrlosen jeder Art aufzeichnen lassen soll neben den Namen derjenigen, welche er aufgrund einer durch ihn oder einen Justitiar angestellten Untersuchung als schuldig oder verdächtig ermittelt hat. Diese Akten soll er in unserem Hofarchiv sicher verwahren lassen, damit jedesmal, wenn man sich etwa mit dem Leumund irgendeines Menschen beschäftigt – weil entweder eine gerichtliche Untersuchung dies nötig macht oder unsere Durchlaucht das zu wissen begehrt –, ein wirksamer und klarer Beweis nicht so sehr durch anderweitige Beweismittel, welche zu einem Verfahrensaufschub führen, als vielmehr aufgrund öffentlicher Akten gewonnen werden kann, deren Glaubwürdigkeit durch unseren Hof und unsere bestellten Beamten gesichert ist.

II.28: *Von der Erneuerung von Privilegien. Derselbe.* Privilegien und Urkunden, welche die Namen von irgendwelchen Verrätern gegen uns oder Angreifern unseres Königreiches enthalten und die durch von ihnen bestellte Richter oder Notare geschrieben sind, ferner Schriftstücke, welche man nach der Gewohnheit einiger Orte in unleserlicher und ungebräuchlicher Schrift aufgesetzt und unterschrieben findet, sollen – so verordnen wir – binnen eines Jahres seit dem Tag der Verkündigung unserer Konstitutionen vorgelegt, erneuert und unter Beifügung unseres Namens für die Zukunft bekräftigt werden. Den vorerwähnten Urkunden soll man künftig gerichtlich oder außergerichtlich keine Beweiskraft zumessen, falls sie nicht unserem gegenwärtigen Befehl gemäß vorgelegt worden sind.

II.29: *Von den Privilegien, welche vor dem Hoftag zu Capua in der Zeit der Wirren bewilligt worden sind. Derselbe.* Wir haben befohlen, die Verleihungen sowie alle Privilegien zu widerrufen, welche von den göttlichen Augusti, unseren Vorfahren, und uns vor dem Hoftag zu Capua erteilt, von uns aber nach demselben Hoftag nicht bestätigt worden sind, sowie auch diejenigen, welche von uns oder Herzog Rainald von Spoleto in der jüngsten Zeit der Wirren seit unserer Meerfahrt bis zum Fest Mariae Lichtmeß bewilligt worden sind. Wir verordnen mit Erlaß des gegenwärtigen Gesetzes, daß den oben genannten Privilegien und Verleihungen durchaus keine Beweiskraft beigemessen werden soll; um das böswillige Vorhaben derer zu verfolgen, welche besagte Privilegien nach unserem Verbot nicht aufgeben wollen, gebieten wir vielmehr, daß alle Vorgenannten zu einer an unsere Kammer zu entrichtenden Geldbuße in der Höhe verurteilt werden, wie der Wert der vergabten Sache nachweislich betragen hat.

II.31: *Von der Abschaffung der Gottesurteile. Derselbe.* Wir, die wir der wahren Rechtsgelehrsamkeit folgen und irrige Auffassungen verwerfen, schaffen bei unseren Gerichten die gesetzlichen Einrichtungen ab, welche von gewissen einfältigen Leuten, die weder das Wesen der Dinge berücksichtigen noch die Wahrheit anstreben, „Gottesurteile" genannt werden. Durch die gegenwärtige Satzung unseres Namens verbieten wir auf ewig sämtlichen Richtern unseres Königreiches, irgendwelche Getreuen von uns besagten Gottesurteilen zu unterwerfen, bei denen man lieber von einem „Verbergen" als von einem „Offenbaren" der Wahrheit reden sollte; vielmehr sollen sie sich mit den allgemein üblichen, durch die alten Gesetze ebenso wie durch unsere Konstitutionen eingeführten Beweismitteln begnügen. Weniger richtiggestellt als vielmehr ausgerottet werden muß nämlich unserer Meinung nach die Anschauungsweise derer, welche fest glauben, die natürliche Hitze eines glühenden Eisens könne ohne rechte Ursache lauwarm oder – was noch törichter ist – eiskalt werden, oder welche versichern, daß ein in ein Verbrechen verwikkelter Angeklagter bloß seines schlechten Gewissens wegen nicht von dem Element des kalten Wassers aufgenommen wird, während ihn vielmehr das Einatmen von genügend Luft nicht untergehen läßt.

II.32: *Von der Abschaffung der Zweikämpfe. Derselbe.* In Verfolgung einer wohlwollenden Absicht unseres Willens ordnen wir an, aus unserem Staat die Zweikämpfe bis auf einige äußerst wenige Fälle zu verbannen. Die Behandlung des gegenwärtigen Falles drängt sich im Hinblick auf die Franken auf, welche das Los ihrer Person und gewöhnlich auch ihrer gesamten Habe bzw. des größeren Teils derselben auf den Einzelkampf zu setzen pflegten, der in der Volkssprache Duell genannt wird (...).

Nach unserem Willen soll also die vorgenannte Beweisart, d. h. der Beweis durch Zweikampf, dessen sich die nach fränkischem Recht lebenden Einwohner bisher in bezug auf die Hauptpersonen, die sich nämlich gegenseitig dazu herausforderten, wie auch hinsichtlich der Personen der auf beiden Seiten aufgebotenen Zeugen bedienten, künftig in Zivil- wie in Strafprozessen abgeschafft sein.

Sollte irgendein Franke von einem Franken oder auch Langobarden in einem zivilrechtlichen oder strafrechtlichen Streit belangt werden, so muß er vielmehr durch Zeugen-, Urkunden- und ähnliche Beweise, womit die Wahrheit vollkommen nachgewiesen werden kann, überführt werden. (...).

II.50.3: *Von der Strafe für diejenigen, welche bestechen oder sich bestechen lassen. Derselbe.* Wir verordnen mit vorliegender Satzung, daß Bestechung für alle ein Staatsverbrechen ist, so daß jedem die unbeschränkte Befugnis zur Anklage oder Anzeige gegen diejenigen gewährt wird, welche sich durch ein Versprechen oder eine Leistung haben bestechen lassen. Werden sie durch rechtmäßigen Beweis der Bestechlichkeit überführt, so soll der versprochene Geldbetrag denen zur Belohnung gegeben werden, welche die Bestechung angezeigt oder zur Anklage gebracht haben. (...).

III.18. *Vom Treuegelöbnis der Vasallen für ihre Herren. (König Wilhelm).* Die Lehnsherren müssen sich von ihren Vasallen versichern lassen, daß diese nichts gegen ihr Leben, ihre Glieder und ihre Ehre unternehmen und sie auch nicht gefangensetzen wollen. Weiter sollen die Vasallen geloben, daß sie einen Plan, den die Herren ihnen anvertraut haben, niemandem offenbaren und ihnen oder anderen an ihrer Statt persönlich bzw. durch Vermittlung anderer so schnell wie möglich Mitteilung machen wollen, falls sie im Hinblick auf die Herren etwas Bedrohliches erfahren haben, was sie persönlich oder mit Hilfe anderer nicht vereiteln können; daß sie sich nicht beteiligen wollen an hinterlistiger Überlegung, Anschlag bzw. Komplott mit dem Ziel, daß die Lehnsherren das Land, das sie innehaben, verlieren sollen, vielmehr besorgt sein werden, dasselbe für jene nach Kräften gegen jedermann zu verteidigen, unbeschadet der uns und unseren Erben geschuldeten Treue in allen Stücken, sowie unser und unserer Erben Weisung und Gebot.

III.22: *Von Eheschließungen. König Roger.* Wir verfügen mit vorliegendem Gesetz, daß allen, welche die Ehe eingehen wollen – allen Leuten unseres Königreiches und vorzüglich den Adligen – der Zwang auferlegt wird, nach voraufgegangener, mit gebührender Feierlichkeit begangener Verlobung und priesterlicher Segnung die Hochzeit förmlich und öffentlich abzuhalten. Im anderen Fall mögen die, welche hinfort etwas unserer königlichen Verfügung zuwider unternehmen wollen, wissen, daß sie ihre Abkömmlinge aus heimlicher und durch unsere Satzung verbotener Ehe weder aufgrund Testaments noch ohne Testament zu rechtmäßigen Erben haben werden. Auch sollen Frauen nicht die Mitgift erhalten, welche denen, die in anderer, rechtmäßiger Form heiraten, zukommt. Von dieser gestrengen Satzung nehmen wir alle jene aus, welche zur Zeit von deren Verkündung bereits die Ehe geschlossen hatten. Ferner erleichtern wir für heiratswillige Witwen diese notwendigen Beschränkungen.

III.23.1: *Über das allgemeine Verbot der Vermählung von Baronen ohne Erlaubnis des Hofes. Kaiser Friedrich.* Zur Wahrung des Ansehens unserer Krone verfügen wir mit vorliegender Konstitution allenthalben im Königreich: Kein Graf, Baron oder wer sonst auch immer unmittelbar von uns oder von einem anderen Baronien, Burgen bzw. Lehen hält, welche sich in den Lehnsregistern unserer Hofkammer verzeichnet finden, darf ohne unsere Genehmigung eine Ehefrau heimführen, Töchter, Schwestern, Nichten bzw. irgendwelche anderen Verwandten vermählen, welche er selber zur Ehe geben kann oder muß, oder den Söhnen eine Ehefrau geben, gleich, ob mit unbeweglichen oder beweglichen Sachen. Die bisher in manchen Teilen unseres Königreiches dem Vernehmen nach in Geltung gewesene Gewohnheit darf diesem Gesetz nicht entgegenstehen.

III.23.2: *Vom Verbot der Eheschließung zwischen einheimischen Bürgern des Königreiches und Fremden. Derselbe (Novelle von 1233).* Da unser ererbtes Königreich Sizilien, unser kostbarer Besitz, Bewohner von löblichen Sitten hervorzubringen pflegte und seine Einwohner sich im Verlauf der Zeit bei Bedrängnissen ihrer Herren durch Dienstwilligkeit und Treue auszeichneten, erfüllt uns der nachgerade häufige Vorgang mit Schmerz, daß durch Vermischung mit andersgearteten Völkern der unverdorbene Charakter des Königreiches durch fremde Sitten verkommen ist. Infolgedessen hat sich auch die Lauterkeit der Untertanen zum Schlechten gewandt, seitdem die Töchter des Königreiches sich mit den Söhnen von

Fremdstämmigen verbunden haben; da von Tag zu Tag die Bosheit zunahm und die Gesinnungsschwäche sich durch den Umgang und Verkehr mit anderen noch steigerte, veränderten sich die Völker mehr und mehr, und die Herde der Getreuen wurde durch diesen Sauerteig befleckt. Auf daß man also künftig nicht zu befürchten braucht, die Gegensätzlichkeit der im Königreich zusammenlebenden Nationen werde bedeutende Gefahren heraufbeschwören oder zum großen Schaden für das Königreich weiter fortschreiten, wollen wir für derlei Verschiedenheiten eine geeignete Abhilfe in Anwendung bringen, um vor allem die Gleichartigkeit der Völker in unserem Königreich zu fördern. Wir haben für gut befunden, durch eine allgemein gültige Verordnung feierlich festzusetzen und die Bewohner des Königreiches insgesamt und einzeln zu verpflichten, daß künftig niemand von den Söhnen und Töchtern des Königreiches ohne Untersuchung, Weisung und Zustimmung durch unseren Hof eine Ehe mit ausländischen und zugewanderten Männern oder Frauen, welche nicht aus dem Königreich stammen, eingehen darf. Das bedeutet, daß sich weder Frauen aus dem Königreich vermessen sollen, Fremdstämmige zu heiraten, noch Männer, die Töchter von Ausländern zur Frau zu nehmen. Wir bestrafen mit der Einziehung aller Güter denjenigen, welcher dagegen zu verstoßen wagt.

III.41: *Von der Zurückweisung von Beamten und der für ihre Ausschreitungen festgesetzten Strafe. Kaiser Friedrich.* Nur diejenigen Beamten sollen sich bei ihnen zugefügten Kränkungen nach unserem Willen der Vorrechte der Beamten erfreuen dürfen, welche in Ausübung des ihnen übertragenen Amtes irgendwelches Unrecht erleiden, nicht aber die, welche Rache für persönliche Feindschaften suchen oder ihre privaten Angelegenheiten betreiben und die sich mitunter wegen ihrer herausfordernden Bosheit von unseren Getreuen eine Kränkung gefallen lassen müssen, wenn sie einige unserer Untertanen unverdient verfolgen. Füglich wünschen wir nicht, daß derartige Beamte sich im vorliegenden Fall der Vorrechte ihres Amtes erfreuen; wir verlangen vielmehr, ihre unter dem Deckmantel der Verrichtung unseres Dienstes begangenen Ausschreitungen desto hartnäckiger zu verfolgen, je mehr die heimlichen Untaten derer, welche unser Ebenbild darstellen, zum schweren Schaden für unsere Untertanen und zur Beleidigung unserer Majestät führen könnten und – wie wir selbst durch augenfällige Erfahrung deutlich wahrgenommen haben – schon geführt haben (...).

III.45: *Daß niemand sich unterfangen soll, den Heilberuf auszuüben wenn er nicht auf einer öffentlichen Sitzung der Magister zu Salerno als tauglich befunden worden ist. Kaiser Friedrich.* Wir haben den besonderen Nutzen vor Augen, wenn wir für die allgemeine Wohlfahrt der Getreuen Vorkehrungen treffen. Indem wir also den schweren Nachteil und nicht wiedergutzumachenden Schaden erwägen, welcher aufgrund der Unerfahrenheit von Ärzten eintreten könnte, gebieten wir, daß künftig niemand unter Führung des Arzttitels anders den Heilberuf oder die Heilkunst auszuüben sich unterfangen darf, als wenn er vorher zu Salerno auf einer öffentlichen Sitzung der Magister durch deren Ausspruch für tauglich befunden worden ist. Tritt er mit schriftlichen Zeugnissen der Magister ebenso wie der von uns ernannten Beamten über seine Zuverlässigkeit und sein ausreichendes Wissen versehen vor uns (...), so soll er von uns oder unserem Vertreter die Bestallung zur Ausübung der Heilkunst erhalten. Die Strafe der Einziehung des Vermögens und einjähriger Gefängnishaft droht denen, welche es wagen sollten, diesem Erlaß (...) zuwider künftig dem Heilberuf nachzugehen.

III.48. *Von der Reinhaltung der Luft. Derselbe.* Wir nehmen uns vor, die Reinheit der Luft, welche dem göttlichen Urteil vorbehalten bleibt, mit sorgsamem Eifer und nach besten Kräften zu erhalten, und verordnen, daß es fortan niemandem erlaubt sein soll, in die irgendeiner Stadt oder Burg benachbarten Gewässer im Umkreis von einer Meile Flachs oder Hanf zum Reifen zu legen, auf daß dadurch nicht – wie wir mit Sicherheit in Erfahrung gebracht haben – der Zustand der Luft verdorben werde. Wer solches tut, soll den besagten Flachs und Hanf zugunsten des Hofes einbüßen.

Wir gebieten ferner, daß die Begräbnisstätten der Toten, welche nicht in Urnen beigesetzt sind, einen halben Klafter (d.h. etwa 1 m) tief liegen sollen. Handelt jemand zuwider, soll er unserem Hof einen Augustalen erlegen.

Auch ordnen wir an, daß faulendes Aas, das Gestank verursacht, von den Eigentümern der Felle eine Viertelmeile außerhalb des bewohnten Landes abgelegt oder ins Meer oder in einen Fluß fortgeworfen werden muß. Falls jemand gegen diese Vorschrift verstößt, soll er unserem Hof für Hunde und größere Tiere einen Augustalen zahlen, für kleinere einen halben.

III.94: *Daß Ruhmredigkeit vermieden wurde.* Zum Lob und Ruhm unseres Gottes, in der Hoffnung auf die göttliche Gunst wurde dieses Werk begonnen und von seiner Gnade geleitet vollendet, welches nun die Gesamtheit unserer Untertanen dankbar entgegennehmen darf. Titel und Name des Kaisers sind vorangestellt der Erhabenheit des Augustus und der königlichen Würde zu Ehren. Empfangt es freudig, ihr Völker, und bedient euch dieser Konstitutionen ebenso vor Gericht wie außergerichtlich! Die Nachwelt möge fürwahr nicht glauben, wir hätten das Buch der vorliegenden Konstitutionen lediglich zusammengestellt, um unserem Nachruhm zu dienen. Vielmehr wollen wir in unseren Tagen das Unrecht vergangener Zeiten, als die Zunge des Rechts verstummt war, tilgen, auf daß zum Siege des neuen Königs ein frisches Reis der Gerechtigkeit hervorsprieße. Amen.

Gegeben auf der feierlichen Versammlung zu Melfi, im Jahre 1231 der Fleischwerdung des Herrn, im Monat August, in der vierten Indiktion. Verkündet im darauffolgenden Monat September, in der fünften Indiktion. Dank sei Gott.

O/Ü: Stürner, DA 39 (1983), S. 548-554 (Prooemium); Conrad/von der Lieck-Buken/Wagner (1973) – L: LexMA 5 (1991), Sp. 1940 f.; Stürner (1983), S. 467-554; Powell (1971), S. XVIII-XXXVIII; Kommentar: H. Dilcher, Die sizilische Gesetzgebung Kaiser Friedrichs II., Köln 1975.

DIE BAUTEN FRIEDRICHS II. IN SÜDITALIEN: DIE RESIDENZ IN FOGGIA, DAS BRÜCKENTOR ZU CAPUA UND CASTEL DEL MONTE

Über die Bauten Friedrichs II. in Süditalien ist bereits viel geschrieben worden. Vor allem die Kunstgeschichte beschäftigt sich seit langem mit den Resten der häufig zerstörten Burganlagen. Bei diesen handelt es sich um einen der wenigen Forschungsgegenstände, die bereits zu Beginn des 20. Jahrhunderts die Wissenschaftler zu der Erkenntnis geführt haben, daß nur ein interdisziplinäres Vorgehen zu Ergebnissen führen kann. Inzwischen bemühen sich Kunsthistoriker, Historiker und Archäologen Hand in Hand zu arbeiten. Jüngste Anstrengungen versprechen für die Zukunft weitere Einsichten über die an den Bauten beteiligten Personen, über die Beschaffung des Materials, die Bau-, Form- und Stilgeschichte, die Fragen der Organisation und Finanzierung.

Vielfach unternommene Rekonstruktionsversuche sollen Zerstörtes neu erstehen lassen und später Hinzugefügtes entfernen, um eine Vorstellung von der ursprünglichen Gestalt der Bauten zu gewinnen, wie sie unter Friedrich II. errichtet worden waren. Der Inbegriff ihrer Einzigartigkeit ist das berühmte Castel del Monte in Apulien. Vorbildlos in seiner streng durchgehaltenen oktogonalen Form hat es wie kein zweites Kastell die Frage aufgeworfen, wie groß der Anteil des Kaisers an der Gestaltung und Planung war. Auf welche Weise nahm er Einfluß und worauf: den Errichtungsort der Gebäude, ihre äußere Form, die innere Ausgestaltung, ihre Wehrhaftigkeit und ihren Schmuck? Welche Kriterien lagen den Entscheidungen zugrunde und welchen Zweck sollten die Bauwerke erfüllen? Vereinzelte Anordnungen Friedrichs zeigen, daß er sich auch um Einzelheiten und Kleinigkeiten kümmerte, die Quellen geben jedoch keine Hinweise, ob es sich dabei um Ausnahmen oder um eine regelmäßige Anteilnahme handelte.

Heute würde man die kaiserlichen Gebäude mit dem Begriff „Profanbauten" umschreiben, im einzelnen fällt es jedoch schwer, sie begrifflich genauer zu erfassen, da sie in den Quellen – oft synonym – als *castrum* (Burg, Kastell, befestigter Ort), *palatium* (Residenz, Pfalz, Palast) und *domus* (Haus) bezeichnet werden. Auch ihre Bestimmung läßt sich nicht ohne weiteres auf *eine* Funktion festlegen. Ein aufschlußreiches Beispiel ist Foggia: Auch wenn die heute intensiv genutzte Landschaft der Capitanata inzwischen ihr Erscheinungsbild verändert hat, bot sie zur Zeit Friedrichs viele Möglichkeiten zur Jagd, besonders zu der von ihm leidenschaftlich gepflegten Falkenbeize. Die Residenz war aber nicht nur Ausgangsort für Jagden, hier fanden unter Friedrich und seinen Söhnen Manfred und Konrad zahlreiche Hoftage statt, fremde Fürsten wurden empfangen, 1239 heiratete hier die Kaisertochter Violante Richard von Caserta, und die dritte Frau des Kaisers, Isabella von England, lebte für längere Zeit in Foggia, bevor sie hier 1241 starb. Im Gegensatz zu Foggia waren die meisten der von Friedrich errichteten oder ausgebauten Kastelle stärker befestigt; soweit es sich erschließen läßt, weisen aber auch sie eine multifunktionale Ausstattung auf.

Thomas von Gaeta

Wenn auch nicht im einzelnen bekannt ist, *wie* der Kaiser bei der Durchführung seiner Bauprojekte vorging, entschied er zweifellos, *was* gebaut wurde. Nach seiner Rückkehr aus Deutschland konzentrierte sich Friedrich auf die Sicherung seiner Herrschaft im Süden: Auf dem Hoftag von Capua im Dezember 1220 ließ er verkünden, daß alle Wehrbauten, die während seiner Unmündigkeit und in der Zeit seiner Abwesenheit ohne seine Zustimmung errichtet worden seien, unverzüglich an das Königtum abgetreten oder zerstört werden müßten. Der Beschluß, den Friedrich sofort mit aller Härte umzusetzen begann, sorgte für eine materielle Belastung der Krone und der abgabenpflichtigen Bevölkerung, denn die übergebenen Bauten mußten instand gesetzt und gehalten werden, sollten sie dem Kaiser einen Nutzen bringen.

Die Geschwindigkeit, mit der Friedrich die Wiederherstellungsarbeiten betrieb, und die gleichzeitig begonnenen Neubauprojekte scheinen Unmut und Empörung hervorgerufen zu haben. Aber nur in einem Fall sind offene Klagen überliefert: Thomas von Gaeta hatte lange Zeit im Dienst der Kaiserin Konstanze, Friedrichs Mutter, gestanden und ihre Interessen bei den Päpsten Coelestin III. und Innozenz III. vertreten. Nach verschiedenen weiteren Ämtern unter Friedrich und – während dessen Aufenthaltes in Deutschland – seiner Gemahlin Konstanze zog Thomas sich nach 1220 offenbar zurück, unterließ es aber nicht, den Kaiser aus verschiedenen Anlässen brieflich zu ermahnen, wobei allerdings nicht bekannt ist, ob die Briefe tatsächlich abgesandt wurden und Friedrich erreichten.

Thomas kritisiert u.a. die Bautätigkeit des Kaisers und fordert ihn auf maßzuhalten, zum einen um der steuerlichen Überlastung der Armen Einhalt zu gebieten, zum anderen auch um seiner selbst willen:

Ich werde zu meinem Herrn sprechen, wiewohl ich Erde und Asche bin (Gen 18,27), und so schreibe ich (euch) zuversichtlich, wie ich (euch) treu liebe.

Durch die Bauwerke, die ihr so zahlreich in eurem Reich errichtet, sollten die Armen nicht bedrückt werden im Angesicht dessen, der für die Menschheit arm war; indes stünde es eurer Majestät besser an, wenn ihr die ersten eurer Bauten (als) offensichtlich frommes Werk Gott darbringen würdet, durch den ihr lebt und durch den ihr herrscht, so wie einst die allerchristlichen Könige Siziliens, eure Vorfahren, die auch während der Kriege Kirchen und Klöster errichteten.

O: QFIAB 8 (1905), S. 55 – Ü: Brüsch – L: LexMA 8, Sp. 718.

Andreas von Ungarn über das Brückentor zu Capua

Nach Richard von San Germano befahl Friedrich, als er sich 1234 in Capua aufhielt, die Errichtung eines Kastells an der Brücke über den Volturno, *quod ipse manu propria consignavit.* Der Inhalt dieser knappen Notiz wurde lange Zeit dahingehend interpretiert, daß der Kaiser die Baupläne mit eigener Hand (*manu propria*) gezeichnet habe – eine Auslegung, die allerdings nicht haltbar ist, da das Verb *consignare* in dieser Bedeutung für das 13. Jahrhundert nicht belegt ist. Vielmehr muß man davon ausgehen, daß der gut informierte Notar von San Germano nur zum Ausdruck bringen wollte, daß Friedrich die Pläne feierlich genehmigt und den Baubeginn angeordnet habe.

Wie so oft muß deshalb auch für das Brückentor zu Capua offenbleiben, wieweit Ideen des Kaisers die Gestaltung bestimmten, was durch die Aussagekraft der Fassadengestaltung allerdings nahegelegt wird. Welchen Eindruck das Tor seinerzeit hinterließ, zeigt eine Schilderung aus stauferfeindlicher Perspektive.

Ende Januar 1266 war Karl von Anjou, der Bruder König Ludwigs des Heiligen von Frankreich, in Rom zum König von Sizilien gekrönt worden. Von Rom zog er gegen Friedrichs Sohn Manfred. In seinem Gefolge befand sich der Kaplan Andreas von Ungarn, der die Ereignisse des Feldzugs dokumentierte. Das Brückentor zu Capua beeindruckte ihn zutiefst, so daß er in den Bericht über die Taten Karls eine Passage über das Bauwerk Friedrichs einschob und dabei nicht umhin kam, dem großen, wenn auch verstorbenen Feind seines Herrn Bewunderung zu zollen. Die Gestaltung des Tores, anhand der verbliebenen Reste rekonstruiert, sowie die bei Andreas überlieferte Inschrift weisen darauf hin, daß Friedrich nicht nur Interesse an der künstlerischen Gestaltung und der Ästhetik seiner Bauten hatte, sondern auch die Wirkung auf den Betrachter in seine Überlegungen einbezogen haben muß:

Hier befindet sich eine Brücke, an deren Zugang durch Manfreds Vater, Friedrich, als ihn des Kaisertums Glanz noch umstrahlte, zwei Türme von erstaunlicher Kraft, Schönheit und Größe für 20 000 Unzen reinen Goldes errichtet wurden. An ihnen ließ er zum ewigen und unvergeßlichen Angedenken sein gemeißeltes Bild anbringen: die Arme vorgestreckt, zwei Finger der einen Hand wie zur Mahnung erhoben, auf daß die unter ihm Hindurchschreitenden die hochfahrende Drohung der Worte nicht vergäßen, die, obwohl zu seinen Füßen in den Stein gemeißelt, dennoch sein Mund gleichsam auf sie herabdonnert:

Auf des Caesars Geheiß bin ich des Königsreichs Wächter!
Stürzen werd' ich in Schmach, die ich veränderlich weiß.
Sicher schreite hindurch, wer fehllos zu leben gewillt ist,
Aber der Untreue fürcht' Bann und im Kerker den Tod.

Q: MGH SS 26, S. 571 – Ü: Willemsen (1953), S. 5 – L: Willemsen (1953).

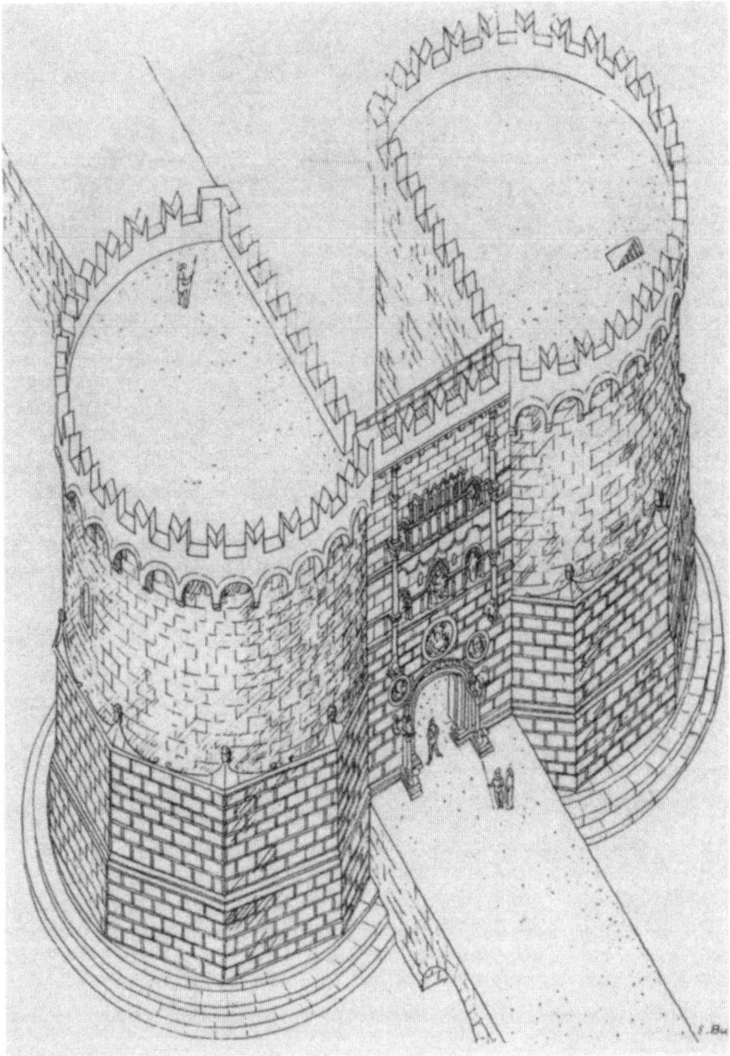

Abbildung 8

Abbildung 9

Ein Mandat Friedrichs II. für das Castel del Monte

Castel del Monte ist das bekannteste und auffälligste Bauwerk Friedrichs II., das sicherlich einen Teil seines Ruhmes auch der Tatsache verdankt, daß es – im Gegensatz zu anderen, vielleicht nicht weniger beachtenswerten Bauten – erhalten geblieben ist. Durch eine Besonderheit unterscheidet es sich allerdings von anderen Bauten des Kaisers: Castel del Monte ist aus einer einzigen geometrischen Figur, dem Achteck, gestaltet. Allein diese Eigenwilligkeit hat immer wieder die Vermutung aufkommen lassen, daß die Gestaltung auf Friedrich selbst zurückgehen muß. Dabei wurde stets von neuem die Frage nach Zweck und Funktion gestellt, derweil der Mangel an Quellen den Spekulationen derart Vorschub leistete, daß die Zahl der Interpretationsversuche inzwischen fast unüberschaubar geworden ist.

Es gibt überhaupt nur ein Schriftzeugnis zum Castel del Monte, das zudem in seiner Deutung umstritten ist. Am 28.1.1240 formulierte Friedrich den Befehl an den Justitiar der Capitanata, das Material für den *actractus* des zu errichtenden Kastells bereitzustellen. Dieses Dokument zählt gewiß zu den Zeugnissen, die belegen, daß Friedrich die Errichtung seiner Bauten genau verfolgte. Die Diskussion in der Forschung befaßte sich jedoch vor allem mit dem Begriff *actractus*. Lange Zeit wurde er mit „Estrich" wiedergegeben, wobei ein Schreibfehler als Voraussetzung für diese Übersetzung angenommen wurde. Daraus zog man Schlußfolgerungen auf die Bauzeit: Je nachdem, ob man die Bereitstellung des Materials für den Fußboden für den Anfang, die Fortdauer oder den Abschluß der Bauarbeiten annahm, datierte man den Beginn der Arbeiten vor, um oder nach 1240.

Neueren Überlegungen zufolge muß *actractus* jedoch ganz allgemein als „Bereitstellung von Baumaterial" verstanden werden, da es nicht nur in anderen Quellen des 12. und 13. Jahrhunderts so gebraucht wird, sondern auch in weiteren Mandaten Friedrichs II. in diesem Sinn Verwendung gefunden hat. Darüber hinaus läßt sich belegen, daß dort, wo „Estrich" gemeint ist, grundsätzlich die korrekte Bezeichnung *astracus* verwendet wurde. Dennoch läßt das Schreiben offen, in welcher Phase der Bauarbeiten die Materialbereitstellung erfolgte. Nur die Art der Materialien deutet auf den Baubeginn: Kalk und Steine benötigte man für das Mauerwerk, die Innenausstattung hätte höherwertiges Material wie Marmor, Steinplatten und ähnliches erfordert.

Da wir für die Burg, die wir bei Santa Maria de Monte zu errichten beabsichtigen, durch dich – obgleich sie nicht in deinem Jurisdiktionsbezirk liegt – sofort den *actractus* ausgeführt haben wollen, beauftragen wir dich als Getreuen, diesen *actractus* mit Kalk, Steinen und allem dazu Notwendigen unverzüglich zu veranlassen, wobei du uns wiederholt unterrichten sollst, was du in der Sache zu tun gedenkst.

O: HB 5.2, S. 697 – Ü: Leistikow (1994), S. 205 f. – L: Willemsen (1977), S. 160-163; Leistikow (1994).

Die Portalinschrift der Residenz zu Foggia

Wie für das Brückentor zu Capua verdanken wir auch für Foggia Richard von San Germano einen Hinweis auf den Baubeginn. Demnach befahl Friedrich 1223 die Errichtung der Residenz, deren Ausstattung zu den prachtvollsten unter den staufischen Bauten gehört haben muß, von der jedoch heute nur noch die Reste eines Portals erhalten sind. Diese überdauerten, eingemauert in eine Hausfassade, die Zeit, bis das Gebäude 1943 durch eine Bombenexplosion so stark zerstört wurde, daß man den Torbogen herausnahm und später in die Fassade eines Museumsgebäudes integrierte. Zwar ist fast nichts über das Aussehen der Residenz bekannt, dafür verfügen wir gerade für Foggia über einen der wenigen Hinweise, daß Friedrich die Entwürfe zu seinen Bauten nicht nur kritisch begutachtete, sondern diese nach seinen eigenen Vorstellungen ausarbeiten ließ. Wie seine gestalterische Tätigkeit in der Praxis vor sich ging, ob er selbst Skizzen anfertigte oder nur genaue Vorgaben machte, läßt sich nicht mehr ermitteln. Immerhin hat sich mit dem Torbogen eine Inschrift erhalten, welche die maßgebliche Beteiligung des Kaisers eindeutig bezeugt:

So wie der Kaiser dieses Werk zu errichten befahl, so hat Proto(magister) Bartholomaeus es erbaut.

Im Jahr der Menschwerdung des Herrn 1223, im Monat Juni, in der 11. Indiktion, im 3. Jahr der Herrschaft unseres Herrn Friedrich als Kaiser und König und allezeit Mehrer des Reiches, im 16. Jahr seiner Herrschaft als König von Sizilien, wurde dieses Werk glücklich begonnen, auf Anweisung des vorgenannten Herrn.

Daß dies geschehe, befahl Kaiser Friedrich, damit die königliche Stadt Foggia ein erhabener kaiserlicher Sitz sei (oder: damit der königliche Sitz Foggia eine erhabene kaiserliche Stadt sei).

O: Leistikow (1977), S. 10 – Ü: van Eickels – L: Willemsen (1977); Leistikow (1977).

Ernst Kantorowicz

Wie keine zweite Biographie hat das Werk Ernst Kantorowiczs die Vorstellung von Friedrich II. und seiner Welt, von dem angeblichen orientalischen Glanz und dem Gepränge geprägt. Die Beschreibung der Residenz in Foggia, die Art, wie Kantorowicz in der Phantasie seiner Leser effektvoll das Leben in die zerstörten Mauern zurückträgt, macht deutlich, warum sein Werk faszinieren konnte. So zitiert er die Darstellung des päpstlichen Skriptors und Geschichtsschreibers Saba Malaspina, paraphrasiert einen Bericht des Matthaeus Paris und ergänzt die Beschreibung erzählerisch, wo die Quellen ihn ihm Stich lassen.

An erlesener Pracht hat es Friedrich II. nirgends fehlen lassen und der fremdartige Glanz und Luxus mag gerade in diesen kargen nördlichen Teilen des Reiches viel stärker gewirkt haben, als in dem halbafrikanisch-sarazenischen Palermo. Welche Geheimnisse, welche unwahrscheinlichen Feste witterte bereits die damalige Zeit hinter den verschwiegenen Mauern dieser Schlösser, und welch festlichen Glanz bekam man hier und da schon zu sehen! In dem weitläufigen Schlosse von Foggia, das geschildert wird als ein marmorreicher Palast mit Statuen und Säulen von Verde-antico, mit marmornen Löwen und Wasserbecken, mögen jene sagenhaften Feste aufgerauscht sein, deren Schimmer bis heute das Bild der südlichen Staufer umspielt hat. „Alle Arten festlicher Freuden einten sich da und man ward heiter gestimmt durch den Wechsel der Chöre und die purpurnen Aufzüge der Spielenden. Eine Anzahl wurden zu Rittern gemacht, andere geschmückt mit Zeichen besonderer Würden. Der ganze Tag wurde festlich begangen und als er sich dem Ende neigte, wurde bei flammenden Fackeln, die hier und dort aufleuchteten, unter Wettkämpfen der Spielenden die Nacht zum Tage gewandelt."

So erzählt ein Chronist, und ein anderer weiß wieder etwas zu melden von den Wundern der inneren Höfe, die der englische Königssohn, Richard von Cornwall, zu sehen bekam. Erst habe man den in sommerlicher Hitze vom Kreuzzuge heimkehrenden englischen Grafen durch Bäder und Aderlässe und ärztliche Stärkungsmittel die Strapazen des Kriegs und der Seefahrt vergessen lassen, darauf ihn durch allerlei Spiele erheitert. Staunend habe der Graf fremdartige Weisen auf fremdartigen Instrumenten gehört, habe die Gaukler gesehen, die ihre Kunst zeigten, und sich gefreut an den Tänzen schön gewachsener sarazenischer Mädchen, die nach dem Rhythmus von Zimbeln und Kastagnetten auf großen Kugeln über den glatten farbigen Estrich der Halle einherrollten. Die Novellen und Märchen aber erzählen von den Festen Friedrichs II. und den Prächten seines Hofes bereits in sagenhafter Verklärung: wie Hunderte von Rittern aller Nationen unter seidenen Zelten vom Kaiser bewirtet wurden, Spielleute von überall her am Kaiserhofe zusammenströmten und fremde Gesandtschaften vor dem Kaiser die seltensten Kostbarkeiten ausbreiteten: so die Boten des Priesterkönigs Johann, die dem Kaiser ein Asbestgewand, einen Verjüngungstrank, einen unsichtbarmachenden Ring überbrachten und dazu noch den Stein der Weisen. Und weiter erzählte man sich, wie des Kaisers Hofastrologe, der geheimnisvolle Michael Scotus, dessen Namen man mit neugierigem Grauen nannte, bei einem der Feste an heißem Tag auf des Kaisers Wunsch Gewitterwolken gesammelt und anderes Wunderbare vollbracht habe.

Ein ritterlich-höfisches Gepränge wie in den Tagen Friedrichs II. und Manfreds hat in solchem Glanze Apulien kaum mehr gesehen. Einmal war das Ritterliche selbst, gebunden an Kreuzzugszeit und

Minnegesang, schon in der spätstaufischen Zeit am Verglühen. Außerdem aber: die sizilischen Folger der Staufer, die Anjous waren so bigott wie unfroh und standen, obwohl selbst Provenzalen, dem heiteren, fast heidnischen Geist der Lebensfreude jener südfranzösischen Sänger erstaunlich fern, viel ferner als das ganze schwäbische Haus.

O: Kantorowicz (1927), S. 297 f.

Abbildung 10

Abbildung 11

DAS FALKENBUCH

Gehörte die Jagd zu den Vergnügungen und Privilegien des mittelalterlichen Adels, so bedeutete die Falkenjagd noch eine Steigerung. Nicht nur der Erwerb, sondern auch die Haltung der Falken war außerordentlich kostspielig. Es mußten Fachleute beschäftigt werden, die über Geduld, Geschick und das notwendige Wissen verfügten, denn die Abrichtung und Pflege der Tiere war aufwendig und schwierig.

Friedrich II. diente die Falkenjagd nicht allein zur Unterhaltung; mehr als in jedem anderen Fachgebiet entwickelte er hier ein geradezu leidenschaftliches Interesse, das sich in Naturbeobachtungen, Lektüre und wissenschaftlichen Versuchen niederschlug. So ließ Friedrich den Falkentraktat des Moamin aus dem Arabischen übersetzen; er kannte das Tierbuch des Aristoteles, den er als Philosophen schätzte, sich aber nicht scheute, ihn zu korrigieren, wenn ihn seine eigenen Studien zu anderen Erkenntnissen führten. Überhaupt sammelte er die Schriften, die zu diesem Themenkomplex gehörten, ließ Abschriften anfertigen, in die er oft genug überarbeitend eingriff.

So verwundert es nicht, daß Friedrich die Jagd – speziell mit Falken – als Kunst, als *ars venandi*, betrachtete. Dabei ist Kunst nicht im heutigen Sinne zu verstehen, sie bedeutete vielmehr ein durch eine entsprechende Wissenschaft (*scientia*) in Regeln gebrachtes Wissen. In der Systematik der mittelalterlichen Wissenschaftslehre zählte man neben den sieben freien Künsten (*artes liberales*: Grammatik, Rhetorik, Dialektik, Arithmetik, Geometrie, Musik, Astronomie) die in einer ähnlichen Reihe zusammengefaßten *artes mechanicae*.

Die so bezeichneten Kunstfertigkeiten standen im Ansehen deutlich hinter den freien Künsten zurück und dienten der Lebenserhaltung und Erwerbszwecken. Benennung und Reihenfolge variierten leicht; im Anschluß an die Garten- und Landwirtschaft wurden meist verschiedene Tätigkeiten zum Nahrungserwerb zusammengefaßt, zu denen auch die Jagd zählte.

Friedrich will im Falkenbuch die Beize (die Jagd mit Raubvögeln) als Teilgebiet der Jagd so darstellen, daß ihr der Rang einer Kunst gesichert bleibt. Er beobachtete, ordnete seine Beobachtungen systematisch und stellte, wo diese nicht ausreichten, selbst Versuche an. In seinem Buch folgt er mit strenger Gesetzmäßigkeit dem Weg von allgemeinen Feststellungen zu den Ausnahmen und Besonderheiten. Anders als Gelehrte seiner Zeit verzichtete er darauf, die Fülle seines Wissens über andere Autoren und ihre Werke vor seinem Leser auszubreiten, um die verschiedenen Ansichten zu diskutieren. Vor allem die Erkenntnis, daß die meisten von ihnen nur Gehörtes wiedergaben, während er aus eigener Erfahrung schrieb, führte zu einer straffen, zielgerichteten und systematischen Gliederung der einzelnen Bücher und ihrer Kapitel.

„Nicolaus de Jamsilla“

Obwohl es zahlreiche Quellen gibt, die von den vielseitigen Interessen Friedrichs II. wissen, berichtet nur die sogenannte Jamsilla-Chronik davon, daß der Kaiser ein Buch verfaßt habe. Diese Chronik, die sich mit dem Königreich Sizilien in der Zeit vom Tod Kaiser Friedrichs bis zur Krönung seines Sohnes Manfred beschäftigt, muß im engen Umfeld des Kaisersohnes entstanden sein, über den sich der Verfasser ungewöhnlich gut informiert zeigt. Die vom Herausgeber Muratori ursprünglich angenommene Autorschaft des Nicolaus de Jamsilla beruht wohl auf einer Verwechslung mit dem Besitzer der Handschrift. Ein anderer, allerdings nicht endgültig zu beweisender Identifizierungsvorschlag nennt Goffredo di Cosenza († 1269), einen Ratgeber und Vertrauten König Manfreds, als Verfasser. Die Nähe zu Manfred, der wie sein Vater begeistert die Falkenbeize pflegte und das Manuskript des Falkenbuches nach dessen Tod erweiterte und ergänzte, erklärt die Aufmerksamkeit des Autors gegenüber den wissenschaftlichen Ambitionen Friedrichs II.:

Der Kaiser selbst verfaßte mit ungeheurem Scharfsinn, der besonders auf dem Gebiete der Naturwissenschaft hervortrat, ein Buch über die Natur und Pflege der Vögel; aus ihm geht deutlich hervor, wieweit sich der Kaiser selbst mit der Philosophie befaßte.

O. Muratori[1] 8, Sp. 496 – Ü: Heinisch (1969), S. 32 – L: Karst (1898); Nitschke (1954/55), S. 233 f.

Brief eines Mailänder Bürgers an Karl von Anjou

Durch einen glücklichen Zufall ist ein Brief erhalten geblieben, der uns über den Verbleib einer von Friedrich II. in Auftrag gegebenen Prachthandschrift unterrichtet: Ein Mailänder Bürger namens Guillelmus Bottatius schreibt an Karl von Anjou, um ihm ein höchst bemerkenswertes Geschenk anzubieten. Seine Beschreibung von der Aufmachung des Codex und vor allem seine Angaben über den Inhalt sowie die Art und Weise des Erwerbs der Handschrift lassen keinen Zweifel daran, daß es sich um ein Falkenbuch Kaiser Friedrichs II. gehandelt haben muß. Zwar trägt der Brief kein Datum, jedoch muß er um die Jahreswende von 1264 auf 1265 geschrieben worden sein, als Karl von Anjou, Graf der Provence, einen Eroberungszug nach Süditalien vorbereitete. Er errang nach dem Schlachtentod Manfreds 1266 die sizilische Königskrone. In weiser Voraussicht der Ereignisse verfolgte Guillelmus Bottatius mit seinem Ansinnen offenbar das Ziel, die Aufmerksamkeit Karls auf sich zu lenken. Was mit dem Codex geschah, ist unbekannt. Einige Spuren führen nach Mailand und deuten darauf hin, daß er bis in das 15. Jahrhundert dort verblieb. Karl scheint also das Geschenk nicht angenommen zu haben.

Ursprünglich war die Karl von Anjou angebotene Prachthandschrift mit *dem* Falkenbuch Kaiser Friedrichs II. identifiziert worden. Nach den Angaben des Briefes stimmt jedoch der Inhalt dieses Codex mit keinem der heute bekannten Texte überein. Man nahm an, daß die von Bottatius erworbene Handschrift Teile enthielt, die mit ihr verlorengingen. Neueren Untersuchungen zufolge handelte es sich aber nicht um *das* Falkenbuch Friedrichs, sondern um eine Handschrift aus seinem Besitz. Sie enthielt mehrere Einzelschriften, die sich mit der Falken- und Hundejagd, aber auch der Veterinärmedizin befaßten und von Friedrich zum Teil mehrfach überarbeitet und korrigiert worden waren, was einmal mehr auf sein wissenschaftliches Interesse hindeutet.

Dem hochherzigen und ruhmreichen Herrn Karl, dem Sohn des Königs von Frankreich, dem erlauchten Grafen und Markgrafen von Anjou, der Provence und von Forcalquier entbietet der Mailänder Guillelmus Bottatius seinen Gruß, seiner Ergebenheit Bereitschaft und versichert ihn seines Gehorsams Willfährigkeit. Weil von der Vortrefflichkeit eurer erhabenen Durchlaucht und den erlesenen Ehrentiteln der Freigebigkeit, der Tatkraft, der Klugheit und Güte, sowie aller Tugenden und Würden, durch welche in hervorragender Weise vor allen Fürsten des Jahrhunderts ausgezeichnet zu sein die Volksstimme euch rühmt, der ganze Erdkreis kündet, und des Lobes würdige Werke noch beweiskräftiger Zeugnis ablegen, wodurch eure Hervorragenheit in jedem Fall an allererster Stelle durch ein einzigartiges Vorrecht geehrt zu werden verdient, habe ich, obgleich ich unter euren Untertanen durch den Beweis der Dienstbeflissenheit noch unbekannt, jedoch mit allen Herzensregungen und nach besten Kräften bereit bin, zur Erhöhung eurer Ehre beizutragen, von dem Wunsche beseelt, euch wie die Witwe im Evangelium das wenige, wozu ich in der Lage bin, anzubieten, meinem Vermögen entsprechend eine Kostbarkeit ausgewählt, würdig allein der Vortrefflichen, um es eurer Herrschaft zu übereignen, nämlich das edle Werk über Vögel und Hunde des weiland seligen Angedenkens ruhmreichen Kaisers der Römer Friedrich, ein Buch, von dem man wußte, daß es ihm mehr als alles, was ihn sonst erfreute, teuer war und dessen bewunderungswürdige Schönheit und Bedeutsamkeit zu schildern Worte nicht im mindesten ausreichen dürften. Denn mit Gold- und Silberzier kunstvoll geschmückt und mit dem Bild der kaiserlichen Majestät versehen, vermittelt dieses Buch – umfangmäßig der Stärke zweier Psalter entsprechend – in wohlgeordneter Kapiteleinteilung alles Erfahrens- und Wissenswerte über Habichte, Falken, Gerfalken, Sperber und die übrigen edlen Vögel, sowie über Hunde, deren Aufzucht und Abrichtung, ihre Krankheiten und deren Ursachen, Anzeichen und gleicherweise ihre Heilung. Dort wird auch dargetan, wie ein Beizvogel, wenn er abstreicht, auf wunderbare Weise zurückgeholt werden kann und soll. Außerdem werden die verschiedenen Jagdarten beschrieben, und es wird geschildert, wie der Jäger sich zu verhalten hat, will er es in der Kunst der Beize zur Vollkommenheit bringen. Dieses Werk habe ich jemandem, in dessen Besitz es anläßlich der Niederlage gelangt war, die der Kaiser vor Parma in der Lagerstadt Victoria erlitt, gegen eine Anzahl verführerisch und einfallsreich zusammengestellter Geschenke abgehandelt, und ich hätte es eurer Hoheit, wären nicht Weite und Beschwerlichkeit der Reise so verwirrend gewesen, schon längst übereignet. Daher habe ich es für richtig erachtet, mich nunmehr untertänigst an eure Erhabenheit zu wenden, damit eure Güte, wenn das genannte Werk eurer Herrschaft Gefallen erregt, geruht, meiner Untertänigkeit zu antworten, was mit ihm nach eurem Befehl geschehen soll; denn ich bin bereit, das Werk, wie und wohin ihr befehlt, zu senden und mich und alles Meine allen euren Wünschen geziemend zur Verfügung zu stellen. Lebt wohl!

Und damit euer Interesse den Wert und die Absicht des Buches besser zu begreifen vermöge, habe ich mich entschlossen, von den Kapitelüberschriften des Buches – da es wegen ihrer Vielzahl nicht anging, sie im Brief selbst aufzuzählen – ein Verzeichnis für eure Erhabenheit beizufügen, in dem sie in derselben Reihenfolge wie in ihm aufgeführt sind. Etwas diesem Werk Vergleichbares dürfte man, wie ich glaube, auf der ganzen Welt nicht finden, es sei denn bei mir, der ich euch zutiefst ergeben bin.

O: Haskins (1924), S. 308 f. – Ü: Willemsen, Bd. 3, Anhang 3, S. 230 f. – L: Fried (1996); Haskins (1924), S. 298-326.

Salimbene de Adam

1248 griffen die Parmesen Victoria, das vor den Toren von Parma errichtete Feldlager des Kaisers, an. Der Brief des Guillelmus Bottatius erwähnt die Plünderung des Fahnenwagens und die Verschleuderung der Beute. Salimbene de Adam berichtet in seiner Chronik in aller Ausführlichkeit von eben diesen Ereignissen. Der Franziskanermönch entstammte einer Familie, die der bürgerlichen Oberschicht Parmas angehörte. Im Jahr 1247 hielt er sich einige Zeit in seiner Heimatstadt auf, um anschließend Papst Innozenz IV. in Lyon von den Ereignissen zu berichten. Zwar weiß er nichts von einem wertvollen Codex, doch stimmt der Bericht des Franziskaners mit den Hinweisen des Mailänders zum Verbleib der Kostbarkeiten im wesentlichen überein. Sicherlich darf man Salimbene nicht alle geschilderten Einzelheiten glauben, Ortskenntnis und seine Beziehungen nach Parma verschaffen ihm dennoch ein hohes Maß an Authentizität:

Kehren wir also zu Friedrich zurück, dessen Wort und Fluch und rasender Zorn gegen Parma von Ende Juni 1247 bis zum (18. Februar) 1248, einem Dienstag, dauerte, an dem die Stadt Victoria erobert wurde. Damals nämlich verließen die Parmesen, sämtliche Ritter und Kriegsleute, bewaffnet und zum Kampfe gerüstet, Parma, und mit ihnen ihre Frauen, Knaben und Mädchen, „Jünglinge und Jungfrauen, alt und jung" (Ps 148,12), und vertrieben den Kaiser mit Gewalt aus Victoria und alle seine Ritter und Fußsoldaten. Viele aber fielen dort, und viele wurden gefangen und nach Parma geschafft. Und sie befreiten ihre eigenen gefangenen Landsleute, die der Kaiser in Victoria in Fesseln hielt. (...) Und sie holten den Fahnenwagen der Cremonesen, der in Victoria war, nach Parma und stellten ihn im Baptisterium als Ehren- und Triumphzeichen auf. Die aber die Cremonesen nicht liebten, die Mailänder also, die Mantuaner und viele andere, die von den Cremonesen einmal beleidigt worden waren, die nahmen, wenn sie zur Besichtigung des Baptisteriums kamen und dort den Fahnenwagen ihrer Feinde sahen, die Verzierungen der „Berta" mit sich, um sie als Reliquien aufzubewahren. Der Fahnenwagen hieß nämlich „Berta". So blieben dort nur die Räder und das Gestell des Wagens auf dem Steinboden des Baptisteriums, während der Mast oder vielmehr die Fahnenstange an die Mauer gelehnt stand.

Außerdem trugen die Parmesen den ganzen kaiserlichen Schatz heim, der reich war an Gold, Silber und Edelsteinen, an Gefäßen und Gewändern; sie gewannen ferner all seinen Schmuck und seinen Hausrat und sogar die Krone des Reiches, die schwer war an Gewicht und Wert, ganz aus Gold und mit wertvollen Edelsteinen besetzt, mit vielen getriebenen und erhabenen Bildwerken geschmückt, so daß man sie für das Werk eines Bildhauers hätte halten können. Sie war übrigens groß wie ein Kochtopf; denn sie diente mehr als Zier- und Schaustück denn zum Schmucke des Hauptes. Sie hätte nämlich Kopf und Angesicht völlig bedeckt, wäre sie nicht mit Hilfe eines Zwischenstückes oben auf dem Kopfe festgehalten worden. Ich habe sie einmal in meinen Händen gehalten, da sie in der Sakristei der Kirche der heiligen Jungfrau in der Stadt Parma aufbewahrt wurde. (...)

Diese Krone fand ein kleiner Mann von zwergenhaftem Wuchs, der den Spitznamen „Kurzschritt" hatte, weil er so klein war. Er trug sie vor allem Volke in seinen Händen, wie man einen Falken trägt, indem er sie allen, die sie sehen wollten, zeigte, zum Ruhm des errungenen Sieges und zur ewigen Schande Friedrichs. Jedem fiel nämlich zu, was er erraffen konnte, und keiner wagte es oder nahm sich heraus, es dem andern wegzunehmen. Und dennoch hörte man kein Wort des Streites oder der Beleidigung; und das war höchst wunderbar. (...)

Die erwähnte Krone aber kauften die Parmesen jenem ihrem Mitbürger ab und gaben ihm dafür 200 Pfund Imperialen und ein Häuschen neben der Kirche der heiligen Christina, wo früher die Pferdeschwemme gewesen war. Und sie bestimmten, daß, wer von den Schätzen Victorias etwas besitze, die Hälfte davon behalten und die andere an die Kommune abtreten solle. Und so wurden die Armen auf wunderbare Art bereichert, auf Kosten eines geplünderten Fürsten. (...)

Seine Kriegsausrüstung, wie seine Zelte und Ähnliches, erhielt der Legat Gregor von Montelongo; die Heiligenbilder und Reliquien aus dem Besitz des Kaisers aber wurden der Sakristei der Kirche der heiligen Jungfrau zur Aufbewahrung übergeben. Denn wenn es auch noch andere Streiter gab, um Friedrich zu bekämpfen und in die Flucht zu schlagen, so war es doch jenes „eine Hebräerweib", das „Schande über das Haus des Königs Nabukadnezar gebracht hat" (Judith 14,18). (...)

Führer des Heeres aber waren der Legat Gregor von Montelongo, ein weiser und „wohlerprobter" (Eccl 34,9) Mann, und Philipp Vicedominus, ein Bürger von Piacenza, ein tapferer und redlicher Mann, damals Podestà der Stadt Parma (...).

Man beachte aber, daß von den Schätzen, die in Victoria gefunden wurden, nur wenige in Parma blieben, weil die von allen Seiten herbeiströmenden Kaufleute sie aufkauften und sie wohlfeil erhielten und sie mit sich davontrugen, die goldenen und silbernen Gefäße also, die Gemmen, Solitäre, Perlen und Edelsteine, die Purpur- und Seidengewänder und alle möglichen Dinge, die zum Schmuck und zum Gebrauch der Menschen zu dienen pflegen. Man beachte ferner auch, daß viele Schätze aus Gold, Silber und Edelsteinen auch in Brunnen, Schlupfwinkeln und Gräbern an der Stelle verborgen blieben, an der die Stadt Victoria stand, und dort liegen sie bis zum heutigen Tage; aber die Verstecke kennt man nicht.

O: CC.CM 125, S. 307 ff. – Ü: Heinisch (1969), S. 187-189 – LexMA 7, Sp. 1302.

Friedrich II.: Über die Kunst, mit Vögeln zu jagen

Das Falkenbuch ist in zwei Handschriftengruppen überliefert: Die eine Gruppe bilden die Fassungen, die sechs Bücher enthalten. Die zweite geht auf die Bearbeitung Manfreds zurück und umfaßt nur die ersten beiden Bücher. Manfred, der ein nicht weniger großes Interesse an den Wissenschaften pflegte und ein ebenso leidenschaftlicher Jäger und Falkenliebhaber war wie sein Vater, ließ eine Handschrift anfertigen, in die er Notizen und Materialien aus dem Nachlaß Friedrichs einarbeitete. Nach eigener Aussage korrigierte er außerdem Schreibfehler und stilistische Unebenheiten. Diese

Handschrift, die in der Bibliothek des Vatikans liegt und 1969 als Faksimiledruck erschien, ist heutzutage die bekannteste, da sie über eine reichhaltige Illustration verfügt. Die präzisen, naturgetreuen Miniaturen lassen vermuten, daß Manfred auch hier der Initiator war.

In einem Prolog klärt Friedrich seinen Leser zunächst über sein Anliegen auf. Vieles entspricht dabei den Regel der Exordialtopik. Beispielsweise ist die Erwähnung eines Freundes, Gönners oder Auftraggebers am Beginn des Werkes, der den Autor angeblich zur Niederschrift gedrängt habe, eine Bescheidenheitsfloskel, die bereits in der Antike üblich war. Gleichzeitig klingt aber auch deutlich der Gestaltungswille des Kaisers an, wenn er erklärt, in welchem Verhältnis das von ihm Gelesene zu seinen eigenen Erfahrungen steht.

Im ersten Buch erweist sich der Kaiser als hervorragender Ornithologe, indem er die Vögel und ihre Verhaltensweisen aufgrund eigener Beobachtungen in einer Art und Weise beschreibt, die in ihrer Genauigkeit teilweise erst wieder von Ornithologen des 20. Jahrhunderts erreicht wurde. Das zweite Buch befaßt sich mit der Aufzucht und Zähmung der Falken. Das dritte Buch ist der Dressur und Jagd gewidmet und erklärt, wie man dem Falken beibringt, daß er zum Menschen zurückkehrt. In den verbleibenden drei Büchern beschäftigt Friedrich sich mit verschiedenen Jagdarten und den dafür geeigneten Falken: die Kranichjagd mit dem Gerfalken, die Reiherjagd mit dem Sakerfalken und die Bruchbeize mit dem Wanderfalken.

Der zu Beginn des Prologs nur mit den Initialen M.S. genannte Mann wird im allgemeinen als Michael Scotus identifiziert. Er wirkte im engsten Umkreis des Kaisers als Gelehrter und Übersetzer vor allem arabischer Schriften. Ihm verdankte Friedrich eine lateinische Übersetzung des Tierbuchs (*De animalibus*) von Aristoteles; ebenso übersetzte er eine Kurzfassung dieses Werkes von Avicenna (*Abbreviatio de animalibus*), die er ausdrücklich dem Kaiser widmete, der diesen Text für sein Falkenbuch benutzte. In der Zwei-Bücher-Variante steht anstelle der beiden Buchstaben ausdrücklich der Name Manfred, was aber mit großer Wahrscheinlichkeit auf eine eigenmächtige Änderung des Kaisersohnes zurückzuführen ist.

Hier beginnt der Prolog über die Jagd mit Raubvögeln, verfaßt von dem edelsten und gelehrtesten Kaiser Friedrich II.

Dieses Werk zu beginnen, hat uns dein inständiges Bitten, du hochberühmter Mann M.S. bestimmt, um nicht nur den Irrtum vieler über die Ausübung dieser Jagd zu berichtigen, die dabei, was kunstgerecht sein sollte, ohne Kunst mißbrauchten, indem sie die unwahren und unzulänglichen Machwerke gewisser Leute nachahmten, sondern auch um der Nachwelt eine kunstgerechte Lehre über diesen Gegenstand zu hinterlassen. Obwohl wir uns vor langer Zeit schon es zu verfassen vorgenommen, haben wir dennoch durch nahezu dreißig Jahre die Niederschrift immer wieder hinausgeschoben, weil wir uns noch nicht genügend vorbereitet glaubten; auch lasen wir nirgends, daß jemals zuvor ein anderer darüber erschöpfend gehandelt hätte. Zwar haben einige vor uns manches, wenn auch nur bei der Ausübung der Jagd, schon in Erfahrung gebracht, jedoch nicht kunstgerecht überliefert. Deshalb haben wir lange mit Sorgfalt und Fleiß das Wesen dieser Kunst erforscht, indem wir sie zugleich verstandesmäßig wie auch ausübend zu ergründen suchten, um endlich in der Lage zu sein, niederzuschreiben, was uns die eigene wie auch die Erfahrung anderer gelehrt, die wir als Kenner der Praxis dieser Kunst von weither und mit großem Kostenaufwand zu uns beriefen. Allenthalben hatten wir sie in unserer Nähe, um festzustellen, was sie besser wußten, und unserem Gedächtnis einzuprägen, was sie sagten und taten. Obgleich uns sehr häufig die überaus schwierige und fast unsagbare Inanspruchnahme durch die Herrscherpflichten gegenüber unseren Königreichen und dem Imperium von diesem unserem Vorhaben abhielt, haben wir es dennoch nicht hintangesetzt. Wo es angebracht war, sind wir in unserem Werk auch dem Aristoteles gefolgt. In vielen Fällen jedoch, besonders hinsichtlich der Natur mancher Vögel, scheint er, wie uns die Erfahrung gelehrt hat, von der Wahrheit abzuweichen. Deshalb folgen wir dem Fürsten der Philosophen nicht in allem; denn nur selten oder niemals ging er auf die Vogeljagd, wir aber liebten sie von Jugend auf und übten sie stets aus. Oft fügt er dem, worüber er in seinem Tierbuch berichtet, hinzu, daß man es so gesagt hätte; aber das, was irgendwer behauptet hat, sah vielleicht weder er selbst noch wer es sagte; denn Gewißheit erlangt man nicht durch das Ohr. Daß zwar viele zahlreiche Bücher geschrieben haben, doch nur ganz wenige über diese Kunst, ist ein Zeichen dafür, daß sie die allerschwierigste ist und immer noch ein weites Feld bedeutet. Auch sind wir der Meinung, daß andere Vornehme, weniger beansprucht als wir, falls sie sich eingehend mit dieser Kunst beschäftigen werden, mit Hilfe unseres Werkes ein besseres verfassen können; tauchen doch unablässig neue Gesichtspunkte und Schwierigkeiten bei der Beschäftigung mit dieser Kunst auf. Auch bitten wir alle Vornehmen – sollte doch ein jeder schon um seines Ranges willen dieses Werk kennenlernen –, es sich von einem Gelehrten vorlesen und erklären zu lassen und Nachsicht mit ihm zu üben, wo sein Inhalt noch zu wünschen übrig läßt. Denn da diese Kunst wie jede andere ihre besonderen Fachausdrücke besitzt, wir aber in der lateinischen Grammatik nicht in allen Fällen die entsprechenden Worte fanden, wählten wir jene, die uns am sinnverwandtesten schienen, um unsere Absicht erkennen zu lassen.

Der Gegenstand dieses Werkes. Dieses Werk behandelt die Kunst, mit Raubvögeln zu jagen. Ein Teil ist der wissenschaftlichen Erkenntnis und Betrachtung, also der Theorie, gewidmet; ein weiterer beschäftigt sich mit der Ausübung, das heißt der Praxis; wieder ein anderer erörtert allgemein, was sowohl zur Theorie als auch zur Praxis gehört; und ein letzter befaßt sich mit Einzelheiten der einen wie der anderen.

Unser Anliegen. Unsere Absicht aber ist es, in diesem Werk über die Beize die Dinge, die sind, so wie sie sind, darzustellen und (der Beize) den Rang einer Kunst zu sichern, wovon keiner bisher Wissen besaß und das noch keiner als Kunst angesehen hat.

Die Art der Darstellung. Die Darstellungsform ist die prosaische. Eine Einleitung steht dem Hauptteil voran, dessen Inhalt vielseitig ist: teils einteilend und teils beschreibend; teils stellt er Übereinstimmungen und Unterschiede fest, teils erforscht er deren Ursachen. Auch andere Betrachtungsweisen wenden wir noch an, wie sich aus der Lektüre des Werkes ergibt.

Der Verfasser. Der Verfasser, Forscher und Liebhaber der Weisheit, ist der göttlich Erhabene, Friedrich der Zweite, Kaiser der Römer, König von Jerusalem und Sizilien.

Über den Nutzen des Werkes. Der Nutzen des Werkes ist bedeutend. Denn die Edlen und Mächtigen dieser Erde, mit den Pflichten der Herrschaft belastet, können durch die Ausübung dieser Kunst wohltuende Ablenkung von ihren Sorgen finden. Die Armen aber und weniger Vornehmen werden, indem sie jenen dabei dienen, ihren Lebensunterhalt finden, und allen wird bei der Ausübung dieser Kunst das Wirken der Natur in den Vögeln offenbar werden. Da die Beize die Eigenarten der Vögel sichtbar macht, ist sie der Naturwissenschaft untergeordnet, wenngleich jene Eigenarten, wie dieses Werk bezeugt, in gewisser Weise veränderlich zu sein scheinen.

Der Titel. Der Titel des Werkes lautet: Das Buch des göttlich Erhabenen, Friedrichs des Zweiten, des Kaisers der Römer, des Königs von Jerusalem und Sizilien, über die Kunst mit Vögeln zu jagen, das unterteilend und erforschend die Wirkungen der Natur bei dieser Jagd offenbart.

Über die Anordnung. Die Reihenfolge in der Behandlung der einzelnen Teile ist einleuchtend. Die Einleitung geht dem Hauptteil voraus. Das Allgemeine wird vor dem Besonderen behandelt, und was durch die Natur den Vorrang erhalten, vor dem, was sie nachgeordnet hat.

Gerade das erste Buch zeigt, daß Friedrichs Interesse über die Abrichtung der Falken und die Beize hinausging. Wenn seine Beobachtungen nicht ausreichten und vorhandene Arbeiten nicht mit seinen Erfahrungen übereinstimmten, betrieb er oft einen erheblichen Aufwand, um seine Fragen mit Hilfe von Versuchen zu klären. Ein Beispiel hierfür bietet der Auszug aus dem Kapitel über Paarung, Nisten, Eierlegen und Brüten:

Nachdem vom Nestbau die Rede war, müssen wir nun über das Legen und Ausbrüten der Eier sprechen. Was die Zahl der Eier betrifft, können wir darüber kaum genaue Angaben machen, da es Vögel gibt, die viele, wie auch solche, die wenige Eier legen. Man weiß jedoch, daß Kraniche und andere noch größere Land- und Wasservögel wie Schwäne, Pelikane, Trappen und Geier wenige Eier legen, da der größte Teil ihrer Nahrung zur Erhaltung ihrer Körperkräfte verbraucht wird. Mehrfach haben wir uns durch Augenschein davon überzeugen können, daß in einem Geiernest nur ein Ei lag und ausgebrütet wurde, während Aristoteles in seinem Tierbuch behauptet, man habe niemals Nester oder Junge von Geiern gesehen.

Über die Anzahl der Eier. Die kleineren Vögel legen im Verhältnis zu ihrer Körpergröße viele Eier. Da sie nämlich einen kleinen Körper haben, genügt ein bescheidener Teil ihrer Atz für dessen Ernährung; der weit größere wird in Samen und Eier bildende Stoffe verwandelt. Ähnliches kann man auch bei den Vierfüßlern beobachten; denn einige von den großen bringen bei einem Wurf nur wenige Junge, die kleineren aber viele zur Welt. Es kommt auch vor, daß beispielsweise Haushühner, Tauben und Gänse, Enten, Pfauen und ähnliche, zahme wie wilde Vögel, Eier legen, ohne daß eine Befruchtung stattgefunden hat; deshalb schlüpfen aus diesen, die man Windeier nennt, niemals Junge aus. Häufig legen auch Raubvögel solche Windeier; vor allem jene, die im Hause gehalten werden, also im Winter nicht arbeiten, sondern bis Frühjahrsanfang ausruhen dürfen.

Über die Schalen der Eier. Die Schalen der Eier, die von den verschiedenen Vogelarten gelegt werden, haben nicht alle die gleiche Farbe. Die einen sind ganz weiß oder weiß mit Sprenkeln, die nach Farbe und Muster sehr verschieden sind. Andere Schalen sind grau, grünlich oder blau.

Man findet aber auch viele andere Farbtöne, und Kenner können sofort an der Farbe des Eies feststellen, von welchem Vogel es stammt. Das Innere der Eier jener Wasservögel, die sich in der Nähe von Gewässern und an Flußufern aufhalten, unterscheidet sich von demjenigen der Feldvögel, die auf trockenem Boden leben, dadurch, daß bei ersteren im Verhältnis zum Eiweiß der Dotter mehr als doppelt so groß ist. Bei den Eiern der Landvögel verhält es sich nicht so.

Über die verschiedenen Formen der Eier. Die Eier der einzelnen Vogelarten haben auch nicht alle die gleiche Form. Manche nämlich sind länglich, andere rund. Meistens entsprechen sie der Körperform des Vogels, der sie legt, und der des Jungen, das daraus ausschlüpfen soll. Bei den schlanken sind sie länglich, bei den untersetzten runder.

Über das Ausbrüten der Eier. Was das Brüten betrifft, so ist bekannt, daß bei einigen Vogelarten das Weibchen allein dieses Geschäft besorgt; vor allem bei jenen, die zur Fortpflanzung kein Paar bilden und bei denen das Männchen auch beim Nestbau dem Weibchen nicht hilft. Zu diesen gehören die Haushühner, Trappen und Pfauen. Bei anderen sitzen Männchen und Weibchen abwechselnd auf dem Nest und halten die Eier warm, jedoch nur bei jenen Arten, die sich paaren und bei denen das Männchen dem Weibchen auch beim Nestbau hilft, wie es bei Tauben und vielen anderen Vögeln der Fall ist.

Über die verschiedenen Brutarten. Vögel von warmer Körperbeschaffenheit, denen außerdem die Jahreszeit und andere günstige Umstände helfen, brüten ihre Jungen schneller aus. Jene aber brauchen lange Zeit, die von kalter Körperbeschaffenheit sind und auch der anderen Vorteile nicht teilhaftig werden. Manchen Weibchen bringen, damit sie während des Brütens der Nahrungssuche wegen die Eier nicht verlassen müssen, ihre Männchen das Futter, die sie jedoch beim Brüten nicht ablösen.

Über das Brüten des Straußes. Vom Kuckuck berichteten wir schon, daß er seine Eier nicht selbst ausbrütet. Das gleiche gilt vom Strauß, der es jedoch, wie wir vermuten, deshalb nicht tut, um nicht durch sein Gewicht die Eier zu zerquetschen. Die Sonnenhitze, die den Sand erwärmt, in den er seine Eier legt, genügt, sie auszubrüten. So geschieht es in Ägypten, wo, ohne daß der Muttervogel sie bebrütet, die Eier auf diese Weise warm gehalten werden, bis die Jungen ausschlüpfen. Das haben wir selbst gesehen, als wir durch Fachleute, die wir aus Ägypten zu uns beriefen, in Apulien diesen Versuch machen ließen.

Wodurch Eier zerstört werden. Aber nicht aus allen Eiern, die bebrütet werden, schlüpfen auch Junge aus; denn viele werden durch Sturm, Gewitter und aus anderen Gründen zerstört. Vor allem aber kommen aus den sogenannten Windeiern keine Jungen zur Welt, da sie nicht vom männlichen Sperma, das gleichsam wie ein Schöpfer wirkt, befruchtet wurden.

Wie die Jungen sich im Ei entwickeln. Wie sich aber das Junge im Ei entwickelt, welche Gliedmaßen zuerst erscheinen und sich ausbilden, welche Zeit zum Brüten besonders günstig ist und wie lange es dauert, dies alles ebenso wie weitere damit zusammenhängende Fragen übergehen wir, weil das Tierbuch darüber ausführlich berichtet. Außerdem gehört es nicht zu unserem Thema, das sich ja vor allem damit befaßt, wie man ausgewachsene Raubvögel lehrt, schon ausgeschlüpfte und vollentwickelte nichtraubende Vögel als Beute zu schlagen.

Andere Passagen zeigen, daß Friedrich viele seiner Beobachtungen im engen Zusammenhang mit der Falkenjagd machte und seine Neugier und sein Interesse ihn zu weiterführenden Vergleichen und zur Systematisierung anregten. So basieren seine Erkenntnisse über Angriffs- und Verteidigungsweisen vor allem auf der Beobachtung des Verhaltens der Vögel gegenüber angreifenden Raubvögeln:

Die Angriffs- und Verteidigungsweisen der Vögel

Nachdem von den Aufgaben der Glieder und des Gefieders die Rede war, wollen wir nun auch noch erörtern, womit die Vögel kämpfen und sich verteidigen. In der Regel bedienen sie sich zum Kampf und zur Verteidigung ihrer Gliedmaßen, die sie dem Feind entgegenhalten, ihres Fluges und des Rückzuges an sichere Zufluchtsstätten.

Zu den Gliedmaßen, von denen alle oder nur einzelne zu Angriff und Verteidigung eingesetzt werden, gehören Schnabel, Flügel, Füße und Krallen. Mit dem Schnabel wehren die Vögel sich auf vielerlei Weise, da er von sehr verschiedener Form ist, entweder durch Stoßen oder durch Beißen oder durch beides zugleich, und zwar entweder im Fluge oder im Stand.

Über die verschiedenen Verteidigungsweisen mit dem Schnabel. Vögel mit einem breiten und gezähnten Schnabel beißen vor allem, jedoch nicht im Fluge. Im Fluge hingegen beißen die Arten der Schwäne und Pelikane, die Gattungen der Gänse, Enten und ähnlicher Wasservögel.

Jene aber, die einen langen, spitzen und harten Schnabel haben, stoßen damit sowohl im Fluge als auch im Stand, beißen jedoch nur ausnahmsweise und auch dann erst, wenn sie zuvor gestoßen haben, wie beispielsweise Störche und Reiher. Jene aber, die einen gekrümmten, scharfen und harten Schnabel haben wie die Raubvögel und besonders die Falken, beißen im Fluge und auch sonst, stoßen jedoch nicht.

Die Kraniche, die zwar einen langen und harten, jedoch keinen breiten Schnabel haben wie Gänse und Enten noch auch wie die Störche und Reiher einen spitzen, beißen und stoßen, doch meist nicht im Fluge. Vor allem aber stoßen sie, und zwar sowohl im Fluge als auch im Stand, weil die Form ihres Schnabels dazu besser als zum Beißen geeignet ist. Im allgemeinen stoßen alle Vögel, die einen spitzen und harten Schnabel haben, und beißen nicht.

Die Kormorane, die auch Seeraben genannt werden und einen langen, vorn gekrümmten und gezackten Schnabel haben, stoßen, wenn sie beißen, und beißen, wenn sie stoßen. Raben, Krähen und ähnliche Vögel, die einen harten, spitzen und teilweise gekrümmten Schnabel haben, stoßen und beißen ebenfalls.

Jene Vögel aber, die in der Erde nach Würmern graben, benutzen, obwohl sie einen langen Schnabel haben, diesen kaum oder niemals zum Angriff und zur Verteidigung, da er bis auf die harte, runde und abgestumpfte Spitze weich ist, wie bei den Brachvögeln, Regenpfeifern, Kiebitzen und anderen ihnen ähnlichen.

Über die Verteidigung mit den Flügeln. Alle diese Vögel kämpfen oder verteidigen sich, indem sie mit den Flügeln schlagen, und zwar sowohl im Fluge als auch im Stand; vor allem mit jenem Flügelknochen, der, wie wir schon erwähnten, hart und scharf nach außen wie ein Sporn hervorragt. Dieser Knochen ist besonders hart, lang und stark bei jenen Wasservögeln, die sich vornehmlich mit den Flügeln verteidigen, also bei den Schwänen, Gänsen, Enten und Pelikanen, aber auch bei einigen Landvögeln wie bei den Tauben, Trappen und ebenso bei Sumpfvögeln wie den Kiebitzen, Regenpfeifern, Trielen, den Brachvogelarten und allen, die bei der Nahrungssuche den Boden durchwühlen.

Über die Verteidigung mit den Füßen und Krallen. Auch mit den Füßen und Krallen kämpfen und verteidigen sich die Vögel, und zwar sowohl in der Luft als auch am Boden, indem sie damit stoßen, schlagen, zupacken; oder sie strecken sie vor, um drohende Gefahren abzuwehren.

Die Kraniche verteidigen sich auf dreifache Weise mit den Füßen. Entweder schlagen sie mit ihnen im Fluge rückwärts aus, worüber im Buch „Von der Kranichbeize“ noch berichtet wird, oder sie treten und trampeln aufrecht stehend; oder wenn sie auf dem Rücken liegen, schlagen und verletzen sie mit den Krallen ihrer Füße.

Die Reiher wehren sich mit den Füßen nur, wenn sie auf dem Rücken am Boden liegen, indem sie versuchen, das, was ihnen schaden will, zurückzustoßen, obwohl sie es nur schwächlich vermögen.

Die Raubvögel schlagen und verwunden mit ihren Fängen sowohl in der Luft als auch am Boden. Ferner kann es vorkommen, daß die Füße der fliehenden Beute von dem verfolgenden Raubvogel gegriffen werden und sich auf diese Weise die Krallen beider Vögel ineinanderhaken. Selten aber geschieht es, daß ein Raubvogel zu seiner Verteidigung mit einem anderen Raubvogel kämpft. Im allgemeinen werden sich alle Vögel, die keine gekrümmten Krallen haben, niemals mit den Füßen schlagend verteidigen, sondern so, wie es die meisten anderen Vögel tun, nämlich indem sie die Füße vor die Brust heben, um damit die Raubvögel abzuwehren.

Es gibt ferner Vögel, die, indem sie hochspringen, versuchen, den Raubvogel unter die Füße zu bekommen und zu zertreten. Zu diesen gehören die großen Trappen und die ihnen ähnlichen, nur viel kleineren Zwergtrappen, die im Sommer zur Paarungszeit abscheulich schreien.

Über die Verteidigung durch verschiedene Flugarten. Viele Vögel versuchen auch, auf sehr verschiedene Weise sich durch ihren Flug zu verteidigen; einige, wie beispielsweise die Kraniche, indem sie weit fortfliegen, andere, so die Rothühner und Wachteln, indem sie in raschem Fluge ihren Zufluchtsstätten zustreben. Wieder andere versuchen es, indem sie sich während des Fluges drehen und wenden, wie es die Reiher, Krähen, Wiedehopfe, Kiebitze, Elstern und viele andere tun. Schließlich gibt es auch noch solche, die sich auf die eine oder andere Weise in große Höhe zu retten versuchen, indem sie entweder steil emporsteigen, wie es die Ringeltauben, Turteltauben und Zwergtrappen machen, oder ringholend wie die Reiher, die somit zwiefach durch ihren Flug zu entkommen versuchen: nämlich durch Ringholen und durch Drehen und Wenden.

Alle Vögel, die sich hochsteigend in Sicherheit bringen wollen, tun es, um über den Feind hinauszugelangen und somit die Oberhand zu gewinnen. Andere Vögel suchen sich dadurch zu schützen, daß sie an Orte fliegen, vor denen sich die Raubvögel fürchten und wo sie deshalb nicht herabstoßen. Darum streben beispielsweise Gänse, Enten und viele andere Wasservögel in den Schutz von großen Gewässern, Wäldern, Sümpfen und Röhricht. Endlich gibt es auch noch Vögel, die, wie beispielsweise die Eulen, Uhus und Triele, zu ihrer größeren Sicherheit nur nachts oder in der Abenddämmerung fliegen.

Vögel, deren Verteidigung darin besteht, eine sichere Zuflucht aufzusuchen, begeben sich, sofern sie es können, an ihre Geburtsplätze, sonst an möglichst ähnliche.

Über die flüchtenden Vögel. Jene, die nahe am Wasser geboren sind, flüchten dorthin; von ihnen können einige wie die Pelikane nur zum Schwimmen ihre Zuflucht nehmen, andere wie die Tauchvögel und Enten suchen sich zu retten, indem sie völlig untertauchen. Wieder andere wie die Schwäne und Gänse tauchen nur teilweise unter. Aber auch Vögel, die weder Schwimmer sind noch am Wasser leben, fliehen aus Furcht vor den Raubvögeln dorthin, eben weil sie wissen, daß diese, wie schon im Kapitel 'Über die Einteilung der Vögel' erwähnt wurde, es scheuen und sich über Wasserflächen sehr unsicher fühlen. Viele Vögel begeben sich also ans Wasser;

manche aus Gründen der Sicherheit, manche zum Zwecke der Nahrungssuche, manche aus beiden Gründen zugleich.

Solche Vögel, die auf Bäumen ausschlüpfen, suchen auf diesen Zuflucht, wie die Krähen, Elstern und viele andere, während solche, die in der Nähe von Gewässern zur Welt kommen, bald in diesen, bald auf Bäumen Zuflucht suchen wie die Reiher. Wenn sie jedoch auf Wiesen, in Gebüschen oder Hecken ausgebrütet werden, werden sie, so die Drosseln, die Stare und die meisten kleinen Vögel, dorthin fliehen, ebenso werden die auf Felsen erbrüteten, so die Raubvögel, sich dort in Sicherheit bringen. Jene Vögel aber, die auf dem flachen Boden zur Welt kommen und erdfarben sind, vertrauen sich seinem Schutz an, indem sie sich an den Boden pressen wie beispielsweise die Rothühner, Wachteln, Haubenlerchen, Zwergtrappen, Kalanderlerchen und viele andere. In ihrem Schutzbedürfnis sind manche so töricht, daß man sie, weil sie glauben, auf der Erde liegend sicher zu sein, mit den Händen fangen kann, wenn sie dort solcherweise vor dem verfolgenden Raubvogel Zuflucht suchten.

Weil sie nicht weit zu fliegen vermögen, bleiben Rothühner und Fasane möglichst in der Nähe der Örtlichkeiten, die für ihre Zuflucht besonders geeignet sind.

So schützen und wehren sich die meisten Vögel, die einen mehr auf diese, die anderen mehr auf jene Art.

Außerdem gibt es noch besondere, nur bestimmten Vogelarten eigene Verteidigungsweisen. Beispielsweise schmeißen die großen und kleinen Trappen ihre Exkremente gegen den sie verfolgenden Raubvogel, oder sie sträuben die Federn, um sich ein furchterregendes Aussehen zu geben. Auch spreizen sie die Flügel und senken die Köpfe wie Kampfhähne, doch tun sie das alles aus Furcht. Alsdann aber stoßen die großen Trappen mit den Flügeln und der Brust nach den Raubvögeln.

Endlich gibt es noch Vögel, die im Schwarm der eigenen Art Zuflucht suchen, wie Tauben, Kraniche und Stare, um dort Sicherheit und Hilfe zu finden. In der Tat zieht sich ein solcher Schwarm eng in sich zusammen, wenn Raubvögel ihn angreifen wollen. Ein weiterer Beweis dafür, daß sie sich im Verband sicherer fühlen, ist die Tatsache, daß sich Vögel verschiedener Arten, darunter Kraniche, Gänse und Krähen, zusammenfinden, um einen der Ihrigen zu verteidigen, wenn er von einem Raubvogel angegriffen wird. Sie stellen sich diesem entgegen und versuchen, auf ihn einzuhacken.

Nach dem ersten Buch zur allgemeinen Ornithologie widmet sich Friedrich im zweiten Buch den verschieden Maßnahmen, mit denen man die Vögel zähmen kann. Das Aufbräuen, d.h. das Hochbinden der unteren über die oberen Augenlider, mag den heutigen Leser brutal anmuten. In dem Kapitel über das Losbräuen erklärt der Kaiser jedoch, warum er diese Methode für geeignet hält: Für den Falken sei es schrecklich, all das Ungewohnte zu schmecken, zu hören und zu fühlen. Das Aufbräuen erspare ihm zunächst den zusätzlichen, unerträglichen Anblick der fremden Umgebung. Das spätere Losbräuen biete die Möglichkeit, ihn durch ein stufenweises Vorgehen sehend zu machen, damit er sich ganz langsam an seine Umgebung und die Menschen gewöhne. Immer wieder mahnt Friedrich in diesem und in anderen Kapiteln, sehr behutsam mit den Falken umzugehen, Krankheiten und Verletzungen zu vermeiden und fordert eine artgerechte Haltung der Tiere. Seine Bemühungen beruhen auf der Erkenntnis, daß der Mensch dem Tier – gerade dem jungen Tier – weder die Mutter noch die natürliche Umgebung ersetzen kann, daß aber eine erfolgreiche Jagd nur mit unversehrten und nicht verhaltensgestörten Tieren möglich ist.

Das Aufbräuen

Die Augen der Falken müssen deshalb verschlossen werden, damit sie den Menschen nicht sehen. Dieses Verfahren nennt man Blenden oder Aufbräuen. Geschähe es nämlich nicht, würden sie durch den Anblick des Menschen und von allem, was sie nicht gewöhnt sind zu sehen, in dem Augenblick, da sie gezähmt werden sollen, viel störrischer und wilder werden. Aufbräuen heißt, die Augen des Vogels verschließen, indem man das untere Augenlied über das obere bis zur Braue hochzieht. Man nennt es deshalb Aufbräuen, weil mit dem unteren Augenlid das Auge bis zur Braue bedeckt wird. Sollte aber eingewandt werden, das Aufbräuen erübrige sich doch, da es sich um Nestlinge handle, die schon weitgehend an den Menschen gewöhnt sind und sich daher ruhig verhalten, so entgegnen wir darauf, daß es trotzdem notwendig ist, sie aufzubräuen, denn dadurch werden sie schneller und besser fingerzahm; ihre Glieder und Federn bleiben heiler, und sie ertragen leichter alles das, was anfangs mit ihnen geschehen muß.

Wie man aufbräut. Auf folgende Weise soll man aufbräuen. Wer den Falken gefaßt hat, halte ihn mit beiden Händen über dem Rükken fest und drücke Flügel und Rücken nur so sanft zusammen, daß er dadurch nicht beim Atmen behindert wird, und halte ihn so, daß die Finger vorne vor die Brust zu liegen kommen. Ein anderer muß des Falken Schenkel packen, damit er nicht versuchen kann, mit seinen Füßen das zu verhindern, was mit ihm vorgenommen werden soll. Wenn er aber an einem heißen Tag eingefangen und aufgebräut werden muß, empfiehlt es sich, die Hände in ein feuchtes Tuch einzuschlagen und derart zuzugreifen, daß es den Vogel unmittelbar berührt, die Hände sich also über dem Tuch befinden; anschließend drücke der Helfer die Beine des Falken vorsichtig gegen den Bauch, und der Falkner bräue ihn folgendermaßen auf. Er nehme eine runde Nadel; denn mit einer dreieckigen würde er Schaden anrichten, da sie das Augenlid einschnitte und die Ziliatur dann nicht hielte. Nachdem ein Faden in die Nadel eingefädelt ist, bringe man ihre Spitze zwischen den Augapfel und das untere Lid, hebe es mit ihr hoch, durchbohre es und ziehe die Nadel von innen nach außen durch das Lid; geschähe es nämlich umgekehrt, könnte durch die Nadelspitze zu leicht die Pupille verletzt werden. Beim Durchstechen muß man sehr darauf achten, daß nur das Lid und nicht auch noch die Haut durchbohrt wird, die sich zwischen Lid und Augapfel befindet. Auch bohre man die Nadel weder zu nahe am Rand durch das Lid, damit die Ziliatur nicht vor der Zeit ausreißt, noch zu weit innen; denn dann würde zuviel einreißen, was für den Schutz des Auges schädlich wäre. In der Mitte, genau unter dem Rand des Augenlids bohre er die Nadel hinein und ziehe einen großen Teil des Fadens nach außen durch. Dann führe er die Nadel mit dem Faden über den Kopf und durchsteche das untere Augenlid des anderen Auges auf die gleiche Weise. Nachdem die Nadel entfernt ist und anschließend mittels des Fadens die unteren Lider so hoch gegen die Brauen hinaufgezogen sind, daß sie beide Augen völlig bedecken und der Falke mithin nichts mehr sieht, verknote der Falkner die Fadenenden so über dem Kopf, daß die unteren Lider in dieser Stellung verbleiben, und schneide nahe am Knoten die restlichen Enden ab. Dann lege er mit dem stumpfen Ende der Nadel die Kopffedern über dem Faden zurecht, damit ihn der Falke nicht so leicht mit seinen Krallen zerreißen kann, wenn er sich am Kopf kratzt.

O: Friderici Romanorum Imperatoris Secundi, De arte venandi cum avibus, Bd. 1, S. 1 ff., 56 ff., 115-118, 146 ff. – Ü: Willemsen (1964), Bd. 1, S. 5-7, S. 65-67, S. 125-130 und S. 162 f. – L: Willemsen (1970), S. 1-66.

DAS *STATUTUM IN FAVOREM PRINCIPUM*

Nachdem Friedrich II. 1220 die Wahl seines Sohnes Heinrich (VII.) zum römischen König erreicht hatte, verließ er für fünfzehn Jahre das Reich nördlich der Alpen. Der neunjährige König blieb zunächst in der Obhut Heinrichs von Neuffen, bevor Friedrich – wohl Ende 1220 – Erzbischof Engelbert von Köln zum Reichsverweser bestellte. Engelbert war damals für die Regierungsgeschäfte in Deutschland und den unmündigen König verantwortlich, während Heinrichs eigentliche Erziehung in den Händen des Reichsministerialen Konrad von Winterstetten lag.

Sowohl unter der Aufsicht Engelberts als auch – nach dessen Ermordung – unter der seines Nachfolgers Herzog Ludwig von Bayern, der im Sommer 1226 von Friedrich als Tutor Heinrichs und Reichsprokurator bestellt wurde, scheint Heinrich (VII.) zunächst nur wenig Einfluß auf die politischen Entscheidungen genommen zu haben. Erst seit 1227, nach der Hochzeit mit Margarethe, der Tochter Herzog Leopolds VI. von Österreich, und verstärkt nachdem die Nachricht von der Exkommunikation Friedrichs nach Deutschland gelangt war, begann Heinrich selbständiger zu handeln.

Wieweit der junge König dabei ein eigenes politisches Konzept verfolgte, ist umstritten. In vielen Bereichen knüpfte er an die Politik seines Vaters an; der Ausbau der staufischen Machtbasis rief jedoch zunehmend den Widerstand einzelner Großer hervor. Eine entscheidende Zäsur setzte der Bruch mit Herzog Ludwig von Bayern. Die Hintergründe sind nicht klar zu erkennen, aber offensichtlich wandte Herzog Ludwig sich nach der Exkommunikation des Kaisers der päpstlichen Seite zu und setzte sich für die Absetzung Friedrichs II. und Heinrichs (VII.) ein, so daß später das Gerücht aufkommen konnte, seine Ermordung sei durch den Kaiser angestiftet worden. Jedenfalls zwang Heinrich im Sommer 1229 den Herzog von Bayern mit militärischer Gewalt zur Unterwerfung. Direkt im Anschluß an den Feldzug nach Bayern belagerte Heinrich Straßburg, das gegen sein Verbot den päpstlichen Gesandten aufgenommen hatte. Ohne erkennbaren Grund brach der König jedoch die Belagerung ab, und der Abt von St. Gallen, der sich auch sonst für seine Belange einsetzte, handelte einen Frieden aus. Von diesem Zeitpunkt bis zu dem Treffen mit seinem Vater 1232 in Cividale (Friaul) bereiste Heinrich nicht mehr sein gesamtes Reich, das ohnehin immer auf den Bereich nördlich der Alpen beschränkt blieb, sondern hielt sich bevorzugt im Süden auf; seine Aktivitäten scheinen der Urkundenüberlieferung nach reduziert gewesen zu sein.

Im Sommer 1230 versammelte sich in Nürnberg erstmals wieder eine größere Anzahl von Gefolgsleuten, darunter allerdings nur wenige Fürsten. Noch deutlicher zeigte sich das angespannte Verhältnis zu letzteren auf einem Hoftag, den Heinrich für den Januar 1231 in Worms angekündigt hatte: Anders als bei seinen früheren Hoftagen fanden sich nur wenige Erzbischöfe und Bischöfe ein, und die weltlichen Reichsfürsten fehlten – von einzelnen Ausnahmen abgesehen – völlig. Erst auf einem weiteren Hoftag im April und Mai desselben Jahres – wiederum in Worms – kam nochmalig eine größere Anzahl von Reichsfürsten zusammen. Hatten sie Heinrich bereits Anfang des Jahres einige Zugeständnisse abgerungen, so zwangen sie ihn nun, ihnen umfassende Rechte zu verbriefen. In Anlehnung an die sogenannte *Confoederatio cum principibus ecclesiasticis* von 1220, der Vereinbarung mit den geistlichen Fürsten, wurden nun vor allem die Rechte eines jeden Reichsfürsten als Landesherr (*dominus terrae*) schriftlich fixiert.

Das *Statutum in favorem principum*, dessen Name wie derjenige der *Confoederatio* eine Neuschöpfung des 19. Jahrhunderts ist, sicherte den Fürsten in erster Linie zu, daß der König gegen ihren Willen in ihren Territorien keine Städte und Burgen gründen oder Märkte, Münzen und Straßen anlegen durfte. Außerdem wurde den Fürsten die Ausübung der Gerichtsbarkeit zugebilligt. Diese und weitere Bestimmungen richteten sich gegen die Entfaltung der Städte und damit gleichzeitig gegen den Einfluß des Königs in den Gebieten der Fürsten.

Der Stellenwert des *Statutum* ist schwer abzuschätzen. Lange Zeit ging man von einer einseitigen Beschneidung königlicher Rechte aus. Neueren Einschätzungen zufolge handelte es sich eher um ein formelles Zugeständnis längst bestehender Rechtsverhältnisse. Gegen die Annahme, daß man es hier mit einem Dokument von nur geringer praktischer Relevanz zu tun habe, spricht allerdings, daß Friedrich II., als er 1232 das Fürstenprivileg in Cividale bestätigte, immerhin einige Änderungen aushandelte, die neben dem König auch die Fürsten an die Bestimmungen banden.

Der Quellenwert des Privilegs ist nicht zu unterschätzen: Er besteht weniger in der Änderung oder Neuerung fürstlicher Rechte, sondern vor allem in der schriftlichen Fixierung des vorhandenen rechtlichen Status. Aus diesem Grund darf auch die Tatsache, daß es – anders als 1220 bei der *Confoederatio* – dieses Mal keine Gegenleistung der Fürsten gab, nicht überbewertet werden, denn ein Kennzeichen von Friedrichs Politik in Deutschland war die wiederholte demonstrative Einbeziehung der Reichsfürsten in die Herrschaft, wie die Arenga des *Statutum*, die einleitende allgemeine Begründung für die Ausstellung des Privilegs, auch deutlich zu erkennen gibt. Galt die *Confoederatio* noch allein den geistlichen Fürsten, handelte es sich bei dem *Statutum* um eine Privilegierung aller *principes* und *magnates*, aller Fürsten und Großen, die hier ausdrücklich als Gruppe angesprochen werden.

Die *principes* hatten zu dieser Zeit bereits eine gewisse Exklusivität erreicht. Sie schlossen sich als Gruppe zunehmend gegenüber den Grafen und Edelfreien ab, so daß zu Beginn des 12. Jahrhunderts auch erstmals der Begriff *principes regni*, Fürsten des Reiches, begegnet. Es gibt keine Kriterien, durch welche die Zugehörigkeit zu dieser Gruppe definiert wurde, es läßt sich allerdings beobachten, daß gemeinhin die Erzbischöfe und Bischöfe, mehrheitlich die Äbte und Äbtissinnen der Reichsklöster sowie Herzöge, Markgrafen und der Pfalzgraf bei Rhein, der als herzogsgleich galt, zu den Reichsfürsten gezählt wurden.

Die 1231 unter Heinrich (VII.) formulierte Abfassung des *Statutum* liegt in den Originalausfertigungen für das Erzbistum Mainz sowie für die Bistümer Würzburg und Augsburg vor. Die von Friedrich II. veränderte und im folgenden wiedergegebene Fassung von 1232 ist in den Ausfertigungen für Mainz, Würzburg und Magdeburg überliefert.

Die im *Statutum* erwähnten „Pfahlbürger" waren Menschen, die vor den Mauern einer Stadt lebten, das Bürgerrecht zwar erworben hatten, aber dennoch den Bürgern innerhalb der Stadt rechtlich nicht gleichgestellt waren. Meist handelte es sich um Personen, die aus den Grundherrschaften des umliegenden Landes stammten und die Vorzüge der Privilegien, welche die Städte zunehmend anhäufen konnten, genießen wollten. Die Landes- und Grundherren strebten das Verbot des Pfahlbürgertums an, weil es die Angehörigen ihrer Grundherrschaften derart anzog, daß ihre Herrschaft ausgehöhlt zu werden drohte.

Im Namen der heiligen und ungeteilten Dreifaltigkeit. Friedrich II., durch das Walten von Gottes Gnadengüte römischer Kaiser, allzeit Mehrer des Reiches, König von Jerusalem und Sizilien.

Unser erhabener Kaiserthron wird erhöht und die wesentlichen Kräfte des Reiches ordnen wir dann in vollem Recht und Frieden, wenn wir mit gebührender Umsicht auf die Rechte unserer Fürsten und Großen schauen; denn – wie auf stattlichen Gliedern das Haupt ruht – erhält unser Kaisertum von ihnen Kraft und Stärke, und der gewaltige Bau kaiserlicher Herrlichkeit führt und fördert (diejenigen), von deren Schultern sie gestützt und getragen wird. Daher möge die jetzige Zeit und die kommende Nachwelt wissen: Als wir in Friaul zu Cividale mit unserem lieben Sohn Heinrich, dem römischen König, eine Zusammenkunft hatten und nun von den Fürsten und Großen – sie waren in einer uns hochwillkommenen Menge anwesend – gebeten wurden, wir möchten doch geruhen, dem Gnadenakt, der ihnen von diesem König, unserem Sohn, auf dem allgemeinen Hoftag in Worms bewilligt worden war, aufgrund unseres Amtes die Bekräftigung gewähren, hielten wir es für angebracht, deren Bitten gütig zuzustimmen; denn wir beabsichtigen höchst ehrenvoll, bei deren Förderung auch unsere und des Reiches Stellung angemessen zu fördern.

(1) Wir gewähren ihnen also – so wie es bekanntlich der König, unser Sohn, gewährt hat – und verleihen in ewiger Bestätigung, indem wir gebieten: Keine neue Burg oder Stadt soll auf kirchlichem Grund und Boden etwa angeblich aufgrund einer Vogtei durch uns oder durch irgendeinen anderen sonst unter irgendwelchem Vorwand errichtet werden.

(2) Neue Märkte sollen keinesfalls die alten beeinträchtigen.

(3) Es soll niemand gezwungen werden, gegen seinen Willen einen Markt zu besuchen.

(4) Es sollen die alten Straßen nicht umgeleitet werden außer mit dem Einverständnis der Reisenden.

(5) Es soll in unseren neuen Städten die Bannmeile beseitigt werden.

(6) Es soll jeder Fürst die Freiheiten, Herrschaften, Grafschaften und die Zenten, die für ihn frei oder ihm verlehnt sind, nach dem anerkannten Gewohnheitsrecht seiner Lande unangefochten nutzen.

(7) Es sollen die Zentgrafen ihre Zenten vom Landesherrn oder von dem erhalten, der vom Landesherrn damit belehnt ist.

(8) Es soll niemand die Stätte des Zentgerichts ohne Zustimmung des Landesherrn verlegen.

(9) Es soll kein Sendbarfreier vor ein Zentgericht geladen werden.

(10) Es sollen Bürger, die „Pfahlbürger" heißen, gänzlich vertrieben werden.

(11) Es soll der Zins an Wein, Geld, Korn und anderem, zu dessen Zahlung Bauern sich bisher verpflichtet haben, abgeschafft und künftig nicht mehr erhoben werden.

(12) Es sollen die Eigenleute von Fürsten, Edlen und Dienstmannen (sowie auch) von Kirchen nicht in unsere Städte aufgenommen werden.

(13) Es sollen den Fürsten, Edlen, Dienstmannen und Kirchen Eigengüter und Lehen, die von unseren Städten in Besitz genommen wurden, zurückerstattet und diese künftig nicht mehr in Besitz genommen werden.

(14) Ferner werden wir das Geleit(recht) der Fürsten durch ihr Land, das sie aus unserer Hand zu Lehen haben, weder selbst oder durch die Unsrigen behindern noch werden wir dulden, daß es beeinträchtigt wird.

(15) Es soll niemand durch unsere Schultheißen zur Rückerstattung dessen gezwungen werden, was er vor alter Zeit von Leuten erhalten hat, bevor diese sich in unseren Städten niederließen – ausgenommen diese Leute wären dem Reich unmittelbar untertan gewesen; dann sollen sie verpflichtet sein, diesen zu ihrem Recht zu verhelfen vor dem Gericht derer, in deren Land dies eingezogen wurde.

(16) Es soll in unseren Städten kein Landesschädling, kein von einem Richter Verurteilter oder Geächteter wissentlich aufgenommen werden; (bereits) Aufgenommene, die überführt werden, sollen ausgewiesen werden.

(17) Ferner werden wir in dem Land eines Fürsten keine neue Münze schlagen lassen, wodurch die Münze dieses Fürsten geschädigt würde.

(18) Es sollen unsere Städte ihre Gerichtsbarkeit nicht über den Stadtbereich ausdehnen, es sei denn, uns steht eine besondere Gerichtsbarkeit zu.

(19) Es soll in unseren Städten der Kläger dem Gerichtsstand des Beklagten folgen, es sei denn der hauptsächlich Beklagte oder Hauptschuldner befände sich dort; in solchem Falle ist dieser gehalten, sich dort zu verantworten.

(20) Niemand soll Güter, mit denen irgendeiner belehnt ist, zum Pfand nehmen ohne Zustimmung und Hand des Oberherrn.

(21) Es soll keiner zu (Befestigungs)werken der Städte gezwungen werden, wenn er nicht rechtens dazu verpflichtet ist.

(22) Es sollen die in unseren Städten wohnenden (hörigen) Leute die gewohnten und schuldigen Rechtsverpflichtungen wegen der Güter außerhalb der Stadt ihren Herren und Vögten erfüllen, aber nicht mit ungebührlichen Abgaben belastet werden.

(23) Es sollen die Eigenleute, Vogtleute und Lehnsleute, die zu ihren Herren heimkehren wollen, nicht durch unsere Amtleute zum Bleiben genötigt werden.

Zum Gedächtnis und zur festen Rechtskraft dieser unserer Verleihung und Bestätigung haben wir daher dieses Privileg mit dem Siegel unserer Hoheit versehen lassen. Zeugen dieses Vorgangs waren: S(iegfried) Erzbischof von Mainz, B(erthold) Patriarch von Aquileia und die Erzbischöfe E(berhard) von Salzburg und A(lbrecht) von Magdeburg, die Bischöfe E(kbert) von Bamberg, S(iegfried) von Regensburg Kanzler des kaiserlichen Hofes, H(ermann) von Würzburg, H(einrich) von Worms, K(onrad) Erwählter von Freising, (Konrad) Abt von St. Gallen; A(lbrecht) Herzog von Sachsen, die Herzöge O(tto) von Meranien und B(ernhard) von Kärnten; Graf H(einrich) von Ortenburg, Graf A(dolf) von Schauenburg, Graf Sayn, Gerlach von Büdingen, G(erhard) von Bolanden, Gunzelin, G(ottfried) und K(onrad) von Hohenlohe, (Konrad) Schenk von Winterstetten, (Konrad) Schenk von Klingenberg, Richard der Kämmerer und recht viele andere.

Handzeichen des Herrn Friedrich II., von Gottes Gnaden unüberwindlichster römischer Kaiser, allzeit Mehrer des Reiches, König von Jerusalem und Sizilien.

Ich Siegfried Bischof von Regensburg Kanzler des kaiserlichen Hofes, habe anstelle des Herrn Siegfried, Erzbischof von Mainz und Erzkanzler von ganz Deutschland, die Ausfertigung geprüft.

Verhandelt wurde dies im Jahre der Geburt des Herrn 1232, im Monat Mai, in der 5. Indiktion, unter der Herrschaft unseres Herrn Friedrich II., von Gottes Gnaden unüberwindlichster römischer

Kaiser, allzeit Mehrer des Reiches, König von Jerusalem und Sizilien, im 12. Jahr seines römischen Kaisertums, im 7. Jahr seiner Königsherrschaft von Jerusalem und im 34. Jahr seiner Königsherrschaft von Sizilien. Heil und Segen, Amen.

Gegeben zu Cividale in Friaul, Jahr, Monat und Indiktion wie oben.

O: MGH Const. 2, Nr. 171, S. 211-213; HB 4.1, S. 332-335 – Ü: FSGA 32, S. 434-439 – L: Koller (1958); Boshof (1986); Zinsmaier (1963).

Das Jahr 1235

Aus deutscher Perspektive zählt das Jahr 1235 sicherlich zu den ereignisreicheren unter der Herrschaft Friedrichs II. Das gilt sowohl für die zeitgenössische Sicht als auch für die moderne Forschung. Vergleicht man die Jahresberichte verschiedener Annalenwerke für 1235 mit anderen davor und danach, zeigt allein der Umfang, das man die Vorkommnisse für bedeutend und überlieferungswürdig erachtete. Zu diesen zählen vor allem die Ankunft Friedrichs II. in Deutschland, die Absetzung und Verurteilung seines Sohnes Heinrich (VII.), die Heirat Friedrichs mit Isabella von England, der Mainzer Hoftag mit der Verkündung des Mainzer Landfriedens, der Erhebung des Welfen Otto von Lüneburg in den Reichsfürstenstand und die damit verbundene Gründung des Herzogtums Braunschweig.

Die Berichte zeigen außerdem, daß man diese Geschehnisse nicht voneinander isoliert betrachten darf. Zwar gewichten die Autoren der eigenen persönlichen oder institutionellen Einbindung entsprechend etwas unterschiedlich, die Zusammenhänge bleiben aber erkennbar: So gehören die Aussöhnung des Staufers mit dem Welfen und die Heirat mit Isabella in einen Kontext, da das englische Königshaus die Welfen unterstützt hatte. Die Gründung des Herzogtums Braunschweig steht wiederum in enger Beziehung mit den Reformbestrebungen des Mainzer Hoftages, und einige Bestimmungen des Mainzer Landfriedens sind ganz offensichtlich durch den Streit von Vater und Sohn, Kaiser und König, motiviert.

Chronica regia Coloniensis

Die Forschung hat sich bisher schwer getan, die Bedeutung und Wirkung der Fürstenprivilegien Friedrichs II. (Goldbulle von Eger, *Confoederatio cum principibus ecclesiasticis, Statutum in favorem principum*) einzuschätzen und zu bewerten, da uns nur ihr Wortlaut, aber keine zeitgenössischen Reaktionen darauf überliefert sind. Die Beurteilung des Mainzer Hoftages fällt dagegen durch das Zeugnis der Kölner Königschronik leichter: Zum einen heißt es ausdrücklich, daß Friedrich selbst befohlen habe, diesen Hoftag, den er offenbar für besonders bedeutend hielt, in allen Jahrbüchern zu verzeichnen. Zum anderen lassen sich aufgrund der gebotenen Kürze eines Annalenberichts, die eine Beschränkung auf das Wesentliche forderte, die Ereignisse herauslesen, die aus zeitgenössischer Sicht als die wichtigsten galten: der beschworene Frieden, der auch in deutscher Sprache abgefaßt wurde, die Erhebung Ottos von Lüneburg in den Reichsfürstenstand und das Gemeinschaft stiftende Festmahl. Ebenso läßt sich erkennen, daß die Auseinandersetzungen mit Heinrich (VII.) nachwirkten, und einige Bestimmungen dieses Friedens vermutlich nur aus diesem Grund überhaupt aufgenommen wurden.

1235. Der Kaiser kommt aus Apulien nach Aquileia. Von hier rückt er mit einem großen Gefolge und vielen Schätzen in der Richtung nach Österreich in Deutschland ein. Er findet seinen Sohn, den König, als Aufrührer, aber ohnmächtig. Denn nach Abhaltung eines Rates läßt dieser sich am 2. Juli in Worms von seinem Vater wieder in Gnaden aufnehmen; doch da er seine Versprechungen nicht erfüllt und die Burg Trifels, die er in seiner Gewalt hatte, nicht herausgibt, so wird er auf Befehl des Kaisers zur Haft gebracht.

Zu derselben Zeit wird die Schwester des Königs (Heinrich III.) von England auf Ersuchen des Kaisers vom Kölner Erzbischof und vom Herzog (Heinrich) von Brabant aus England herbeigeführt, um den Kaiser selbst zu heiraten. Von allen Städten und Flecken, durch welche sie kommt, wird sie ehrenvoll, doch von den Kölner Bürgern mit größerem Jubel als von den anderen, am letzten Donnerstag vor Pfingsten (24.5.) empfangen; bei ihnen verweilt sie im Haus des Propstes von St. Gereon einen Monat hindurch ununterbrochen in großen Ehren. Von hier weiterziehend wird sie zu Worms dem Kaiser übergeben, und dort wird die kaiserliche Hochzeit mit gebührender Ehre gefeiert.

Der Kaiser rät den Fürsten, an Schauspieler nicht nach gewohnter Sitte Geschenke zu verschwenden, da er es für die größte Torheit halte, wenn jemand seine Güter unsinnigerweise den Gauklern oder Schauspielern schenkte.

Ein sehr glänzender Hoftag wird auf den Tag der Himmelfahrt der heiligen Maria (15.8.) nach Mainz ausgeschrieben, wo bei Zusammenkunft fast aller Fürsten des deutschen Reiches der Friede geschworen, die alten Rechte bestätigt, neue festgestellt, und diese sodann in deutscher Sprache auf Pergament geschrieben und allen verkündigt werden; die Vergehen des Königs gegen den Kaiser werden sämtlichen Anwesenden offenbart. Otto von Lüneburg, der Enkel des großen Herzogs Heinrich, wird zum neuen Herzog und Fürsten erhoben; diesen Tag bat der Kaiser in allen Jahrbüchern zu verzeichnen, denn an ihm habe er das Reich gemehrt durch Einsetzung eines neuen Fürsten, welchem die Zustimmung aller Fürsten zuteil geworden.

Es war dies aber der Tag vor dem Fest des Timotheus (21.8.). Am Tag des Timotheus selbst (22.8.), also acht Tage nach Mariä Himmelfahrt, glänzte der Kaiser, mit dem kaiserlichen Diadem geschmückt, in der Mainzer Kirche bei Anwesenheit fast aller Fürsten in gebührender Ehre; nach der Feier der Messe lud er dann alle Fürsten und all ihr Gefolge zum festlichen Schmause, der auf freiem Feld mit großen Kosten hergerichtet war.

O: MGH SSrG 18, S. 266 f. – Ü: GdV 69, S. 320 f. – Wattenbach/Schmale, S. 105-109.

Annales Marbacenses

Vom Jahr 1229 bis 1238, dem Ende des Werkes, sind die Berichte der in der Nähe von Colmar entstandenen Marbacher Jahrbücher sehr präzise. Für diesen Zeitraum müssen die Nachrichten regelmäßig zusammengetragen worden sein.

1234. Ein furchtbarer Winter brachte Schaden den Weinstöcken und Feldfrüchten und hielt den ganzen Januar an. (...) Im selben Jahr reiste der Markgraf (Hermann) von Baden wegen des großen Elends, welches im Lande überhandnahm, zum Kaiser nach Sizilien und riet ihm, nach Deutschland zu kommen, um den Zustand des Reiches zu ordnen. Dies nahm aber König Heinrich, des Kaisers Sohn, übel.

1235. Als der König die bevorstehende Ankunft seines Vaters erfuhr, welchen er fürchtete, fing er an, sich der Freundschaft der Fürsten, Barone und seiner Städte zu versichern. Er nahm also, in Basel beginnend, von allen Städten im Elsaß Geiseln, damit sie nicht von ihm abfielen. Auch machte er mit denen von Neuffen und einigen anderen aus, daß sie den Markgrafen von Baden befehdeten. Dieser, der Ankunft des Kaisers gewiß, verteidigte sich wacker. Auch schickte er den Marschall (Anselm) von Justingen (bereits 1234) in die Lombardei, um sich mit den Mailändern zu verbünden, und dieser brachte wirklich einige der vornehmeren Mailänder und ihrer Partei in diese Gegend, um zwischen dem König und ihnen ein Bündnis zustande zu bringen. Den Bischof (Hermann) von Würzburg aber schickte er mit H(einrich) von Neuffen nach Gallien zum König (Ludwig IX.) von Frankreich, um mit ihm über ein Ehebündnis zwischen ihren Kindern zu verhandeln, welche aber zurückkamen, ohne etwas ausgerichtet zu haben. Und dies alles geschah aus Furcht vor dem Vater. Der Kaiser aber betrat Deutschland um das Fest Johannes' des Täufers (24.6.). Auf die Nachricht hiervon schickten Fürsten und Städte ihre Boten und begrüßten ihn, um ihre Freude über seine Ankunft zu zeigen. Der Kaiser selbst aber schickte Boten und lud die Fürsten auf Mariä Himmelfahrt (15.8.) zu einem fürstlichen Hoftag zu Mainz.

Mittlerweile kam König Heinrich, der Sohn des Kaisers, der, wie bereits gesagt, durch Geschenke sich der Gunst und Hilfe vieler versichert hatte, auf Anraten eines gewissen Hermann (von Salza), Meister des deutschen Hauses, und des Bruders B(erthold von Tannenrode) vom selben Hause zu seinem Vater. Dieser ließ ihn sogleich in Verwahrung nehmen und nach einiger Zeit schickte er den Gefangenen in das Königreich Apulien, wo er in enger Haft gehalten wurde, bestraft nach gerechtem Urteil Gottes. Zur Zeit seines Glückes setzte er die Gottesfurcht hintan, folgte dem Rat gewalttätiger Menschen, verachtete ehrenwerte Männer und übertrat die Befehle des Vaters, welcher ihm das edle Königreich Deutschland ganz, mit allen königlichen Gütern und Einkünften, die er nach Erbrecht besessen, ohne alle Gegenleistung überlassen hatte; und mit solchen Reichtümern noch nicht zufrieden, hatte er fast alles zugrunde gerichtet. Auch die Ordensleute und die Klöster unterdrückte er gewaltsam und die Provinz war so entvölkert, daß Reisende gar keine Sicherheit mehr hatten. Da also das Fest der Himmelfahrt (Marias, 15.8.) herannahte, kamen die Fürsten aus den verschiedenen Teilen Deutschlands in Mainz zusammen, bis an die zwölftausend Ritter, und der Kaiser ging acht Tage nach Himmelfahrt gekrönt einher.

Auf demselben Hoftag erhob er den edlen Mann, genannt (Otto) von Lüneburg und Braunschweig, aus königlichem Geblüt, den Neffen des früheren Kaisers Otto (IV.), nach dem Rat der Fürsten zum Herzog. Auch verlangte er von den Fürsten Hilfe gegen die Lombarden.

Nach (vor: 15.7.) beendetem Hoftag feierte der Kaiser zu Worms seine Hochzeit mit der Schwester des Königs (Heinrich III.) von England, welche ihm der Erzbischof von Köln und andere Große geholt hatten. Nach der Hochzeit schickte er dieselbe nach Hagenau und brachte den Winter dort mit ihr zu.

O: MGH SSrG 9, S. 95 ff. Ü: GdV 74, S. 49 ff.; vgl. auch Schmale (FSGA 18a), S. 244-247.

Annales Scheftlarienses maiores

Das ehemalige Kloster Schäftlarn (Oberbayern) war von Bischof Otto von Freising († 1158) als Prämonstratenserstift neu gegründet worden. Vermutlich verfügte man in Schäftlarn über eine Abschrift seiner Chronik, vielleicht auch seiner *Gesta Friderici*, denn die Schäftlarner Jahrbücher setzen mit dem Jahr 1192 ein, das dem Berichtsende der *Gesta* entspricht. Beruhen die Berichte anfänglich noch auf Vorlagen, werden sie von 1227 bis 1247 ausführlicher, so daß man einen Zeitgenossen als Autor annehmen muß.

1235. Herzog Otto von Meranien starb. Kaiser Friedrich kam aus Italien nach Deutschland, er zog durch Bayern; in Regensburg hatte er eine Zusammenkunft mit den Fürsten; er wurde mit Herzog Otto von Bayern wegen des Todes seines Vaters, dessen er (Friedrich) verdächtigt worden war, ausgesöhnt.

In demselben Jahr zog der Kaiser mit einem großen Heer gegen seinen Sohn, den König, und er belagerte ihn in der Burg, die Trifels genannt wird. Der König aber, sich dem Vater aus eigenem Antrieb ausliefernd, wurde von diesem sofort gefangengenommen (und) dem Herzog (Otto) von Bayern zur Bewachung übergeben. Danach nahm der Kaiser die Tochter des Königs (Johann) von England zu seiner dritten Gattin, und feierte mit ihr um das Fest des hl. Jakob (25.7.) bei (Worms) die Hochzeit. Daraufhin hielt er zu Mariä Himmelfahrt (15.8.) einen Hoftag bei Mainz, wo zuerst ein Frieden unter den Fürsten und (dann) ein mächtiger Feldzug in die Lombardei beschworen wurden. In demselben Jahr nahm zwischen dem Herzog (Otto) von Bayern und den Bischöfen von Salzburg, Regensburg und Augsburg, besonders aber zwischen Bischof Konrad von Freising und dem genannten Herzog eine schwere Feindschaft und Zwietracht ihren Anfang; Brandstiftungen und Plünderungen herrschten vielfach im Bistum und im Herzogtum, und über die gesamte Kirche der Freisinger Diözese wurde das Interdikt verhängt. Dieses Interdikt dauerte ohne Unterbrechung bis in das dritte Jahr.

Zu derselben Zeit wurde König Heinrich von seinem Vater ins Exil nach Apulien geschickt. Deswegen stellte sich der Herzog (Friedrich II.) von Österreich (der Schwager Heinrichs, angeklagt wegen verschiedener Streitigkeiten und verurteilt) dem Kaiser entgegen, indem er sich weigerte, die Hoftage zu besuchen, die für dieses Jahr festgesetzt waren: der erste bei Mainz, der zweite am Fest des hl. Martin (11.11.) bei Augsburg, der dritte zu Epiphanias (6.1.) bei Regensburg. Hier beschlossen der Kaiser und die Fürsten auch, daß die Tochter (Maria) des Herzogs (Heinrich) von Brabant mit dem Sohn (Ludwig) des Herzog (Otto II.) von Bayern vermählt werden sollte.

O: MGH SS 17, S. 340 – Ü: Brüsch – L: Wattenbach/Schmale (1976), S. 255.

DER STURZ HEINRICHS (VII.)

Die ältere Forschung zeichnete lange Zeit ein ausgesprochen negatives Bild von Heinrich (VII.), sah in ihm eine tragische Figur, einen menschlich wie politisch gescheiterten König. Die Popularität, die sein Vater Friedrich II. durch die Biographie Ernst Kantorowiczs erfuhr, überdeckte erste Ansätze einer Neubewertung. Erst in den letzten Jahren ist das Interesse an dem jungen König wieder gewachsen, der im mündlichen Sprachgebrauch „der Klammer-Siebte" genannt wird, weil er nie eigenständig regierte, der Vater ihn absetzte und ihn zudem überlebte.

Die abschätzige Beurteilung Heinrichs (VII.) beruht zum Teil auf abfälligen zeitgenössischen Äußerungen, in denen der Lebenswandel des Königs kritisiert wurde. Außerdem war die Regierungszeit Heinrichs durch Spannungen zwischen dem König und den Großen des Reiches geprägt, die in dem Maße wuchsen, wie dieser die Regierungsgeschäfte mitzubestimmen versuchte. Friedrich II. griff wiederholt in die Entscheidungen seines Sohnes ein, worunter die Beziehung zwischen Heinrich und seinem Vater offensichtlich litt. Heinrichs Plan, die von Friedrich initiierte Ehe mit Margarethe von Österreich aufzulösen, um eine andere Frau zu heiraten, tat ein übriges, um seinen Vater zu reizen. Ein im Jahr 1226 geplantes Treffen zwischen Vater und Sohn, das möglicherweise einen frühen Ausgleich bewirkt hätte, scheiterte, weil die lombardischen Städte den Durchzug durch das Etschtal sperrten. So trafen Vater und Sohn, Kaiser und König, erst nach zwölfjähriger Trennung wieder zusammen.

Der wachsende Unmut der Fürsten seit 1229 hatte zu wiederholten Beschwerden bei Friedrich II. geführt. Da sich der Kaiser von Anfang an von der Überzeugung leiten ließ, daß das Reich nur mit, niemals aber gegen die Fürsten zu regieren sei, sah er sich zum Handeln gezwungen. Er lud seinen Sohn nach Ravenna, wo er sich von November 1231 bis März 1232 aufhielt. Heinrich versuchte offenbar, das Treffen zu vermeiden oder hinauszuzögern; schließlich schickte Friedrich den Kanzler, Bischof Siegfried von Regensburg, über die Alpen zurück, um der Aufforderung Nachdruck zu verleihen.

In der ersten Aprilhälfte 1232 traf Heinrich zunächst seinen Vater in Aquileia; am 17. April folgte das Treffen mit zahlreichen Fürsten in Cividale. Hier verlangte Friedrich einen Gehorsamseid von seinem Sohn. Heinrich mußte außerdem die Fürsten für den Fall, daß er diesen Eid brechen sollte, von ihrem Treueid ihm gegenüber entbinden. Außerdem bestätigte Friedrich II. in Cividale das Fürstenprivileg seines Sohnes vom Vorjahr (*Statutum in favorem principum*), das unter anderem eine gegen den Willen der fürstlichen Landesherren gerichtete Entwicklung der Städte einschränken sollte.

Nach Deutschland zurückgekehrt, verfolgte Heinrich gerade den Städten gegenüber eine Politik, die eine klare Zielvorstellung vermissen läßt: Teils versuchte er, die Beschlüsse des *Statutum* umzusetzen, teils unterstützte er die städtischen Belange. Friedrich erinnerte daraufhin seinen Sohn an den in Cividale geleisteten Eid, was diesen veranlaßte – freiwillig oder nicht –, Papst Gregor IX. aufzufordern, ihn im Fall seines Eidbruchs auf Wunsch

Friedrichs sofort zu exkommunizieren. Dennoch wuchs die Unruhe im Reich nördlich der Alpen – allerdings aus ganz anderen Gründen.

Papst Gregor IX. intensivierte Anfang der 1230er Jahre die Ketzerinquisition in Deutschland derart, daß die Adligen zunehmend gegen die Härte des Vorgehens aufbegehrten. König Heinrichs Versuche, Ruhe und Frieden wiederherzustellen, scheiterten, weil die bischöflichen Parteigänger des Papstes keine Mäßigung bei der Ketzerverfolgung duldeten. Auch in diesem Fall war Friedrich mit dem Verhalten seines Sohnes nicht einverstanden, weil er selbst bereits 1232 seine Ketzergesetze verschärft hatte, um sich so die Hilfe des Papstes gegen die Lombardenstädte zu sichern. Hinzu kamen erneute Auseinandersetzungen zwischen Heinrich und einzelnen Fürsten und Adligen, die sich daraufhin beim Kaiser beklagten. Friedrich machte die Maßnahmen seines Sohnes rückgängig und bat im Juli 1234 den Papst, seinen Sohn zu exkommunizieren. Gleichzeitig faßte er den Plan, im folgenden Jahr nach fünfzehn Jahren die Alpen noch einmal in nördlicher Richtung zu überqueren.

Zwar versuchte Heinrich im September erneut, sein Handeln zu rechtfertigen und schickte den Erzbischof von Mainz und den Bischof von Bamberg nach Foggia. Gleichzeitig begann er aber, Anhänger zu sammeln, um offen gegen den Kaiser vorzugehen. Nur wenige konnte er für sich gewinnen, und die Bündnisverhandlungen mit dem französischen König scheiterten, während diejenigen mit dem Lombardenbund zum Erfolg führten. Friedrich mußte das im Dezember geschlossene Hilfsabkommen seines Sohnes mit den oberitalienischen Städten, seinen langjährigen Gegnern, besonders treffen und als schwerer Treuebruch und Verrat erscheinen.

Während Heinrich mit Waffengewalt gegen Worms vorging, das sich in dieser Situation hartnäckig weigerte, ihm einen Treueid zu leisten, zog Friedrich im Frühsommer 1235 in Deutschland ein. Obwohl er ohne Heeresmacht erschien, nur begleitet von Sarazenen, welche die mitgeführten Kostbarkeiten, darunter eine Reihe von exotischen Tieren, bewachten, demonstrierte der Kaiser seine Macht so überzeugend, daß sich die Großen des Reiches auf seine Seite schlugen.

Als der Kaiser Anfang Juli 1235 in der Pfalz Wimpfen haltmachte, blieb Heinrich nichts weiter übrig, als die kaiserliche Gnade zu erbitten. Friedrich weigerte sich zunächst, seinen Sohn zu empfangen und zwang ihn, zum nächsten Aufenthaltsort mitzuziehen: nach Worms, das von Heinrich wegen seiner kaisertreuen Haltung kurz zuvor belagert worden war – eine Demütigung für den König. Hier nahm Friedrich die Unterwerfung seines Sohnes an und gewährte ihm Verzeihung. Die Inhaftierung Heinrichs ordnete er erst an, als dieser ablehnte, die Burg Trifels aufzugeben. Diese Weigerung bedeutete mehr als das Festhalten an einer beliebigen Burg, da auf dem Trifels die Reichsinsignien aufbewahrt wurden: Heinrich weigerte sich, auf die Königswürde zu verzichten.

Ein gutes halbes Jahr lang blieb er bei Herzog Otto von Bayern in Haft, bevor er Anfang 1236 in die Burg San Felice bei Melfi und vier Jahre später nach Nicastro (südlich von Cosenza) verlegt wurde. Er starb am 10.2.1242 im Alter von 31 Jahren. Die Umstände seines Todes sind nicht völlig geklärt. Vielleicht beging er bei einer weiteren Verlegung Selbstmord; auch ein Unfall, ein tödlicher Sturz vom Pferd, ist nicht gänzlich auszuschließen. Immerhin scheint sich sein Grab nicht innerhalb des Domes von Cosenza, sondern vor der Domtür befunden zu haben. Möglicherweise sollte er als Selbstmörder nicht in der geweihten Kirche bestattet werden.

„Nicolaus de Jamsilla"

Kurz und knapp faßt die nach ihrem zeitweiligen Besitzer benannte Chronik die Ereignisse vom Aufenthalt Friedrichs im Heiligen Land, dem Einfall päpstlicher Söldner ins Königreich Sizilien über die Absetzung Heinrichs (VII.) 1235 bis zur Einsetzung seines anderen Sohnes Konrad als König zusammen. Da der Verfasser in erster Linie die Geschichte des Kaisersohnes Manfred nach 1250 schrieb, ist die Kürze der Darstellung nicht weiter verwunderlich.

Nachdem aber die Sarazenen von den Bergen vertrieben und im ganzen Königreich Ruhe und Frieden gesichert waren, fuhr er (Friedrich II.) in sein Reich Jerusalem, in dem die überseeischen Sarazenen zur Schande seines Namens, weil zur Schmach des Grabes des Herrn und des christlichen Glaubens, die Schmählichkeiten ihres Aberglaubens ausübten. Während er aber den Zustand dieses Reiches umzugestalten bestrebt war, vernahm er, daß Papst Gregor (IX.), der auf Honorius (III.) gefolgt war, sein Heer in das Königreich Sizilien geschickt und dieses, da er bereits bis an die Grenzen Apuliens vorgedrungen war, in Abwesenheit des Kaisers besetzt hatte; soweit es die Kürze der Zeit erlaubte, ordnete er die Verhältnisse des Königreichs Jerusalem, kehrte in das Königreich Sizilien zurück, trieb das fremde Heer über die Grenzen des Reiches, unterdrückte den Aufstand seiner Untertanen und zog machtvoll in die Gebiete Italiens und Deutschlands, die aus demselben Grunde unruhig geworden waren. Daher setzte er seinen erstgeborenen Sohn Heinrich (VII.) ab, den er infolge des Einflusses böser Menschen gegen sich eingestellt vorfand, indem er gleichsam die eigenen Eingeweide außer sich sah, und schickte ihn nach Calabrien. An seine Stelle in Deutschland setzte er seinen zweiten Sohn Konrad (IV.), den ihm seine jerusalemitanische Gemahlin, die Kaiserin Isabella, geboren hatte.

O: Muratori[1] 8, Sp. 494 f. – Ü: Heinisch (1969), S. 30 f.

Roger von Wendover

Der Bericht Rogers von Wendover über den Sturz Heinrichs (VII.) ist verhältnismäßig kurz, was vermutlich damit zu erklären ist, daß Roger bereits im Mai 1236 starb. Entweder erreichten ihn weitere Informationen nicht mehr rechtzeitig oder aber ihm fehlten Kraft und Zeit, um sie in seinen Text einzuarbeiten. Dies übernahm Matthaeus Paris, als er die Chronik seines Mitbruders überarbeitete. Seine Ergänzungen lassen dabei eine deutlich ablehnende Haltung gegenüber Heinrich (VII.) erkennen. Im folgenden sind die Zusätze von Matthaeus in Klammern wiedergegeben und mit dem Hinweis „M.P." versehen.

Zu der Zeit, als die (zukünftige) Kaiserin (Isabella) nach Köln kam, war der Kaiser in kriegerische Unternehmungen gegen seinen aufständischen Sohn (M.P.: Heinrich, den König von Deutschland) verwickelt. Der Vater hatte aber ein so zahlreiches Heer gegen den Sohn zusammengebracht, daß er zu gleicher Zeit zehn Burgen belagern konnte. Als er seinen Sohn in einer der festesten eingeschlossen hatte, kam dieser aus Furcht vor der Strenge des Vaters heraus, warf sich vor ihm zu Boden und bat (M.P.: unter Tränen und Schluchzen) um Barmherzigkeit. Jener aber ließ ihn ohne Erbarmen in Fesseln legen (M.P.: weil der gewaltige Zorn, der ihn ergriffen hatte, sich noch nicht gelegt hatte) und führte ihn mit sich nach Worms, wo er ihn unter strenge Bewachung stellte. (M.P.: Nachdem ihm aber seine Fesseln gelöst und die Bande aus Ehrfurcht vor der königlichen Würde etwas gelockert worden waren, soll der Sohn dem Vater Gift bereitet haben. Hierauf wurde er wieder in härtere Bande geschlagen und einem Herzog (Otto II. von Bayern) zur Bewachung übergeben, der unversöhnlichen Haß gegen ihn hegte, weil der genannte König Heinrich mit aller Kraft bemüht gewesen war, ihn seines Erbes zu berauben. Jetzt aber, da sich das Glücksrad gedreht hatte, wurde der König dem Herzog übergeben, damit er ihn nach seinem Gutdünken einkerkere.)

O: RS 84.3, S. 112 (M.P.: RS 53.3, S. 323) – Ü: Heinisch (1969), S. 51 (mit Ergänzungen).

Friedrichs Aufruf an die Fürsten

Am 29.1.1235 schrieb Friedrich an die Fürsten, um seine Haltung gegenüber dem Sohn zu rechtfertigen. Er beschwört dabei noch deutlicher als sonst die Einheit von König bzw. Kaiser und Fürsten im Reich, indem er wiederholt organologische Vergleiche heranzieht, das Reich als Körper und die Fürsten als Teile davon beschreibt.

Hiermit richten wir einen allgemeinen Aufruf an die Fürsten als die Glieder unseres Reiches, aus deren Zusammensetzung sich der eine erlauchte Körper des Reiches ergibt.

Wahrlich, deine und der anderen Fürsten unermeßliche Ergebenheit ist fest in unser Gedächtnis gegraben, und die unserem Vater göttlichen Angedenkens und uns geleisteten Dienste, und wie ihr uns zu Lebzeiten unseres erhabenen Vaters zum König wähltet, haben wir stets vor den Augen unseres Geistes. Und niemals werden wir vergessen können, wie ihr uns in unserer Jugend, als die Feindseligkeit der gegnerischen Partei gefährlich drohte, durch Sondergesandte mit brennenden Wünschen aus Sizilien berieft und mit unendlichem Aufwand an Kräften zur Würde des Kaisertums herrlich erhobt.

Wenn wir dafür nur jedem von euch mit entsprechenden Geschenken freigebig zu danken vermöchten, wie wir es willens waren und sind! Und da wir nun einen einzigen Sohn hatten und andere Staatsgeschäfte unsere Gegenwart forderten, beschloß unsere Hoheit, diesen in euer Land zu schicken, damit er euch alle und jeden einzelnen von euch an unserer Statt huldvollst ehre, aufrichtig liebe und euch unsere Dankbarkeit in kindlicher Ergebenheit erzeige, zumal ihr die Ergebenheit, die ihr uns entgegenbrachtet, allgemein auf ihn übertrugt und in Abwesenheit des Vaters dem anwesenden Sohn mit ergebener Ehrerbietung entgegentratet und ihn in einmütiger Willensäußerung um unserer Ehre und Huld willen auf den königlichen Thron erhobt.

Mit Recht mußte er darum verpflichtet sein, euch mit den Zeichen besonderer Liebe zu behandeln, alle anderen Edlen, Ministerialen, Städte sowie alle Untertanen des Reiches ohne Unterschied niemals zu verletzen, vielmehr sich zur Lenkung aller einer löblichen Mäßigung zu befleißigen, um uns, wie wir es aufgrund vergangener Verdienste hoffen durften, fest und treu dauernde und völlige Freude zu bereiten.

Aber, wie wir schmerzerfüllt feststellen: Unsere Hoffnung erwies sich als eitel. Wir täuschten uns nämlich in unserem Sohn, der im Lauf der Zeit die Ehrfurcht vor unseren Befehlen ablegte. Denn allzu große Sorge machte er dem väterlichen Herzen. Nach mancherlei Verachtung unserer Befehle und vielen Übertretungen unserer Gebote wandte er sich unüberlegt gegen die uns ergebensten Fürsten, die Leuchten und Spitzen unseres Reiches, folgte dem Rat derer, die wegen ihres Ungehorsams und Undanks unserer Gnade verlustig gegangen waren oder die sich durch offensichtliche Untaten bei uns und dem Reich mit Recht verdächtig gemacht hatten, und begann die Fürsten und andere uns Ergebene durch Einbehaltung von Geiseln sowie mancherlei andere Belästigungen anzugreifen und zu quälen. Da uns dies bekannt wurde, konnten wir, weil er unsere Augäpfel, nämlich unsere Fürsten, angriff, uneingedenk jedes Dienstes, den sie einst uns und ihm selbst so großmütig geleistet hatten, und undankbar, es nicht geduldig ertragen, ohne das persönliche Opfer, nach Deutschland zu kommen, auf uns zu nehmen.

Er selbst aber erschien vor uns, und wir unterzogen ihn eines väterlichen Verweises. Er mußte uns nach dem Rate der Fürsten, die damals anwesend waren, in ihrer Gegenwart die eidliche Zusicherung geben, unsere Befehle und Beschlüsse in allen Stücken zu beachten und vor allem die Fürsten mit besonderer Huld zu lieben und zu behandeln. Hätte er dies nach seiner Rückkehr so befolgt, daß er, wenn er auch in anderem fehlte, dennoch unsere Fürsten niemals zu beleidigen gewagt hätte! Was er in leichtfertiger Weise versuchte und wie er sich nicht scheute, unter Zurücksetzung der Furcht Gottes und des Gehorsams gegen seinen Vater schauderhafte Dinge gegen die Ehre unseres Namens ins Werk zu setzen, indem er Geiseln von unseren Getreuen nahm, Burgen besetzte und unbesonnenerweise Männer dazu verleitete, die Treue zu uns zu vergessen, und das sogar nach der Ankunft von Boten, die er an uns sandte und durch die er sich bereit erklärte, jeden Befehl unserer Majestät zu befolgen – dadurch wird nicht nur jedes menschliche Gefühl bei dir und unseren anderen Fürsten in Verwunderung und Staunen gesetzt, sondern, wie weit auch immer die Kunde davon dringt, beleidigt. Denn vom Norden bis in die fernsten Teile der Welt verbreitet sich solches Vergehen. Und da die väterlichen Rechte der Leichtfertigkeit der Söhne weichen müßten und ein vernichtendes Beispiel gegen viele von den Söhnen ausginge, wenn das Kaisertum, dem die Leitung der Welt obliegt, ein so offensichtliches Vergehen kindlichen Ungehorsams gegen sich und seine Fürsten mit tauben Ohren und blinden Augen übergangen hätte, da also du und die übrigen, die ihr Glieder des Reiches seid, es jedesmal bedauern müßt, wenn euer Haupt angegriffen wird, und das Heil nicht in den Gliedern leben kann, wenn nicht die Unantastbarkeit des Hauptes gesichert ist, beschlossen wir, dir und den übrigen Fürsten dieses häusliche und familiäre Unheil mitzuteilen, damit du mit uns, wie das Glied mit dem Haupt, über ein Vergehen solchen Ausmaßes trauerst und dich, um den ersten Anfängen entgegenzutreten, bevor die innere Krankheit um sich greift, mit Rat und Tat in Treue und Liebe erhebst, damit alle den Eifer und die Standhaftigkeit der Fürsten erkennen und der Ruhm eurer Treue sich über den ganzen Erdkreis verbreitet.

O: HB 4.1, S. 524 ff. – Ü: Heinisch (1968), S. 303 ff.

Die Eberbacher Fortsetzung Gottfrieds von Viterbo

Nur wenige Quellen berichten ausführlicher von dem Eindruck, den Friedrichs Gefolge in Deutschland machte. Die *Annales Colmarienses minores* berichten lapidar: „Kaiser Friedrich kam mit einer großen Anzahl von Kamelen nach Colmar" (MGH SS 17, S. 189). Der Eindruck, den diese hinterließen, läßt sich nur daran ablesen, daß der gesamte Jahresbericht bloß aus drei Sätzen besteht. Da in vielen Quellen die Erwähnung des exotischen Zuges völlig fehlt, kann man davon ausgehen, daß seine Wirkung vielfach überschätzt worden ist. Den anschaulichsten Bericht findet man in der Fortsetzung Gottfrieds von Viterbo aus dem Kloster Eberbach:

Als daher der Kaiser von der Treulosigkeit seines Sohnes und dem Trug hörte, den er gegen ihn ins Werk setzte, sowie von der erbärmlichen Unterdrückung der Armen und der Vernichtung vieler, die zu seiner Schande von dem König und seinen Schergen geübt wurde, eilte er, so schnell er konnte, zu den Ufern des Rheines; viele Fürsten kamen ihm bis Regensburg entgegen. Er aber fuhr, wie es der kaiserlichen Majestät geziemt, in großer Pracht und Herrlichkeit einher, mit vielen Wagen, beladen mit Gold und Silber, Batist und Purpur, Edelsteinen und kostbaren Geräten, mit vielen Kamelen und Dromedaren. Viele Sarazenen und Äthiopier, die verschiedener Künste kundig waren, mit Affen und Leoparden bewachten sein Geld und seine Schätze. So gelangte er inmitten einer zahlreichen Menge von Fürsten und Kriegsleuten bis nach Wimpfen.

O: MGH SS 17, S. 348 – Ü: Heinisch (1968), S. 302 f.

Brief Papst Gregors IX. an die Fürsten

Am 13.3.1235 schrieb Papst Gregor IX. an alle Fürsten des Reiches. Er erklärt alle Heinrich (VII.) geschworenen Treueide für nichtig und endbindet damit die Fürsten von ihrer Verpflichtung gegenüber dem König. Dabei wirft er ihnen eine gewisse Mitschuld daran vor, daß es überhaupt soweit kommen konnte. Ähnlich wie bei Friedrich klingt also auch hier deutlich die Mitverantwortung der Fürsten für das Reich an:

Wer eine nach vielfacher Überlegung beschlossene und an offenbaren Beweisgründen fruchtbare Sache liebt, läßt sie nur ungern verletzen und sorgt zu rechter Zeit eifrig für ihren Schutz. Daher kommt es, daß wir, da wir unseren in Christo geliebten Sohn Friedrich deshalb besonders lieben und lieben müssen, weil er, wie wir wissen, vom Herrn zum Schutze des Priestertums bestellt ist und weil wir seine Ergebenheit zu verschiedenen Zeiten kennengelernt haben, da wir sahen, daß er in der Verteidigung der Freiheit der Kirche eifrig ist, nicht dulden wollen und auch nicht dulden dürfen, daß ihm von irgendeinem irgendein Unrecht oder irgendeine Beleidigung angetan wird, und deshalb eure Gesamtheit im Herrn Jesus Christus bitten und beschwören, mit reiflicher Überlegung zu erwägen, wie unziemlich und ruchlos es ist, daß der Sohn den Vater oder irgendwer irgendeinen Verdienten nach Belieben anzugreifen wagt, und unserem geliebten Sohn Heinrich, dem Sohn des Kaisers, der gleichsam weder mit Augen noch mit Ohren erfaßt hat, welche Ehrerbietung die Söhne den Eltern schulden, keinerlei Beistand, Rat oder Hilfe bei der geplanten Ausübung seiner Niederträchtigkeit zu leisten, sondern vielmehr ihn, den ihr nicht ohne schwere Schande zu seinem so verabscheuungswürdigen Schritt der Auflehnung habt kommen lassen – was wir als unvernünftig und dem Urheber der Gerechtigkeit ganz und gar zuwider mit Unwillen bemerken und in jeder Weise mißbilligen – vom Abwege des Verbrechens klug und tatkräftig auf den Pfad der Gerechtigkeit unter Wegräumung jedes verzögernden Hindernisses zurückzuführen. Mit unentwegtem Eifer sollt ihr dafür sorgen, daß er von der angenommenen Leichtfertigkeit absteht, die wir nicht weiter getrieben sehen wollen, sondern aufgehoben, zumal da gerade augenblicklich die Gesamtheit der gläubigen Völker zur Unterstützung des Heiligen Landes in Frieden zusammenhalten sollte, und sich eilig zur Entgegennahme des väterlichen Segens und der väterlichen Huld rüstet, nachdem er die ruchlose Verschwörung, die er bekanntlich verabscheuungswürdigerweise gegen jenen ins Werk gesetzt hat, aufgelöst hat. Wahrlich, wir haben beschlossen, um unseren Bitten um so stärkere Wirkung zu verschaffen, diejenigen, die von ihren dem genannten Herrn geleisteten Eiden gebunden sind, von diesen zu entbinden, indem wir sie als nichtig erklären.

Q: MGH Epp. pont. 1, S. 515; HB 4.1, S. 530 f. – Ü: Heinisch (1968), S. 305 ff.

* * *

Der Tod Heinrichs (VII.)

Knapp sieben Jahre lang wurde Heinrich (VII.) in Kerkerhaft gehalten, die zeitweise sehr entbehrungsreich gewesen zu sein scheint, denn am 10.4.1240 schrieb Friedrich II. einen Brief, in dem er einen gewissen Alexander auffordert, für die Bekleidung seines Sohnes zu sorgen: „Wir haben vernommen, daß unser Sohn Heinrich, der in Rocca San Felice weilt, nicht so gekleidet ist, wie es erforderlich ist. Deshalb befehlen wir deiner Treue, auf Anforderung und Anordnung des Justitiars der Basilicata, unseres getreuen Thomas, des Sohnes Osmunds, diesem unserem Sohn anständige Kleider anfertigen zu lassen" (HB 5.2, S. 888; Heinisch (1968), S. 307).

Ob es sich hier um einen Ausnahmefall handelt oder ob die Haftbedingungen die ganze Zeit über so hart waren, läßt sich kaum entscheiden. Deswegen ist es auch müßig, darüber zu spekulieren, ob hier eine Ursache für einen Selbstmord liegen könnte, der nicht einmal gesichert ist. Die Überlieferung zum Tod Heinrichs (VII.) bietet sehr unterschiedliche Varianten, was darauf hinweist, daß eine Vielzahl von Gerüchten im Umlauf gewesen sein muß. Richard von San Germano ist der einzige, der ausdrücklich von einem „natürlichen Tod" des Kaisersohnes spricht (... *naturali morte defungitur*; Muratori[2] 7.2, S. 213). Matthaeus Paris berichtet das Gegenteil, deklariert es allerdings ausdrücklich als Gerücht, wenn er schreibt: „Um dieselbe Zeit (1242) hauchte auch einer von den Söhnen des Kaisers, nämlich Heinrich (VII.), der, wie er es verdient hatte, auf Befehl seines Vaters in langer Kerkerhaft gehalten wurde, seine unglückliche Seele aus. Man behauptet nämlich, er habe selbst Hand an sich gelegt" (RS 57.4, S. 194). Andere Quellen bieten weitere Versionen.

Breve chronicon de rebus Siculis

Die „Kleine sizilische Chronik", um 1272 verfaßt, berichtet von einem Sturz vom Pferd, der die Ursache für den kurz darauf eingetretenen Tod Heinrichs (VII.) gewesen sein soll.

Im April des Jahres 1235 reiste der Kaiser mit seinem Sohn Konrad, der damals sieben Jahre alt war, von Apulien ab, gelangte auf dem Wege durch die Mark Ancona in die Stadt Rimini und fuhr darauf mit sechs bewaffneten Galeeren in die Gegend von Aquileia. Auch Deutschland suchte er auf, weil sein Sohn Heinrich, der dort weilte, sich gegen seinen eigenen Vater erheben wollte. Die Fürsten des Reiches aber, geistliche wie weltliche, erklärten sich für den Kaiser, außer dem Herzog (Friedrich) von Österreich und Steiermark, der ein Verwandter (König) Heinrichs war, weil dessen Gemahlin (Margarethe) eine Schwester des Herzogs war. Heinrich selbst zog sich mit wenigen Anhängern in eine stark befestigte Burg zurück, warf sich jedoch, nicht imstande, sich zu behaupten, (in Wimpfen) dem Kaiser zu Füßen und flehte um Erbarmen. Der Kaiser sandte ihn unverzüglich unter starker Bedeckung nach Aquileia, und zur See gelangte er mit zwei Galeeren nach Siponto (Manfredonia). Dort wurde er übernommen und in der Burg San Felice unter scharfer Bewachung festgehalten. Später befahl der Kaiser den Wächtern, ihn auf die Burg Nicastro in Calabrien zu bringen. Dort verbrachte er zwei Jahre, bis er auf erneuten (kaiserlichen) Befehl zur Burg San Marco in Vallegrati gebracht wurde. Als er auf die Höhe des Berges kam, der zwischen Nicastro und Martirano liegt, warf er sich vom Pferd auf die Erde und war so gut wie tot. Seine Wächter brachten ihn, so gut sie konnten, nach Martirano; dort endete er sein Leben und wurde in der Kirche zu Cosenza beigesetzt.

Q: HB I.2, S. 905 f. – Ü: Heinisch (1969), S. 22 f.

Rolandinus von Padua

Rolandinus lebte seit 1229 als Lehrer der Grammatik und Rhetorik in Padua. In seiner Chronik (*Cronica in factis et circa facta Marchie Trivixane*) beschreibt er den Kampf der Stadt Padua gegen den „Tyrannen" Ezzelino da Romano, an dem Rolandinus aktiv beteiligt war. Ihm scheinen verschiedene Gerüchte über den Tod Heinrichs (VII.) zu Ohren gekommen zu sein.

Einige sagen, er habe sich mitsamt seinem Pferde von der Höhe des Berges in eine Schlucht gestürzt und sich so durch den Tod der väterlichen Strafe entzogen; andere behaupteten, er sei in einem finsteren Kerker gestorben.

O: Muratori[2] 8.1, S. 49; MGH SS 19, S. 61 – Ü: Heinisch (1968), S. 308 – L: LexMA 7, Sp. 958 f.

Brief Friedrichs II. an seine Getreuen

In dieser Art Rundschreiben an seine Getreuen beklagt Friedrich den Tod seines Sohnes. Zwar darf man vom Wortlaut nicht auf die Empfindungen des Kaisers schließen, dennoch läßt der Inhalt erkennen, daß man in Friedrichs Umgebung offenbar einen Zusammenhang zwischen Absetzung, der darauffolgenden Haft und dem Tod Heinrichs sah.

Beim Tod eines Sohnes leidet die Natur und zwingt die väterliche Liebe zu Tränen, die sie den Kränkungen des Sohnes versagte, und wenn auch die Bosheit dem Sohn die Zuneigung entzogen hatte, so nahm sie dem Vater doch nicht das liebevolle Wohlwollen.

Wenn die Herrschbegierde unserem Erstgeborenen Heinrich die kindliche Liebe nahm, so versagte die verletzte Elternliebe dennoch nicht, was des Vaters Pflicht war. Denn jede Tat, die ihrer Natur nach unter Fremden weniger schwer genommen wird, wiegt, gegen den Vater begangen, infolge der Verletzung der kindlichen Ehrfurcht überaus schwer, und nichts kann durch die elterliche Härte und Lieblosigkeit entschuldigt werden, wenn es unehrerbietigerweise gegen den Vater begangen wird. Obschon wir uns nun aber beleidigt worden zu sein erinnern und die Größe der Undankbarkeit die Geduld des Vaters erschöpft hatte, so haben wir dennoch diese so harte und schlimme Sache mit Mäßigung beurteilt, damit nicht die Härte der Strafe die natürliche Liebe zerstöre, andererseits aber auch die Straflosigkeit des Sohnes sein Vergehen nicht übersehe. Wir befahlen also, unseren Sohn zu maßregeln, damit ihn die zeitliche Maßregelung wenigstens bessere und ihm nach der Sühne die Liebe des Vaters wiedergeschenkt werde. Es geschah das aber, damit diese Sache für die Zeit offenkundig sei, wo einmal die versteckte Schlechtigkeit der Hand des Vaters und dem Mut der Vergeltung entgehen und die Unbesonnenheit der Söhne, die dem Vater ähnlich sein wollen, unter Verletzung der natürlichen Bande zur Gewalt schreiten könnte. Unsere aller Welt bekannte Strafe bewirkte also, daß das Vorgehen den Eltern von Söhnen zum Schutze bekannt wurde und den Söhnen als Beispiel diente.

Trauert daher mit uns, und laßt die Tränen fließen, da wir über den Tod unseres Erstgeborenen bittersten Schmerz leiden, den die Härte des Todes verursachte, damit das Maß eurer Bestürzung verrät, wie sehr ihr uns in Liebe zugeneigt seid! Wir glauben nämlich, daß, wie eure Lippen über unsere Erfolge in Jubel ausbrechen, so auch die Bitterkeit unseres Schmerzes Klagen hervorrufen muß und in euch die Ergebenheit traurig erscheint, die bei erfreulichen Anlässen in Jubel ausbricht.

O: HB 6.1, 29 f. – Ü: Heinisch (1968), S. 311 f.

Brief Friedrichs II. an die Bevölkerung von Messina

Der Brief Friedrichs II. an die Bevölkerung von Messina ist vermutlich nur eine Stilübung, gibt also ebenfalls keine Auskunft über die kaiserlichen Anteilnahme. Der Vergleich mit dem vorangegangenen Schreiben läßt jedoch erkennen, in welcher Form ein Kaiser um seinen Sohn nach den Vorstellungen seiner Zeit zu trauern hatte.

Da wir unter den anderen Getreuen unseres Reiches das Volk von Messina stets mit besonderer Liebe umfingen, wünschen wir, daß ihr über unsere glücklichen Erfolge froh seid, aber auch über unser Unglück geziemend trauert. Der Ratschluß der himmlischen Allmacht, dessen geheime Entscheidungen niemand erforschen kann, weil sie dem wahrhaften Bewunderer wie ein prophetischer Abgrund erscheinen und von den Sterblichen durch keinerlei Kunstgriffe abgeändert werden können, hat uns in einem lebenswichtigen Glied unserer Person bis ins Innerste getroffen, da er am 10. Tage des Monats Februar unseren erstgeborenen Sohn Heinrich, den erlauchten König Siziliens, leider mitten aus dem Leben rief.

Wer könnte die strömenden Bäche der Tränen zurückhalten, wenn er sich die Weisheit eines solchen Sohnes ins Gedächtnis ruft? Welche auch noch so beredte Zunge vermöchte die Kühnheit eines so ruhmreichen Königs erschöpfen? oder welche Feder könnte seine Freigebigkeit beschreiben?

Weh mir! so rufe ich, mein Sohn, weh mir! den jeder Feind fürchten mußte, der von allen geliebt wurde und die Freude des ganzen Erdkreises war.

Wenn sich aber unsere Majestät in natürlicher Bewegung aufgrund des väterlichen Rechts um den Verlust eines so lieben Sohnes in Tränen ergießt, so müßt ihr, Bewohner des Königreichs, die ihr eines solchen Herrn beraubt seid, es um so mehr tun. Und so ertöne also dieser Jammer über die ganze Erde hin, und bis an die Grenzen des Erdkreises gelange der Schmerz dieser Wehklage, da die Majestät eines solchen Fürsten die Tränen vieler fordert, weil er vielen ein Schild der Verteidigung und des Heiles war. Sollten die Tränen versiegen und die aus der Tiefe gerufenen Seufzer des Schluchzens aufhören, so sammeln sie sich doch in lange Bäche, in denen die Unermeßlichkeit des Schmerzes immer lebt und wächst. Denn auch David trauerte um seinen Sohn Absalom, und der Patriarch Jakob beklagte mit lautem Wehklagen seinen Sohn Joseph, wie wir lesen.

O: HB 6.1, S. 31 f. – Ü: Heinisch (1968), S. 310 f.

Brief Friedrichs II. an seine Schwiegertochter

Der Brief Friedrich II. an seine Schwiegertochter Margarethe von Österreich ist weniger allgemein gehalten. Beispielsweise ist die Anspielung auf die Eheprobleme Heinrichs und Margarethes sehr deutlich.

Bisher lebte in der väterlichen Brust die Zuversicht, die geziemende Einsicht, die den Menschen verwandelt, werde im Laufe der Zeit unserem Sohn Heinrich, deinem Gemahl, Sinn und Verstand wiedergeben und dem Vater den Sohn und dir den Gatten wiederschenken. So stand ihm, wenn sich auch die Rute des väterlichen Zorns erhoben hatte, der man es übel auslegt, wenn sie nicht zuschlägt, nichtsdestoweniger durch unsere Sorge alles auf seine Bitte hin zu Gebote und nichts blieb zu wünschen, sobald er, je nach den Umständen, seinen Willen bezähmen wollte. Dennoch fiel nach dem Ratschluß des Herrn, vor dem sich keine menschliche Voraussicht schützen und da sich kein menschliches Unterfangen gegen Gott erheben kann, unser Sohn, dein Gemahl, dem unvermeidlichen Geschick zum Opfer. Auf diese Kunde hin siegte die väterliche Liebe so über uns, erinnerte uns so daran, daß wir der Vater seien, daß aus Seufzern ein unmäßiges Leid erwuchs und wir, des Vergangenen vergessend, mehr als David unseren Absalom bitter beweinten. Jetzt wußten wir, daß die Liebe zum Sohn aus dem Herzen des Vaters, durch den sie ihr Wesen erhält, nicht leicht gerissen werden kann, da der, der ihm lebend keine Ursache zur Freude gab, ihm sterbend um so mehr Grund zur Trauer bereitete. Jedoch leben unter unseren Augen zwei Söhne (Friedrich und Heinrich), die er von dir geschenkt bekam, geliebte Enkel des Großvaters, die Heilmittel süßen Trostes zur Milderung des Schmerzes über den Tod ihres dahingegangenen Vaters sind und die wir wie unsere Söhne betrachten und halten und mit väterlicher Liebe umfangen. Auch dich betrachten wir als unsere Tochter, und wenn du dich auch an nur wenige Freuden von seiten unseres Sohnes, deines Gemahls, erinnern und bei der Nachricht von seinem Tode die Tränen, welche die Zerstörung deiner Ehe beweinen, nicht zurückhalten kannst, so versichern wir dich doch aus Liebe zu den Söhnen, die uns und dir der Herr von ihm schenkte, unserer väterlichen Huld und eines zu allem bereiten guten Willens. Diese deine Söhne, die wir bei uns haben, behalten wir zu deiner und ihrer Ehre, zur Vermehrung des Trostes und Erhaltung des Gedenkens, und bleiben in ihnen deines Besitztums und deiner Ehre gedenk.

O: HB 6.1, S. 30 f. – Ü: Heinisch (1968), S. 312 f.

DIE EHESCHLIESSUNG MIT ISABELLA VON ENGLAND

Friedrichs zweite Gemahlin Isabella, die Tochter Johanns von Brienne, war nach kurzer Ehe 1228 im Kindbett verstorben. Die dritte Ehe des Kaisers mit Isabella, der Schwester König Heinrichs III. von England, kam auf Initiative Papst Gregors IX. zustande, der hoffte, auf diese Art die alten Allianzen durchbrechen und längerfristig den Ausgleich zwischen dem englischen und dem französischen Königshaus sichern zu können. Für den Kaiser bedeutete die Heirat mit Isabella ein Abweichen von der alten staufisch-kapetingischen Bindung.

Als Beweggründe Friedrichs können verschiedene Motive angenommen werden. Seit 1231/32 hatte sich das Verhältnis zu seinem Sohn König Heinrich (VII.) zunehmend verschlechtert, und 1234 zeichnete sich dessen Absetzung langsam ab. Außer Heinrich hatte Friedrich zu dieser Zeit nur noch einen weiteren Sohn aus einer unzweifelhaft rechtmäßig geschlossenen Ehe: Konrad entstammte der Verbindung mit Isabella von Jerusalem. 1228 geboren, war er noch im Kindesalter; das Wissen um die hohe Kindersterblichkeit mußte bei Friedrich den Wunsch nach weiteren Nachfolgern wecken.

Neben solchen Überlegungen, die generell für eine Wiederverheiratung des Kaisers sprachen, bot die Ehe mit der Schwester des englischen Königs die Möglichkeit, die Beilegung des Konflikts zwischen Staufern und Welfen, der seit dem Sturz Herzog Heinrichs des Löwen schwelte, voranzutreiben, denn das englische Königshaus hatte die Welfen, besonders Otto IV., den Sohn Heinrichs des Löwen, gegen Philipp von Schwaben und Friedrich II. unterstützt. Die 1235 geschlossene Ehe mit Isabella muß also im Kontext der Maßnahmen gesehen werden, die Friedrich zum Ausgleich mit den Welfen unternahm und die mit der in demselben Jahr vollzogenen Gründung des Herzogtums Braunschweig ihren Abschluß fanden.

Vor dem Hintergrund der Auseinandersetzungen mit seinem Sohn Heinrich (VII.) bekommt die Ehe Friedrichs mit Isabella eine ganz eigene Note, denn einige Jahre vorher hätte die Schwester des englischen Königs beinahe Heinrich (VII.) geheiratet. Damals hatte Erzbischof Engelbert von Köln versucht, seine Stellung als Reichsverweser zu nutzen, um die englisch-kölnischen Wirtschaftsbeziehungen zu verbessern. Seine Bemühungen, eine Ehe zwischen Heinrich (VII.) und Isabella zu vermitteln, waren an dem Widerstand Friedrichs gescheitert, der an der staufisch-kapetingischen Verbindung festhalten wollte. Heinrich hatte daraufhin im November 1225 Margarethe, die Tochter des österreichischen Herzogs Leopold, geheiratet.

Die 1234 begonnenenVerhandlungen mit König Heinrich III. von England wurden am 23.2.1235 mit einem Ehevertrag abgeschlossen. Am 15.7.1235 heiratete Friedrich II. Isabella in Worms im Rahmen eines großen, vier Tage dauernden Festes.

Bekanntgabe der Heiratsvorbereitungen durch Friedrich II.

Friedrich II. gab am 15. November 1234 von Foggia aus in einem Schreiben an seine Getreuen und Freunde (*fideles* und *amici*) bekannt, daß er die Schwester des Königs von England zu heiraten beabsichtige. Die einleitenden Sätze lassen deutlich erkennen, daß der Wunsch nach weiteren legitimen Söhnen eine Rolle bei seiner Entscheidung spielte; der eigentliche Zweck des Schriftstücks ist jedoch die Fixierung aller im Vorfeld der Eheschließung notwendigen rechtlichen Regelungen über Morgengabe und Mitgift. Diente die Mitgift der Ausstattung der Braut, sollte die Morgengabe ihre Versorgung für den Fall sichern, daß der Ehemann vor seiner Frau starb. Die Morgengabe konnte unter anderem in Ländereien bestehen: Diese durfte die Witwe häufig nur nutzen; wollte sie sie veräußern oder verschenken, benötigte sie dazu die Zustimmung ihrer Söhne, der zukünftigen Erben.

Anfang Dezember bat der Kaiser den Papst in einem anderen Brief, die endgültigen Vereinbarungen auszuhandeln, während er in dem folgenden Schreiben zunächst die Mindestforderungen für die Höhe der Mitgift und die Rahmenbedingungen für die Übergabe festlegt:

Die Notwendigkeit begründete nach göttlichem Ratschluß das heilige Sakrament der Ehe, und die Bewährung bestätigte es. Notwendigerweise nämlich mußte das Menschengeschlecht in seiner Nachkommenschaft weiterleben, damit es nicht nach dem Tode der Lebenden auf ewig unter der Erde liege; auch versah der offenbare Nutzen das eheliche Band mit feierlichem Schmuck und kirchlicher Weihe, damit dadurch die heilige und erlaubte Verbindung von der unerlaubten abgehoben werde.

Möge daher die Menge der Anwesenden wissen, daß wir auf Vorschlag und Anordnung unseres lieben Vaters, des Herrn Gregor, durch Gottes Gnade der hochheiligen römischen Kirche höchsten Priesters, uns bereit fanden, Isabella, die Schwester unseres geliebten Freundes, des erlauchten Königs Heinrich (III.) von England, zur rechtmäßigen Gemahlin zu nehmen. Um dies mit Gottes Hilfe glücklich zu vollziehen, glaubten wir an den Hof des genannten Königs senden zu sollen: unseren getreuen Meister Petrus von Vinea, Großrichter unseres Hofes, den uns seine Treue und sein Eifer nicht unverdient empfahlen. Ihn bestimmten wir zu unserem rechtmäßigen Boten und Beauftragten und erteilten ihm Vollmacht und besonderen Befehl, die Zustimmung der eben genannten Herrin mündlich zu vernehmen und in unserem Namen mündlich unser Einverständnis zu geben; ferner gaben wir diesem Richter den besonderen Auftrag, in unserem Namen und in unsere Seele zu schwören, daß wir diese Herrin zu unserer rechtmäßigen Gemahlin nehmen wollen und ihr uns angesichts der Kirche feierlich anverloben und daß wir sie mit kaiserlichen Ehren und ehelicher Liebe aufnehmen. Wir befahlen ferner unserem geliebten Fürsten und Getreuen, dem ehrwürdigen Erzbischof Heinrich von Köln, einen Eid zu leisten, auf daß, wenn etwa dieser Erzbischof nicht zugleich mit dem vorgenannten Richter nach England überfahren oder gar selbst sterben oder irgendwie anders an der Überfahrt gehindert werden sollte, nichtsdestoweniger der vorgenannte Richter, allein mit unserer Vollmacht betraut, alles Genannte sicher und frei vollziehen dürfe und die genannte Herrin mit den Gesandten des genannten Königs in Begleitung irgendeines Fürsten oder Prälaten des Reiches, den er selbst dazu als geeignet ausersehen würde, unter glücklichen Zeichen an unseren Hof führe.

Wir schenken dem vorgenannten Richter auch Vollmacht und geben ihm den besonderen Befehl, dieser Herrin in unserem Namen als Morgengabe zu übereignen: Val Mazzara mit seinen Städten, Burgen und Landgütern, Besitzungen, bebauten und unbebauten Ländereien, Wasserläufen und mit allen Rechten und allem Zubehör, sowie auch die Herrschaft über Monte San Angelo gleicherweise mit allen Städten, Burgen und Dörfern, Besitzungen, bebauten und unbebauten Ländereien, Wasserläufen und Zubehör, wie beide Gaben die anderen Königinnen Siziliens unbestritten zu besitzen pflegten; und der vorgenannte Richter soll die Herrin mit all diesen Besitzungen in unserem Namen kraft gegenwärtiger Vollmacht bekleiden. Diese Morgengabe versprechen wir auch am Tage unserer Eheschließung, wie es Recht und Sitte ist, der genannten Herrin Isabella, unserer zukünftigen Gemahlin, besonders zu überschreiben und ihr einen Besitzbrief darüber auszustellen, bekräftigt durch eine mit dem Siegel unserer Majestät versehene goldene Bulle.

Wir verliehen ferner dem mehrfach genannten Richter die Vollmacht und gaben ihm den besonderen Auftrag, betreffs der uns zustehenden Mitgift der besagten Herrin mit dem genannten König Verträge und Abmachungen zu schließen oder eine erste Übereinkunft entgegenzunehmen, die durch den Bruder G. von Merk und denselben Richter, die dazu von uns längst ausdrücklich bestimmten Gesandten, mit dem genannten König geschlossen und durch unsere Hoheit bestätigt wurde, oder die alte Verpflichtung aufgrund einer feierlichen Erneuerung aufzuheben. Er darf jedoch nicht mit einer geringeren Summe der versprochenen Mitgift einverstanden sein als der von 30 000 Mark Silber, die uns ausgezahlt werden sollen oder unserem bevollmächtigten Gesandten an einem Ort und zu einer Zeit, die der vorgenannte Richter bestimmen soll. Darüber, also über Zeit und Ort der Auszahlung der Mitgift, die zur Zahlung ansteht, und über die diesbezüglichen Sicherungen, die jener Richter für uns hinreichend und entsprechend hält, gaben wir ihm Vollmacht und besonderen Auftrag. Jenes ferner, was sofort bei der Ankunft der besagten Herrin, unserer zukünftigen Gemahlin, ausgezahlt werden soll, wollen wir, soll jenem Richter anvertraut werden, der es nach Abzug der Unkosten, die er für die besagte Herrin auslegen zu müssen glaubt, an uns überweisen soll. Betreffs der von unserem Nachfolger zurückzuerstattenden Mitgift, sofern nämlich der Fall eintreten sollte, daß wir vor unserer vorgenannten Gemahlin, ohne von ihr Kinder erhalten zu haben, sterben, haben wir dem genannten Richter vollen und besonderen Auftrag erteilt, jenem König in unserem Namen zu versprechen und in unsere Seele zu schwören, daß diese Mitgift in dem besagten Falle jener Herrin oder dem vorgenannten König auf seine oder seiner Nachfolger Forderung unvermindert zurückerstattet werden soll.

Für all diese und die einzelnen angeführten Punkte haben wir den genannten Richter als Gesandten und Beauftragten eingesetzt, indem wir hinzufügten, daß wir, wenn irgendein unvorhergesehener Punkt auftauchen sollte, betreffs dessen wir jenem Richter keinen besonderen Auftrag gegeben haben, durch gegenwärtiges Schreiben ihn zum Generalbevollmächtigten für die etwa auftauchenden Punkte bestellen: wir geben ihm allgemeine und freie Vollmacht, alles so in unserem Namen zu erledigen, als wenn über einzelne auftauchende Fragen eine besondere Anordnung erfolgt sei. Wir versprechen auch, alles und die oben angeführten Einzelheiten fest und unverbrüchlich zu halten, so als wenn es von uns persönlich und gegenwärtig versprochen und bestätigt wäre.

O: HB 4.1, S. 503-506 – Ü: Heinisch (1968), S. 284-287.

Brief Papst Gregors IX. an König Ludwig IX. von Frankreich

Da Friedrich II. durch die Heirat mit Isabella von England in den Augen des französischen Königs von seiner bisherigen frankreichfreundlichen Politik abzuweichen schien, bemühte sich Papst Gregor IX., der ja die Ehe vermittelt hatte, König Ludwig IX. zu beruhigen. Sein Brief stammt vom 16.4.1235:

Bischof Gregor, Knecht der Knechte Gottes, entbietet seinem in Christo geliebten Sohn, dem erlauchten König der Franken, Heil und apostolischen Segen.

Da wir die Eheschließung zwischen unserem in Christo geliebten Sohn Friedrich, dem immer erhabenen Kaiser der Römer und erlauchten König von Jerusalem und Sizilien, und der Schwester des erlauchten Königs der Engländer jüngst ausgehandelt und eidlich bekräftigt haben, haben wir, da es uns im Sinne des Herrn zu liegen schien, diese Verbindung zustande zu bringen, dem vorgenannten König durch unser Schreiben aufgetragen, pflichtgemäß zu ihrem Vollzug zu schreiten. Damit du nun aber daraus keinerlei Argwohn schöpfst, ersuchen und ermahnen wir deine Hoheit in väterlicher Liebe, es, ohne deshalb auch nur eine Wolke der Trübung aufsteigen zu lassen, für sicher zu halten, daß von uns und dem genannten Kaiser nichts geschehen wird, was deiner Lage auch nur im mindesten abträglich ist, zumal der Kaiser sehnlichst wünscht, daß die besondere Freundschaft, die zwischen seinen und deinen Vorfahren von alters her blühte, zwischen dir und ihm nicht nur fest bestehen bleibe, sondern durch dauernde Vermehrung wachse.

O: HB 4.1, S. 536 f. – Ü: Heinisch (1968), S. 288 f.

Brief Friedrichs II. an König Ludwig IX. von Frankreich

Fast gleichzeitig schrieb auch der Kaiser an Ludwig IX. den Heiligen. Der Kaiser versucht in dem Schreiben durch eine ausführliche Schilderung, wie es zu der Eheschließung kam, das verständliche Mißtrauen des französischen Königs zu beseitigen.

Damit nicht das unbestimmte Gerücht eurem königlichen Sinne über gewisse Vorgänge eine Ursache des Zweifels zutrage, wollen wir den Ablauf der Sache mit gegenwärtigem Schreiben zu eurer Kenntnis bringen. Ihr wißt, daß wir im vergangenen Sommer mit unserem Vater, dem verehrungswürdigen höchsten Priester, zusammenkamen. Der ehrwürdige Vater ermahnte uns eifrig, die Ehe, die Gott von Anbeginn einsetzte und ohne welche die Fürsten des Erdkreises nicht bleiben sollen, um der Nachkommenschaft und eines ehrenhaften Lebens willen einzugehen, zumal er erkannte, daß dies dem Heil unserer Seele und auch der Ehre unserer Majestät zukomme. Wir erwiderten daher, daß wir noch nicht überlegt hätten, wer sich zu unserer Vermählung als geeignet finde. Er aber erbot sich in väterlicher Liebe dazu, jemanden zu finden, und verlangte, daß wir die Sache seiner Weisheit und Anordnung überlassen sollten.

Abbildung 12

Abbildung 13

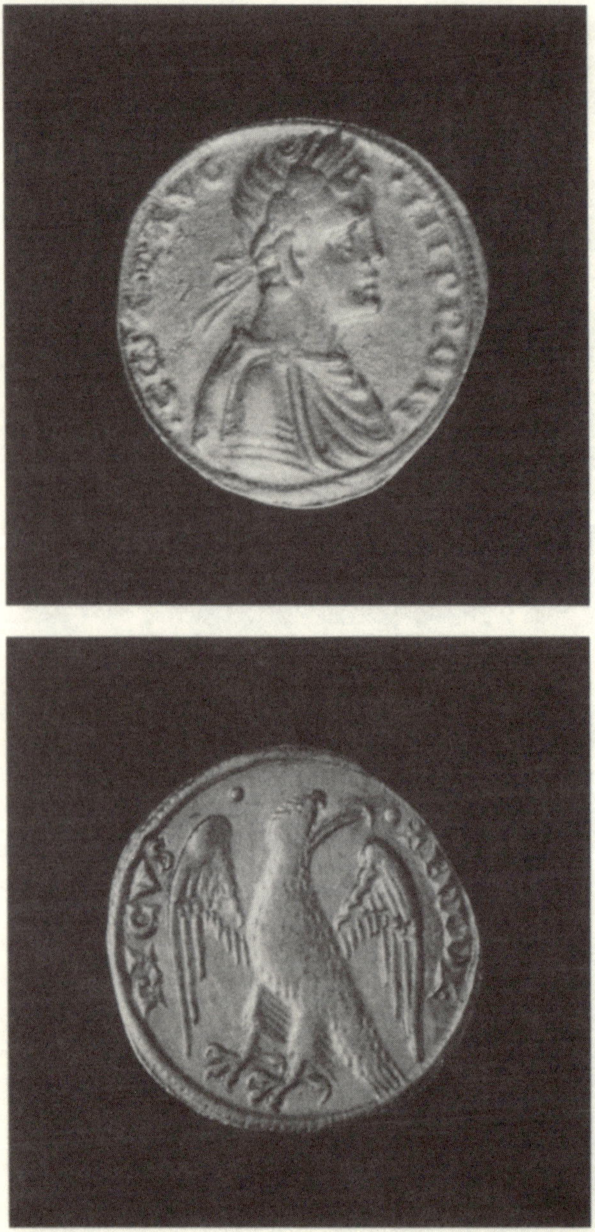

Abbildung 14

Da wir es für gut hielten, diese Angelegenheit der Klugheit und dem Urteil eines solchen Vaters zu überlassen, sorgte er dafür und bat uns mit väterlicher Ermahnung, die Schwester des erlauchten Königs von England als unserer Gemeinschaft besonders würdig zur Gemahlin zu nehmen. Als wir dabei einwandten, daß wegen des zwischen uns und euch bestehenden und bekräftigten Bündnisses ein Zweifel aufsteigen könne, ob, falls wir auf seinen Rat und seine Bitten die genannte Verbindung eingingen, wir nicht gegen den Inhalt dieses Bündnisses verstießen, und baten, er möge unserer Ehre entsprechend vorgehen, nahm er die Sache in seine Hände, indem er uns beruhigte und sagte, es gebe nichts zu bezweifeln; ja, er überzeugte uns vielmehr, daß dies so sei, und führte an, daß wir den Vollzug dieser Ehe nicht ohne Gefahr unseres Rufes und Gefährdung unseres Heiles unterlassen könnten, vor allem weil es vor jedem eingegangenen Bündnis längst eidlich bekräftigt sei und das Bündnis selbst nichtsdestoweniger in seinem Bestand und seiner Geltung aufrechterhalten bleibe. Wir mußten also aufgrund solcher apostolischen Bitten und Mahnungen, da wir es ja seiner Weisheit überlassen haben, die beschworene Ehe zum Vollzug bringen. Dabei aber verharren wir euch gegenüber in der Beständigkeit der Liebe, und wie die gegenseitige Zuneigung von unseren und euren Vorfahren bewahrt wurde und wir mit eurem Großvater und Vater erlauchten Angedenkens verbürgte Freundschaft hielten, so wollen wir sie auch zu unseren glückhaften Zeiten mit euch unerschütterlich halten.

Deshalb stellen wir es euch anheim, wenn es euch gefällt, an irgendeinen bestimmten und vorher festgelegten Ort zu kommen, sobald wir, um unser Reich zu besuchen, unsere Schritte glücklich nach Deutschland lenken, wo unsere Fürsten zu unserem Empfange zusammenströmen werden. Wir werden euch gern sehen und unter dieser Fürsten Beistand mit euch die gewohnte und gleichsam von den Vorfahren verankerte Huld und Liebe bestärken, auf daß es euch nicht in den Sinn kommen möge, daß durch uns die Festigkeit der gewohnten Zuneigung einen Schaden erleide oder gar vernichtet werde.

Übrigens möget ihr, da es euch freut, von der Glückhaftigkeit unserer Lage zu hören, wissen, daß wir durch dessen Gnade, der den Fürsten das Heil schenkt, bei guter Gesundheit sind und uns der erwünschten Erfolge erfreuen. Wir wünschen auch, uns über willkommene Nachrichten von eurem Wohlergehen und euren Erfolgen freuen zu können.

O: HB 4.1, S. 539 f. – Ü: Heinisch (1968), S. 289 f.

Annales S. Pantaleonis Coloniensis

Die Jahrbücher des Kölner Klosters St. Pantaleon berichten von der Werbung Friedrichs um Isabella sowie ihrer Ankunft in Köln. Freilich fällt die Darstellung der Textgattung gemäß sehr knapp aus. Im Anschluß an den Bericht über die Auseinandersetzungen zwischen Friedrich II. und seinem Sohn Heinrich (VII.) heißt es:

Zu derselben Zeit wird die Schwester des Königs von England auf Ersuchen des Kaisers vom Kölner Erzbischof und vom Herzog von Brabant aus England herbeigeführt, um den Kaiser selbst zu heiraten. Von allen Städten und Flecken, durch welche sie kommt, wird sie ehrenvoll, doch von den Kölner Bürgern mit größerem Jubel als von den anderen, am letzten Donnerstag vor Pfingsten empfangen; bei ihnen verweilt sie im Hause des Propstes von St. Gereon einen Monat hindurch ununterbrochen in großen Ehren. Von hier weiterziehend wird sie zu Worms dem Kaiser übergeben, und dort wird die kaiserliche Hochzeit mit gebührender Ehre gefeiert.

O: MGH SSrG 18, S. 266 – Ü: GdV 69, S. 320 f.

Roger von Wendover

Dem englischen Geschichtsschreiber und Benediktinermönch Roger von Wendover verdanken wir einen sehr viel ausführlicheren und farbenfrohen Bericht von der Werbung des Kaiser und vor allem von dem prächtigen Einzug Isabellas in Köln, der auch in den Annalen von St. Pantaleon erwähnt wird. Allerdings irrt Roger hier wie auch an anderen Stellen bei einigen Daten und Fakten: Bei den von ihm erwähnten Templern handelte es sich in Wirklichkeit um zwei Deutschordensritter, wie Matthaeus Paris seinen Ordensbruder später korrigiert. Einer der beiden war Egidius Schönbart, der über gute Kontakte zum englischen Königshof verfügte. Außerdem können die von Roger angegebenen Daten schwerlich stimmen, da am 23. Februar der Ehevertrag bereits abgeschlossen war.

In diesem Jahr (1235) kamen im Monat Februar zwei Ritter des Templerordens, von Kaiser Friedrich geschickt, mit anderen Rittern und Gesandten zum König (Heinrich III.) von England nach Westminster und brachten ein mit einer goldenen Bulle versehenes Schreiben, in dem der Kaiser Isabella, die Schwester des Königs, zur Ehe verlangte. Sie kamen aber am 23. Februar zum König und baten um eine Antwort auf das Schreiben und ihre Bitte, um dem Herrn Kaiser die Entscheidung des Königs melden zu können. Der König von England aber, der diese Angelegenheit sehr ernst nahm, beriet sich mit den Bischöfen und Großen seines Reiches drei Tage lang. Diese prüften alle Umstände sorgfältig und kamen einmütig zu der

Ansicht, daß man die junge Frau dem Kaiser geben solle. So antwortete er denn am 27. Februar und bewilligte die verlangte Eheschließung.

Als nun die Gesandten um die Erlaubnis baten, die Braut zu sehen, schickte der König vertrauenswürdige Boten in den Londoner Tower zu seiner Schwester, die dort unter wachsamer Obhut gehalten wurde. Diese führten sie ehrfurchtsvoll nach Westminster und stellten in Gegenwart des Königs die schöne Braut, die einundzwanzig Jahre zählte, in der Blüte ihrer Jungfräulichkeit erstrahlte und mit königlichen Gewändern sowie auch durch entsprechende Sitten geschmückt war, den kaiserlichen Gesandten vor. Nachdem sich diese einige Zeit an dem Anblick der Jungfrau erquickt und sie des kaiserlichen Bettes in allem für würdig erachtet hatten, bekräftigten sie im Namen des Kaisers den Ehebund durch einen Eid und boten ihr seitens des Kaisers den Verlobungsring. Nachdem sie ihr diesen an den Finger gesteckt hatten, begrüßten sie sie als Kaiserin des römischen Reiches mit dem gemeinsamen Rufe: „Es lebe die Kaiserin! Sie lebe!"

Als nun die Gesandten darauf in aller Eile das, was geschehen war, dem Kaiser durch treue Vermittler mitgeteilt hatten, schickte dieser nach dem Osterfest den Erzbischof (Heinrich) von Köln und den Herzog (Heinrich II.) von Löwen (Brabant) in Begleitung vieler Edler nach England, die ihm die Kaiserin in ehrenvoller Weise zuführen sollten, damit das bereits geschlossene Ehebündnis durch die fleischliche Erkennung vollzogen werde.

Der Aufwand für diese Hochzeit aber war derartig, daß es fast über königlichen Reichtum hinauszugehen schien. Denn zur Ehre der Kaiserin wurde eine Krone aus reinstem Gold und mit kostbaren Edelsteinen in kunstvollster Arbeit hergestellt, auf der vier englische Könige, Märtyrer und Bekenner, vom König eigens als Schutzheilige seiner Schwester bestimmt, dargestellt waren. Die goldenen Ringe und Münzen, die mit wertvollen Steinen kunstvoll verziert waren, der übrige schimmernde Schmuck, die seidenen und leinenen Kleider und Ähnliches, was Augen und Herzen der Frauen zu berücken und mit Sehnsucht zu erfüllen pflegt, verliehen ihr einen solchen Glanz, daß alles märchenhaft erschien. Und in den verschiedenen Festgewändern aus Seide, Wolle und Leinen von unterschiedlicher Farbe und kaiserlicher Pracht erstrahlte sie derartig, daß man kaum entscheiden konnte, in welchem sie das Herz des Kaisers gewinnen werde. Auch das Brautbett war mit seinen bunten seidenen Decken und Kissen und mit seinen Laken aus feinster Leinwand und allem übrigen Zubehör so kostbar, daß es in seiner Weichheit den Ruhenden zu sanftem Schlummer einlud. Alle Gefäße ferner, sowohl die für Wein als auch die für Speisen, waren aus reinstem Silber oder Gold, und sogar sämtliche Kochtöpfe – und dies erschien allen überflüssig – waren aus reinstem Silber. Zur Beaufsichtigung und Bewachung all dieser Dinge waren Leute vom Hofe abgeordnet, die der Kaiserin und ihrem Gefolge nach königlicher Art dienen sollten.

Durch solche und viele andere Ehren von ihrem Bruder, dem König, ausgezeichnet und mit Geschenken überhäuft, blieb die Braut unter der Obhut des Bischofs (Wilhelm) von Exeter und des königlichen Seneschalls Radulf, des Sohnes des Nikolaus, und anderer Edelleute aus dem königlichen Hofstaate sowie adliger Frauen und hochgeborener Mädchen, die alle, in höfischer Zucht erfahren, ihr folgen und zu Gebote stehen sollten.

Nach all diesen Anordnungen feierte der König am Tage des heiligen Johannes (6.5.) vor der Porta Latina mit dem Erzbischof (Heinrich) von Köln und den übrigen Gesandten des Kaisers zu Westminster ein prächtiges Fest. Am nächsten Tage machten sich alle bei dem Flecken Dartford auf den Weg, in Begleitung des Königs nebst einem großen Gefolge von Grafen und Baronen. Der König hatte ihnen aber so viele und so gute Pferde verschiedener Farbe und sanfter Gangart gegeben, daß sie der Würde der Kaiserin entsprachen und zudem ihre Reiter ohne Behelligung der Beine (und) mit einer gewissen angenehmen Leichtigkeit trugen. Ihr Schmuck aber war so mannigfaltig, mit vergoldeten und fein gearbeiteten Sätteln, mit vergoldeten Gebissen und Trensen und kunstvoll verzierten Zäumen, daß er sowohl die Pferde wie auch die Reiter herrlich zierte.

Als sie durch die Stadt Rochester zu der Abtei Faversham gekommen waren, zogen sie von da nach Canterbury und besuchten des Gebetes halber den heiligen Erzbischof und Märtyrer Thomas; und nachdem sie hier ihre Andacht verrichtet hatten, gelangten sie zum Hafen von Sandwich, nunmehr an die dreitausend Reiter. Die Kaiserin aber und der Erzbischof von Köln und die übrigen edlen Herren und Damen des Gefolges bestiegen am 11. Mai die Schiffe, die Segel wurden gehißt, und sie vertrauten sich dem Meere an. Auch an Tränen fehlte es nicht, als der Bruder von der Schwester, der König von der Kaiserin schied.

Sie segelten drei Tage und ebensoviele Nächte und liefen dann in die Mündung des Rheins (richtiger: der Schelde) ein, und nach Verlauf eines weiteren Tages und einer Nacht landeten sie bei Antwerpen, also auf Boden, der dem Recht des Imperiums unterworfen ist. Bei ihrer Landung lief ihnen eine unzählige Menge bewaffneter Edelleute entgegen, die der Kaiser zur Bewachung der Kaiserin geschickt hatte, um ihre Person Tag und Nacht unter gewissenhafter Obhut zu wissen. Es waren nämlich einige von den Feinden des Kaisers mit dem König von Frankreich verbündet, die, wie man sagte, die Kaiserin entführen wollten, um die Eheschließung zu verhindern. Auch die gesamte Geistlichkeit der Umgegend kam ihr in feierlicher Prozession unter Glockengeläut und Jubelgesängen entgegen. Mit ihr kamen alle Künstler und Meister jeglicher Art von Musik mit ihren Instrumenten, welche die Kaiserin in aller hochzeitlichen Freude fünf Tage lang auf dem Wege nach Köln begleiteten. Als man aber dort von ihrer Ankunft vernahm, zogen ihr an zehntausend Bürger aus der Stadt mit Blumen und Palmzweigen und in festlichen Kleidern entgegen. Sie saßen auf spanischen Pferden, die sie mit den Sporen zu schnellem Laufe antrieben, und brachen im Buhurt Lanzen und Rohrstöcke, die sie in den Händen trugen, gegeneinander.

Unter solchen Freudenbezeugungen führten sie die Kaiserin durch die anläßlich ihrer Ankunft mannigfach geschmückten Hauptstraßen der Stadt. Da jene aber bemerkte, daß alle und besonders die edlen Matronen, die auf ihren Söllern saßen, ihr Antlitz zu sehen wünschten, nahm sie Hut und Schleier ab, so daß alle sie ungehindert anschauen konnten. Dafür lobte man sie nicht wenig, erquickte sich eine Zeitlang an ihrem Anblicke und pries ihre Schönheit wie auch ihre Herablassung aufs höchste. Die Kaiserin wohnte aber wegen der Unruhe und des Lärms außerhalb der Stadt und erwartete hier die Befehle des Kaisers.

Zu der Zeit, als die Kaiserin nach Köln kam, war der Kaiser in kriegerische Unternehmungen gegen seinen aufständischen Sohn (König Heinrich) verwickelt. (... Sobald der Kaiser jenen in strenge Haft gebracht hatte,) schickte er nach der Kaiserin, auf daß sie zu ihm komme, nachdem sie sechs Wochen in Köln zugebracht hatte. Der Erzbischof (Heinrich) von Köln, der Bischof (Wilhelm) von Exeter und die übrigen zur Begleitung der Kaiserin Abgeordneten machten sich mit ihr auf den Weg und brachten sie nach einer Reise von sieben Tagen in allem hochzeitlichen Prunk und Jubel zum Kaiser. Bei ihrer Ankunft empfing sie der Kaiser mit großer Freude und Ehre, zumal ihm der Anblick der Braut, welche die Natur gewissermaßen mit besonderer Sorgfalt geschmückt hatte, über alle Maßen gefiel. Er vermählte sich also dort am 20. (15.) Juli, einem Sonntag, mit ihr. Gefiel sie ihm schon bei dem leiblichen Anblick, so noch viel mehr in den Freuden des Ehebettes, wo er sie als reine Jungfrau erkannte.

O: RS 84.3, S. 108-112 – Ü: Heinisch (1969), S. 47-52 – L: Gransden (1974), S. 359 f.; Wolf di Cecca (1995).

Matthaeus Paris

Matthaeus Paris überarbeitete in seiner Chronik (*Chronica maiora*) das Werk Rogers von Wendover, ließ dabei manches fort, ergänzte oder korrigierte anderes. Die folgende Textpassage, die sich an den vorangegangenen Abschnitt anschließt, wurde von Matthaeus sehr eigenständig gestaltet. Nur einige wenige Informationen zur Hochzeitsfeier entstammen Rogers Chronik. – Die Nennung Heinrichs, den Matthaeus als erstes Kind Isabellas und Friedrichs bezeichnet, hat in der Literatur zu der Annahme geführt, hier sei der bei Pandolfo Collenuccio u.a. erwähnte, angeblich früh verstorbene Sohn Giordano gemeint. Unabhängig von der Existenz dieses Sohnes war Heinrich in keinem Fall das erste Kind, da er noch eine ältere Schwester Margarete hatte. Ob Matthaeus Paris über den Verlauf der Hochzeitsnacht Isabellas tatsächlich im einzelnen unterrichtet war, ist unklar. In jedem Fall veranschaulicht sein Bericht, in welchem Maße Friedrich II. Astrologiegläubigkeit zugeschrieben wurde.

Bei dem Fest der Vermählung der Kaiserin Isabella, der Schwester des Königs (Heinrich III.) von England, waren bei Mainz und Worms vier Könige, elf Herzöge und dreißig Grafen und Markgrafen zugegen, ohne die Kirchenfürsten.

In der ersten Nacht aber, in welcher der Kaiser mit ihr schlief, wollte er sie nicht fleischlich erkennen, bevor ihm nicht die geeignete Stunde von den Astrologen angezeigt wäre. Nachdem aber der Beischlaf in der frühen Morgenstunde vollzogen worden war, gab er sie als Schwangere unter sorgfältige Obhut mit den Worten: „Gib weislich acht auf dich, denn du trägst einen Knaben in deinem Leib!" Und dasselbe meldete er als eine Tatsache dem König von England, ihrem Bruder, durch den Bischof von Exeter und den Magister Johann von St. Aegidius, einen Predigerbruder. Und so geschah es, denn sie gebar einen Knaben namens Heinrich.

Nachdem also die Hochzeit vier Tage hindurch mit großer Pracht gefeiert worden war, nahmen der Bischof (Wilhelm) von Exeter und die übrigen, die mit der Kaiserin gekommen waren, Urlaub vom Kaiser und kehrten voller Freude nach England zurück. Der Kaiser aber schickte dem König von England drei Leoparden als das Zeichen seines königlichen Wappenschildes, auf dem drei schreitende Leoparden abgebildet sind, nebst anderen kostbaren Geschenken, an denen die westlichen Gegenden keinen Überfluß haben. Auch versprach er ihm Rat und Hilfe zu gelegener Zeit gegen den König (Ludwig IX.) von Frankreich, der ihm seine Rechte gewaltsam und ungerechterweise vorenthält, durchaus zum Verderben des Königs Ludwig (VIII.) und zum Schaden seiner Seele. Denn dieser hatte (1226) sterbend offen bekannt, daß er unverzeihlich gesündigt habe gegen den König von England, indem er ihm seine Rechte vorenthielt, obgleich er, als er (1217) in England war, gelobt hatte, ihm sein Land zurückzugeben; von alledem gibt sich der König von Frankreich den Anschein nichts zu wissen, indem er mehr dem Rate einer Frau (seiner Mutter Blanca von Kastilien) folgt als der Richtschnur der Gerechtigkeit und die Furcht vor der Rache des Herrn hintansetzt. Auch versprach der Kaiser, daß er von nun an und hinfort den König von England ganz besonders gleichsam mit kindlicher Liebe vor den übrigen Fürsten der Welt umfassen wolle.

Nachdem dann also fast alle Leute beiderlei Geschlechts, die am Hofe der Kaiserin in ihrer Heimat erzogen und ausgebildet worden waren, nach England zurückgeschickt worden waren, übergab der Kaiser die Kaiserin mehreren maurischen Eunuchen und ähnlichen alten Ungetümen zur Obhut.

O: RS 57.3, S. 324 f. – Ü: Heinisch (1969), S. 52 – L: Grandsen (1974), S. 356-379; LexMA 6, Sp. 399.

Ernst Kantorowicz

Matthaeus Paris verweist auf die Eunuchen, die Isabella angeblich bewacht haben sollen. In einer langen Anklageschrift vom 17.7.1245 (HB 6.1, S. 319-327) wird diese Vorstellung auch von Papst Innozenz IV. aufgegriffen und neben einer Vielzahl weiterer Vorwürfe in scharfer Form gegen Friedrich gerichtet. Kantorowicz greift die mittelalterliche Kritik auf, deutet Friedrichs Verhalten jedoch als Unausweichlichkeit:

Nur Mütter der legitimen Nachkommen und Thronerben waren für Friedrich II. die Gemahlinnen, als Kaiserinnen kam ihnen niemals Bedeutung zu – im Gegensatz zu früheren Herrschern. Denn wenn die kaiserlichen Ahnen, besonders gern bei frommen Stiftungen, gemeinsam mit ihren Gemahlinnen als Kaiserpaar Verbriefungen ausstellten, wie Heinrich II. und Kunigunde, Friedrich I. und Beatrix, ja noch Heinrich VI. und Konstanze: in den Urkunden Friedrichs II., des letzten Kaisers, wird mit ganz wenigen das Heiratsgut betreffenden Ausnahmen die Gemahlin überhaupt nie erwähnt. Immer findet sich Friedrich II. allein (...). Für Friedrichs „Mangel an Gemüt" hat man oftmals diese sachliche Beziehung zu seinen Gemahlinnen verantwortlich gemacht – dem sei wie ihm sei: eine andere Beziehung wäre nicht denkbar gewesen. Denn Friedrich II. war in einer bisher nicht gekannten Art der Gipfel der Welt, den keiner mit ihm zu teilen vermochte (...); und war das Bild des Kaiserpaares allenfalls für den deutschen Kaiser noch möglich, für den Tyrann von Sizilien, für den römischen Caesar war es das nicht. Selbst den Schein des Häuslichen und des Gemütes mußte dieser Monarch meiden, der sich wohl eher mit seinen sarazenischen Bellezzen als mit der legitimen Gemahlin zeigen durfte, so daß ihm der englische König grollte, weil die Kaiserin nach Jahren der Ehe noch niemals öffentlich unter Krone gegangen sei. Die Feinde aber verklagten den Kaiser: er verschließe die Gemahlinnen in „gomorräischem Labyrinth" – das heißt: im Harem, als Gegensatz zum sodomitischen Prinzip –, mache sie fast unsichtbar und entfremde sie den Augen ihrer Kinder. Das alles war wohl auch so: um Friedrich II. gab es keinen Boden, in dem eine Frau wurzeln konnte (...); alle seine Gemahlinnen starben nach wenigen Jahren der Ehe und selbst seine Geliebten, soweit wir sie kennen, teilten dieses Los: keine hat ihn überlebt. In der dünnen Luft dieser glanzerfüllten spannungsgeladenen Höhen konnte eben kein Wesen als er, auf die Dauer auch keiner der Freunde, am wenigsten aber eine Frau mehr atmen. Daher verschwand auch die englische Isabella, von Eunuchen bewacht und mit kaiserlichem Prunk und Hofhalt ausgestattet, alsbald im „Harem".

O: Kantorowicz (1963), S. 373 f.

Pandolfo Collenuccio

Den Hinweis auf einen Sohn Friedrichs und Isabellas namens Giordano findet man nur in sehr viel späteren Quellen, u.a. in dem Werk Pandolfo Collenuccios über die Geschichte des Königreichs Neapel (*Compendio delle istorie del regno di Napoli*). Der Humanist Collenuccio wurde 1444 in Pesaro geboren, wo er nach seinem Rechtstudium in Padua nach 1465 wichtige öffentliche Ämter bekleidete. Als er aus politischen Gründen 1489 ins Exil gehen mußte, war er bereits als Schriftsteller und Staatsmann bekannt und konnte weiterhin diplomatische Aufträge für verschiedene politische Persönlichkeiten seiner Zeit wahrnehmen. Er errang schließlich die Erlaubnis, in seine Heimatstadt Pesaro zurückzukehren, wurde dort jedoch gefangengenommen und 1504 hingerichtet.

Zu dieser Zeit hatte Friedrich vernommen, daß sein Sohn Heinrich, der König von Deutschland, sich heimlich mit den Lombarden gegen ihn verbündet habe. Im (Früh-)Jahr 1235 brach er (daher) auf und gelangte auf dem Wege durch die Mark (Ancona) mit einem apostolischen Legaten und vielen Gesandten nach Rimini. Dort entließ er alle, bestieg eine Galeere und fuhr nach Friaul, und von dort zog er nach Deutschland, wo er einen großen Hoftag abhielt. Schließlich ließ er mit Hilfe des Papstes und seiner Briefe, die er für die Fürsten Deutschlands erlangte, Heinrich ergreifen und schickte ihn ins Gefängnis nach Apulien in ein Gebiet namens San Felice in der Basilicata. Später starb Heinrich in Cosenza (10.2.1242).

In demselben Jahre (1235) nahm der Kaiser zur dritten Gemahlin die Schwester des Königs (Heinrich III.) von England namens Isabella aufgrund apostolischen Dispenses, da sie verwandt waren. Diese gebar in Ravenna einen Sohn namens Giordano.

O: Scrittori d'Italia 115, S. 126 Ü: Heinisch (1969), S. 243 – L: LexMA 3 (1986), Sp. 43.

Brief Friedrichs II. an König Heinrich III. von England

Am 1.12.1241 verstarb die Kaiserin Isabella bei der Geburt ihres dritten Kindes. Bei Matthaeus Paris ist der Brief überliefert, mit dem Friedrich II. seinen Schwager, den Bruder Isabellas König Heinrich III. von England von ihrem Tod in Kenntnis setzt. Der Benediktinermönch schreibt: „Im selben Jahre starb auch der Ruhm und die Hoffnung der Engländer, die Kaiserin Isabella, in Kindesnöten. Über ihr allzu beklagenswertes Verscheiden werden wir durch den folgenden Trauerbrief ihres Gemahls, des Kaisers Friedrich, näher unterrichtet“:

Wie wir einst eurer Erwartung durch Briefe und Boten erfreuliche Neuigkeiten frohgemut mitzuteilen pflegten, so müssen wir euch jetzt, wo der Gang des Schicksals unsere glücklichen Erfolge neidvoll unterbrach, uns kürzlich den unwiderruflichen Verlust unserer geliebten erhabenen Gemahlin erleiden und in seinem Wüten die trauervolle Lösung des ehelichen Bandes erdulden ließ, traurig und widerwillig die verhaßte Trennung der Verschwägerung eröffnen. Denn am Morgen des 1. Tages des vergangenen Monats Dezember, der in unserer Erinnerung schrecklich ist, verschied die Kaiserin, unsere Gemahlin und eure Schwester, auf den Ruf des Herrn, der die Seelen der Fürsten abberuft und für den es keine Ausnahme und keine Bevorzugung der Personen gibt, eines natürlichen Todes. Zu ihrer Rettung hätten wir, wenn es das Schicksal gewollt und die Gläubigerin Natur die unvermeidliche Schuld der Sterblichkeit gestundet hätte, da uns eine so zärtliche Liebe und ein so glühender Eifer für unsere Gemahlin beseelte, kein Mittel und keinen Aufwand an Mühe, Kosten und Lasten gescheut. Da aber der König der Könige und der Herr der Herrscher, der den entscheidenden Mächten gebietet, dessen Willen niemand widerstehen kann, sie von der Einheit unseres Leibes und von dem Bande eurer Brüderlichkeit hinwegnahm, sorgte er durch die Anordnung seines hohen Ratschlusses oder vielmehr durch seine ausgleichende Güte, daß sie uns und euch nach dem Tode im Gedenken zweier Kinder weiterlebe. Es leben nämlich als Geschenke des allmächtigen Gottes die königlichen Sprößlinge, aus denen unter den Augen des Vaters ein König und eine Königin als Zeugen ihrer Mutter erwachsen. Als edle Pfänder empfingen wir sie von ihrer Fruchtbarkeit, welche die gemeinsame Verwandtschaft stärken und den kaiserlichen und königlichen Thron gewissermaßen durch das einzigartige Symbol des kindlichen Blutes und das feste Band der Schwesterkinder verbinden, auf daß eine neue Liebe, durch die sie die Söhne ihrer Nachkommenschaft erfaßt, zu dauernder verwandtschaftlicher Liebe und Rücksicht verpflichtend erstehe.

Wenn also auch der Verlust unserer erhabenen Gemahlin, eurer Schwester, nicht ohne tiefste Erschütterung des Herzens mitgeteilt oder angehört werden und das Leid über ihr Hinscheiden nicht aus dem Innersten unserer Brust gerissen werden kann, so dauert, da ja doch in der doppelten Nachkommenschaft das Gedächtnis der geliebten Mutter fortlebt, alle Kraft der Liebe und der Verwandtschaft in diesen euren Schwesterkindern, die eure erhabene Schwester uns als Kinder gebar, so daß sie von uns zu euch immerdar bewahrt werden wird.

O: HB 6.2, S. 25 ff.; vgl. auch RS 57.4, S. 175 ff. – Ü: Heinisch (1968), S. 335 f.

DER MAINZER LANDFRIEDEN VON 1235

Der Begriff „Mainzer Landfrieden“ ist ebenso eine moderne Schöpfung wie die Bezeichnungen für die großen Fürstenprivilegien von 1220 und 1231/1232, die sich allesamt nicht aus den überlieferten Texten ergeben: Daß Friedrich vor der Wahl Heinrichs VII. ein „Bündnis mit den geistlichen Fürsten“ (*Confoederatio cum principibus ecclesiasticis*) schloß und 1232 ein „Gesetz zugunsten der Fürsten“ (*Statutum in favorem principum*) erließ, ist nur eine moderne, an staatsrechtlichen Kategorien des 19. Jahrhunderts orientierte Interpretation, die nicht unumstritten ist.

Zusammen mit der *Confoederatio* und dem *Statutum* wird der Landfrieden, den Friedrich II. auf dem Mainzer Hoftag von 1235 verkündete und von den Reichsfürsten beschwören ließ, vielfach unter der Bezeichnung „Reichsgesetze Friedrichs II.“ zusammengefaßt. Im Gegensatz zu den Fürstenprivilegien hat er tatsächlich die Form einer Rechtsaufzeichnung mit normativem Charakter, deren Bestimmungen – wie es einleitend heißt – „von allen samt und sonders unverletzlich zu halten“ seien.

Im Mittelpunkt der mittelalterlichen Landfrieden stand das Ziel, die Fehdeführung des Adels, d.h. die gewaltsame Selbsthilfe bei Rechtsverletzungen, einzuschränken und die Stellung des Richters auf allen Ebenen des Reiches zu stärken. Dies war keineswegs selbstverständlich: Im Rechtsverständnis der hochmittelalterlichen Adelsgesellschaft war der Friede innerhalb eines Reiches nicht ohne weiteres gegeben, sondern bedurfte der konkreten Errichtung (durch königliches Gebot und/oder freie Einung, d.h. eidliche Selbstverpflichtung der Betroffenen). Seit dem Anfang des 12. Jahrhunderts hatten die salischen und staufischen Kaiser immer wieder Landfrieden verkündet und beeiden lassen. Inhaltlich ging es zunächst darum, schutzlose Orte (Kirchen) und wehrlose Personen (insbesondere Kleriker, Frauen, Kaufleute und Juden) unter einen besonderen, durch Strafandrohung gesicherten Frieden zu stellen.

Friedrich I. Barbarossa versuchte, durch ein Netzwerk eidlicher Verpflichtungen, die er einforderte, auf allen Stufen der Gesellschaft die Einhaltung des Friedens und die Beschreitung des Rechtswegs zu erzwingen. Soweit die Kraft des Landfriedens reichte, war die Strafverfolgung nicht mehr Sache des in seinen Rechten Verletzten, sondern der „öffentlichen Gewalt“, d.h. des Königtums oder seiner Vertreter. Die Vorstellung vom „Gewaltmonopol des Staates“ hat hier eine ihrer mittelalterlichen Wurzeln.

In fast allen europäischen Reichen (vor allem in Frankreich, aber auch in England) sind in der ersten Hälfte des 13. Jahrhunderts ähnliche Entwicklungen nachweisbar, die auf eine stärkere institutionelle Verdichtung herrschaftlicher Strukturen und rechtlicher Ordnungssysteme hinausliefen. Am weitesten hatte Friedrich II. diese Entwicklung in seinem sizilischen Reich vorangetrieben. Gemessen an diesem Modell, aber auch im Vergleich zu den westeuropäischen Reichen waren die Verhältnisse in Deutschland geradezu rückständig. Friedrich II. und seinen juristisch geschulten Beratern mußte sich – wie in der Einleitung des Landfriedens gesagt – der Eindruck aufdrängen, daß in Deutschland „einiges Bedeutsame, das den allgemeinen Wohlstand und Frieden des Reiches bilden konnte, noch nicht eigens eingeführt war" und hier Streitfälle oft „eher durch eine willkürliche Meinung als durch einen Urteilsspruch nach festgesetztem Recht" entschieden wurden.

Ob Friedrich II. tatsächlich die Absicht hatte, nach sizilischem Vorbild auch in Deutschland eine behördenartige Verwaltung aufzubauen, die den Willen des Königs in allen Teilen seines Reiches durchsetzen konnte, wissen wir nicht. Aus der Zeit seines ersten Aufenthaltes in Deutschland und aus den Erfahrungen, die Heinrich (VII.) mit den Fürsten gemacht hatte, mußte ihm allerdings klar sein, daß nördlich der Alpen jegliche „Reform" (der Idee nach also nicht Neuerungen, sondern Wiederherstellung alter guter Rechtszustände) nur im Konsens mit den Fürsten des Reiches durchführbar war.

Inhaltlich nimmt der Mainzer Landfriedens von 1235 eine Sonderstellung ein: Nicht das Verbot einzelner Vergehen wie in früheren Landfrieden steht im Mittelpunkt, sondern in erster Linie die Durchsetzung hoheitlicher Gewalt sowie deren Legitimierung. Hier liegt auch der große Unterschied zu den früheren Landfrieden, die in weiten Teilen einem reinen Strafkatalog für Friedensbrecher ähneln und zudem zeitlich und räumlich begrenzt waren. Weshalb die Fürsten dennoch ihre Zustimmung erteilten, wird deutlich, wenn man sich der Umsetzung der Bestimmungen in der Praxis zuwendet: Es ist nicht ein Fall zu finden, in dem sich Friedrich auf den Frieden von Mainz beruft. Seine einzige Maßnahme zur Umsetzung der Bestimmungen ist die Einrichtung des Reichshofgerichts. Die Aufgabe und ihre Ausführungen stehen jedoch in einem krassen Mißverhältnis zueinander: 1235 wird das Amt des Reichshofrichters einem Edelfreien übertragen, ein Jahr später muß Friedrich bereits einen Nachfolger ernennen; Aktivitäten hinsichtlich der Umsetzung des Landfriedens lassen sich für beide Männer nicht nachweisen.

Für die Zeit Friedrichs besteht der Stellenwert des Mainzer Landfriedens von 1235 – ähnlich wie bei den großen Fürstenprivilegien – somit vor allem in der „Rechtsfixierung in einem politisch entscheidenden Augenblick, als Norm der königlichen Herrschaftspolitik" (Angermeier). Mit ihm hatte Friedrich II. „dem Reich fast mehr eine Ordnungsvision als eine Neuordnung von praktischer Bedeutung" (Keller) gegeben. Seine eigentliche Tragweite erlangte er erst in nachstaufischer Zeit, indem er zahlreichen späteren Landfrieden als Vorbild diente. Auf ihn stützte Rudolf von Habsburg seine Revindikationen entfremdeten Reichsgutes, und auch wesentliche Elemente der spätmittelalterlichen Reichsgerichtsorganisation lassen sich auf ihn zurückführen.

Der Text des Mainzer Landfriedens ist in lateinischer und in deutscher Sprache überliefert. Rechtshistoriker, Historiker und Philologen haben lange Zeit darüber gestritten, welche Fassung die authentische war. Latein als der üblichen Kanzleisprache stand der Hinweis der Kölner Königschronik entgegen, daß in Mainz „der Friede geschworen, die alten Rechte bestätigt, neue festgestellt, und diese sodann in deutscher Sprache auf Pergament geschrieben und allen verkündigt" worden seien (MGH SSrG 18, S. 267). Die

Diskussion neigt inzwischen der lateinischen Version als der „maßgeblichen“ zu, obwohl noch nicht alle Probleme restlos gelöst sind und vielleicht auch nicht gelöst werden können, da keine Originalurkunde, sondern nur Abschriften des 13. bis 15. Jahrhunderts erhalten geblieben sind.

Die lateinische und die deutsche Fassung stimmen inhaltlich im großen und ganzen überein, Unterschiede bestehen jedoch in der Anordnung der Vorschriften und der Formulierung. Ein Vergleich der beiden Versionen macht deutlich, daß man den Mainzer Landfrieden nicht als Gesetz nach heutigen Vorstellungen, also als rechtlich verbindlichen Text mit unveränderlichem Wortlaut, begreifen darf. Gerade die deutsche Fassung zeigt noch deutlich den engen Bezug zur mündlichen Rechtstradition. So stehen zweigliedrige Formeln im Deutschen den einfachen Formulierungen im Lateinischen gegenüber (z.B. *wir sezzen und gebiten* anstelle von *statuimus*). Solche Paarformeln waren ein mnemotechnisches Hilfsmittel, das in einer überwiegend oralen Rechtskultur unentbehrlich war. Auch hier markiert also der Mainzer Landfrieden als erste in lateinischer *und* deutscher Sprache überlieferte kaiserliche Urkunde einen Wendepunkt und verweist auf die wachsende Bedeutung der Volkssprache und die zunehmende Verschriftlichung des Rechtslebens. Deutlich erkennbar steht er noch im Spannungsfeld von Mündlichkeit und Schriftlichkeit, von normativer Gesetzgebung und traditionellen Rechtsgewohnheiten.

Der folgende Text bietet eine Übersetzung der wahrscheinlich ursprünglichen lateinischen Fassung, die allerdings an einigen Stellen für spezifische Begriffe des deutschen Gewohnheitsrechts auf volkssprachliche Ausdrücke zurückgreift:

Friedrich II., durch das Walten von Gottes Gnaden römischer Kaiser, allzeit Mehrer des Reiches, König von Jerusalem und Sizilien.

Da wir auf den Thron kaiserlicher Hoheit durch den Willen der göttlichen Vorsehung gelangt sind, haben wir zur Lenkung der Untertanen unsere Pläne mit dem doppelten Bande des Friedens und der Gerechtigkeit zu stärken gesucht, damit die Erhabenheit unseres Namens dadurch etwas besitze, was ihr zum Ruhme, den Untergebenen aber zum Heile gereicht. Dadurch nämlich wird die Macht des Herrschers besonders gestärkt, wenn er bei der Bewahrung des Friedens und der Ausübung der Gerechtigkeit den Schlechten genauso schrecklich ist wie den Friedfertigen willkommen.

Da uns deswegen bei der Leitung des uns anvertrauten Gemeinwesens die drängende Sorge erfüllt, es möge doch dank der glücklichen Ordnung in unseren Zeiten bei den uns untergebenen Völkern des Reiches die Kraft des Friedens und der Gerechtigkeit blühen – weil jedoch auch die Bewohner ganz Deutschlands bei ihren eigenen Streitsachen und Händeln nach den von alters her überlieferten Gewohnheiten und nach ungeschriebenem Recht leben, weil dabei aber einiges Bedeutsame, das den allgemeinen Wohlstand und Frieden des

Reiches bilden konnte, noch nicht eigens eingeführt war und, wenn der Zufall davon einen Teil in einem Streitfall einführte, diesen eher eine willkürliche Meinung als ein Urteilsspruch nach festgesetztem Recht oder ein Spruch nach erlangtem Gewohnheitsrecht mit abweichendem Entscheid abschloß – daher also haben wir auf Anraten und mit Zustimmung der geliebten geistlichen und weltlichen Fürsten auf dem zu Mainz abgehaltenen feierlichen Hoftag einige Erlasse, in bestimmte Kapitel zusammengefaßt, in Gegenwart dieser Fürsten, vieler Edlen und anderer Getreuen des Reiches verkünden lassen. Wir haben sie in öffentlichen Urkunden aufzeichnen lassen und befohlen, sie seien von allen samt und sonders unverletzlich zu halten – wobei gegen die Übertreter dieser geheiligten Satzungen solch eine Strafe festgesetzt wurde, wie sie die Ehre der verletzten Majestät und der Leichtsinn des Missetäters erfordert.

(1) Freiheiten und Rechte der Kirchen muß unsere Huld um so freigebiger fördern, je hingebungsvoller uns von diesen und deren Lenkern in geistlichen und weltlichen Dingen Dienst geleistet wird. Daher setzen wir fest und gebieten streng, daß sich niemand in den Städten, Burgorten, Dörfern und allen Orten unseres heiligen Reiches der geistlichen Gerichtsbarkeit der Bischöfe und Archidiakone ungerechtfertigt widersetzt, vielmehr sollen deren Anordnungen und gerechte Entscheide in den kirchlichen Streitsachen befolgt werden.

(2) Ferner bestimmen und verordnen wir streng, daß alle Vögte der Kirchen diese nach Kräften und nach Vermögen schützen sollen, falls ihnen die göttliche Gnade und unsere Huld lieb ist. Auch sollen sie sich auf den Gütern ihrer Vogteien rechtmäßig und besonnen verhalten, so daß uns ihretwegen keine schwere Klage kommt. Andernfalls werden wir zur Genugtuung der Kläger an ihnen, wie es recht ist, die gebührende Strafe vollziehen. Außerdem verbieten wir strengstens bei der Huld von uns und dem Reich, daß jemand wegen irgendwelcher Strafen, Schulden oder Fehden der Vögte etwa die Güter der Kirchen überfällt oder verpfändet noch mit Brand oder Raub schädigt. Wer es dennoch tut, soll, wenn er rechtmäßig von seinem Richter überführt wird, geächtet werden; die Acht soll nicht aufgehoben werden, bevor er nicht den angerichteten Schaden dreifach erstattet hat – in doppelter Höhe an die Kirche, der die Güter gehören, und in einfacher Höhe an den Vogt.

(3) Häufiger kommt es vor, daß besonders unter Rittern aufgetauchter Streit infolge des Einschaltens eines Handfriedens durch das Band einer Verpflichtung ruht; denn was den menschlichen Irrungen nur auf Zeit entzogen wird, das fällt, wenn es nicht einer Straffessel unterliegt, in die frühere Gefährlichkeit zurück. Daher befeh-

len wir fest und streng: Wenn derjenige, an dem der Handfriede gebrochen wurde, mit dem, in dessen Hand er versprochen wurde, sowie zwei weiteren unbescholtenen sendbarfreien Männern vor seinem Richter hinsichtlich der Verletzung des Handfriedens durch Eide Beweise erbringt, soll der Friedensbrecher in die Acht getan und niemals gegen den Willen des Klägers aus der Acht gelöst werden – oder er soll die Hand verlieren. Wenn aber derjenige, in dessen Hand das Friedensversprechen gegeben wurde, nicht der Wahrheit Zeugnis geben will, soll er dazu vom Richter gezwungen werden, es sei denn, er erklärt mit einem Eid seine Unwissenheit; andernfalls soll er, überführt, seine Hand verlieren. Wenn durch jemandes (gewaltsamen) Tod Handfrieden verletzt wurde und ein Verwandter des Getöteten den Beweis nach der genannten Form antritt, soll der überführte Friedensbrecher „ehrlos" (*erenlos*) und „rechtlos" (*rehtlos*) sein.

(4) Für das Amt des Richters müssen (einen) Verdienste empfehlen; denn der soll an gutem Lebenswandel hervorragen, der die Anklagen gegen andere untersucht. Daher bestimmen wir bei unserer Huld und gebieten streng, daß unsere Fürsten und alle anderen, die unmittelbar von uns Gerichte innehaben, bei ihnen anhängige Streitsachen nach dem rechtmäßigen Herkommen der Lande in gerechtem Urteil entscheiden, und dasselbe sollen sie den anderen Richtern befehlen, die ihnen unterstehen und von ihnen Rechtshoheit innehaben. Wer nicht so handelt, den werden wir, wie es recht ist, hart bestrafen, und wir werden dabei nichts von unserem Recht und der uns zustehenden Buße erlassen, und wir wollen keinen schonen oder übersehen. Wir befehlen auch, daß von den höheren Richtern ebenso gegenüber den niederen Richtern verfahren wird.

(5) Beamte und Rechte sind dafür aufgestellt, daß niemand Rächer seines eigenen Schmerzes sei; denn wo die Kraft des Rechts schwindet, wütet die grausame Willkür. Deshalb setzen wir fest, daß niemand – ganz gleich, in welcher Sache ihm Schaden oder Belästigung zugefügt wurde – sich selbst rächt, bevor er nicht seine Klage vor seinem Richter vorgetragen und dem Recht gemäß bis zu einem rechtskräftigen Urteil geführt hat; es sei denn, er müßte unmittelbar zum Schutz seines Leibes oder seiner Güter Gewalt mit Gewalt abwehren – was man „Notwehr" (*nothwere*) nennt. Wenn jemand anders zur Rache schreitet, so muß er den angerichteten Schaden seinem Feind in doppelter Höhe erstatten; dabei ist keine Klage über die ihm zugefügten Schäden und Belästigungen künftig für ihn möglich.

(6) Wenn aber jemand vor dem Richter (wie oben angegeben) in einer Streitsache Klage führt und wenn er dabei nicht Recht erhält

und nun notgedrungen seinem Feind den Frieden aufkündigen muß – was gemeinhin „Widersage“ (*widersage* = Aufsagung, Ankündigung einer Fehde) heißt –, so soll er dies bei Tage tun; und von da ab bis zum vierten Tag, das heißt: noch drei ganze Tage, sollen der Aufkünder und der Aufgekündigte an Leuten und Sachen sich gegenseitig unangetasteten Frieden bewahren. Derjenige aber, an dem dieses Gesetz gebrochen wird, soll Klage vor dem Richter führen; dieser soll den Gesetzesbrecher entweder selbst oder durch einen Boten vorladen, und wenn der Gesetzesbrecher nach seiner Vorführung deswegen nicht etwa zur siebenten Hand sendbarfreier Leute seine Unschuld beteuert, daß er eben nicht gegen dieses Gesetz gehandelt hat, soll er ewiger Strafe unterliegen – was man „ehrenlos und rechtlos“ (*erenlos unde rehtlos*) nennt.

(7) Da Fremdes gegen den Willen des Herrn nicht ohne Verletzung des Rechts entwendet wird, deswegen wird einer um so härter des Diebstahls und des Betrugs angeklagt, je dreister er sich etwas von den Einkünften des Staates angeeignet hat. Deswegen setzen wir fest, daß alle Zölle zu Lande wie zu Wasser, die nach dem Tode unseres Vaters seligen Angedenkens, des Kaisers Heinrich, von irgendwem irgendwo eingerichtet wurden, gänzlich abgeschafft werden; es sei denn, der Inhaber wiese vor dem Kaiser rechtmäßig nach, daß er den Zoll zu Recht innehabe. Ebenso gebieten wir, daß alle Zollerhöhungen abgeschafft werden und gänzlich verschwinden und daß sie in der Art des früheren ordentlichen Zustandes verbleiben. Wenn es aber jemanden geben sollte, der diese unsere Anweisung verletzt oder etwas gegen Gebot und Satzung erpreßt oder an ungerechter Stelle beansprucht, der soll, vor seinem Richter dessen rechtmäßig überführt, als Wegelagerer und Straßenräuber bestraft werden. Die Zolleinnehmer von Zöllen aber – zu Lande wie zu Wasser – sollen nach unserem Willen zur Ausbesserung von Brükken und Straßen in angemessener Form verpflichtet sein; dabei sollen sie den Reisenden und Fahrenden, von denen sie Zoll nehmen, Frieden, Sicherheit und Geleit – und zwar so weit ihr Rechtsbezirk reicht – getreulich nach bestem Können gewähren, auf daß diese nichts verlieren. Wer aber zum dritten Mal vor uns rechtmäßig überführt wird, dieses nicht beachtet zu haben, dessen Zoll soll dem Herrn zur Verfügung stehen, von dem er ihn innehatte.

(8) Ferner verbieten wir auch mit Nachdruck, daß Herren oder Städte unter dem Vorwand, Befestigungen zu errichten, oder aus irgendwelchem anderen Grund Zölle oder Abgaben erheben – was gemeinhin „Ungeld“ (*ungelt*) heißt – und zwar von Leuten, die außerhalb wohnen, oder von Fremden und deren Gut; statt dessen soll der Herr von seinem Gut bzw. von dem Gut seiner Leute bauen;

wer diesem unserem Erlaß zuwiderhandelt, soll als Straßenräuber bestraft werden.

(9) Wenn Krieg oder Fehde zwischen zweien ist, von denen der eine oder beide auf der Straße einen Zoll oder Geleit hat, so sollen nicht beide oder einer von ihnen aus Haß oder zum Schaden des anderen, dem das Recht auf den Zoll oder das Geleit zusteht, irgendetwas den Reisenden rauben; vielmehr sollen die auf der Straße Reisenden sich der Sicherheit und Ruhe erfreuen können; wer jedoch dagegen handelt, soll als Wegelagerer bestraft werden.

(10) Wir gebieten auch, daß alle öffentlichen Landstraßen beachtet werden und daß erzwungene Straßen gänzlich verschwinden.

(11) Wir setzen fest, daß alle Münzen, die nach dem Tode Kaiser Heinrichs seligen Angedenkens, unseres Vaters, wo immer und von wem auch immer sie eingerichtet wurden, gänzlich verschwinden sollen, es sei denn, der Inhaber bewiese vor uns, wie es Rechtens ist, daß er sie zu Recht vom Reich habe. Wer aber ungerechtfertigt Münzstätten unterhält, soll als Münzfälscher bestraft werden. Alte Münzen aber sollen in gehöriger Weise sowie recht und richtig gehalten werden. Indem wir strengstens verbieten, daß irgendwelcher Betrug oder Fälscherei in den Münzen vorkommt, verordnen wir, daß der Buße für (Münz)fälscher alle unterliegen, die sich die Münze oder Form einer fremden Prägung aneignen.

(12) Dort wird törichterweise Unerlaubtes angemaßt, wo die Unredlichkeit des Erwerbs eine gute Tat von Menschlichkeit dadurch den Klagen über Käuflichkeit aussetzt. Streng verbieten wir, daß jemand einem gegen Entgelt Geleit anbietet, es sei denn, er besäße das Geleitrecht vom Reich zu Lehnrecht.

(13) Wir gebieten, daß die Pfahlbürger in allen Städten, sowohl in unseren wie in den anderen, verschwinden und gänzlich vertrieben werden. Auch Muntmannen sollen – so befehlen wir – überall gänzlich verschwinden.

(14) Keiner soll sich herausnehmen, jemanden ohne Ermächtigung des Landrichters zu pfänden; wer das tut, soll als Räuber bestraft werden.

(15) Wenn schon bei allen (Menschen) das Laster der Undankbarkeit ein nicht geringes Vergehen ist, so muß es um so härter bei einem Sohn bestraft werden, da dieser nicht an die Liebe seines Vaters denkt, deren Wohltaten er sich durch keinen Gehorsam und keine Ergebenheit und Folgsamkeit verdienen kann. Daher gebieten wir durch dieses erlassene Gesetz, das für immer und ewig gelten soll: Ein Sohn, der seinen Vater von dessen Burgen, Ländereien und anderen Besitzungen gewaltsam vertreibt oder dessen Güter mit Brand und Raub überfällt oder der mit Feinden des Vaters ein

Bündnis schließt und dabei Eide und Treue gelobt zum schweren Schaden für die väterliche Ehre und dessen Güter oder sogar zu dessen Vernichtung – was man gemeinhin „Verderben" (*verderpnusse*) nennt –, wenn nun der Vater mit zwei Männern guten Rufes und sendbarfreien Leuten in ordentlichen Rechtsverhältnissen seinen Sohn einer der zuvor genannten Untaten vor seinem Richter unter Eid überführt, so soll dieser von der Nachfolge in alle Güter – die väterlichen wie die mütterlichen, die beweglichen und unbeweglichen – von dem Lehnsbesitz und dem Eigentum ohne weiteres für immer und ewig ausgeschlossen sein; und zwar soll er dieses Gut weder durch eine Wiedereinsetzung von seiten seines Vaters oder irgendeines Richters noch durch ein Lehen jemals zu irgendeiner Zeit erlangen.

(16) Der Sohn aber, der den Tod seines Vaters arglistig plant oder gewaltsam durch Verwundung oder Verhaftung gegen ihn seine Hand erhebt, wenn er dessen vor seinem Richter überführt wird, so soll er in oben angegebener Weise alles Recht zu irgendwelcher rechtmäßigen Handlung ohne weiteres für immer und ewig verlieren – was man gemeinhin „ehrlos" (*erenlos*) und „rechtlos" (*rehtlos*) nennt –, wobei, was ihn betrifft, keine Wiedereinsetzung statthaft ist.

(17) All die Zeugen aber, die der Vater deswegen vor dem Richter benennt, sollen ungeachtet irgendwelcher Verwandtschaft, durch die sie dem Vater oder dem Sohn verbunden sind, gehalten sein, „von der Wahrheit Zeugnis zu geben" (Joh 5,33; 3 Joh 3) – dabei ist Einspruch und Ausnahme überhaupt völlig ausgeschlossen; wenn sie sich weigern, sollen sie vom Richter nach gehörigem und gewohntem Recht gezwungen werden, es sei denn, sie erklärten ihre Unwissenheit unter Eid.

(18) Die Dienstmannen aber und seine Leute hörigen Standes, mit deren Rat und Hilfe der Sohn eines der vorgenannten Verbrechen durchgeführt hat, sollen, wenn sie vor seinem Richter der oben angegebenen Form gemäß vom Vater überführt werden, für immer und ewig mit dem Makel des Verrufs der oben genannten Strafe – was man gemeinhin „ehrlos" (*erenlos*) und „rechtlos" (*rehtlos*) nennt –, unterliegen, und zwar ohne weiteres; gegen sie soll jedoch nicht so streng vorgegangen werden, es sei denn, es wäre zuvor gegen den Sohn vorgegangen worden, um (dessen) Bosheit und Betrug zu begegnen.

(19) Alle anderen hingegen, mit deren Rat und Hilfe der Sohn gegen seinen Vater gehandelt hat, sollen, wenn sie durch Zeugen überführt werden, gemäß der zuvor genannten Form vom Richter, in dessen Rechtsbereich es sich ereignete, geächtet werden; und sie sol-

len nicht aus der Acht gelöst werden, es sei denn, sie hätten den auf ihren Rat und mit ihrer Hilfe angerichteten Schaden erstattet – dem Vater in doppelter Höhe und dem Richter, wozu sie gehalten sind, also die „Gewette“ (*wette*). Wenn aber einer von ihnen Lehnsmann des Vaters ist, so soll er nichtsdestoweniger ohne weiteres für immer und ewig sein Lehen verlieren. Wenn aber der Herr ihm irgendwann dieses Lehen zurückgibt, so ist er gehalten, ebensoviel von seiner unbeweglichen Habe, oder wenn er keine besitzt, deren Schätzwert seinem Richter zu erstatten.

(20) In all diesen hier aufgeführten Sachen soll jeder Zeuge ein freier Mann mit ordentlichen Rechtsverhältnissen und guten Rufes sein, und zwar bei Rechtssachen gleichgestellter Fürsten und anderer, mögen sie auch tiefer stehen als er, sowie bei Dienstleuten. Dienstleute aber sollen in Rechtssachen der Dienstleute und Tieferstehenden, nicht jedoch in Rechtssachen von Freien, Bauern dagegen und Leute hörigen Standes sollen in Rechtssachen zwar nicht der Höheren, wohl aber ihrer Standesgenossen zugelassen werden.

(21) Wenn aber der Vater, durch Alter, Krankheit, Gefangenschaft oder aus einem anderen rechtmäßigen Grund verhindert, ein Unrecht nicht gegen ihn einklagen kann, so soll einer seiner Verwandten unter Eid die Verhinderung des Vaters ausdrücklich angeben und sodann zum Vorbringen dieser Klage wie der Vater selbst zugelassen werden; ihm soll dabei mit allem Recht das gewährt sein, was dem Vater zustände. Dies alles, einzeln und insgesamt, soll zu Haß und Abscheu vor einem Verbrechen, das gegen die natürliche Gerechtigkeit göttlichen und menschlichen Rechts begangen wird, allgemein für immer und ewig gültig sein.

(22) An Bußen wurde entsprechend der Verschiedenheit der Missetäter eine große Mannigfaltigkeit erfunden; daher behandeln wir auch die Geächteten als Staatsverbrecher, so daß an denjenigen, denen die Ungeheuerlichkeit ihres Verbrechens die Heimat verschlossen hat, ein Angriff auch straflos verübt werden darf. Wir bestimmen daher fest und streng und gebieten, daß eine Achterklärung von den Richtern nur an öffentlichen Orten verkündet werden soll; und keine Ächtung soll gemildert werden, es sei denn, es wäre eine hinreichende Sicherheit zuvor gegeben worden, daß dem Kläger nach dem Herkommen des Landes Genugtuung verschafft wird; wenn der Richter nicht so handelt, werden wir selbst den Richter vorladen und ihn bestrafen, wie es rechtens ist. Ebenso befehlen wir streng, daß jeder höhere und niedere Richter keinem, der aus der Acht gelöst wird, die Buße – man nennt das „Gewette“ (*wette*) – erläßt, so daß die übrigen umso mehr fürchten, in Ächtungen verwickelt zu werden.

(23) Ferner verordnen wir: Wer Jahr und Tag in der Acht des Kaisers bleibt, der soll, wenn der Kläger, auf dessen Klage hin er geächtet wurde, ihn rechtmäßig vor uns überführt, öffentlich durch unser Urteil für „ehrlos“ (*erenlos*) und „rechtlos“ (*rehtlos*) erklärt werden.

(24) Ferner: Ganz gleich, wer von einem zum Zweikampf herausgefordert wird wegen Hochverrats, so als hätte er mit Rat und Hilfe gegen uns oder das Reich eine Art Verschwörung versucht –, wenn er nach zuvor erlangter rechtmäßiger Frist nicht erscheint, um seine Unschuld zu beweisen, so wird er durch unsern Spruch als „ehrlos“ (*erenlos*) und „rechtlos“ (*rehtlos*) verurteilt. Ebenso bei Heimtücke und Totschlag – was man „Mord“ (*mort*) nennt.

(25) Wir befehlen auch und verbieten fest, daß niemand Geächtete aufnehme noch ihnen wissentlich Herberge gewähre; wer es dennoch tut und dessen rechtens überführt wird, soll wie ein Geächteter bestraft werden, es sei denn, er erklärt mit der siebten Hand sendbarfreier Leute in ordentlichen Rechtsverhältnissen zunächst einmal seine Unwissenheit. Wo immer ein Geächteter verstoßen oder überfallen wird, soll er von niemand geschützt werden; und wenn ihn einer wissentlich schützt und dessen rechtmäßig überführt wird, soll er mit derselben Strafe belegt und als Geächteter abgeurteilt werden.

(26) Keine Stadt oder Burg soll einen Geächteten wissentlich aufnehmen; keiner soll ihn schützen, wenn ihm irgendein Leid zugefügt wird; nichts soll ihm geschenkt werden; niemand soll sich bei einem Kauf oder Verkauf mit ihm einlassen, vielmehr soll man ihn gänzlich meiden. Wenn ihn eine Stadt allgemein (als Gemeinde) (und) wissentlich behält, so soll, wenn sie ummauert ist, der Landrichter ihre Mauer niederreißen; sein Gastgeber soll wie ein Geächteter bestraft werden; sein Haus soll eingerissen werden. Wenn die Stadt ohne Mauern ist, soll der Richter sie anstecken, und keinem soll es erlaubt sein, sie zu schützen. Wenn sich die Stadt widersetzt, sollen die Stadt wie auch die Leute, die sich widersetzen, ihre sämtlichen Rechte verlieren. Wenn der Richter dieses Rechtsbereichs das nicht durchführen kann, so soll er uns dies mitteilen, und dann werden wir es ausführen.

(27) Man beseitigt die Anregung zum Schadenanrichten, wenn man der Gelegenheit des Hehlers den Boden entzieht. Daher verfolgen wir nach den bürgerlichen Gesetzen auch mit gleicher Strafe die Diebe und diejenigen, die durch Anteil (durch Hehlerei) an dem Verwahrten oder Angekauften dem Diebsgesindel einen Schlupfwinkel geboten haben. Wir gebieten daher: jeder, der wissentlich (eine) geraubte oder gestohlene Ware kauft oder dafür Wirt ist – das

heißt: wissentlich Gastgeber nicht geächteter Räuber oder Diebe –, der soll, wenn er dessen zum ersten Mal rechtskräftig überführt wird, dem Herrn, dem diese Dinge gehörten, in doppelter Höhe erstatten. Wenn er zum zweiten Mal überführt wird, dies getan zu haben, soll er, wenn es sich um geraubtes Gut handelt, als Räuber, wenn um gestohlenes Gut, als Dieb bestraft werden.

(28) Die Leitung des Reiches und die Geschäfte der verschiedenen Länder und Gebiete ziehen eingehende Fürsorge auf sich; und da es stets förderlich ist, sie mit unseren Bemühungen weiterzuführen, wollen wir, daß die Rechtssachen der Kläger, bei denen wir nicht selbst den Vorsitz führen können, durch einen Mann von erprobter Treue und edlem Rufe entschieden werden, der das Gericht an unserer Statt leitet; dabei soll mit Ausnahme von dem, was wir unserem eigenen Entscheid besonders vorbehalten haben, das Urteil unverletzlich beachtet werden. Wir bestimmen also, daß unser Hof einen Hofrichter haben soll, einen Mann von freiem Stande, der in diesem Amt zumindest ein Jahr bleiben soll, wenn er sich gut und gerecht führt. Dieser soll alle Tage das Gericht leiten, ausgenommen an den Sonntagen und den anderen Hochfesten, und dabei soll er allen Klägern ihr Recht verschaffen – ausgenommen über Fürsten und andere hohe Leute – in Streitsachen, die Leute, Recht, Ehre, Lehen, Besitz und deren Eigentum berühren, und abgesehen von den ganz großen Fällen; Verhandlung und Urteil über diese genannten Dinge behalten wir unserer Hoheit vor. Dieser Richter soll die Termine oder Fristen in den Hochgerichtsfällen über Sachen, die ihm zustehen, nicht ohne unsere besondere Anweisung festsetzen, Schuldige soll er nicht ächten noch aus der Acht lösen; dies behalten wir nämlich dem Entscheid unserer Hoheit vor. Und ebenfalls soll er schwören, daß er nichts für sein Gericht annimmt, daß er weder zu Liebe noch zu Leide, weder auf Bitten noch Belohnungen, weder aus Angst noch Gunst noch in irgendeiner Hinsicht sonst das Gericht anders wahrnimmt, als was er nach seinem Gewissen als recht weiß oder erachtet, guten Glaubens ohne List oder Betrug. Ihm überlassen und übertragen wir die Rechts(einkünfte), die sich aus der Lösung von Geächteten ergeben, – was man gemeinhin „Gewette" (*wette*) nennt – das heißt von denen, deren Rechtssachen vor ihm verhandelt wurden, damit er mit größerer Bereitwilligkeit richtet und von niemand Zuwendungen annimmt; dieses Bußgeld soll er niemandem erlassen, damit die Leute vielmehr die Ächtung fürchten.

(29) Ebenso soll er einen besonderen Notar haben, der die Namen der Geächteten und der Kläger aufschreibt sowie die Streitsache oder Klage und den Tag, an dem sie der Acht verfallen; ebenfalls die Namen der aus der Acht Gelösten und des Klägers, der die Acht

veranlaßt hat; den Grund und den Tag der Lossprechung, die Namen der Bürgen des Losgesprochenen, wer sie sind und woher sie kommen, oder eine andere Bürgschaft, die der Loszusprechende nach dem Brauch des Landes zur Genugtuung des Klägers leistet. Ebenso nimmt er die Briefe in Empfang, die Klagen enthalten, und bewahrt sie auf. Ebenso soll er keine andere Aufgabe bei der Sorge um die Geschäfte des Hofes haben. Ebenso soll er die Namen derer aufschreiben, die angeklagt oder angezeigt werden als landschädliche Leute und bei Verruf; und deren Namen soll er, sobald sie vom Verdacht befreit werden, tilgen. Ebenso soll er alle Urteile aufschreiben, die vor uns in Hochgerichtssachen gefunden werden, besonders wenn sie in Form eines abweichenden Urteils erlangt werden – was man gemeinhin „Gesamturteil" (*gesamint urteil*; durch Sammeln der Stimmen entstanden) nennt –, so daß künftig in ähnlichen Fällen die Rechtsunsicherheit beseitigt wird, mit ausdrücklicher Nennung des Landes, nach dessen Gewohnheitsrecht entschieden wurde. Ebenso soll er ein Laie sein – wegen der Bluturteile, die ein Geistlicher nicht aufschreiben darf, und außerdem damit er, wenn er sich in seinem Amte vergeht, mit gehöriger Buße bestraft werden kann. Ebenso soll er einen Eid leisten nach der Eidesform, wie sie der Hofrichter leistet, und daß er sich in seinem Amt treu und rechtsmäßig verhalten, nichts schreiben und tun wird gegen Recht und Auftrag, nach bestem Wissen und Gewissen, ohne List und Betrug.

Für die allgemeine Ordnung und Ruhe des Reiches wurden diese Bestimmungen erlassen und verkündet – mit Rat und Zustimmung der geistlichen und weltlichen Fürsten sowie vieler Edler und anderen Getreuen des Reiches – auf dem feierlich abgehaltenen Hoftag zu Mainz, im Jahr der Geburt des Herrn 1235, im Monat August, in der 8. Indiktion, unter der Herrschaft unseres Herrn Friedrich II., von Gottes Gnaden unüberwindlichster römischer Kaiser, allzeit Mehrer des Reiches, König von Jerusalem und Sizilien, im 15. Jahre seines Kaisertums, dem 10. seines Königtums von Jerusalem, und dem 37. seines Königtums von Sizilien. Heil und Segen. Amen.

O: MGH Const. 2, Nr. 196, S. 241-247 (deutsche Versionen: Nr. 196a, S. 250-263) – Ü: FSGA 32, S. 462-485 – L: Angermeier (1974); Janz (1990); Keller (1986), S. 492 ff.; LexMA 6, Sp. 144.

DIE GRÜNDUNG DES HERZOGTUMS BRAUNSCHWEIG

Kaiser Friedrich I. Barbarossa hatte über lange Zeit hinweg die eigenwillige und eigenmächtige Politik Heinrichs des Löwen, seines Vetters und Herzogs von Sachsen und Bayern, aus wohlerwogenen Gründen hingenommen, teilweise auch unterstützt und die Beschwerden der Gegner des Welfen ignoriert. Erst als sich ihm die Gelegenheit bot, den Verwandten als Konkurrenten um das welfische Erbe in Süddeutschland auszuschalten, ließ er ein gerichtliches Verfahren gegen den Herzog zu: Heinrich der Löwe wurde verurteilt, Acht und Oberacht wurden über ihn verhängt, sein Allod (Eigengut) wie auch die Reichslehen ihm aberkannt, und er selbst mußte nach England ins Exil gehen. Das Herzogtum Sachsen wurde geteilt: Die eine Hälfte mit Westfalen bekam Erzbischof Philipp von Köln, der als Gegner des Welfen an Anklage und Verurteilung maßgeblichen Anteil gehabt hatte; die andere erhielt der Askanier Bernhard, der Sohn Albrechts des Bären. Damit vollzog sich für den Welfen ein dramatischer Absturz innerhalb der Heerschildordnung vom Status eines Reichsfürsten auf den Stand der bloßen Edelfreiheit. Die auf dem Erfurter Hoftag im November 1181 erfolgte Rückgabe des Allods, das massiert im Raum zwischen Braunschweig und Lüneburg lag, schien angesichts der Zerschlagung welfischer Herrschaft kaum mehr als eine Geste der Versöhnung zu sein, enthielt aber im Keim die Option auf die spätere Restituierung.

Diese Standesminderung betraf auch die Söhne Heinrichs des Löwen, da die Erblichkeit der Reichslehen vom Vater auf den Sohn zu dieser Zeit längst üblich war. Daß die Welfen diesen Statusverlust nicht akzeptieren würden, war ebenso vorauszusehen, wie die Probleme, die sich unweigerlich daraus ergeben mußten. Tatsächlich setzten bald darauf Bemühungen ein, wieder unter die *principes* aufzusteigen, es dauerte jedoch zwei Generationen, bis sie dauerhaft zum Erfolg führten.

Heinrich der Löwe konnte bis zu seinem Tode im Jahr 1195 keinen Durchbruch in dieser Angelegenheit erzielen, und die Erfolge seiner Söhne stellten sich nur langsam ein. Wichtige Etappen bei den Bemühungen um den Wiederaufstieg in die Gruppe der *principes* waren: der Erwerb der herzogsgleichen rheinischen Pfalzgrafenwürde durch Heinrich, den ältesten Sohn Heinrichs des Löwen, der 1193/94 heimlich Agnes, die Erbtochter Konrads, des Pfalzgrafen bei Rhein (*comes palatinus Rheni*), geheiratet und damit den Wiedereintritt in den Reichsfürstenstand erreicht hatte; das Königtum Ottos IV., des jüngsten Sohnes des Löwen, das allerdings 1198 u.a. mit dem Verzicht auf die Wiedergewinnung des Herzogtums Westfalen, das seit dem Sturz des Löwen dem als Bündnispartner unverzichtbaren Erzbischof von Köln unterstand, teuer erkauft werden mußte.

Die Streitigkeiten der drei Söhne Heinrichs des Löwen um die Aufteilung des Erbes, der Übertritt des Pfalzgrafen Heinrich auf die Seite des Staufers König Philipp (1202) und der erneute Anschluß an die Partei seines Bruders Otto IV. nach der Ermordung Philipps 1208 verschlechterten die

Aufstiegschancen. Ein Rückschlag war der Verlust der Pfalzgrafschaft: 1208 hatte Heinrich zugunsten seines Sohnes auf die Pfalzgrafschaft verzichtet und ihm erlaubt, sich Friedrich II. anzuschließen. Als der Sohn erbenlos starb und Friedrich II. die Pfalzgrafschaft dem Wittelsbacher Otto übertrug, war die reichsfürstliche Würde wieder verloren.

Nach seinem Verzicht auf die Pfalzgrafschaft begann Heinrich sich gänzlich auf den Erhalt und den Ausbau seines Erbes in Sachsen zu konzentrieren. Seine Bemühungen um die Zusammenführung und Konsolidierung des welfischen Besitzes zeigten Erfolg, vor allem als er nach dem Tod seines Bruders Wilhelm von Lüneburg im Jahr 1213 den Anteil für dessen unmündigen Sohn Otto das Kind und nach dem Tod Ottos IV. (1218) auch den letzten Teil des welfischen Erbes an sich ziehen konnte.

Die entscheidende Annäherung an Friedrich II. erfolgte durch die testamentarische Aufforderung Ottos IV. an seinen Bruder Heinrich, die Reichsinsignien an den König auszuliefern und dafür keine Zahlung zu verlangen, sondern das welfische Patrimonium zu sichern. Der ehemalige Pfalzgraf zögerte die Herausgabe der Insignien zunächst hinaus, so daß Friedrich sogar den Papst um die Exkommunikation des Welfen bat. Als es Ende Juni 1219 in Goslar zu der Übergabe kam, übertrug Friedrich dem Welfen als Gegenleistung das Reichsvikariat zwischen Elbe und Weser, was vermutlich den tatsächlichen Machtverhältnissen entsprach, weil der sächsische Herzog aus dem Hause der Askanier sich dort nicht durchsetzen konnte. Um das Erreichte zu sichern und eine welfische Kontinuität zu erreichen, setzte Heinrich 1223 seinen Neffen Otto das Kind in einem symbolträchtigen Akt – unter bewußter Hintansetzung der Ansprüche seiner Töchter – als seinen Erben und Nachfolger ein. Nach dem Tode Heinrichs 1227 war damit das welfische Erbe wieder in einer Hand vereint, auch wenn der Kaiser die Ansprüche der Töchter und ihrer Ehemänner, des Markgrafen Hermann von Baden und des Pfalzgrafen bei Rhein, Otto, am Erbe aufkaufte.

Die insgesamt loyale Haltung Ottos des Kindes, der dem – langfristig wahrscheinlich aussichtslosen – Angebot König Heinrichs III. von England, mit englischer Hilfe nochmals als ein welfischer Gegenkönig aufzutreten, widerstand, wurde von Friedrich honoriert: Auf Fürsprache einer Gruppe von Fürsten fand sich der Kaiser bereit, den Fall des Welfen durch einen fürstlichen Schiedsspruch entscheiden zu lassen, von dem man allerdings nicht weiß, ob er tatsächlich gefällt wurde.

Welche Motivation Friedrich zu dieser Entscheidung trieb, läßt sich nicht ohne weiteres erklären. Der Welfe verfügte im Norden des Reiches über einen Herrschaftsbereich, der dem eines Reichsfürsten in nichts nachstand, hatte aber nicht den Status eines Reichsfürsten, war also nicht seinem Einfluß entsprechend in die Herrschaftsstruktur des Reiches eingebunden. Sicherlich wollte Friedrich neben den Schwierigkeiten um seinen Sohn Heinrich (VII.) keinen zusätzlichen potentiellen Unruheherd in Deutschland wissen. Außerdem wurden zu derselben Zeit von Petrus de Vinea die Heiratsbedingungen für Friedrichs Hochzeit mit Isabella in London ausgehandelt. Eine Aussöhnung mit dem Welfenhaus mußte der englische König als positives Signal bewerten, da das englische Königshaus die Welfen seit Heinrich dem Löwen immer unterstützt hatte.

Der Mainzer Hoftag von 1235 war von Friedrich zur „Neuordnung der Verfassung des ganzen Landes“ (*pro reformatione tocius terre status*) angesetzt worden, wie es in der folgenden Urkunde heißt. Dazu gehörte ohne Zweifel die (Wieder-) Erhebung des Welfen in den Reichsfürstenstand. Das neue Herzogtum Braunschweig (*ducatus de Brunswic*) wurde anders als die früheren Herzogtümer nicht mehr stammesbezogen, sondern ortsbezogen definiert. Damit existierten nun drei Herzogtümer auf dem Gebiet des ehemaligen Herzogtums: Aus der Teilung Sachsens 1180 waren zunächst das kölnische Herzogtum Westfalen und der Dukat der Askanier, der weiterhin den Namen Sachsen trug, hervorgegangen. 1235 wurde nun aus letzterem das welfische Erbe ausgegliedert und ebenfalls als Herzogtum gestaltet. Friedrich stellte damit nicht nur den Welfen und seine Anhänger zufrieden, sondern beseitigte ein erhebliches Konfliktpotential in Sachsen, da die Interessensphären des Kölner Erzbischofs, des Welfenhauses und der Askanier nun dauerhaft gegeneinander abgegrenzt waren. Die bereits 1229 geschlossene Ehe des nunmehrigen Herzogs von Braunschweig mit Mechthild, Tochter Markgraf Albrechts II. von Brandenburg und Schwester Herzog Bernhards von Sachsen, bedeutete eine weitere Stärkung des Friedens in Sachsen.

Das Privileg, das Friedrich II. im August 1235 ausstellen ließ, schildert detailliert die Vorgänge auf dem Mainzer Hoftag von dem Kniefall Ottos bis zu seiner Investitur mit dem neuen Fahnenlehen. Dabei fällt besonders die Betonung der persönlichen Bindung auf, die ihren Ausdruck in der vasallitischen Huldigung mit Handgang und Treueid findet. Die Einsetzung Ottos als Herzog mit dem Symbol der Fahne (*per vexilla*) wird hiervon abgesetzt:

Im Namen der heiligen und ungeteilten Dreifaltigkeit. Friedrich II., durch das Walten von Gottes Gnadengüte römischer Kaiser, allzeit Mehrer des Reiches, König von Jerusalem und Sizilien.

Der ruhmvolle „Herr der Herren“ (1 Tim 6,15; Offb 19,16) in seiner Hoheit, der die Königreiche geschaffen und das Kaiserreich gefestigt hat, aus dessen Gnadengüte wir leben und dessen Gabe es bewirkt, daß wir glückhaft herrschen – er hat uns dazu über die Könige und Königreiche gesetzt und auf dem Kaiserthron erhöht, damit unsere Verfügungen Frieden und Gerechtigkeit bewahren für die uns in ergebener Dankbarkeit gegen unseren Schöpfer Untergebenen und damit wir, die wir vor den Menschenkindern von dem, der über den Erdkreis herrscht, besonders erhaben ausgezeichnet wurden, Männer, die Ehren gegenüber würdig sind und für die es nicht unverdient ist, zur Teilhabe an der Herrschersorge zugelassen zu werden, freigebig zu Glanz und Zierde mit dem Namen und dem Ehrentitel der Reichsherrschaft auszeichnen.

Daher kommt es, daß durch das vorliegende Schriftstück die gegenwärtige Zeit und die künftige Nachwelt wissen sollen: Während es schon lange unser Vorhaben war, unseren lieben Verwandten Otto von Lüneburg näher verpflichtet zur Treue gegenüber dem Reich und zur Ergebenheit gegenüber uns zu machen, es aber an Gelegenheit von Ort und Zeit fehlte, wo es sich für uns angeboten hätte, diese unsere ihm gegenüber durchdachte Absicht auszuführen, ist im Zusammenhang mit der Tatsache unserer glückhaften Ankunft in Deutschland und dem zur Neuordnung der Verfassung des ganzen Landes angesagten allgemeinen Hoftag zu Mainz der genannte Otto, zu diesem Hoftag geladen, eingetroffen.

Dort hat, als die Fürsten mit uns Sitzung hielten und unsere Durchlaucht auf dem Thron saß, um über die Neuordnung der Verfassung des Landes zu entscheiden, der genannte Otto von Lüneburg mit einer Kniebeuge vor uns, unter Hintansetzung jeden Hasses und Haders, der unter unseren Vorfahren bestehen konnte, sich ganz in unsere Hände gegeben, um sich unserem Befund und Befehl zu stellen, und außerdem seine eigene Burg Lüneburg, die man in deutscher Sprache „Eigentum“ nennt, mit vielen anderen Burgen, Ländereien und Leuten, die zu dieser Burg gehören, in unser Eigentum und unsere Herrschaft eigens überführt, so daß wir damit wie mit unserem Eigentum tun könnten, was uns gefällt. Wir aber, die wir gehalten sind, auf jede Art und Weise das Reich zu mehren, haben diese Burg Lüneburg mit all ihren Burgen, Zubehörstücken und Leuten, so wie wir sie aus der Überführung dieses Otto zu Eigen empfangen haben, in Anwesenheit der Fürsten dem Reich aufgelassen und verliehen, damit es durch das Reich als Lehen ausgegeben werden könne. Außerdem haben wir die Stadt Braunschweig – wir hatten sie als Eigenherrschaft zur Hälfte vom Markgrafen von Baden, zur anderen Hälfte vom Herzog von Bayern, unseren lieben Fürsten, gekauft aus dem Anteil ihrer Gemahlinnen, ehemals Töchter Heinrichs von Braunschweig, des Pfalzgrafen bei Rhein, eines Oheims dieses Otto, – auf diesem Hoftag ebenfalls dem Reich verliehen, wobei wir das uns zustehende Eigentum der Herrschaft des Reiches aufgelassen haben.

Als Otto dann noch auf diesem allgemeinen Hoftag mit gefalteten Händen in unsere Hände über dem heiligen Reichskreuz, das dort gehalten wurde, einen Treueid leistete, haben wir – im Hinblick darauf, mit welch reiner Treue, ungeheuchelter und geneigter Ergebenheit er sich ganz unserem Befehl und Befund anvertraute und seine ihm ganz eigene Burg, mit der er niemandem sonst gebunden war, in unser Eigentum hingab und wie er sich vor uns in jeder Weise erniedrigte, außerdem in Anbetracht dessen, daß durch ihn niemals das Reich angegriffen worden ist und er nicht auf Anstiften von irgendwem gegen unsere Ehre eingestellt gefunden werden wollte – es als angemessen und nützlich angesehen, auf seinen Stand und seine Mehrung mit kaiserlicher Großmut Bedacht zu nehmen. Darum haben wir mit Rat, Zustimmung und Beistand der Fürsten die Stadt Braunschweig und die Burg Lüneburg mit allen ihren Burgen, Leuten und Zubehörstücken zusammengetan und daraus ein Herzogtum geschaffen, und kraft unseres kaiserlichen Amtes haben wir unseren genannten Blutsverwandten Otto zum Herzog und Fürsten gemacht und ihm dieses Herzogtum als Lehen des Reiches verliehen, das auf seine Söhne und Töchter als Erben erblich übergehen soll, und haben ihn feierlich nach Herkommen mit den Fahnen belehnt, wobei wir ihm aus überfließender Huld die dem Reiche gehörenden Zehnten zu Goslar verliehen haben. Ansonsten haben wir seine Dienstleute zu Dienstleuten des Reiches angenommen und ihm verliehen, daß diese Dienstleute all die Rechte besitzen, die die Dienstleute des Reiches besitzen.

Zum Andenken an diese Verleihung und zur ewig gültigen Kraft haben wir daher vorliegendes Privileg herstellen und mit der goldenen Bulle, in die das Siegel unserer Hoheit eingeprägt wurde, versehen lassen. Zeugen dieses Vorgangs sind: die Erzbischöfe S(iegfried) von Mainz, H(einrich) von Köln, E(berhard) von Salzburg, D(ietrich) von Trier und der von Besançon; W(ilbrand) Erwählter von Magdeburg; die Bischöfe E(kbert) von Bamberg, S(iegfried) von Regensburg Kanzler des kaiserlichen Hofes, H(einrich) von Konstanz, S(ibot) von Augsburg, B(erthold) von Straßburg, H(einrich) von Basel, K(onrad) von Hildesheim, J(ohann) von Lüttich, G(ottfried) von Cambrai, J(ohann) von Metz, der von Toul, der von Münster, E(ngelhard) von Naumburg, der von Utrecht, K(onrad) von Osnabrück, R(üdiger) von Passau, H(einrich) von Eichstätt, K(onrad) von Speyer, E(kkehard) von Merseburg, R(udolf) von Verdun und K(onrad) von Freising; Bruder H(ermann) Hochmeister des Ordens vom Spital St. Marien der Deutschen in Jerusalem; die Äbte von Murbach, Reichenau und Ellwangen; (Otto) Herzog von Bayern (und) Pfalzgraf bei Rhein, (Heinrich) Herzog von Brabant, A(lbrecht) Herzog von Sachsen, B(ernhard) Herzog von Kärnten, M(atthaeus) Herzog von Lothringen, H(ermann) Landgraf von Thüringen (und) Pfalzgraf von Sachsen, H(einrich) Markgraf von Meißen, H(ermann) Markgraf von Baden, J(ohann) und O(tto) Markgrafen von Brandenburg, H(einrich) Graf von Sayn, H(einrich) Graf von Bar, D(ietrich) Graf von Kleve, H(einrich) Graf von Anhalt, und recht viele andere.

Handzeichen des Herrn Friedrich II., von Gottes Gnaden unüberwindlichster römischer Kaiser, allzeit Mehrer des Reiches, König von Jerusalem und Sizilien.

Ich Siegfried, Bischof von Regensburg und Kanzler des kaiserlichen Hofes, habe in Vertretung des Herrn Erzbischofs von Mainz und Erzkanzlers von ganz Deutschland die Ausfertigung beglaubigt.

Verhandelt wurde dies im Jahre der Geburt des Herrn 1235, im Monat August, in der 8. Indiktion, unter der Kaiserherrschaft unseres Herrn Friedrich, von Gottes Gnaden durchlauchtigster römischer Kaiser, allzeit Mehrer des Reiches, König von Jerusalem und Sizilien, im 16. Jahr seines Kaisertums, dem 10. seines Königreichs Jerusalem und dem 38. seines Königreichs Sizilien. Heil und Segen. Amen.

Gegeben zu Mainz, Jahr, Monat und Indiktion wie oben angegeben.

O: MGH Const. 2, Nr. 197, S. 263 ff.; HB 4.2, S. 754-757 – Ü: FSGA 32, S. 484-491 – L: Boshof (1980).

Friedrich II. und die Juden

Kurz vor seinem Aufbruch nach Italien stellte Friedrich II. im Juli 1236 in Augsburg den Juden in Deutschland ein Privileg aus, das ihre rechtliche Stellung bestätigte und sie vom Vorwurf des Ritualmordes freisprach. Anlaß für die Ausstellung der Urkunde war ein Judenpogrom in Fulda wenige Monate zuvor. Über den Hergang der Ereignisse vermitteln die Quellen folgendes Bild:

Nahe der Stadt war das Haus eines Müllers am Weihnachtstag in Flammen aufgegangen, während er selbst mit seiner Frau in der Kirche war. Seine fünf Kinder wurden vom Feuer überrascht und konnten nur noch als verkohlte Leichen geborgen werden. Sogleich verbreitete sich das Gerücht, zwei Juden hätten die Kinder umgebracht, um ihr Blut als Heilmittel zu verwenden, und dann das Haus in Brand gesetzt, um die Spuren ihres Verbrechens zu verwischen. Man wollte sogar gesehen haben, wie sie das Blut in Lederschläuchen davongetragen hätten. Nachdem angeblich zwei Verdächtige das Verbrechen gestanden hatten, wurden mehr als dreißig Fuldaer Juden ohne weiteren Prozeß am 28.12.1235, dem Tag der „unschuldigen Kinder", erschlagen.

Der Vorwurf, die Juden töteten heimlich christliche Kinder, war nicht neu. Fast ein Jahrhundert zuvor war erstmals in England behauptet worden, die Juden kreuzigten zu Ostern einen unschuldigen christlichen Knaben. In den folgenden Jahrzehnten hatte sich das Gerücht rasch auch auf dem Kontinent verbreitet: 1144 in Norwich, 1163 in Pontoise, 1168 in Gloucester, 1171 in Blois, 1181 in Wien, 1221 in Erfurt – um nur die bekanntesten Fälle zu nennen – war es nach dem ungeklärten Tod christlicher Kinder zu Hinrichtungen und Pogromen gekommen, da man die Juden des Ritualmordes verdächtigte. Zur raschen Verbreitung der Legende trug bei, daß mehrere der angeblichen Opfer (Wilhelm von Norwich, Harold von Gloucester, Richard von Pontoise) schon bald als Heilige verehrt wurden (mit dem Festtag 24./25. März, d.h. in enger Verbindung zur Marienverehrung wie in zeitlicher Nähe zum Osterfest).

Friedrich, der sich im Winter 1235/36 in Hagenau im Elsaß aufhielt, wurde nun von beiden Seiten zum Handeln gedrängt. Die aufgebrachte Bevölkerung brachte die Leichen der Kinder als die Reliquien „heiliger Märtyrer" zu ihm und forderte Strafmaßnahmen. Juden aus ganz Deutschland, die sich durch die umlaufenden Gerüchte bedroht fühlten, wandten sich ihrerseits an Friedrich als ihren Schutzherrn und baten um Erneuerung eines Privilegs Friedrichs I., in dem dieser 1157 den Wormser Juden die Rechte bestätigt hatte, die ihnen Heinrich IV. um 1090 verliehen hatte.

Anders als der französische König Philipp II. ein halbes Jahrhundert zuvor glaubte Friedrich II. nicht an die Legende vom Ritualmord. Er ordnete an, die Kinder zu bestatten, da sie „als Tote zu etwas anderem nicht nütze seien", beließ es aber nicht bei einer bloßen Zurückweisung der vorgetragenen Vorwürfe, sondern versuchte die Angelegenheit im Konsens mit den geistlichen und weltlichen Fürsten zu klären. Erst als diese nicht zu einer einhelligen Meinung fanden, verließ er die Bahnen des üblichen Verfahrens.

Aus eigenem Entschluß (*de archano consciencie nostre*), wenn auch mit Zustimmung der Fürsten, schickte er Gesandte an die Könige Westeuropas und bat um die Entsendung bekehrter jüdischer Schriftgelehrter, damit diese Konvertiten als den Juden feindlich gesonnene Experten – gleichsam in der Rolle des *advocatus diaboli* – vortragen könnten, ob die jüdischen Gesetze irgendetwas über das menschliche Blut aussagten, was die in Fulda erhobenen Verdächtigungen rechtfertige.

Der englische König Heinrich III. schickte ihm „zwei der hervorragendsten Neubekehrten, die in unserem Reich zu finden waren und bereit sind euren Anordnungen in jeder Hinsicht nach Kräften zu entsprechen". Es ist anzunehmen, daß auch konvertierte Juden aus Frankreich, vielleicht auch aus Spanien zu der „Expertenkommission" gehörten, da die Urkunde von „etlichen" Juden aus unterschiedlichen Reichen spricht.

Das Ergebnis ihrer Nachforschungen und Aussagen war erwartungsgemäß negativ: Das jüdische Gesetz verbiete den Genuß jeglichen, sogar tierischen Blutes; die Vorstellung, die Juden tränken menschliches Blut, widerspreche zudem, da Juden und Christen derselben Art angehörten, einem Verbot der Natur; schließlich sei nicht anzunehmen, daß die Juden sich, um menschlichen Blutes habhaft zu werden, einer Gefahr aussetzen würden, da solches durch Aderlässe frei verfügbar sei. Mit Zustimmung der Fürsten bestimmte Friedrich daher, daß niemand bei Strafe der kaiserlichen Ungnade in Zukunft mehr diesen Vorwurf gerichtlich wie außergerichtlich (etwa bei Predigten) erheben dürfe.

Das von Friedrich II. gewählte Verfahren ist einzigartig, wenngleich die Tendenz, zu einer „rationaleren" Form der Urteilsfindung zu gelangen, zu den Grundzügen der allgemeinen Veränderung des Rechtsdenkens im 13. Jahrhundert gehört. Auch die einzelnen Elemente des Verfahrens sind durchaus den zur Zeit Friedrichs aktuellen Rechtsentwicklungen entlehnt: Die eigenständige richterlich angeordnete Beweisaufnahme in einem Verfahren ohne Kläger hat ihr Vorbild im Inquisitionsprozeß, der durch Innozenz III. in das kanonische Recht eingeführt worden war und durch Friedrich II. auch in die Konstitutionen von Melfi übernommen wurde. Der indirekte Beweis der Unschuld durch vergeblichen Schuldbeweis war ein fester Bestandteil des Heiligsprechungsverfahren, wie es sich seit dem 12. Jahrhundert ausbildete.

Inhaltlich dagegen entspricht die Entscheidung Friedrichs II. in vollem Umfang der Theologie seiner Zeit. Nach der auf Augustinus gestützten Überzeugung aller Theologen des 12. und 13. Jahrhunderts hatten die Juden die unverzichtbare Aufgabe, durch ihre Knechtschaft in der christlichen Gesellschaft bis ans Ende der Zeiten die Überlegenheit des Christentums über die wahre, aber unvollkommene Botschaft des Alten Bundes zu beweisen. Rechtliche Benachteiligung und sichtbare soziale Ausgrenzung der Juden war daher geboten; ihre vollständige Unterdrückung, zwangsweise Bekehrung oder Ausrottung dagegen hätte dem Heilsplan Gottes widersprochen. Daß diese Botschaft der Masse der Gläubigen nicht zu vermitteln war, hatten die seit dem Ersten Kreuzzug immer wiederkehrenden Pogrome gezeigt.

Daß die Entscheidung Friedrichs II. der kirchlichen Lehre seiner Zeit entsprach, zeigt ein Schreiben, mit dem sich Innozenz IV. am 9.7.1247, veranlaßt durch eine Petition der Juden von Vienne, an die Bischöfe im Reich wandte: Obwohl die Heilige Schrift den Juden verbiete, zu Ostern etwas Totes auch nur zu berühren, beschuldige man sie fälschlich, „daß sie bei diesem Fest das Herz eines getöteten Knaben essen“ und nehme ungeklärte Todesfälle zum Anlaß, sie „ohne Anklage, ohne Geständnis und gegen Gottes Gerechtigkeit“ ihrer Güter zu berauben und aus ihren angestammten Wohnsitzen zu vertreiben. Da in Fulda und andernorts zahlreiche Juden unter diesem Vorwand ermordet worden seien, verbot er ferner ausdrücklich, den Juden vorzuwerfen, „daß sie in ihren Riten menschliches Blut verwendeten, obwohl ihnen doch im Alten Testament vorgeschrieben ist, keinerlei Blut zu genießen“.

Trotz des aufwendigen Beweisverfahrens und der Übereinstimmung mit der herrschenden theologischen Lehre überzeugte die Entscheidung Friedrichs II. die Zeitgenossen nicht (es sei denn, man wollte es als Zeichen eines „schlechten Gewissens“ der gebildeteren Chronisten werten, daß die zahlreichen aus jüdischen Berichten bekannten Judenpogrome in christlichen Quellen meist ganz verschwiegen werden und auch die spektakulärsten – wie die Ereignisse von Fulda – in vielen Quellen, wie z.B. der Kölner Königschronik, gar nicht erscheinen). Die Erfurter und die Marbacher Annalen berichten die Ritualmordlegende als Tatsache; Richer von Senones führt Friedrichs Entscheidung sogar als Zeichen seines Unglaubens an.

Das Privileg Friedrichs II. für die Juden in Deutschland

In der Forschung ist das Privileg Friedrichs II. für die Juden in Deutschland vor allem unter drei Gesichtspunkten behandelt worden:

Zum ersten wird es regelmäßig als entscheidender Schritt auf dem Weg zur „kaiserlichen Kammerknechtschaft“ der Juden, d.h. ihrer fortschreitenden Entrechtung und schutzlosen fiskalischen Ausbeutung im Spätmittelalter, angeführt. In der Tat ist in der Arenga erstmals der Gedanke ausgesprochen, daß die Juden dem Kaiser „zu Eigentum“ gehören und „Knechte seiner Kammer“ sind. Dabei ist allerdings in der Regel übersehen worden, welche Funktion die Betonung diese Kammerknechtschaft der Juden im Privileg Friedrichs II. hat. Es geht Friedrich nicht darum, eine ungünstigere rechtliche Stellung der Juden zu umschreiben, als die in den Privilegien des 11. Jahrhunderts definierte Freiheit. Ohne Einschränkung bestätigt er die Rechte der Juden, wie sie vor den Pogromen des Ersten Kreuzzugs bestanden hatten, und zwar auch dort, wo sie im Widerspruch zu den Beschlüssen des Dritten und Vierten Laterankonzils standen: Ausdrücklich gestattet er ihnen, Christen als Arbeitskräfte zu beschäftigen; dagegen wird der Übertritt zum Christentum dadurch erschwert, daß Konvertiten „mit dem Glauben ihrer Väter auch ihr väterliches Erbe zurücklassen müssen“ (eine fiskalische Maßnahme, die die Steuerkraft der jüdischen Gemeinden erhalten sollte). Durch die „Kammerknechtschaft“ rechtfertigt Friedrich II. im Privileg von 1235 vielmehr sein Eingreifen zugunsten der Juden: Der Begriff betont einerseits, daß sie (wie theologisch gefordert) gegenüber den Christen in gebührender Unterordnung gehalten werden, und impliziert andererseits, daß jeder Übergriff auf die Juden als Angriff auf kaiserliches Eigentum geahndet wird.

Zum zweiten gilt das Privileg für die Juden in Deutschland auch als Zeichen der rational begründeten religiösen Toleranz Friedrichs II. Dagegen betonen die erzählenden Quellen sicher nicht zu Unrecht, daß er große Geldzahlungen von den Juden für die Ausstellung des Privilegs erhalten habe. Wie schon im Falle der Kennzeichnungspflicht für Juden in den Assisen von Messina gingen auch im Privileg von 1235 religiöse Überzeugung und fiskalische Interessen Friedrichs Hand in Hand. Ob die für den Königsschutz aufzuwendenden finanziellen Gegenleistungen exzessiv waren, läßt sich kaum abschätzen. Immerhin ist es bezeichnend, daß sich Friedrich, um neu zum Christentum bekehrte Juden zu gewinnen, an die Könige von England und Frankreich wenden mußte: Offensichtlich war der Druck zur Konversion in Westeuropa wesentlich stärker als im Reich. Welche Bedeutung das Privileg Friedrichs II. für die Juden in Deutschland hatte, zeigt im übrigen seine Überlieferung. 1360 ließen die Kölner Juden durch ihren Erzbischof eine Kopie einer Abschrift beglaubigen, die seinerseits der Bischof von Worms 1260 auf Bitten seiner Juden angefertigt hatte. Nur durch diese eine zufällig erhalten gebliebene Urkunde kennen wir die Entscheidung Friedrichs II., die Urkunde Friedrichs I. von 1157 und das Privileg Heinrichs IV. von etwa 1090.

Zum dritten ist das Privileg Friedrichs II. (sicher zu Recht) als Beleg für die Ausbreitung des Ritualmordvorwurfs behandelt worden, der bis weit in die Neuzeit hinein zum festen Bestand antijüdischer Vorurteile gehörte. Es ist allerdings darauf hinzuweisen, daß sich der Text der Urkunde nur mit dem Vorwurf auseinandersetzt, die Juden verwendeten menschliches Blut zu magisch-kultischen Zwecken. Dieser Vorwurf wurde offenbar als neu und vom verbreiteten Vorwurf des Ritualmordes grundsätzlich verschieden angesehen. Heinrich III., dem die angeblichen Ritualmorde von Norwich und Gloucester sicher nicht unbekannt waren, bezeichnete in seinem Antwortschreiben an Friedrich II. den Fuldaer Vorfall als einen „uns bislang unerhörten Fall“ (*casus a nobis prius inauditus*). Die Argumentation der „Experten“ widerlegt nur die Annahme, Juden würden zu kultischen Zwecken menschliches Blut trinken und zur Beschaffung dieses Blutes Christen töten. Daß ihnen speziell die Verwendung des Blutes unschuldiger Kinder vorgeworfen wurde, spielte dagegen im Verfahren offenbar keine Rolle, ebensowenig wie etwa die sonst verbreitete Vorstellung, sie würden am Pessachfest einen christlichen Knaben kreuzigen.

Bislang unverständlich war das letzte Argument der Experten, da das Wort *municionibus* (= durch Befestigungen) keinen Sinn zu ergeben schien. Setzt man jedoch *minucionibus* (= durch Aderlässe), was im Schriftbild kaum einen Unterschied macht, ergibt sich klar die Dreigliedrigkeit ihres Beweises (aus der Schrift, aus der Natur und aus der menschlichen Erfahrung):

Im Namen der heiligen und unteilbaren Dreifaltigkeit. Friedrich II. durch die Gnade Gottes Kaiser der Römer und allezeit Mehrer des Reiches, König von Jerusalem und Sizilien. Auch wenn die herausragende kaiserliche Würde gehalten ist, ihren Arm zur Verteidigung aller dem römischen Reich Unterworfenen auszustrecken und gleichsam durch himmlische Fügung eingesetzt als Schutzwehr des Glaubens die Getreuen Christi mit besonderer Gunst fördern soll, besteht dennoch nichtsdestoweniger die Pflicht, da sie den Ungläubigen zu den Mäßigungsmitteln der Gerechtigkeit eingesetzt ist, diese als ihr zu Eigentum anvertrautes Volk fromm zu lenken und gerecht zu schützen, damit sie, die mit den Gläubigen unter dem Schutz unserer Erhabenheit stehen, nicht von Mächtigeren gewaltsam unterdrückt werden. Daher soll durch das gegenwärtige Schriftstück die gegenwärtige Generation und ihre Nachkommenschaft wissen, daß alle Knechte unserer Kammer in Deutschland unsere Erhabenheit gebeten haben, das von unserem Großvater, dem göttlichen Kaiser Friedrich seligen Angedenkens, den Juden von Worms und ihren Genossen gewährte Privileg aus unserer Gnade allen Juden Deutschlands zu bestätigen (...).

Außerdem sollen alle Gegenwärtigen und Zukünftigen wissen, daß, da wegen der Ermordung einiger Knaben aus Fulda den in dieser Stadt lebenden Juden ein schweres Verbrechen vorgeworfen wurde, aufgrund dessen die allgemein gegen die übrigen Juden Deutschlands wegen des beklagenswerten Falls des sichtbar werdenden Unglücks entstandene schlechte Meinung das benachbarte Volk bedrohte, auch wenn keine Anklagen wegen geheimen Frevels offen vorlagen.

Um nun die Wahrheit über das vorgenannte Verbrechen aufzuklären, haben wir dafür gesorgt, daß die Fürsten, Großen und etliche Adlige des Reiches, Äbte und fromme Männer von überall her in unsere Gegenwart gerufen wurden, um sie um Rat zu fragen. Da sie in dieser Sache unterschiedlicher Meinung waren und keinen hinreichenden Rat dazu finden konnten, wie es sich ziemte, haben wir im Geheimen unseres Gewissens vorhergesehen, daß gegen die des genannten Verbrechens verdächtigten Juden nicht angemessener vorgegangen werden kann, als durch diejenigen, die Juden waren und sich zum christlichen Glauben bekehrt haben und die (deshalb) als Gegner, was sie von sich aus, in den mosaischen Büchern oder in der Schrift des Alten Testamentes darüber wissen könnten, nicht verschweigen würden. Obwohl aber aufgrund der Autorität mehrerer Bücher, die unsere Majestät studiert hatte, unser Gewissen die Unschuld der genannten Juden für vernunftgemäß erwiesen hielt, schickten wir, um das ungebildete Volk ebenso zufriedenzustellen wie das Recht, aus unserem, der Fürsten, Großen und Adligen, der Äbte und frommen Männer heilsamem Ratschluß mit ihrer einmütigen Zustimmung in dieser Angelegenheit besondere Gesandte zu allen Königen der westlichen Gegenden.

Diese sandten uns aus ihren Reichen etliche im jüdischen Gesetz bewanderte Neubekehrte, denen wir während ihres nicht kurzen Aufenthaltes an unserem Hof zur Untersuchung der Wahrheit dieser Sache befahlen, nach sorgfältiger und eifriger Nachforschung unser Gewissen darüber zu unterrichten, ob ihres Erachtens eine Meinung über das menschliche Blut übrigbleibe – möglicherweise um damit ein anderes Verbrechen zu begehen –, die selbige Juden zur Begehung des vorgenannten Frevels veranlassen könnte.

Weil diese dazu öffentlich aussagten,

daß es weder im Alten noch im Neuen Testament zu finden sei,

daß die Juden begierig seien, menschliches Blut zu vergießen,

daß wir vielmehr, was dem vorgenannten geradezu entgegensteht, in der auf Hebräisch *berechet* (= *bereshit*, das erste Wort des Buches Genesis) genannten Bibel (d.h. in der Torah), in den Moses gegebenen Geboten (d.h. in der mündlichen Gesetzestradition der Juden) und in den jüdischen Gesetzen, die auf Hebräisch *talmilloht* genannt werden (d.h. im Talmud), ausdrücklich angeordnet finden, daß sie sich vor jeder Befleckung mit jeglichem Blut gänzlich hüten sollen,

weil sie ferner mit nicht unwahrschienlicher Vermutung unterstellten,

daß denjenigen, denen sogar das Blut der vorgenannten (?) Tiere verboten ist, der Durst nach menschlichem Blut nicht verblieben sein kann, aufgrund der Schrecklichkeit der Sache, des Verbots der Natur und des Nutzens (vielleicht: Gemeinschaft) der Art, die auch die Christen umfaßt, und weil sie für das, was sie frei zugänglich von Tieren und Aderlässen (erwachsener) Männer (*minucionibus virorum*) umsonst haben könnten, nicht sich selbst und ihre Habe einer Gefahr aussetzen würden,

(deshalb) haben wir die Juden des genannten Ortes von dem ihnen vorgeworfenen Verbrechen und die übrigen Juden Deutschlands von einer so schweren Verleumdung gemäß dem Urteil der Fürsten ganz und gar freigesprochen. Daher bestimmen wir kraft gegenwärtigen Privilegs durch allgemeines Verbot, daß keine geistliche oder weltliche Person hohen oder niedrigen Standes unter dem (Vorwand) der Predigt oder einer anderen Gelegenheit, weder Schultheißen, Vögte, Bürger noch andere die genannten Juden im Einzelfall oder allgemein aufgrund des vorgenannten üblen Gerüchtes angreifen oder irgendetwas Schimpfliches oder Lästiges ihnen darüber vorwerfen.

Da (aber) in seinen Knechten der Herr geehrt wird, sollen alle wissen, daß sie nicht zögern sollen, uns anzuzeigen, wer auch immer sich den Juden, unseren Knechten, gegenüber entgegenkommend und wohlwollend verhält, wohingegen die anderen, die gegen die gegenwärtige Urkunde unserer Bestätigung und unseres Freispruchs zu verstoßen wagen, die Ungnade unserer Erhabenheit auf sich ziehen werden.

O: UB der Stadt Worms 2, S. 739-744 = MGH Const. 2, Nr. 204 = Zeitschrift für die Geschichte der Juden in Deutschland 1 (1887), S. 137 ff. nach dem Vidimus des Kölner Ebf. Wilhelm vom 2.1.1360 im Stadtarchiv Köln; vgl. HB 4.2, S. 809 f. – Ü: van Eickels – L: Lotter (1993), S. 54-62; Diestelkamp (1990), S. 19-39; vgl. Angenendt (1997), S. 611-613.

Annales Marbacenses

Die zeitnahen, bis 1238 reichenden Marbacher Annalen schildern die Ermordung der fünf Söhne des Müllers durch die Juden als Tatsache. Sie verschweigen die Entscheidung des Falles durch Friedrich II. nicht, schildern ihn jedoch als wankelmütigen Herrscher, der erst die Vernichtung aller Juden im Reich androht, dann aber gegen Geldzahlung rasch einlenkt:

Zur selben Zeit töteten Juden in einer Mühle beim Kloster Fulda einige christliche Knaben, um ihnen Blut zum Gebrauch als Heilmittel (*ad suum remedium*) zu entziehen. Daher töteten die Bürger dieser Stadt viele der (dortigen) Juden. Nachdem aber die Leichen der Knaben nach Hagenau gebracht und dort mit Ehren bestattet worden waren, konnte der Kaiser den gegen die Juden entstandenen Aufruhr nur dadurch beilegen, daß er viele mächtige, angesehene und gelehrte Männer aus verschiedenen Gegenden zusammenrief und von Weisen sorgfältig erfragte, ob die Juden wirklich, wie das allgemeine Gerücht geht, am Rüsttage vor dem Pessachfest christliches Blut benötigten; er kündigte aber fest an, es müßten, wenn er von der Wahrheit dieses (Vorwurfs) überzeugt sei, alle Juden seines Reiches getötet werden. Da er aber nichts Sicheres darüber in Erfahrung bringen konnte, beruhigte sich die Strenge der kaiserlichen Ankündigung – allerdings nach Annahme einer großen Geldsumme von den Juden – binnen kurzem wieder.

O: MGH SSrG 9, S. 98 – Ü: van Eickels; vgl. FSGA 18a, S. 246-249; GdV 74, S. 51 f. – L: Lotter (1993), S. 54-57.

Annales Erphordenses

Die von den Dominikanern verfaßten, bis 1253 reichenden „Erfurter Annalen" beschreiben die Ermordung der Fuldaer Juden als gerechte Strafe für das Verbrechen zweier ihrer Gemeindeangehörigen. Die Behauptung, diese seien geständig gewesen, dient ebenso der Rechtfertigung der Tat wie das Verschweigen des kaiserlichen Freispruchs:

In diesem Jahr 1236 (d.h. nach unserer Zeitrechnung 1235, da das Jahr zu Weihnachten begann) wurden in Fulda 34 (andere Lesart: 32) Juden beiderlei Geschlechts von Kreuzfahrern getötet, da zwei von ihnen am Weihnachtstag die fünf Knaben eines außerhalb der Mauern wohnenden und zwischenzeitlich mit seiner Frau in der Kirche weilenden Müllers auf elende Weise umgebracht und ihr Blut in mit Wachs bestrichenen Säcken aufgefangen, sich dann aber, nachdem das Haus von ihnen in Brand gesteckt worden war, davongemacht hatten. Nachdem die Wahrheit dieser Sache ermittelt und von den angeklagten Juden selbst gestanden worden war, wurden sie, wie beschrieben, bestraft.

O: MGH SSrG 42 (= MGH SS 16, S. 31) – Ü: van Eickels – Lotter (1993), S. 54-57.

Richer von Senones

In seiner bis 1263 reichenden Chronik stellt Richer von Senones, einem Kloster in den Vogesen, den Freispruch der Juden durch Friedrich II. in den Mittelpunkt seiner Darstellung. Er wertet den Schutz, den Friedrich II. den Juden gewährte, als Parteinahme gegen die Christen und erklärt das Verhalten des Kaisers mit den seit 1239 von der päpstlichen Propaganda verbreiteten Zweifeln an dessen Rechtgläubigkeit. Über den Anlaß der Entscheidung Friedrichs II., die Fuldaer Ereignisse, lagen ihm offenbar keine näheren Informationen vor. Stattdessen verlegt er die Vorgeschichte nach Hagenau, den Aufenthaltsort des Kaisers, und gestaltet sie entsprechend der ihm bekannten traditionellen Form der Ritualmordlegende aus:

Da niemand die ruchlosen Untaten der Juden verschweigen darf, damit immer wieder bewußt werde, was sie unserem Heiland angetan haben, ist es passend, diese Untaten zur Besserung der Menschen und zu ihrer Erbauung täglich neu zu behandeln, damit ihre Vermessenheit zu Recht widerlegt und der Ruhm der Ehre Christi vermehrt werde. In der Stadt Hagenau im Elsaß lebten viele Juden. Zu der Zeit, als der einstige Kaiser Friedrich, der später von Papst Innozenz IV., wie die Gerechtigkeit des befahl, in Lyon von der Würde des Kaisertums abgesetzt wurde, die Herrschaft über das Königreich der Römer innehatte, als dieser Friedrich in Hagenau weilte, trug es sich zu, daß die in dieser Stadt lebenden Juden ihr Pessachfest nach (ihrem) Gesetz feierten, zur selben Zeit wie auch wir unser Osterfest begehen, jedoch nicht an jenem Tag, sondern am Tag des Vollmonds, als auch Christus gekreuzigt wurde (wohingegen das christliche Osterfest auf den ersten Sonntag nach dem Frühlingsvollmond, also den Tag der Auferstehung Christi fällt).

Diese Juden aber beschafften sich – ich weiß nicht wie – drei siebenjährige christliche Knaben. Als sie ihr Fest feierten, trieben sie mit ihnen in ihren Häusern (gottes)lästerliche Dinge, bei denen diese Knaben jedoch zu Tode kamen. Als die Christen dies aber durch einen Zufall bemerkten, drangen sie in die Häuser der Juden ein und fanden die Knaben nackt, aber tot.

Kaiser Friedrich war zufällig nicht anwesend. Die Christen beschlossen daher, die (Leichen der) Knaben bis zu seiner Ankunft aufzubewahren. Die Juden aber, die ja sahen, daß ihnen Gefahr drohte, berieten sich und beschlossen, den Kaiser mit Geschenken zu beschwichtigen. Sie gingen also zum Kaiser und blendeten ihn mit so großen Geschenken, daß sie seine Gnade erlangten und froh in ihre Häuser zurückkehrten. Als der Kaiser nach Hagenau zurückkehrte, zeigten ihm die Christen jene drei Knaben und teilten ihm mit, daß die Juden sie so (wie sie dalagen) getötet hatten. Der Kaiser aber antwortete: „Wenn sie tot sind, begrabt sie, denn zu etwas anderem sind sie nicht nütze!"

Als die Christen dies hörten, gingen sie verwirrt weg. Und so sprach dieser unglückliche Kaiser einen Punkt seines Unglaubens aus, indem er die Juden in Frieden entließ, den Christen aber für eine so ruchlose Tat keine Gerechtigkeit verschaffte. Damit ist über die Juden genug gesagt, denn, wenngleich dieser elende Kaiser die Juden für eine so ungerechte Tat nicht bestrafte, wird doch jener mächtigste Richter es nicht unterlassen, sowohl ihn als auch sie im Kerker der Hölle zu bestrafen.

O: MGH SS 25, S. 324 – Ü: van Eickels – L: Lotter (1993), S. 54-57.

DIE SCHLACHT BEI CORTENUOVA

Das durch Karl den Großen 773/774 dem Frankenreich angegliederte und in den karolingischen Reichsteilungen des 9. Jahrhunderts wiederentstandene Königreich der Langobarden in Oberitalien gehörte seit der Eroberung durch Otto I. 951 fest zum Herrschaftsgebiet der ostfränkisch-deutschen Könige. Aufgrund seines Reichtums und seiner kulturellen Überlegenheit gegenüber dem Norden bildete es einen wichtigen Bestandteil ihres Reiches, vor allem aber sicherte ihnen die Herrschaft über Italien den Anspruch auf das „römische" Kaisertum, das sie aus dem Kreis der übrigen Könige der lateinischen Christenheit heraushob. Die Kaiser und Könige des 11. und frühen 12. Jahrhunderts hatten den Schwerpunkt ihres politischen Handelns ganz in den nordalpinen Raum verlegt und ihre Italienpolitik auf einige wenige „Italienzüge" von meist nur wenigen Monaten Dauer beschränkt. Erst Friedrich I. versuchte seit der Mitte des 12. Jahrhunderts die Rechte des Reiches in Italien wieder verstärkt zur Geltung zu bringen, forderte damit jedoch den Widerstand der oberitalienischen Städte heraus, die sich seit dem 11. Jahrhundert aus der Stadtherrschaft der Bischöfe befreit hatten, sich als Kommunen selbst verwalteten und ihr Umland beherrschten, so daß – wie Otto von Freising verwundert feststellte – „fast das ganze Land unter den Städten aufgeteilt war" (Gesta Frederici II,14).

Von den Städten unabhängige Adlige oder Fürsten gab es kaum; jede Intensivierung kaiserlicher Herrschaft, jeder Versuch, die – im Grundsatz nie bestrittenen – „Rechte des Reiches" systematisch durchzusetzen, mußte im Konflikt mit den Städten enden, die sich unter Führung Mailands zum „lombardischen Städtebund" zusammenschlossen; nur Cremona und einige andere Städte, die sich von einem Bündnis mit dem Kaiser mehr Vorteile versprachen als von einer Unterordnung unter die Führung Mailands, stellten sich auf die Seite Friedrichs I. Diese Konstellation blieb bis zum Ende der staufischen Dynastie bestehen und prägte in Gestalt des Gegensatzes zwischen guelfischer (= „welfischer", d.h. anti-staufischer) und ghibellinischer (= „waiblingischer" = staufischer) Partei die politische Landkarte Italiens sogar noch weit über 1268 hinaus.

Mehr noch als für Friedrich I. war für Heinrich VI. und Friedrich II. die Herrschaft über Oberitalien von zentraler Bedeutung. Durch die Verbindung Siziliens mit dem Reich wurde die Lombardei vom Nebenland zum entscheidenden Bindeglied, zur Brücke zwischen dem Norden und dem Süden des staufischen Imperiums. Nach der Anerkennung seines Königtums in Deutschland und seiner Durchsetzung in Sizilien hatte Friedrich II. erstmals 1226 versucht, seine Herrschaftsrechte auch in Oberitalien durchzusetzen und zur Vorbereitung des Kreuzzuges einen Hoftag nach Cremona einberufen, war jedoch am Widerstand Mailands gescheitert, das mit seinen Verbündeten die Alpenübergänge für die deutschen Fürsten sperrte und Friedrich zum ergebnislosen Rückzug zwang. Ähnlich erging es ihm, als er nach seiner Rückkehr vom Kreuzzug und der Neuordnung Siziliens im November 1231 einen Hoftag nach Ravenna einberief. Friedrich verhängte zwar die Reichsacht über die Städte der lombardischen Liga, konnte aber wegen der Ereignisse in Deutschland zunächst nicht militärisch gegen sie vorgehen.

Auf dem Mainzer Hoftag hatten die anwesenden Fürsten eine Heerfahrt gegen die aufständischen oberitalienischen Städte beschlossen, falls diese nicht bis Weihnachten Genugtuung leisteten. Mailand und seine Verbündeten ließen die Frist verstreichen. Seinen Aufbruch aus Deutschland verband Friedrich mit einem Akt demonstrativer Frömmigkeit. Im Mai 1236 nahm er in Marburg an der Erhebung der Gebeine der heiligen Elisabeth teil. In Gegenwart zahlreicher Bischöfe, Fürsten und „einer unzähligen Menge Volks“, die „von vielen verständigen Männern (auf) 1 200 000 Menschen beiderlei Geschlechts geschätzt wurde (...), hob er selbst den ersten Stein von ihrem Grabmal und setzte eine goldene Krone aus seinem Schatz auf das Haupt der hochheiligen Witwe“; außerdem „schenkte er der heiligen Elisabeth einen goldenen Becher, aus dem er selbst zu trinken pflegte und in den nun ihr Haupt gelegt wurde“. Verehrung für seine kaum fünf Jahre nach ihrem Tod heiliggesprochene Verwandte verband sich mit betonter Selbstdarstellung Friedrichs als christlicher Kaiser zu einer politisch-religiösen Feier, die zeigte, daß sich die anstehende Heerfahrt keineswegs gegen die Kirche richtete.

Der Zug gegen die oberitalienischen Städte brachte einigen Erfolg, obwohl das Heer, das Friedrich hatte aufbieten können, ungewöhnlich schwach war. Herzog Friedrich von Österreich hatte im Zuge seiner zahlreichen Fehden mehrere Ladungen vor das kaiserliche Gericht mißachtet und schließlich sogar dem Kaiser den Gehorsam aufgesagt. Die daraufhin verhängte Reichsacht vollstreckten der König von Böhmen und der Herzog von Bayern: Im Januar 1237 konnte Friedrich II. einen Hoftag in Wien abhalten, auf dem er Wien zur Reichsstadt erhob, nachdem er die Herzogtümer Österreich und Steiermark als erledigte Reichslehen (und Grundlage einer erweiterten staufischen Hausmacht) eingezogen hatte. In Wien wurde auch Konrad IV., der König von Jerusalem, zum „römischen König und künftigen Kaiser“ gewählt. Friedrichs zweiter Sohn rückte damit in die Stellung des designierten Nachfolgers auf. Er sollte aber erst nach dem Tod seines Vaters gekrönt werden und selbständig herrschen; ein ähnlicher Konflikt wie zwischen Heinrich (VII.) und seinem Vater war damit ausgeschlossen.

Nach umfangreichen Rüstungen kehrte Friedrich II. im September nach Oberitalien zurück. Die Einkünfte Siziliens versetzten ihn in die Lage, ein zu großen Teilen aus Söldnern bestehendes Heer von fast 15 000 Mann aufzubieten, dessen Kern Ritter aus Deutschland, Italien und Sizilien bildeten, dazu als Elitetruppe sarazenische Bogenschützen aus Lucera. Am 27.11.1237, als die Kämpfe schon beendet schienen, gelang es Friedrich bei Cortenuova südöstlich von Bergamo, das lombardische Heer auf dem Rückzug zu überraschen und ihm in offener Schlacht eine vernichtende Niederlage beizubringen: 1000 Ritter (darunter der Podestà von Mailand), dazu 3000 Fußsoldaten gerieten in seine Gefangenschaft.

Mit diesem Sieg hatte Friedrich den Höhepunkt seiner Macht erreicht. Mailand erklärte sich bereit, einen kaiserlichen Beamten als obersten Richter aufzunehmen und Geiseln für seine künftige Treue zu stellen. Friedrich forderte stattdessen die bedingungslose Unterwerfung und trieb damit Mailand mit Alessandria, Brescia, Piacenza, Bologna und Faenza in die Fortsetzung des Widerstandes. Statt seinen Sieg durch „großzügige Milde" zur Zerschlagung des Lombardenbundes und zur Sicherung seiner Herrschaft über Oberitalien politisch zu nutzen, inszenierte Friedrich in Cremona einen antike Traditionen aufnehmenden Triumphzug: Ein Elefant zog den *carroccio*, den Fahnenwagen Mailands, an dessen niedergelegten Mast gefesselt der gefangene Podestà der besiegten Stadt durch die Straßen ihrer nun siegreichen Gegenspielerin geführt wurde. Zusätzlich wurden die Mailänder dadurch gedemütigt, daß der Kaiser ihren Fahnenwagen, das Symbol ihrer Streitmacht, den Römern, seinen Verbündeten im Konflikt mit Gregor IX., übersandte.

Die Zurückweisung der bedingten Unterwerfung Mailands erwies sich als Wendepunkt der politischen Entwicklung. Zwar schickten zahlreiche europäische Könige auf Bitten Friedrichs gut ausgestattete Söldnerkontingente nach Oberitalien; der erhoffte Erfolg aber blieb aus: Im Herbst 1238 mußte Friedrich die im Frühjahr begonnene Belagerung Brescias ergebnislos abbrechen. Rascher und wirkungsvoller noch als seine Kanzlei im Jahr zuvor seinen triumphalen Sieg hatte bekanntmachen können, verbreiteten nun die heimkehrenden Ritter die Nachricht seines Mißerfolges überall in Europa.

Gleichzeitig konnte Gregor IX. seine Position stärken: Von März 1228 bis November 1230, von Juni 1231 bis März 1233 und von Mai 1234 bis Oktober 1237 hatte er sich außerhalb Roms aufhalten müssen, wo ihm eine starke nach Autonomie strebende Kommune des Stadtadels entgegenstand. Mit der Übersendung des Mailänder *carroccio* hatte Friedrich die staufische Partei in Rom noch einmal so gestärkt, daß der Papst im Juli 1238 erneut floh. Im Oktober 1238 jedoch kehrte er nach einem Umsturz seiner Partei zurück und gewann nun dauerhaft die Kontrolle über seine Stadt.

Zugleich gelang es seinem Legaten, den Widerstand der lombardischen Städte neu zu formieren und ein gegen Sizilien gerichtetes Bündnis der dominierenden Seestädte Genua und Venedig zustandezubringen. Innerhalb weniger Monate hatte sich die militärisch-politische Lage in Italien in ihr Gegenteil verkehrt.

Schreiben Friedrichs II. an den Papst

Seinen Zug gegen die lombardischen Städte bereitete Friedrich II. im Mai 1236 durch Rechtfertigungsschreiben an zahlreiche Adressaten innerhalb und außerhalb des Reiches vor (u.a. an den Bischof von Como, an König Ludwig IX. von Frankreich, vor allem aber an den Papst, der ihn mit Rücksicht auf die Not des Heiligen Landes gebeten hatte, nicht gewaltsam gegen die oberitalienischen Städte vorzugehen). Im Brief an den französischen König schildert er, fast in Form einer Prozeßakte, die Vergehen der lombardischen Städte gegen die Rechte des Reiches und (mit großer Ausführlichkeit) den formalen Verlauf aller gescheiterten Versuche, eine friedliche Lösung des Konflikts herbeizuführen. Der „Zug nach Italien, den der Papst gehässigerweise mit dem Namen ‚Krieg' bezeichnen zu wollen scheint", sei kein Krieg sondern „Durchführung des Rechts, bei der es keinerlei Unrecht gibt". Im Schreiben an Gregor IX. dagegen rechtfertigte Friedrich sein Vorgehen gegen dessen lombardische Verbündete als Wiederherstellung seiner verletzten Ehre, als Kreuzzug gegen die Häresie und zugleich als Vorbereitung eines Kreuzzugs gegen die Sarazenen:

Italien ist mein Erbe! Das weiß die ganze Welt. All seine Kraft an Fernliegendes zu setzen und das Eigene darüber zu vernachlässigen, wäre ehrgeizig und töricht zugleich, besonders da der Übermut der Italiener und vor allem der Mailänder mich durch Beleidigungen herausgefordert hat, indem sie mir in keinem Stücke die schuldige Ehrfurcht erweisen.

Außerdem bin ich ein Christ und ein, wenn auch unwürdiger, Diener Christi, gerüstet, die Feinde des Kreuzes zu bekämpfen. Weil nun also so viele Ketzereien in Italien nicht nur hervorsprossen, sondern auch ins Kraut schießen und dieses Unkraut in den italienischen Städten, besonders aber in Mailand, die gute Saat bereits zu ersticken droht, so hieße es, wollte man die Sarazenen angreifen und jene ungebessert zurücklassen, eine tiefe Wunde, in der das Eisen noch steckt, mit oberflächlichen Pflastern verkleben und statt der Heilung eine häßliche Narbe hervorrufen.

Auch stehe ich allein und bin nur ein Mensch, nicht imstande, die Feinde des Kreuzes ohne ein großes Heer anzugreifen und die Ungläubigen, die so zahlreich und so mächtig sind, zu besiegen. Da ich überdies ein so schwieriges Unternehmen nicht ohne einen reichen Schatz wagen kann, so habe ich beschlossen, mit den Machtmitteln jenes Landes den Gekreuzigten zu schützen und zu rächen; denn Italien hat, wie die ganze Welt weiß, Überfluß an Waffen, Pferden und Geldern.

O: RS 57.3, S. 375 f. (= HB 4.2, S. 880 f.); RI 5.1, Nr. 2159; vgl. HB 4.2, S. 872-880; RI 5.1, Nr. 2160 – Ü: Heinisch (1968), S. 364; vgl. S. 356-363 (v.a. S. 362) – L: van Cleve (1972), S. 394.

Matthaeus Paris

Matthaeus Paris schildert rückblickend die Schlacht bei Cortenuova als Friedrichs größten Erfolg, zugleich aber als Wendepunkt: Als rächender Richter kommt der Kaiser nach Italien und bringt den Aufständischen eine vernichtende Niederlage bei. Die erfolglose Belagerung von Brescia zeigt dann aber, daß der Erfolg (d.h. die Gnade Gottes) ihn verlassen hat. Indem er die Unterwerfung der Mailänder ablehnt, erweist er sich schließlich als „unerbittlicher Tyrann", so daß sich viele von ihm abwenden (*ex tunc igitur coepit imperator favorem multorum amittere, quia factus est tirannus inexorabilis*).

Offensichtlich lagen Matthaeus Paris nur bruchstückhafte Informationen über die Ereignisse in Italien vor. Er kennt zwar den Brief Friedrichs II. an Richard von Cornwall, verwendet ihn aber nicht in seinem Schlachtbericht, sondern inseriert ihn an späterer Stelle. Die Chronologie ist teilweise verworren, was allerdings bei Lektüre des Gesamttextes zunächst kaum auffällt, da die Schlacht von Cortenuova, die Belagerung Brescias und das Unterwerfungsangebot Mailands als Einzelereignisse eingestreut in die Darstellung der englischen Geschichte berichtet werden.

Erst wenn man die italienischen Abschnitte fortlaufend liest, fällt auf, daß das Unterwerfungsangebot Mailands kaum nach der erfolglosen Belagerung von Brescia stattgefunden haben kann. Der Hinweis auf die Sicherung Mailands durch tiefe Gräben ist dagegen ein vorweggenommener Hinweis auf die *difesa d'acqua*, ein erst 1239 angelegtes Kanalsystem, das Mailand weiträumig vor Überraschungsangriffen schützen sollte.

Die Nachricht, die Mailänder hätten aus Verzweiflung über die Niederlage die Kruzifixe in ihren Kirchen auf den Kopf gestellt, die Altäre entweiht und die Geistlichen am Gottesdienst gehindert, ist sicher nicht unbeeinflußt von der kaiserlichen Propaganda, die die aufständischen Lombarden stets als Ketzer bezeichnet. Es wäre jedoch verfehlt, hier mit Kantorowicz an ein letztes Aufleben der häretischen Bewegungen zu denken, die in Mailand seit 1229 verstärkt verfolgt und weitgehend unterdrückt worden waren. Christus, Maria und die Heiligen für versagte Hilfe durch Verunehrung ihrer Bilder und Unterlassung des Gottesdienstes symbolisch zu bestrafen, war – wie nicht wenige Quellenberichte belegen – im frühen und hohen Mittelalter weit verbreitet. Erst 1275 verbot das zweite Konzil von Lyon „den verabscheuungswerten Mißbrauch der schrecklichen Unfrömmigkeit jener, welche gemalte oder geschnitzte Bilder des Kreuzes, der seligen Jungfrau oder anderer Heiliger voll Unehrerbietigkeit zu behandeln wagen, dabei zur Verschärfung den Gottesdienst einstellen und diese Bilder auf die Erde stellen und Disteln oder Dornen unter sie legen":

Im selben Jahre um das Fest des heiligen Michael zog der Herr Kaiser, nachdem er die Unruhen in Deutschland beigelegt und überall den Frieden hergestellt hatte, mit einem starken und zahlreichen Heere nach Italien, entschlossen, auf jede Weise die vielfachen Beleidigungen zu rächen, die ihm die Bürger von Mailand wiederholt zugefügt hatten. Denn nachdem er kurz zuvor wegen des Aufstandes, den der Herzog (Friedrich) von Österreich zu seinem eigenen Verderben angezettelt hatte, nach Deutschland zurückgekehrt war, machten die Mailänder, sobald sie es erfuhren, aus geradezu unversöhnlichem Hasse gegen den Kaiser seine Leute, die er in den bereits eroberten italienischen Burgen zurückgelassen hatte, grausam nieder und forderten so die kaiserliche Ungnade von Tag zu Tag mehr heraus.

Damit man ihn aber nicht des Ungehorsams zeihen könne, wandte er sich wiederholt sowohl mit Bittschreiben als auch durch feierliche Gesandtschaften an den Papst und bat ihn demütig, er, das Haupt der Kirche, möge ihm beistehen, sein Erbe wiederzuerlangen, die vielfachen Beleidigungen, die ihm die Mailänder angetan hätten, zu rächen und die ketzerische Verstocktheit in jeder verrufenen Stadt Italiens auszurotten, zumal es vor allem der römischen Kirche gezieme, dem Übermut dieser Leute, auch wenn alle anderen schwiegen, Einhalt zu gebieten. Der Papst aber reiste auf die Botschaft hin, als ob er nichts gehört hätte, nach Rom (Okt. 1237), wie wenn er das Antlitz des Kaisers fliehen wolle, weil er nicht willens oder nicht imstande war, ihm zu helfen. Die Römer empfingen ihn bei seiner Ankunft freudig und setzten fest, daß er von nun an nicht wieder fortgehen solle. Sie hatten nämlich festgestellt, daß sie durch seine bereits zehnjährige Abwesenheit einen großen Geldverlust erlitten hatten.

Als die Mailänder aber von der Ankunft des Kaisers hörten, den sie zu berechtigtem Zorn gereizt hatten, rüsteten sie sich auf alle mögliche Weise zum Kriege, indem sie die Türme mit Korn, die Köcher mit Pfeilen, die Waffenlosen mit Waffen versahen. Und als sich der Kaiser mit seinem riesigen Heere näherte, das, abgesehen von seinen sarazenischen Söldnern, die Zahl Hunderttausend überschritten haben soll, und bis auf einen Tagesmarsch an die Stadt herangerückt war, da zogen die Bürger mit gewaltiger Heeresmacht nebst allen ihren Verbündeten in geordneten Scharen unverzagt dem Kaiser entgegen und schlugen, bis der Tag der Schlacht bestimmt würde, ihre Zelte mit der Menge ihrer Scharen, die man auf sechzigtausend schätzte, auf und stellten ihren Fahnenwagen da auf, wo man den Kern des Heeres sah.

Als der Kaiser das bemerkte, rief er seine Räte zusammen und sprach, indem er sie mit kriegerischen Worten ermunterte: „Siehe da, unsere trotzigen Feinde, die Mailänder, haben es gewagt, sich in der Ferne zu zeigen! Sie haben sich nicht gescheut, mich, ihren Herrn, zur Schlacht herauszufordern, sie, die Feinde der Wahrheit und der heiligen Kirche, die das Gewicht ihres eigenen Frevels erdrücken wird. Überschreitet den Fluß!" – denn es war ein Fluß, Oglio genannt, zwischen ihnen, der beide Heere trennte: „Erhebe also und entfalte, mein tapferer Bannerträger, meinen siegreichen Adler! Ihr, meine Ritter, zückt eure furchtbaren Schwerter, die ihr so oft mit dem Blut der Feinde getränkt habt, und greift in eurem Ungestüm diese Mäuse da an, die es wagten, aus ihren Löchern herauszukommen, damit sie heute die blitzenden Speere des römischen Kaisers kennenlernen!" Unverzüglich stürzten sich nun die Mailänder auf das kaiserliche Heer, empfingen die ihnen zuerst entgegengeschickten Sarazenen mutig mit der Schärfe des Schwertes, warfen sie nieder und vernichteten sie innerhalb einer kurzen Stunde.

Und die Bürger rückten vor, in der Absicht, die Reihen des Heeres in einem gleichen Gemetzel niederzustrecken. Als dies der Kaiser bemerkte, fing er mit seinen starken und unüberwindlichen Edelleuten und Großen, die sich mit aller Kraft scharenweise den Feinden entgegenwarfen, den Angriff der Rebellen ab. Die Bürger aber, die nun sahen, daß es auf Leben und Tod gehe, zeigten ihren Mut, indem sie, sich gegenseitig ermahnend, der Kraft mit Kraft begegneten; und mutiger den Kampf erneuernd, senkten sie die blitzenden Schwerter in die Leiber der Feinde und steigerten den begonnenen Kampf zur blutigsten Schlacht. Auf beiden Seiten fielen daher Unzählige. Das Gelärm der zusammenstoßenden Kämpfer, das Gestöhn der Sterbenden, das Geklirr der Waffen, das Gewieher der Pferde, das Geschrei der sich drängenden Reiter, das unaufhörliche Gedröhn der niedersausenden Hiebe erfüllten die Luft mit Getöse. Endlich nach vielen blutigen Kämpfen von beiden Seiten konnten die Mailänder an diesem Tage das Gewicht des Kampfes nicht mehr aushalten, sondern zogen sich in ihre Stadt zurück, um am nächsten Tage zu eben jenem zurückzukehren, und dem Kaiser zeigten sie an, sie wollten am frühen Morgen das Kriegsglück endgültig mannhaft versuchen, und nach dem Willen des Herrn der Heerscharen würden entweder die Bürger oder ihre Gegner ohne weitere Verzögerung den Triumph des Sieges gewinnen, nicht aber werde ärgerlicher Verzug ihre Herzen weiter in quälender Spannung halten. Als aber der Kaiser das vernahm, hielt er Rat und zog es vor, die Wut der Feinde klug und vorsichtig abzuwehren, als unüberlegt das zweifelhafte Glück der Schlacht sofort wieder zu versuchen und sich und die Seinigen, ermüdet wie sie waren, unsicheren Zufällen auszusetzen.

Es gab also auf beiden Seiten ein jammervolles und für die Menschheit beklagenswertes Gemetzel und Hinsterben vieler Edelleute. Die Mailänder aber zogen in diesem Falle den kürzeren. Denn der Kaiser nahm dreitausend ihrer adligen Bürger gefangen, von dem niederen Volke aber streckte er Unzählige mit der Schärfe des Schwertes nieder. Später aber nahm er noch weitere dreihundert Adlige gefangen, die sich in einen Hinterhalt gelegt hatten. Ihren Fahnenwagen eroberte er, und sogar ihren Podestà (Pietro Tiepolo), den Sohn des Dogen (Jakob Tiepolo) von Venedig, der besser in der Schlacht gefallen wäre, nahm er gefangen; andere Große wurden in Menge erschlagen. Auch ihr Bischof (Wilhelm) fiel entweder in der Schlacht oder wurde gefangen; jedenfalls ist keine Botschaft von ihm zu uns gelangt.

Von diesem Tage an befahl der Kaiser, im Umkreis der Stadt die Straßen und Wege scharf zu bewachen und verhinderte das Kommen und Gehen der Handelsleute und Bauern durch aufgestellte Wachen bei Tage und bei Nacht. Er ließ die Brücken abbrechen und die Zufahrtsstraßen sperren, um so die Kräfte der wütenden Feinde zu zermürben und ihr Ungestüm zu bändigen.

Die Bürger aber, die ihren Fuß gegen Gott erhoben, „wurden wie ein schlaffer Bogen" (Ps 78,37), und, gleichsam hoffnungslos und an Gott zweifelnd, hängten sie in den Kirchen den Gekreuzigten an den Füßen auf und aßen Fleisch am Freitag und in der Fastenzeit, und viele in Italien versanken in denselben Abgrund der Verzweiflung, fluchten und lästerten und erfüllten ohne jede Scheu die Kirchen mit Schmutz, der gar nicht zu nennen ist; vor allem die Altäre besudelten sie und vertrieben die Geistlichen.

Es brach also Angst und Schrecken ein in die Städte Italiens. Und es kamen aus ihnen viele Bürger und brachten wertvolle Geschenke und unterwarfen sich und ihre Städte, um nicht in ähnliches Unheil verwickelt zu werden, und gaben sich, gedemütigt durch das vorangegangene Beispiel, in die Hände des Kaisers. So kam es denn auch, daß bis zur Mitte der Fastenzeit der Kaiser ganz Italien mit Ausnahme von Bologna und vier anderen Städten, die (aber) keine Kraft zum Widerstand hatten, mit starker Hand in Besitz nahm.

Die Gesamtheit der Scholaren von Bologna aber war in großer Angst, weil der Kaiser ihnen im vorigen Jahre die Weisung gegeben hatte, sie möchten in Frieden heimgehen, und sie es verschmäht hatten, seinem Befehle zu gehorchen (...).

Zur gleichen Zeit des Jahres aber (Frühsommer), als der Kaiser die Belagerung Mailands fortgesetzt hatte, schickten ihm fast alle Fürsten der Christenheit Hilfstruppen. Der König von England, sein Schwager, aber sandte ihm hundert Ritter, mit Waffen und Pferden und nicht geringem Geld geziemend ausgestattet (...). Nicht viel später machte er sich mit zahlreichem Heer an die Belagerung von Brescia (...). In der Zwischenzeit ruhten die Mailänder nicht und befestigten ihre Stadt mit sehr tiefen Gräben und hörten dennoch nicht auf, den Einwohnern von Brescia oft Hilfe zu leisten. So ging der Sommer dahin. Wegen des herankommenden Winters wurde schließlich mit beiderseitiger Zustimmung ein Waffenstillstand geschlossen und diejenigen, die ihm zur Hilfe gekommen waren, kehrten unverrichteter Dinge (nach Hause) zurück. Weil der Kaiser aber die im Vergleich zu anderen kleine Stadt Brescia nicht hatte erobern und seiner Herrschaft unterwerfen können, wurde er von seinen Feinden weniger gefürchtet und von seinen Freunden weniger geachtet (...).

In jenen Tagen (nach der Belagerung von Brescia) schickten die Mailänder aus Furcht vor der kaiserlichen Majestät (Gesandte) zu ihrem Herrn und Kaiser und baten so inständig, wie sie konnten, daß er, den sie offen als ihren wahren und angestammten Herrn anerkannten, seine Ungnade von ihnen abwenden, dem Streite ein Ende machen und sie als seine Getreuen unter die Flügel seines mächtigen Schutzes nehmen und beschirmen möge, wogegen sie ihm in Zukunft als ihrem Kaiser und Herrn mit der gebührenden Ehrerbietung dienen wollten.

Zum Zeichen ihrer Ergebenheit wollten sie ihm, um in den Armen seiner Gnade sicher zu sein und damit er ihres früheren Widerstandes nicht mehr gedenke, ihren ganzen Schatz an Gold und Silber freiwillig ausliefern, darüber hinaus alle ihre Banner zum Zeichen ihrer Unterwerfung, ihres Gehorsams und seines Sieges vor seine kaiserlichen Füße legen und verbrennen; ferner wollten sie ihm, sobald er im Dienste des Kreuzes ins Heilige Land ziehe, jährlich zehntausend Bewaffnete stellen, zum Nutzen der Kirche und zu seiner Ehre, unter der Bedingung, daß er die Bürger vorbehaltlos begnadige und ihre und der Stadt Verfassung unverändert bleibe. Aber all dies verwarf der Herr Kaiser trotzig, indem er unerbittlich forderte, daß die Bürger sich insgesamt mitsamt ihrer Stadt und allen ihren Besitzungen bedingungslos seinem Willen unterwerfen sollten.

Auf diese tyrannische Forderung antworteten die Bürger einmütig, daß sie dies auf keinen Fall tun würden, und sagten: „Wir fürchten, durch Erfahrung belehrt, deine Härte. Lieber wollen wir hinter unseren Schilden durch Schwert, Lanze oder Pfeile fallen als am Galgen oder durch Hunger oder Feuer umkommen.“ Von da an begann der Kaiser die Gunst vieler zu verlieren, weil er ein unversöhnlicher Tyrann geworden war, und die Mailänder verdienten es, daß sie wegen ihrer Demut gelobt und ermutigt wurden, nach dem Wort: „Der Herr widersteht den Hochmütigen, den Demütigen aber schenkt er seine Gnade“ (Jak 4,6). Und da die Bürger sahen, daß es um ihr Leben ging, sicherten sie sich und ihre Stadt eifriger als bisher durch Waffen, Gräben und Bündnisse mit anderen Städten.

O: RS 57.3, S. 407-410, 491 f. und 495 f. – Ü: Heinisch (1968), S. 58-64 / van Eickels.

Salimbene de Adam

Salimbene de Adam aus Parma überliefert in seiner Chronik eine Anekdote, die das Verhalten Friedrichs II. gegenüber Mailand als Beispiel dafür anführt, „daß einige so sehr an ihren Worten festhalten, daß sie sich später schämen zurückzuziehen, was sie gesagt haben, um nicht als Lügner dazustehen, und daher nicht von dem Abstand nehmen können, was sie einmal gesagt haben". Das angebliche Gespräch zwischen Friedrich II. und der Gräfin Sifridina von Caserta, deren Sohn 1245/46 Friedrichs uneheliche Tochter Violante heiratete, fällt in die Zeit vor 1245. Es bietet möglicherweise eine Erklärung für die (aus heutiger Sicht irrationale) Unnachgiebigkeit Friedrichs nach der Schlacht von Cortenuova:

Als die Gräfin von Caserta einst den Kaiser Friedrich tadelte, er habe unklug daran gehandelt, sich in den Lombardenkrieg einzulassen, da er ja alles Gute, das das menschliche Leben erfreuen könne, in seinem Königreiche besitze, da antwortete er ihr und sprach: „Ich sehe ein, Frau Gräfin, daß ihr die Wahrheit sagt, aber ich bin schon so weit gegangen, daß ich ohne Schande für mich unmöglich noch zurückweichen kann. Hätte ich nur immer euren Rat befolgt, dann hätte ich nicht so viel Unglück erlebt."

Darauf antwortete ihm die Gräfin: „Schlimmer noch wird es für dich sein, wenn du noch Schlimmeres erlebst." Damals war er nämlich noch nicht abgesetzt und von den Parmensern besiegt. „Ich denke nicht, noch größeres Unheil zu erleben", antwortete ihr der Kaiser, „sondern ich hoffe, an meinen Feinden noch Rache zu nehmen." „Der rächt schlecht seine Unbill", entgegnete ihm darauf die Gräfin, „der sie noch schlimmer macht." Deshalb sagte einer auch:
„Schlechte Rache übt der für ihm widerfahrenes Unrecht,
Der noch Schlimmeres tut und offne Schande davonträgt".

O: CC.CM 125, S. 464 (= MGH SS 32, S. 303) – Ü: Heinisch (1968), S. 190 – L: van Cleve (1972), S. 412; Heinisch (1968), S. 348, Anm. 53.

Schreiben Friedrichs II. an den Papst Schreiben Friedrichs II. an Richard von Cornwall

Nach der Schlacht von Cortenuova machte die kaiserliche Kanzlei in zahlreichen Schreiben den Sieg Friedrichs II. einem großen Kreis von Adressaten in ganz Europa bekannt (u.a. dem Papst, Richard von Cornwall, Herzog Friedrich von Lothringen und dem Erzbischof von York). Der in diesen Briefen gegebene Bericht über die Schlacht ist zwar unterschiedlich ausführlich, inhaltlich aber im wesentlich identisch. Wortwahl und Struktur der Darstellung dagegen sind sorgfältig auf den Empfänger abgestimmt. Im Schreiben an den Papst und die Kardinäle erscheint der Sieg Friedrichs als Gottesurteil: Die Mailänder erheben sich verwegen gegen die kaiserliche Hoheit. Als Großmut und Milde des Kaisers erschöpft sind, stellen sie sich nicht zur Entscheidungsschlacht, durch die der Wille Gottes hätte offenbar werden können. Verraten von ihren Mitverschwörern, versuchen sie heimlich zu fliehen, entgehen aber ihrer Strafe nicht:

Aller Fürsten der Erde gemeinsame, doch der Mutter Kirche besondere Freude wollen wir eurer Kenntnis nicht länger vorenthalten.

Obgleich, wie wir bestimmt annehmen, den Lauf unserer Botschaft das Gerücht, das rascher als ein Schreiben ist, überholt hat, so bringen wir nichtsdestoweniger in dieser genaueren Form den Triumph unseres siegreichen Erfolges durch diesen kaiserlichen Brief zu euch.

Von welcher Kühnheit und Verwegenheit die Parteien der Ligurer, der Empörer wider unsere Hoheit, sind, erwies ihren Grenznachbarn die Erfahrung und ihre enge Nachbarschaft; sie meldeten das Gerücht von ihrer althergebrachten Niedertracht den Entfernten. Wir glauben auch, daß euch das nicht verborgen ist und daß die Welt wohl die Beständigkeit unserer so langen Großmütigkeit ihnen gegenüber kennt. Damit also unsere Duldung ihren wahren Namen Geduld nicht verliere und den Tadel der fehlerhaften Kleinmut anstatt der Zierde der Tugend auf sich lade, da wir ferner bemerkten, daß man Wunden mit Eisen ausschneiden muß, die das Heilmittel der Salben nicht spüren, da wir nicht abwarten wollten, bis die schon so oft vernarbte Wunde zu einem Geschwür würde, deshalb haben wir gezwungenermaßen zu den Waffen gegriffen, sind endlich zur Gewalt geschritten, haben unser Schwert geschwungen und den Schlummer des schlafenden Reiches aufgestört.

Als wir im vergangenen Jahre, wie die Furt durch die Tiefe, ihre Kräfte und ihre Gesinnung gelotet hatten, hielten wir, durch den Versuch sicher, an unserem Vorsatz fest, festigten unseren Sinn, während uns die guten Anfänge den Erfolg des erwünschten Abschlusses versprachen und der Morgenstern uns das Vertrauen auf abendliche Freuden schenkte. Dann, befreit aus den Netzen Deutschlands, die zum großen Teil jener junge wilde Friedrich, ehemals Herzog von Österreich, unseren Fortschritten, freilich nicht straflos, gestellt hatte, beschlossen wir, gegen Ende dieses Sommers wieder nach Italien zu ziehen.

Als unser fortgesetzter Sieg allmählich bis an das Gebiet von Brescia gelangte, das, von der Umzingelung unserer Getreuen von allen Seiten umgeben war, jedoch im Schutze Mailands gleichsam durch ein Loch atmete, als wir mannhaft Monte Chiaro eroberten und dort zahlreiche Brescianer und zwar meistenteils Adlige gefangennahmen, da rief Brescia, im Innersten von der Qual des Herzens ergriffen wie eine brüllende Löwin, die ihre Jungen vor ihren Augen zerrissen werden sieht und sie nicht schützen kann, die Mailänder, seine Freunde und Genossen, zu seiner Verteidigung in der Hoffnung auf festen Beistand, schließlich aber doch nur zur gemeinsamen Bestrafung.

Als nach der Einnahme von Monte Chiaro die Empörer wider uns alle ihre Streitkräfte versammelt hatten, aber bei keiner Gelegenheit zu der Entscheidung in einer offenen Feldschlacht mit uns verleitet werden konnten, wollten wir sie nicht länger in nutzlosem Verweilen ermüden und wandten uns in entferntere Gegenden, die für die Bedürfnisse des Heeres und die Erfordernisse des Krieges günstig waren.

Während sie unseren Abzug als Flucht und unsere Vorsicht als Furcht ansahen und deshalb, ihrer Kühnheit Hörner aufsetzend, uns dauernd zur Seite folgten, wenn auch durch die Schwierigkeit des Geländes von uns getrennt, führten wir sie schließlich vorsichtig an den Oglio, wo, während uns der Übergang auf unseren Brücken bereit war, sie sich von der Benutzung der ihren, auf denen sie den Oglio überschritten hatten, durch den Zwischenraum eines langen Marsches entfernt fanden.

Bevor wir jedoch die Gelegenheit, den Oglio zu überschreiten, wahrnahmen, errichteten wir in einer Ebene in der Nähe des Flußufers unser Lager, in dem Glauben, sie würden in der bereits gezeigten Kühnheit beharren, so daß sie für die gegenseitige Auseinandersetzung nach Überschreitung eines kleinen Baches, der uns zu überschreiten wegen seiner Steilufer lästig war, herüberkämen, um mit uns zu kämpfen.

Da wir einige Tage lang – an denen wir, eingedenk der kaiserlichen Milde, die durch den Deutschordensmeister und andere geistliche Herren vermittelten Friedensworte geduldig anhörten – dort ihre wortreiche Frechheit erwarteten, ihnen jedoch durch feierliche Abgesandte Gelegenheit um Kampfe boten und die Möglichkeit gaben, eine Furt zu uns herüber sicher zu überschreiten oder uns selbst sicher zu ihnen hinüberkommen zu lassen, als es da zur Entscheidung kam, wollten sie keines von beiden wählen.

Nichtsdestoweniger stachelten wir sie, während noch unser Troß an Gepäck und Wagen den Oglio überquerte, ohne die Schlachtordnung unseres Heeres aufzulösen, von morgens bis abends durch das Getön unserer Hörner, die sie ganz nah hören konnten, zum Kampfe auf; aber die, die wir für Worte taub gefunden hatten, fanden wir für Posaunen noch tauber.

Nachdem nun ohne Störung durch die Empörer der Fluß von uns und den Unseren überquert worden war, während das Kriegsvolk der Städte und der größte Teil der Ritter in die Heimat zurückzog – da der Verdruß über die unverhoffte Verzögerung und die Ungunst der Jahreszeit nicht erlaubten, sie länger zu halten – richteten wir mit dem kampfbereiten Ritterheere längs des Ufers des Flusses auf unserer Seite unsere Schritte eilig zu den Brücken, über die jene in ihre Heimat zurückziehen mußten.

Da sie so jenseits des Flusses, angesichts des völligen Mangels an allem nicht länger in ihren Erdhöhlen bleiben konnten, zogen die

Mailänder und ihre Genossen, die von den nach Hause gezogenen Brescianern gegen das Bundesgesetz im Stiche gelassen worden waren, da sie den Fluß über Brücken und durch Furten nicht überschreiten konnten, durch ein dichtes Gehölz, in der Annahme, sich uns durch die Rettung heimlicher Flucht entziehen zu können, da sie glaubten, wir stünden vielleicht nicht so nahe.

Aber als Schrecken und Getöse wie vom Donner des Himmels ihnen bei unserer Ankunft erdröhnte, da wandten sie sich bereits vor den vorausgeschickten Reihen unserer Hoheit, ehe sie noch die siegreichen Zeichen der Adler des Reiches erblickt hatten, so plötzlich zur Flucht, daß bis zu ihrem Fahnenwagen, den sie mit der Schnelligkeit der Rosse nach Cortenuova vorausgesandt hatten, keiner der Fliehenden das Antlitz der Unseren, die sie verfolgten, zu schauen vermochte.

Als wir selbst hinter den Hilfslinien mit dem Kern unserer Schlachtreihen eiligen Schrittes den Unseren, die in leichter Schar vorangegangen waren, zu Hilfe eilen zu müssen glaubten, da wir sie von den Streitkräften der kämpfenden Feinde bedrängt fürchteten, fanden wir die Straßen durch Pferde, die ohne Reiter umherirrten, von allenthalben gestürzten und im Gemetzel getöteten Rittern versperrt. Nachdem wir endlich die am Boden Liegenden, die noch lebten, durch die Knappen, die ihren Herren folgten, hatten aufnehmen und fesseln lassen, wandten wir uns zu dem Fahnenwagen, den wir bei den Mauern der Stadt Cortenuova, umgeben von Wällen und Gräben und umringt von einer ungeheuren Menge kämpfender Ritter, geschützt durch die erstaunliche Verteidigung der Kämpfenden, fanden, und machten uns daran, ihn durch die Tapferkeit der vielen, unzähligen Ritter zu erobern und wegzunehmen.

Schließlich sahen wir denn auch einige von den Unseren, die den Rand der stolzen Verschanzung überstiegen hatten, fast bis zur Deichsel des Wagens vorgedrungen. Da jedoch der schattige Nebel der Nacht hereinbrach, gaben wir den versuchten Angriff auf und gönnten uns Ruhe, die sich die Wünsche der Unseren möglichst lang ersehnten; aber nur die Schwerter legten wir ab und zogen die Eisenhemden nicht aus, um am folgenden Morgen zum unzweifelhaften Sieg über den Fahnenwagen wiederzukommen.

Wir fanden ihn bei Tagesanbruch zwischen Haufen anderer gewöhnlicher Streitwagen, von jeder Verteidigung verlassen; die Spitze der Stange, wo das Zeichen des Kreuzes gewesen war, war abgeschlagen; aber auch dieses Kreuz, da es den Fliehenden auf der Flucht beschwerlich schien, fand sich, unterwegs liegengeblieben.

Auch die Burg Cortenuova, wegen deren Festigkeit wir glaubten, sie würde unserem Ansturm entgehen, verließen Besatzung und

Einwohner. Sogar ihr Feldherr, der Sohn des Dogen von Venedig, unter dessen Führung sie unheilvolle Feldzeichen trugen, entrann unseren Händen nicht. Um vieles in Kürze zusammenzufassen: Die Zahl der Gefangenen und Toten, unter denen viele adlige und vornehme Mailänder waren, wird auf etwa 10 000 geschätzt.

Dennoch soll deswegen von der Vernichtung des alten Drachen unsere Hand nicht ablassen, daß wir nicht zur Ehre des Reiches sein Haupt so lange niederschlügen, wie wir seinen Schweif noch zucken sehen, woraus den Nachkommen Anlaß zum Streit oder auch Ärgernis den übrigen erwachsen könnte.

Für all dies, heiligster Vater, bitten wir in kindlicher Ergebenheit euch und eure Brüder, für uns dem Herrn Jesus Christus, der, seine Sache verfolgend, das heilige Reich siegreich fördert und erhöht, Dank zu sagen.

O: HB 5.1, S. 142-145; vgl. RI 5.1, Nr. 2290 – Ü: Heinisch (1968), S. 389-392; vgl. von den Steinen (1923), S. 52 f.

Das ebenfalls in der Briefsammlung des Petrus de Vinea, aber auch bei Matthaeus Paris überlieferte Schreiben Friedrichs an seinen Schwager Richard von Cornwall dagegen erhält seine Struktur durch den Kontrast von Ehre und Schande. Mit den Aufständischen noch länger Geduld zu haben, wäre ihm nicht mehr als die tugendhafte Großmut des guten Herrschers, sondern als schwächliche Verzagtheit ausgelegt worden. Der Sieg Friedrichs stellt die kaiserliche Ehre sichtbar wieder her, wirkungsvoll gespiegelt in der Schande der feige fliehenden Mailänder:

Wie keck und verwegen sich die aufrührerischen Parteien der Ligurer gegen unsere Hoheit aufgelehnt haben, hat den zunächst Wohnenden der Augenschein und die Nähe des Wohnortes gezeigt; der Ruf ihrer eingewurzelten Bosheit hat es den Entfernteren überbracht. Wir glauben auch, daß dir nicht unbekannt ist, da es ja die ganze Welt weiß, wie wir in unserer Großmut unsere Gesinnung gegen jene so lange verborgen haben, bis unsere Geduld ihren wahren Namen zu verlieren und statt des Ehrennamens einer Tugend den schimpflichen Namen der Kleinmut anzunehmen drohte.

Da wir somit in Erwägung zogen, daß Wunden, die durch andere Mittel nicht geheilt werden können, mit dem Messer auszuschneiden sind, so mußten wir zu den Waffen greifen und die Ruhe des schlummernden Reiches stören. Während wir nun weder im vergangenen Jahre noch in diesem die Empörer zu einer entscheidenden Feldschlacht bewegen konnten, um ein für allemal den gewünschten Sieg über sie zu erfechten, verhalf uns jetzt ein Zufall, aber ein glücklicher, dazu. Als nämlich die Mailänder und ihre Anhänger von den Brescianern zu Hilfe gerufen wurden, befand sich zwischen ihnen und uns ein Fluß als Hindernis, durch den sie wie durch eine Befestigung geschützt waren. Wir aber verlegten unser Lager über den Fluß Oglio.

Da nun die uns treuen Einwohner und Ritter der Städte nach Hause gingen, weil man sie wegen des unerwarteten Verzuges und der ungünstigen Jahreszeit nicht länger zurückhalten konnte, so nahmen wir mit unserer schlagfertigen Ritterschaft unsere Marschrichtung eilig längs des Ufers gegen die Brücke, die jene auf ihrem Heimwege überschreiten mußten. Und da die Mailänder wegen Mangels an allem nicht länger in ihren Schlupfwinkeln jenseits des Flusses bleiben konnten, so überschritten sie mit ihren Verbündeten auf Brücken und durch Furten den Oglio und zogen auf das freie Feld, in der Meinung, sie könnten uns durch heimliche Flucht entkommen, da sie uns vielleicht doch nicht so nahe vermuteten.

Als aber bei der Nachricht von unserer Ankunft Furcht und Schrecken gleich einem Donner vom Himmel sie ergriffen, wandten sie sich beim Anblick unserer Vorhut, und noch ehe sie die siegreichen Zeichen der Adler des Reiches gesehen hatten, vor unserm Antlitz zitternd, so plötzlich zur Flucht, daß bis zu ihrem Fahnenwagen, den sie mit schnellen Pferden bis Cortenuova vorausgeschickt hatten, keiner von ihnen das Angesicht der Unseren, die sie verfolgten, erblickte. Da wir es nun für notwendig hielten, mit den Hilfstruppen und nach ihnen mit der ganzen Schar der Unseren den vorausgesandten leichten Truppen möglichst rasch zu Hilfe zu kommen, weil wir fürchteten, sie könnten durch die feindlichen Streitkräfte bedrängt werden, fanden wir die Wege durch Pferde, die ohne Reiter umherliefen, durch abgeworfene Ritter und Berge von Leichen versperrt.

Nachdem aber die auf dem Boden Liegenden, soweit sie noch lebten, durch die ihren Herren folgenden Schildknappen aufgehoben und gefesselt worden waren, suchten wir den Fahnenwagen auf, den wir neben den Mauern des Städtchens Cortenuova, mit Wall und Graben umgeben und von einer unermeßlichen Zahl von Rittern und all ihrem Fußvolk stark verteidigt, fanden. Diesen zu erobern und in ihre Gewalt zu bekommen, waren unsere Ritter eifrigst bestrebt, so daß, wie wir sahen, einige von ihnen nach Übersteigung des Grabens und des Walles bis zu seiner Deichsel gelangten.

Aber bei Beginn der Nacht, die der Kampfbegierde der Unseren allzu lange schien, unterbrachen wir den begonnenen Kampf für eine Weile, indem wir nur, um zu ruhen, die Schwerter ablegten, die eisernen Hemden aber nicht auszogen, und wollten am anderen Morgen den nicht mehr zu bezweifelnden Sieg über den Fahnenwagen erringen.

Wir fanden ihn aber bei anbrechendem Tage unter einem Haufen anderer gewöhnlicher Wagen, verlassen und ohne jegliche Verteidigung; die Spitze der Stange, an der sich das Kreuz befunden hatte, war abgebrochen, und auch das Kreuz, das den Fliehenden zu schwer gewesen sein mochte, lag verlassen da.

Auch die Burg Cortenuova, unter deren Schutze sie nach unserer Meinung einen Angriff hätten aushalten können, war von den Wächtern und Einwohnern geräumt, und selbst ihr Podestà, Pietro Tiepolo, der Sohn des Dogen von Venedig, unter dessen Anführung sie die klägliche Heerfahrt gemacht hatten, entging unseren Händen nicht. Kurz, um vieles zusammenzufassen: die Zahl der Gefangenen und Toten, unter denen sich viele Edle und Fürsten der Mailänder befanden, wird auf beinahe 10 000 geschätzt.

O: RS 57.3, S. 443 f. (= HB 5.1, S. 133-134) – Ü: Heinisch (1968), S. 393-395.

Petrus de Vinea

In der Briefsammlung des Petrus de Vinea, der, 1224 von Friedrich II. zum Großhofrichter ernannt, bald zum wichtigsten Berater des Kaisers aufstieg, ist ein Schreiben erhalten, in dem ein ungenannter Verfasser (vielleicht Petrus de Vinea selbst) einem unbekannten Adressaten über den Sieg Friedrichs II. berichtet. Die Darstellung der Schlacht ist stark verkürzt. Anders als in den wahrscheinlich gleichfalls von Petrus de Vinea verfaßten Schreiben der kaiserlichen Kanzlei steht nicht die militärische Auseinandersetzung, sondern der anschließende Triumphzug in Cremona im Mittelpunkt:

Frohlocken möge nun des römischen Reiches Gipfel, und der gesamte Erdkreis möge sich freuen über den Sieg eines solchen Herrn! Erröten möge die widerrechtliche Genossenschaft der Lombarden, zerschmettert werde der Wahnwitz der Empörer, und angesichts des Ausgangs der Schlacht mögen die feindlichen Völker erzittern! Vor allem jedoch möge das unglückliche Mailand seufzen und jammern und in bittere Tränen ausbrechen über eine solch große Anzahl von gefallenen Rittern und gefangenen Bürgern! Und es möge sich unverzüglich daran gewöhnen, dem Herrn der Welt zu gehorchen! Höret also, wie die Ströme des feindlichen Blutes die kaiserlichen Schwerter färbten, wie die Macht des Kaisers alle Feinde überwand!

Nachdem eine staunenerregende Maschine die Mauern von Monte Chiaro zertrümmert hatte und nachdem die nicht wiedergutzumachende Verbrennung des Gebiets von Brescia viele erschreckt hatte, rückte der Kaiser vor, um den Mailändern, Placentinern und ihren Anhängern, die den Brescianern zu Hilfe gekommen waren, mit seinem Heere furchtbar entgegenzutreten. Als er aber an die Landgüter von Ponte Vico kam, ließ der hochgemute Kaiser das Lager in der Nähe der Zelte des Feindes abstecken, so daß nur ein winziger Bach die Stellungen beider Heere trennte. Dort begehrte der Kaiser nach Vervielfachung der Streitkräfte seiner Majestät, sich im Kampfe zu messen. Als er aber die aufrührerischen Gegner angreifen wollte, verschanzte sich der ängstliche Feind, der die Entscheidung der Schlacht fürchtete, in den umliegenden Sümpfen, so daß man angesichts dieser hinderlichen Befestigung nicht in Schlachtordnung vordringen konnte.

Endlich fand die Klugheit des Kaisers einen heilsamen Rat, und er überschritt, nachdem die Feinde sich in dem Gebiet von Cremona verstreut hatten, in raschem Marsch den Oglio. Als er so am Ufer dieses Flusses mehr als 10 000 Mann seines Heeres mit sich führte und seine siegreichen Feldzeichen auf die Brücke von Brescia zu führte, um dem Rückzug der Feinde zuvorzukommen und sie beim Übergang anzugreifen, stürzte er sich sogleich mit seinem Heere, das er in sieben Abteilungen aufgeteilt hatte, auf die Feinde, die den Oglio bereits überschritten hatten, auf den Feldern von Bergamo und begann heftig die Schlacht, die er vorgesehen hatte.

Und so kampfbereit war die Ritterschaft des Kaisers, wie Löwen, die der Hunger treibt, zu den Ställen des Viehs springen, daß ohne weiteren Aufenthalt am 27. November der 11. Indiktion die Vorhuten beider Parteien, auf den Feldern von Cortenuova in gegenseitigem Ansturm gewaltig wütend, hier und da handgemein werdend und von beiden Seiten die Ritter durch den Klang der Trompeten anspornend, eine furchtbare Schlacht begannen. Von allen Seiten folgten die Hauptscharen und trafen zusammen. Beiderseits wurde lang und hart gekämpft.

Endlich wurde die mailändische Ritterschaft von den kaiserlichen Streitkräften tapfer durchbrochen und bis zu der Schutzwehr ihres Lagers mannhaft verfolgt; und schon begann sie gleichsam in vielfachem Fall des Untergangs zu wanken. Denn das kaiserliche Heer, das das gemeine Volk mit harten Schlägen bedrängte, bedeckte im Verderben tausendfachen Todes das blutige Feld mit stürzenden Scharen.

Wer aber könnte die Schrecken dieses Tages erzählen? Wer vermöchte die Leichenberge der Feinde zu beschreiben? Wer die Menge der Gefangenen zu zählen? Endlich nämlich gedachte Gott, der gerechte Richter, der Rechte des Reiches und warf den Übermut der Lombarden plötzlich in den Abgrund eines solchen Verderbens, daß an einem Tage das trauervolle Mailand mit seinen Anhängern die Elite der Ritterschaft und des Volkes, den Fahnenwagen samt dem Podestà schmählich verlor und ein jeder der Unseren so viele von ihnen tötete und gefangennahm, wie er wollte. Endlich floh das

Volk unter Zurücklassung der Waffen, Zelte und Wagen den unentrinnbaren Tod durch das Schwert, so daß der größte Teil von ihnen in den Fluten ertrank.

Damals zeigte der Kaiser vor allen seinen Rittern die Gewalt seiner Tapferkeit. Er selbst nämlich drang mit eigener Hand in die Reihen der Feinde. Damals röteten seine Deutschen ihre Schwerter im roten Blut der Feinde. Damals kämpften die treuen und glückhaften apulischen Ritter Seite an Seite mit ihrem Herrn aufs wunderbarste. Damals rächte sich die bewundernswerte Ritterschaft von Pavia an den mailändischen Rittern, und das getreue Cremona tränkte zusammen mit den verbündeten Städten seine Äxte im Blut, und die Sarazenen leerten ihre Köcher.

Niemals nämlich waren in einer Schlacht die Leichen so aufgehäuft, und wenn nicht die Nacht rasch hereingebrochen wäre, die die Reste der Feinde entzog, so wäre keiner von ihnen den Händen des Kaisers entgangen. Wunderbar aber war dabei, daß bei einem so furchtbaren Zusammenstoß das kaiserliche Heer ohne Verluste blieb.

Nachdem also die Feinde auf diese Weise besiegt und in die Flucht geschlagen worden waren, kam der erhabene Kaiser im Triumph nach Cremona. Dann ließ er den unglücklichen Fahnenwagen der Mailänder samt ihrem Podestà, dem Sohn des Dogen von Venedig, und anderen Gefangenen eilig nach Cremona kommen; am folgenden Tage wurde auf Befehl des Kaisers die Fahnenstange des Wagens schimpflich bis zum Erdboden herabgebogen, der Podestà wurde schmachvoll darangebunden, und unter lautem Beifall der herumstehenden Menge wurde der Wagen von einem Elefanten, der einen hölzernen Turm und Flötenspieler mit den Fahnen des Reiches auf dem Rücken trug, zu Lob und Ruhm des Kaisers durch Cremona gezogen.

Wahrlich vom Throne Gottes ging das Gericht der Rache aus; denn die Gräber reichten nicht aus für die Gefallenen, und die Paläste Cremonas faßten die Menge der Gefangenen nicht. Deshalb feiert, ihr getreuen Völker, das Fest des kaiserlichen Sieges mit feierlicher Freude, und freut euch in überströmendem Jubel über die Verkündung solchen Sieges!

O: HB 5.1, S. 137-139; vgl. RI 5.1, Nr. 2294 – Ü: Heinisch (1968), S. 398-400.

Liber de temporibus

Wie der Triumphzug des Kaisers auf die Bürger von Cremona und ihre Verbündeten wirkte, zeigt das „Buch der Zeiten“ (*Liber de temporibus*), dessen einzige erhaltene Handschrift Alberto Malioli († 1286), ein Notar in Reggio Emilia, gegen Ende seines Lebens anlegte. Seine annalistisch knappe, sprachlich anspruchslose Darstellung besteht im wesentlichen aus der Zusammenstellung ihm vorliegender, wahrscheinlich zeitnah geführter Aufzeichnungen zur Stadtgeschichte von Reggio Emilia, das 1237 auf Seiten Cremonas stand.

Der Eintrag zum Jahr 1237 ist bestimmt durch den Sieg Friedrichs bei Cortenuova. Im Mittelpunkt steht jedoch nicht der Verlauf der Schlacht, sondern der Triumphzug von Cremona, hier wiederum nicht der Fahnenwagen mit dem gefesselten Podestà von Mailand, sondern der kaiserliche Elefant und die auf ihm reitenden Sarazenen.

Matthaeus Paris, der über den Verlauf der Ereignisse nur unvollständig informiert war, berichtet über den kaiserlichen Triumphzug nicht; seine Schilderung der Einholung Richards von Cornwall durch die Cremonesen bei seiner Rückkehr aus dem Heiligen Land 1241 bestätigt aber den überwältigenden Eindruck, den der Kriegselefant des Kaisers auf die Zeitgenossen machte. Seine Beschreibung der Szene illustrierte Matthaeus sogar mit einer Abbildung des Elefanten.

Der *Liber de temporibus* berichtet über den Sieg Friedrichs II. bei Cortenuova und seinen anschließenden Triumphzug in Cremona:

In diesem Jahre wurden am 27. November die Mailänder von dem Heere des Kaisers besiegt und getötet, und bei Cortenuova verloren sie ihren Fahnenwagen. Auch der Sohn des Dogen von Venedig, der damals Podestà von Mailand war, wurde gefangen und in den Kerker der Stadt Cremona gebracht. In diesem Jahre und in dem genannten Heere hatte der Kaiser einen Elefanten, und auf dem Rükken dieses Tieres war ein wohlbewaffneter Fahnenkasten, in dessen Mitte ein Bannerträger saß und an dessen vier Ecken je eine Fahne war; und in diesem Kasten saßen wohlbewaffnete Sarazenen und Christen.

O: MGH SS 31, S. 512 – Ü: Heinisch (1968), S. 397 f. – L: RepFont 7, S. 258; MGH SS 31, S. 338 u. 348.

Schreiben Friedrichs II. an die Römer

Sein wichtigstes Beutestück, den Fahnenwagen der besiegten Stadt Mailand, übersandte Friedrich nach dem Triumphzug in Cremona an „den Senat und das Volk von Rom“. In der Hauptstadt des römischen Reiches sollte das Zeichen seines Sieges über das rebellische Mailand für alle Zeiten zur Schau gestellt werden, zugleich aber sollten die Römer, d.h. die auf seiner Seite stehenden Adligen Roms, teilhaben an den Erfolgen ihres Herrschers.

Das folgende ohne Datumzeile in der Briefsammlung des Petrus de Vinea überlieferte Schreiben, erging (wohl im Frühjahr 1238) als Begleitschreiben zur Übersendung des *carroccio*. Es ist eines der wichtigsten Zeugnisse der Romidee Friedrichs II., der sich hier wie die Caesaren der Antike als großer

Sieger und Triumphator darstellt. Ebenso aber ist es der tagespolitisch motivierte Versuch, durch gezieltes Aufgreifen antiker Tradition, den stadtrömischen Adel stärker an sich zu binden:

Den Glanz der Hauptstadt in den Zeiten unserer Herrschaft zu erhöhen, den die Vorfahren durch den Ruhm ihrer Triumphe zu steigern glaubten, verpflichtete uns sowohl die übermächtige Vernunft, die den Königen gebietet, als auch die Natur, und huldreich bekennen wir uns mit geziemenden Worten dazu verbunden. Denn seht, da der Triumph notwendig auf seine natürliche Ursache zurückgeführt wird, könnten wir die kaiserliche Würde nicht erhöhen, ohne dabei die Ehre der Hauptstadt, die wir als den Ursprung des Reiches anerkennen, zu erhöhen.

Obgleich nun aber die kaiserliche Majestät aller Gesetze entbunden ist, so ist sie dennoch nicht ganz dem Urteil der Vernunft enthoben, die die Mutter des Rechtes ist, das über Unvernünftiges geurteilt haben will und soll. Auch würde sich unser Eifer von der Beachtung jeglicher Vernunft entfernen, wenn wir, die uns der Glanz des römischen Kaisers umstrahlt, die Römer des Jubels über den römischen Sieg unteilhaftig ließen; wenn wir euch um die Frucht des Unternehmens, das wir in eurem Namen durchführten, da wir die Empörer gegen das römische Reich unter dem Schlachtruf des römischen Namens besiegten, betrögen; wenn wir den Glanz und den Ruhm unserer Herrschaft nicht in die königliche Stadt trügen, die uns, wie eine Mutter den Sohn aus ihren Armen, nach Deutschland gesandt hat, um den Gipfel des Kaisertums zu erklimmen.

Euren Verdiensten schreiben wir zu, was wir in der Zwischenzeit unter glücklichen Vorzeichen vollbrachten, da wir in die Stadt, aus der wir in der Furcht vor einem zweifelhaften Geschick auszogen, mit dem Ruhm eines glanzvollen Erfolges zurückkehren. Dadurch erinnern wir uns nämlich der alten Caesaren, denen für ihre unter siegreichen Zeichen vollbrachten herrlichen Taten Senat und Volk von Rom Triumphe und Lorbeeren zuerkannten, auf daß wir durch das gegenwärtige Vorbild unserer Hoheit euren Wünschen von altersher die Wege bereiten.

Denn nach dem Sieg über Mailand senden wir euch den Fahnenwagen dieser Stadt, ganz sicher der Anführerin des Aufruhrs in Italien, als Beute und Siegesgabe der bezwungenen Feinde; wir senden ihn euch als ein Unterpfand unserer Großtaten und unseres Ruhmes voraus, in dem Willen, den Rest, sobald wir Italien, den Sitz unseres römischen Reiches, befriedet sehen, auf Heller und Pfennig zu bezahlen.

Empfanget dankbar, Quiriten, das Siegeszeichen eures Imperators! Aus ihm mag euch die schönste Hoffnung erblühen. Denn wie wir gern den alten feierlichen Gebräuchen folgen, so sind wir noch lieber auf die Erneuerung des alten Adels der Stadt bedacht.

Da nun bereits das dunkle Gerücht umgeht, daß der Neid, der wegen dieses Triumphgeschenks entstand, gewisse Nebenbuhler aufreizte, auf die Vernichtung des Fahnenwagens, dessen öffentliche Aufstellung und denkwürdige Ehrung des kaiserlichen Triumphes, wie sie in der Hauptstadt vorgesehen ist, ihre Herzen mit tiefem Schmerze durchdringt, durch heimliche Brandstiftung zu sinnen, mahnen wir ferner eure Gesamtheit, damit sich jene nicht der vorgenommenen Untat rühmen, zur Vorsicht, auf daß ihr dafür sorgt, zu seinem Schutze Eifer und Sorgfalt aufzuwenden, damit der Böswilligen Neid auf unseren Sieg sowie ihre ängstliche Betrachtung unserer Ehre in ihren Anschlägen eher zerschmettert wird, als sie die Möglichkeit der Verhöhnung findet.

Nichtsdestoweniger möge noch durch Beschluß des römischen Senats und des Volkes ein Gesetz gegen die Missetäter erlassen werden, die, wenn sie bei Anschlägen oder Handlungen gegen den Fahnenwagen öffentlich oder insgeheim ertappt werden, mit dem Verlust ihres Kopfes bestraft werden sollen.

O: HB 5.2, S. 761-763; vgl. RI 5.1, Nr. 2311; zur Datierung: Kantorowicz (1931), S. 283-289 – Ü: Heinisch (1968), S. 401 f. – L: Thumser (1995), S. 290 f.; Kantorowicz (1927), S. 408-416.

Brief und Geschenk wurden von folgenden Versen begleitet:

Heil dir, Zierde der Welt! von Friedrich, dem hehren, gerechten
  Kaiser komm ich zu dir, der ich besiegt worden bin.
Weh dir, Mailand, du fühlst, fruchtlos ist es und falsch,
  schmähen die Macht des Reichs, rühmen die eigene Kraft!
Also magst du, o Stadt, denken der früh'ren Triumphe,
  die die Könige, einst Führer im Krieg, dir bestimmt!

Der Senat ließ den Wagen, der zur Demütigung der Mailänder von Maultieren durch die Städte Italiens gezogen worden war, feierlich durch die Stadt führen und (zur Erbitterung Gregors IX. im Beisein mehrerer Kardinäle) auf dem Kapitol aufstellen, wo folgende Inschrift angebracht wurde:

Friedrichs des Zweiten Geschenk, o Rom, des erhabenen Kaisers,
  halte den Wagen stets hoch in Ehren hinfort!
Denn zu künden den Sieg des Kaisers, der ihn erobert,
  kam er als Beute hierher, Mailand zur ewigen Schmach.
Hier zur Schande der Feinde steht er, zur Ehre der Hauptstadt.
  Liebe zu Rom befahl, ihn zu senden nach Rom.

O: Thumser (1995), S. 291 f. (= HB 5.1, S. 163, Anm. 1) – Ü: Heinisch (1968), S. 402 f.

Die Eskalation des Konfliktes: die zweite Bannung Friedrichs II. durch Gregor IX. und der Vorwurf der Häresie

Nach der vergeblichen Belagerung Brescias im Herbst 1238 verschärfte sich die Auseinandersetzung Friedrichs II. mit Gregor IX. Äußerer Anlaß für die Eskalation des Konfliktes im Frühjahr 1239 war die Ehe Enzios, des unehelichen Lieblingssohnes Friedrichs II., mit Adelasia, der Erbin zweier der vier „Judikate" (Fürstentümer) Sardiniens. Enzio nahm die nordsardinischen Judikate Torres und Gallura von seinem Vater zu Lehen und nannte sich fortan „König von Sardinien". Dies führte zu einer deutlichen Verschlechterung des Verhältnisses zu Gregor IX., der die in der Konstantinischen Schenkung begründeten Hoheitsrechte des Papsttums über die Inseln übergangen sah, die Friedrich II. selbst 1219 und Adelasias Vater sogar noch 1237 anerkannt hatten.

Als das Scheitern der Verhandlungen absehbar wurde, wandte sich Friedrich II. (unter Umgehung des Papstes) am 10.3.1239 mit einem Rechtfertigungschreiben an die Kardinäle, unter denen nicht wenige bereit waren, die kaiserliche Position zu vertreten. Dieses Vorgehen und die in dem Schreiben gegen seine Person erhobenen Vorwürfe veranlaßten Gregor IX. dazu, ohne weitere Beratungen oder Verhandlungen am 20.3.1239 zum zweiten Mal den Bann gegen Friedrich II. auszusprechen.

Anders als 1227 war die Exkommunikation jedoch 1239 von Anfang an mit der zusätzlichen, sehr viel schwerer wiegenden Drohung einer Absetzung des Kaisers wegen Verdachts der Häresie verbunden. Vermutlich von kurialer Seite gezielt in Umlauf gebracht, verbreitete sich 1238/39 das Gerücht, Friedrich II. habe Moses, Christus und Mohammed drei große Betrüger genannt. Das von Friedrich zur Rechtfertigung seines Vorgehens gegen die Mailänder und ihre Verbündeten vorgebrachte Argument, sie seien Ketzer, wurde nun gegen ihn selbst gekehrt. Seine freundschaftlichen Beziehungen zu islamischen Herrschern, der exotische Eindruck, den sein Hofstaat machte, vor allem die auffällige Präsenz von Sarazenen in seiner unmittelbaren Umgebung machten die angebliche Äußerung Friedrichs II. glaubwürdig. Das Gerücht verselbständigte sich rasch, und weitere Elemente vervollständigten bald das Bild des „ketzerischen Kaisers", dessen Absetzung nicht nur das Recht, sondern die Pflicht des Papstes war.

Matthaeus Paris

Im Bericht, den Matthaeus Paris von der Bannung Friedrichs II. und ihrer Vorgeschichte gibt, kommt deutlich zum Ausdruck, wie die an sich wenig bedeutende sardinische Frage von beiden Seiten durch den ungelösten (und mit rechtlichen Mitteln nicht lösbaren) Grundsatzstreit um die Rechte des Papsttums und des Reiches in Italien überlagert und aufgeladen wurde. Aufgrund der Konstantinischen Schenkung, die dem Papst u.a. die Herrschaft über die Inseln zusprach, beanspruchte Gregor IX. Sardinien als Lehen der Kirche, während sich Friedrich II. darauf berufen konnte, daß sein Großvater 1165 Pisa mit Sardinien belehnt hatte. Seit dem Ende des 12. Jahrhunderts waren die im Verlauf des Früh- und Hochmittelalters gewachsenen Rechtspositionen beider Seiten zunehmend unvereinbar geworden. Für Heinrich VI. und Friedrich II. hatte Reichsitalien als Brücke zwischen Deutschland und Sizilien eine zentrale Bedeutung gewonnen, die es zuvor so nicht gehabt hatte; aber auch die Päpste versuchten seit Innozenz III., der allgemeinen Tendenz zu rechtlicher Vereindeutigung folgend, ihre Ansprüche außerhalb des von ihnen unmittelbar kontrollierten *patrimonium Petri* zu herrschaftlichen Abhängigkeitsverhältnissen zu verdichten:

Während der Kaiser in Italien überwinterte, wurde ihm der größte und wichtigste Teil der im Mittelmeer nahe der Stadt Pisa liegenden, sehr reichen Insel Sardinien übergeben, auf die, wie man sagt, das Patrimonium des heiligen Petrus ein besonderes Anrecht habe. Der Kaiser aber behauptete, die Insel gehöre seit alters zum Reiche und die Kaiser hätten sie nur infolge unberechtigter Inbesitznahme und wegen anderer dringender Reichsgeschäfte verloren; deshalb vereinige er sie jetzt wieder mit dem Reiche. „Ich habe", sagte er, „wie die Welt weiß, geschworen, die zerstreuten Güter des Reiches wieder zu sammeln, und ich werde nicht ablassen, dies zu tun."

Der Kaiser schickte also seinen Sohn (Enzio), um gegen das Verbot des Papstes den ihm angetragenen Teil der genannten Insel in Besitz zu nehmen. Dies nahm der Papst mit der höchsten Entrüstung auf und sann von da an unverhohlen auf Rache, weil er das Geschehene für einen offenkundigen und großen Schaden ansah. Denn die Insel Sardinien, die von vier Fürsten, die Richter genannt werden, regiert wird, ist ein Zufluchtsort für die Kaufleute, ein Rettungsplatz für Schiffbrüchige und eine Freistätte für Landesflüchtige. Der Schaden ist groß, aber die Art und Weise, wie er herbeigeführt wurde, schien noch viel schwerwiegender und als ein Unrecht. Und der zwischen Kaiser und Papst entstandene Haß erzeugte wie eine vernachlässigte Wunde giftigen Eiter (...).

Als der Papst in der Fastenzeit desselben Jahres (9.2.-27.3.1239) das allzu verwegene Vorgehen des Kaisers und die Gründe, mit denen er sein Vergehen entschuldigte, vernahm, nämlich daß er mit Hilfe einiger sardischer Adligen und Richter das Land und die Burgen des Bischofs (Leonardus) von Sardinien an sich genommen habe, festhalte und hartnäckig versichere, es seien Teile des Reiches und er müsse gemäß seinem ersten und heiligsten Eide die Rechte des Reiches nach Kräften wahren und das Zerstreute wieder sammeln, entbrannte er in heftigstem Zorn gegen den Kaiser, erhob die schwersten Beschuldigungen gegen ihn und wiederholte seine Klagen, indem er schrieb und wieder schrieb und ihn unablässig und eindringlich durch mehr und immer mehr feierliche Gesandtschaften, deren Bescheid angehört zu werden verdiente, mahnte, er solle das Geraubte zurückgeben und aufhören, die Kirche ihrer Besitzungen, die ihr mit Sicherheit seit langer Zeit überschrieben seien, zu berauben; und nach Art eines klugen Arztes, der bald Umschläge, bald das Messer, bald aber das Brenneisen gebraucht, untermischte er seine Drohungen mit Schmeicheleien und seine freundschaftlichen mit schreckenerregenden Worten.

Da aber der Kaiser das alles trotzig ablehnte und sein Verhalten mit einigen Gründen, die sich auf vernünftige Erwägung zu stützen schienen, entschuldigte, exkommunizierte der Papst vor vielen damals anwesenden Kardinälen am Palmsonntag (20.3.1239) voll glühenden Zornes feierlich den Kaiser Friedrich und überantwortete ihn, als ob er ihn bereits von der Höhe des Kaisertums herabgestürzt hätte, zu seinem Verderben den schrecklichen Händen des Satans. Mit seinen, gleichsam vor Wut schnaubenden, donnernden Worten jagte er allen, die ihn hörten, einen heftigen Schrecken ein.

O: RS 57.3, S. 527 u. 532 f. – Ü: Heinisch (1969), S. 65 f. – L: van Cleve (1972), S. 417 f.; Kantorowicz (1927), S. 427 f.; Blasius (1884), S. 10 ff.

Schreiben Friedrichs II. an die Kardinäle

Im Verlauf des Frühjahrs 1239 war deutlich geworden, daß Gregor IX. bewußt auf einen Bruch mit dem Kaiser hinarbeitete. Friedrich II. mußte eine erneute Exkommunikation, vielleicht sogar seine Absetzung befürchten. Am 10.3.1239 wandte er sich von Padua aus an das Kollegium der Kardinäle, von denen nicht wenige ihm wohlgesonnen waren. In seinem Schreiben zog er nicht nur die Aufrichtigkeit der Motive Gregors IX., sondern auch die Kompetenz des Papstes in Zweifel, eine so wichtige Angelegenheit ohne Mitwirkung der Kardinäle zu entscheiden.

Die von ihm vorgetragene Theorie, die Kardinäle seien als Nachfolger der Apostel dem Papst nicht untergeordnet, sondern beigeordnet und zur „Teilhabe an seinen Entscheidungen“ berechtigt, war keineswegs neu. Während des Investiturstreites hatte sich das Kardinalskolleg als wichtigstes beratendes Gremium des Papstes herausgebildet. Seit der Mitte des 12. Jahrhunderts trafen die Päpste wichtige Entscheidungen regelmäßig „nach dem Rat unserer Brüder“ (*de consilio fratrum nostrorum*), d.h. nach Beratung (und Entscheidung) durch die Kardinäle, die als Nachfolger der Apostel die „Brüder“ des Papstes, des Nachfolgers des Apostelfürsten Petrus, waren.

Die Ausbildung des theoretisch unbeschränkten päpstlichen Jurisdiktionsprimats seit dem 12. Jahrhundert war somit in der Praxis einhergegangen mit der Bindung der allumfassenden Herrschaft des Papstes über die Weltkirche an die Zustimmung derjenigen, aus deren Kreis er selbst durch Wahl hervorgegangen war. Wie ein weltlicher Herrscher, der nicht als Tyrann gelten wollte, den Rat seiner Barone einholen und befolgen mußte, traf auch der Papst seine Entscheidungen im Konsistorium, d.h. im Kreis der Kardinäle.

Anders als im weltlichen Bereich kam es im kirchlichen Bereich jedoch nicht zu einer Formalisierung des Konsensrechtes der Kardinäle: Lang andauernde grundsätzliche Konflikte eines Papstes mit der Mehrheit seiner Kardinäle konnten kaum vorkommen, da der Papst selbst die Kardinäle ernannte, so daß der äußere Anlaß für eine solche theoretische Fundierung fehlte; zudem hätte eine formale Bindung der päpstlichen Gewalt der sakrosankten Stellung des Papstes – und dem Grundsatz, daß „der Papst von niemandem gerichtet wird" (*papa a nemine iudicatur*) – widersprochen.

Der Appell Friedrichs an die Kardinäle, mäßigend auf den Papst einzuwirken, und die Betonung ihrer Mitwirkungsrechte durch einen Außenstehenden war daher für Gregor IX. eine unerhörte Provokation. Friedrich II. griff auf eine Theorie zurück, die in dieser Schärfe nur einmal (im späten 11. Jahrhundert) von einer Gruppe von Kardinälen formuliert worden war. Er beschuldigte ihn zudem nicht nur des ungerechten Vorgehens aus persönlichem Haß, sondern auch des „Ärgernisses" (*scandalum*), d.h. eines Tatbestandes, der nach Auffassung vieler Kanonisten ebenso wie Häresie die Absetzung eines Papstes durch ein Konzil rechtfertigte.

Auch den Zeitgenossen dürfte darüber hinaus klar gewesen sein, daß die vorgetragene Theorie im Widerspruch zur Herrschaftspraxis Friedrichs stand. Letztlich erhob er Einspruch dagegen, daß die Päpste seit Innozenz III. – ähnlich wie er selbst in seinen Reichen – ihre monarchische Stellung unter Ausschaltung gewachsener Konsensrechte auszubauen versuchten.

Der Text des Briefes ist nur bei Matthaeus Paris, Albert von Stade und in der Briefsammlung des Petrus de Vinea überliefert. Ob Friedrich II. bereits im März 1239 eine formelle Absetzung fürchtete, wie sie die Bannbulle dann tatsächlich in verschleierter Form androhte, oder ob die entsprechenden, bei Matthaeus Paris fehlenden Worte eine spätere Interpolation darstellen, muß daher offenbleiben:

Da Christus das Haupt der Kirche ist und seine Kirche mit der Berufung Petri auf einen Felsen gründete, setzte er euch als Nachfolger der Apostel ein, damit, während Petrus an aller Statt diente, ihr, die ihr die Leuchter der Kirche über dem Berge seid, nicht unter dem Scheffel steht, sondern wahrhaftig allen, die im Hause des Herrn sind, durch die Wirksamkeit guter Werke leuchtet und euch der öffentlichen Stimme der Welt und dem gemeinsamen Gewissen nicht zu entziehen trachtet. Denn an allem, was der Inhaber des Stuhles Petri zu beschließen vorhat oder zu verkünden beschlossen hat, steht euch gleiche Teilhabe zu, sofern nicht der Zustand der Kirche selbst und der brennende Eifer, allgemeines Ärgernis zu vermeiden, euch Vorsicht gebietet. Wer sollte sich nämlich nicht verwundern, wer staunte nicht, daß, obgleich ihm eine Versammlung so vieler ehrwürdiger Väter zur Verfügung steht, der Inhaber des Throns der allgemeinen Kirche – wäre er doch nur ein gerechter Richter – ohne

Beratung vorgehen will und, brennend vor persönlicher Verärgerung, gegen den römischen Kaiser, den Beistand der Kirche, der zur Verbreitung des Evangeliums eingesetzt ist, (nicht bei MP: den Spruch der Absetzung zu erlassen und) zugunsten der lombardischen Empörer das geistliche Schwert zu ziehen beabsichtigt, und zwar, wenn das zu sagen erlaubt ist, höchst ungerechterweise, wenn es überhaupt irgendeine von den vorgebrachten Bedrückungen der Kirchen gibt, die entweder erfunden sind oder auf Grund eines Einzelfalls verallgemeinert werden und deren Behebung entweder in Angriff genommen ist oder, wie bereits Befehl erging, nach der Überlegung unseres Rates baldigst gebührend und einwandfrei vollzogen werden soll.

Denn sehet! Durch Urkunden der Prälaten, die ein apostolischer Erlaß uns als Mahner vorstellte, wird der offenbare Beweis erbracht, und unsere voraufgehende Bestimmung über die Berufung der Prälaten, die Nachteile erlitten hatten, und die ihnen zu leistende vollständige Genugtuung erwies bereits durch das Schreiben des ehrwürdigen Erzbischofs von Messina, das unserem dazu berufenen Beisitzer überbracht wurde, das offenkundige Zeugnis der Wahrheit.

Deswegen bedauern wir es nicht ohne Grund, wenn der apostolische Vater uns so schwer zu beleidigen beabsichtigt; denn, da ein so schweres Unrecht einen entschlossenen Mann trifft, erlaubt, selbst wenn wir es geduldig ertragen wollten, die Ungeheuerlichkeit der Sache nicht, daß uns das scharfe Vorgehen nicht zu der Rache, die die Caesaren zu üben pflegen, treibt.

Gleichwohl würden wir es, da wir die Ungeduld des Vorgehenden betrachten und den Eigensinn des Beleidigers in Erwägung ziehen, für erträglicher halten, wenn es billigerweise erlaubt wäre, persönliche Rache zu üben, die wir an dem Menschen, durch den das Ärgernis kommt (Mt 18,7), und an seinen Verwandten nehmen könnten, damit auf ihn und die Seinen das gegen unseren Thron gerichtete Unrecht zurückfalle. Da aber weder er selber noch seine ganze Sippschaft es wert sind, daß des Reiches Gipfel rächend gegen sie vorgeht, und das Gewicht seiner Stellung ihm selbst die Zügel der Keckheit lockert, wenn die Menge so vieler verehrungswürdiger Brüder ihn in der eingenommenen Hartnäckigkeit zu stützen scheint, so bedrückt uns die Beunruhigung, daß wir, indem wir uns gegen den Verfolger zu verteidigen bestrebt sind, gezwungen sind, bei der Verteidigung die Widerstrebenden zu schwer zu treffen, in jeder Beziehung unbeschadet der Heiligkeit der Kirche, die wir in heiligem Gehorsam und schuldiger Ehrerbietung mit dem Herzen und durch die Tat verehren.

Deshalb bitten wir eure verehrungswürdige Gemeinschaft, ihr möget die Erregung des höchsten Priesters, die die Welt aus offenkundigen Gründen als ebenso ungerecht wie willkürlich erkennt, in wohlüberlegter Mäßigung einschränken und die allgemeine Lage der Kirche sowie vor allem die Ruhe der Gemüter vor Ärgernissen bewahren. Denn obwohl wir auf euer aller Heil und Ehre gnädig bedacht sind, werden wir nicht gleichmütig von der Verfolgung der Missetäter absehen können, ja, selbst wenn wir dem Anführer nicht entgegentreten könnten, wäre es uns erlaubtermaßen gestattet, das Unrecht, das wir nicht verhindern können, mit Unrecht abzuwehren.

O: HB 5.1, S. 282-284 – Ü: Heinisch (1968), S. 414-416 – L: van Cleve (1972), S. 422-424; Kantorowicz (1927), S. 429, Graefe (1909), S. 11-13.

Die Bannbulle Gregors IX.

Am 20.3.1239, dem Palmsonntag, verkündete Gregor IX. zum zweiten Mal den Bann gegen Friedrich II. Der gewählte Termin war durchaus ungewöhnlich, da die Namen der Exkommunizierten üblicherweise am Gründonnerstag verlesen wurden. Offensichtlich wollte Gregor IX. vermeiden, daß die Kardinäle Einspruch gegen die Exkommunikation des Kaisers erhoben. Unmittelbar nach dem Eintreffen des Schreibens Friedrichs II. erließ Gregor IX. daraufhin die Bannbulle gegen den Kaiser. Sie ist nicht in den allgemeinen Registern Gregors IX. überliefert, wie dort überhaupt alle Belege für Exkommunikationen vom Beginn des 13. Pontifikatsjahres an (d.h. ab dem 19.3.1239) fehlen. Offensichtlich gliederte Gregor IX. zu diesem Zeitpunkt, der kaum zufällig mit der Bannung Friedrichs II. zusammenfällt, die Registerführung in Exkommunikationssachen aus dem Geschäftsgang der allgemeinen Kanzlei aus, vielleicht auch um die Kardinäle an einer Einsichtnahme zu hindern.

Der Text der Bannbulle vom 20.3.1239 wirft Friedrich II. eine große Zahl einzelner Verstöße gegen die Bestimmungen des Friedens von San Germano vor. Diese reichten zur Begründung der Bannung aus, wären durch Zugeständnisse Friedrichs II. aber auszuräumen gewesen. Der letzte Satz dagegen ging über eine übliche Exkommunikation weit hinaus. Mit dem Hinweis darauf, daß die Rechtgläubigkeit Friedrichs II. öffentlich in Verruf geraten sei, behält sich Gregor IX. die Einleitung eines Inquisitionsverfahrens wegen Häresie (und damit eine Absetzung des Kaisers) vor:

Wir exkommunizieren und bannen (*excommunicamus et anathematizamus*) aus der Machtvollkommenheit des Vaters, des Sohnes und des heiligen Geistes, der Apostel Petrus und Paulus und unserer eigenen Friedrich, den man Kaiser nennt, deswegen, weil er in der Stadt Rom gegen die römische Kirche eine Empörung angestiftet hat, durch die er den römischen Priester und seine Brüder von ihren

Sitzen zu vertreiben beabsichtigte, und gegen die Privilegierten der Würde und Ehre des Apostolischen Stuhles, gegen die Freiheit der Kirche, gegen die Eide, durch die er gebunden ist, leichtfertig der Kirche entgegentrat.

Wir exkommunizieren und bannen ihn ferner deswegen, weil er unseren ehrwürdigen Bruder, den Bischof Jakob von Präneste, den Legaten des Apostolischen Stuhles, durch einige seiner Getreuen daran hindern ließ, die Gesandtschaftsreise durchzuführen, die wir ihm aufgetragen haben, um in dem Lande der Albigenser den katholischen Glauben zu festigen.

Wir exkommunizieren und bannen ihn ferner deswegen, weil er einige Bistümer und einige andere freie Kirchen in seinem Königreiche nicht besetzen läßt; dadurch wird die Freiheit der Kirche gefährdet, und der Glaube schwindet, weil, wenn der Hirte fehlt, niemand da ist, das Wort Gottes zu verkündigen und die Seelen zu leiten (...).

Wir exkommunizieren und bannen ihn ferner deswegen, weil in seinem Königreich Geistliche gefangengesetzt und eingekerkert, enteignet und getötet werden.

Wir exkommunizieren und bannen ihn ferner deswegen, weil in seinem Königreich dem Herrn geweihte Kirchen zerstört und entweiht werden.

Wir exkommunizieren und bannen ihn ferner deswegen, weil er nicht erlaubt, daß die Kirche von Sora wiederhergestellt wird.

Wir exkommunizieren und bannen ihn ferner deswegen, weil er den Neffen des Königs von Tunis (Abd al-Azis), der nach Rom kommen wollte, um das Sakrament der Taufe zu empfangen, festhält und nicht weiterreisen ließ.

Wir exkommunizieren und bannen ihn ferner deswegen, weil er den Petrus Sarazenus, einen adligen Bürger Roms, der von seiten des Königs von England zum Apostolischen Stuhl kam, gefangennahm und im Kerker festhält.

Wir exkommunizieren und bannen ihn ferner deswegen, weil er kirchliche Besitztümer und die Insel Sardinien in Besitz nahm gegen seinen Eid, durch den er in dieser Hinsicht der Kirche verbunden ist.

Ebenso exkommunizieren und bannen wir ihn deswegen, weil er die Ländereien gewisser Adliger des Königreiches, die die Kirche besaß, zu seinen Gunsten besetzte und verwüstete (...).

Ebenso exkommunizieren und bannen wir ihn deswegen, weil in seinem Königreiche die Templer und Hospitaliter beweglicher und unbeweglicher Güter beraubt und nicht gemäß dem Versöhnungsvertrag entschädigt wurden.

Ferner exkommunizieren wir ihn deswegen, weil in seinem Königreiche Abgaben und Sonderleistungen gegen den Friedensvertrag von Kirchen und Klöstern durch ihn erpreßt werden.

Ferner exkommunizieren und bannen wir ihn, weil in seinem Königreiche die Prälaten der Kirchen, sowie der Zisterzienser und anderer Orden gezwungen werden, monatlich eine bestimmte Summe zur Erbauung neuer Burgen zu zahlen.

Ebenso exkommunizieren und bannen wir ihn, weil gegen den Friedensvertrag diejenigen, die der Kirche anhingen, aller ihrer Güter beraubt und verbannt werden wie Geächtete, während ihre Frauen und Kinder gefangengesetzt werden.

Ebenso exkommunizieren und bannen wir ihn deswegen, weil die Sache des Heiligen Landes und die Wiederherstellung des römischen Reiches durch ihn verzögert werden.

Alle aber, die ihm durch den Treueid verpflichtet sind, erklären wir dieses Eides für entbunden und verbieten strengstens, ihm die Treue zu halten, solange er mit der Exkommunikation belegt ist. Wegen der Unterdrückungen und anderer Schädigungen Edler, Armer, Witwen und Waisen und anderer Leute in seinem Königreiche, deretwegen dieser Friedrich zu anderer Zeit geschworen hat, sich den Anordnungen der Kirche zu fügen, haben wir beschlossen, ihn zu vermahnen, und in dieser Angelegenheit werden wir mit Gottes Hilfe so verfahren, wie zu verfahren recht ist.

Wegen des vorstehend im einzelnen Gesagten also, um dessentwillen wir den genannten Friedrich oft und eindringlich ermahnt haben, worauf er aber nicht hören wollte, exkommunizieren und bannen wir ihn.

Weil er außerdem aufgrund seiner Reden und Handlungen, da viele geradezu auf dem ganzen Erdkreis laut ausrufen, daß er über den katholischen Glauben nicht richtig denkt, schwer in Verruf geraten ist, werden wir in dieser Sache, so Gott will, an seinem Ort und zu seiner Zeit gemäß dem vorgehen, was in solchen Dingen die Ordnung des Rechts vorschreibt.

O: HB 5.1, S. 286-289; vgl. RI 5.2, Nr. 7226a – Ü: Heinisch (1968), S. 417-419.

Manifest Friedrichs II.: *Levate in circuitu*

Als die Nachricht von der Exkommunikation in Padua bekannt wurde, ließ Friedrich „unverzüglich eine große Versammlung im Rathaus von Padua zusammenrufen“ und, „während er dort in seiner Majestät thronte“, durch Petrus de Vinea in einer Rede die Bannung als „ungerechte Strafe“ zurückweisen (Rolandinus von Padua). Am 20.4.1239 richtete er ein Manifest an alle Fürsten des Abendlandes, das in zwei leicht abweichenden Fassungen bei Matthaeus Paris (MP) und in der Briefsammlung des Petrus de Vinea überliefert ist. Im Zentrum der Argumentation steht die Zurückweisung Gregors IX. als Richter, da er ihn wegen der „Mängel seiner Person“ (*defectus personae*) nicht mehr als Papst anerkennen könne. Detailliert zeigt er auf, wie Gregor IX. vom Tag seiner Wahl an ihn mit Haß verfolgte, treulos und hinterhältig seine Bemühungen, die Kirche in jeder Hinsicht zu fördern, hintertrieb und sich stattdessen mit den häretischen Lombarden gegen ihn verbündete, aber auch ohne Rat der Kardinäle wichtige Angelegenheiten gegen Geldzahlungen allein entschied „als sein eigener Siegler, Schreiber und wohl auch Geldeinnehmer“. Die zahlreichen Vorwürfe, die Friedrich II. in einem von den Kardinälen einzuberufenden Konzil zu beweisen verspricht, wirken heterogen. Sie lassen sich jedoch auf zwei wesentliche Elemente reduzieren. Friedrich betont zum einen sein Recht, die Rechte des Reiches zu wahren, und stilisiert sich damit zum Vorkämpfer der weltlichen Herrscher des Abendlandes gegen Übergriffe der geistlichen Gewalt; zum anderen wirft er dem Papst Begünstigung von Ketzern, Käuflichkeit seiner Entscheidungen und die Erregung von Ärgernis vor und nennt damit die drei Tatbestände (Häresie, Simonie, *scandalum*), die nach kanonischem Recht die Absetzung eines Papstes durch ein Konzil rechtfertigen konnten:

Erhebt ringsum eure Augen (Jes 49,18)! Horchet auf, ihr Söhne der Menschen, mit euren Ohren! (MP: Seht) das allgemeine Ärgernis des Erdkreises, beklagt den Zwiespalt der Völker, die allgemeine Verbannung der Gerechtigkeit! Denn die Schlechtigkeit geht aus von den Ältesten Babylons (MP: Denn die Schlechtigkeit Babylons geht aus von den Ältesten des Volkes), die bisher das Volk zu lenken schienen (Dan 18,5), während sie das (rechte) Urteil in Bitternis und die Frucht der Gerechtigkeit in Wermut wandeln (Amos 6,13)! Setzt euch zu Rate, ihr Fürsten, und vernehmt, ihr Völker, unsere Sache! Vom Antlitz des Herrn gehe das Urteil aus, und eure Augen mögen die Gerechtigkeit schauen (Ps 16,2)! Denn wir wissen und vertrauen auf die Macht des höchsten Richters, daß ihr, da es bei euch nicht zweierlei Gewicht und zweierlei Maß gibt (Spr 20,10), sicher sehen werdet, daß auf der Waage eures Gerichtes unsere Mäßigung und Unschuld schwerer wiegen als die trügerischen Sprüche der Verleumder und die giftigen Erfindungen der Gegner.

Aber auch jetzt glauben wir nicht, daß unsere Gerechtigkeit und die Schlechtigkeit dessen, der auf dem Throne des Herrn sitzt, zum ersten Male zur öffentlichen Kenntnis der Welt gelangen, da, abgesehen von der Kunde des flüchtigen Gerüchtes, das oft in den wichtigsten Dingen das Gehör der jungfräulichen Ohren schändet, wir selbst, (MP: was) zuerst das Gerücht verkündet hatte, später durch (MP: Schreiben) unserer Erhabenheit, uns in dem entsprechenden Gefühl unserer Hoheit bestärkten, wie dieser neue Kämpfer, der unter üblen Vorzeichen allgemeiner Priester wurde, unser vorzüglicher

Freund, solange er niederen Ranges war, aller Wohltaten, mit denen das christliche Reich die hochheilige Kirche überhäufte, vergaß und sofort nach seiner Erhebung die Treue mit der Zeit veränderte und die Sitten mit der Würde wandelte, wie er gleichsam von der allgemeinen Verwirrung einen Juckreiz bekam und an uns, dem höchsten und einzigen Sohn der Kirche, die Stacheln seiner Niedertracht rieb.

Friedrich schildert im folgenden ausführlich, wie Gregor IX. ihn wegen des aufgeschobenen Kreuzzuges exkommuniziert, im Königreich Jerusalem gegen ihn agitiert, mit dem Sultan von Ägypten zu seinem Schaden Briefe ausgetauscht und während seiner Abwesenheit in das Königreich Sizilien eingefallen sei. Nach dem Frieden von San Germano habe er, vom Tag der Aussöhnung an, auf neue Feindschaft gesonnen und alle kaiserlichen Maßnahmen und Absichten zu durchkreuzen versucht. Der verhinderte Reichstag von Ravenna, die Auseinandersetzungen Gregors IX. mit den Römern und sein Eingreifen zugunsten der oberitalienischen Städte bewiesen seine Hinterhältigkeit und Undankbarkeit, aber auch die Geldgier und Bestechlichkeit. Als er schließlich wegen des fortgesetzt feindlichen Verhaltens des Papstes jeden Glauben an seine Ehrlichkeit verloren und sich entschlossen habe, die oberitalienischen Verhältnisse gewaltsam zu ordnen, habe er die aufständischen Städte in ihrem Widerstand bestärkt, die kaiserlichen Gesandschaften dagegen, die entgegenkommende Friedensangebote überbrachten, immer wieder hingehalten.

Nachdem wir dies alles vor den Fürsten und den geistlichen Würdenträgern sowie zahlreichen Angehörigen aller Ordensgemeinschaften feierlich dargetan hatten, beschlossen wir, obgleich die Söhne sich über die Unbeständigkeit des Vaters verwirrt zeigten und ob der Scham über ihr Oberhaupt die Röte in die Gesichter der Anwesenden stieg, nichtsdestoweniger auf ihren Rat hin dennoch, den Erzbischof von Palermo, den Magister Thaddäus, den Magister Porcastrella und die anderen Gesandten unserer Hoheit mit den Botschaften der uns treuen Gemeinden noch einmal zum Apostolischen Stuhle zu senden, und zeigten uns durch sie zu jeder Genugtuung unter Hintansetzung von Zeitdauer und sonstigen Schwierigkeiten bereit.

Aber auch durch all dies wurde seine Wut nicht besänftigt; ja, der besagte Stellvertreter Christi, des Verkünders des Friedens, als Stifter der Zwietracht und Freund der Irrung, erließ gegen die Überlieferung der Väter, als er hörte, daß unsere Gesandten, die allerlei Schreiben unserer Ergebenheit brachten, eine Tagesreise von Rom entfernt waren, und fürchtete, er könne, wenn sie mit der Schutzwehr der Gerechtigkeit dazwischenträten, ohne öffentliches Ärgernis nicht weitergehen, in allzu großer Eilfertigkeit einen zu früh geborenen Spruch, indem er gegen uns, den höchsten Fürsten der Christenheit, am Palmsonntag gegen den feierlichen Brauch der hochheiligen Mutter Kirche und am Altare des Herrn das Bannwort hervorstammelte, durch das wir, wie wir gerüchtweise vernahmen, obwohl wir es keineswegs glauben können, gegen den Widerspruch des vernünftigeren Teils seiner Brüder, der Kardinäle, auf den Rat einiger lombardischer Kardinäle, in die Fessel der Exkommunikation geschlagen worden sind, während seine Anhänger und Gefolgsleute, die mit dem Erbgut der Armen bezahlt werden, unsere Gesandten daran hinderten, vor seine und der Öffentlichkeit Augen zu gelangen, um unsere Unschuld und Gerechtigkeit darzulegen sowie endlich die Genugtuung anzubieten.

Aber wenn wir auch in einzigartiger und besonderer Weise um unserer Gerechtigkeit willen und wegen der Schändlichkeit des Einschreitenden mit Recht lieber wollen müßten, daß er unrichtig und gegen jede Ordnung gegen uns vorgeht (...), so leiden wir dennoch und sind im Herzen betrübt, daß uns um der Ehrfurcht vor der allgemeinen Kirche, unserer Mutter willen (...), durch einen solchen, den wir mit Recht nicht als Richter anerkennen, keine Gerechtigkeit widerfahren kann, wenn wir auch der Meinung sind, es geschehe Unrecht. Denn der Papst hat sich zuerst als unser Erzfeind und nicht als Richter sowohl durch Werk als auch durch Wort bekannt, indem er die Empörer und Feinde des Reiches öffentlich begünstigte. Außerdem machte er sich der Strafgewalt eines solchen Oberhauptes und jeder Würde und Macht des priesterlichen Amtes unwürdig, da er die Stadt Mailand, die zum größten Teil nach dem Zeugnis der Geistlichen und vieler Glaubwürdiger von Ketzern bewohnt wird, gegen uns und das Reich mit offenbarer Huld schützt und gegen R. von Mandello, Bürger von Mailand, einst Podestà von Florenz, obwohl er in den meisten Punkten ketzerischer Verworfenheit überführt wurde, aus Haß gegen uns und Vorliebe für die Mailänder die Anklage des Bischofs von Florenz, eines Mannes von tadellosem Rufe und einwandfreiem Lebenswandel, nicht zuließ.

Außerdem gestehen wir, daß wir diesen Stellvertreter Christi, Nachfolger Petri und Herrn über die Seelen der Gläubigen, für unwürdig halten, nicht um die Würde seines Amtes anzugreifen, sondern auf Grund eines Mangels seiner Person (*non ob dignitatis iniuriam, sed ob personae defectum*), da er die nach reiflicher Beratung mit seinen Brüdern zu erteilenden Dispense allein in seiner Kammer sitzend wie ein beliebiger Kaufmann an die Waage des Kaufhandels (hängt), vor den Brüdern, mit denen er nach kirchlicher Gewohnheit sich zu beraten verpflichtet ist, seine Ratschlüsse geheimhaltend, sein eigener Siegler, Schreiber und wohl auch Geldeinnehmer.

(Es folgen mehrere Beispiele gegen Geldzahlungen erteilter Ehedispense.)

Einen Mangel (*defectum*) und eine Pflichtverletzung beklagen wir auch darin, daß er die Adligen und die Machthaber Roms (MP: der Romania) gegen uns zu seinen Anhängern und Begünstigern macht, indem er, mit der Verschwendung von Geld nicht zufrieden, Burgen und Besitzungen, die von der frommen Ergebenheit der Gläubigen den heiligen Vätern zugedacht wurden, an sie verschenkt und damit die unserem Schutze anvertraute römische Kirche durch Verschleuderung (ihres Besitzes) schädigt.

Es mögen sich also die gemeinsame Kirche, die Könige und Fürsten und die christlichen Völker nicht wundern, wenn wir den Bannspruch eines solchen Richters nicht fürchten, und zwar nicht aus Verachtung des päpstlichen Amtes oder der apostolischen Würde (*in contemptum papalis officii ve apostolicae dignitatis*), der alle Bekenner des rechten Glaubens und wir mehr noch als andere unterstehen, sondern weil wir gegen die Pflichtverletzung der Person Klage erheben, der sich des Thrones einer solchen Herrschaft unwürdig zeigt.

Auf daß alle Fürsten christlichen Namens den heiligen Entschluß unseres Willens und den Eifer innerster Ergebenheit in uns erkennen, auch (sehen), daß nicht angetrieben von der Glut des Hasses, sondern aus sehr gerechter Ursache der römische Kaiser (*Romanus princeps*) sich gegen den römischen Bischof (*Romanus antistes*) erhebt, da er fürchtet, die Herde des Herrn werde unter einem solchen Hirten auf Abwege geführt, siehe, deshalb rufen wir beim Blute Jesu Christi und unter Anrufung des göttlichen Gerichtes durch unsere Schreiben und Gesandten die Kardinäle der hochheiligen römischen Kirche an, daß sie ein allgemeines Konzil der Prälaten und anderer Christgläubiger einberufen sollen unter Heranziehung von Gesandten von uns und den übrigen Fürsten, in deren Gegenwart wir selbst persönlich alles, was wir gesagt haben, zu zeigen und zu beweisen bereit sind, und noch Schlimmeres als dies.

Nicht weniger sind wir aus jenem verständlichen Grunde entrüstet, daß dieser Lenker der Kirche, der (...) ein auserlesenes Gefäß aller Tugenden und besonders der Beständigkeit ohne den Fehl der Begehrlichkeit sein sollte, gegen sein Versprechen, das er uns mit Wissen seiner Brüder brieflich gegeben hat und durch das er uns bei der Wiederherstellung der Rechte des Reiches nicht zu fehlen, sondern mit Rat, Hilfe und Gnade beizustehen versprach, außer der Beleidigung (*infamia*), ja Lästerung (*blasphemia*) unserer Person, uns so offensichtlich, so unverhüllt verfolgt (MP: das Recht des Reiches mit Füßen zu treten bestrebt ist). Denn so eifrig wir auch das Buch unseres Gewissens durchblättern, finden wir in uns keinen Anlaß und keine Ursache, deretwegen dieser feindselige Mensch gegen uns sich so heftig erheben müßte, wenn nicht die, daß unsere Herrlichkeit es für unpassend hielt und für unwürdig erachtete, mit ihm über die Verlobung seiner Nichte mit unserem natürlichen Sohne Enzio, jetzt König von Torres und Gallura (= Nordsardinien), übereinzukommen.

Du also, geliebter Fürst (...), beklage nicht nur uns, sondern die Kirche, die die Gemeinschaft aller Gläubigen ist! Ihr schlaffes Haupt, ihr Fürst, steht wie ein brüllender Löwe da, ihr Prophet ist rasend (Offb 19,20), ein ungetreuer Mann, ein Priester, der sein Heiligtum besudelt, der ohne Gerechtigkeit gegen das Gesetz handelt.

Wir aber müssen vor allen übrigen Fürsten der Welt die Vergehen eines solchen Oberpriesters mit Recht beklagen, da wir ihm gleichsam hinsichtlich der Stellung benachbarter und hinsichtlich des Amtes näherstehend seine Ehren mittragen und seine Lasten mitfühlen.

Wir bitten euch aber auch (...), unsere Schmach eure Beleidigung sein zu lassen. Eilt zu euren Häusern mit Wasser, wenn in der Nachbarschaft Feuer ausbricht! Beachtet die Ursache der priesterlichen Wut, und erwägt, warum dies zugunsten unserer Empörer geschieht! Obgleich diese Ursache zur Zeit nicht ausdrücklich genannt worden ist, so fürchtet dennoch ohne Zweifel, daß euch und den euren ähnliche Gefahren drohen! Leicht nämlich erscheint einem die Erniedrigung der anderen Könige und Fürsten, wenn die Macht des römischen Kaisers, dessen Schild die ersten Speere abfängt, durch die Angriffe der Gegner in Anspruch genommen wird.

Denn dies ist wahrhaftig die Ursache, nämlich die lombardische Frage, die das Herz des Papstes zuinnerst quälte und brannte, obwohl er sie wegen eures und aller, die es hören, Ärgernisses nicht öffentlich zu nennen wagte. Ihretwegen hat er uns durch seinen glaubwürdigen Sondergesandten, dessen Zeugnis dafür wir anrufen, mündlich ausdrücklich versprochen, wenn wir die lombardische Angelegenheit in seine Hände legten, nicht nur unsere Majestät auf keine Weise mehr zu beleidigen, sondern sogar die Zehnten des ganzen Erdkreises, die für die Erfordernisse des Heiligen Landes bestimmt sind, zu unserem Nutzen anzuwenden. Und das ist nicht verwunderlich. Denn dauernd wird er von den scharfen Stacheln der Lombarden aufgereizt, denen er, wie wir durch das Geständnis einiger Kirchenfürsten erfahren haben, in eigener Person einen Eid leistete, ihnen gegen uns und das Reich beizustehen, damals, als er sie, während wir im Dienste Jesu Christi in Syrien weilten, in unser Königreich schickte (...).

Schließlich bitten wir dich, ja, euch Fürsten und Herren des ganzen Erdkreises, uns beizustehen, nicht weil uns zur Abwehr eines solchen Unrechts unsere Wehr nicht ausreicht, sondern damit die gesamte Welt erkenne, daß die Ehre aller verletzt wird, wenn einer von der Gemeinschaft der weltlichen Fürsten beleidigt wird.

O: HB 5.1, S. 295-307; RS 57.3, S. 575-589 (= MGH SS 28, S. 162-169 mit Vermerk der Varianten bei HB) – Ü: Heinisch (1968), S. 428-441 (nach HB) / van Eickels – L: Graefe (1909), S. 17-29 (Inhaltsangabe und Teilübersetzung nach MP).

Entgegnung Gregors IX.: *Ascendit de mari bestia*

Wenige Wochen nach der Zurückweisung der Exkommunikation durch Friedrich II., wohl am 21.5.1239 (andere Überlieferung: 21.6. oder 1.7.1239), verschickte Gregor IX. eine Gegendarstellung an alle Könige, Fürsten und Bischöfe der Christenheit, in der er Friedrich erstmals explizit der Häresie beschuldigte. Das Wort von den „drei großen Betrügern“ (Moses, Christus, Mohammed), das er Friedrich in den Mund legt, wurde von der Mitte des 13. bis ins 17. Jahrhundert zahlreichen Theologen, Philosphien, Dichtern und anderen nachgesagt, die man atheistischer oder pantheistischer Auffassungen verdächtigte. Thomas von Cantimpré wies es in seinem 1253-1256 entstandenen Werk „Der Bienenstaat“ (*Bonum universale de apibus*) dem Theologen Simon von Tournai (1130-1201) zu, über den schon Gerald von Wales († 1222/23) gesagt hatte, er habe mit den Worten „Wie lange noch wird diese Erfindung andauern?“ den christlichen Glauben geleugnet. Der erste datierbare Beleg aber bleibt das Schreiben Gregors IX. vom 21.5.1239:

Es steigt aus dem Meere die Bestie voller Namen der Lästerung, die mit den Tatzen des Bären und dem Rachen des Löwen wütet und mit den übrigen Gliedern wie ein Leopard ihren Mund zu Lästerungen des göttlichen Namens öffnet, die nicht aufhört, auf Gottes Zelt und die Heiligen, die in den Himmeln wohnen, die gleichen Speere zu schleudern. Mit eisernen Krallen und Zähnen will sie alles zermalmen und mit ihren Füßen die ganze Welt zerstampfen; um die Mauern des katholischen Glaubens zu zerbrechen, hat sie längst heimlich die Sturmböcke gerüstet und stellt jetzt offen ihre Kriegsmaschinen auf, seelenvernichtende Kampfmittel der Ismaeliten baut sie auf, und gegen Christus, den Erlöser des Menschengeschlechts, dessen Bundestafeln sie mit der Spachtel der ketzerischen Verstocktheit zu verwischen bemüht ist, richtet sie sich, wie das Gerücht es bezeugt.

Höret also alle auf zu erstaunen, ihr, zu denen die von dieser Bestie gegen uns ergangenen Lästerungen gelangen, daß auf uns, die wir in aller Demut Gott unterworfen sind, die Pfeile der Verleumdungen zielen, da der Herr selbst von solchen Schändlichkeiten nicht unversehrt bleibt! Höret auf zu erstaunen, daß der das Schwert des Unrechts gegen uns zückt, der sich bereits erhebt, um den Namen des Herrn von der Erde zu vertilgen! Vielmehr, um mit offener Wahrheit seinen Lügen widerstehen und seine Betrügereien mit dem Beweise der Reinheit widerlegen zu können, blicket aufmerksam auf das Haupt, die Mitte und das Ende dieser Bestie: Friedrichs des sogenannten Kaisers!

In Entgegnung auf das Rechtfertigungsschreiben Friedrichs gibt Gregor IX. im folgenden eine ausführliche Darstellung der Ereignisse seit 1227 aus seiner Sicht: Friedrich habe die Kreuzfahrer im Lager vor Brindisi dem Tode geweiht, den Landgrafen von Thüringen vergiftet, im Heiligen Land mit dem Sultan zum Schaden der Christen einen Vertrag geschlossen und ihn, den zu jedem Entgegenkommen bereiten Papst, bekämpfen lassen. Sein eigenes Königreich Sizilien dagegen verwandle Friedrich, „dieser Drache" (Ps 73,14), „diese Zuchtrute der Gottlosen" (Jes 14,5), „dieser Hammer der gesamten Erde" (Jer 50,23) „aus Hunger nach Gold" geradezu in Asche: Die Kleriker seien schwer mit Abgaben belastet, viele auch verbannt und eingekerkert, den Laien blieben kaum Brot als Nahrung und kaum Lumpen als Kleidung, so sehr habe die Habsucht des Kaisers sie zu Sklaven gemacht. Die gegen seine Person gerichteten Vorwürfe wies Gregor IX. zurück: Soweit es seine Gebrechlichkeit zulasse, führe er sein Amt lauter und nach Gottes Gebot. Dispense erteile er aus der päpstlichen Allgewalt, jedoch mit dem Rat der Kardinäle. Friedrichs II. größter Schmerz sei es, daß er, „indem er die Grenzen der königlichen Gewalt überschreitet (*dum terminos transgreditur regum*), nicht die Amtsgewalt der Priester erlangen könne (*non potest aggredi officia sacerdotum*)". Den Vorwurf der Simonie weist Gregor IX. zurück und wendet ihn auf Friedrich an: Er selbst lasse den meisten Recht nur gegen Geld widerfahren und habe sogar der römischen Kirche gegenüber immer wieder simonistisch gehandelt, „indem er uns vielfach durch Prälaten und Gesandte Burgen anbot und Ehen zwischen seinen und unseren Verwandten vorschlug". Er, der sich gern einen Vorläufer des Antichrist nennen höre, habe zudem ketzerisch die Binde- und Lösegewalt der Kirche geleugnet:

Denn indem er in seinen Briefen hartnäckig behauptet, daß er durch uns, den Statthalter Christi, nicht mit der Fessel des Bannes gebunden werden könne und damit versichert, daß der Kirche die vom heiligen Petrus und seinen Nachfolgern überlieferte Binde- und Lösegewalt fehle, (...) indem er somit die Ketzerei bestätigt, umstrickt er sich durch sein eigenes Zeugnis und zeigt damit, wie übel er auch von den sonstigen Sätzen des wahren Glaubens denkt (...).

Dieser König der Pestilenz hat offen erklärt, daß – um seine eigenen Worte zu gebrauchen – die ganze Welt von drei Betrügern: Christus, Moses und Mohammed, getäuscht worden sei; zwei seien in Ehren, Jesus selbst aber am Holze gestorben. Außerdem hat er mit klaren Worten zu behaupten oder vielmehr zu lügen gewagt, daß alle töricht sind, die da glauben, daß Gott, der die Natur und alles geschaffen hat, aus einer Jungfrau geboren werden konnte. Diese Häresie bekräftigt er durch den Irrtum, daß keiner geboren werden könne, es sei denn, daß seiner Empfängnis die Vereinigung von Mann und Weib vorausgegangen sei, und daß der Mensch nichts glauben solle, was nicht durch die Kraft und Vernunft der Natur bewiesen werden könne.

O RS 57.3, S. 590-608 (= MGH SS 28, S. 169-177 = HB 5.1, 327-340); MGH Epistolae saeculi XIII e regestis pontificum Romanorum selectae 1, Nr. 750; vgl. RI 5.1, Nr. 7245 – Ü: Heinisch (1968), S. 423 f. und 204 / van Eickels; vgl. von den Steinen (1923), S. 61 f. – L: Graefe (1909), S. 29-40.

Matthaeus Paris

Sowohl die kaiserlichen als auch die päpstlichen Rundschreiben sind in ihrer Ausführlichkeit, ihrer Sprache und ihrem Stil so aufwendig (und auf den ersten Blick wenig verständlich) abgefaßt, daß sich die Frage stellt, wer von diesen Schreiben überhaupt erreicht wurde. Die große Zahl der Manifeste und Flugschriften und die große Zahl der Abschriften, die sie überliefern, läßt jedoch erkennen, daß es durchaus eine Öffentlichkeit gab, die den „Zweikampf der Kanzleien“ zu schätzen wußte. Der komplizierte, heute kaum mehr verständliche Stil der Briefe, die Petrus de Vinea für Friedrich II. verfaßte, setzte in den Augen der Zeitgenossen Maßstäbe. Matthaeus Paris nahm die Schreiben beider Seiten in großer Zahl in seine Chronik auf, der Verfasser der 5. Fortsetzung der Kölner Königschronik lobt den „anmutigen Stil“ der kaiserlichen Briefe und selbst an der Kurie wurden sie als stilistische Vorbilder gesammelt.

Verschiedene Bemerkungen, die Matthaeus Paris in seiner Chronik macht, zeigen, daß die Adressaten die Manifeste genau zur Kenntnis nahmen, ihr wesentlicher Inhalt aber in vereinfachter Form auch mündlich weitergegeben wurde. Zusätzlich wurden bereits im Vorfeld gezielt Gerüchte verbreitet:

In jener Zeit (nach der Belagerung von Brescia, d.h. 1238/39) wurde der Ruf des Kaisers Friedrich ungemein verdunkelt. Man legte ihm nämlich zur Last, daß er, im katholischen Glauben wankend, Reden geführt habe, die nicht nur von seiner Schwäche im Glauben zeugten, sondern wirkliche Ketzerei und fluchwürdige Gotteslästerung waren. Er soll nämlich gesagt haben, was man kaum nachsagen darf: Drei Betrüger hätten, um in der Welt zu herrschen, ihre Zeitgenossen mit List und Verschlagenheit getäuscht und das gesamte Volk verführt, nämlich Moses, Jesus und Mohammed; und auch über die Eucharistie soll er sich einige sündhafte Äußerungen erlaubt haben. Ferne, ferne sei es, daß irgendein vernünftiger Mensch seinen Mund zu einer so wahnwitzigen Gotteslästerung geöffnet habe! Seine Feinde behaupteten auch, Kaiser Friedrich sei mehr der Lehre Mohammeds als der Jesu Christi zugetan gewesen und habe sich einige sarazenische Dirnen als Konkubinen gehalten. Und es erhob sich ein Gerücht im Volk, er sei schon seit geraumer Zeit mit den Sarazenen verbündet und mehr ihr als der Christen Freund gewesen – wovor der Herr einen so hohen Fürsten bewahren möge! Dies alles versuchten seine Feinde, die seinen Ruf verdunkeln wollten, durch viele Beweise zu erhärten. Ob sie damit gesündigt haben oder nicht, weiß der, dem nichts verborgen ist.

Entsprechend (und erweitert) berichtet er zum Herbst 1243 unter den Auswirkungen, die die Niederlage Friedrichs II. vor Viterbo auf das Ansehen des Kaisers hatte:

Sein Ruf wurde also verdunkelt, und durch finsteres Gerede wurde verbreitet, daß er es niemals der Mühe wert gehalten habe, einen Gottesdienst anzuhören oder zu beten oder geistlichen Personen die gebührende Ehre zu erweisen, wie ein gläubiger Katholik zu denken und zu reden und sich des Umgangs mit sarazenischen Mädchen zu enthalten, ja daß er vielmehr sowohl Sarazenen als auch andere Ungläubige in die Länder des Reiches gerufen und ihnen erlaubt habe, die festesten Städte zu erbauen.

Über die Aufnahme des Schreibens Gregors IX. vom 21.5.1239 dagegen sagt Matthaeus Paris:

Dieses Schreiben wurde also über den ganzen Erdkreis verbreitet und vielen Königen und Fürsten und Großen, lediglich mit (jeweils) veränderter Anrede, zugeschickt, und es erfüllte die Herzen der Gläubigen mit Furcht und Schrecken und machte das kaiserliche Schreiben verdächtig, so wahrscheinlich auch dessen Inhalt war. Daher wurden die Herzen vieler, die vorher auf einer von beiden Seiten gestanden hatten, schwankend, und wenn nicht die römische Habsucht die Ergebenheit der Völker von dem Papst mehr, als es gut war und sich gehörte, abgewendet hätte, so hätte sich die ganze Welt auf diesen Brief hin erbittert gegen den Kaiser als einen offenkundigen Feind der Kirche und Widersacher Christi einmütig und ernsthaft erhoben.

Aber leider rissen sich viele Söhne von ihrem Vater, dem Papst, los, und, dem Kaiser anhängend, behaupteten sie, daß der unversöhnliche und bereits verhärtete Haß zwischen jenen die erwähnten Zwistigkeiten hervorbringe. Und mit Unrecht wirft der Papst dem Kaiser vor, daß er ihn geliebt und gefördert habe zu Beginn seiner Erhöhung; denn das geschah alles aus Haß gegen Otto (IV.), den die Kirche mit Hilfe Friedrichs bis in den Tod verfolgte, weil er die zerstreuten Glieder des Reiches seinem Eide gemäß mannhaft wieder zu sammeln begann, wie es ja auch der gegenwärtige Kaiser Friedrich zu tun beabsichtigt. Deshalb diente Friedrich, als er so handelte, der Kirche, und die römische Kirche ist ihm mehr zum Dank verpflichtet, als der Kaiser der römischen Kirche vernünftigerweise verpflichtet sein kann. Die Kirche des Westens, besonders jedoch die Klöster und die vor allen anderen Gott am treusten ergebene englische Kirche, spürt täglich die Bedrückungen der Römer, niemals aber hat sie einen Druck von seiten des Kaisers empfunden.

Und das Volk fügte hinzu: „Was soll das eigentlich? In vergangenen Zeiten warf der Papst dem Kaiser vor, daß er Mohammed und dem sarazenischen Gesetze mehr zustimme als Christus und dem christlichen Glauben; jetzt aber wirft er ihm in seiner Schmähschrift vor, daß er sowohl Mohammed wie auch Jesus und Moses, was entsetzlich wiederzugeben ist, Betrüger nenne. In seinen Briefen aber schreibt der Kaiser demütig und katholisch von Gott, nur daß er in dem letzten die Person des Papstes, nicht aber sein Amt angreift; und er verkündet weder, noch behauptet er, soviel wir bis jetzt wissen, in aufdringlicher Weise etwas Ketzerisches und Unkirchliches. Er schickt uns auch keine Wucherer oder Räuber unserer Einkünfte." Und so entstand eine entsetzliche Spaltung in den Völkern.

O: RS 57.3, S. 520 f. und 608 f.; RS 57.4, S. 268 (= MGH SS 28, S. 147, 177 und 230) – Ü: Heinisch (1969), S. 64 f., 72 f. und 108.

Alberich von Troisfontaines

Nachdem der Vorwurf der Häresie einmal erhoben war, verdichtete sich das Bild Friedrichs II. rasch zu dem eines Ketzers, dem man auch andere Glaubenszweifel nachsagte. Daß dabei der Vorwurf eine zentrale Rolle spielte, Friedrich II. habe die reale Präsenz Christi in der Eucharistie geleugnet, ist nicht erstaunlich.

Erst 1215 hatte das Vierte Laterankonzil die zuvor theologisch hochumstrittene Lehre festgeschrieben, daß Leib und Blut Christi kraft der durch die Gnade Gottes bewirkten Transsubstantiation unter den Gestalten von Brot und Wein wahrhaft gegenwärtig sind. Dieser Beschluß richtete sich gegen die als Ketzer verurteilten Katharer, die die Möglichkeit einer Präsenz Gottes in irdischer Materie entschieden ablehnten.

Die theologische Entscheidung wurde begleitet durch eine umfassende Ausrichtung der Volksfrömmigkeit auf die Verehrung der geweihten Hostie: Das Vierte Laterankonzil verpflichtete alle Gläubigen, mindestens einmal jährlich (zu Ostern) die Kommunion zu empfangen, gleichzeitig verbreitete sich die Elevation von Hostie und Kelch in der Liturgie und die Verehrung der geweihten Hostie auch außerhalb der Meßfeier (Entstehung des Fronleichnamfestes zwischen 1229 und 1247 in Lüttich).

Der Vorwurf, er habe über die neuen Formen eucharistischer Frömmigkeit gespottet, rückt Friedrich II. damit einerseits in die Nähe der Katharer, d.h. der Ketzer schlechthin; andererseits mußte eine solche Behauptung den

Zeitgenossen nicht unbedingt unglaubwürdig erscheinen, da sie sich ja gegen durchaus umstrittene Neuerungen richtete.

Der Zisterzienser Alberich von Troisfontaines in der Champagne († nach 1252) verarbeitete in seiner 1232 begonnenen und bis 1241 geführten Weltchronik neben schriftlichen Quellen in großem Umfang auch mündliche Informationen, die er v.a. auf den Generalkapiteln seines Ordens sammeln konnte:

Gegen den Kaiser wurden siebzehn Punkte vorgebracht; unter ihnen seine Verhöhnung des christlichen Glaubens, die der Papst in seinem Brief an den Erzbischof von Siena berührt. Drei, sagt er, Betrüger oder Gaukler lebten in der Welt: Moses, Christus und Mohammed. Und so große Ehre erweist er auf diese Weise dem Mohammed, daß er ihn an die Seite Mosis und Christi stellt. Niemals jedoch nannte Mohammed Moses oder Christus Betrüger, und darin ist dieser Kaiser schlimmer als Mohammed. Aber eines Tages soll er auch einem der Seinen, als er einen Priester den Leib des Herrn zu einem Kranken tragen sah, zugerufen haben: „Weh mir, wie lange soll dieser Betrug noch dauern!" Dieser Verhöhnungen und anderer ungeheuerlicher Dinge wegen ließ der Papst ihn exkommunizieren und seine Exkommunikation über den ganzen Erdkreis verkünden.

O: MGH SS 23, S. 944 (zum Jahr 1239) – Ü: Heinisch (1968), S. 206 – L: LexMA 1 (1980), Sp. 282.

Nikolaus von Calvi

Mit allen Attributen des Häretikers ausgestattet erscheint Friedrich II. in der Vita Innozenz' IV., die sein Kaplan, der Franziskaner Nikolaus von Calvi (*de Carbio*), Bischof von Assisi (1247/1250-1273), verfaßte. Seine Vorwürfe gegen Friedrich gipfeln in der Aussage, er habe sich homosexuellen Handlungen hingegeben. Dies scheint aus heutiger Sicht schlecht zu dem von Innozenz IV. in Lucera vermuteten „Harem sarazenischer Konkubinen" und der von Nikolaus selbst aufgestellten Behauptung zu passen, Friedrich habe sizilische Kirchen in Häuser für seine Dirnen umgewandelt. In mittelalterlichen Kategorien dagegen sind beide Verhaltensweisen nur extreme Ausdrucksformen der allgemeinen, allen Menschen durch die Erbsünde angeborenen Neigung zum Laster, die allerdings – so die seit 1233 nachweisbare Auffassung der Inquisitoren – vor allem Häretiker ungezügelt ausleben, da sie bei ihnen nicht durch die Richtschnur des rechten Glauben in Schranken gehalten wird.

Die Entweihung von Altären, die Schändung von Jungfrauen und als schwerwiegendste Verfehlung homosexuelles Verhalten gehörten zugleich zum festen Bestand westlicher Vorstellungen von den Lehren des Islam, den man vielfach für eine aus dem Christentum hervorgegangene Häresie hielt. Ganz ähnliche Worte wie Nikolaus von Calvi hatte schon zu Beginn des 12. Jahrhunderts Guibert von Nogent in seiner Geschichte des Ersten Kreuzzugs verwendet, um den islamischen Gegner zu beschreiben. Indirekt wird

Friedrich II. so in die Nähe der Sarazenen gerückt, obwohl der in der päpstlichen Propaganda der vierziger Jahre so wichtige Vorwurf der Zusammenarbeit mit den Muslimen weder hier, noch an anderer Stelle der Vita ausgesprochen wird. Rückblickend sagt Nikolaus von Calvi über Friedrich:

Dieser Tyrann bedrängte vielfach die Klöster der Mönche, die Häuser der Johanniter und Templer und anderer Ordensleute. Er hielt den katholischen Glauben nicht, begünstigte öffentlich die Häretiker, tötete auf ruchloseste Weise Bischöfe, Franziskaner und Weltkleriker zur Schande Jesu Christi und der Kirche. Andere Priester verpflichtete eine seiner Anordnungen, (Eide) zu schwören, (was das Kirchenrecht untersagt), und er ließ sie in Gegenwart von exkommunizierten und mit dem Interdikt belegten Personen Gottesdienste feiern. Benevent und viele andere Gebiete und Burgen der Kirche machte er dem Erdboden gleich. In einer Stadt der Emilia ließ er die Hauptkirche abreißen und dort seine Burg errichten. In Apulien (...) ließ er einen dem Herrn geweihten Altar abreißen und an derselben Stelle Latrinen bauen. In verschiedenen Gegenden des Königreichs Apulien, errichtete er dort, wo Gott geweihte Kirchen gestanden hatten, Häuser für seine Dirnen. Und nicht zufrieden mit jungen Frauen und Mädchen, litt er als Verruchter an einem schimpflichen Laster (*infami vitio laborabat*), das fürwahr schändlich zu denken, schändlicher auszusprechen, am schändlichsten aber auszuüben ist. Denn diese Sünde, gleichsam (die Sünde) Sodoms, predigte er öffentlich und hielt sie in keiner Weise geheim. Wozu sollte ich weiter seine ruchlosesten Handlungen einzeln aufzählen?

O: Archivio della Reale Società Romana di Storia Patria 21 (1898), S. 102 f. – Ü: van Eickels – L: van Cleve (1972), S. 420; Kantorowicz (1927), S. 287 f.; HB 1.1, S. CXCI f.

Im 17. Jahrhundert wurde dieser Gedanke von katholischer Seite erneut aufgegriffen, um ein negatives Gegenbild zur protestantischen Darstellung Friedrichs II. zu entwerfen. Der polnische Dominikanerprediger Abraham Bzowski (1567-1637), der auf Wunsch Papst Pauls V. die Kirchengeschichte des Cesare Baronio für die Jahre 1198 bis 1572 fortsetzte, schrieb:

In Gärten und Weinbergen verbrachte er seine Zeit inmitten von Scharen verführerischer Mädchen und herangewachsener Lustknaben, sich an richtiger und verkehrter Ausschweifung (*postera et praepostera lascivia*) erfreuend, nachdem er sich genug mit Wein erhitzt oder von der Schlachtbank sich noch nicht abgekühlt hatte.

O: Abraham Bzowski (= Bzovius), Annales Ecclesiastici, Bd. 13, Köln 1616 (zitiert nach: HB 1.1, S. CXCI, Anm. 3) – Ü: van Eickels.

Chronica Thuringorum

In der weiteren Überlieferung verselbständigte sich das Bild Friedrichs als eines Ketzers so stark, daß sogar der kuriale Ursprung der Gerüchte in Vergessenheit geriet. Die bis 1430 reichende „Chronik der Thüringer" (auch *Historia Erphesfurtensis anonymi de landgraviis Thuringiae* genannt) bietet folgende Erklärung für die Exkommunikation Friedrichs II.:

Im Jahre 1242 rief der Kaiser Friedrich, nachdem er 31 Jahre regiert hatte, die Fürsten Deutschlands in Frankfurt zusammen, da er mit ihnen verhandeln wollte, wie er seinen Sohn Konrad zum König der Römer wähle; dort verhöhnte er, von teuflischer Eingebung verführt, Gott und die heilige Kirche, indem er sagte: „Drei sind es, die durch ihre Lehren die ganze Welt verführten: Moses, der die Juden, Christus, der die Christen, Mohammed, der die Heiden betörte. Deshalb würde ich, wenn die Fürsten damit einverstanden sein wollten, eine viel bessere Art des Glaubens und Lebens für alle Völker anordnen."

Über diesen Hohn gerieten alle Fürsten und Edlen, sobald sie ihn vernommen hatten, in große Erregung, und ihre Gesichter verzerrten sich vor Schmerz und Entsetzen, weil sie hörten, daß der Kaiser und König die Kirche Gottes durch Ketzerei so außerordentlich beschmutzt hatte. Vor allen anderen Fürsten aber, die dies hörten, meldete der Landgraf Heinrich (Raspe von Thüringen) die einzelnen Worte des Kaisers durch feierliche Gesandte dem Papst Gregor, damit das wahre Glied der Kirche Christi solches zu hören erschrecke. Deshalb belegte der Papst den genannten Kaiser mit dem Banne.

O: Johannes Pistorius, Rerum Germanicarum scriptores, Regensburg 1731, Bd. 1, S. 1327 = Archivio Storico Italiano VII.16 (1931), S. 9 f.; vgl. auch MGH SS 17, S. 432; MGH SS 24, S. 201 und 241; MGH SSrG 42, S. 245, 451 und 662; MGH Deutsche Chroniken 2, S. 294 u. 323 f. – Ü: Heinisch (1968), S. 207 f. – L: Esposito (1931), S. 8-10.

Friedrich II. als Kaiser der Endzeit

Auf die päpstlichen Vorwürfe, die den Kaiser als „Vorläufer des Antichrist" darstellten, reagierte die Kanzlei Friedrichs II. indem sie ihrerseits weitverbreitete eschatologische Erwartungen aufgriff und als positives Bild Friedrichs den von Gott gesandten Kaiser der Endzeit entwarf. Eine der interessantesten Verdichtungen dieser (auch von den Prophezeiungen des Abtes Joachim von Fiore beeinflußten) Vorstellungen im Umfeld Friedrichs II. bietet ein nicht datierter Lobpreis, den Nikolaus von Bari auf den Kaiser verfaßte. Aus dem Geist und der Methode der Bibelexegese heraus wird das staufische Geschlecht in die König-David-Nachfolge gestellt und der Endzeitkaiser diesem Hause prophezeit. Die religiöse Überhöhung der Herrschaft ist bemerkenswert: In aufwendigen rhetorischen Figuren – es dominiert die dreigliedrige Klimax – werden auf den Kaiser und sein Geschlecht eine Vielzahl biblischer Prophezeiungen bezogen und die Größe Friedrichs in den drei Hauptpunkten Würde (= Herkunft), Kraft (= politische Macht) und Weisheit (= politische Klugheit) dargestellt. Dabei wird Friedrich auch als der „Sproß aus der Wurzel Jesse" bezeichnet (Jesse ist der Vater König Davids, die Bezeichnung wird sonst auf Christus angewandt) und schließlich sogar mit dem englischen Gruß angesprochen: „Gebenedeit bist du unter den Königen, und gebenedeit sei die Frucht deines Leibes (...) König Konrad, an dem ihr Wohlgefallen habt" (Lk 1,42; 2,14; 3,22).

Überliefert ist die Schrift zusammen mit einem weiteren Lobpreis, der Petrus von Vinea, den einflußreichen Ratgeber des Kaisers, verherrlicht, und einer Einleitung zu einem Gesetzeswerk, wahrscheinlich zu den Konstitutionen von Melfi. In der Preisschrift für Petrus von Vinea bezeichnet sich der Autor selbst als „Abt Nikolaus, Diakon der Kirche von Bari", und da sich auch im Lobpreis auf den Kaiser der Hinweis Darauf, „o Nikolaus, richte den Griffel deiner Schreibkunst" findet, dürfte es sich um denselben Verfasser handeln. Rudolf Kloos, der Editor des Textes, hat den Verfasser als *abbas Nicolaus canonicus Barensis ecclesie* identifiziert, der in einem Streit des Erzbischofs Marinus gegen die Abtei Ognissanti im Schlußentscheid von 1234 genannt wird, und datiert das Werk auf die Zeit von 1235-50, da zwar Friedrichs Sohn Konrad IV. als König genannt wird, nicht jedoch Heinrich (VII.), der zu dieser Zeit bereits in Ungnade gefallen und abgesetzt worden war.

Hans Martin Schaller dagegen hat diese Lobpreisung Friedrichs II. in Zusammenhang gebracht mit einem auf das Jahr 1229 datierten Kanzelrelief der Kathedrale von Bitonto. Dieses Relief soll als Devotionsgeste der Stadt Bitonto anläßlich ihrer Unterwerfung unter den aus Syrien zurückgekehrten Kaiser im Sommer 1229 entstanden sein und das staufische Geschlecht in Form eines Jessebaumes darstellen. Bei dem Text des Nikolaus von Bari handle es sich um eine Predigt, die dieser eben zu jener Unterwerfung in Gegenwart des Kaisers gehalten habe. Daß Heinrich (VII.) nicht erwähnt sei, liege nur daran, daß Konrad als König von Jerusalem im Zusammenhang der Predigt viel wichtiger gewesen sei, eine Datierung nach 1235 wäre also nicht zwingend notwendig.

Diese Deutung ist zwar interessant, im ganzen aber nicht überzeugend: Die Datierung des Kanzelreliefs läßt darauf schließen, daß die Arbeit vor dem 1.9.1229 abgeschlossen war. Der Kaiser war am 10. Juni in Brindisi eingetroffen und hatte sich von dort nach Barletta begeben. Ob er dabei Bitonto überhaupt aufsuchte, ist nicht nachzuweisen. Wenn Schallers Annahme richtig ist, müßte die Predigt Ende Juni stattgefunden haben. Dann blieben den Bürgern von Bitonto (falls die Stadt überhaupt vom Kaiser abgefallen war, was nicht bezeugt ist) knapp 60 Tage, das Kanzelrelief entwerfen und ausführen zu lassen. Ein sehr kurzer Zeitraum, zumal keine Eile mehr bestand, da man sich ja – falls Schallers Hypothese zutriffte – mit Friedrich bereits ausgesöhnt hatte.

Fragwürdig bleibt auch die Vorstellung einer Predigt für den noch immer exkommunizierten Kaiser, dem es um Aussöhnung mit dem Papst, nicht um Konfrontation ging. Die theologische Überhöhung der Kaiseridee in einer öffentlichen Predigt hätte eine massive Herausforderung des päpstlichen Standpunktes bedeutet. Daß der Text davon spricht, daß „in den gegenwärtigen Kämpfen (...) die Kinder der Fremde, ungetreue und treulose Vasallen, sich lügenhaft zeigten“, paßt zu den Auseinandersetzungen nach 1239 ebenso wie zu den Kämpfen des Jahres 1229.

Schließlich gibt der Text selber eine Reihe von Anhaltspunkten. Die bereits erwähnte Stelle, der wir den Hinweis auf einen Autor *Nikolaus* verdanken, spricht vom „Griffel der Schreibkunst“, impliziert also einen geschriebenen, nicht einen vorgetragenen Text, was eine Predigtsituation wenig wahrscheinlich macht. Auch das Argument der unterbliebenen Nennung Heinrichs (VII.) kommt hinzu: Heinrich war als römischer König der designierte Nachfolger und zukünftige Kaiser: Warum hätte der Autor gerade diese zentrale Figur ungenannt lassen sollen?

Unter diesen Umständen ist es wahrscheinlicher, daß es sich bei dem Werk – zusammen mit den beiden anderen – um eine Arbeitsprobe handelte, die den Autor bei Friedrich II. und Petrus von Vinea für den Hofdienst empfehlen sollte.

Nikolaus von Bari: Lob Friedrichs II.

(1) Groß ist der Herr und groß seine Kraft und seiner Weisheit ist keine Zahl. Kurz ist die Würde, übermäßig fruchtbar und geschmückt mit jeglichem kostbaren Stein. Nicht Gold ist kostbarer als dies, nicht der berühmte Amethyst, ein Gefäß, maßvoll, aber wunderbar. Der wunderbare Kitharist und Ausgezeichnete unter den Propheten, König David, hat in vorausgeschickter Würde von zwei Herrschern prophezeit, nämlich über den himmlischen Herrscher, der Winden und Meer gebietet, der spricht und es ist geschehen, der befiehlt und alles ist geschaffen, und über den irdischen

Herrn Friedrich, den erhabenen Kaiser, gesalbt mit dem Öl der Freude vor allen Königen; erstens prophezeite er über den Sohn, zum zweiten über den Nachfolger im Reich.

(2) Über die Größe Christi steht für alle fest, daß er der große König über alle Götter ist, dessen Kraft gewaltig war, als er über den Teufel triumphierte, dessen Weisheit gewaltig, als er gab und lehrte im Lehrsaal der kämpfenden Kirche, woher im Evangelium steht: niemals hat ein Mensch so geredet von Ewigkeit an.

(3) Inwiefern das aber auf den irdischen Herrscher zutrifft, ist zu betrachten. Dreigeteilt ist die erwähnte Würde, die ja von drei Dingen handelt; erstens über die Größe des Herrn, indem sie sagt: groß ist unser Herr; zweitens über die Größe der Kraft, indem sie ausführt: und groß ist seine Kraft; drittens und letztens über die Größe der Weisheit, indem sie hinzufügt: und seiner Weisheit ist keine Zahl. Und damit alles gemäß Reihenfolge, Gewicht und Maß dargelegt werde, ist zunächst über die Größe eben dieses Herrn zu handeln.

(4) Groß ist der Herr Kaiser nach Art seines Adels, da er sein Geschlecht ableitet von den Kaisern und Königen dieser Welt; der vom Himmel kommt, ist über alle, d. h. wer vom kaiserlichen Geschlecht abstammt, ist edler als alle. Über ihn kann jener Ausspruch Salomonis gesagt werden: Ihr Mann ist bekannt in den Toren, wenn er sitzt bei den Ältesten des Landes, und glücklich das Land, dessen König bekannt (edel) ist. Sein Adel ist reinstes Gold, aus dem die kostbarsten Gefäße des Tempels gefertigt sind.

(5) Groß ist er durch die Würde seiner Ehre, da er selbst der Mensch ist, gesetzt über unsere Häupter, nach dem wie der Psalmist sagt: Du hast Menschen gesetzt über unsere Häupter. Er selbst ist die Sonne im Firmament der Welt, durch die nach Gnade und durch Beispiel die Menschen erleuchtet werden. Er selbst ist es, dem jegliches Knie der Himmlischen sich beugt, d. h. der Könige, der Irdischen, d. h. der Ritter, der Unterirdischen, d. h. aller Untertanen. Wer unter den Wolken wird ihm gleichen oder wer könnte ihm ähnlich sein unter den Söhnen der Könige? Er ist einer und hat keinen zweiten, der herrlichste Phönix, geschmückt mit goldenen Federn.

(6) Groß ist er, größer, am größten: groß, da er König von Sizilien, größer, da er König von Jerusalem, am größten, da er römischer Kaiser. Er ist es, den der Herr gekrönt hat mit Ruhm und Ehre und ihn eingesetzt über alle seine Werke.

O wunderbarer Herr, demütig und erhaben, o Herr, immer zu verkünden und unaussprechlich, o Freude der Fürsten, o Jubel der Völker, niemand wird erhabener, niemand demütiger als er erfunden! Er ist erhabener Adel, Beispiel des Erdkreises, Zierde der Menschen, Leuchte im Umgang und aller Gerechtigkeit Anfang.

(7) Groß ist sein Herr Großvater, da er römischer Kaiser, größer sein Herr Vater, da er Kaiser und König Siziliens, am größten er selbst, da er römischer Kaiser, König von Jerusalem und Sizilien ist. Wahrhaftig, diese drei Kaiser sind gleichsam die drei Magier, die mit Geschenken kamen, um den anzubeten, der zugleich Gott und Mensch; aber dieser ist jugendlicher als jene drei, dem der Jesusknabe die glückspendenden Hände auferlegte und die heiligen Ärmchen. Diese sind wie drei gewaltige Patriarchen im Alten Testament, deren dritter vor den anderen erhoben war, da er an jenem Ort wunderbare und den Ohren der Gläubigen am wenigsten Zweifel verursachende Dinge tat.

(8) Dessen erwähnter Herr Großvater, Kaiser Friedrich glücklichen Angedenkens, nach dem dieser unser Herr genannt wird, war der Stab Aaron, niedergelegt im Heiligtum mit vielen Stecken der anderen Stämme, der aber allein blühte, grünte und trug Früchte, die anderen aber verblieben in der früheren Dürre. Und schon ihm ward gegeben der Name des, der über jeglichem Namen irdischer Macht ist, auf daß aus dem Hause David sei immer der Kaiser, die übrigen Fürsten aber bleiben sollten in ihrer früheren Macht. Es blühte eben dieser Herr durch gute Gemeinschaft, grünte durch ehrenvollen Umgang, trug Frucht durch besten Wandel; oder er blühte durch Adel, grünte durch Regsamkeit, trug Frucht durch seine Ehrenhaftigkeit. Dies ist die Wurzel Jesse, das ist die Blume aus dem Großvater; der aus dessen Wurzel aufging, das ist sein Enkel, unser Herr Kaiser, eine Blume des Feldes und eine Lilie der Täler, eine Quelle für die Gärten und ein Brunnen lebendiger Wasser im Paradiese des Herrn, auf dem der lebenspendende Geist wie die Biene auf einer wohlriechenden Blume ruht; von Sonnenaufgang bis Sonnenuntergang wird sein Name gelobt, jetzt und immerdar.

(9) In der Stiftshütte waren zwei goldene Kronen, deren eine vergoldet, die andere golden genannt wurde, aber die goldene übertraf die vergoldete. So übertrifft dessen Würde jegliche Würde. Würdig aber ist dieser Herr übereinstimmender Würde und zu empfangen das Rühmen und Lob eines ebenso würdigen Herzens, das Lob des Mundes und der Tugend, das heißt das Lob des Werkes. Lobe daher diesen Herrn, meine Seele, da er größer ist als alles Lob, erhöhe ihn, wie sehr du kannst, da er erhöht ist über alle! Über diesen Gegenstand wird mir die Rede immer angenehmer und die Unterhaltung länger und erfolgreicher. Und daß es mir doch gegeben sein möchte, es zu können, da hier mein Geist erlahmt und nicht ausreicht, um ein solches Geheimnis aufzuspüren, aber wenn ich meine Zunge

ihm weihe, so wird sie zu seiner Würde sich erheben müssen, wie der Stern zur Sonne, wie der Tropfen zum Fluß, wie der Stein zum Turm, wie der Staub zum Berg. Tritt herzu, Mensch, zu der hohen Einsicht, und seine Würde werde erhöht! Dies ist der Herr, der zum dritten Male gesalbt wurde wegen seiner erhabensten Würden. Aber da der Herr auch tapfer und mächtig sein soll, ist zweitens in dem folgenden Teil seine Tapferkeit und Macht zu betrachten.

(10) Und groß, heißt es, ist seine Kraft. Furcht und Zittern vor diesem Herrn sind über alle Reiche der Welt, seine Hände auf den Scheiteln seiner Feinde, das Junge des Löwen Judas: zur Beute, mein Sohn, bist du aufgestiegen, du bist doch nicht etwa zur Ohnmacht herabgestiegen, großmäulig brüllend wie der Löwe im Reich und die Löwin in den anderen Ländern, wer wird ihn aufscheuchen, allein (...) (verderbte Stelle).

(11) Nicht wird genommen werden, heißt es, das Szepter aus der Hand des Herrn Friedrich, noch der Stab des Herrschers von seinen Füßen, das heißt die Herrschaft von seinen Erben, bis der kommt, der gesandt sein wird, also Christus zum Gericht, das heißt, es ist bis zum Ende der Welt, daß dieses Geschlecht herrschen wird, da mit ihm ist die Herrschaft am Tag der Kraft, d. h. Christus in allen seinen Stellvertretern.

(12) Über sie ist von dem Propheten gesagt: Es wird entstehen in den Tagen des Herrn die Gerechtigkeit und die Fülle des Friedens, bis daß der Mond aufgehoben wird, und er wird herrschen von einem Meer bis ans andere und von dem Strom bis an der Welt Enden, vor ihm werden sich die Äthiopier neigen und seine Feinde werden Staub lecken.
Tage des Herrn werden besonders genannt alle Tage von der Geburt des Herrn bis Epiphanien, da an diesen Tagen, also unter diesen Tagen, also an dem folgenden Geburtsfest des hl. Stephan die Gerechtigkeit geboren ist, d.h. des Herrn Kaisers Friedrich, der die so große Gerechtigkeit in diesem Zeitalter ist, der jedem gibt, was sein ist: Gott drei Dinge: Furcht, Ehre und Liebe, den Königen Eintracht, den Untertanen Gnade und Barmherzigkeit. Von dem Herrn ist es also gewirkt und wunderbar in unseren Augen, daß nämlich am Tag des hl. Stephan der Kaiser geboren ist. Denn Stephanus ist bekanntlich gekrönt worden und an seinem Tag kam der Herr zur Geburt, der mit vielfachem Diadem gekrönt werden sollte, damit die Auslegung des Begriffes auf die Würde anspiele und die irdischen Dinge mit den himmlischen übereinstimmten.

Und die Fülle des Friedens: wenn auch gewisse Treubrüchige und Rebellen jenen Frieden böswillig stören wollen, so können sie es doch nicht, da auf der Seite seiner Söhne Tausend fallen werden und

Abbildung 15

Abbildung 16

Abbildung 17 (oben), Abbildung 18 (unten)

Zehntausend auf ihrer Rechten, so daß sie sich uns nicht zu nahen vermögen; eine jegliche Rebe in diesem wahrhaftigen Weinberg, die nicht Frucht trägt, wird er entfernen, damit er desto mehr heilsame Früchte bringe.

Bis daß der Mond aufgehoben wird, das ist seine ruhmreiche Würde, die ihr Licht von der wahren Sonne, das ist Christus, empfängt. Und er wird herrschen von Meer zu Meer und von dem Strom bis an der Welt Enden, da allenthalben auf dem Erdkreis seine Macht gefürchtet wird. Vor ihm werden sich die Äthiopier neigen, das heißt die Heiden, die alle den Schemel seiner Füße anbeten. Und seine Feinde werden Staub lecken, d. h. sie werden gedemütigt und vernichtet und gehen zugrunde vor ihm. Denn auch jene, die es für einen Raub halten, ihm gleich zu sein, sind hinuntergefallen und ihre Stätte wird weiter nicht im geringsten gefunden; und die Brut bislang und alle anderen werden vernichtet werden und zerstreut in Endor und werden zu Mist und Misthaufen verwandelt. Denn Gott der Herr der Heerscharen, der Gott der Rache, der frei mit ihm verfährt, gab jenem einen tapferen Kampf, auf daß er siege und wisse, daß er selbst mächtiger ist als alle Mächtigen, und er ehrte ihn in seinen Bemühungen und erfüllte in Ruhm gewaltig seine Arbeiten.

(13) Dies ist der David, tapfer im Kampf und ersehnt zu schauen, der den Jebusiter hinabstürzte, wahrhaft ersehnt an Antlitz, da sanft von Natur, gewinnend von Ansehen, heilig von Geist, kurz – in allem der Gesalbte. Wer wird mir gewähren, sein engelgleiches Antlitz zu schauen, voller Gnade, wer wird mir gewähren, seine Weisheit zu hören, die alle Vernunft übersteigt? Sicher würde ich mit Petrus, als er auf dem Berg Tabor stand, sagen: Herr, hier ist für uns gut sein. Dies ist meine Ruhstatt ewiglich, hier werde ich für immer wohnen.

(14) Wohlan denn, Geliebteste, lasset uns ihn grüßen mit dem Engel Gabriel: Gegrüßet seist du, Herr Kaiser, voller Gnade Gottes, der Herr sei mit dir; vernimm: er war, ist und wird sein; er war im Knaben- oder Jünglingsalter, als Herodes den Knaben zu verderben suchte, und tot sind alle, die solcherart suchten; er ist auch in den gegenwärtigen Kämpfen, als die Kinder der Fremde, ungetreue und treulose Vasallen sich lügenhaft zeigten, Kinder der Fremde, die alt wurden in Übeltaten und lahmten auf den Pfaden der Treue; und er wird sein in Ewigkeit in allen Taten des Vaters, da der Herr eure Hände gelehrt hat zum Kampf und eure Fäuste zum Krieg. Gebenedeit bist du unter den Königen, und gebenedeit sei die Frucht deines Leibes, d. h. die schönste Frucht, König Konrad, euer heißgeliebter Sohn, an dem Ihr Wohlgefallen habt und ewig haben werdet, der wachsende Sohn Joseph, ein Sohn wachsend und herrlich anzu-

schauen, ein Sohn, wachsend an Alter, wachsend an Weisheit, Macht und Ehre, und herrlich anzuschauen von innen und außen, jeglicher Ruhm der Kinder der Könige drinnen. Gesegnet sei jener Sohn Asser unter den Söhnen, nämlich König Konrad, Eisen und Erz sei sein Schuhwerk, es segne ihn die Macht des Gottes Jacobs mit Segen oben vom Himmel herab und Segen der Erde, die unten liegt, alle Segnungen mögen geschehen auf dem Haupt Josephs und auf dem Scheitel des Nazareners, also des blühenden, der in Wahrheit blühend ist und herrlich an Gestalt vor allen Kindern der Könige der Erde und von solcher Schönheit, wie Joseph war, auf dessen Antlitz alle zusammen und einzeln bewundernd blickten.

(15) Dieser Herr unser Kaiser ist der machtvolle Löwe, wie Salomo über Christus sagt, der sich vor der Begegnung mit niemand ängstigt, aber alle heften ihre Schritte an seinen Lauf. Der Löwe wird brüllen: wer ist's, der nicht fürchtet; der Herr Kaiser wird befehlen: wer wird nicht erfüllen? Lasset uns ihm dienen in Furcht und ihn bejubeln mit Zittern, lasset uns seine Zucht ergreifen, die für die Guten eine goldene Rute ist, wie sie Ahasverus denen, die zu ihm kamen, entgegenstreckte, den mäßig Schlechten eine hölzerne, durch die sie maßvoll gebessert werden, den ganz Schlechten aber eine eherne Rute, durch die sie gleichsam wie Gefäße des Töpfers zermalmt werden und alsdann wieder zu Dreck gemacht.

(16) In Heiligkeit und Gerechtigkeit ist diesem Herrn zu dienen, da er alles weiß und nicht getäuscht werden kann, da er alles kann, also nicht überwunden werden kann, da allenthalben seine Macht erfunden wird und also der Zugang zur Flucht verneint; wenn ich hinaufsteige zum Himmel, auf der Berge Gipfel, so ist er da, und wenn ich hinabsteige zur Hölle, d. h. im entferntesten Winkel mich verberge, so entfliehe ich nicht seinen Händen, wie es im Dichterwort heißt: Weißt du nicht, daß die Könige lange Arme haben?

(17) Siehe da, es kommt der Herr, und in seiner Hand ist das Reich und die Kraft und die Herrschaft. Er wird gleichsam genannt Engel des großen Rats, Heldenkönig, Friedefürst, immer mehr wird seine Einsicht schauen und überströmen, bewundert und ausgedehnt werden, wenn zu ihm gewendet sein wird die Menge des Meeres, d.h. der Rebellen, und die Kraft der Heidenvölker zu ihm gekommen sein wird, gehorsam in allen Dingen, und dann wird alles ihm untertan werden und sein ganzes Volk wird sitzen in der Schönheit des Friedens. Und da nach den Worten des Weisen Kaiser- und Königreiche durch die Weisheit regiert werden, ist jetzt über den dritten und letzten Teil zu handeln.

(18) Und seiner Weisheit, heißt es, ist keine Zahl. Darauf, o Nikolaus, richte den Griffel deiner Schreibkunst und beschreibe schon

mit glänzenden und ausgefeilten Redewendungen die glänzende Weisheit des so glänzenden Fürsten. Die Königin des Südens kommt von den Enden der Welt, die Weisheit Salomos zu hören. Und siehe, mehr als Salomo ist dieser Herr Friedrich, der wunderbare Kaiser. Und wie zu lesen ist im Buch der Weisheit Salomos: ein geschickter Knabe war ich und habe ein gute Seele. Geschickt war er durch Güter der Natur und eine große Seele erlangte er durch Güter der Gnade, aber alle Gaben wahrhaftig und alle Güter flossen in ihm zusammen. Er nämlich hat Güter der Natur, des Glücks, Güter der Gnade in der Gegenwart und wird ewige Güter des Ruhms haben in der Zukunft, Gnade und Ruhm wird ihm der Herr geben.

(19) Diesen hat der erhabene Herr mit dem Segen wie einst den Jacob gesegnet, es sagte nämlich der Vater zu ihm: Gott möge dir geben vom Tau des Himmels und von der Fettigkeit der Erde die Fülle, des Getreides, des Weines und des Öles. Der Tau des Himmels ist die ihm von oben herab gegebene Weisheit, die Fettigkeit der Erde ist das römische Reich, das fruchtbarer und erhabener als jegliches irdische Reich; unter Getreide wird verstanden die Gnade der größeren Gaben, unter Wein die Gerechtigkeit und unter Öl seine reichliche Barmherzigkeit; er selbst nämlich ist barmherzig und ein Erbarmer, der Herr, geduldig und von großer Güte in der Gewohnheit des Erbarmens, er ist wahrhaftig der König Israels, und die Könige Israels pflegten barmherzig zu sein, wie im Buch der Könige steht.

(20) Die Weisheit dieses Herrn reicht in Stärke von einem Ende zum anderen und ordnet in Milde alles; glänzend ist, die niemals verwelkt, seine Weisheit, er selbst hat die Weisheit, die sich ableitet von „ich weiß, du weißt", da er alles weiß und alles versteht, da er über die Alten hinaus von Kindheit an Verstand hatte. Und die Weisheit, die sich ableitet von Urteilskraft, nämlich weise nach Art der Gelehrten, die die Dinge wissen nach eigener Urteilskraft, so unterscheidet auch er selbst das Gute vom Bösen und das Bittere vom Süßen und von Gütern, die die besseren sind. Und wenn nach der theologischen Definition manche Weisheit im Herzen haben, manche in der Rede, so hat sie dieser Herr in allen Dingen, er hat Weisheit, Einsicht und Verstand. Denn Weisheit bezieht sich auf himmlische Dinge, Einsicht auf Wunderbares, Verstand auf die Ordnung menschlicher und weltlicher Dinge.

Laßt uns also mit der Königin des Südens über unsern hochweisen Salomo sagen: Größer ist deine Weisheit und dein Ruhm, als das Gerücht, das ich hörte, eins von tausend ist mir nicht berichtet worden, glücklich deine Fürsten und glücklich die Diener, die täglich vor dir stehen und deine Weisheit hören. Gelobt sei Gott, dem du wohlgefallen hast und der dich gesetzt hat auf den Thron, auf daß du Gericht haltest und Recht sprächest immerdar. Er ist der König, von dem gesagt ist: Der König David, sitzend auf dem Stuhl als Weisester unter dreien, d. h. unter allen Königen, die in den drei Erdteilen sind, also in Asien, Afrika und Europa.

(21) Von diesem Weisen kann das Wort Salomos gesagt werden: die Augen des Weisen in seinem Haupt, d. h. in Christus, der sein Haupt ist, auf das er schaut in allen seinen Taten wie jener Judas, der tapferste der Makkabäer, dem fünf Männer vom Himmel erschienen, ihn selbst in allem und vor allem zu schützen. Zwei standen um ihn und drei schleuderten gegen die Feinde Blitze und Geschosse; die zwei die unsern Herrn umstehen, sind der Engel Gabriel und Johannes, die als die Hüter der seligen Jungfrau Maria beigestellt sind, die drei anderen Kämpfer sind die drei tatkräftigen heiligen Ritter Georg, Demetrius und Martin. Dieser unser Kaiser hat von Gott das Schwert wie jener Makkabäerheld, dem Jeremias mit dem Schwert erschien und sagte: Empfange das heilige Schwert als Gabe von Gott, mit dem du deine Feinde hinabwerfen wirst.

(22) Siehe, es gab der Herr unserem Salomo einen weisen Sinn und machte ihn solchermaßen verständig, daß keiner vorher ihm ähnlich noch nach ihm erstehen wird.

(23) Und da in seiner Person die drei wunderbaren Dinge widerhallen, nämlich Würde, Macht und Weisheit, schulden wir ihm dreierlei: für die Würde Ehrerbietung, für die Macht Furcht, für die Weisheit Liebe, so daß tausend Wasser diese Liebe nicht auslöschen können; stark ist, sagt der Weise, diese Liebe wie der Tod.

(24) Großmächtig, erhöht und berühmt ist unser König Salomo wie über alle Könige, dessen Antlitz die ganze Erde ersehnt. Und um die Worte Hiobs auf ihn anzuwenden: nicht wird er verglichen werden allen Farben Indiens, d. h. allen Weisheiten der Welt, nicht dem wertvollen sardischen Stein, d.h. irgendeinem Fürsten, nicht einem Saphir, d. h. irgendeinem König, nicht wird ihm gleichen Gold und Kristall, d. h. irgendeines Weisheit oder ausgezeichneter Verstand; ihm, wenn er auf dem Thron der Würde sitzt, ist zuzujubeln: Es lebe, es lebe Kaiser Friedrich, und seine Tage mögen vervielfältigt werden und die Jahre seiner Söhne, mit denen der Herr die vielen Jahre mehren möge, die er unvorbereitet dem König Ezechias zumaß; in ihm nämlich leben wir, werden bewegt und sind.

(25) Zu eurer Empfehlung, o glücklicher und allen Lobes würdigster Kaiser, fehlt mir ob der zu großen Menge mein Verstand, da die Fülle des Herzens die Enge des Mundes verschließt, wie Chrysostomus sagt: vieles sehe ich ein, was ich nicht genügend erklären kann. So konnte Moses die Worte des Herrn nicht ausdrücken,

schwerfälliger und unerfahrener in der Sprache von gestern an und vorgestern. Und daß doch ein zweiter Aaron zur Hilfe sich mir anböte, der alle eure Glanzseiten gemäß und, wie es würdig ist, erglänzen ließe. Aber um in einem Wort viele zusammenzufassen: ich will das sagen, was im Buch der Könige steht: nicht war solch ein Werk auf der ganzen Erde, d. h. es war nicht ein solcher irdischer Herr noch wird einer sein.

Siehe, geliebtester Herr, von dem Gedanken an eure Liebenswürdigkeit habe ich geschwärmt, von eurer Würde, Weisheit und Macht habe ich erzählt, auf daß auf ewig zu Zion verkündiget werde euer Name und euer Lob zu Jerusalem, damit schön werden ihre Gesichter vom Öl eures Rufes und gestärkt werden die Fürsten vom Brot eurer Erhabenheit.

Nehmet also an, geliebtester Herr, von meiner Armut, was ich habe, und verachtet mit dem himmlischen König doch nicht die Dienste der armen Martha.

Möget ihr es für wert halten, von der Hand meiner Sprache das abendliche Opfer der Bekenntnisse anzunehmen, worin ich geschildert habe und aufgerufen zum Dienst eurer Majestät in Gebet und Lobgesang in alle Ewigkeit – Amen.

O: Rudolf M. Kloos, Nikolaus von Bari, eine neue Quelle zur Entwicklung der Kaiseridee unter Friedrich II., Stupor Mundi², S. 130-160 (mit Nachweis der Bibelzitate) – Ü: Stupor mundi², S. 543-551.

Die Verhinderung des Konzils Gregors IX. und die Gefangennahme der Prälaten

Als Gregor IX. den Bann gegen ihn ausgesprochen hatte, fielen für Friedrich II. alle Schranken der Rücksichtnahme, die ihn bislang von einem gewaltsamen Vorgehen gegen den Papst abgehalten hatten. In einem undatiert überlieferten, wahrscheinlich in den Spätsommer 1239 zu setzenden Schreiben nahm er die Mark Ancona und das Herzogtum Spoleto, die Innozenz III. nach dem Tod Heinrichs VI. dem *patrimonum Petri* eingegliedert hatte, wegen „Undankbarkeit des Beschenkten“ (*exigente ingratitudine presidentis ecclesie*) an das Reich zurück. Von der Lombardei begab er sich in die Toskana, wo er das Weihnachtsfest in Pisa beging. Interdikt und Exkommunikation geringachtend, ließ er feierlich Gottesdienst halten und hielt am Weihnachtstag selbst im Dom die Predigt, in der er den Gläubigen das baldige Nahen des Friedensreiches der Endzeit verkündete.

Von Pisa aus zog der gebannte Kaiser dann in die Mark Ancona und das Herzogtum Spoleto, „Er selbst aber schritt durch die Länder der Exkommunizierten, indem er, der Feind des Kreuzes, das Kreuz vor sich hertragen ließ; in Foligno und Gubbio wagte er es verwegen, ohne Scham die von der Kirche Verdammten zu segnen (*maledictos ab ecclesia benedicere*), indem er alle – wie Augenzeugen berichten – mit seiner ungeweihten rechten Hand zeichnete (*omnes prophana dextera consignando*); außerdem ließ er, der Vorbote des Antichrist (*prenuntius Antichristi*) in den genannten und anderen mit dem Interdikt belegten Gebieten laut Messen feiern und andere gottesdienstliche Handlungen vornehmen“, mit diesen Worten schilderte 1245 eine Flugschrift Rainers von Viterbo den Einmarsch Friedrichs in die ehemals zum Reich gehörenden Gebiete Mittelitaliens.

Die propagandistische Schilderung Rainers von Viterbo ist sicherlich in hohem Maße von Motiven aus der Apokalypse des Johannes bestimmt; andererseits ist die Verwendung eines Vortragekreuzes bei kaiserlichen Prozessionen vielfach belegt und auch die Berührung durch einen gesalbten Herrscher als „Segen“ keineswegs undenkbar, wie die den englischen und französischen Königen bis in die Neuzeit hinein zugeschriebene Fähigkeit, durch Berührung die Skrofeln, eine Hautkrankheit, zu heilen, belegt. Offensichtlich griff Friedrich bewußt verbreitete Erwartungen eines nahenden Weltendes auf und stilisierte sich, in dem Maße wie Gregor ihn zum Ketzer erklärte und mit dem apokalyptischen Tier verglich, selbst als „neuer Messias“ und „Kaiser der Endzeit“.

Im Februar marschierte Friedrich II. dann in den Norden des eigentlichen *patrimonium Petri* ein. Viterbo, Sutri und Tivoli gingen zu ihm über, der Weg nach Rom stand ihm offen, doch wollte er die – im übrigen gut befestigte – Stadt nicht erobern, sondern auch dort als „Friedensfürst“ einziehen. Die Zahl seiner Anhänger in Rom wuchs und die Öffnung der Stadt schien bevorzustehen, als Gregor IX. durch eine ostentative Geste einen Stimmungsumschwung herbeiführte: Am Fest Petri Stuhlfeier (22.2.1240) übertrug er die Reliquien des heiligen Kreuzes und der Apostel Petrus und

Paulus in feierlicher Prozession in die Peterskirche und forderte die Römer auf, sie zu schützen. Daraufhin rissen sich die Römer die kaiserlichen Adler von den Gewändern und hefteten sich stattdessen Kreuze an, um zu zeigen, daß sie zum Kampf gegen den Antichrist bereit seien. Auf beiden Seiten bestimmte symbolisches Handeln in hohem Maße den Gang der Ereignisse.

Da ihn die Adligen Roms nicht als Kaiser empfangen wollten, zog sich Friedrich nach Sizilien zurück. Rom blieb also in der Hand Gregors IX., der nun seinerseits den Gedanken aufgriff, ein Konzil einzuberufen, das allerdings nicht über ihn, sondern über Friedrich zu Gericht sitzen sollte. Ein Jahr nach dem Schreiben Friedrichs an die Kardinäle lud er alle hohe Geistlichen der lateinischen Christenheit, dazu zahlreiche Gesandte weltlicher Herrscher für Ostern 1241 nach Rom, um dort „wichtige Angelegenheiten der römischen Kirche zu beraten". Friedrich II. setzte nun, während er acht Monate lang vergeblich Faenza belagerte, alles daran, das Zustandekommen dieses Konzils zu verhindern. Den Bischöfen des Reiches und Siziliens untersagte er die Teilnahme, die Prälaten Englands und Frankreichs wurden gewarnt, daß sie festgenommen würden, falls man sie auf dem Weg nach Rom aufgreife. Dennoch versuchten viele von ihnen, von Genua aus auf dem Seeweg nach Rom zu gelangen. Im Seegefecht von Montecristo (bei Elba) gelang es der vereinigten sizilisch-pisanischen Flotte, die genuesischen Galeeren, die sie nach Civitavecchia transportieren sollten, aufzubringen. Zwei Kardinäle, drei Erzbischöfe und etwa 100 Bischöfe, Äbte und andere Geistliche gerieten in Gefangenschaft und wurden von Friedrich II. unter schreckenerregenden Haftbedingungen in Apulien eingekerkert. Friedrich II. feierte seinen Sieg als Gottesurteil, leistete durch die unmenschliche Behandlung der gefangenen Prälaten aber vor allem der päpstlichen Propaganda Vorschub, die ihn als Verfolger der Kirche darstellte.

Friedrich II.: *Infallibilis veritatem*

Durch ein u.a. an die Könige von Frankreich und England gerichtetes Rundschreiben rechtfertigte Friedrich II. am 13.9.1240 seine Zurückweisung des von Gregor IX. einberufenen Konzils:

Unverbrüchlicher Wahrheit Zeugen und den Richter der höchsten Gerechtigkeit rufen wir an, daß, da wir vor euch und den anderen Königen und Fürsten jenen eines Vergehens beschuldigen, dessen Scham wir in kindlicher Ehrfurcht bedecken sollten, wir von tiefer Röte übergossen werden und daß uns dazu ebenso die Sorge um eigenen Nachteil treibt oder die Stimme des Volkes zwingt, wie wir der ganzen Christenheit, ja aller weltlichen Würden Niedergang wegen unserer Schweigsamkeit und baldigen Sturz wegen der Verkehrung fürchten. Denn um von der Verderblichkeit des Beispiels zu schweigen, das oft von den Großen der Welt und den in der öffentlichen Wertschätzung geachteten Männern auf die Untertanen wirkt, siehe, was die Herzen der Christen aufstacheln soll und kann, was die Augen mit Tränen füllen soll und kann, daß dieser Priester unserer Zeit, der Erzvater der allgemeinen Kirche und Prediger des katholischen Glaubens, nicht abläßt, die Niedertracht der ketzerischen Mailänder zu schüren, ja so in ihrer Begünstigung andauernd weitreichender und vollständiger beharrt, daß ihn weder der Eifer der göttlichen Liebe davon abbringt, noch persönlicher Tadel trennt, noch die Schande des öffentlichen Ärgernisses abhält. So ist er von der Beharrlichkeit dieser Hartnäckigkeit besessen, daß er die Einsicht in sein Vergehen als Fehler und die Beharrung als Tugend achtet.

Wie er nämlich auf vieles Drängen der Lombarden mit unüberlegter Heftigkeit gegen uns aufgetreten ist, das habt ihr durch das allgemeine Gerede hinlänglich erfahren. Auch wie wir, noch ehe er unter Hintansetzung der religiösen Pflichten und der Würde seines Amtes die Waffen gegen uns ergriffen und sich zum Haupte und Führer der Rebellen gegen uns gemacht, ein allgemeines Konzil und insbesondere das Erscheinen eurer Abgeordneten dabei verlangt haben, ist, wie wir glauben, eurer königlichen Hoheit nicht unbekannt.

Endlich ist es eurer Kenntnis nicht verborgen, daß unsere Herrlichkeit auf das Zureden einiger seiner Brüder, die darauf sannen, einen so schweren Zwist beizulegen, sich wider allgemeines Erwarten herabließ zu erlauben, daß er mit ausdrücklicher Ausnahme der Lombarden sich durch einen zeitweiligen Waffenstillstand von der ungewohnten Anfeindung seiner Priester erholen könnte, weil wir nämlich gestatteten, daß man Mittel und Wege zum Frieden fände zur Gutmachung des allgemeinen Ärgernisses, und um dem Heiligen Lande zu Hilfe kommen zu können.

Der Inhaber des Römischen Stuhles aber, eifersüchtig nämlich auf den Frieden und die Treue in der Untreue nicht mehr als die Untreue in der Treue wahrend, erlaubte nicht, daß die Lombarden, seine Verbündeten, von dem Waffenstillstand ausgeschlossen würden, indem ihm die Unterstützung der Mailänder und ihrer Anhänger wichtiger erschien als der durch die ganze Welt gehende Zwist. Da wir nun auf keine Weise dazu zu bringen waren, daß wir die der Majestätsbeleidigung gegen uns Schuldigen in den Waffenstillstand einschließen oder auf irgendwelche Art durch den Papst schützen ließen, so versuchte er es endlich, nachdem er erkannt hatte, daß unsere Rebellen selbst ohnmächtig seien und ihnen durch weltliche Mittel nicht geholfen werden könne, auf einem anderen Wege und suchte uns durch den ehrwürdigen Bischof Wala von Brescia, der zu uns kam, zu überzeugen, daß wir die genannten Lombarden, die Feinde unserer Hoheit, notwendig in den bis zum nächsten Osterfest abzuschließenden Waffenstillstand einschließen müßten, weil er, wie er sagte, zur Herstellung des Friedens zwischen uns und der Kirche die Abgeordneten vieler Könige und einige Fürsten und Prälaten aus den westlichen Ländern zu berufen beabsichtige und den Berufenen durch den ausnahmslosen Waffenstillstand größere Sicherheit geboten würde.

Höret die erstaunliche Kühnheit seiner List, beachtet die von jeder Wahrhaftigkeit entfernten Zeichen! Während er sich stellt, als wollte er Frieden mit uns haben, verspricht er uns eine Art von Übereinkommen, damit die Lombarden, während des Waffenstillstands wieder zu Kräften gekommen, später uns desto leichter Widerstand leisten können und damit er mit dem Beistande der mittlerweile auf seinen Ruf kommenden Prälaten uns desto dreister anfeinden kann.

Und damit ihr euch durch den Augenschein überzeugt, daß er die Kirchenversammlung mehr um des Streites als um des Friedens willen beruft, so betrachtet den Wortlaut des Berufungsschreibens, in dem keine Silbe von dem Abschlusse eines Friedens steht und nur „wegen wichtiger Angelegenheiten der römischen Kirche" das Erscheinen der Berufenen als zweckmäßig bezeichnet wird. Betrachtet die Zeit! Während er uns früher die Kirchenversammlung versagt hat, will er sie berufen, nachdem er uns feindlich angegriffen hat. Betrachtet die Personen! Während er die Abgeordneten eurer Herrlichkeit, durch die ihr ihm den Weg zum Frieden wiederholt vorgezeichnet habt, übergeht, beruft er jetzt zu dem genannten Konzil namentlich aufgeführt den Grafen (Raimund Berengar IV.) von der Provence, den offenkundigen Rebellen gegen unsere Herrlichkeit, den Dogen Jakob Tiepolo von Venedig, den Markgrafen Azzo von Este, den Grafen Richard von San Bonifazio, Alberich von Romano, Biacchino und Guecello von Camino, Herren von Feltre und Belluno, und Paolo Traversari, den Herrn von Ravenna, mit denen er sich, nachdem sie ihm Geld gegeben, zu unserem Untergang verschworen hat, wie allgemein bekannt ist.

Wie offenbar aber auch die Beweise der Hinterlist sind, mit denen dieser römische Priester unsere Unbefangenheit zu umgarnen geglaubt hat, so meinten wir dennoch, aus Ehrfurcht vor dem höchsten Könige, dem genannten Bischof antworten zu müssen, daß wir mit unserer Mutter, der hochheiligen römischen Kirche, keinen Streit haben, aber das Recht unseres Kaisertums gegen den Angriff dieses römischen Priesters verteidigen und das Unrecht zurückweisen. Nichtsdestoweniger wünschten und wünschen wir noch immer, Frieden mit ihm zu haben, durch den wir den allgemeinen Zwist der Welt verhindern könnten. Und damit die entfernteren Länder die

Verhandlung über den Frieden nicht vermissen, erklärten wir uns durch denselben Bischof und andere redliche Männer, die von unserem Rechte überzeugt sind und das allgemeine Beste dringend wünschen, zu Friedensverhandlungen bereit, damit alles Unheil desto schneller beseitigt werde. Auch den Waffenstillstand mit ihm wollten wir eingehen, obgleich er für uns, weil wir zum Kampfe gerüstet waren, nachteilig gewesen wäre, in der Hoffnung, dadurch, wie auf einer glückbringenden Leiter, leichter in den hohen Palast des Friedens steigen zu können.

Die Lombarden aber, die sich gegen unsere Herrlichkeit auflehnen, werden wir von dem Waffenstillstand, wie wir es immer getan haben, so auch für alle künftigen Zeiten ausschließen; auch werden wir, solange die Feindschaft zwischen uns und ihm währt, nicht gestatten, daß eine Kirchenversammlung von ihm, als einem erklärten Reichsfeinde, berufen wird, besonders weil wir es für das Reich sowie für die anderen Fürsten der Welt und vor allem aber für uns als große Schmach ansehen, eine Angelegenheit unserer weltlichen Gewalt einem geistlichen Gerichtshofe oder dem Urteil eines Konzils zu unterbreiten.

Wir versagen also allen zu dieser Versammlung Berufenen in den unserer Herrschaft unterworfenen Ländern für ihre Personen wie für ihr Hab und Gut jegliche Sicherheit. Deshalb ersuchen wir eure königliche Hoheit herzlich, allen und jedem Prälaten eures Landes durch königlichen Erlaß bekanntzumachen, daß keiner im Vertrauen auf unser sicheres Geleit zu der Kirchenversammlung komme. Denn so gern wir auch wegen der besonderen Liebe, die wir zu euch hegen, den Getreuen eures Landes möglichst entgegenkommen, so würde es sich doch keineswegs für uns geziemen, die übergroße Keckheit jener, die unser Verbot leichtfertig verachten und dem Rufe unseres Feindes folgen, gleichgültig zu ertragen.

O: HB 5.2, S. 1037-1041; vgl. RI 5.1, Nr. 3139 – Ü: Heinisch (1968), S. 486-489.

Friedrich II.: Anordnung der Gefangennahme durchreisender Konzilsteilnehmer

Wohl gleichzeitig mit den Warnschreiben an die Könige von Frankreich und England erließ Friedrich II. im September oder Oktober 1240 die Anordnung, die Durchreise der Konzilsteilnehmer mit allen Mitteln zu verhindern:

Das ist die Pflicht der Treue, durch die die Untertanen an ihre Herren gebunden sind, das ist die einzige Ergebenheit, die geschuldet wird, daß sie sich vor dem hüten, was schädlich ist, und nach dem eifrig streben, was nützlich ist.

Da also nicht nur den Nahen und Fernen, sondern dem gesamten Erdkreis bekannt ist, welcher Zwist durch den römischen Priester allgemein ausgebrochen ist und daß der allgemeine Streit nicht nur zum Schaden der Geistlichkeit, sondern zum Ärgernis des ganzen christlichen Volkes vergrößert wird und daß die Zeichen, die von ihnen ausgehen, und die Vorschriften zur beständigen Verderbnis gereichen, halten wir es für nötig und nützlich, deren üblen Erfindungen und Versuchen entgegenzutreten, die, den Geist der Ehrenhaftigkeit abschätzend, den ganzen Erdkreis der allgemeinen Gefahr unterwerfen wollen und die Prälaten, Erzbischöfe, Bischöfe, Äbte und Prioren zu einer allgemeinen Synode zusammenrufen, um dort zur Gefährdung und Verderbnis der Könige und Fürsten und der ganzen Erde das empfangene Gift auszuspeien.

In dem Willen also, nicht weniger dem Haß, in dem sie durch die angeführten Beleidigungen unserem Wohlwollen mißtrauen, als dem Zank und der allgemeinen Zwietracht der gesamten Christenheit vorzubeugen, fügen wir, wenn wir auch wissen, daß ihr als unsere Getreuen nicht weniger um die Hut unserer Würde und Ehre als um die Vermeidung des allenthalben entstehenden Ärgernisses besorgt sein werdet, für die Getreuen das Wort der Treue hinzu, erläutern die Gebote der Ermahnung und befehlen kraft kaiserlicher Vollmacht unter der Strafe der Entziehung unserer Gnade und der Verhängung der Reichsacht auf ewig, alle Prälaten, Erzbischöfe, Bischöfe, Äbte und Prioren, sowie die Vorgesetzten oder Abgeordneten jeglichen Ordens, die durch euer Land zur römischen Kurie zu Wasser oder zu Lande, privat oder öffentlich reisen wollen, in Person und Sache auf jede Weise aufzuhalten, zu behelligen und festzunehmen, da wir ihnen die Durchreise sowohl zu Wasser als auch zu Lande ganz und gar versagen.

Unser Gebot sollt ihr derart erfüllen, daß ihr eure Treue gegen uns und das Reich durch den schuldigen und tätigen Gehorsam der Tat beweist und es nicht geschieht, daß ihr der genannten Strafe verfallt, da wir in nichts schwerer verletzt werden könnten, als wenn den genannten Prälaten privat oder öffentlich die Reise ermöglicht würde, und keinen Gehorsam für willkommener halten, als wenn unsere Getreuen für unsere Ehre und ihre Wohlfahrt in der Zukunft sorgen. Wahrlich, wenn die Unbesonnenheit der Prälaten so groß sein sollte, daß sie gegen unseren Befehl und unser Verbot über Land oder See privat oder öffentlich die Reise zur römischen Kurie versuchen sollten, so sollt ihr ihrer Frechheit entgegentreten und ihrer Reise ein offenbares Hindernis entgegensetzen.

Wir geben euch nämlich die Vollmacht, sie in Person und Sachen gefangenzusetzen, und sprechen ihre Habe euren Einkünften und eurem Besitz zu, das heißt sowohl allen gemeinsam als jedem einzelnen besonders, sofern ihr gemäß unserem Befehl treu und ergeben zu ihrer Gefangennahme und Beschlagnahme ihres Besitzes schreitet, abgesehen von einer entsprechenden Belohnung, die wir euren Verdiensten vorbehalten. Über all das hinaus mögt ihr uns einen so offenkundigen und löblichen Beweis eurer Rührigkeit geben, daß wir eurer Wohlfahrt und öffentlichen Ehrung eine um so größere Freigebigkeit an Wohltaten schulden.

O: HB 5.2, S. 1089 f.; vgl. RI 5.1, Nr. 3145 – Ü: Heinisch (1968), S. 491-493.

Friedrich II. an Heinrich III. von England

Seinem Schwager Heinrich III. berichtete Friedrich am 18.5.1241, zwei Wochen nach dem Ereignis, über die Eroberung Faenzas und die Gefangennahme der Prälaten. Der zweite Teil des bei Matthaeus Paris überlieferten Briefes lautet:

Während wir nun unser Vorhaben und unsere Tätigkeit auf die Vernichtung der benachbarten Stadt Bologna richteten, geschah es, daß eine Schar von Prälaten mit dem Bischof von Palestrina und dem Kardinaldiakon Magister Otto von St. Nikolaus, die unseren Erfolgen Abbruch tun wollten, aus verschiedenen Provinzen vereinigt, zu ihrem Unglück nach Genua gelangt war. Nachdem sie dort mit Gregor von Romagna zusammengetroffen war und der Legat sich zu den Legaten gefunden hatte, um zusammen weiterzufahren, nachdem sie mit den Genuesen, diesen Empörern wider uns, eine Verschwörung angezettelt hatten, brachten einige aus Frankreich ein zahlreiches Seeheer zusammen und ließen ihre Piraten bewaffnen, mit denen sie um größeren Zwistes willen zum Papst nach Rom zu gelangen schworen.

Um ihre Überfahrt und Ankunft zu verhindern, ließen wir unsere schon lange bereitgestellte Flotte sich in Pisa sammeln, an der Spitze das siegreiche Geschwader der Galeeren. Dieses sollte mit einigen Getreuen nach Erkundung ihres Marschweges an den Stellen und Häfen, die sie auf hoher See nicht umgehen konnten, weil man sie bei der Überfahrt notwendig anlaufen muß, ihnen auf ihrer Reise machtvoll entgegentreten. Und als unsere Galeeren ihre Galeeren angegriffen hatten, gab der hochmächtige Herr, der von der Höhe herabschaut und nach Gerechtigkeit urteilt, da er ihren Weg, ihre ausgesuchte Bosheit und ihre unersättliche Begierde erwog, in unsere Macht und Gewalt, der sie zu Lande und zu Wasser nicht entrinnen konnten, durch seine Gunst die vereinigten Legaten und Prälaten alle zugleich.

Während drei von ihren Galeeren im Meere versanken und alle, die auf ihnen fuhren, samt den Schiffsleuten, die man auf 2000 schätzt, ohne Hoffnung auf Rettung untergingen, wurden 22 Galeeren nicht ohne großes Gemetzel unter der Besatzung mit Menschen und Ladung, da es die göttliche Vorsehung so wollte, von unseren Galeeren besiegt und im Triumph genommen. Auf ihnen fielen in unsere Hände die drei genannten Legaten samt Erzbischöfen, Bischöfen, Äbten und vielen anderen Prälaten, auch Boten und Vertretern von Kirchenfürsten, die auf mehr als 100 geschätzt werden, nebst den Gesandten der aufrührerischen Städte der Lombardei, die zu dem festgesetzten Konzil eilten, und 4000 Genuesen, abgesehen von den besonderen erlesenen Männern aus Genua, die die Galeeren befehligten, und dem Geleit der Prälaten, das sie nach ihrer unseligen Übereinkunft nach Rom führen und nach Genua zurückbringen sollte.

An jenem Palestriner, der so oft den äußersten Haß gegen uns erregt hatte, ist, wie wir glauben, das göttliche Gericht nicht ausgeblieben, damit er nicht nach Art des verborgenen Wolfes in Schafsfell und Lammkleid Gott bei sich zu tragen wähne und wisse, daß Gott mit uns ist, der auf seinem Throne sitzt und gerecht richtet, da er nicht allein durch das Priestertum, sondern durch das Königtum und das Priestertum das Gefüge der Welt zu leiten bestimmt hat.

Wir also, da der Herr uns seinen Rat vom Himmel her erschließt und so viel Widerwärtiges ausgleicht, wollen, ohne kriegerischen Schweiß und sommerlichen Staub zu scheuen, unseren glückhaften Weg und jeglichen Plan und jedes Wagnis auf das lenken, was uns mit den andern Herrschern Zuwachs an Hoheit und Ruhm bringt, wie wir uns freuen, daß ihr unserer aufgezählten Erfolge teilhaftig werdet, der ihr, wie wir wünschen, an jedem zukünftigen glücklichen Erfolge in der Einhelligkeit, die uns eint, teilhaben sollt.

O: RS 57.4, S. 126-129 (= HB 5.2, S. 1123-1125); vgl. RI 5.1, Nr. 3205 – Ü: Heinisch (1968), S. 503 f.

Matthaeus Paris

Über die Gründe Friedrichs II., das von ihm selbst zunächst gewünschte Konzil zu verhindern, und über die Gefangennahme der Prälaten und die Bedingungen ihrer Haft in Apulien berichtet Matthaeus Paris:

Um dieselbe Zeit erwog der Kaiser sehr scharfsinnig, daß, wenn die allgemeine Kirchenversammlung gefeiert werde, sein Todfeind, der Papst, den Vorsitz haben werde, dem alle beisitzenden Prälaten gehorchen müßten wie die Glieder ihrem Haupte; und er besann sich und begann sich sehr zu sorgen, und, sich vorsehend, sprach er zu seinen Großen:

„Ich werde von allen Seiten bedrängt, und von mannigfachen Nöten umgeben bin ich beunruhigt über die Gefahren, die dem Reich drohen. Wenn nämlich, wie es bereits vorbereitet ist, diese allgemeine Kirchenversammlung einberufen wird unter dem Vorsitz meines Todfeindes, dem die beisitzenden Prälaten nicht zu widersprechen wagen werden, so wird er mich mitsamt dem Reiche unwiderruflich verdammen. Denn der Papst ist mein unersättlicher Feind und offenkundiger Widersacher, imstande, jeden, der seinem Willen widerstrebt, seiner Würde zu entsetzen, ja den Abgesetzten mit den Fesseln des Bannes zu binden und in den Abgrund noch schlimmerer Strafe zu stürzen.

Weit anders ist unsere Sache gefährdet sowie die Lage des Reiches und aller Fürsten, die zu schützen ich allein auf mich nehme. Die Könige des Erdkreises und die Fürsten, deren Sache ich als ihr Vertreter auch zu führen habe, würden auf meinen Ruf hin nicht kommen oder mir nicht gehorchen; sie sind mir ja auch nicht untergeben, so daß ich sie zwingen oder, wenn sie trotzig wären, strafen könnte. Von ihrer Hilfe und von ihrem Beistand verlassen, sollte ich also die erhabene Sache des Kaisertums einem zweifelhaften Gericht überlassen? Und ihre „Feinde selbst werden Richter über sie sein" (Deut 32,31)? Das sei ferne, solange ich lebe!" Diesen überzeugenden Gründen stimmten seine Großen bei und trafen alle Vorsorge (...), das angekündigte Konzil wegen der drohenden Gefahr zu verhindern.

Der Kaiser begann also die Prälaten selbst in seinen Briefen nachdrücklichst zu mahnen, keineswegs zu der allgemeinen Kirchenversammlung gemäß der päpstlichen Berufung zu eilen. Und daraufhin ließ er nicht ab, die Prälaten, die auf dem Landwege zur römischen Kurie reisten, sowohl in ihrer eigenen Person wie auch in der ihrer Stellvertreter, aufzuhalten und, sofern sie seinen Vorhaltungen nicht nachzukommen bereit waren, feindselig zu bekämpfen, gefangenzunehmen, in seine Kerker zu werfen und sogar mehrere auf scheußliche Weise mit dem Tode zu bestrafen.

Als der Papst das hörte, vervielfachte er seine Verfluchungen und Schmähungen, häufte die Bannsprüche und erneuerte die Achtungen. Die Prälaten aber wurden von beiden Seiten bedrängt: Denn der Papst, der geistliche Vater aller, hatte ihnen bei der Pflicht des Gehorsams befohlen, zum bevorstehenden österlichen Feste der Auferstehung des Herrn (31.3.1241) zum Konzil, das er heilsamerweise angeordnet und vorbereitet hatte, zu kommen. Von der anderen Seite schreckte aber sie der Riegel des Widerspruchs und des Hindernisses durch den Erlaß des Kaisers. Von hier drohte die Skylla, von dort der Charybdis Strudel und Gefahr. Die Herzen der schwankenden Prälaten tröstete daher der Papst nur schwach.

Sobald aber die Prälaten etwas gleichmütiger geworden waren, rüsteten sie sich unerschrocken zu der vorgesehenen Reise, in der Zuversicht, daß ihnen der Papst mit Gottes Hilfe wenigstens zur See die Wege gesichert habe. Die Engländer jedoch folgten dem Rate der Franzosen und fuhren zunächst in sichere Gegenden und warteten, wie der Bischof (Wilhelm) von Norwich und einige andere, vorsichtig in aller Stille den Ausgang der Sache ab (...).

Im Laufe dieser Tage hielten sich (...) Jakob, Bischof von Praeneste, Legat in Frankreich, und Otto, Kardinaldiakon in carcere Tulliano, ehemals Legat in Dänemark und später in England, sowie auch Gregor von der Romagna, der damals als Legat zu den Genuesen geschickt worden war, um alle ihm Gehorsamen aller ihrer Sünden loszusprechen, in Genua auf, um für eine Flotte zu sorgen. Es waren aber mit ihnen Erzbischöfe, Bischöfe, Äbte in großer Anzahl. Da diese die Drohungen des Kaisers für den Fall ihrer Überfahrt fürchteten, erhielten sie häufig Briefe und Botschaften des Papstes, die sie trösteten und mahnten, sie möchten es nicht unterlassen, auf dem Seewege zum Konzil zu eilen, sondern vielmehr alle weltlichen Drohungen verachten und schleunigst ihrem geistlichen Vater gehorchen.

Es kam aber zu einer Abmachung zwischen ihnen und den Genuesen, daß diese gegen eine nicht geringe Geldsumme alle Legaten wie Prälaten mitsamt ihrem Gefolge unbeschädigt und unverletzt, auch gegen den Willen des Kaisers, sicher zur römischen Kurie bringen sollten. Und während sie noch eingehend und weitläufig darüber unterhandelten und einige noch im Zweifel waren, was am sichersten und was am ratsamsten sei, ließ sie der Papst wissen, daß er ihnen mit weltlicher Macht eine so wirksame und so kräftige Hilfe in Gestalt einer Flotte über das Meer zu ihrem Geleit und zu ihrem Schutze, sobald sie aus dem Hafen auslaufen würden, ohne jeden Zweifel senden wolle, daß die Macht der Gegner ihr auf keinen Fall widerstehen können werde, auch nicht der Kaiser selbst, den der Herr dem Satan zur Vernichtung überlassen habe, da er ja mit dem Banne vielfach gebunden sei. Durch diese Botschaft ermutigte sie der väterliche Trost sehr, ja so, daß sie jegliche Gefahr, sogar den Tod auf sich nehmen wollten.

Als aber dem Kaiser das eben Gesagte bekannt wurde, sah er klar, daß der Papst wutschnaubend nach seiner Absetzung trachtete und deshalb die Prälaten so scharf und gebieterisch zusammenrief und nicht zulassen würde, daß sie seinem Willen widersprächen. Deshalb begann er, sich ernsthafte Sorgen zu machen, und wünschte, daß sie den Landweg durch seine Gebiete nähmen, damit er sie besser mit dem Rechte, auf das er vertraute, bekannt machen könne und sie nicht, durch falsche Unterstellungen getäuscht, ohne eine solche Aufklärung zu Schiff plötzlich bei der römischen Kurie ankämen. Er schickte daher feierliche Gesandte an sie, die bereits dabei waren, die Schiffe zu besteigen, und ließ ihnen maßvoll und demütig anzeigen, daß sie in Frieden und vollkommener Sicherheit durch alle seiner Herrschaft unterstehenden Länder reisen könnten, wenn sie nur den See- oder Küstenweg nicht wählten, und wissen sollten, daß sie keiner der Seinen unterwegs angreifen werde (...).

Die Prälaten aber, ermutigt durch die Versprechungen der Legaten und die vielen aufmunternden Briefe des Papstes, in denen er versicherte, er werde ihnen einen raschen und wirkungsvollen Schutz zur See entgegenschicken, wollten auf keine Weise von ihrem Vorhaben abstehen. Sie sagten nämlich: „Den trügerischen Worten eines Exkommunizierten darf man keinen Glauben schenken!“ Sie mißachteten also die Ratschläge und Bitten des Kaisers und bestiegen die Schiffe im Vertrauen auf die Menge der Genuesen, die, im Kampfe zur See geübt, die Drohungen und die Streitkräfte des Kaisers geringschätzten, nach Vorantritt der Genuesen selbst, die sich in großen Worten überboten, versicherten, daß ihnen die feindlichen Streitkräfte keineswegs schreckenerregend erschienen, und die Prälaten und Gelehrten feige und furchtsam nannten; aber ihr Hochmut war größer als ihre Macht.

Nachdem sich also die Galeeren formiert und den Schiffen angereiht hatten, fuhren sie unter dem lauten Geschrei der Matrosen und dem Klang der Hörner über das Tyrrhenische Meer nach Osten. Als dies dem Kaiser gemeldet wurde, schmerzte es ihn, sich verachtet und seine Bitten und Mahnungen verschmäht zu sehen. Seinem Sohn Enzio, den er gewöhnlich seinen natürlichen Sohn nannte und den er beauftragt hatte, mit einer Flotte das Meer und die Küsten zu bewachen, um die Überfahrt der Prälaten zu verhindern, ließ er sagen, er solle sich nicht scheuen, die bereits Abgesegelten zu fangen, zu versenken oder niederzuhauen.

Der genannte Enzio gehorchte den väterlichen Befehlen und schickte den Genuesen, die unbesorgt die Legaten und Prälaten übersetzten, zwanzig mit Kriegsvolk bestens bemannte, neue und starke Galeeren entgegen (...). Nach einem äußerst blutigen Kampfe (am 3.5.1241) besiegten die Pisaner, die unter dem besonderen Befehl Enzios standen, mit (ihrem) Admiral, der wie ein Ungewitter in den Kampf eingriff, die Genuesen. Die Prälaten mitsamt den Legaten wurden gefangengenommen, einige ertranken oder wurden erschlagen, unter ihnen der Erzbischof von Besançon und viele andere, die aufzuzählen zu weit führen würde (...).

(Die gefangenen Prälaten) wurden auf kaiserlichen Befehl über das Meer geschickt und zwar legten sie die langwierige Fahrt in einem Zeitraum von ungefähr drei Wochen zurück, bis sie nach Neapel kamen und in der nahe der Stadt gelegenen, ringsum vom Meere umgebenen Burg in sicherstem Gewahrsam gehalten wurden. Aber nicht aller Gefangenschaft war gleich hart; denn die Lage des (Jakob) von Praeneste war die schlimmste. Alle hatten jedoch bereits Krankheit und tödliche Schwäche befallen. Auf ihrer langen Überfahrt hatten sie nämlich gefesselt und eng zusammengedrängt gesessen, unerträgliche Hitze hatte sie gequält, sie waren von Fliegen, die gleich Skorpionen stachen, umschwärmt worden, und, von Hunger und Durst gefoltert, waren sie obendrein den höhnenden Beleidigungen gemeiner Matrosen oder vielmehr feindseliger Seeräuber ausgesetzt gewesen; so hatten sie ein langes Martyrium überstanden, das sie um ihres Gehorsams willen auf sich nahmen.

Das Gefängnis erschien ihnen daher als ein Ort der Ruhe, obwohl es keinerlei Ruhe bot. Sie siechten also dahin, besonders die Schwächeren, und litten an verschiedenen Krankheiten. Daher hauchten einige Mönche und viele andere die betrübte Seele aus und wanderten, nicht ohne die Palme des Märtyrertums, aus dem Elend dieser Welt zum Herrn. Und bald darauf ging auch der (Kardinal) Bischof (Jakob) von Praeneste, dem Papst gehorsam bis in den Tod, von dieser armseligen Welt zur ewigen Ruhe ein. Nach der Versicherung des Bruders Thomas, des Kaplans des Kardinals Rainer von Viterbo, der einer der Eingekerkerten war, waren mehr als sechzig Prälaten, also Legaten, Kardinäle, Erzbischöfe, Bischöfe, Äbte, in einem nicht großen Hause bei Neapel eingesperrt und lagen alle wie die Schweine in ihren Kleidern zusammengedrängt da, bis sie verteilt und anderswo eingesperrt wurden (...).

O: RS 57.4, S. 95 f., 120-125 und 129 f. – Ü: Heinisch (1969), S. 85 f. und 92-97.

Die Wahl Innozenz' IV., der Fall Viterbos und die Flucht des Papstes nach Lyon

Nach der Gefangennahme der Prälaten versuchte Friedrich II. erneut das *patrimonium Petri* zu besetzen und den Papst in seine Gewalt zu bringen. Am 22.8.1241 starb jedoch Gregor IX. Der in Rom herrschende Senator Matthaeus Orsini wünschte eine Fortsetzung der Politik Gregors IX. und veranstaltete, um das von inneren Gegensätzen gespaltene uneinige Kardinalskolleg zu einer raschen Einigung zu zwingen, das erste Konklave der Kirchengeschichte: Er sperrte die acht in Rom anwesenden Kardinäle im Septizonium, einer antiken Ruine auf dem Palatin, ein. Die Sommerhitze allein hätte den Aufenthalt dort schon unerträglich gemacht, zusätzlich aber wies Matthaeus Orsini seine Wächter an, ihre Latrine oberhalb des Konklaves einzurichten, so daß deren Abwässer bei Regen durch die Decke auf die Schlafstätten der Eingeschlossenen tropften. Obwohl aufgrund dieser Bedingungen ein Kardinal nach vier Wochen verstarb und mehrere weitere erkrankten, konnten sich die Kardinäle fast zwei Monate lang nicht mit der erforderlichen Zweidrittelmehrheit auf einen neuen Papst einigen. Erst am 25.10.1241 wählten sie – der „Legenda aurea“ zufolge durch wunderbares Eingreifen der Gottesmutter Maria, der sie verzweifelt gelobt hatten, in Zukunft die Oktav ihrer Geburt festlich zu begehen – den hochbetagten Mailänder Gaufried (Coelestin IV.), der jedoch bereits am 10.11.1241 durch das Konklave geschwächt verstarb.

Zu diesem Zeitpunkt waren etliche Kardinäle allerdings bereits aus Rom geflohen, um einer erneuten Einschließung zu entgehen. Fast zwei Jahre dauerte die nun folgende Sedisvakanz. Je länger sie anhielt, um so mehr wurde sie zu einem Problem für Friedrich II., denn es gab nun keine allgemein anerkannte Instanz mehr, die die gegen ihn ausgesprochene Exkommunikation hätte aufheben können. Nach langen Verhandlungen mit dem Kaiser, der inzwischen den größten Teil des *patrimonium Petri* besetzt hatte, erklärten sich die Kardinäle schließlich im Frühsommer 1243 bereit, in Anagni zur Wahl eines neuen Papstes zusammenzutreten. Am 25.6.1243 einigten sie sich auf den Genuesen Sinibald Fiesco, der den Namen Innozenz IV. annahm.

Friedrich II. nahm sogleich Verhandlungen mit dem neuen Papst auf, der als Kardinal im Ruf gestanden hatte, eine Lösung des Konfliktes anzustreben. Da Friedrich den größten Teil des *patrimonium Petri* besetzt hatte, glaubte er, aus einer Position der Stärke weitreichende Forderungen stellen zu können; u.a. wollte er die von ihm besetzten päpstlichen Gebiete als Lehen behalten. Dies wäre einer weitgehenden Vernichtung der weltlichen Herrschaft des Papstes gleichgekommen, und war für Innozenz IV. daher unannehmbar.

Während die Verhandlungen sich hinzogen, gelang es Kardinal Rainer von Viterbo, dem schärfsten Gegner Friedrichs II. an der Kurie, dem Kaiser eine schwere Niederlage beizubringen, indem er seine Heimatstadt, die seit 1240 kaiserlich war, am 8.9.1243 zum Abfall bewegte und besetzen ließ.

Zwei vom Kaiser selbst geleitete Angriffe zur Rückeroberung der Stadt am 11.10. und am 10.11.1243 schlugen fehl. Schließlich willigte Friedrich in einen Waffenstillstand ein, der Viterbo dem Papst überließ, der kaiserlichen Besatzung aber, die sich in die Burg zurückgezogen hatte, freien Abzug zusicherte. Entgegen den beschworenen Vereinbarungen griffen die Bürger Viterbos die abziehenden Besatzer jedoch an und töteten viele von ihnen.

Schon mittelalterliche Historiographen berichten teilweise ausführlich über dieses Ereignis. Hauptquelle für den Verlauf der Ereignisse ist die verlorene Chronik des Lanzilloctus Viterbiensis aus der Mitte des 13. Jahrhunderts, die der Franziskaner Francesco di Andrea in der Mitte des 15. Jahrhunderts seiner Chronik Viterbos zugrundelegte. Welch weite Kreise die Nachricht über die unehrenhafte Niederlage des Kaisers zog, belegt dagegen die Schilderung bei Matthaeus Paris.

In modernen Darstellungen nimmt der Abfall Viterbos vor allem deshalb eine herausragende Stellung ein, weil er Friedrich II. zu dem Ausspruch veranlaßt haben soll: „Und stünde ich schon mit einem Fuße im Paradies, und man sagte mir, räche Viterbo, ich glaube ich zöge den Fuß wieder zurück!" Dies bereicherte das Bild von Friedrich II. als „Freigeist", der nicht an ein Leben im Jenseits und die Verheißungen der christlichen Religion glaubte, um eine eindrucksvolle Facette, ist aber nur in einem Schreiben Rainers von Viterbo vom Mai/Juni 1245 belegt – und selbst dort nur als Metapher für die Unversöhnlichkeit des Hasses Friedrichs II. auf Viterbo, nicht als Ausspruch des Kaisers selbst.

Weitere Verhandlungen führten am 31.3.1244 zu einem vorläufigen Friedensabkommen, in dem sich Friedrich II. verpflichtete, das *patrimonium Petri* zu räumen, Kirchenbuße zu leisten, die im Laufe der Auseinandersetzungen gefangengenommenen Prälaten freizulassen und allen, die in der Vergangenheit die päpstliche Seite unterstützt hatten, Straffreiheit zuzusichern. Der Frieden scheiterte jedoch daran, daß Friedrich II. nicht bereit war, die besetzten päpstlichen Gebiete vor der Lösung vom Bann herauszugeben. Statt zu einem von Friedrich II. vorgeschlagenen Treffen nach Narni zu kommen, flüchtete Innozenz IV., der offensichtlich befürchtete, bei einer solchen Zusammenkunft vom Kaiser gefangengenommen zu werden, am 28.6.1244 verkleidet von Sutri nach Civitavecchia, wo ihn heimlich bereitgestellte Schiffe seiner Heimatstadt Genua erwarteten. Auch in Genua, wo er begeistert empfangen wurde, war er jedoch auf Dauer nicht sicher, zumal zahlreiche adlige Familien der Stadt auf kaiserlicher Seite standen. Im Oktober 1244 begab sich Innozenz IV. daher nach Lyon, das zwar zum Reich gehörte, aber im unmittelbaren Einflußbereich des französischen Königs Ludwig IX. lag.

Matthaeus Paris

Eingestreut in seine Darstellung der englischen und westeuropäischen Ereignisse, bringt Matthaeus Paris zum Jahr 1243/44 auch verschiedene längere Einträge zur Entwicklung der Verhältnisse im Reich. Die Chronologie dieser Berichte ist oft verworren; sie zeigen jedoch, welchen Eindruck die

Ereignisse in Italien auf außenstehende Beobachter machten. Die von Matthaeus Paris gegebene Darstellung verbindet das Motiv der habgierigen römischen Kirche, das die kaiserliche Propaganda verbreitete und der eigenen Sicht des Chronisten entsprach, mit dem Bild des zum grausamen Tyrannen gewordenen Kaisers, das die päpstlichen Rundschreiben entwarfen:

Einige Sarazenen also und andere Zerstörer und Übeltäter, die in Kriegszeiten dem Kaiser Söldnerdienste leisteten, drangen in die edle Stadt Albano ein und verwüsteten sie völlig, so daß sie auch die einhundertundfünfzig Kirchen der Stadt nicht verschonten, Gewänder, Kelche und Meßbücher fortschleppten und überhaupt alles, was ihnen irgendwie nützlich oder verkäuflich erschien; die Bürger aber wurden der Plünderung oder elendem Tode ausgeliefert.

Da aber das Heer sich anschickte, mit ähnlicher Wut auch andere Besitzungen der Kirche zuzurichten, ließen die Kardinäle den Kaiser demütig bitten, er möge seinen Zorn mäßigen und den Plünderern Einhalt gebieten. Sie selbst würden ganz bestimmt, seinem Wunsch und Willen entsprechend, Gott vor Augen, so bald wie möglich für einen der Kirche und dem Reiche geeigneten römischen Priester sorgen. Der Kaiser ließ sich also besänftigen und zähmte die Wut der Plünderer durch einen kaiserlichen Erlaß (...).

Im selben Jahre wurde am Geburtstage des heiligen Johannes des Täufers (24.6.1243) Kardinal Sinibald zum Papst gewählt, nachdem der päpstliche Stuhl ein Jahr und neun Monate leer gestanden hatte. Am Tage der Apostel Petrus und Paulus (29.6.1243) wurde er geweiht und erhielt den Namen Innozenz IV. Und unmittelbar nach seiner Weihe bestätigte er den von seinem Vorgänger Gregor (IX.) gegen den Kaiser Friedrich gefällten Bannspruch. Gewählt wurde er aber in Anagni. Deshalb bereiteten ihm die Römer und der römische Kaiser beide beleidigt Schwierigkeiten und stellten ihm um so eifriger nach, weil der Kaiser geglaubt hatte, er würde einen ihm günstig gesinnten Papst haben.

Der Kaiser ließ also alle Wege und Häfen sowie auch das Meer durch Galeeren scharf bewachen, damit die Träger der (päpstlichen) Bullen nicht entkämen und sich (nirgends) freien Durchzugs erfreuten. Und nicht lange danach ergriff der Kaiser zwei Brüder des Minoritenordens und ließ sie aufhängen, weil sie auf Befehl ihrer Vorgesetzten heimlich Briefe beförderten, die einige Angehörige des Adels zum Kriege, vor allem gegen ihn selbst, bewegen sollten (...).

Da zu jener Zeit die kaiserlichen Beamten die Einwohner von Viterbo allzusehr bedrückten, wandte sich die ganze Stadt mitsamt ihrer Umgebung den Römern zu (8./9.9.1243), die auf seiten des Papstes standen. Nachdem sie nämlich sich und ihre Stadt dem Kaiser übergeben hatten (1240), wurden sie unterdrückt und durch das

Joch ungewohnter Knechtschaft beschwert; deshalb nahmen sie ihre Zuflucht zu dem Kardinal Rainer von Viterbo, um sich mit seinem Rat und seiner Hilfe mit den Römern zu verbünden, den alten Haß einzuschläfern und von nun an ein Volk zu werden, sich darauf um so kraftvoller gegen die Feinde zu erheben und den kaiserlichen Bedrückungen um so sicherer zu entziehen (Aug. 1243). Und da sich also der erwähnte (Kardinal) Rainer eifrig darum bemühte, erreichte man es rasch und unbemerkt, daß, nachdem zwischen Römern und Viterbesen Frieden geschlossen worden war, die Römer in sehr großer Menge herbeikamen, alle Leute des Kaisers durch List überrumpelten und sie gefangen in Fesseln nach Rom führten, um sie dort einzukerkern. An die Stelle der kaiserlichen Befehlshaber setzten sie in den Burgtürmen und in den befestigten Plätzen ihre Getreuen ein, sowohl Römer wie auch Viterbesen, so daß mit völliger Nichtachtung des Kaisers die Römer Viterbesen und die Viterbesen Römer zu sein schienen.

Als der Kaiser das hörte, wurde er vom Stachel des Schmerzes getroffen und versuchte mit größter Gewalt an der Spitze einer unzähligen bewaffneten Heeresmacht die Gräben der Stadt mit Fässern, Rasenstücken, Baumstämmen und Erde auszufüllen, um im Sturm einzudringen und alle Einwohner auf der Stelle niederzumachen. Die Bürger aber, als sie sahen, daß es um ihren Kopf ging, schlugen die feindlichen Angriffe von innen mannhaft zurück, und von außen kamen die Römer mit einer unvorstellbaren Menge von Kriegern herbei und vereitelten das Vorhaben des Kaisers mit Gewalt.

Bei dem feindlichen Zusammentreffen fielen viele von den Leuten des Kaisers; außerdem hauchte ein hervorragender Ritter auf der Seite des Kaisers, den er mit seinen eigenen Waffen ausgerüstet hatte, von dem Pfeile einer Wurfmaschine getroffen, den Geist aus, worüber der Kaiser großen Schmerz bezeigte. Da aber nun die Feinde bei seinem Falle ein Freudengeschrei erhoben, in der Meinung, der Kaiser selbst sei gefallen, so war dieser, seine Trompeter voraus, sogleich zur Stelle und befreite sein Heer, wenn auch mit Mühe, von den Angriffen der früher als erwartet Heranrückenden.

Er zog sich darauf (14.11.1243) in das Gebiet von Pisa zurück, um sich zu erholen und mit erneuter Kraft gegen die Aufständischen vordringen zu können. Als aber die Bewohner der Umgegend sahen, daß der Kaiser nicht ohne große Einbuße an Gut, Ehre und Leuten abgezogen war, fielen viele von ihm ab und verbündeten sich mit den Römern und Viterbesen.

Der Ruf des Kaisers wurde also ziemlich getrübt; denn der Graf Simon von Tuszien, dem er die Bewachung von Viterbo voller Zuversicht anvertraut hatte, wurde gefangengenommen und mit seinen

Leuten, wie gesagt, in Fesseln nach Rom gebracht, Viterbo nebst einigen benachbarten Städten und Burgen war verloren, und der Kaiser selbst mußte geradezu flüchten (...).

Inzwischen ließ der Kaiser, da er sah, daß der neugewählte Papst den Bannspruch des früheren bestätigte und ihn keinesfalls schonen wolle, er selbst sich aber nicht bedingungslos den Entscheidungen der Kirche unterwerfen wollte, die Wege, Häfen und Brücken aufs strengste bewachen, damit niemand durchkommen konnte, der Geld bei sich trug, nach dem, wie er wußte, die römische Kurie unersättlich dürstete. Sein Sohn Konrad aber wandte dieser Aufgabe große Sorgfalt zu und verschloß denen, die zu Wasser oder zu Lande durchziehen wollten, die Zugänge mit solcher Wachsamkeit, daß er auch Prediger- und Minoritenbrüder oder irgendwelche andere Verkleidete, wenn er sie ergriff, nicht verschonte, sondern bis auf den Tod peinigte (...).

Während aber die trügerische Welt die Menschen mit derartigen Sorgen bedrängte, gelobte der Kaiser Friedrich, von besserer Einsicht erleuchtet, obwohl nur oberflächlich gedemütigt, der Kirche und den Kirchenfürsten Genugtuung zu geben, und zwar auf folgende Weise: „Friedrich, durch Gottes Gnade immer erhabener Kaiser der Römer, König von Jerusalem und Sizilien. Durch gegenwärtiges Schreiben machen wir jedermann bekannt, daß wir dem erlauchten Grafen R(aimund) von Toulouse, unserem geliebten Vetter und Getreuen, sowie den Magistern Petrus von Vinea und Thaddäus von Suessa, unseren Großhofrichtern und Getreuen, ausdrückliche und unbeschränkte Vollmacht erteilen, für uns in unsere Seele zu schwören, daß wir uns den Anordnungen des Papstes und der Kirche fügen werden bezüglich aller Schäden und Beleidigungen, die vor und nach der über uns verhängten Exkommunikation der Kirche und kirchlichen Personen zugefügt worden sind und deretwegen von dem einstigen Papst G(regor) die Exkommunikation über uns verhängt worden ist, indem wir im vorhinein alles bestätigen, was unsere genannten Getreuen diesbezüglich für gut befinden werden. Zur Bestätigung dessen haben wir gegenwärtiges Schreiben mit einer goldenen Bulle, der das Siegel unserer Majestät aufgedrückt ist, versehen lassen. (Gegeben in Acquapendente am 28. März 1244)" (...).

Während das Rad der Zeit den Wandel des Jahres durchlief, begann der Kaiser Friedrich, von den Stacheln des Hochmuts getrieben, zu bereuen, daß er sich, wie berichtet, der Kirche demütig verpflichtet hatte, und legte dem Papste heimlich Fußangeln und Schlingen, die jedoch später ans Licht gezogen wurden. Der Papst wurde davor gewarnt; er mied die füchsischen Schlangenpfade des Kaisers, so gut er konnte, und traute ihnen nicht. Er glaubte ihm und den Seinen nicht, da er sie alle kannte, indem er aus der Vergangenheit auf die Zukunft schloß. Und da der Papst seine Partei verstärken wollte, weil er nur wenige Genossen hatte, die an seiner sorgenvollen Arbeit teilnahmen, ernannte er am Tage der heiligen Dreifaltigkeit (29.5.1244) zehn Kardinäle, nämlich den Magister Johannes von Toledo (Kardinalpriester zu S. Laurentius in Lucina), einen Engländer, und einige andere durch ihre Eigenschaften und ihre Abstammung ausgezeichnete Männer.

Acht Tage aber vor dem Feste der Geburt des heiligen Johannes des Täufers (17.6.1244) kam der Papst mit allen Kardinälen nach Cività Castellana, das von Rom achtzehn Meilen entfernt ist, um aus größerer Nähe erfolgreicher mit dem Kaiser über den zweifelhaften oder besser hoffnungslosen Frieden zu verhandeln. Am Vorabend des Festes der Apostel Petrus und Paulus (28.6.1244) kam er in die Stadt Sutri. Der Kaiser aber, der bereits anderen Sinnes geworden war, ließ ihm sagen, daß er nichts von dem Vereinbarten tun würde, wenn er nicht vorher die Lossprechung schriftlich in Händen hielte. Und da ihm der Papst darauf erwiderte, dies sei unvernünftig, entstand neue Zwietracht zwischen ihnen.

Da also der Papst Verwirrung über Verwirrung voraussah, sann er von nun an auf eine plötzliche und heimliche Flucht; niemand sollte jedoch davon wissen, damit ihm der Kaiser keine Hindernisse in den Weg lege. Es gab jedoch Leute, die behaupteten, er, der Papst, sei mehr aus Gier nach den Geschenken geflohen, die ihm jenseits der Alpen diejenigen Anhänger überreichen wollten, die es nicht wagten, durch die Länder des Kaisers zu ziehen, und daß er denen entgegengegangen sei, um ihnen seine offenen Taschen entgegenzuhalten, als aus Furcht vor irgendeiner Verfolgung. Daher benutzte er die erste beste Gelegenheit, um schleunigst nach Genua, das seine Vaterstadt war, zu entkommen.

Am selben Tage aber, nämlich am Vorabend des Festes der Apostel, wurde dem Papst, wie er später selbst erzählte, die Nachricht gebracht, daß dreihundert tuszische Ritter in dieser Nacht kommen würden, um ihn zu ergreifen. Nicht wenig erschrocken und augenscheinlich bestürzt, legte er um die Zeit des ersten Schlafes den päpstlichen Ornat ab, zog den alten Sinibald an, bestieg, leicht bewaffnet, doch nicht mit leeren Händen, ein schnelles Pferd und entwich so plötzlich und heimlich, daß kaum seine Kammerdiener etwas davon merkten.

Und da er die Flanken des Pferdes (mit seinen Sporen) nicht verschonte, legte er noch vor der ersten Stunde (des nächsten Tages) vierunddreißig Meilen zurück, von niemandem begleitet, und ohne daß ihm jemand folgen konnte. Mitten in der Nacht aber erhob sich das Geschrei: „Sieh da, der Papst ist fort!", ohne daß die Kardinäle, mit Ausnahme einiger weniger, etwas davon wußten. Petrus Capoccio (Kardinaldiakon von Georg ad velum aureum) aber folgte ihm mit nur einem Begleiter nicht ohne Beschwerden auf seinem Wege und traf ihn in der Burg am Meere, die man Civitavecchia nennt.

Hier kamen dem Papste 23 Galeeren entgegen, deren jede 60 wohlbewaffnete Männer und 104 Ruderknechte Besatzung hatte, die Matrosen ungerechnet, außerdem sechzehn Barken. Deswegen kamen argwöhnische Leute auf den Verdacht, das alles sei schon lange vorgesehen und vom Papst so gewünscht und bestellt worden. Es kamen aber mit den Bewaffneten und an ihrer Spitze der Podestà (Philipp Vicedomini) von Genua, den sie „Admiral" nennen, und Adlige aus dieser Stadt, die sich alle aus Berechnung rühmten, mit dem Papst verwandt oder verschwägert zu sein.

Dieser bestieg also am Abend (des 30.6.1244) mit sieben Kardinälen und wenigen anderen Begleitern eine jener Galeeren. Und kaum waren sie auf ihrer Fahrt auf das hohe Meer hinaus gekommen, da überfiel sie ein gewaltiger Sturm, jedoch nicht mit Gegenwind, und mit gehißten Segeln erreichten sie nicht ohne Gefahr und voll größter Furcht, auf demselben Wege, auf dem seinerzeit die Prälaten gefangengenommen worden waren, am darauffolgenden Freitag, vom Sturm hundert Meilen weit davongetrieben, den Hafen der den Pisanern gehörenden Insel (Capraia nordwestlich von Elba), wo sie übernachteten.

Am anderen Tage aber segelten sie, nachdem alle von ihren Sünden losgesprochen worden waren und die Messe von der heiligen Jungfrau gehört hatten, in größter Furcht vor den Pisanern schnell zu einer Insel der Genuesen, indem sie an diesem Tage 124 Meilen zurücklegten; und kaum von der Gewalt des Sturmes verschont, kamen sie nach Porto Venere, wo sie Sonntag und Montag blieben. Am Dienstag (5.7.1244) erreichten sie zu ihrer Freude Genua.

Der Papst war jetzt bereits fünfzehn Tagereisen von Rom entfernt. Er wurde aber in seiner Vaterstadt von seinen Mitbürgern, Verwandten und Verschwägerten mit Glockengeläute, Gesang und Musik empfangen, und alle sagten und riefen: „Gepriesen sei, der da kommt im Namen des Herrn!" (Mt 21,9). Und die Ankommenden erwiderten ihnen: „Unsere Seele ist entronnen wie ein Vogel der Schlinge des Jägers; der Strick ist zerrissen" (Ps 123,7).

Als das aber dem Kaiser bekannt geworden war, knirschte er in höhnischer Weise und sagte: „Es steht geschrieben: ‚Der Gottlose flieht, obschon ihn niemand jagt!'" (Spr 28,1). Er erstaunte aber und war schmerzlich bewegt und machte den Wächtern seiner Häfen und Städte wegen ihrer Trägheit und Nachlässigkeit Vorwürfe, da sie seine Widersacher hatten frei durchziehen lassen. Er ließ darauf rings um Genua, besonders nach Frankreich zu, die Straßen aufs schärfste bewachen, damit kein Geld zum Papst gebracht werde. Und schon rief man laut, der Kaiser sei ein offenkundiger Verfolger der Kirche. Und der Papst hielt auch selbst die Stadt Genua nicht für eine sichere Zufluchtsstätte, da er wohl wußte, daß die Macht des Kaisers sich sehr weit erstreckte (...).

Um dieselbe Zeit (6.11.1244) begab sich der Papst in die Stadt Asti, auf Veranlassung seiner Verwandten in Genua, die, gierig nach Gold und Silber, ihn überredeten, den Engländern und den Franzosen sowie den Bewohnern der Grenzgebiete, die ihm Geschenke brachten, rasch und bereitwillig entgegenzueilen und keinem, der etwas anbot, die hohle Hand wegzuziehen, ferner zur Vernichtung des Kaisers, den sie haßten, und zu ihrer Rache und Bereicherung ein allgemeines Konzil zu berufen (...).

Nach einiger Zeit gelang es dem Papst, der sich eingerichtet hatte, als wollte er überwintern, die Wächter zu täuschen, die der Kaiser aufgestellt hatte, um ihm die Wege zu versperren, und indem er Tag und Nacht seine Reise eiligst fortsetzte, kam er, nicht ohne vielerlei Gefahren, als sich der Sommer schon neigte (2.12.1244), nach Lyon.

Q: RS 57.4, S. 241, 256, 266-268, 278, 331, 353-356 und 394 f. = MGH SS 28, S. 227-230, 242-244 und 248 – Ü: Heinisch (1969), S. 105-108 und 112-117.

Brief Friedrichs II. an König Ludwig IX.

In der Briefsammlung des Petrus de Vinea ist ein undatierter, wahrscheinlich im November oder Dezember 1243 abgefaßter Brief Friedrichs II. an König Ludwig IX. von Frankreich erhalten, in dem er über die Ereignisse von Viterbo berichtet. Er stellt den unerhörten Wortbruch der Bürger Viterbos (und der sie unterstützenden Kardinäle und römischen Adligen) in den Mittelpunkt seiner Darstellung. Zugleich betont er jedoch, daß die Ehre der Römer durch die Abwehr der kaiserlichen Angriffe auf Viterbo nicht wiederhergestellt sei. Offenkundig traf ihn der Verlust Viterbos in erster Linie, wie es auch Matthaeus Paris schildert, als Beleidigung seiner kaiserlichen Ehre. Nachdem er zweimal mit einem Angriff gescheitert war und sich schließlich kampflos zurückgezogen hatte, konnte er es kaum zusätzlich hinnehmen, daß auch der Bruch der Vereinbarungen des Waffenstillstandes ungesühnt blieb:

Da uns eine Fülle neu auftauchender Ereignisse Stoff bietet, sehen wir uns gezwungen, Neues wie Altes zu schreiben, damit euch die vollständige Kenntnis der hiesigen Vorgänge aus sicherer Quelle erreiche.

Während wir also die Stadt Viterbo belagerten und zu ihrer Erstürmung Kriegsmaschinen in unendlicher Menge herrichten ließen, tat sich unserem genauen Fleiß ein entgegengesetzter Weg auf, der unser Vorhaben von Grund auf durchkreuzte und unseren berechtigten Ärger, den eine so unerwartete Treulosigkeit gegen uns und unser Reich erregt hatte, wider aller Erwarten und ihr Verdienst beschwichtigte, auf daß der edle Zorn nicht zur Rache schreite. Unser vorzüglichster Freund unter allen Kardinälen der römischen Kirche, Otto von St. Nikolaus in carcere Tulliano, nämlich wurde zu uns entsandt, der durch die Aufrichtigkeit seiner Treue unser Mißtrauen, das wir nicht ohne Berechtigung aufgrund vergangener Ereignisse hegten, aus dem Innersten unseres Herzens riß und die Härte unseres Sinnes durch die Süßigkeit freundschaftlicher Vermittlung erweichte. Dem, was er uns in Treue versprach, konnten wir auf keinen Fall den Glauben, seinen herzlichen Bitten, so schwer uns auch ihre Erfüllung erschien, keineswegs das Gehör versagen.

Es bat uns also dieser unser teurer Freund, dieser gute und aufrichtige Mann, im Namen des Vaters und der Brüder (d.h. des Papstes und der Kardinäle), von der Belagerung Viterbos abzustehen und die Bestürmung der Stadt durch Einstellung unserer Angriffe und Abbruch der Kriegsmaschinen aufzuheben. Der Magister Rainer von Viterbo aber, ich meine, jener Kardinal, unser berüchtigter Freund, sammelte von allen Seiten Söldner und Schleuderer, um desto leichter Blut zu vergießen und Menschenleben zu vernichten, verteidigte sich drinnen weiter und zog zur Hilfe der Verteidiger willfährige Scharen hinzu, Minderbrüder und Dominikaner nämlich, die mit eigener Hand ihre todbringenden Pfeile aus den Köchern herauszogen und den Schützen die Vergebung aller Sünden versprachen, damit sie um so sicherer und lieber die unseren töteten.

Wir aber erhörten die Bitten unserer Mutter, der Kirche, mit bereits gewohnter Geneigtheit demütig, zumal sie ein solcher Vater und ein uns so teurer Freund, wie wir sagten, in aller Herzlichkeit vortrug, der uns wunderbare und unerhörte Gnaden von seiten des höchsten Priesters und aller Kardinäle im allgemeinen und besonderen für den Vollzug des Friedens zwischen uns und der Kirche versprach und ausdrücklich hinzufügte und aufgrund unserer Forderung feierlich zusagte, daß Graf Simon von Theate und unsere anderen deutschen Ritter wie auch die Latiner, ja sogar alle Viterbesen, die in der Burg von Viterbo für uns kämpften und die die bedenkenlose Treulosigkeit eingeschlossen hielt, in voller körperlicher Sicherheit und Unverletztheit an uns zurückgeschickt würden, ferner daß den Viterbesen, die in der Stadt weilten und zu uns herauskommen wollten, oder auch den anderen Bürgern dieser Stadt, die sich weigerten, an der Treulosigkeit ihrer Mitbürger teilzuhaben und früher zu uns herausgekommen waren, fürderhin keinerlei Unrecht oder Belästigung ihrer Person oder ihres Vermögens angetan würde.

Jetzt aber hört, wie all dies Genannte uns vertraglich gehalten wurde! Zunächst wurden sowohl der Graf als auch die genannten deutschen Ritter und die übrigen aus dem Königreich Sizilien durch die gewalttätigen Hände der räuberischen Römer und Viterbesen ihrer Habe beraubt und konnten kaum lebend aus der Burg den Spalieren der Schützen und den Steinen der Schleuderer entkommen, obwohl der Kardinal Otto persönlich zugegen war, jedoch nichts zu verhindern vermochte; ja, sogar der Kardinal selbst wurde von dem Blute der verwundeten Unsrigen bespritzt und fürchtete, daß auch ihm Lebensgefahr drohe.

Die Viterbesen aber beraubten unsere Getreuen all ihrer Habe, zerstörten ihre Türme und Häuser von Grund auf und steckten sie in Brand und erlaubten jenen gegen das beschworene Versprechen nicht, zu uns herauszukommen; vielmehr warfen sie sie schändlicherweise in den Kerker.

Die Römer aber, denen, da sie zur Verteidigung Viterbos unter schmählichem Verrat an uns und dem Reiche wie zur Befreiung des Heiligen Grabes eilten, vollständige Vergebung ihrer Sünden zuteil geworden war, verbrannten darauf, nachdem wir, mehr aufgrund der Bitten der flehenden Kirche als durch den Schrecken vor den Römern eingeschüchtert, von der Belagerung Viterbos abgelassen hatten, einige von den schwachen Befestigungsanlagen unserer Getreuen, die diese in der Nähe Viterbos besaßen, auf das Drängen gewisser Leute, deren Namen wir verschweigen, während wir uns nach Auflösung unseres Heeres weit davon entfernt aufhielten.

Aber dadurch ist der Tadel der Kleinmütigkeit von den Römern nicht getilgt, deshalb die Schande der Quiriten nicht im geringsten behoben, weil sie wagten, irgendwelche Hütten unserer Getreuen in Brand zu stecken und irgendwelche friedliche Bauern ihrer armseligen Habe zu berauben, während wir fast einen Tagesmarsch entfernt waren; denn als wir in diesem Jahre mit einer großen Schar Ritter und einer geringeren an Fußvolk die Stadt Rom eingeschlossen hatten, waren sie nicht so tapfer; es mag sein, daß sie aufgrund der Vergebung ihrer Sünden, gleichsam des Paradieses sicher, sich kühner erweisen und sich den Gefahren des unbezweifelbaren Todes bereiter entgegenwerfen wollten.

Das ist es, was uns neuerdings Unerhörtes widerfuhr. Jedoch wollen wir die Teilnehmer an all dem bei euch nicht in Verruf bringen. Es möge genügen, die Unerhörtheit der begangenen Untat euch im

Augenblick vorzutragen, die wir auch durch den genannten Kardinal Magister Otto, dessen Versprechen ohne jegliche Schuld seinerseits leichtfertig gebrochen wurde, sowohl dem Papst als auch seinen Brüdern demütig und ergeben zu unterbreiten beschlossen, da wir mit Wahrscheinlichkeit erwarten, daß er, sofern ihm das durch die Seinen begangene Vergehen mißfällt, die Übeltäter mit dem Urteilsspruch der gebührenden Maßregelung straft und uns, den Beleidigten, durch die versprochene Wohltat seiner Gnade besänftigt.

O: HB 6.1, S. 142-145; vgl. RI 5.1, Nr. 3397 – Ü: Heinisch (1968), S. 548-551.

Rainer von Viterbo

Im Mai oder Juni 1245 berichtete Rainer von Viterbo, Kardinaldiakon von S. Maria in Cosmedin, dem Podestà und dem Rat der Stadt Viterbo über ein Gespräch, das sein Kaplan und zwei weitere seiner Vertrauten mit Patriarch Albert von Antiochia am 8.5.1245 geführt hatten. Der Patriarch, der zu diesem Zeitpunkt im Auftrag Friedrichs mit dem Papst über einen Frieden verhandelte, habe berichtet, der Kaiser hätte auf seine Bitte hin, aber nicht ihm zu Gefallen, sondern weil er seine Ritter anderweitig benötigte, die kurz zuvor begonnene Belagerung von Viterbo am 6.5.1245 abgebrochen. Da er bereits große Schulden habe und der Papst kein Geld schicke, bittet Rainer die Bürger seiner Heimatstadt, von unnötigen weiteren Ausgaben für die Verteidigung ihrer Stadt abzusehen.

Im zweiten Teil seines Briefes mahnt Rainer die Bürger Viterbos, keinesfalls wieder zu Friedrich überzulaufen, und weist sie auf den unversöhnlichen Haß hin, den Friedrich seit ihrem Verrat 1243 gegen sie hege. Der Patriarch von Antiochia habe sogar gesagt, Friedrich hasse die Bürger Viterbos wegen ihres Wortbruchs so sehr, daß er sogar bereit sei, seinen Fuß aus dem Paradies zurückzuziehen, wenn er nach seinem Tod Rache an Viterbo nehmen könne.

Ob Friedrich diese Worte jemals ausgesprochen hat, ist aufgrund des offenkundigen propagandistischen Zwecks des Briefes mehr als zweifelhaft, zumal es selbst Rainer von Viterbo nicht behauptet. Die Tempusstruktur des Satzes und der sonst unverständliche Ausdruck „einem anderen" lassen erkennen, daß sich die Worte „Er fügte hinzu ..." und „Einem anderen aber sagte er ..." auf die (angebliche) Aussage des Patriarchen beziehen, die – wenn Rainers Bericht nicht ohnehin frei erfunden ist – lediglich in hyperbolischer Metapher den Haß Friedrichs gegen Viterbo umschreibt (und, was den zweiten, zu einem nicht näher bestimmten „anderen" gesagten Satz betrifft, Rainer selbst offenbar nur vom Hörensagen bekannt war):

Außerdem sagte der Patriarch (von Antiochia) unserem Kaplan und (zwei anderen) unserer Vertrauten, daß jener Ruchlose (= Friedrich II.) gesagt hätte, daß er allen Bewohnern der päpstlichen Gebiete Ruhe gewähre außer den (Bürgern von) Viterbo, weil sie seine Getreuen, die sie im Kerker gefangenhalten, schlecht behandelten, ihre

Häuser im geschätzten Wert von 10 000 Unzen gänzlich zerstört und den durch Kardinal Otto geschlossenen Friedensvertrag und die ihnen gewährte Sicherheit nicht eingehalten hätten. Er (= der Patriarch) fügte hinzu, wenn er (= Friedrich II.) gestorben sei, wolle er, daß seine Knochen, wenn dies möglich wäre, auferständen, um Viterbo zu zerstören. Einem anderen aber sagte er (= der Patriarch), wenn er (= Friedrich II.) schon mit einem Fuß im Paradies stände, zöge er ihn wieder heraus, falls er sich nur an den Bürgern von Viterbo rächen könnte; er könne nicht genug von ihrem Blut bekommen, wenn er nicht mit eigenen Händen ihre Stadt in Brand setzen und zerstören könne. Daher mögen alle Bürger Viterbos bedenken und sich fragen, wie sie ihr Vertrauen auf ihn setzen könnten und sich sorgfältig zu jeder Zeit vor seiner rasenden Wut in acht nehmen.

O: Acta imperii inedita, hg. v. E. Winkelmann, Innsbruck 1880, Bd. 1, Nr. 720, S. 566 f. – Ü: van Eickels.

Die Absetzung Friedrichs II.

Ende Juni 1245 trat in Lyon das Konzil zusammen, das Innozenz IV. in die Stadt an der Rhone einberufen hatte. Rechtlich auf dem Boden des Reiches, faktisch aber im Einflußbereich des französischen Königtums gelegen, bot der Zufluchtsort Innozenz' IV. die günstigsten Voraussetzungen für ein Konzil, das nicht von einem einzelnen weltlichen Herrscher allein kontrolliert wurde. Ein letzter Versuch Friedrichs II., seine drohende Absetzung zu verhindern, scheiterte im Mai 1245. Er hatte durch den Hochmeister des Deutschen Ordens und den Patriarchen von Antiochia dem Papst das Angebot übermittelt, für drei Jahre ins Heilige Land zu gehen, das *patrimonium Petri* zu räumen und die lombardische Frage der Entscheidung des Papstes zu überantworten. Da Jerusalem im August 1244 gefallen war, konnte Innozenz IV. dieses Angebot kaum ablehnen und hatte sogar schon die Lösung Friedrichs II. vom Bann angeordnet, als nachgeschobene Forderungen der kaiserlichen Seite die erzielte Einigung zunichte machten.

Obwohl Friedrich II. die Beschickung des Konzils aus seinen Reichen erfolgreich verhindert hatte, stand die Versammlung der kaiserlichen Position nicht geschlossen ablehend gegenüber. Erst als sich zeigte, daß Friedrich nicht gewillt war, sich vor dem Konzil zu rechtfertigen, und auch eine gewährte Frist von zwei Wochen ungenutzt verstreichen ließ, schlug die Stimmung endgültig zugunsten des Papstes um, der am 17.7.1245 die Absetzung Friedrichs II. verkündete.

In den folgenden Monaten versandten sowohl die kaiserliche als auch die päpstliche Kanzlei Rundschreiben und Flugschriften, in denen sie ihre Rechtspositionen darlegten. Beide Seiten formulierten darin ihre Vorstellungen vom Verhältnis der geistlichen zur weltlichen Gewalt mit einer nie dagewesenen Schärfe und Klarheit und schufen damit eine theoretische Grundlage, auf die in den folgenden Jahrzehnten immer wieder zurückgegriffen wurde.

Obwohl die Schreiben beider Seiten vielfach undatiert überliefert sind, läßt sich der zeitliche Verlauf der Auseinandersetzung weitgehend rekonstruieren. In den Augen der Zeitgenossen dagegen stellte sich der Zweikampf der Kanzleien weniger als Schlagabtausch dar, sondern als eine Vielzahl nebeneinanderstehender Einzelaussagen. Wer zu welchem Zeitpunkt welches Schreiben erhielt, war von vielen Zufällen abhängig und die verworrene Chronologie, die selbst ein gut unterrichteter Chronist wie Matthaeus Paris bietet, ist der deutlichste Beleg für den verwirrenden Eindruck, den die Auseinandersetzung der beiden Universalgewalten – zumal angesichts der noch als real empfundenen Bedrohung durch die Mongolen und der Gefährdung des Heiligen Landes – auf die Adressaten der propagandistischen Schriften machen mußte.

Matthaeus Paris

Den einzigen ausführlichen Bericht über den Verlauf des Konzils von Lyon bietet – neben der einer *Brevis nota eorum, quae in concilio Lugdunense gesta sunt* – Matthaeus Paris, der sich wahrscheinlich auf Berichte der zahlreichen englischen Teilnehmer stützen konnte:

Als aber die Sonne schon höher gestiegen war, nämlich um die Mitte des Sommers (des Jahres 1245), versammelten sich zu Lyon fast aus der ganzen christlichen Welt die ehrwürdigen Prälaten oder deren Stellvertreter sowie die Gesandten des Kaisers und vieler anderer Fürsten, um gemäß dem Befehl des Papstes das Konzil abzuhalten (...). Als nun der Papst schon viele Prälaten, wenn auch nicht alle, versammelt sah, begab er sich am Montag (26.6.1245) nach dem Feste des heiligen Johannes des Täufers mit seinen Brüdern, den Kardinälen, den Patriarchen, Erzbischöfen und Bischöfen und den anderen Prälaten, die zum Konzil berufen worden waren, sowie mit den Gesandten der abwesenden Fürsten und Prälaten in das Refektorium der Mönche von St. Justus zu Lyon.

Es war auch Thaddaeus von Suessa zugegen, der Gesandte des Kaisers, ein kluger und außergewöhnlich beredter Mann, Ritter und Lehrer der Rechte und Großhofrichter des Kaisers, um für seinen Herrn, den Kaiser, ebenso unerschrocken wie eifrig zu sprechen. Um den Frieden und die frühere Freundschaft wiederherzustellen, bot er im Namen seines Herrn vertrauensvoll an, ganz Romanien, das ist das griechische Kaiserreich, zur Einheit der römischen Kirche zurückzuführen, den Tataren, Chorasmiern (Hwarizmier) und Sarazenen und anderen Verächtern der Kirche als getreuer Streiter Christi machtvoll entgegenzutreten und dem Heiligen Lande, das sich bereits wieder in großer Gefahr befinde, persönlich und auf eigene Kosten die Ordnung nach Kräften wiederzugeben. Der römischen Kirche werde er das Entrissene zurückgeben und für alles Unrecht Genugtuung leisten.

Der Papst aber antwortete: „O wieviel, wieviel ist schon versprochen, aber niemals und nirgends gehalten worden! Aber auch dies wird, das ist sicher, nur versprochen, um die bereits an die Wurzel gelegte Axt aufzuhalten, nachdem das Konzil erst einmal getäuscht und aufgelöst ist. Möge er nur den kürzlich auf seine Seele beschworenen Frieden nach dem Wortlaute des geleisteten Eides halten, dann bin ich schon zufrieden. ‚Aber wie halte ich fest den stets sich wandelnden Protheus?' (Horaz, Ep. 1,1,90). Und wenn ich ihm das gewährte, er aber, wie ich nicht anders erwarten kann, wieder abspränge, wer wollte mir für ihn Gewähr bieten und ihn, wenn er abspränge, zu irgend etwas zwingen?"

Als aber Thaddaeus als Bürgen zwei Könige, nämlich den der Franzosen und den der Engländer, vorschlug, sprach der Papst: „Das wollen wir nicht; denn wenn er die Verträge änderte oder ganz aufhöbe – und etwas anderes glauben wir nicht wegen häufiger ähnlicher Fälle – so müßten wir uns nach einiger Zeit an jene halten, und dann hätte die Kirche drei Feinde, denen an weltlicher Macht niemand überlegen, ja nicht einmal ebenbürtig ist." Und da die Vollmacht des Thaddaeus nicht weiter reichte und auch die Zeit, um alles ausführlich darzulegen, nicht genügte, schwieg er betrübt (...).

Am darauffolgenden Mittwoch (28.6.1245) aber zog der Papst im päpstlichen Ornat mit allen anderen oben Genannten, jeder in dem ihm gebührenden festlichen Gewande, in die Kirche des heiligen Johannes. Nachdem der Heilige Geist angerufen worden war, die Litanei gebetet und alles vorschriftsmäßig geschehen war, hielt der Papst eine von Schluchzen unterbrochene Predigt über das Thema: „Ihr alle, die ihr des Weges zieht, merket auf und sehet, ob es einen Schmerz gibt wie meinen Schmerz!" (Klgl 1,12).

Indem er sich in gewandter Rede erging, verglich er seine fünf Hauptschmerzen mit den fünf Wunden des Gekreuzigten: den ersten Schmerz ob der unmenschlichen, (seit 1241) die ganze Christenheit zugrunde richtenden Tataren (= Mongolen); den zweiten ob des Abfalls Romaniens, das ist der griechischen Kirche, die zu unseren Zeiten im Verlaufe weniger Jahre sich vom Schoß ihrer Mutter, als wäre sie eine Stiefmutter, wider Recht und Vernunft getrennt und abgewendet hat; den dritten Schmerz ob des Aussatzes der neuen Ketzer, nämlich der Patarener, Bugarer, Jovinianer und anderer schismatischer und irrgläubiger Sekten, der sich bereits in vielen Städten der Christenheit, besonders jedoch in der Lombardei, eingeschlichen und sie befleckt hat; den vierten ob des Heiligen Landes, wo die abscheulichen Chorasmier (Hwarizmier) die Häuser der Templer und Hospitaliter (Johanniter) sowie die Stadt Jerusalem und viele andere christliche Städte (im August 1244) unter entsetzlichem Blutvergießen zerstört und vernichtet haben; den fünften Schmerz aber ob des Fürsten, das heißt des Kaisers, der, obgleich er der oberste weltliche Hausherr und Schutzvogt der Kirche Christi sein sollte, ihr tatsächlicher und mächtiger nächster Feind und bereits ein erklärter Gegner ihrer Diener geworden ist.

Indem der Papst diesen Punkt so weit ausführte, wie es ihm angebracht erschien, erregte er bei allen Zuhörern recht heilsames Mitleid, denn „seinen Augen entströmten Wasserbäche" (Ps 119,136), und seine Stimme wurde von Schluchzen unterbrochen. Am Schluß seiner Predigt aber führte er die Gesetzesübertretungen des Kaisers an, nämlich seine Ketzerei, seine Kirchenschändung und unter anderen Verfehlungen auch die, daß er innerhalb der Christenheit eine neue Stadt (Lucera) gegründet habe, groß, stark und wohl befestigt, die er mit Sarazenen bevölkert habe, deren Gebräuche oder vielmehr Mißbräuche und deren Aberglauben er unter Mißachtung der christlichen Lehre und Religion angenommen habe; und mit dem Sultan (al-Kamil) von Babylon (Ägypten) und einigen anderen Fürsten der Sarazenen habe er, wie er, der Papst, versicherte, vertraute Freundschaft geschlossen und beflecke sich, von verbotenen Reizen verlockt und verführt, durch den Umgang mit sarazenischen Mädchen oder vielmehr Dirnen in unsagbar schamloser Weise. Er warf dem Kaiser auch mehrfachen Eidbruch vor und behauptete, daß er, unter Mißachtung von Treu und Glauben, niemals seine Verträge, niemals seine Versprechen halte. Und um den Zuhörern dies zu beweisen, zeigte er viele und mannigfache Briefe, die mit dem angehängten goldenen Siegel des Kaisers versehen waren, vor und beschuldigte und überführte ihn durch diese offenkundig des Meineids.

Jetzt erhob sich Thaddaeus unerschrocken vor der Versammlung, um dem allen eifrigst zu widersprechen, indem er seinerseits päpstliche Briefe mit Siegeln vorwies, die das Gesagte zu widerlegen schienen. Aber nachdem man beider Inhalt sorgfältig verglichen hatte (...), wurden sie doch nicht als sich widersprechend befunden, da die päpstlichen Briefe nur bedingungsweise galten, die kaiserlichen aber unbedingt, und daher erschien der Treubruch offenbar von seiten des Kaisers erfolgt zu sein, der, nachdem er alles unbedingt versprochen, nichts so, wie er es versprochen, erfüllt hatte.

Darauf bemühte sich Thaddaeus, eingehend und auf vielerlei Weise wenigstens mit Scheingründen zu antworten, indem er seinen Herrn entschuldigte, wieder andere päpstliche Briefe vorzeigte und behauptete, was in ihnen zugesagt worden, sei nicht gehalten, und daher sei auch sein Herr nicht verpflichtet gewesen, seinen Versprechungen nachzukommen. Was aber die Anklage des Kaisers wegen Ketzerei anging, sprach er, indem er sich an alle Versammelten wandte und gewissermaßen alle anredete: „Meine Herren, über diesen Punkt, der der schwerwiegendste ist, kann niemand Gewißheit erlangen, wenn mein Herr nicht selbst anwesend ist, damit man aus seinem eigenen Munde erfahren kann, was im Innersten seines Herzens verborgen liegt. Daß er aber kein Ketzer ist, dafür gibt es einen hinreichenden Beweis: er duldet nämlich weder im Reich noch in seinen Ländern einen Wucherer." Damit traf er die römische Kurie, die bekanntlich am meisten an diesem Übel leidet.

Gegen den Vorwurf aber, daß der Kaiser eine vertraute und höchst verdächtige Freundschaft mit dem Sultan von Babylon und einigen anderen Sarazenen unterhalte und daß er ihnen erlaubt habe, in seinem Lande zu wohnen, erklärte Thaddaeus: dies sei freiwillig und mit gutem Bedacht geschehen, um den Ungehorsam und den Übermut einiger ihm rechtmäßig Unterworfener zu bändigen und den Aufständen ein Ende zu machen. „Er bedient sich ihrer nämlich auf seinen Feldzügen und glaubt, daß kein Christ den Tod eines von ihnen beweinen werde, und auf diese Weise spart er Christenblut, auf daß es nicht umsonst vergossen werde. Die sarazenischen Mädchen aber hielt er nicht zum Beischlafe – wer könnte dies beweisen? –, sondern wegen ihrer Gewandtheit und wegen einiger anderer weiblicher Kunstfertigkeiten. Indessen hat er sie, weil es Verdacht erregte, für immer entlassen.“

Nachdem aber Thaddaeus dies gesagt hatte, bat er demütig, man möge ihm wenigstens einen kleinen Aufschub zugestehen, damit er seinem Herrn Nachricht geben und ihm so dringend wie wirksam raten könne, sich zu beeilen, persönlich vor dem Konzil zu erscheinen, das ihn erwarte, oder aber ihm weitergehende Vollmacht zu erteilen. Darauf antwortete der Papst: „Das sei ferne! Ich fürchte die Fallstricke, denen ich nur mit Mühe entronnen bin. Wenn er käme, würde ich sofort gehen. Ich wünsche noch nicht, mein Blut zu vergießen, und fühle mich weder befähigt noch vorbereitet zum Martyrium oder zur Kerkerhaft.“

Am folgenden Tage (29.6.1245) wurde dem Thaddaeus auf Ersuchen der Gesandten der Könige von England und Frankreich, besonders aber derer von England, die wegen der Gefährdung und Schmähung des Kaisers aufgrund der Verschwägerung zwischen ihm und dem König von England und des geschlossenen Freundschaftsbundes mit einem so großen Fürsten mehr als andere Schmerz empfanden, ein Aufschub von ungefähr zwei Wochen bewilligt, nicht ohne Beschwernis vieler, die in Lyon warteten.

Als nun dies alles der Reihe nach dem Kaiser gemeldet wurde, soll er voll Ärger gesagt haben: „ Ich sehe es heller als das Licht, daß der Papst mit aller Anstrengung auf mein Verderben sinnt. Denn ihn stacheln die Lust und die Begierde, an mir zu rächen, daß ich seine Verwandten, die seeräuberischen Genuesen, die alten und offenkundigen Feinde des Reiches, zusammen mit den Prälaten, deren Führer und Schützer sie waren, auf dem Meere fangen und in den Kerker werfen ließ. Es steht ja fest, daß er aus keinem anderen Grunde das Konzil einberufen hat. Und dem heiligen Kaisertum ziemt es nicht, sich einem, zumal größenteils feindlichen Synodalgericht zu stellen.“

Als dies zur Kenntnis des Papstes und der ganzen Versammlung kam, daß er es nämlich mit diesen Worten ablehnte, zu kommen und sich dem Richterspruch zu unterwerfen, hörten viele, die bis dahin eifrig zu ihm gehalten hatten, auf, ihn zu begünstigen, und besonders den Engländern machte man jetzt Vorwürfe.

Unentwegt und erbittert wurde also in der vollen und bereits übervollen Versammlung der Kaiser Friedrich gleichsam als der ganzen Kirche ungehorsam und aufsässig von den Bewohnern der vier Erdteile angeklagt. Von diesen erhob sich ein Erzbischof, und als dieser ihn heftig anklagte, indem er ihm das entsetzlichste Verbrechen, nämlich die Majestätsbeleidigung, die er durch die Gefangennahme der Prälaten begangen habe, sowie andere schwere Vergehen vorwarf, antwortete Thaddaeus, der jetzt schon fast allein für seinen Herrn und Kaiser einstand, indem er den Ankläger scharf ins Auge faßte: „Dir darf man keinen Glauben schenken, ja nicht einmal deinen Worten ruhig Gehör leihen, denn du bist der Sohn eines Verräters, der vom Hofgericht meines Herrn überführt und aufgehängt worden ist; seinen Spuren folgst du und strebst deinem Vater nach."

Daraufhin schwieg also jener Ankläger, wagte nicht mehr den Mund aufzumachen und durfte es auch nicht mehr tun. Und in ähnlicher Weise entkräftete Thaddaeus auch die Anklagen einiger anderer durch ebenso klugen wie kühnen Widerspruch. Da jedoch von vielen Vettern und Freunden der im Meere untergegangenen und gefangenen Prälaten die Rede immer wieder aufgegriffen wurde und der Kaiser von ihnen mit neuem Mut und um so schärfer und zuversichtlicher, je mehr sie die ihm günstige Stimmung schwinden sahen, wegen der oft erwähnten Gefangennahme beschuldigt wurde, antwortete Thaddaeus schließlich: „Wahrhaftig, mein Herr war selbst darüber traurig, und es geschah zufällig und gegen seine Absicht. Aber er konnte die Prälaten bei jenem plötzlichen und heftigen Angriff auf See, wie man leicht begreifen kann, nicht von seinen Feinden scheiden, auf daß sie nicht ohne Unterschied dem gleichen Schicksal wie diese anheimfielen. Aber wenn mein Herr anwesend gewesen wäre, so hätte er sich jedenfalls eifrig um ihre Befreiung bemüht."

Darauf (sagte) der Papst: „Warum ließ er dann nicht nach ihrer Gefangennahme die Unschuldigen, zudem sie noch mit Unrecht vielfältig gepeinigt worden waren, frei, während er die anderen festhielt?" Daraufhin (versetzte wiederum) Thaddaeus: „Man muß sich vergegenwärtigen, daß die Form der Berufung und der Ankunft der Prälaten, die zu dem unter Papst Gregor beabsichtigten Konzil eingeladen werden sollten, in ungünstiger Weise verändert wurde; und mit Recht wurde (daher) auch die Gesinnung meines Herrn verändert und erbittert, da der Papst, während er doch nur die hätte einladen sollen, die von Rechts wegen berufen werden mußten, offenkundige Feinde des Reiches einlud, von denen es feststand, daß sie nicht wegen ihrer Weisheit oder zur Wiederherstellung des Friedens, sondern vielmehr zur Erregung von Empörung und Zwietracht berufen wurden.

Deshalb schickte auch mein Herr sowohl nach England wie nach anderen Ländern Briefe, in denen er die einzelnen Prälaten freundschaftlich bat, sie möchten doch nicht zu einem so hinterhältigen Konzil kommen, da er vorhersah, daß man, wenn sie mit seinen und des Reiches Feinden kämen, (gegen sie) vorgehen müsse; und er verweigerte ihnen den sicheren Durchzug durch sein Gebiet. Und so warnte er sie höflich und barmherzig vor der bevorstehenden Gefahr. Deshalb gab sie der Herr nicht unverdient in die Hände dessen, den sie hochmütig verachteten. Aber auch jetzt noch, selbst in seinem „Zorne, gab er dem Erbarmen Raum“ (Hab 3,2) und wollte die Prälaten und die anderen Wehrlosen in Frieden entlassen, erweicht durch die Ratschläge seiner Getreuen; aber siehe, da häuften der Bischof (Jakob) von Präneste und einige andere Unverschämte Drohungen auf Drohungen und hörten auch in Fesseln nicht auf, meinen Herrn zu exkommunizieren, uneingedenk jenes heilsamen Rates: ‚So beuget euch denn in Demut unter die mächtige Hand!‘ (1 Petr 5,6). Und so wurden sie, wie sie aus Empörern zu Wehrlosen, ja Ohnmächtigen geworden waren, aus Freunden zu Feinden, die mit Recht den Kerker verdienten.“

Darauf (sagte) der Papst: „Dein Kaiser hätte, wenn er nicht seiner eigenen Sache mißtraute, doch annehmen müssen, daß eine so große Anzahl so guter Männer ihn, wenn er die Lösung vom Banne verdiente, eher gelöst als gebunden haben würde. Aber daraus geht ganz offenbar hervor, daß ihn sein eigenes Gewissen biß und daß die Sünde, deren er schuldig war, ihn drückte.“ Hierauf (erwiderte) Thaddaeus: „Wie hätte mein Herr darauf vertrauen können, daß seine im Konzil versammelten Feinde ihm günstig gesinnt sein würden, wo sein Todfeind, nämlich der Papst Gregor, den Vorsitz zu führen hatte, zumal er doch sah, daß sie sogar in Fesseln noch um sich traten und drohten!“ Darauf (meinte) der Papst: „Wenn auch einer wegen seiner Vorwürfe den Anspruch auf Gnade verlor, weshalb verwickelte er die anderen Unschuldigen in dasselbe Unheil? Wegen der vielfältigen Vergehen erwartet den Kaiser nichts anderes als seine schimpfliche Absetzung.“ Als dies die Engländer vernahmen, widersprachen sie im Namen seiner Kinder, auf daß nicht „der Sohn die Schuld des Vaters büße“ (Ez 18,20) (...).

Bei der dritten Sitzung (17.7.1245) aber erschien Thaddaeus wieder, um seinen Herrn zu vertreten und in seinem Namen Erklärungen abzugeben. Er war voller Sorge und Kummer wegen der jenem drohenden Gefahr, vor allem aber auch deswegen, weil die Tochter

(Gertrud) des Herzogs (Heinrich) von Österreich, die mit dem Kaiser ehelich verbunden war oder demnächst ehelich verbunden werden sollte, sich seiner Umarmung mit Abscheu entzog, da ihm als einem Exkommunizierten die Gefahr der Absetzung drohte. Und nachdem Thaddaeus den Kaiser auf vielerlei Art zu entschuldigen versucht, aber kein Gehör gefunden hatte, berief er sich für ihn auf eine andere vollständigere Kirchenversammlung. „Denn es sind gegenwärtig nicht alle Prälaten oder ihre und der Fürsten Gesandten hier versammelt." Darauf antwortete der Papst: „Das Konzil ist vollständig genug, und es sind viele Patriarchen, Erzbischöfe, Bischöfe und andere Edle oder deren Gesandte aus verschiedenen Erdteilen hier, die umsonst und nicht ohne Beschwerde darauf gewartet haben, daß sich dein Herr demütigen würde. Die Fehlenden aber wurden durch die Fallstricke deines Herrn gehindert und aufgehalten. Deswegen wäre es unwürdig, das über ihn zu fällende Absetzungsurteil zu verschieben, auf daß es nicht den Anschein erwecke, daß ihm seine Bosheit Vorteil einbringe und seine Falschheit beschützt werden solle (...)."

Auf ein wichtigeres Geschäft (als die zuvor verhandelten englischen Klagen über exzessive Subsidienforderungen der Kurie) bedacht, verkündete also der Papst, obwohl der kaiserliche Gesandte Thaddaeus gewandt widersprochen hatte, gegen den Kaiser Friedrich ohne weitere Umschweife, unverhohlen und ohne jegliches Zögern vor dem gesamten Konzil, nicht ohne den Schrecken und die Verwunderung aller Zuhörer, den furchtbaren Spruch:

> „Deshalb haben wir uns wegen der angeführten und vieler anderen abscheulichen Frevel mit unseren Brüdern und mit dem ganzen heiligen Konzil beraten, und weil wir, obwohl unwürdig, Christi Stellvertreter auf Erden sind und uns in der Person des heiligen Petrus gesagt ist: ‚Was immer du auf Erden binden wirst, das wird auch im Himmel gebunden sein; was immer du auf Erden lösen wirst, das wird auch im Himmel gelöst sein!' (Mt 18,18), so erklären wir den besagten Fürsten, der sich des Kaisertums, der Königreiche und jeglicher Ehre und Würde so unwürdig gemacht hat, der seiner Frevel halber von Gott verworfen ist, um nicht ferner zu regieren, für einen Menschen, der von Gott in seinen Sünden verstrickt und verdammt und aller seiner Ehren und Würden vom Herrn beraubt ist, und entsetzen ihn durch unseren Urteilsspruch.
>
> Alle, die ihm durch den Eid der Treue verpflichtet sind, lösen wir für immer von diesem Eide, verbieten kraft apostolischer Vollmacht strengstens, daß in Zukunft irgend jemand

ihm als König oder Kaiser gehorche, und erklären, daß alle, die ihm von jetzt an als ihrem Kaiser oder König einen Rat erteilen, Beistand leisten oder eine Gunst erweisen, eben dadurch schon der Exkommunikation unterliegen.

Jene aber, denen es obliegt, für das Reich einen Kaiser zu wählen, sollen ungehindert die Wahl eines Nachfolgers vornehmen. Über das Königreich Sizilien werden wir mit dem Rat unserer Brüder so verfügen, wie wir es für zweckmäßig halten. Gegeben zu Lyon, am 17. Juli im dritten Jahre unseres Pontifikats."

Diese Worte also, vor dem gesamten Konzil verlesen, so daß jedermann sie hören konnte, verursachten gleich dem einschlagenden Blitze einen außerordentlichen Schrecken. Die Magister Thaddaeus von Suessa, Walther von Ocra und die übrigen Gesandten des Kaisers mit ihrem Gefolge stießen schmerzliche Schreie aus, schlugen zum Zeichen ihrer Bekümmerung auf Schenkel und Brust und wehrten nur mit Mühe den hervorbrechenden Tränen. Thaddaeus aber sprach: „Das ist der Tag des Zornes, des Unglücks und des Elends!" (Weish 1,15). Der Papst aber und die anwesenden Prälaten verfluchten mit angezündeten Kerzen den Kaiser, der nicht mehr Kaiser genannt werden sollte, auf schreckliche Weise, während sich seine Gesandten bestürzt entfernten (...).

Der Papst aber bestätigte alles, besonders aber, daß er das, was er über den Fürsten beschlossen hatte, unwiderruflich aufrechterhalten werde. Als Thaddaeus das vernommen hatte, sprach er mit tiefen Seufzern: „Ich sehe, daß es für dieses Unheil kein Heilmittel gibt." Und wehklagend fügte er mit Tränen in den Augen hinzu: „Wahrhaftig, dieser Tag ist der Tag des Zornes!", wie er schon vorher gesagt hatte, als vor dem vollzähligen Konzil die Prälaten ihre brennenden Kerzen senkten und auslöschten und so den gebannten Friedrich absetzten. Und am Schluß seiner Rede sagte er noch: „Von diesem Augenblick an werden die Ketzer lobsingen, die Chorasmier (Hwarizmier) werden herrschen, und die Tataren werden sich erheben." Dann kehrte er zu seinem Herrn zurück, um ihm das zu melden. Der Papst aber sagte vor allem Volke: „Was meine Aufgabe war, habe ich getan; jetzt möge Gott in diesen Dingen tun und die Sache weiterführen, wie er will."

Als aber Friedrich dies gehört hatte, konnte er sich vor Unmut kaum beherrschen und entbrannte in heftigstem Zorn. Mit finsterem Blick schaute er alle an, die um ihn her saßen, und rief: „Dieser Papst hat mich auf seiner Synode abgesetzt und mir meine Krone geraubt. Woher diese Unverschämtheit? Woher eine so vermessene Tollkühnheit? Wo sind die Körbe, die meinen tragbaren Schatz enthalten?“ Und nachdem diese herbeigebracht und auf seinen Befehl geöffnet worden waren, fuhr er fort: „Laßt sehen, ob meine Kronen verloren sind!“ Als er aber eine gefunden hatte, setzte er sie auf sein Haupt, und, so gekrönt, erhob er sich und sprach drohenden Blickes mit furchtbarer Stimme und unstillbaren Herzens laut und öffentlich:

„Noch habe ich meine Krone nicht verloren und werde sie weder durch die Anfeindung des Papstes noch durch den Beschluß der Kirchenversammlung ohne blutigen Kampf verlieren. Sollte sich der gemeine Hochmut zu solcher Höhe erheben, daß es ihm gelänge, mich, den höchsten Fürsten, den keiner überragt, ja, dem keiner auch nur gleichkommt, vom Gipfel der kaiserlichen Würde zu stürzen? In einer Hinsicht freilich wird meine Lage dadurch verbessert: Bisher mußte ich ihm einigermaßen gehorchen, wenigstens die Ehre geben, jetzt aber werde ich jeglicher Verpflichtung, ihn zu lieben, zu verehren und Frieden mit ihm zu halten, enthoben.“

O: RS 57.4, S. 430-440, 445-456 und 474 (= MGH SS 28, S. 256-268); vgl. Mansi, Sacrorum conciliorum nova et amplissima collectio, Bd. 23, S. 610 ff. (Brevis nota ...); RI 5.2, Nr. 7544-7552 – Ü: Heinisch (1969), S. 119-129.

Annales S. Pantaleonis Coloniensis

Welche Verbreitung das in Lyon verkündete Absetzungsdekret erlangte, belegt der Eintrag in der Fortsetzung der Kölner Königschronik, die parallel zu den Ereignissen 1238 bis 1249 im Kölner Kloster St. Pantaleon entstand. Der Verfasser steht erkennbar auf seiten Friedrichs II., dessen Schreiben ihn wegen ihres „anmutigen Stils“ beeindruckten und ihm häufig als Quelle dienten. Das Absetzungdekret wurde in St. Pantaleon für so wichtig gehalten, daß man es nicht im Archiv aufbewahrte, sondern in die wichtigste historische Handschrift der eigenen Bibliothek eintrug:

Im Jahre 1245 berief der Papst, der sich in Lyon aufhielt, ein allgemeines Konzil und schickte Briefe in alle Provinzen. Im Juli hielt er das Konzil, nachdem er Kaiser Friedrich dazu vorgeladen hatte, damit er sich vor den über ihn klagenden Bischöfen und anderen verantworte. Der (Kaiser) kam und nahm Quartier in Turin, einer Stadt in Ligurien. Von dort schickte er den kaiserlichen Hofrichter Thaddaeus voraus, einen rechtsgelehrten Mann von großer Beredsamkeit. Dieser gab die Gründe für die Abwesenheit des Kaisers an und verlangte weiteren Aufschub, indem er versprach, daß der Kaiser in kurzer Zeit kommen werde. Diese Frist wurde ihm aber nicht gewährt.

Als nun einige Bischöfe Klage gegen den Kaiser erhoben, entgegnete sein Vertreter Thaddaeus hierauf sehr beredt. Der Papst aber sprach – ohne auf diese Verteidigung zu achten, auch ohne die Bitten Balduins, des Kaisers von Konstantinopel, und den Einspruch des Grafen von Toulouse, die beide anwesend waren und sich mit dringenden Bitten beim Papst für den Kaiser verwandten, zu berücksichtigen – mit Zustimmung des damals versammelten heiligen Konzils, an dem 150 Bischöfe teilnahmen, nicht gerechnet die Äbte und andere hohe Geistliche, den Spruch der Absetzung gegen den Kaiser aus und beraubte ihn des Kaisertums, seiner Königreiche und jeglicher Ehre.

Der Wortlaut dieses Ausspruches ist von Wort zu Wort aufgeschrieben in dem Buche der Kirche des heiligen Pantaleon, das betitelt ist „Die Kirchengeschichte des Eusebius", am Ende, im Katalog der römischen Bischöfe, wo deren Taten verzeichnet sind. Während desselben Konzils verkündete der Papst auch einige Verordnungen, die unter den passenden Überschriften später in die neue Sammlung der Dektretalen aufgenommen wurden.

Nach dem Konzil entsandte der Papst Minoriten als seine Boten an den König der Tataren (= Mongolen) und andere Boten an den Sultan von Ägypten, den er ermahnte, mit den Christen Frieden zu halten, (die im August 1244 Jerusalem verloren und am 17.10.1244 bei Gaza eine vernichtende Niederlage erlitten hatten).

Bald nach dem Konzil schickte der Papst Philipp, den erwählten Bischof von Ferrara, nach Deutschland, um die Fürsten aufzustacheln und zu ermahnen, einen neuen König zu erwählen. Dieser zog bei Köln vorüber und gelangte unter dem Geleit des Kölner (Erz)bischofs zum Landgrafen (Heinrich Raspe) von Thüringen, der ihn gütig aufnahm, weil er nach dem Königtum strebte.

O: MGH SSrG 18, 287 f. – Ü: GdV 69, S. 350 f.

Friedrich II.: *Etsi causae*

Wenige Wochen nachdem ihm das Absetzungsdekret bekannt geworden war, wandte sich Friedrich II. mit einer Entgegnung an Könige und Fürsten Westeuropas. Erhalten sind die Fassungen des Schreibens an die Großen Englands vom 31.7.1245 und an König Ludwig IX. von Frankreich (vermutlich vom Sep. 1245). Im Zentrum der Argumentation steht ein explizites Bekenntnis zum rechten Glauben und vor allem der Gedanke, daß die Absetzung eines Kaisers einen gefährlichen Präzedenzfall schaffe:

Denn wenn wir auch getreu unserem katholischen Glauben offen anerkennen, daß dem Inhaber des hochheiligen Römischen Stuhles vom Herrn die Vollmacht in geistlichen Dingen übertragen worden ist, daß – ein wie großer Sünder jener auch, was ferne sei, sein mag –

das, was er auf Erden bindet, im Himmel gebunden und, was er auf Erden löset, auch im Himmel gelöst ist, so liest man dennoch nirgends in der göttlichen oder menschlichen Gesetzgebung, daß es ihm erlaubt ist, das Kaisertum nach Belieben zu übertragen oder über die zeitliche Bestrafung von Königen und Fürsten durch Entzug ihrer Reiche zu urteilen. Denn wenn ihm auch nach Recht und Sitte der Vorfahren unsere Weihe zusteht, so steht ihm eine Absetzung oder Entthronung nicht mehr zu als irgendwelchen Prälaten der Länder, die ihre Könige gewöhnlich weihen und einsetzen (...).

Es scheint also dieser Spruch allzu leidenschaftlich und nicht weniger in der Strenge der auferlegten Strafe übertrieben: Durch ihn soll der römische Kaiser, der Urheber und Herr des Reiches, wegen Majestätsbeleidigung verdammt sein; durch ihn wird lächerlicherweise der dem Gesetz unterworfen, der in seiner kaiserlichen Würde von allen Gesetzen losgelöst ist, der, über den zeitliche Strafen auszusprechen nicht eines Menschen, sondern Gottes Sache ist, da er keinen zeitlichen Menschen über sich hat. Geistliche Strafen aber, kirchliche Bußen, die uns für die Mißachtung der Schlüsselgewalt, für sonstige Übergriffe und für Sünden der menschlichen Natur auferlegt werden sollen, nehmen wir selbstverständlich von dem höchsten Priester, den wir in geistlichen Dingen als unseren Herrn und Vater ansehen, sofern er selbst uns in gebührender Achtung als Sohn anerkennt, wie von jedem anderen Priester ehrfürchtig an und erfüllen sie ergeben.

Aus all dem geht klar hervor, daß er viel eher verleumderisch als gerecht erklärte, wir ständen nicht fest im katholischen Glauben, den wir – der höchste Richter ist unser Zeuge! – in jedem einzelnen seiner Artikel nach der Ordnung der allgemeinen Kirche und dem geheiligten Glaubensbekenntnis der römischen Kirche fest glauben und in Einfalt bekennen.

Es möge also die königliche Achtsamkeit darauf sehen, ob wir den genannten Spruch, der dem Rechte nach nichtig ist, und den Prozeß, der keiner ist, nicht weniger zu unserem als zu aller Könige und Fürsten sowie jeder weltlichen Würde Verderben anerkennen sollen. Sie möge auch weiter bedenken, was für ein Ende nach solchen Anfängen zu erwarten ist: bei uns beginnt es, aber ihr wißt, daß es bei euch endet, da sie, wenn unsere Macht erst einmal zerschlagen ist, keinen Widerstand mehr erwarten. Steht uns also bei, indem ihr euer Recht in unserer Sache schützt und für euch und eure Erben in uns vorsorgt, wie es sich gehört (...).

O: HB 6.1, S. 346 f. (RI 5.1, Nr. 3510); vgl. RS 57.4, S. 538-544 = MGH SS 28, S. 276-279 (RI 5.1, Nr. 3495) = MGH Const. 2, Nr. 262 – Ü: Heinisch (1968), S. 603 f.; vgl. A. Folz, Kaiser Friedrich II. und Papst Innozenz IV., Straßburg 1905, S. 133 f. – L: Graefe (1909), S. 179-194 (auch zu RI 5.1

Nr. 3511 f. = HB 6.1, S. 349 u. 389 = MGH Const. 2, Nr. 264 f.); zur Entgegnung Innozenz' IV. (RI 5.2,Nr. 7584 = Winkelmann, Acta imperii inedita 2, Nr. 1035) vgl. Graefe (1909), S. 200-223.

Die von Friedrich II. vorgebrachte Forderung einer klaren Abgrenzung der weltlichen und der geistlichen Gewalt fand in England und Frankreich positive Aufnahme. Die hochmittelalterliche Verschränkung beider Gewalten war in Kategorien des Kirchenrechtes und im System des römischen Rechtes gleichermaßen eine Anomalie: Nach kanonischem Recht konnte es legitime weltliche Herrschaft nur im Rahmen der umfassenden vom Papst geleiteten Kirche geben, das römische Recht dagegen kannte (wie das Reich der Spätantike und in seiner Nachfolge Byzanz) nur eine „Kirche im Staat", da es den Kaiser zur alleinigen Quelle des weltlichen Rechts erklärte, eine Vorstellung, die die westeuropäischen Könige seit der Mitte des 13. Jahrhunderts mit der Formel „Der König ist Kaiser in seinem Reich" (*rex est imperator in regno suo*) auch für sich in Anspruch nahmen. Beide Rechtspositionen waren unvereinbar und gewannen im Verlauf des 13. Jahrhunderts in wachsendem Maße Einfluß auf die politischen Entscheidungen beider Seiten, da alle bedeutenden Päpste seit Innozenz III. selbst hervorragende Juristen waren, während auch in England und vor allem Frankreich zunehmend juristisch geschulte Berater die Entscheidungen der Könige bestimmten.

Der daraus resultierende Konflikt, der in der Auseinandersetzung zwischen Bonifatius VIII. und König Phillip IV. von Frankreich am Ende des 13. Jahrhunderts seinen Höhepunkt erreichen sollte, bestimmte auch die Reaktionen auf die Absetzung Friedrichs II. und sein erstes Erwiderungsschreiben im Juli 1245. Matthaeus Paris berichtet:

Zu jener Zeit glaubte Friedrich, den „Kaiser" zu nennen die Kirche verbietet, um seinen Ruf, der ihm durch den Vorwurf der Ketzerei besonders getrübt zu sein schien, wiederherzustellen, den Großen Englands einen Brief senden zu sollen, weil er hoffte, sie würden sich gemeinsam mit ihrem König mannhaft gegen die Unbilligkeiten der römischen Kurie erheben (...).

Als aber dieser Brief bekannt wurde, wandten sich die Herzen vieler Fürsten auf der Stelle vom Papst ab, da sie mit Recht den Hochmut der römischen Kurie fürchteten, falls es ihr gelänge, Friedrich auf die Knie zu zwingen.

Bereits zum Schreiben *Illos felices*, das er vor *Etsi causae* ansetzt, hatte Matthaeus Paris vermerkt:

Eine Sorge jedoch quälte darüber hinaus alle, sowohl weltliche wie auch geistliche Fürsten, indem sie die zukünftigen Gefahren im voraus erwogen, daß nämlich die römische Kirche, wenn es auch Friedrich vielfach verdient habe, gestürzt und jeglicher Ehre beraubt zu werden, sofern ihn die Macht des Papstes mit Gottes Hilfe tatsächlich unwiderruflich stürze, diese Gnade Gottes mißbrauchen und sich in Zukunft in so unerträglicher Weise überheben könnte, daß sie auch unschuldige und rechtschaffene Fürsten und vor allem auch Prälaten aus noch so geringer Ursache absetzen oder schimpflicherweise bedrohen und die Römer, obgleich plebejischem Blute entsprossen, in prahlerischer und großsprecherischer Weise von sich sagen würden: „Wir haben den großen Friedrich gestürzt, und wer bist du, der du dir leichtfertigerweise einbildest, uns widerstehen zu können?" Und so herausgefordert, könnten die Edlen den Fuß gegen sie erheben, und das römische Ansehen könnte durch die Rache Gottes zugrunde gehen.

O: RS 57.4, S. 474 f., 478 und 544 = MGH SS 28, S. 270, 276 und 278 – Ü: Heinisch (1969), S. 129 und 133 f.

Friedrich II.: *Illos felices*

Sehr viel kontroversere Aufnahme fand dagegen ein zweites Manifest, das die kaiserliche Kanzlei wohl im Februar 1246 versandte. In *Illos felices* argumentiert Friedrich II. nicht mehr rechtlich, sondern theologisch und fordert eine grundlegende Reform der Kirche, die durch ihren materiellen Reichtum an ihren eigentlichen Aufgaben gehindert werde und zur Armut des Urchristentums zurückgeführt werden müsse: „Solchen (Geistlichen) die schädlichen Schätze zu entziehen (...) ist ein Werk christlicher Nächstenliebe", schließt er seine Argumentation und fordert alle Fürsten auf, mit ihm dafür zu sorgen, daß die Kirche „alles Überflüssige ablege und, mit mäßigem Besitz zufrieden, Gott diene".

Diese Forderung hob die Auseinandersetzung auf eine neue Ebene, die für Friedrich II. sowohl Chancen als auch Risiken barg. Ebenso wie der Vorwurf der Häresie die Achillesferse eines Kaisers war, der sich mit Sarazenen und einem exotischen Hofstaat umgab, war der Vorwurf der Verweltlichung und Habgier der schwächste Punkt der Kurie, die seit Innozenz III. immer mehr Entscheidungen an sich zog und durch einen zunehmend unpersönlichen, nur mit Geldzahlungen in Bewegung zu setzenden bürokratischen Apparat erledigte.

Mit seiner radikalen Forderung nach einer auf allen Ebenen der Hierarchie armen Kirche brachte sich Friedrich jedoch in gefährliche Nähe zur häretischen Armutsbewegung, denn die Forderung nach gelebter Armut der Kirche gehörte zu den tragenden Grundlagen aller häretischen Bewegungen des 12. und 13. Jahrhunderts.

Glücklich sind jene, so schreibt das Altertum, denen aus der Gefährdung eines anderen Vorsicht erwächst; denn der Fuß des Nachfolgenden gewinnt Halt auf dem Boden des Vorgängers, und wie das Wachs seinen Eindruck von dem Siegel empfängt, so bildet sich der Charakter des Menschen nach seinem Vorbild. Dieses Glück hätte sich unsere Hoheit gewünscht! Wir hätten gewünscht, daß die Mahnung zur Vorsicht, die wir euch, ihr Könige und Fürsten der Christenheit, durch die unerhörte Beleidigung unserer Majestät hinterlassen, uns lieber andere christliche Könige und Fürsten hinterlassen hätten, die auch beleidigt wurden. Denn die, die jetzt den Namen Geistliche führen: gemästet durch die Almosen der Väter, unterdrücken sie die Söhne, und sie, selbst Söhne unserer Untertanen, vergessen den Stand ihrer Väter und geruhen weder dem Kaiser noch Königen irgendwelche Ergebenheit zu erzeigen, sobald sie zu apostolischen Vätern geweiht werden.

Was aber durch unsere Umschreibung angedeutet wird, das wird durch die Anmaßung des Papstes Innozenz IV. bestätigt, der nach Berufung einer, wie er behauptet, allgemeinen Synode gegen uns, der wir weder vorgeladen noch irgendeiner Tücke oder Schlechtigkeit überführt waren, gewagt hat, das Urteil der Absetzung zu beschließen, die er nicht ohne ungeheure Beeinträchtigung der Rechte aller Könige bestimmen konnte. Denn was bleibt euch und den einzelnen Königen der einzelnen Länder von einem solchen Priesterfürsten nicht noch zu befürchten, wenn uns, der wir durch die feierliche Wahl der Fürsten und die Zustimmung der gesamten Kirche, als sie noch in Treue und Frömmigkeit der Geistlichkeit blühte, auf göttliches Geheiß mit der Kaiserkrone geschmückt sind und andere edle Königreiche herrlich regieren, der abzusetzen wagt, dem es nicht zusteht, wegen zeitlicher Vergehen gewaltsam gegen uns vorzugehen, selbst wenn man seine Gründe als berechtigt ansähe?

Aber wir sind weder die Ersten noch die Letzten, die priesterlicher Mißbrauch so anfeindet und von der Höhe herabzustürzen versucht. Und das bewirkt ihr, wenn ihr den Heuchlern der Heiligkeit gehorcht, deren Habsucht hofft, daß sich der ganze Jordan in ihr Maul ergieße (Hiob 40,23). O wenn die Einfalt eurer Leichtgläubigkeit sich vor dem Sauerteig der Pharisäer und Schriftgelehrten, der nach den Worten des Heilands (Lk 12,1) die Heuchelei ist, hüten wollte! Wie viele Schändlichkeiten jener Kurie könntet ihr verdammen, die anzuführen Anstand und Scham verbieten! Wahrhaftig, die gewaltigen Einkünfte, mit denen sie sich durch Aussaugung vieler Reiche bereichern, wie ihr selbst wißt, bringen sie zur Raserei. Bei euch betteln die Christen und Pilger, auf daß bei ihnen die Ketzer prassen; dort reißt ihr eure Häuser nieder, damit ihr hier euren Widersachern Städte errichtet. Und so, durch eure Zehnten und Almosen gemästet, werden solche Armen Christi erhalten. Und durch welchen Entgelt an Wohltaten, durch welchen Ausdruck von Dankbarkeit wenigstens erzeigen sie sich euch verpflichtet? Je freigebiger ihr diesen Armen die Hände entgegenstreckt, um so gieriger greifen sie nicht nur nach den Händen, sondern auch nach den Armen und halten euch in ihren Schlingen wie ein Vöglein, das um so fester gebunden wird, je heftiger es loszukommen sucht.

Dies haben wir euch für jetzt zu schreiben für gut befunden als ungenügenden Ausdruck unserer Wünsche. Das Übrige aber beschlossen wir, euch vertraulich mitzuteilen, nämlich: zu welchem Zwecke die Verschwendung der Habsüchtigen die Schätze der Armen verwendet; was wir wegen der Wahl eines Kaisers vernommen haben, wenn nicht der Friede, den wir durch mächtige Vermittler erstreben, zwischen uns und der Kirche wenigstens oberflächlich wiederhergestellt wird; was wir betreffs der gemeinsamen und besonderen Angelegenheit der Könige anzuordnen gedenken; was über die Inseln des Ozeans bestimmt wurde; was jene Kurie gegen alle Fürsten durch gewisse Anschläge, die uns, der wir dort Vertraute und Untertanen haben, obgleich sie geheim sind, nicht verborgen bleiben können, ins Werk setzt; und mit welcher Macht, mit wievielen Kriegern und mit welcher Ausrüstung wir schon in diesem bevorstehenden Frühjahr alle jene, die uns jetzt bedrängen, bedrängen zu können hoffen, und stellte sich uns die ganze Welt entgegen.

Alles, was euch darüber unsere Getreuen, die euch dieses Schreiben überbringen, berichten, glaubt gewiß und haltet es für so sicher, als wenn es der heilige Petrus geschworen hätte! Und nicht, so bitten wir, möge es euch scheinen, daß durch den gegen uns gefällten Spruch der Absetzung die Erhabenheit unserer Majestät irgendwie gebeugt werde. Denn wir haben die Reinheit unseres Gewissens und folglich Gott mit uns, dessen Zeugnis wir anrufen, da es immer unseres Willens Absicht war, die Geistlichen jeglichen Ranges dahin zu führen, und am meisten die höchsten, daß sie als solche auch am Ende verharren, wie sie in der ursprünglichen Kirche gewesen sind: in apostolischem Lebenswandel die Demut des Herrn nachahmend. Denn solche Geistliche pflegten die Engel anzuschauen, von Wundern zu glänzen, Kranke zu heilen, Tote zu erwecken und durch Heiligkeit, nicht aber durch Waffen, sich Könige und Fürsten zu unterjochen. Diese dagegen sind der Weltlichkeit ergeben, von Genüssen trunken, setzen Gott hintan; durch den Zustrom von Schätzen wird ihre Frömmigkeit erstickt. Solchen also die schädlichen Schätze zu entziehen, mit denen sie sich zu ihrem Verderben beladen, ist ein Werk der christlichen Nächstenliebe. Darauf müßt ihr und alle Fürsten zusammen mit uns allen möglichen Fleiß verwenden, daß sie alles Überflüssige ablegen und, mit mäßigem Besitz zufrieden, Gott dienen.

O: MGH SS 28, S. 269 f. (= HB 6, S. 390-393); vgl. RI 5.1, Nr. 3541 – Ü: Heinisch (1968), S. 603-605; vgl. von den Steinen (1923), S. 91-93; GdV 75, S. 188 ff. – L: Graefe (1909), S. 194-200, 221 und 229-236.

In Frankreich wurden die Gedanken von *Illos felices* zwar nicht vom Königtum, wohl aber von zahlreichen Adligen aufgegriffen. Im November 1246 verbündeten sich 22 Barone durch Eid zu einem Bund, um ihre Rechte gegenüber dem Klerus wiederzuerlangen oder zu verteidigen. In ihrer Vereinbarung griffen sie zum Teil wörtlich Formulierungen aus dem kaiserlichen Reformmanifest auf. Ganz anders berichtet Matthaeus Paris, der es allerdings unmittelbar nach das Konzil von Lyon vor *Etsi causae* setzt, über die Reaktionen auf *Illos felices*. Da Kritik an der Habgier der römischen Kirche zu den Leitmotiven seiner Chronik gehört, scheint er ein unverdächtiger Zeuge zu sein; als Mönch des bedeutenden Kloster St. Albans bei London war er jedoch zugleich Partei in dem Konflikt, der ja nun nicht mehr nur um die von der Kurie erhobenen Abgaben, sondern um den Besitz geistlicher Institutionen überhaupt geführt wurde:

Von da an war (Friedrich) also noch nachdrücklicher und wachsamer darauf bedacht, den Papst zu bedrängen, seinen Besitzungen sowie auch seinen Verwandten und Freunden Schaden und Unbill zuzufügen (...). Jedoch verhärtet und willens, die Herzen der Könige und Fürsten von der Ergebenheit und Verehrung der Kirche und der Prälaten, vor allem des Papstes, abzuwenden, schrieb er einen ziemlich anstößigen Brief, in dem er die verkehrte Absicht, die er lange verborgen hatte, ans Licht brachte (...).

Als dieser Brief zu den allerchristlichsten Königen von Frankreich und England gelangte, wurde es ihnen und ihren Großen sonnenklar, daß Friedrich die Freiheit und das Ansehen der Kirche, die er selbst niemals förderte, die aber seine erhabenen Vorfahren, ihm zu schlechtem Danke, gefestigt hatten, mit aller Anstrengung vernichten wolle; und weil er sich gerade dadurch auch der Ketzerei verdächtig machte, erstickte er unbedachterweise und unvorsichtig das letzte Fünkchen guten Rufes, dessen er sich bisher noch bei allem Volke erfreut hatte. Die erwähnten Könige jedoch verhielten sich, wenn auch nicht ohne Murren, noch ruhig und ließen sich nichts anmerken, da es ihnen unmännlich und unehrenhaft erschien, den sogleich anzufeinden, den sie bisher beschützt hatten.

O: RS 57.4, S. 474 f. und 477 f. = MGH SS 28, S. 268 f. und 270 – Ü: Heinisch (1969), S. 128 f. – L: Graefe (1909), S. 229-236.

Misslungene Attentate: Tibaldo Francesco und Petrus de Vinea

Die letzten fünf Jahre seines Lebens verbrachte Friedrich II. vor allem auf dem oberitalienischen Kriegsschauplatz. Die „lombardische Frage", d.h. die Kontrolle über Oberitalien und seine Städte, die die Verbindung zwischen Sizilien und dem Reich nördlich der Alpen beherrschten, war seit 1236 zum zentralen Ziel seiner Politik geworden. Oberitalien war sicherlich eine Region von großer Leistungskraft und durch die Beherrschung der Alpenübergänge auch von großer strategischer Bedeutung. Gleichwohl war die Auseinandersetzung mit den lombardischen Städten nach der Schlacht bei Cortenuova auch und vor allem eine Sache der Ehre für Friedrich II. geworden. Den Kampf um Oberitalien aufzugeben, der die finanziellen Ressourcen Siziliens zu überfordern drohte und ihn selbst in eine existenzgefährdende Auseinandersetzung mit dem Papsttum hineingezogen hatte, wäre nach der Ablehnung der von den Mailändern nach Cortenuova angebotenen bedingten Unterwerfung einer Niederlage und einem kaum erträglichen Gesichtsverlust gleichgekommen. Nur das von Innozenz IV. im Mai 1245 schließlich doch verworfene Angebot, nach dem erneuten Verlust Jerusalems nochmals als Kreuzfahrer in den Osten zu ziehen, hätte einen ehrenvollen Ausweg geboten.

Nach dem Absetzungsdekret von Lyon konzentrierte sich Friedrich II. zunächst auf die Sicherung und den Ausbau seiner Stellung in Oberitalien. Während in Deutschland päpstliche Legaten die Wahl eines Gegenkönigs (1246 Landgraf Heinrich Raspe von Thüringen, 1247 Graf Wilhelm von Holland) betrieben und die Bischöfe auf die Seite Innozenz' IV. zogen, plante Friedrich II. im Frühjahr 1247 einen Zug nach Lyon, um sich dort vor dem Papst persönlich zu rechtfertigen, allerdings nicht als bußfertiger Sünder, sondern begleitet von einem starken Heer. Das großangelegte Unternehmen endete jedoch nicht mit der Lösung vom Bann und der Rückgewinnung der vollen Herrschaft in Deutschland, sondern mit der letzten großen Niederlage Friedrichs II. Kaum war er im Mai 1247 von Cremona aus aufgebrochen, ereilte ihn die Nachricht, daß Parma ins päpstliche Lager übergewechselt war. Friedrich kehrte um und begann die Belagerung der Stadt. Im Oktober errichtete er, während überall in Italien weitere Aufstände ausbrachen, sogar eine feste Lagerstadt, die er „Victoria" nannte und deren Gründung er nach antik-heidnischem Ritus vollziehen ließ.

Wiederum setzte Friedrich damit ein Zeichen, das seinen kaiserlichen, an die römische Antike anknüpfenden Herrschaftsanspruch demonstrierte, in seiner symbolischen Verdichtung aber zugleich verwundbar machte. Als die Übergabe der ausgehungerten Stadt nur noch eine Frage der Zeit zu sein schien, gelang es den Verteidigern der Stadt am 18.2.1248 während einer kurzen Abwesenheit des Kaisers, bei einem Ausfall Victoria zu erstürmen und in Brand zu setzen. Friedrich verlor einen Teil seines Heeres, seinen Staatsschatz und das sizilische Königssiegel, vor allem aber den Ruf der Unbesiegbarkeit, den er sich in den Jahren zuvor erworben hatte. Im Mai 1249, als Friedrich bereits nach Sizilien zurückgekehrt war, fiel zudem sein Sohn Enzio in die Gefangenschaft der Bolognesen, die ihn bis zu seinem Tod 1272 nicht mehr freigeben sollten.

Gleichwohl gab Friedrich II. seine Sache noch nicht verloren. Wohl im Februar 1249 beschloß er ein (undatiert überliefertes) Schreiben an König Ludwig IX. von Frankreich mit einer expliziten Kampfansage an den Papst: „Wir nämlich, die wir die Last des Ambosses bis jetzt geduldig und demütig ertragen haben, wollen nicht länger durch unsere Geduld Schaden leiden und können nicht mehr ertragen, daß wir bei der Verteidigung unserer Sache nicht mannhaft in Zukunft das Amt des Hammers übernehmen sollen." Tatsächlich gelang es im Verlauf des Jahres 1250 seinen rücksichtslos vorgehenden Generalvikaren Ezzelino da Romano und Umberto Pallavicini einen großen Teil der verlorenen Positionen zurückzugewinnen und sogar Parma vernichtend zu schlagen.

Das ganz auf seine Person ausgerichtete Herrschaftssystem, das Friedrich II. seit 1239 errichtet hatte, geriet aber nicht nur von außen unter Druck, sondern wurde auch im Inneren zunehmend brüchig. Im März 1246 verschworen sich mehrere langjährige Vertraute Friedrichs II., die für ihn viele Jahre als „Generalvikare" in verschiedenen Teilen Italiens tätig gewesen waren, den Kaiser bei seinem Aufenthalt in Grosseto zu ermorden. Die Motive der Verschwörer sind weitgehend unklar. Möglicherweise fühlten sie sich zurückgesetzt durch die wachsende Tendenz Friedrichs II., nur noch Verwandte und Schwiegersöhne als Generalvikare zu verwenden. Pandolfo di Fasanella war kurz zuvor als Generalvikar der Toskana abberufen und durch den kaum zwanzigjährigen Friedrich von Antiochien, einen unehelichen Sohn Friedrichs II., ersetzt worden. Sein Schwager Tibaldo Francesco, der als das Haupt der Verschwörer galt, hatte mehrere Jahre als Generalvikar die an Venedig grenzende und daher strategisch wichtige Mark Treviso verwaltet, bevor ihn Friedrich als Podestà von Parma einsetzte. Andererseits scheint es offensichtlich, daß die päpstliche Seite die Verschwörung unterstützt, wenn nicht in die Wege geleitet hat. Zumindest war dies die Überzeugung Friedrichs II. Die hofnahen Annalen von Piacenza berichten, der Papst habe Tibaldo Francesco für den Fall eines Gelingens des Attentats die Krone Siziliens angeboten, ebenso ein arabischer Chronist, der seine Informationen gleichfalls nur von der kaiserlichen Seite erhalten haben kann.

Im Februar 1249 wurde dann sogar Petrus de Vinea, der über 25 Jahre der engste Vertraute Friedrichs II. gewesen war, „als Verräter verhaftet" (Annalen von Piacenza). Nach seinem Studium in Bologna war Petrus de Vinea, der keiner bedeutenden adligen Familie angehörte, 1220 als Notar in die Kanzlei Friedrichs II. eingetreten und 1224 zum Richter am Großhofgericht ernannt worden. Er diente dem Kaiser als einer seiner wichtigsten Diplomaten, wirkte bei der Abfassung der Konstitutionen von Melfi mit und verfaßte zahlreiche der Briefe und Manifeste, in denen sich Friedrich II. nach außen darstellte. Seit Mai 1243 leitete er als Protonotar die kaiserliche Kanzlei und war als Logothet der „Sprecher des Kaisers", faktisch sein leitender Minister. Ob aufgedeckter Amtsmißbrauch und Bestechlichkeit Friedrich II. zu seiner Absetzung veranlaßten oder ob der Kaiser sich eines Vorwandes bediente, um sich eines übermächtig gewordenen Vertrauten zu entledigen, ist aus den Quellen kaum mehr zu entscheiden. In der Wahrnehmung Außenstehender verband sich der Sturz des Petrus de Vinea dagegen bald mit der Vorstellung, er sei an einem zur gleichen Zeit sich ereignenden Giftattentat des kaiserlichen Leibarztes beteiligt gewesen.

Mehr als die Verschwörungen und Attentate selbst beeindruckte die Zeitgenossen die Bestrafung der „Verräter“, zum einen durch ihre besondere Grausamkeit, die sich – ebenso wie das rücksichtslose Vorgehen Ezzelinos da Romano und anderer – gut in das dunkle Bild des Tyrannen Friedrich einfügte, vor allem aber durch die zeichenhafte Ausgestaltung, die Friedrich II. den Bestrafungen gab: Die Verschwörer von 1246 ließ er zunächst blenden und verstümmeln, dann aber, da sie als „Vatermörder“ ein Verbrechen „wider die Natur“ begangen hatten, durch die vier Elemente Feuer, Wasser, Luft und Erde töten, d.h. teils zu Tode schleifen, teils verbrennen, teils aufhängen, teils mit Giftschlangen in Ledersäcke eingenäht im Meer versenken. Tibaldo Francesco dagegen wurde mit einer Papsturkunde auf der Stirn im Land umhergeführt, um zu zeigen, wer der eigentliche Urheber des Attentats war.

Den Leibarzt, der ihn 1249 hatte vergiften wollen, ließ Friedrich II. vor seiner Hinrichtung „unter Beschimpfungen und Qualen“ durch alle Teile des Königreichs Sizilien führen, und zwar mit der Maßgabe, daß ihm auch an Sonn- und Feiertagen keine Ruhe gegönnt werde, da die Bestrafung eines solchen Verbrechens kein Akt der Grausamkeit, sondern der Frömmigkeit sei und an Sonn- und Feiertagen zwar Grausamkeiten verboten, fromme Werke aber geboten seien. Petrus de Vinea dagegen wurde geblendet und angeblich auf einem Esel sitzend im kaiserlichen Troß mitgeführt, bis Friedrich II. nach einigen Monaten bei der Belagerung von San Miniato beschloß, ihn mit anderen Gefangenen schutzlos in die guelfische Stadt zu schicken und so der Rache seiner Feinde auszuliefern.

Matthaeus Paris

Über die Niederschlagung der Verschwörung von Grosseto 1246 und die Bestrafung der Verräter berichtet Matthaeus Paris durch die Wiedergabe zweier Briefe, die Friedrich II. an König Heinrich III. von England schicken ließ:

Da sich im Laufe der Zeit die Lage der Sterblichen verändert hatte, glaubte Friedrich, der durch die römische Kurie von der Höhe des Kaisertums herabgestürzt war, dem König (Heinrich III.) von England und dem Grafen Richard (von Cornwall), dessen Bruder, die er zu seinen vertrautesten Freunden zählte, folgenden Brief schreiben zu müssen:

„Friedrich, durch Gottes Gnade der Römer erhabener Kaiser und König von Sizilien und Jerusalem, entbietet dem Könige von England seinen Gruß. Damit nicht das Gerücht, das oft von der Wahrheit abweicht, weil es den Wünschen verschiedener Menschen begegnet und durch wiederholte Wiedergabe entstellt wird, dich und deine Freunde beunruhige und die Ohren und Herzen der Feinde erfreue, teilen wir dir mit gegenwärtigem Schreiben die reine und unverfälschte Wahrheit bezüglich der neuesten Ereignisse in Kürze mit.

Nachdem sich einige unserer Getreuen, ja unserer nächsten Vertrauten und Hausgenossen, nämlich Tibaldo Francesco, Jacob von Morra, Pandulf von Fasanella, Wilhelm von San Severino und ihre Komplizen, zu unserer Ermordung verschworen hatten, wurde uns durch einige Mitverschworene das frevelhafte Vorhaben verraten, und der Herr rettete unser unschuldiges Leben auf wunderbare Weise vor ihren Händen. Während wir aber anfangs ein solches Vergehen für ebenso unverdient wie unglaublich hielten, entzogen sich uns, noch ehe wir der Wahrheit auf den Grund kamen, Pandulf von Fasanella und Jacob von Morra, die obengenannten Anstifter der ausgeklügelten Schandtat, vom bösen Gewissen getrieben, zugleich mit anderen Mitschuldigen und Genossen, die sich an unserem Hofe aufhielten, plötzlich durch die Flucht.

Tibaldo aber und Wilhelm, die im Königreiche weilten und dort die Nachricht von unserem Tode unzweifelhaft erwarteten, entflohen, in angstvoller Furcht wie vom Blitz getroffen auf zwei unserer Burgen, nämlich Capaccio und Scala, deren sie sich unter dem Anschein der Treue gegen uns heimtückisch bemächtigten. Dort wurden sie, noch ehe sie sich mit der nötigen Mannschaft und mit Vorräten zu ihrer Verteidigung versehen konnten, durch die bereite Treue der Einwohner unseres Königreichs überrascht und durch von allen Seiten herbeigerufene Streitkräfte umzingelt (und Scala bald erobert).

Nachdem wir uns gegen die unserer Person drohende Gefahr gesichert hatten, waren wir darauf bedacht, durch ununterbrochene Anstrengung und tägliche Märsche von Grosseto, wo wir uns damals aufhielten, möglichst rasch ins Königreich (Sizilien) zu gelangen, weil wir keineswegs dulden wollten, daß wir in unserem sizilischen Erbreich, gleichsam in unserem Augapfel, beleidigt würden (...).

Und da wir so mit ebenso rascher wie gerechter Strafe die genannten Verräter und ihre Anhänger treffen konnten, so haben wir das feste Vertrauen, in kurzer Zeit die Sicherheit unseres Königreichs in solcher Weise wiederherstellen zu können, daß in Zukunft weder uns noch unseren Nachfolgern, ob wir nun im Reiche oder außerhalb des Reiches weilen, irgendeine Besorgnis bleibt (...).

Jene (aber), die die Schandtat ausführen wollten, sowohl die Flüchtigen wie die Belagerten, sind von Minderbrüdern umgeben, haben von ihnen das Kreuz zu unserer Bekämpfung genommen und behaupten, auf Briefe des Papstes gestützt, daß sie offen die Sache der heiligen römischen Mutter Kirche verteidigen, erklären aber damit den Papst für den Anstifter unserer beabsichtigten Ermordung und Enterbung. Das haben auch die bei der Einnahme von Scala (...) gemachten Gefangenen in ihrer freiwilligen und letzten Beichte, wo man Lügen für eine schwere Sünde hält, schon sterbend vor allen bekannt.

Auch der Bischof (Heinrich) von Bamberg hat, als er nach seiner erkauften Weihe, oder richtiger nach seiner Verfluchung, vom römischen Hofe ‚gehörnt' (d.h. mit der Bischofsmitra auf dem Kopf) zurückkehrte, ehe er in Deutschland von unseren Getreuen gefangen wurde, als unbezweifelbar vorausgesagt, daß wir in kurzer Zeit durch unsere eigenen Leute und Vertrauten des schimpflichsten Todes sterben müßten.

Wir sagen dies, wie der höchste Richter bezeugen kann, mit Beschämung darüber, daß unser Volk und unsere Bischöfe nichtswürdigerweise jemanden einen so grausamen Tod sterben lassen wollten, während wir glaubten, wir würden in unseren Tagen niemals einen solchen Frevel sehen oder auch nur davon hören. Denn, das weiß der Allerhöchste, die Scheußlichkeit lag uns immer fern, nach dem willkürlichen und ungerechten Verfahren dieses Papstes gegen uns auf dem Konzil von Lyon in seine oder eines seiner Brüder Ermordung einzuwilligen, obgleich wir durch einige Eiferer unter unseren Getreuen vielfach dazu aufgefordert wurden; wir begnügten uns immer damit, die uns zugefügten Beleidigungen zurückzuweisen, und hielten es für hinreichend, uns rechtmäßig zu verteidigen, aber nicht zu rächen.

Für uns nämlich streitet ja der Herr augenscheinlich! Nicht nur indem er uns aus den Händen unserer Feinde errettet, sondern auch indem er sie mit Gut und Blut in unsere Hände gibt. Denn neulich, als am letzten Tage des vergangenen Monats März der Kardinal Rainer, der Feind unserer Ehre und unseres Namens, sich auf Anstiften des Verräters Jacob von Morra mit den Bewohnern von Perugia und Assisi, die sich gegen uns erhoben haben, nahe bei der Burg Spello zu unserem Nachteile beriet, griff unser Getreuer Marinus von Ebulo, der Kapitän des Reiches im Herzogtum (Spoleto), mit Soldtruppen und anderen, die er in der Eile zusammenraffen konnte, die Feinde in unserem Namen und unserer Herrlichkeit zu Ehren mannhaft und mit glücklichem Erfolge an und besiegte sie, mehr auf seine Treue als auf die Menge der Bewaffneten vertrauend, derartig, daß außer jenen, die durch das Schwert der unseren fielen, noch über fünftausend Aufständische in unseren Kerkern eingeschlossen sind.

Dies alles teilen wir dir mit, um dich zu erfreuen, da wir glauben oder vielmehr ganz sicher wissen, daß du in unseren Bedrängnissen den Schmerz mit uns teilst, und wenn es uns gut geht, dich mit uns erfreust. Aber der glückliche Fortgang und die Gerechtigkeit unserer Sache lassen unsere und deine Freude damit noch nicht endigen. Denn am 18. des gegenwärtigen Monats April wurde die Stadt Capaccio, durch die von der Landseite die Burg gedeckt war, rasch und siegreich von unseren Getreuen erstürmt, derer sich eine gewisse Wut bemächtigt hatte, das nicht nur uns, sondern auch ihrem Geburtslande angetane Unrecht durch den Tod der Ungetreuen zu rächen.

So ist es gekommen, daß diese so in nächster Nähe, so von allen Seiten durch unsere Kriegsmacht eingeschlossen, ja fast eingekerkert sind, daß sie sich unserem Strafgerichte nur durch einen freiwilligen Tod durch das Schwert oder durch Herabstürzen von dem hohen Felsen an der Seeseite entziehen können. Gegeben zu Salerno am 15. April in der vierten Indiktion."

Der Magister Walther von Ocra aber, Friedrichs Geheimschreiber (...), schickte dem König, gleichsam zu seinem Trost und zur Vertreibung jeglicher Furcht, folgenden Brief: „Dem erlauchten Könige von England entbietet der Magister Walther seinen Gruß. Weil ich weiß, daß ihr euch freut über das Wohlergehen meines Herrn, so möge eure Herrlichkeit wissen, daß dieser unser Herr während acht Tagen gegen Ende des eben vergangenen Monats Juli, sowohl durch sieben aufgestellte Wurfmaschinen, die weder bei Tag noch bei Nacht abließen, Steine in die Burg von Capaccio zu werfen, als auch durch starke und ununterbrochene Angriffe, fünf Tage lang, ebenfalls bei Tag und Nacht, die Verräter und Verschwörer gegen sein Leben, Tibaldo Francesco, Wilhelm von Mannia, Wilhelm von San Severino, Goffredo von Morra, Robert und Richard von Fasanella, nebst weiteren hundertundfünfzig Rittern, Bogenschützen und sonstigen Genossen, unter denen vierzig Geiseln der Lombarden waren, die Tibaldo zur Zeit seines Verrats befreit hatte, in eine derartig ohnmächtige Lage gebracht hat, daß sie ihre Personen oder auch nur ihre Gliedmaßen in keiner Weise mehr schützen konnten.

Und so wurde durch die erwähnten Angriffe die Burg selbst mit allen Genannten (am 17.7.) eingenommen, und alle wurden, bevor sie vor den Herrn geführt wurden, mit allem schuldigen Respekt gegen den Befehl des Papstes, geblendet, sowie allesamt an Hand, Nase und Bein verstümmelt. Und unser Herr hatte die Absicht, diesen Tibaldo nebst den anderen fünf zu seiner Ermordung Verschworenen durch die verschiedenen Teile der Welt an alle Könige und Fürsten zu schicken, mit der dort gefundenen päpstlichen Bulle an ihrer Stirn, zur öffentlichen Anprangerung des Verrats. Gefangen wurden dort übrigens auch zweiundzwanzig adlige Frauen, verheiratete, Witwen und Jungfrauen, und auf Befehl des Herrn zuverlässigen Wächtern übergeben. Die Burg selbst aber wurde bis auf den Grundstein zerstört und alles, was man dort, mit Ausnahme der Personen, gefunden hatte, zu Asche verbrannt.

Zum Sturz des Petrus de Vinea berichtet Matthaeus Paris nicht ohne novellistische Ausgestaltung der ihm vorliegenden Berichte:

In demselben Jahre (1249) kehrte Friedrich, allenthalben von schweren Sorgen bedrängt, nachdem er über die Berge gezogen war, um den Papst anzugreifen, nach Apulien zurück, wie man sagt: vergiftet. Da er schwer erkrankt war, wurde ihm von seinen Ärzten geraten, ein Abführmittel und darauf ein eigens für diesen Zweck bereitetes Bad zu nehmen.

Es hatte aber der Magister Petrus de Vinea, der Friedrichs vertrautester Rat und der besondere Hüter seiner Geheimnisse gewesen war, einen Arzt bei sich, der auf Befehl Friedrichs wie auch Petrus' alles zu dem erwähnten Abführmittel Notwendige zurechtmachen sollte; zu diesem ging er arglistigerweise, und auf seinen Rat mischte der Arzt sowohl dem Trank wie auch dem Bad, auf dessen Heilkraft der Kaiser vertraute, ein stark wirkendes tödliches Gift bei, um seinen Herrn damit zu töten. Die Feinde der Kirche aber sagten, der Papst habe Petrus zu diesem Verbrechen durch Bestechung und sehr große Versprechungen verleitet.

Friedrich wurde jedoch in derselben Stunde, in der er den Gifttrank hätte nehmen sollen, durch einen seiner Freunde heimlich gewarnt und von dem verbrecherischen Anschlag ausführlich benachrichtigt. Er sprach daher zu dem Arzte, der ihm den Trank reichte, und zu Petrus: „Freunde, meine Seele vertraut auf euch! Ich bitte euch, sorgt dafür, daß ihr mir, der euch vertraut, nicht Gift statt einer Arznei darreicht!" Darauf sagte Petrus: „O Herr, mehrfach hat euch dieser mein Arzt einen heilsamen Trank gereicht. Warum fürchtet ihr euch heute?" Friedrich aber sprach, nachdem er, damit die Verräter nicht entfliehen könnten, in ihrem Rücken eine Wache aufgestellt hatte, zu dem den Becher darbietenden Arzte finsteren Blickes: „Trinke mir zu, und teile den Trank mit mir!"

Der Arzt nun, heftig erschrocken und sich seines Frevels wohl bewußt, stellte sich, als ob ihn ein Hindernis straucheln mache, fiel zu Boden und vergoß den größeren Teil des Giftes. Den übriggebliebenen kleinen Teil ließ der Kaiser zum Tode Verurteilten geben, die aus dem Kerker herbeigeholt wurden, und augenblicklich hauchten sie ihre armen Seelen aus.

Nachdem er sich also von dem verräterischen Mordanschlag, den man gegen ihn vorbereitet, überzeugt hatte, ließ er den Arzt aufhängen, Petrus aber, verdientermaßen der Augen beraubt, durch viele Städte Italiens und Apuliens führen, auf daß er vor allen öffentlich das geplante Verbrechen bekannte. Endlich, so befahl Friedrich, sollte er den Pisanern, die ihn tödlich haßten, zur Hinrichtung übergeben werden.

Als Petrus dies hörte, wollte er nicht nach dem Gutdünken seiner Feinde sterben, weil, wie Seneca sagt, „nach Willkür eines Feindes sterben zweimal sterben heißt". Er rannte daher mit dem Kopf mit aller Gewalt gegen die Säule, an der er angebunden war, und tötete so sich selbst.

Friedrich also besann sich wieder und wurde von untröstlichem Schmerze ergriffen; er begann reichlich bitterste Tränen zu vergießen, und „aus seinen Augen strömten Wasserbäche" (Ps 119,136); das war bei einem so angesehenen Manne seines Alters jämmerlich anzuschauen. Und jammernd seine Hände ringend, sprach er: „Wehe mir, gegen den seine eigenen Eingeweide kämpfen! Petrus, den ich für einen Felsen (Mt 16,18) gehalten hatte und für die Hälfte meiner Seele (Horaz, Carm. 1,3,8), hat mir nach dem Leben getrachtet. Seht, der Papst, den das Reich unter meinen erhabenen Vorgängern aus dem Nichts erhoben und reich gemacht hat, sucht eben dieses Reich zu vernichten und mir, dem Lenker des wankenden Reiches, den Untergang zu bereiten! Auf wen soll ich noch vertrauen? Wo kann ich noch sicher, wo noch froh sein?" Und es trauerten mit ihm die Freunde, die rings um ihn saßen, bis zu Seufzern und Tränen. Und des Papstes Ruf wurde dadurch nicht wenig beschmutzt. Die Wahrheit aber kennt nur Gott, der untrügliche Ergründer aller Geheimnisse.

O: RS 57.4, S. 569-577 und RS 57.5, S. 68 f. (= MGH SS 28, S. 282-285 und 307 f.) - Ü: Heinisch (1969), S. 136-140 und 160-162 - L: van Cleve (1972), S. 490-492 und 521-523; Kantorowicz (1931), S. 236-238, 245 f., 298-302; Kantorowicz (1927), S. 577-581 und 607-611.

DER TOD FRIEDRICHS II.

„Ende November 1250 erkrankte Friedrich II., vielleicht auf der Jagd, an einer fiebrigen Darmentzündung. Er ließ sich nach dem kleinen Castel Fiorentino nordöstlich von Lucera bringen und rief – offenbar schon von Todesahnungen erfüllt – die Großen des Reiches an sein Lager. In ihrer Gegenwart ließ der Kaiser seinen letzten Willen ausfertigen (...). Am 13.12.1250 starb Friedrich II., fast 56 Jahre alt. Zuvor hatte er noch das graue Gewand der Zisterzienser angelegt und aus der Hand des getreuen, uralten Erzbischofs Berard von Palermo die Sterbesakramente empfangen." Mit diesen Worten faßt Hans Martin Schaller zusammen, was uns in unterschiedlichen Quellen über den Tod Friedrichs II. berichtet wird.

Seinem unehelichen Sohn Manfred hatte Friedrich auf dem Sterbebett das Fürstentum Tarent übertragen, und ihn bis zum Eintreffen Konrads IV. zu dessen Statthalter in Reichsitalien und Sizilien ernannt. Manfred hielt den Tod des Kaisers zunächst geheim, überführte den Leichnam dann aber feierlich nach Palermo, wo er im kaiserlichen Ornat in einem Porphyrsarg an der Seite seiner ersten Gemahlin Konstanze, seiner Eltern und seines Großvaters Roger II. beigesetzt wurde.

Die Quellen berichten allerdings über den Tod Friedrichs II. in höchst unterschiedlicher, geradezu widersprüchlicher Weise. Viele schildern wie Salimbene von Parma den Tod Friedrichs II. in Anlehnung an Laktanz (*De mortibus persecutorum*) als den „schlechten Tod" eines Ketzers und Kirchenverfolgers in den dunkelsten Farben. Aus diesem Umfeld stammt z.B. die Nachricht von der „fiebrigen Darmentzündung", die Nikolaus von Calvi überliefert.

Andere Quellen dagegen (etwa Matthaeus Paris oder Albert von Stade) betonen, daß Friedrich bußfertig und vom Bann gelöst verstorben sei; dies war von großer politischer Relevanz, denn nur wenn er nicht als Ketzer verstorben war, konnte man sich in späteren Jahrzehnten direkt oder indirekt auf ihn als Vorfahr oder Vorgänger berufen.

Schon früh mischten sich zudem legendäre Züge in die Berichte über das Ende Friedrichs II., der, wie viele glaubten, nicht gestorben, sondern nur entrückt sei. In den Jahrzehnten nach 1250 traten immer wieder „falsche Friedriche" auf, die von sich behaupteten, Friedrich II. zu sein. Die Sage, Friedrich II. schlafe im Kyffhäuser und werde wiederkommen, wenn das Reich ihn am nötigsten brauche, hat hier ihren Ursprung.

Matthaeus Paris

Matthaeus Paris wählte den Tod Friedrichs II. als den Schlußpunkt seiner Darstellung der Weltgeschichte, als er kurz nach 1250 die erste Redaktion seiner *Chronica maiora* vollendete. Das letzte Kapitel (vor einem abschließenden Rückblick auf die wichtigsten Ereignisse der Jahre 1200-1250) lautet:

Um diese Zeit aber starb Friedrich, der größte unter den Fürsten der Erde (*principum mundi maximus*), das Staunen und der Verwandler der Welt (*stupor quoque mundi et immutator mirabilis*), losgesprochen von dem Urteil (der Exkommunikation), das ihn band, nachdem er, wie man sagt, das Ordensgewand der Zisterzienser angelegt hatte, in wunderbarer Weise zerknirscht und gedemütigt. Er starb aber am Tage der heiligen Lucia (13.12.1250), so daß das Erdbeben an jenem Tage nicht ohne Bedeutung oder nichtssagend gewesen zu sein schien. Nach seinem Tode verschwand die Hoffnung der Franzosen auf Hilfe für ihren (im Heiligen Land kämpfenden) König. (Friedrich) hatte aber ein herrliches Testament gemacht, demzufolge die durch ihn geschädigten Kirchen Ersatz erhalten sollten.

Sein Tod wurde einige Tage lang verheimlicht, damit seine Feinde nicht allzu rasch darüber frohlockten, aber am Tage des heiligen Stephan (26.12.1250) wurde er allgemein bekanntgemacht und dem Volke verkündet.

O: RS 57.5, S. 190 (= MGH SS 28, S. 319) – Ü: Heinisch (1969), S. 170 f. / van Eickels; vgl. GdV 75, S. 247 f. – L: RS 57.5, S. VII f.

Albert von Stade

Auch der Friedrich II. gegenüber ansonsten kritisch eingestellte Franziskaner Albert von Stade († nach 1265), berichtet in seiner bis 1256 reichenden Weltchronik, daß Friedrich nicht als Exkommunizierter verstarb:

Kaiser Friedrich starb, vom Erzbischof (Berard) von Palermo losgesprochen, und wurde in Sizilien im Dome von Palermo beigesetzt.

O: MGH SS 16, S. 373 – Ü: Heinisch (1969), S. 229.

Salimbene de Adam

Der Franziskaner Salimbene de Adam aus Parma (1221-1287) überliefert die in den Jahrzehnten nach dem Tod Friedrichs II. in anti-ghibellinischen Kreisen umlaufenden Gerüchte über den Tod des Kaisers. Daß der Leichnam eines Verworfenen besonderen Gestank ausströme, der Körper eines Heiligen dagegen wohlriechend oder unverwest bleibe, war eine im Mittelalter allgemein verbreitete Auffassung:

Gestorben ist der einstige Kaiser Friedrich im Jahre 1250 in Apulien, in einem kleinen Städtchen mit Namen Fiorentino, das zehn Meilen von der sarazenischen Stadt Lucera entfernt liegt. Er konnte aber wegen des allzu großen Gestanks, den seine Leiche ausströmte, nicht in die Stadt Palermo überführt werden, in der sich die Grabmäler der Könige von Sizilien befinden und in der diese gewöhnlich beigesetzt werden.

Der Ursachen aber, warum er einer Grabstätte unter den Königen Siziliens verlustig ging, waren viele: Einmal die Erfüllung der Schrift: „Wie ein zertreten Aas wirst du im Grab nicht jenen beigesellt" (Jes 14,19 f.), nämlich den Königen Siziliens, die in Palermo ruhen. Zweitens, weil seinem Leichnam ein solcher Gestank entströmte, daß es unerträglich war, so wie „Würmer wuchsen aus des Verruchten Leib und das Fleisch ihm stückweise unter Schmerzen und Qualen abfiel, das ganze Heer aber durch seinen Fäulnisgeruch belästigt wurde"; das wird (2 Makk 9,9) von Antiochus gesagt, erfüllte sich jedoch alles buchstäblich an Friedrich.

Die dritte Ursache war, daß sein Sohn Manfred, der Fürst genannt wurde, seinen Tod verheimlichte, um das Königreich Sizilien und Apulien zu besetzen, ehe sein Bruder Konrad aus Deutschland ihn erreiche. Und so glaubten viele, er sei gar nicht gestorben, obwohl er in Wahrheit gestorben war; und dadurch wurde die Prophezeiung der (erythräischen) Sibylle erfüllt, die sagte: „Es wird unter den Völkern heißen: ‚Er lebt!' und ‚Er lebt nicht!' "; und sie schickt voraus, daß sein Tod verborgen bleiben werde.

Er starb aber im Jahre 1250 am Feste der heiligen Jungfrau Caecilia, am gleichen Tage, an dem er im Jahre 1220 gekrönt worden war. Einige aber behaupten, er habe am Feste der heiligen Lucia seine Tage beschlossen. Wenn das wahr wäre, so wäre es nicht ohne geheimnisvolle Bedeutung. Denn die heilige Lucia hat zum Volke von Syrakus, das sie umgab, folgendermaßen gesprochen: „Ich verkünde euch, daß heute der Kirche Gottes der Frieden geschenkt wurde, da Diokletian aus seinem Reiche vertrieben und Maximian heute gestorben ist." Ebenso wichen, als Friedrich starb, viele Übel aus der Welt.

O: CC.CM 125.2, S. 530 f. – Ü: Heinisch (1969), S. 194 f.

Nikolaus von Calvi

In seiner Vita Papst Innozenz' IV. schildert sein ehemaliger Kaplan Nikolaus von Calvi († 1273) den Tod Friedrichs II. als typischen Tod eines Tyrannen und Kirchenverfolgers. Die einzelnen Elemente der Darstellung sind weitgehend topisch, ebenso wahrscheinlich die angegebene abscheuerregende Todesursache:

Schließlich aber blickte Gott von seinem heiligen Thron in der Höhe hinab und sah das Schifflein Petri von brandenden Wellen umtost und von Widrigkeiten bedrängt. Daher ließ er, Gott selbst, den Tyrannen Friedrich, den Sohn des Verderbens, im Jahr 1250, am Fest der heiligen Lucia, im 8. Jahr des Pontifikats Innozenz' IV., sterben (*subtraxit de medio ipse Deus*). In Apulien, im Kastell Fiorentino, hauchte er an schweren Durchfällen leidend, unter Zähneknirschen mit Schaum vor dem Mund sich zerreißend, gewaltige Schreie hinausbrüllend, als Exkommunizierter und Abgesetzter seinen Atem aus, auf daß dieser so schändliche, harte und grausame Tod bezeuge, was sein verruchtes Leben verdiente: Der Tod der Sünder ist nämlich äußerst schlecht (*mors enim peccatorum pessima*) und ihr Ende ist die Vernichtung.

O: Archivio storico della R. Società Romana di Storia Patria 21 (1898), S. 102 – Ü: van Eickels.

„Nicolaus de Jamsilla"

Die unter dem Namen des Nicolaus de Jamsilla überlieferte „Geschichte der Taten Friedrichs II. und seiner Söhne Konrad und Manfred", die möglicherweise dem 1269 durch Karl von Anjou als Anhänger Konradins hingerichteten Gottfried von Cosenza zuzuschreiben ist, dagegen betont, daß Friedrich II. unbesiegt war, als er verstarb:

Und obwohl sich einst die Treulosigkeit einiger seiner Hofbeamten schrecklich gegen ihn erhoben hatte und in offenem Einvernehmen mit der Kirche bereits sogar das Schwert gegen ihn gezückt hatte, obwohl sich zu seiner Ermordung eine erlesene Schar von Lombarden zusammengetan hatte und sich der unvergleichlichen Größe seiner Gesinnung der unvorhersehbare Fall seiner Stadt Victoria entgegengestellt hatte, so lebte er dennoch bis zu seinem letzten Tage ruhmvoll und von dem ganzen Erdkreis bewundert, und er, der für alle unüberwindlich gewesen war, erlag einzig und allein dem Gesetz des Todes. Es starb aber der Kaiser in Apulien bei Fiorentino in der Capitanata am 13. Tage des Monats Dezember in der neunten Indiktion.

O: Muratori[1] 8, S. 497 – Ü: Heinisch (1969), S. 33.

Francesco Pipini

Der aus Bologna stammende Dominikaner Francesco Pipini berichtet in seiner bis 1314 („bis zu seiner Zeit") reichenden Chronik:

Im Jahre des Herrn 1250, am Tage der (heiligen) Lucia (13.12.1250), im 30. Jahr seit seiner Krönung, im 57. seines Lebens wurde Friedrich von einer Krankheit befallen und starb. Er ließ König Konrad (IV.) und zwei Söhne (die Zwillinge Heinrich und Friedrich) seines erstgeborenen, im Kerker verstorbenen Sohnes Heinrich (VII.), ferner König Enzio, der in Bologna im Gefängnis gehalten wurde, Manfred, den Fürsten von Tarent, und andere (uneheliche) Kinder beiderlei Geschlechts zurück.

Es hatte Friedrich aber von Astrologen erfahren, er werde „vor eisernen Pforten“ sterben, sobald er in eine Stadt gekommen sei, die ihren Namen „von der Blume“ habe. Am Ende seines Lebens also, als er krank in Samnium lag, in einer Stadt, deren Name Fiorentino lautet, wurde ihm das Lager an der Wand eines Turmes bereitet, an die das Kopfende des Bettes stieß; der Eingang des Turmes war mit Mauerwerk ausgefüllt, innen jedoch waren eiserne Pfosten. Er gab den Befehl zu untersuchen, wie der Turm inwendig beschaffen sei. Es wurde gemeldet, an der Stelle der Mauer, an der er liege, sei der Eingang durch Mauerwerk verkleidet und die Pfosten seien aus Eisen.

Als er das gehört hatte, wurde er nachdenklich und sprach: „Hier ist der Ort meines mir längst vorausgesagten Endes. Gottes Wille geschehe! Hier werde ich mein Leben beschließen.“ Nicht viel später aber starb er dort, und es ging in Erfüllung, was der Kaiser gesagt hatte.

O: Muratori[1] 9, S. 660 f. (cap. 40) – Ü: Heinisch (1969), S. 231.

Pandolfo Collenuccio

Am Ende des Mittelalters faßte der humanistische Historiker Pandolfo Collenuccio (1444-1504) in seiner Geschichte des Königreichs Neapel die ihm vorliegenden, heute teilweise verlorenen Quellen zum Tod Friedrichs II. folgendermaßen zusammen:

Unzweifelhaft hätte der Kaiser die größten Taten vollbracht, wenn in diesem unheilvollen und widerwärtigen Jahre nicht das allgemeine Geschick der Menschen dazwischengetreten wäre, gegen sein eigenes Meinen und Glauben; denn er war noch rüstig und stark und überzeugt, nirgend anderswo zu sterben als in Florenz oder in dessen Umgebung, und deshalb mied er auf seinem letzten Heimweg, den er von der Toscana nach Apulien nahm, das Florentiner Gebiet, da er von einem Wahrsager gewarnt worden war, der behauptete, er habe im Gespräch mit einem Geist erfahren, daß Friedrich im Florentinischen sterben müsse.

Als der Kaiser nun schwer fieberkrank in einer kleinen Burg, sechs Meilen entfernt von Lucera in Apulien, namens Fiorentino lag, erinnerte er sich, scharfsinnig und verständig wie er war, an die Voraussage, und an dem Namen Fiorentino erkannte er, daß sein

Ende gekommen sei. Aus diesem Grunde gedachte er erstmals seiner Schuld und beichtete und gab sich in die Hände des Erzbischofs (Berard) von Palermo und vieler anderer Ordensleute; auf den Rat kluger Männer gab er sich auch in die Hände der heiligen Kirche und schwor, jedem ihrer Befehle zu folgen und zu gehorchen.

Nach dem christlichen Brauche beichtete er mit solcher Zerknirschung, daß der Bischof Mainardin von Imola (1207-1249), der viele Dinge über Friedrich in seiner (heute verlorenen *Vita Friderici II*) überliefert, schreibt, man könne aufgrund dieser Beichte glauben, daß er ein auserwähltes Gefäß Gottes gewesen sei; und (der Kaplan Graf Raimunds VII. von Toulouse) Guillaume de Puylaurens († 1295) schreibt in seiner (Geschichte der Albigenserkriege), und ebenso berichtet (der Doge von Venedig Andrea) Dandolo (1307-1343) in seiner Geschichte (Venedigs), daß Friedrich im Tode seine Irrtümer bereute und an die Seinen das Verbot ergehen ließ, ihm ein prunkvolles und ehrenhaftes Leichenbegängnis nach kaiserlichem Brauche auszurichten.

Darauf machte er sein Testament, in dem er den Tempelrittern von Jerusalem und den Hospitalitern vom heiligen Johannes viele tausend Goldunzen hinterließ zur Vergütung der Einkünfte ihrer Lehen, die sie im Königreich besaßen, die sie aber während der Kriege niemals erhalten hatten.

Ferner hinterließ er eine weitere große Summe Geldes für die Wiedereroberung des Heiligen Landes, die man verwenden sollte nach der Meinung und dem Gutdünken der genannten Ordensritter. Allen seinen Gegnern, den Aufrührern und Verrätern am Reiche, verzieh er in aufrichtiger Herzensbetrübnis, mit Ausnahme der Untertanen aus dem Königreich, die ihn in undankbarster Weise verraten hatten; diese überantwortete er der Entscheidung der Gerechtigkeit.

Er befahl seinen Söhnen, alle Gefangenen, die sich an irgendeinem Orte der Welt auf seine Veranlassung in Gewahrsam befänden, freizulassen, und ordnete außerdem an, daß alle Gebiete, die von Rechts wegen der Kirche zustanden, zurückgegeben und alle Rechte der Kirchen wiederhergestellt würden.

Als Haupterben des Königreichs Neapel und im ganzen römischen Reiche setzte er seinen Sohn Konrad ein, den König von Deutschland. Seinem gleichfalls legitimen jüngeren Sohn Heinrich hinterließ er das Königreich Sizilien jenseits des Faro, das er jedoch nach den Anordnungen (seines Bruders) Konrad regieren sollte, und er hinterließ ihm (ferner) 100 000 Goldunzen.

Seinem Enkel Friedrich, dem Sohne seines Erstgeborenen, des älteren Heinrich, der im Kerker starb, hinterließ er das Herzogtum

Österreich und 10 000 Goldunzen. Seinen natürlichen Sohn Manfred, den Fürsten von Tarent, ernannte er zum Statthalter und Verwalter (*bailo e governatore*) des Reiches von Pavia über das ganze Königreich bis Apulien an Stelle Konrads für zehn Jahre, abgesehen von dem Falle, daß sich Konrad persönlich im Königreich aufhalte. Überhaupt befahl er allen anderen Söhnen, sie sollten Konrad als dem wahren Kaiser und König in jedem Falle gehorsam und treu sein.

Nachdem er auf diese Weise Gott und der Welt Genüge geleistet hatte, indem er dem Kaiser gab, was des Kaisers war, und Gott empfohlen hatte, was Gottes ist, schied er ergeben aus diesem Leben; er hatte aber 54 Jahre gelebt und 33 regiert.

Übergehen wir die falsche Meinung einiger Berichterstatter, die schreiben, es sei das Gerücht umgegangen, sein Sohn Manfred habe ihm, um den Tod zu beschleunigen, ein Kissen auf den Mund gepreßt, da ein solcher Vorgang völlig unmöglich ist und keinerlei Wahrscheinlichkeit besitzt. Zudem findet man von geistlichen Schriftstellern jener Zeiten das Gegenteil bezeugt.

Friedrich starb also am Tage der heiligen Lucia, dem 13.12.1250, in Fiorentino, einer Burg Apuliens, nicht aber in Fiorentino in der Campagna von Rom und auch nicht im Gebiet von Florenz, ein nicht ungewöhnliches Beispiel für das trügerische Wesen der dämonischen Geister und die schicksalhafte Notwendigkeit, insofern er dem Tode nicht entgehen konnte, indem er Florenz mied, und der prophetische Geist mit Hilfe der Verwechslung desselben Namens die Wißbegier Friedrichs zum besten gehalten hatte.

Manfred ließ den Leichnam (des Vaters) mit größtem Prunk und höchsten Ehren nach Monreale oberhalb von Palermo überführen und ihn dort aufs ehrenvollste beisetzen. Über seinem Grabmal wurden zum Zeugnis seiner Macht und seiner Größe drei Verse eingemeißelt, die ein Priester aus Arezzo verfaßt hatte und die von den Gelehrten jener Zeiten auf viele andere Gedenktafeln gesetzt wurden und folgendermaßen lauten:

Si probitas, sensus, virtutum gratia, census
Nobilitas orti possent obsistere morti,
Non foret extinctus Fridericus, qui iacet intus

In der Sprache des Volkes heißen die Verse etwa: Wenn redlicher Sinn, wenn Klugheit, Verstand und Gewinn, / Wenn adliges Walten dem Tod könnt Widerpart halten, / Wär' niemals verschieden Herr Friedrich. Er ruht hier in Frieden.

O: Scrittori d'Italia 115, S. 143-146 – Ü: Heinisch (1969), S. 261-263 – L: Heinisch (1969), S. 361 f., Anm. 56 f. und 61 (zu den Quellen Pandolfo Collenuccios).

Johann von Winterthur

Die Vielzahl der Berichte über eine angebliche Entrückung Friedrichs II. faßte in der Mitte des 14. Jahrhunderts Johann von Winterthur († 1349) in seiner Chronik folgendermaßen zusammen:

Friedrich, einst Kaiser, aber gebannt und der hohen Ehre des Kaisertums beraubt, kehrte, nachdem er bei der Belagerung von Parma besiegt worden war, nach Apulien zurück, wo er im Jahre 1252 vergiftet und am Tag der heiligen Jungfrau und Märtyrerin Lucia so heimlich in Foggia begraben wurde, daß vierzig Jahre lang viele behaupteten, er lebe (noch) und werde bald mit starker Hand kommen. Andere verbreiten, er habe, aufgefordert durch seine Astrologen, Europa verlassen und sich lange vor seinem Tod über das Meer und auf dem Landweg mit seinen vertrauten Bediensteten in die entferntesten Teile der Erde begeben, um den schrecklichen Übeln zu entgehen, die ihm nach der Vorhersage seiner Astrologen im Falle seines Bleibens drohten.

O: MGH SSrG N.S. 3, S. 12 – Ü: van Eickels – L: Stupor mundi', S. 482-524; Kantorowicz (1931), S. 251 f.; Kantorowicz (1927), S. 626-632.

Das Testament Friedrichs II.

In seinem Testament regelte Friedrich zunächst die Nachfolge im Reich: Wie schon die Fürsten des Reiches durch Wahl 1237 beschlossen hatten, setzte er Konrad IV. als „Erben im Reich" (*heres in imperio*) und besonders im Königreich Sizilien ein; für den Fall, daß Konrad IV. ohne Söhne sterben sollte, sollten ihm als nächstberechtigte Erben seine Halbbrüder Enzio und Manfred folgen. Es ist auffällig, daß Friedrich in seinem Testament über das Reich wie über Erbgut verfügt, ohne das Wahlrecht der Fürsten zu berücksichtigen. Schaller hat das Testament Friedrichs II. als letztes Zeugnis seines Willens bezeichnet, „das Reich mit einer fast übermenschlichen Kraftanstrengung aus dem drohenden Verfall herauszureißen und es auf diejenige staatsrechtliche Entwicklungsbahn zu bringen, auf der die aufstrebenden Staaten Westeuropas schon vorangeschritten waren". Dem steht jedoch entgegen, daß Friedrich II. im selben Satz Konrad IV. ausdrücklich als „erwählten römischen König" bezeichnet. Offensichtlich ging es Friedrich II. nicht in erster Linie darum, das Reich in ein Erbreich umzuwandeln, was ja durch testamentarische Verfügung ohne Zustimmung der Fürsten kaum möglich war. Vielmehr zielt der Passus darauf, die alleinige Nachfolge eines Sohnes festzulegen und zu verhindern, daß Sizilien als Erbe und das Reich als durch den Erblasser selbst erworbenes Gut auf verschiedene Söhne übergingen, wie dies erbrechtlich durchaus zulässig war und von anderen normannischen Herrschern (etwa Wilhelm dem Eroberer) in der Vergangenheit auch praktiziert worden war.

Die übrigen Bestimmungen lassen erkennen, daß Friedrich vor allem darauf bedacht war, nicht mit der Schuld zu sterben, Kirchengut entfremdet, seine Untertanen ihrer Rechte oder Unschuldige ihrer Freiheit beraubt zu haben. Echte Zugeständnisse an Kirche und Papst enthalten sie jedoch nicht, da alle Bestimmungen nur die Rückgabe „rechtmäßigen“ Besitzes und die Aufhebung „unrechtmäßiger“ Maßnahmen vorsehen, die Möglichkeit der „Prüfung“ jedes Einzelfalls durch seine Nachfolger offenhalten. Letztlich handelt es sich um kaum mehr als salvatorische Klauseln. Sie zeigen, daß Friedrich in dem Bewußtsein starb, bis an das Ende seines Lebens rechtmäßig gehandelt zu haben, die Möglichkeit von Fehlentscheidungen im Einzelfall aber – wie schon zu Lebzeiten – durchaus anerkannte:

Im Namen des ewigen Gottes und unseres Erlösers Jesus Christus. Im Jahre seiner Geburt 1250, am Samstag, dem 17. Tag des Monats Dezember, in der 9. Indiktion.

(1) Die unbedachte Übertretung des Stammvaters hat den Nachkommen das Gesetz ihrer Lage auferlegt, so daß weder die zur Strafe fließenden Wogen der Sintflut dieses den Ungebärdigen abnahmen noch die ebenso feierliche wie heilsame Welle der Taufe es abwusch, nein vielmehr: das Ende im Schicksal sollte den Menschen, die in dieser vergreisenden Weltzeit sich mit Zügellosigkeit gegürtet haben und über die zur Strafe für die Übertretung eine Schuld ausgegossen ist, gleichsam als Narbe von der Wunde bleiben. Wir also, Friedrich II., durch das Walten von Gottes Gnaden römischer Kaiser, allzeit Mehrer des Reiches, König von Jerusalem und Sizilien, – eingedenk des Schicksals des Menschengeschlechts, das immer von der angeborenen Gebrechlichkeit begleitet wird – da uns das Ende unseres Lebens bevorsteht, aber Sprache und Gedächtnis in uns noch unversehrt bei Kräften sind, kranken Leibes, doch gesunden Sinnes, haben gemeint, wir sollten so für unsere Seele Vorsorge treffen, und geglaubt, wir sollten so für das Kaiserreich und unsere Königreiche verfügen, daß wir auch nach der Entrückung aus den Verhältnissen der Menschen zu leben scheinen und bei unseren Söhnen, mit denen uns die Gnade Gottes reich gesegnet hat und von denen wir wollen, sie möchten bei der Strafe unseres Segensentzuges mit der vorliegenden Verfügung zufrieden sein, nach Beseitigung allen Ehrgeizes jeglicher Stoff zum Ärgernis eingeschläfert werde.

(2) Daher setzen wir Konrad, den erwählten römischen König und Erben des Königreichs Jerusalem, unseren geliebten Sohn, als unseren Erben ein im Kaiserreich, in allen anderen Kaufbesitzungen und auf irgendwelche Weise erfolgten Erwerbungen und besonders in unserem Königreich Sizilien. Wenn er kinderlos dahinscheiden sollte, soll ihm unser Sohn Heinrich nachfolgen. Nach dessen etwaigem kinderlosen Tode soll ihm unser Sohn Manfred nachfolgen. Solange sich aber Konrad in Deutschland aufhält oder anderswo au-

ßerhalb des Königreichs, setzen wir den zuvor genannten Manfred zum Statthalter dieses Konrad in Italien und besonders im Königreich Sizilien ein, wobei wir ihm die Vollmacht erteilen, alles das zu tun, was unsere Person tun könnte, wenn wir noch lebten; und zwar bei der Verleihung von Ländereien, Burgen, Dörfern, Verwandtschaften und Würden, Lehen und allem sonst, nach seinem Gutdünken, ausgenommen die Domänen des Königreichs Sizilien; und Konrad und Heinrich, unsere genannten Söhne, und deren Erben sollen alles, was er angeordnet hat, als rechtskräftig und rechtsgültig einhalten und beachten.

(3) Ferner verleihen und bestätigen wir dem genannten Manfred, unserem Sohn, das Fürstentum Tarent (...). Auch verleihen und bestätigen wir ihm all das, was ihm im Reich von unserer Majestät verliehen worden ist, so jedoch, daß er alles Vorgenannte vom genannten Konrad innehat und anerkennt. (Diesem Manfred sprechen wir für seine Ausgaben 10 000 Unzen Gold zu).

(4) Wir bestimmen ferner, daß Friedrich, (der Sohn Heinrichs VII.), unser Enkel, die Herzogtümer Österreich und Steiermark erhalten soll, die er von genanntem Konrad innehaben und anerkennen soll; diesem Friedrich sprechen wir für seine Ausgaben 10 000 Unzen Gold zu.

(5) Wir bestimmen ferner, daß unser Sohn Heinrich (= Enzio) das Königreich Arelat oder das Königreich Jerusalem erhalten soll, und zwar das von beiden, was nach Konrads Willen der genannte Heinrich erhalten soll; diesem Heinrich sprechen wir für seine Auslagen 100 000 Unzen Gold zu.

(6) Wir bestimmen ferner, daß 100 000 Unzen Gold für unser Seelenheil zur Unterstützung des Heiligen Landes ausgegeben werden sollen nach Anweisung des genannten Konrad und der anderen edlen Kreuzfahrer.

(7) Wir bestimmen ferner, daß alle Güter der Templer, die unser Hof innehat, diesen zurückerstattet werden sollen; und zwar diejenigen, die ihnen rechtlich zustehen.

(8) Wir bestimmen ferner, daß allen Kirchen und Ordenshäusern ihre Rechte zurückerstattet werden und sie sich der gewohnten Freiheit erfreuen sollen.

(9) Wir bestimmen ferner, daß die Menschen unseres Königreichs frei und ledig sind von allen allgemeinen Steuern, so wie sie es gewohnt waren zu Zeiten König Wilhelms II., unseres Verwandten.

(10) Wir bestimmen ferner, daß die Grafen, Barone und Ritter und die anderen Lehensträger des Königreichs sich der Rechte und Verhältnisse erfreuen sollen, die sie zu besitzen gewohnt waren zu

Zeiten des zuvor genannten Königs Wilhelm, an Steuern wie anderem.

(11) Wir bestimmen ferner, daß der Kirche von Lucera und Sora und auch, wenn andere Kirchen verletzt wurden durch unsere Beamten, entschädigt und in den früheren Stand versetzt werden sollen.

(12) Wir bestimmen ferner, daß unser ganzer Besitz, den wir bei Porta San Nicola haben, und alle seine Einkünfte verwendet werden sollen zur Wiederherstellung und zum Unterhalt der dort errichteten oder noch zu errichtenden Brücke.

(13) Wir bestimmen ferner, daß alle in unserem Kerker gehaltenen Gefangenen freigelassen werden sollen, ausgenommen diejenigen von seiten des Kaiserreichs und ausgenommen diejenigen von seiten des Königreichs, soweit sie gefangengenommen wurden wegen offenkundigem Hochverrat.

(14) Wir bestimmen ferner, daß der genannte Manfred, unser Sohn, sich an unser Statt um alle kümmert, die sich um unsere Familie wohl verdient gemacht haben, mit Ländereien, Burgen und Dörfern, unter Ausschluß der Domäne unseres Königreichs Sizilien, und daß Konrad und Heinrich, unsere genannten Söhne, und deren Erben all das als rechtsgültig und rechtskräftig einhalten, was dieser Manfred dabei glaubt verfügen zu sollen.

(15) Wir wollen und gebieten ferner, daß kein Verräter des Königreichs zu irgendeiner Zeit in das Königreich zurückkehren darf, auch darf er keinem aus seiner Sippe zu Hilfe kommen, vielmehr sollen unsere Erben gehalten sein, an ihnen Rache zu nehmen.

(16) Wir bestimmen ferner, daß den Kaufleuten, die unsere Gläubiger sind, die Schulden bezahlt werden.

(17) Wir bestimmen ferner, daß der heiligen römischen Kirche, unserer Mutter, all ihre Rechte zurückerstattet werden, in allem und bei allem unbeschadet des Rechtes und der Ehre des Reiches, unserer Erben und unserer anderen Getreuen, falls diese Kirche selbst die Rechte des Reiches zurückerstattet.

(18) Wir bestimmen ferner, daß, wenn wir infolge der gegenwärtigen Krankheit sterben sollten, unser Leichnam beigesetzt werden soll im Dom von Palermo, in dem die Leiber des seligen Kaisers Heinrich und der seligen Kaiserin Konstanze, unserer Eltern ehrenwerten Angedenkens, bestattet sind. Diesem Dom stiften wir für das Seelenheil unserer genannten Eltern und das von uns fünfhundert Unzen Gold zu Händen Berards, des hochwürdigen Erzbischofs von Palermo, unseres Vertrauten und Getreuen, zur Ausgabe bei Wiederherstellungsarbeiten dieses Domes.

(19) Alles Vorgenannte aber wurde verhandelt in Gegenwart unserer Getreuen, denen wir befahlen, bei dieser unserer Verfügung anwesend zu sein (...). All dies soll durch den vorgenannten Konrad, unseren Sohn und Erben, und die anderen nach der Reihe bei der Strafe unseres Segensentzuges beharrlich beachtet werden, andernfalls sollen sie sich nicht unseres Erbes erfreuen. In dieser Weise aber bürden wir allen unseren Getreuen auf, den gegenwärtigen wie den zukünftigen, bei dem Eid der Treue, mit dem sie uns und unseren Erben verpflichtet sind, daß sie alles zuvor Genannte unangetastet einhalten und beachten.

(20) Unser vorliegendes Testament, unsern letzten Willen, der Rechtskraft besitzen soll, wie wir wollen, haben wir durch den vorgenannten Magister Nikolaus von Brindisi schreiben und mit unserem eigenhändigen Zeichen des heiligen Kreuzes, unserem Siegel und den Unterschriften der zuvor Genannten bestätigen lassen.

Geschehen zu Fiorentino in der Capitanata, Jahr, Monat, Tag und Indiktion wie oben angegeben, im 32. Jahr unseres Kaisertums, dem 28. unserer Herrschaft im Königreich Jerusalem und 54. im Königreich Sizilien.

O: MGH Const. 2, Nr. 274; Stupor mundi[1], S. 698-710 (ed. Wolf) – Ü: FSGA 32, S. 532-541; vgl. Stupor mundi[1], S. 793-797 – L: Stupor Mundi[1], S. 482-496 und 692-749 (auch zur Frage, ob es neben dem hier wiedergegebenen „Staatstestament“ Friedrichs II. auch ein „Privattestament“ gab).

Friedrich II. im Urteil mittelalterlicher Historiographen

Kaum ein König und Kaiser des Mittelalters hat im 20. Jahrhundert in Deutschland solches Interesse hervorgerufen wie Friedrich II. Man entwarf verschiedene Bilder von diesem Kaiser und instrumentalisierte sie für politisch-propagandistische Absichten. Daneben entwickelten sich aber auch unpolitische Vorstellungen, die vor allem über die Literatur vermittelt wurden, als Beispiele seien die Romane von Eberhard Cyran, Eberhard Horst und Horst Stern genannt. Freilich ist der Übergang zwischen Literatur und Instrumentalisierung ebenso fließend wie der zwischen persönlich-literarischem und historisch-wissenschaftlichem Interesse – auf der Seite der Produzenten ebenso wie auf der Seite der Rezipienten.

Auffällig ist, daß bestimmte Elemente des Friedrich-Bildes wie Topoi immer wiederkehren: seine Sprachkenntnisse, sein wissenschaftliches Interesse, sein Umgang mit verschiedenen Kulturen, sein Verhältnis zu Frauen. Unterschiede bestehen allerdings in der Interpretation, der Gewichtung und Bewertung.

Da die Basis aller neuzeitlichen Vorstellungen die mittelalterliche Überlieferung ist, lassen sich diese Elemente bereits in den mittelalterlichen Quellen finden. Eine kleine Auswahl zeitgenössischer und daran anknüpfender Berichte, freundlich und feindlich gesonnener Äußerungen soll bewußt machen, wie wenig Sicheres aus diesen Texten abzuleiten ist und daß man kaum hinter diese Quellen zurückzukommen vermag. Die heutigen Friedrich-Bilder sind nach wie vor abhängig von dem, was die mittelalterlichen Notare, Literaten und Historiographen niederschrieben und was davon – zufällig oder willentlich – überliefert ist:

Petrus de Vinea

Petrus de Vinea stand nach seinem Studium in Bologna bald nach 1220 im Dienst Friedrichs II. Seine Aufgaben als Jurist, Diplomat, Literat und Protonotar (Kanzleichef) zeugen von seiner einflußreichen Vertrauensstellung. Bekannt wurde Petrus noch im 13. Jahrhundert durch seine Briefe, die, „glanzvoll und erhaben“ (Schaller) formuliert, seine umfassende Bildung belegen, die sehr stark von der kirchlich-klassischen Literatur des 12. Jahrhunderts beeinflußt war. Nur wenige Jahrzehnte nach seinem Tod begann man, Sammlungen seiner Briefe anzulegen. Man schätzt, daß es im späteren Mittelalter mindestens 230 Codices mit Sammlungen jener Briefe gegeben haben muß. Seine antipäpstliche Haltung fand drei Jahrhunderte später reges Interesse unter Reformatoren und Aufklärern.

Petrus erweist sich in diesem wie auch in anderen Schreiben so kompromißlos kaisertreu, daß sein Tod bis heute rätselhaft geblieben ist. 1249 warf Friedrich II. ihm Verrat und Bestechlichkeit vor, ließ ihn verhaften und blenden. Noch im selben Jahr starb Petrus, vielleicht infolge der Blendung, möglicherweise aber auch durch Selbstmord. Ob die Beschuldigungen mit Recht erhoben wurden oder er einer Intrige zum Opfer fiel, ist unklar.

Auf eine schwierige Frage ist eine Antwort verlangt worden; sie wird soweit gegeben, wie es dem Antwortenden möglich ist. Denn ein großer Aufwand zieht dem Stoffe, der nur durch unausmeßbare Grenzen beschränkt werden könnte, schnöde Abwertungen zu, und vor der Zusammenraffung des ausgedehnten Gewebes, das mit der Verherrlichung des allerhöchsten Kaisers und Herrn, die Gegner niederschmetternd, anhebt, zittert und zagt die Hand des Schreibers, auf daß nur ja nichts unerläßlich Dazugehöriges übergangen werde.

Wer nämlich könnte mit weit ausholender Rede die hervorragenden Eigenschaften eines so übermächtigen Fürsten an den Tag bringen, in dessen Brust alle möglichen Tugenden zusammenströmen, auf den die Wolken Gerechtigkeit regneten und über den die Himmel von oben herab ihren Tau gossen? Nicht Platon, nicht Tullius (Marcus T. Cicero), nicht die Söhne der Finsternis, die durch den Mund dessen, der auf dem Throne sitzt, zu ihrer Zeit klüger als die Söhne des Lichtes genannt werden.

Wahrhaftig, ihn verehren Land und Meer, ihm jubeln laut die Lüfte zu; denn er, der der Welt als wahrer Kaiser von der göttlichen Macht beschieden wurde, lenkt als Freund des Friedens, als Schützer der Liebe, als Begründer des Rechts, als Hüter der Gerechtigkeit und Sohn der Geduld die Welt mit unendlicher Weisheit. Er ist es, von dem die Worte Ezechiels verkünden: Ein großer Adler mit gewaltigen Fittichen, mit starken Schwingen, voll von Federn und von vielfacher Buntheit (Ez 17,3). Er ist es, von dem Jeremias spricht: Ich will dich mit Menschen füllen wie mit Weinbeeren, und über dich wird manch Jubellied gesungen werden (Jer 51,14).

Unter der Hut eines solchen Fürsten also möge die Welt jubeln, denn einen solchen ersehnte der ganze Erdkreis als Herrn, einen solchen suchte die Gerechtigkeit als Verteidiger, einen solchen, der in der Macht tatkräftig, in der Tatkraft herrlich, in der Herrlichkeit gütig, in der Güte weise, in der Weisheit fürsorglich, in der Fürsorge menschlich sein werde.

Der ihm angeborene Wesenszug des Guten schließlich verbindet, gleichsam frei von jeglichem Neid, die Zonen und versöhnt die Elemente, so daß sich der Frost mit der Hitze verträgt, das Trockene sich mit dem Flüssigen vereint, das Glatte sich dem Rauhen anpaßt und dem Geraden das Unwegsame vermählt wird. Zu seinen Zeiten nämlich werden die Verbände der Bosheit abgerissen, das Glück der Sicherheit wird gesät. Daher werden die Schwerter zu Pflugscharen umgeschmiedet, da der Bund des Friedens die Furcht erstickt. Durch die Scheu vor ihm aber zügelt er mit strenger Zucht alles, was die Ungebundenheit vernachlässigt und was sich die ungebändigte Willkür anmaßt.

O wunderbare göttliche Milde, die du bereit bist, den Stolz zu zähmen! Du hast der dem Untergang geweihten Welt mit einem so reinen Fürsten so besonnen wie zweckvoll aufgeholfen, der, in jeder Beziehung gesegnet und tatkräftig, in jeder Verwirrung gerechtester Friedensstifter, ohne Sorge für das Volk einsam und allein nicht bleiben könnte, den des höchsten Werkmeisters Hand zum Menschen geformt hat, damit er die Zügel der Geschicke lenke und alles unter der Ordnung des Rechts in Schranken halte.

O wenn doch die göttliche Vorsehung, die die Zahl unserer Tage begrenzt und beschneidet, der kaiserlichen Hand Stützen böte und die Jahre des herrschenden Augustus vermehrte! O segensreiche Natur, welchen Vorrechts herrliches Vorzeichen hast du dem glücklichen Fürsten gewährt, indem du anderen einräumst, was dir selber mangelt!

Ihn verlangt der Pfad der Vernunft als Führer, ihn die Gerechtigkeit als Verteidiger, auf daß er, das rechte Gleichgewicht wahrend, allenthalben die Angriffe der Begierde breche und ihre verbotenen Bisse zügele.

Schon beginnen ihn die Mysterien der Tugenden zu beneiden, mit jener Art des Neides freilich, der nicht mit brennender Mißgunst das Herz des Eifersüchtigen zerstört, sondern es mit dem Hauche der Liebe zu süßem Dufte anregt.

Es lebe also, es lebe des geweihten Friedrich Name im Volke, es wachse ihm zu die Glut der Verehrung von seiten seiner Untertanen, und als Lohn seiner treuen Sorge entflamme die Mutter Treue selbst zum Beispiel treuer Ergebenheit!

O: Epistolarum libri 6, ed. J. R. Iselin (1740), lib. III, cap. 44, S. 457-460 – Ü: Heinisch (1969), S. 9 f. (nach: von den Steinen, S. 102-104) – L: Schaller (1993; Erstdruck 1986); LexMA 6, Sp. 1987 f.

Salimbene de Adam

Die deutlich ablehnende Haltung Salimbenes dürfte größtenteils mit seiner Herkunft zusammenhängen. In Parma geboren, erlebte der die Belagerung der Stadt durch Friedrich. Selbst Franziskaner und Bewunderer des Abtes Joachim von Fiore faßt er eine Reihe von Vorwürfen zusammen:

Im Jahre 1216 starb im Monat Juli (16.7.) Papst Innozenz III. bei Perugia; er liegt dort in der Kirche (San Lorenzo) begraben. Zu seiner Zeit stand die Kirche in Blüte und Kraft und behauptete die Herrschaft über das römische Reich und über alle Könige und Fürsten der ganzen Welt. Jedoch legte er mit seinen Kaisern Otto IV. und

Friedrich II., den er erhöhte und Sohn der Kirche nannte, selbst den Grund zu der verfluchten Zwietracht zwischen dem römischen Reich und der römischen Kirche.

Jener Friedrich aber war ein unheilvoller und verworfener Mensch, Schismatiker, Ketzer und Epikureer, der die ganze Welt verdarb (Jer 51,25), indem er in die Städte Italiens den Samen des Zwistes und der Uneinigkeit säte, die bis zum heutigen Tage dauert, so daß sich die Söhne über ihre Väter beklagen können nach dem Worte des Propheten: „Die Väter aßen saure Trauben; doch erst den Söhnen wurden davon die Zähne stumpf!" (Ez 18,2).

Und so hat sich offenbar an Friedrich das Wort des Abtes Joachim erfüllt, mit dem er dessen Vater, dem Kaiser Heinrich (VI.), antwortete, als der ihn nach der zukünftigen Entwicklung seines damals noch im Kindesalter stehenden Sohnes fragte: „Dein Sohn ist verderbt, dein Sohn und Erbe ist böse, o Fürst! Bei Gott, er wird die Erde verwirren und die Heiligen des Höchsten zertreten!" (Dan 7,25).

Das alles hat sich an Friedrich erfüllt, wie ich es mit eigenen Augen gesehen habe, der ich jetzt im Jahre 1283 schreibe, am Vorabend des Festes der heiligen Magdalena (21.7.). Papst Innozenz aber kann man damit entschuldigen, daß er in guter Absicht Otto absetzte und Friedrich erhöhte.

O: CC.CM 125, S. 45 f. – Ü: Heinisch (1969), S. 172 – L: LexMA 7, Sp. 1302.

„Nicolaus de Jamsilla"

Die von einem nicht sicher identifizierbaren Autor geschriebene sogenannte Chronik des Nicolaus de Jamsilla ist stärker an der Geschichte des Kaisersohnes Manfred interessiert. Dennoch gilt ihre Aufmerksamkeit auch Friedrich II., dem Vater und Kaiser. Außerdem hatten Vater und Sohn gemeinsame Vorlieben, die sie miteinander verbanden; die Falkenjagd ist die bekannteste.

Seine Hochherzigkeit bändigte er durch die Weisheit, die er besaß, so daß ihn die Leidenschaft niemals zu irgendeiner Tat hinriß, sondern alles aus reiflicher Überlegung hervorging; und sicherlich hätte er noch viel Größeres vollbracht, als er vollbrachte, wenn er den Regungen seines Herzens ohne den Zügel der Philosophie hätte folgen können. Denn um die Philosophie bemühte er sich, und wie er selbst sie pflegte, so befahl er auch, sie in seinem Reiche zu verbreiten. Damals, zu seinen glücklichen Zeiten, gab es im Königreich Sizilien nur wenige oder gar keine gebildeten Männer. Der Kaiser selbst aber ließ in seinem Reiche Schulen der Freien Künste und jeder erprobten Wissenschaft einrichten. Gelehrte aus den verschiedenen Weltteilen lockte er durch die Großzügigkeit seiner Geschenke herbei und setzte ihnen wie auch den mittellosen Studenten auf Kosten der Staatskasse ein festes Gehalt aus, damit die Menschen jedes Standes und jedes Vermögens nicht aufgrund irgendeines Mangels am Studium der Philosophie gehindert würden (...).

Auch die Gerechtigkeit liebte und pflegte er so, daß es keinem versagt wurde, sogar mit dem Kaiser selbst um sein Recht zu streiten, und er stützte sich dabei nicht auf seine kaiserliche Majestät, da ja jeder, der sich mit ihm auseinandersetzte, ihm auf dem Boden des Rechtes gleich sei. Kein Rechtsanwalt sollte zögern, die Vertretung eines auch noch so Armen gegen ihn zu übernehmen, da der Kaiser selbst bestimmte, daß dies erlaubt sein solle, in der Meinung, daß es besser sei, wenn sogar gegen ihn selbst die Gerechtigkeit gewahrt werde, als wenn er selbst in dem Rechtsstreit siege.

O: Muratori[1] 8 495 f. – Ü: Heinisch (1969), S. 32)

Ricobald von Ferrara

Ricobald von Ferrara emigrierte 1293 nach Padua, wo er eine *Historia Imperatorum* verfaßte, die von den römischen Kaisern, angefangen von Karl dem Großen bis 1298, berichtet. Der folgende Abschnitt stammt aus dem *Compendium Romanae Historiae*, einer von Ricobald zu einem späteren Zeitpunkt geschriebenen Kurzfassung der Historia. Außerdem findet sich die Textpassage fast wortgleich in der Chronik des Dominikaners Francesco Pipini wieder, wobei allerdings nicht erkennbar ist, wer von wem abgeschrieben hat. Francescos Version enthält zusätzlich zu der Ricobalds noch einige genealogische Notizen sowie die Grabinschrift Friedrichs. Ricobald, der sich als Gegner der päpstlichen Politik erweist, starb 1318 oder später.

Friedrich war nicht groß, von gedrungenem Körperbau, leicht rötlichem Haar, übermenschlich klug, sehr gebildet und sprachenkundig, ein erfahrener Fachmann in allen mechanischen Künsten, mit denen er sich gern beschäftigte. Am meisten erfreute er sich an der Falkenjagd. Gegen diejenigen, die es verdienten, war er recht freigebig, jedoch nicht verschwenderisch, obwohl er Überfluß an Schätzen hatte. Denn abgesehen davon, daß er die Rechte des Kaisertums besaß, war er König von Sizilien durch sein mütterliches Geschlecht, König von Jerusalem durch seine zweite Gemahlin, König von Deutschland durch Wahl, Herzog von Schwaben nach dem Rechte der Vorväter.

Er war ein außerordentlicher Liebhaber weiblicher Reize; denn er hielt sich Scharen schöner Frauen.

Beleidigern gegenüber zeigte er wenig Milde; gütig aber war er zu seinen geliebten Freunden, von denen er sehr oft erfuhr, daß sie treulos gegen ihn waren.

Berühmt war er durch seine Söhne. Denn unter anderem wurde Konrad ein zweiter Absalom genannt; Enzio, den sogar alle seine Gegner als ruhmeswerten Mann bezeichnen, war ein hervorragender Recke und von angeborenem Adel; Manfred aber, der während seiner Herrschaft alle mit größter Freigebigkeit bedachte, scheint allen mit Recht wegen seiner geistreichen Art auf allen Gebieten und seiner Freundlichkeit jedem gegenüber mit Titus, dem Sohn Kaiser Vespasians, vergleichbar zu sein.

O: Ricobaldi Ferrariensis Compendium Romanae Historiae, ed. Hankey (1984), S. 727 – Ü: Heinisch (1969), S. 230 – L: LexMA 7, Sp. 835 f.; Heinisch (1969), S. 356.

Giovanni Villani

Giovanni Villani wurde Ende des 14. Jahrhunderts als Sohn einer florentinischen Kaufmannsfamilie geboren. Nach einigen Reisen arbeitete er in einer Handelskompanie, die ihre Hauptniederlassung in Florenz hatte. Durch die weitreichenden Handelsbeziehungen bekam er Informationen aus ganz Europa, die er in seine *Nuova Cronica* einarbeitete. Zwar stand die Geschichte der Stadt Florenz zu seinen Lebzeiten im Mittelpunkt seines Werkes, abgefaßt in der italienischen Volkssprache, die ersten Bücher behandeln jedoch die Zeit von den biblischen Ursprüngen bis zur Ankunft Karls von Anjou (1265) in Italien.

Giovanni Villanis Informationen über Friedrich II. können aufgrund seiner Lebenszeit in der ersten Hälfte des 14. Jahrhunderts nicht mehr aus erster Hand stammen. Seine zwiespältige Haltung, zwischen Anerkennung und Verurteilung schwankend, spiegelt die langjährigen Konflikte zwischen Guelfen und Ghibellinen innerhalb der Stadt Florenz im 13. Jahrhundert wieder.

Im Jahre Jesu Christi 1220 wurde am Tage der heiligen Caecilie (22.11.) zu Rom Friedrich II., König von Sizilien, der Sohn Kaiser (Heinrichs VI.) von Schwaben und der Kaiserin Konstanze, durch Papst Honorius III. mit großen Ehren zum Kaiser gekrönt.

Anfangs war er ein Freund der Kirche, und er mußte es wohl sein aufgrund der großen Wohltaten und Gnaden, die er von der Kirche empfangen hatte. Dank der Kirche nämlich hatte sein Vater Heinrich Konstanze, die Königin von Sizilien, zur Frau und das genannte Königreich zur Mitgift bekommen, ebenso das Königreich Apulien und noch weit mehr. Nach dem Tode des Vaters wurde der verwaiste Knabe von der Kirche wie von einer Mutter bewahrt und bewacht und sogar verteidigt; später ließ sie ihn wider Kaiser Otto IV.

zum König der Römer wählen, und schließlich wurde er, wie gesagt, zum Kaiser gekrönt.

Er war jedoch ein undankbarer Sohn, der die Kirche nicht als seine Mutter, sondern als eine böse Stiefmutter ansah; in jeder Beziehung trat er ihr entgegen und verfolgte sie, er selbst wie auch seine Söhne, fast noch mehr, als seine Vorgänger es getan hatten (...).

Dieser Friedrich regierte dreißig Jahre lang als Kaiser. Er war ein Mann von großer Tüchtigkeit und großem Ansehen, von hoher Bildung in den Wissenschaften und von außerordentlichem natürlichem Verstande, bewandert auf allen Gebieten. Er beherrschte die lateinische und unsere Volkssprache, ebenso die deutsche, die französische, die griechische und die arabische Sprache. Er war ein Mann von allseitiger Begabung, dazu reich und freigebig, kühn und bedacht im Kriege und sehr gefürchtet. Dem Wohlleben war er ganz und gar ergeben und hielt sich daher viele Konkubinen und Mameluken nach Art der Sarazenen. Allen leiblichen Genüssen gab er sich hin und führte ein geradezu epikureisches Leben, ohne zu bedenken, daß es ein anderes Leben geben könnte. Und das war auch der hauptsächliche Grund, weshalb er ein Feind der heiligen Kirche und der Kleriker wurde; in seiner Habgier wollte er (jedoch) auch die Rechte der heiligen Kirche an sich reißen, um sie übel auszunutzen.

Viele Klöster und Kirchen im Königreich Sizilien und in Apulien zerstörte er, dort sowie auch in ganz Italien, sei es aufgrund seiner eigenen Fehler und Laster oder aber der Fehler der Lenker der heiligen Kirche, die sich mit ihm nicht einigen konnten oder sich ihm nicht fügen wollten, und er war nicht zufrieden damit, daß er die Rechte des Reiches besaß; daher bedrängte und unterdrückte er die heilige Kirche. Vielleicht aber gestattete das der Herr aufgrund seiner göttlichen Vorsehung, weil die Lenker der Kirche dazu geholfen hatten, daß er von der geweihten Nonne Konstanze zur Welt gebracht wurde. Jedenfalls gedachte er nicht der Schläge, die sein Vater Heinrich und sein Großvater Friedrich der heiligen Kirche versetzt hatten.

Dieser Friedrich vollbrachte in seinem Leben viele denkwürdige Taten. In allen bedeutenden Städten Siziliens und Apuliens ließ er feste und prächtige Burgen errichten, die noch heute stehen. So ließ er das capuanische Kastell in Neapel erbauen und in Capua an der Brücke über den Volturno die Türme und Tore, die überaus wunderbar sind. Er ließ das Vogelgehege im Sumpfgebiet von Foggia in Apulien anlegen, ein Jagdrevier in der Nähe von Gravina und ein weiteres in den Bergen bei Melfi. Im Winter weilte er in Foggia zur Falkenbeize, im Sommer in den Bergen, um dort nach Herzenslust zu jagen. Er ließ ferner das Kastell in Prato errichten und die Burg von San Miniato und viele andere beachtenswerte Bauten (...).

Von seiner ersten Gemahlin hatte er zwei Söhne, Heinrich und Konrad, die er beide nacheinander zu seinen Lebzeiten zu Königen der Römer wählen ließ. Von der Tochter des Königs Johann von Jerusalem hatte er den König Jordan (richtig: Konrad IV.). Von anderen Frauen hatte er den König Friedrich, von dem die Linie derer abstammt, die sich von Antiochia nennen, sowie den König Enzio und den König Manfred, die alle der heiligen Kirche feindlich genug waren.

Ihr Leben lang herrschten er und seine Söhne in großem weltlichem Glanz und Ruhm; schließlich aber nahmen sie aufgrund ihrer Sünden ein schlimmes Ende und richteten ihr ganzes Geschlecht zugrunde.

O: Cronica di Giovanni Villani, ed. F. Gherardi-Dragomanni, Florenz 1823 (ND Rom 1980), Bd. 2, S. 5 ff. – Ü: Heinisch (1969), S. 232 f.

Pandolfo Collenuccio

Der 1444 geborene Humanist Pandolfo Collenuccio schrieb eine Zusammenfassung der geschichtlichen Ereignisse von Kaiser Hadrian bis 1468 (*Compendio delle Istorie del Regno di Napoli*). Sein besonderes Interesse an Friedrich II. zeigt sich schon dadurch, daß er diesen Kaiser im vierten Buch deutlich in den Mittelpunkt stellt. Der Text verrät allerdings den zeitlichen Abstand sowie die Tatsache, daß hier zunächst „Angelesenes" zusammengetragen wurde, während der folgende „Nachruf" auf Friedrich zweifelsohne eine gewisse Bewunderung offenbart:

Nachdem wir von diesem hochberühmten König gesprochen haben, soweit es unserem Vorhaben in bezug auf das Königreich Neapel entspricht, wird es nicht unangebracht sein, aus Ehrfurcht vor seiner außerordentlichen Tüchtigkeit einen kurzen Epilog auf ihn anzufügen, vor allem mit Rücksicht darauf, daß er ein Mann von größter Bedeutung war und daß über ihn in verschiedener Weise geschrieben worden ist, bald gut und bald schlecht, zumal er von den geistlichen Schriftstellern als ein Verfolger der Kirche hingestellt worden ist. Immerhin sagen die Geschichtsschreiber, auch die angesehenen heiligen Männer, folgendes von ihm: Der Kaiser war wohlgebaut und stattlich von Person, von ebenmäßiger Gestalt und kräftigen Gliedmaßen; sein Haar war ein wenig rötlich, sein Antlitz heiter. Er besaß einen ganz außergewöhnlichen natürlichen Verstand und war klüger als alle Menschen, ein erfahrener Fachmann in allen mechanischen Künsten, denen er gelegentlich seine Erfindungskraft zuwandte.

Gelehrt in allen Wissenschaften, beherrschte er mehrere Sprachen, so daß er Italienisch, Lateinisch und Sizilianisch sprach sowie Deutsch, Französisch, Griechisch und Arabisch. Er war prachtliebend, freigebig und hochherzig, äußerst großzügig beim Belohnen von Gefälligkeiten und gegenüber seinen Getreuen, unerbittlich streng im Bestrafen von Treulosigkeit. In allen bekannten Städten des Königreichs Apulien und der Insel Sizilien ließ er die herrlichsten Gebäude errichten, so daß es überflüssig wäre, sie aufzuzählen, jedoch unter anderen (sind zu nennen) in den Abruzzen die Stadt Aquila, in Neapel das capuanische Kastell, den Turm und die Brükke von Capua, das Kastell von Trani, in der Toskana das Kastell von Prato und die Burg von San Miniato, in der Romagna die Burgen von Cesena, Bertinoro, Faenza und Cervia sowie Paläste und Kirchen.

Er erließ viele Gesetze zur Ehre des christlichen Glaubens und zur Wahrung der kirchlichen Freiheit, zur Sicherheit Italiens und zugunsten des Ackerbaus, der Seefahrt, der Studenten und der Gelehrten, deren Freund er in besonderer Weise war. Diese Gesetze sind allesamt aufgenommen und bekräftigt in einem Buche des bürgerlichen Rechts namens *Codex Iustinianus*. Er ließ auch ein amtliches Gesetzbuch zusammenstellen, das man zu Studienzwecken liest, namens „Lehnbrauch" (*Uso de feudi*) oder „Zehntrecht" (*Decima collazione*), und ebenso ließ er in einem anderen Buche die Konstitutionen des Königreichs (sammeln). Er ließ auch jenes Buch übersetzen, das man bis zu diesen unseren Zeiten las und liest zum Studium der Werke des Aristoteles und der griechischen und arabischen Mediziner, und schickte es nach Bologna, um es der dortigen Fakultät zu empfehlen, wie es seine Briefe dartun. Er gründete die Universität Neapel und (gewährte ihr) viele Privilegien, die ich (selbst) gelesen und gesehen habe, und berief viele Gelehrte aller Fakultäten dorthin.

In seiner Umgebung hatte er stets gelehrte Männer, unter denen auch sein Großhofrichter Roffredo, unser beneventanischer Jurist, war, dessen Werke man noch heute liest.

Er war gewaltig im Felde und unüberwindlichen Mutes. Was ihm aber als großer und einziger Fehler angerechnet wurde: Er war ein allzu großer Liebhaber der Frauen und hatte viele Konkubinen, und er führte stets eine Schar der schönsten jungen Frauen mit sich.

Und über jedes Maß ergötzte er sich an den Falken. Kaiser Friedrich II. hatte drei Frauen: Konstanze, die Schwester des Königs (Peter II.) von Kastilien (Aragón), Jolande (Isabella) die Tochter des Königs (Johann) von Jerusalem, Isabella, die Schwester des Königs (Heinrich III.) von England. Von allen hatte er, wie bereits berichtet, Söhne. So hatte er eine herrliche Nachkommenschaft von legitimen und illegitimen Söhnen: von Konstanze den ersten Heinrich, der König von Deutschland wurde, von Jolande Konrad, der nach ihm König des Königreichs Neapel war, von Isabella Heinrich, der König der Insel Sizilien war und schon als Kind starb. Von den natürlichen Söhnen war Enzio König von Sardinien, Manfred König beider Sizilien, Friedrich Fürst von Antiochien (...).

Er war sehr reich an Schätzen, weil er, über die Rechte des Reiches, die er in Händen hatte, hinaus, König beider Sizilien aufgrund des mütterlichen Erbes, König von Jerusalem durch seine (zweite) Frau, König von Deutschland durch Wahl und Herzog von Schwaben aufgrund des väterlichen Erbes seiner Vorfahren war.

Bei solchen Gaben und Begnadungen, wie er sie besaß, wurde er für einen Verfolger der Kirche gehalten und auch so genannt, und es scheint, daß man dabei vollkommen mit der von Innozenz IV. gegen ihn ausgesprochenen Sentenz übereinstimmte, die im 6. Buche der Dekretalen kanonisiert wurde. Es wäre vielleicht angebracht, über die Ursache nicht weiter zu sprechen; jedoch angesichts dessen, was aus seinen oben beschriebenen Taten erhellt, sowie aus vielen anderen Tatsachen, die man bei bedeutenden Autoren lesen kann, und soweit es seine Briefe und Schriften beweisen, bin ich nicht sicher, ob sie ihn nicht deshalb zum Verfolger der Kirche erklärt haben, weil er allzusehr die Wahrheit über die Kleriker gesagt oder bei diesen allzusehr die apostolische Lebensweise und die christlichen Sitten vermißt hatte oder weil er (einfach) das Recht des Reiches aufrechterhalten und verteidigen wollte oder weil er gegen ihre allzu große Vorherrschaft in Italien gewesen war; das möge beurteilen, wer seine Taten mit klarem Verstande liest.

Aber wenn ich bedenke, daß Christus, dessen Stellvertreter die Päpste sind, sie lehrte, sie sollten ihm nacheifern, und da sie seine Jünger seien, ihm als ihrem Meister folgen, und daß er ihnen befahl, sie sollten ihr Schwert in die Scheide stecken und nicht nur siebenmal, sondern siebenundsiebzigmal verzeihen (Mt 18,22), andererseits aber so viele Ränke und Tücken, so viele Verrätereien und Täuschungen gegen Friedrich sehe, so viele Legaten, so viele Kleriker, die sich Hirten nannten, im Königreich, in der Mark (Ancona), in der Lombardei und in der Romagna gegen ihn eingesetzt, so viele Städte aus diesem Grunde zerstört und vernichtet, so viel christliches Blut vergossen, und wenn ich überlege, daß er nichtsdestoweniger siegreich gewesen ist und die von den Päpsten gegen ihn Erkorenen vom Unglück verfolgt und schlecht geführt und erschlagen wurden, so kann ich nicht anders als sagen, daß es wahr ist, was Papst Pius (II.) in seiner *Historia Austriaca* schreibt, nämlich daß die allgemeine Kirche keinen bedeutenden Schaden erlitt, dessen Ursprung nicht bei den Päpsten lag, oder daß die Urteile Gottes allzu geheim und verborgen sind.

Es gibt viele Briefe Friedrichs, die ich gelesen habe: an die Päpste und Kardinäle, an verschiedene christliche Fürsten, an Amts- und andere Personen. Man liest in ihnen keine Silbe gegen den Kern unseres Glaubens, keine Ketzerei, keinen Versuch einer Demütigung der heiligen Kirche, kein Wort, das ungehorsam klingt, wohl aber Klagen und Beschwerden und Rügen der Habsucht und der Anmaßung des Klerus, der halsstarrigen Böswilligkeit des Papstes, der seine Rechtfertigungen und die Rechtstitel des Reiches nicht berücksichtigen wolle, sowie der Anschläge, die man gegen ihn ins Werk setze. Wer gern die Wahrhaftigkeit und den Mut des großen Fürsten bewundern möchte, der lese einen seiner Briefe an alle christlichen Fürsten, der da beginnt: „Fürsten, Priester und Pharisäer versammelten sich zur Beratung gegen den einen und kamen gegen den Fürsten und Gesalbten des Herrn überein ...", und einen anderen, den er an das Kollegium der Kardinäle richtete, indem er sie ermutigte, dem Papst die Zwietracht zwischen Priestertum und Reich auszureden, und der beginnt: „Zu Beginn der Erschaffung der Welt ...".

Ein weiterer Brief fängt an: „Unverbrüchlicher Wahrheit Zeugen und den Richter der höchsten Gerechtigkeit rufen wir an ...". In diesem schreibt er folgende Worte, die ich der Kürze wegen in die Volkssprache übersetzen will und die etwa lauten: „Wir haben mit unserer Mutter, der hochheiligen römischen Kirche, keinen Streit, aber wir verteidigen das Recht unseres Kaisertums gegen den Angriff dieses römischen Priesters und weisen das Unrecht zurück. Nichtsdestoweniger wünschten und wünschen wir immer noch, Frieden mit ihm zu haben ...".

Man lese ferner noch einen anderen, auch an die christlichen Fürsten gerichteten Brief, an dessen Schluß sich folgende Worte finden, die ich gleichfalls mit Genugtuung in diesen Abriß aufnehme, nicht so sehr wegen ihrer Eleganz als wegen ihrer Wahrheit, zumal sie vielleicht diesen unseren Zeiten gelegen kommen könnten, da sie der Vernunft entsprechen; sie lauten: „Alles, was euch unsere Getreuen berichten, glaubt gewiß und haltet es für so sicher, als wenn es der heilige Petrus selbst beschworen hätte! Und nicht, so bitten wir, möge es euch scheinen, daß durch den gegen uns gefällten Spruch der Absetzung die Hochgesinntheit unserer kaiserlichen Majestät irgendwie gebeugt werde. Denn wir haben die Reinheit unseres Gewissens und folglich Gott mit uns, dessen Zeugnis wir anrufen, da es immer unseres Willens Absicht war, die Geistlichen jeglichen Ranges dahin zu führen, und am meisten die höchsten, daß sie als solche auch im Glauben verharren, wie sie in der ursprünglichen Kirche gewesen sind; in apostolischem Lebenswandel die Demut unseres Herrn Christus nachahmend. Denn solche Geistliche pflegten die Engel zu schauen, von Wundern zu glänzen, Kranke zu heilen, Tote zu erwecken und sich nicht durch Waffen, sondern durch Heiligkeit die Fürsten zu unterwerfen. Diese gegenwärtigen Geistlichen aber sind der Weltlichkeit ergeben und trunken von Genüssen, setzen Gott hintan, und durch den Überfluß ihrer Schätze wird unsere Religion erstickt. Solchen Geistlichen also die überflüssigen Schätze zu entziehen, die ihnen schädlich sind und mit denen sie sich zu ihrem Verderben beladen, ist ein Werk der christlichen Nächstenliebe. Zu diesem Werk laden wir alle Fürsten zusammen mit uns ein, da wir wissen, daß jene, die alles Überflüssige ablegen und sich mit wenigem begnügen, Gott gut dienen. Ihr Fürsten aber müßt allen möglichen Fleiß darauf verwenden, damit sie Gott gut dienen".

Aufgrund solcher Äußerungen behaupteten damals die Geistlichen, daß Friedrich den Namen eines Verfolgers der Kirche verdiene, was, wie ich gesagt habe, dem Urteil anderer überlassen sei, da ich hier das beschließe, was Friedrich II. widerfuhr.

O: Scrittori d'Italia 115, S. 146-150 – Ü: Heinisch (1969), S. 263-267.

Bibliographische Hinweise

Die neueste und beste umfassende Biographie Friedrichs II. bis 1220 bietet Wolfgang STÜRNER, Friedrich II. Teil 1: Die Königsherrschaft in Sizilien und Deutschland 1194-1220 (Gestalten des Mittelalters und der Renaissance), Darmstadt 1992. Bis zum Erscheinen des zweiten Teils ist für die Jahre 1220-1250 heranzuziehen Thomas Curtis VAN CLEVE, The Emperor Frederick II of Hohenstaufen. Immutator Mundi, Oxford 1972, daneben weiterhin Hans Martin SCHALLER, Friedrich II. Verwandler der Welt (Persönlichkeit und Geschichte 34), Göttingen 1964 und David ABULAFIA, Herrscher zwischen den Kulturen. Friedrich II. von Hohenstaufen, Berlin 1991. Einen knappen Überblick auf dem Stand der neueren Forschung bietet Odilo ENGELS, Die Staufer, [6]1994, S. 140-201. Literarisch unübertroffen und weiterhin lesenswert ist Ernst KANTOROWICZ, Kaiser Friedrich der Zweite, Berlin 1927, die zwar wegen ihrer den Idealen des George-Kreises verpflichteten „mythischen Schau" Friedrichs II. als Herrscherpersönlichkeit von Anfang an umstritten war, jedoch – wie der nachträglich publizierte Belegband (Berlin 1931) zeigte – auf umfassender Kenntnis der Quellen beruht.

Eine Reihe wichtiger Sammelbände der letzten Jahren haben Friedrich II. zum Gegenstand: Friedrich II., hg. v. Arnold Esch/Norbert Kamp, Tübingen 1996; Die Staufer im Süden. Sizilien und das Reich, hg. v. Theo Kölzer, Sigmaringen 1996; Das Staunen der Welt. Kaiser Friedrich II. von Hohenstaufen 1194-1250 (Schriften zur staufischen Geschichte und Kunst 15), Göppingen 1996; Kunst im Reich Kaiser Friedrichs II. von Hohenstaufen, hg. v. Kai Kappel u.a., München 1996; Federico II e le nuove culture. Atti del XXXI convegno storico internazionale, Spoleto 1995; Probleme um Friedrich II. (VuF 16), hg. v. J. Fleckenstein, Sigmaringen 1974. Die bis 1986 erschienene Literatur zu Friedrich II. ist erfaßt bei Carl Arnold WILLEMSEN, Bibliographie zur Geschichte Kaiser Friedrichs II. und der letzten Staufer (MGH Hilfsmittel 8), München 1986. Neuere in Zeitschriften, Sammelwerken und Festschriften erschienene Aufsätze können mit Hilfe der „International Medieval Bibliography" (1967-[1997])ermittelt werden (auch auf CD ROM).

Die Quellen zur Geschichte Friedrichs II. sind erschlossen durch Johann F. BÖHMER/Julius FICKER, Die Regesten des Kaiserreiches unter Philipp, Otto IV., Friedrich II., Heinrich (VII.), Conrad IV., Heinrich Raspe, Wilhelm und Richard 1198-1272, 3 Bde. Innsbruck 1881-1901, dazu: Paul ZINSMAIER, Nachträge und Ergänzungen, Köln 1983 (Abk.: RI 5.1-4). Im Forschungsstand veraltet, aber quellennah und sehr detailliert, bietet Eduard WINKELMANN, Philipp von Schwaben und Otto IV. von Braunschweig, 2 Bde., Leipzig 1873/78 und DERS., Kaiser Friedrich II., 2 Bde. Leipzig 1889/1897 eine streng chronologische Darstellung der Ereignisgeschichte, die als Wegweiser zu den erzählenden Quellen für die Jahre 1198-1233 weiterhin unentbehrlich ist. Eine kommentierte Übersicht über die erzählenden Quellen zur Geschichte Friedrichs II. gibt VAN CLEVE (1972), S. 543-555. Eine umfassende Darstellung des Bildes Friedrichs II. in der mittelalterlichen Historiographie bietet jetzt Andrea SOMMERLECHNER, Stupor mundi? Kaiser Friedrich II. und die mittelalterliche Geschichtsschreibung, Wien 1999, mit einem detaillierten „Katalog der Geschichtswerke, in welchen Friedrich II. eine – sei es große, sei es marginale – Rolle spielt" (S. 489-582).

Die Urkunden und Briefe Friedrichs II. sind (soweit nicht im zweiten Band der MGH Constitutiones enthalten) zu benutzen in der Edition von Alphonse Huillard-Bréholles, Historia diplomatica Friderici Secundi, 6 Bde., Paris 1852-1861 (ND 1963); die wichtigsten sind in zweisprachiger Ausgabe greifbar in Lorenz WEINRICH, Quellen zur deutschen Verfassungs-, Wirtschafts- und Sozialgeschichte (FSGA 32), Darmstadt 1977. Regesten (d.h. Inhaltsangaben in deutscher Sprache) bietet RI 5.1.

Päpstliche Schreiben, teilweise auch Schreiben Friedrichs II. an den Papst sind seit 1198 überliefert in den päpstlichen Registern. Innozenz III. (1198-1216): Patrologia Latina, Bd. 215 (auch auf CD-ROM); Neuedition: Die Register Innozenz' III., hg. v. Österreichischen Kulturinstitut Rom, 1964 ff. (bislang: 1198-1204/5); Honorius' III. (1216-1227): Regesta, hg. v. Petrus Presutti, Rom 1888-1895 (ND Hildesheim 1978); Gregor IX. (1227-1241), Les registres de Grégoire IX, 4 Bde., Paris 1896-1955; Innozenz IV. (1243-1254): Les registres de Innocent IV, 4 Bde., Paris 1884-1921. Die Friedrich II. betreffenden päpstlichen Schreiben sind chronologisch erfaßt in RI 5.2.

Eine umfassende Auswahl der in unterschiedlichen Editionen vorliegenden Briefe von, an und über Friedrich II. in deutscher Übersetzung bietet Klaus J. HEINISCH, Kaiser Friedrich II. in Briefen und Berichten seiner Zeit, Darmstadt 1968; vgl. auch Wolfram VON DEN STEINEN, Staatsbriefe Kaiser Friedrichs II., Breslau 1923.

Soweit die erzählenden Quellen in den Scriptores-Reihen der MGH erschienen sind, existieren zumeist auch Übersetzungen in der Reihe „Geschichtsschreiber der deutschen Vorzeit"; ausführliche Auszüge aus den wichtigsten erzählenden Quellen (u.a. Breve Chronicon de rebus Siculis, „Nicolaus de Jamsilla", Roger von Wendover, Matthaeus Paris, Salimbene de Adam, Burchard von Ursperg, Albert von Stade) in deutscher Übersetzung bietet Klaus J. HEINISCH, Kaiser Friedrich II. Sein Leben in zeitgenössischen Berichten, München 1969.

Die folgenden „Bibliographischen Hinweise" zu den einzelnen Kapiteln enthalten in erster Linie die Belege zu den einleitenden Kommentaren; sie bieten außerdem (ohne Anspruch auf Vollständigkeit) weiterführende Hinweise auf wissenschaftliche Darstellungen, die den Einstieg in die eigenständige Beschäftigung mit den angesprochenen Einzelfragen ermöglichen. Zusätzlich wurden im Einzelfall auch für einen breiteren Leserkreis geschriebene Sachbücher aufgenommen (v.a. wenn neuere wissenschaftliche Darstellungen in deutscher Sprache fehlen):

0) Einleitung: Tilman STRUVE, Die „falschen Friedriche" und die Friedenssehnsucht des Volkes im späten Mittelalter, in Fälschungen im Mittelalter (MGH Schriften 33), Hannover 1988, Bd. 1, S. 317-337. *Zu Burchard von Ursberg*: Wolfgang WULZ, Der spätstaufische Geschichtsschreiber Burchard von Ursberg, Stuttgart 1982; zur Editionsgeschichte vgl. auch Repertorium fontium medii aevi, Bd. 2, S. 609 f. *Zur Burchard-Rezeption und zum Bild Friedrichs II. im 15./16. Jahrhundert*: Hartwig KEUTE, Reformation und Geschichte. Kaspar Hedio als Historiograph (Göttinger Theologische Arbeiten 19), Göttingen 1980, S. 13-69; Hermann EHMER, Reformatorische Geschichtsschreibung am Oberrhein, in: Historiographie am Oberrhein im späten Mittelalter und in der frühen Neuzeit (Oberrheinische Studien 7), hg. v. Kurt Andermann, S. 227-245, hier: 234-239. *Zur Rezeption Friedrichs II. von Ulrich von Hutten bis Stefan George*: Textauszüge bei Herbert NETTE, Friedrich II. von Hohenstaufen, Reinbeck 1975, S. 147-150; im einzelnen: Jacob BURCKHARDT, Die Kultur der Renaissance in Italien. Ein Versuch (Gesammelte Werke 3), Berlin 1955, S. 2 f.; Friedrich NIETZSCHE, Kritische Studienausgabe, München ²1988, Bd. 5, S.120 f. (Jenseits von Gut und Böse) und Bd. 6, S. 250 (Der Antichrist). *Zur Bewertung Friedrichs II. in den historischen Kontroversen des 19. Jahrhunderts*: Stupor Mundi[1], S. 104 (Grundmann); vgl. auch Gianfranco LIBERATI, Federico II nella storiografia tedesca. Ranke e Gregorovius, in: Archivio storico Pugliese 32 (1979), S. 123-137. *Zur Rezeption Friedrichs II. im 20. Jahrhundert*: David ABULAFIA, Friedrich II. - von der archäologischen Freilegung eines Verschütteten, in: DERS., Friedrich II. von Hohenstaufen, München 1994, S. 439-447; vgl. auch Ulrich MÜLLER, Kaiser Friedrich II.: „Jener große Freigeist unter den deutschen Kaisern"?, in: Herrscher, Helden Heilige (Mittelalter-Mythen 1), hg. v. U. Müller/W. Wunderlich, St. Gallen 1996, S. 197-212; Peter C. CLAUSSEN, Die Erschaffung und Zerstörung des Bildes Friedrichs II. durch die Kunstgeschichte. Was bleibt, in: Kunst im Reich Kaiser Friedrichs II. von Hohenstau-

fen, hg. v. K. Kappel u.a., München 1996, S. 195-209; im einzelnen: *Weimarer Republik*: Wolfram VON DEN STEINEN, Staatsbriefe Kaiser Friedrichs des Zweiten, Breslau 1923, S. 1-15; Stupor Mundi[1], S. 5-133 (Texte der Brackmann-Kantorowicz-Kontroverse); Ernst Kantorowicz, hg. v. Robert L. Benson/Johannes Fried (Frankfurter Historische Abhandlungen 39), Stuttgart 1997 (v.a. OEXLE, S. 33-57 und GRÜNEWALD, S. 144-161); Ernst Kantorowicz (1895-1963). Soziales Milieu und wissenschaftliche Relevanz, hg. v. Jerzy Strzelczyk, Posen 1996; Dietrich KUHLGATZ, Verehrung und Isolation. Zur Rezeptionsgeschichte der Biographie Friedrichs II. von Ernst Kantorowicz, in: ZfG 43 (1995), S. 736-746; Eckhardt GRÜNEWALD, Ernst Kantorowicz und Stefan George, Wiesbaden 1982; David ABULAFIA, Kantorowicz and Frederick II, in: History 62 (1977), S. 193-210; vgl. auch Geschichtsschreibung als Legitimationswissenschaft (1918-1945), hg. v. Peter Schöttler, Frankfurt 1997; Ludwig SCHEMANN, Die Rasse in den Geisteswissenschaften, in: Festschrift Alexander Cartellieri, Weimar 1927, S. 101-124; *Drittes Reich*: Ursula WOLF, Litteris et Patriae. Das Janusgesicht der Historie, Stuttgart 1996 (zur Geschichtswissenschaft in der NS-Zeit); Karl Ferdinand WERNER, Das NS-Geschichtsbild und die deutsche Geschichtswissenschaft, Stuttgart 1967; Karl IPSER, Kaiser Friedrich der Zweite. Leben und Werk in Italien, Leipzig 1942; vgl. auch DERS., Der Staufer Friedrich II. Heimlicher Kaiser der Deutschen, Berg am Starnberger See [2]1978 (ND Herrsching 1988): „Bei edler Abstammung ist das Blut stärker als die Umwelt, von der sich der junge Staufer auch äußerlich unterschied: Der Vater – Schwabe, Sohn eines Schwaben und einer blonden Burgunderin; die Mutter – Normannin, Tochter eines Normannen und einer Lotharingierin. Die beiden Großväter: Kaiser Friedrich Rotbart, Schwabe, eine blonde Männerschönheit, und der geniale König Roger II., eine normannische blonde Reckengestalt. Nicht ein Tropfen italienisches oder südländisches Blut, Friedrich – weder Sizilier noch Italiener – ein nordischer Deutscher, blond und helläugig, ein geborener Herrscher ..." (S. 106 f.); *Nachkriegszeit*: SCHALLER (1964); HEINISCH (1968), S. VII/VIII und 1-7; HEINISCH (1969), S. 269-319. *Zur Frage des Anteils Friedrichs II. an den Urkunden und Briefen seiner Kanzlei*: Eduard STHAMER, Eigenes Diktat des Herrschers in Briefen der sizilischen Kanzlei des 13. Jahrhunderts, in: Festschrift Alexander Cartellieri, Weimar 1927, S. 141-158 (zu HB 5.2, S. 707-709 = RI 5.1, Nr. 2758: Brief Friedrichs II. an den Erzbischof von Messina vom 2.2.1240 als einziger Fall wahrscheinlichen Eigendiktats Friedrichs II.). *Zur Einschätzung der Jahre nach 1239 als Epilog*: James M. POWELL, Frederick II and the Curch. A Revisionist View, in: The Catholic Historical Review 48 (1962/63), S. 487-497, hier S. 496.

1) Die Geburt Friedrichs II.: STÜRNER (1992), S. 41-49; vgl. auch Arno BORST, Der überlieferte Geburtstag, in: Mittelalterliche Texte. Überlieferung - Befunde - Deutungen, hg. v. Rudolf Schieffer (MGH Schriften 42), Hannover 1996, S. 54 f.; Peter CSENDES, Heinrich VI. , Darmstadt 1993, S. 154 und 211; Walter FRÖHLICH, The marriage of Henry VI and Constance of Sicily. Prelude and consequences, In: Anglo-Norman Studies 15 (1993), S. 99-115; außerdem: Gudrun PAMME-VOGELSANG, Die Ehen mittelalterlicher Herrscher im Bild, München 1998, S. 262-294.

2) Kindheit in Sizilien: STÜRNER (1992), S. 49-113 (v.a. S. 105-113); Theo KÖLZER, Ein Königreich im Übergang? Sizilien während der Minderjährigkeit Friedrichs II., in: FS Eduard Hlawitschka, hg. v. R. Schnith/R. Pauler, Kallmünz 1993, S. 341-357; Ronald NEUMANN, Parteibildungen im Königreich Sizilien während der Unmündigkeit Friedrichs II. (1198-1208), Frankfurt am Main 1986; Carl A. WILLEMSEN, Über die Kindheit Friedrichs II., in: Potere, società popolo tra età normanna ed età sveva, Bari 1983, S. 109-129; KANTOROWICZ (1927), S. 30-32; Friedrich BAETHGEN, Die Regentschaft Papst Innozenz III. im Königreich Sizilien, Heidelberg 1914; Karl HAMPE, Aus der Kindheit Friedrichs II., in: MIÖG 22 (1901), S. 575-599; DERS., Ein sizilischer Legatenbericht an Innozenz III. aus dem Jahre 1204, in: QFIAB

20 (1928/29), S. 40-56; vgl. auch die anschaulichen Schilderungen bei Eva SIBYLLE und Gerhard RÖSCH, Kaiser Friedrich II. und sein Königreich Sizilien, Sigmaringen 1995, S. 42-51; O. ABEL, Kaiser Friedrichs II. Jugendjahre, in: Deutsches Museum 4 (1854), S. 817-828. *Zur angeblichen Erziehung Friedrichs II. durch einen arabischen Gelehrten*: STÜRNER (1992), S. 112 (Anm. 109); F. GABRIELI, Friedrich II. und die Kultur des Islam, in: Stupor mundi², S. 70-94, insb. S. 77 f. und 94. *Zum Brief Friedrichs II. an Jesi*: Hans Martin SCHALLER, Der Brief Kaiser Friedrichs II. an Jesi, in: ders., Stauferzeit. Ausgewählte Aufsätze (MGH Schriften 38), Hannover 1993, S. 417-422 (ital. Erstdruck: 1976); vgl. auch Florian HUBER, Jesi und Bethlehem, Castel del Monte und Jerusalem. Struktur und Symbolik der „Krone Apuliens", in: Kunst im Reich Kaiser Friedrichs II. von Hohenstaufen, hg. v. K. Kappel u.a., München 1996, S. 45-51. *Zu den Plänen Konstanzes*: Gunther WOLF, Heiratspläne Kaiserin Constanzes (Hauteville/Altavilla) für ihren Sohn Friedrich Roger Constantin 1197/98, in: AfD 41 (1995), S. 129-136. *Zur Taufe Friedrichs II.*: Hans Martin SCHALLER, Wann und wo wurdeFriedrich II. getauft?, in: Regensburg, Bayern und Europa (FS Kurt Reindel), hg. v. L. Kolmar/P. Segl, Regensburg 1995, S. 301-306.

3) Von Palermo nach Konstanz: STÜRNER (1992), S. 137-155. *Zu Mailand und Cremona als den beiden konkurrierenden Zentralorten der Lombardei:* A. HAVERKAMP, Das Zentralitätsgefüge Mailands im hohen Mittelalter, in: Zentralität als Problem der mittelalterlichen Stadtgeschichtsforschung (Städteforschung A8), hg. v. Emil Meynen, Köln 1979, S. 48-78. *Zu den Pässen, die Friedrich II. bei seinem Weg durch die Alpen benutzt haben könnte*: Werner SCHNYDER, Handel und Verkehr über die Bündner Alpenpässe im Mittelalter, Bd. 1, Zürich 1973, S. 9-22. Paul H. SCHEFFEL, Verkehrsgeschichte der Alpen, Bd. 2, Berlin 1914, S. 212 und 296 (Anh. 22); *Zur Wahrnehmung der Welfen als Sachsen:* Bernd SCHNEIDMÜLLER, Constructing the Past by Means of the Present, in: Imagination, Ritual, Memory, Historiography, hg. v. Patrick J. Geary u.a., New York 1999. *Zu den Fortsetzungen der Kaiserchronik weiterhin grundlegend:* A. JÜNEMANN, Eine literaturgeschichtliche Untersuchung über die Fortsetzungen der „Kaiserchronik", Diss. Straßburg 1909.

4) Durchsetzung im Reich und Belohnung der Anhänger: STÜRNER (1992), S. 151-227; Gerhard BAAKEN, Der deutsche Thronstreit auf dem IV. Laterankonzil (1215), in: Ex ipsis rerum documentis (FS Harald Zimmermann), hg. v. K. Herbers u.a., Sigmaringen 1991, S. 509-521. Die Zitate aus dem „Breve Chronicon de rebus siculis" und Pandolfo Collenuccio nach HEINISCH (1969), S. 14 und 238. *Zu den Privilegien für Bischof und Stadt Cambrai*: STÜRNER (1992), S. 221 f.; HB I, S. 310, 402-408, 425 f., 449-451, 694 f. und HB 2, S. 629-632, 892-895; Urkundenregesten zur Tätigkeit des deutschen Königs-und Hofgerichts bis 1451, Bd. 2, Nr. 8, 38, 39, 52, 76, 77, 79, 82, 115, 212, 224, 227, 242. *Zum Lob des Vorgehens Friedrichs gegen Räuber und Friedensbrecher:* (MGH SS 23, S. 450, Z. 30; MGH SS 25, S. 301, Z. 12-19): STÜRNER (1992), S. 217. *Zur Topik:* z.B. Otto von Freising, Gesta Frederici (MGH SSrG 46), II.56, S. 154; Petrus von Eboli, Liber ad honorem Augusti, hg. v. T. Kölzer/M. Stähli, Sigmaringen 1994, V. 1391 f. *Zur Schlacht bei Bouvines:* J. EHLERS, Geschichte Frankreichs im Mittelalter, Stuttgart 1987, S. 134 f.; G. DUBY, Le dimanche de Bouvines, Paris 1973 (dt. Berlin 1988/Frankfurt 1996); *Das Urteil des Abtes des Stiftes Petersberg bei Halle*: Chronicon Montis Sereni, MGH SS 18, S. 186 (Übersetzung: Chronik vom Petersberg, übers. und erl. von W. Kirsch, Halle 1996).

5) Die Goldbulle von Eger: Die drei Fassungen der „Goldbulle von Eger" sind ediert unter den Nummern 46, 47 und 48 in: MGH Const. II, S. 57-61. Der Übersetzung von Lorenz WEINRICH (FSGA 32), Nr. 89, S. 358 ff., liegt die dritte Fassung (Nr. 48) zugrunde. *Allgemein:* STÜRNER, (1992), S. 159 ff. *Zur Überlieferung:* Manfred LAUFS, Politik und Recht bei Innozenz III. Kaiserprivilegien, Thronstreitregister und Egerer Goldbulle in der Reichs- und Rekuperationspolitik Papst Innozenz'

III., Köln u.a. 1980, S. 289-307. *Über Goldbullen allgemein*: LexMA 4 (1989), Sp. 1539 f. (GAWLIK); vgl. außerdem die Hinweise zu Kap. 21.

6) Die Überführung Philipps von Schwaben nach Speyer: *Zur These von der Verschwörung gegen König Philipp unter Beteiligung der Andechs-Meranier:* Bernd-Ulrich HUCKER, Der Königsmord von 1208 – Privatrache oder Staatsstreich?, in: Die Andechs-Meranier in Franken. Europäisches Fürstentum im Hochmittelalter, hg. v. Lothar Hennig, Ursula Vorwerk u. Wolfram Unger, Mainz 1998, S. 111-128; hier auch Angaben zur älteren Forschungsmeinung; vgl. auch DERS., Der Bamberger Königsmord, Einleitung in: Rainer Lewandowski, Der Königsmord zu Bamberg, Bamberg 1998, S. 6-27. *Zu Bischof Ekbert von Bamberg* vgl. Klaus VAN EICKELS, Die Andechs-Meranier und das Bistum Bamberg, in: Die Andechs-Meranier in Franken. Europäisches Fürstentum im Hochmittelalter, hg. v. Lothar Hennig, Ursula Vorwerk u. Wolfram Unger, Mainz 1998, S. 145-156. *Allgemeiner*: Bernd-Ulrich HUCKER, Kaiser Otto IV. (MGH Schriften 34), Hannover 1990, S. 95 ff.; Alois SCHÜTZ, Die Familie der Andechs-Meranier, in: Herzöge und Heilige. Das Geschlecht der Andechs-Meranier im europäischen Hochmittelalter. Katalog zur Landesausstellung des Hauses der Bayerischen Geschichte im Kloster Andechs 1993, hg. v. Josef Kirmeier und Evamaria Brockhoff, München 1993, S. 37-111, hier S. 72-83. – Während STÜRNER (1992) S. 158 und 161 f., den demonstrativen Charakter der Überführung Philipps in die Saliergrablege betont, ist HUCKER hier eher zurückhaltend; vgl. Bernd-Ulrich HUCKER, Der Bleisarg König Philipps von Staufen, in: Die Andechs-Meranier (wie oben), S. 310. – *Zur Entstehungsgeschichte der Annales Marbacenses mit Darstellung der älteren Auffassungen:* Franz-Josef SCHMALE, Die Marbacher Annalen, in: Die Chronik Ottos von St. Blasien und die Marbacher Annalen, hg. und übersetzt von dems. (FSGA 18a), Darmstadt 1998, S. 5-10. *Zu Burchard von Ursberg:* Norbert BACKMUND, Die mittelalterlichen Geschichtsschreiber des Prämonstratenserordens, Averbode 1972, S. 8-33; auch: WATTENBACH-SCHMALE 1, S. 115-119.

7) Aachener Krönung und Kreuzzugsgelübde: *Allgemein*: Egon BOSHOF, Königtum und Königsherrschaft im 11. Jahrhundert (Enzyklopädie deutscher Geschichte 27), München 1993; Bernd-Ulrich HUCKER, Kaiser Otto IV. (MGH Schriften 34), Hannover 1990, S. 291 ff.; STÜRNER (1992), S. 174 ff. *Zur Kaiserin Gisela und verweigerten Krönung:* Gertrud THOMA, Kaiserin Gisela, in: Frauen des Mittelalters in Lebensbildern, hg. v. Karl Rudolf Schnith, Graz, Wien, Köln 1997, S. 90-120; Wolfgang HUSCHNER, Kaiserin Gisela. Klügste Beraterin Konrads II., in: Herrscherinnen und Nonnen. Frauengestalten von der Ottonenzeit bis zu den Staufern, hg. v. einem Autorenkollektiv unter der Leitung von Erika Uitz, Barbara Pätzold und Gerald Beyreuther, Berlin 1990, S. 108-133. *Zum Aachener Karlsschrein*: Kerstin WIESE, Der Aachener Karlsschrein – Zeugnis lokalkirchlicher Selbstdarstellung (in Druckvorbereitung; Vortrag vom 17. März 1999, gehalten auf dem 8. Mediävistentag in Leipzig „Karl der Große und das Erbe der Kulturen). *Zum Kinderkreuzzug*: Ulrich GÄBLER, Der „Kinderkreuzzug" vom Jahre 1212, in: Schweizerische Zeitschrift für Geschichte 28 (1978), S. 1-14; Peter READS, The Children's Crusade of 1212, in: Journal of Medieval History 3 (1977), S. 279-323. *Zu den Annales S. Pantaleonis Coloniensis:* WATTENBACH-SCHMALE 1, S. 109-112. *Zu den Marbacher Annalen*: Die Chronik Ottos von St. Blasien und die Marbacher Annalen, hg. und übersetzt von F.J. Schmale (FSGA 18a), Darmstadt 1998, S. 5-10.

8) Auf dem Weg zur Wahl Heinrichs (VII.): STÜRNER (1992), S. 188-239; DERS., Der Staufer Heinrich (VII.) (1211-1242). Lebensstationen eines gescheiterten Königs, in: Zeitschrift für Württembergische Landesgeschichte 52, 1993, S. 13-33, hier S. 16-20; Peter THORAU, König Heinrich (VII.), das Reich und die Territorien. Untersuchungen zur Phase der Minderjährigkeit und der „Regentschaften" Erzbischof Engelhards I. von Köln und Herzog Ludwigs I. von Bayern (1211) 1220-1228

(Jahrbücher der Deutschen Geschichte. Jahrbücher des Deutschen Reichs unter Heinrich (VII.) 1), Berlin 1998, S. 31-93; Thomas VOGTHERR, Der bedrängte König. Beobachtungen zum Itinerar Heinrichs (VII.), in: DA 47, 1991 S. 394-343, hier S. 400 f.

9) Die „Confoederatio cum principibus ecclesiasticis": *Zu den Ereignissen im Überblick*: THORAU (1998), S. 82 ff. (wie Kap. 8); Wolfgang STÜRNER, Der Staufer Heinrich (VII.) (1211-1242). Lebensstationen eines gescheiterten Königs, in: Zeitschrift für Württembergische Landesgeschichte 52, 1993, S. 13-33, hier S. 18 ff.; DERS., (1992), S. 235-239. *Allgemeines*: Elmar WADLE, Über Entstehung, Funktion und Geltungsgrund normativer Rechtsaufzeichnungen im Mittelalter. Notizen zu einem Durchblick, in: Recht und Schrift im Mittelalter, hg. v. Peter Classen (VuF 23), Sigmaringen 1977, S. 503-518. *Zu den Fürstenprivilegien von 1220, 1231/32 und 1235* (wie Kap. 21): ZINSMAIER (1963), S. 85-102; KLINGELHÖFER (1955), S. 5-60; SCHRADER (1966), S. 420-442; KOLLER (1958).

10) Die Kaiserkrönung Friedrichs II.: STÜRNER (1992), S. 246-253; VAN CLEVE (1972), S. 123-138. *Zum Kreuzzug gegen Damiette*: J.M. POWELL, Anatomy of a Crusade 1213-1221, Philadelphia 1986; Hans Eberhard MAYER, Geschichte der Kreuzzüge, Stuttgart [6]1985, S. 188-201; vgl. auch Paul B. PIXTON, Die Anwerbung des Heeres Christi, Prediger des Fünften Kreuzzugs in Deutschland, in: DA 34 (1978), S. 166 ff.

11) Die Unterwerfung Siziliens: VAN CLEVE (1972), S. 139-151; KANTOROWICZ (1927), S. 106-119; vgl. auch H. MEIER-WELCKER, Das Militärwesen Kaiser Friedrichs II. Landesverteidigung, Heer und Flotte im sizilischen „Modellstaat", in: Revue Internationale d'histoire Militaire 33 (1975), S. 9-48. *Zu Richard von San Germano:* LexMA 7, Sp. 824 f.; Eduard WINKELMANN, Das Verhältnis der beiden Chroniken des Richard von San Germano, in: MIÖG 15 (1894); Heinrich LOEWE, Richard von San Germano und die ältere Redaktion seiner Chronik, Halle 1894. *Zu den Assisen von Capua*: Theo KÖLZER, Die Verwaltungsreformen Friedrichs II., in: Friedrich II., hg. v. Arnold Esch/Norbert Kamp, Tübingen 1996, S. 305 f.; Horst ENZENSBERGER, Macht und Recht im normannisch-staufischen Sizilien, in: Mediterraneo Medievale (FS Francesco Giunta), Soveria Mannelli 1989, S. 395-415, hier 409 f.; Ernst PITZ, Papstreskript und Kaiserreskript im Mittelalter, Tübingen 1971, S. 237-248 (umstritten); P. SCHEFFER-BOICHORST, Gesammelte Schriften 2 (Historische Studien 43), Berlin 1905, S. 132-162; vgl. demnächst auch Ausgewählte Quellen zur mittelalterlichen Sozial- und Wirtschaftsgeschichte, hg. v. Horst Enzensberger (im Druck). *Zu Wilhelm II. als „gutem König":* Hubert HOUBEN, Roger II., Darmstadt 1997, S. 169-175; LexMA s.v. Wilhelm; Horst ENZENSBERGER, Der ‚gute' und der ‚böse' Wilhelm. Zur Kirchenpolitik der normannischen Könige von Sizilien nach dem Vertrag von Benevent (1156), in: DA 36 (1980), S. 385-432. *Zur Entwicklung der Rechtsstellung der Juden im Mittelalter*: Alexander PATSCHOVSKY, Das Rechtsverhältnis der Juden zum deutschen König (9.-14. Jahrhundert). Ein europäischer Vergleich, in: ZRG.GA 110 (1993), S. 331-371; Friedrich LOTTER, Die Juden im Kirchenrecht des Mittelalters. Bericht über neuere Literatur, in: Aschkenas 1 (1991), S. 161-172; Walter PAKTER, Medieval Canon Law and the Jews, Ebelsbach 1988 (Judenabzeichen: S. 292-297); Volker PFAFF, Die soziale Stellung des Judentums in der Auseinandersetzung zwischen Kaiser und Kirche vom 3. bis zum 4. Laterankonzil (1179-1215), in: VSWG 52 (1965), S. 168-206; daneben weiterhin grundlegend, wenngleich in vielen Einzelheiten überholt Guido KISCH, Forschungen zur Rechts- und Sozialgeschichte der Juden in Deutschland, Sigmaringen [2]1978; einen anschaulichen ersten Überblick bietet Werner KELLER, Und wurden zerstreut unter alle Völker. Die nachbiblische Geschichte des jüdischen Volkes, München 1966 (zahlr. ND); vgl. auch die Hinweise zum Kapitel „Friedrich II. und die Juden". *Zur Stellung der Juden im*

mittelalterlichen Sizilien: LexMA 7 (1995), Sp. 1964 f.; Hubert HOUBEN, Möglichkeiten und Grenzen religiöser Toleranz im normannisch-staufischen Königreich Sizilien, in: DA 50 (1994), S. 159-198; Willy COHN, Juden und Staufer in Unteritalien und Sizilien, Aalen 1978 (Aufsatzsammlung 1919-1936); Raphael STRAUS, Die Juden im Königreich Sizilien unter Normannen und Staufern, Heidelberg 1910. *Zur Kennzeichnung von Juden auf bildlichen Darstellungen im Mittelalter*: Willehad Paul ECKERT, „Von Niedrigkeit umglänzt ihr reines Bildnis". Antijudaismus in der christlichen Kunst. Zur Darstellung von Juden und Judentum in christlichen Kunstwerken des Mittelalters und des Barock, in: Antisemitismus: Erscheinungsformen der Judenfeindschaft gestern und heute, hg. v. Günther B. Ginzel, 1991, S. 358-388; Elizabeth Carson PASTAN, „Tam haereticos quam Judaeos". Shifting symbols in the glazing of Troyes cathedral, in: Word & Image 10 (1994), S. 66-83; Danièle SANSY, Jalons pour une iconographie médiévale du juif, in: Xudeus e conversos na historia. Actas do Congreso Internacional, Ribadavia 14-17 de outubro de 1991, hg. v. Carlos Barros, Santiago de Compostela 1994, Bd. 1, S. 135-169; Danièle SANSY, Chapeau juif ou chapeau pointu? Esquisse d'un signe d'infamie, in: Symbole des Alltags – Alltag der Symbole (FS Harry Kühnel), hg. v. Gertrud Blaschnitz u.a., Graz 1992, S. 349-375; vgl. auch Elaine C. BLOCK, Judaic imagery on medieval choir stalls, in: Reinardus 8 (1995), S. 26-47. *Zu Juden, Prostituierten und Spielleuten als Randgruppen*: Randgruppen der spätmittelalterlichen Gesellschaft, hg. v. Bernd-Ulrich HERGEMÖLLER, Warendorf ²1994, S. 56-88 (Prostituierte), S. 157-180 (Spielleute), S. 284-327 (Juden); Anna ABULAFIA, Jewish carnality in twelfth-century Renaissance thought, in: Studies in Church History 29 (1992), S. 59-75; Jeffrey RICHARDS, Sex, Dissidence and Damnation. Minorities in the Middle Ages, London 1991, S. 88-115 (Juden) und S. 116-131 (Prostituierte); kritisch zum Randgruppenkonzept: Gerd MENTGEN, „Die Juden waren stets eine Randgruppe". Über eine fragwürdige Prämisse der aktuellen Judenforschung, in : Liber amicorum ... für Alfred Heit (Trierer Historische Forschungen 28), Trier 1995, S. 393-411. *Zur Prostitution im Mittelalter*: Jacques ROSSIAUD, Dame Venus. Prostitution im Mittelalter, München 1989 (it. 1984); Leah L. OTIS, Prostitution in Medieval Society, Chicago 1985; Antonino CUTRERA, Storia della prostituzione in Sicilia, Palermo 1903. *Zum Verhältnis der Assisen von Capua und Messina zu den Konstiutionen von Melfi und ihren Rechtsquellen*: Hermann DILCHER, Die sizilische Gesetzgebung Kaiser Friedrichs II., Köln 1975, S. 18 f. und die dort angegebenen Stellen, außerdem S. 121 (Juden) und S. 124-126 u. 735 f. (Prostituierte). *Zu Thomas von Gaeta*: LexMA 8 (1997), Sp. 718 f.; STÜRNER (1992), S. 111 f.; Paul KEHR, Das Briefbuch des Thomas von Gaeta, Justitiars Friedrichs II., in: QFIAB 8 (1905), S. 1-76 (v.a. S. 29-38). *Zur Anrede des Vasallen als „amicus"*: William Averill STOWELL, Old-French Titles of Respect in Direct Adress, Baltimore 1908, S. 26-29.

12) Die Umsiedlung der Sarazenen Siziliens nach Lucera: LexMA 5 (1991), Sp. 2157 f.; VAN CLEVE (1972), S. 151-155; KANTOROWICZ (1927), S. 119-124; Arthur HASSELOFF, Die Bauten der Hohenstaufen in Unteritalien, Bd. 1.1, Leipzig 1920, S. 99 ff.; Pietro EGIDI, La colonia Saracena di Lucera e la sua distruzione, in: Archivio storico per le province Neapoletane 36 (1911), S. 597-694, 37 (1912), S. 71-89 und 664-696, 38 (1913), S. 115-144 und 681-707, 39 (1914), S. 132-171 und 697-766 (auch separat Neapel 1915); Francesco GABRIELI, La colonia saracena e la sua fine, in: Archivio storico Pugliese 30 (1977), S. 169-175; vgl. auch John P. LOMAX, Frederick II, his Saracens, and the Papacy, in: Medieval Christian Perceptions of Islam, hg. v. J.V. Tolan, New York 196, S. 175-197. *Zum Verhältnis Friedrichs II. zum Islam*: James M. POWELL, Frederick II and the Muslims. The making of a Historiographical Tradition, in: Iberia and the Mediterranean World of the Middle Ages (FS Robert Burns), hg. v. L. Simon, Leiden 1995, 261-269; David ABULAFIA, Ethnic Variety and its Implications. Frederick II's Relations with Jews and Muslims, in: Intellectual Life

at the Court of Frederick II of Hohenstaufen, hg. v. W. Tronzo, Washington 1994, S. 213-224; David ABULAFIA, The End of Muslim Sicily, in: Muslims under Latin Rule, hg. v. J. Powell, Princeton 1990, 103-133; vgl. auch Eberhard HORST, Der Sultan von Lucera. Friedrich II. und der Islam, Freiburg 1997; Das Staunen der Welt. Friedrich II. und das Morgenland (Ausstellungskatalog), Berlin 1994. *Zu Ibn Wasil*: Die Kreuzzüge aus arabischer Sicht, hg. v. Francesco Gabrieli, Zürich 1973, S. 31 f.; The Encyclopedia of Islam. New Edition (Fasz. 55/56, 1969), S. 967. *Zur Geschichte der arabischen Bevölkerung Siziliens vor 1222*: Hubert HOUBEN, Möglichkeiten und Grenzen religiöser Toleranz im normannisch-staufischen Königreich Sizilien, in: DA 50 (1994), S. 159-198; STÜRNER (1992), S. 112 (Anm. 109); Ferdinando MAURICI, Breve storia degli arabi in Sicilia, Palermo 1995; Arabi e Normanni in Sicilia, Agrigent 1993; Gli Arabi in Italia, hg. v. Francesco Gabrieli/Umberto Scerrato, Mailand 1979; Aziz AHMAD, A History of Islamic Sicily, Edinburgh 1975; Michele AMARI, Storia die Musulmani di Scilia, 3 Bde., Catania [2]1933-1939 (ND Catania 1989); vgl. auch den anschaulichen Überblick bei Sigrid HUNKE, Allahs Sonne über dem Abendland, Stuttgart 1960 (zahlr. ND).

13) Die Gründung der Universität Neapel: Theo KÖLZER, Die Verwaltungsreformen Friedrichs II., in: Friedrich II., hg. v. Arnold Esch/Norbert Kamp, Tübingen 1996, S. 299-315, hier: S. 307; Andrea ROMANO, Federico II e lo studium generale die Napoli, in: Federico II e l'Italia, rom 1995, s. 149-155; A History of the University in Europe, Bd. 1, hg. v. Hilde de Ridder-Symoens, Cambridge 1992, S. 86-88; Girolamo ARNALDI, Fondazione e rifondazione dello studio di Napoli in età sveva, in: Università e società nei secoli XII-XVI, Pistoia 1982, S. 81-105; VAN CLEVE (1972), S. 155-157; Eduard M. MEIJERS, L'università di Napoli nel secolo XIII, in: ders., Études d'histoire du droit, Bd. 3, Leiden 1959, S. 149-160; Gennaro M. MONTI, Sulla fondazione dell'Università di Napoli, in: Studium (Rom) 21 (1925), S. 1-7; Francesco TORRACA, Storia della università di Napoli, Neapel 1924 (ND Neapel 1993), S. 3-16; Gennaro M. MONTI, Per la storia dell'Università di Napoli. Ricerche et documenti vari, Neapel 1924; Karl HAMPE, Zur Gründungsgeschichte der Universität Neapel. Mitteilungen aus der Capuaner Briefsammlung V (Sitzungsberichte der Heidelberger Akademie der Wissenschaften. Philosophisch-Historische Klasse 1923, Heft 10), Heidelberg 1924; A. GAUDENZI, La costituzione di Federico II che interdice lo studio Bolognese, in: Archivio storico Italiano V.42 (1908), S. 352-363; Heinrich DENIFLE (O.P.), Die Entstehung der Universitäten des Mittelalters bis 1400, Berlin 1885, S. 452-461 (reiche Materialsammlung, in der Darstellung jedoch stark vom Kulturkampf geprägt; vgl. neben seinen eigenen polemischen Äußerungen im Vorwort auch Andrea GLORIA, Aberrazioni del monaco Enrico Denifle intorno la Università di Padova, Padua 1893); Giovanno G. Origlia PAOLINO, Istoria dello studio di Napoli, Bd. 1, Neapel 1753 (ND Bologna 1973), S. 61 ff. *Zur Gründung der Universität Neapel als Teil der „legenda aurea del bel regno meridionale" und der „più specifica leggenda di Friderico II, il primo sovrano moderno dell'Europa medievale"*: ARNALDI (1992), S. 83-87. *Zu den Vorbildern des Schreibens Friedrichs II. von 1224*: Winfried STELZER, Zum Scholarenprivileg Friedrich Barbarossas (Authentica „Habita"), in: DA 34 (1978), S. 123-165. *Zur Universität Bologna*: LexMA 2 (1983), Sp. 374-387. *Zur Entstehung der Universitäten in Europa*: LexMa 7 (1995), S. 1584 f. und 8 (1997), Sp. 1249-1255; Geschichte der Universität in Europa, Bd. 1: Mittelalter, hg. v. Walter Rüegg, München 1993; A History of the University in Europe, Bd. 1, hg. v. Hilde de Ridder-Symoens, Cambridge 1992; Schulen und Studien im sozialen Wandel des hohen und späten Mittelalters, hg. v. Johannes Fried (VuF 30), Sigmaringen 1986; Alan B. COBBAN, The Medieval Universities. Their Development and Organization, London 1975. *Zum Verhältnis Friedrichs II. zu Bologna*: Leonardo MASCANZONI, Federico II e Bologna, in: Archivio storico Italiano, 154 (1996), S. 155-161.

14) Die Goldene Bulle von Rimini für den Deutschen Orden: Hartmut BOOCKMANN, Ost- und Westpreußen (Deutsche Geschichte im Osten Europas 1), Berlin [2]1993, S. 90-106, v.a. S. 94 f.; Marian DYGO, The German Empire and the Grand Master of the Teutonic Order in the Light of the Golden Bull of Rimini, in: Acta Poloniae Historica 61 (1990), S. 33-61; Helmuth KLUGER, Hochmeister Hermann von Salza und Kaiser Friedrich II., Marburg 1987, S. 54-65; Hans Eberhard MAYER, Geschichte der Kreuzzüge, Stuttgart [6]1985, S. 213 f.; W. WIPPERMANN, Der Ordensstat als Ideologie. Das Bild des Deutschen Ordens in der deutschen Geschichtsschreibung und Publizistik, Berlin 1979; E. PITZ, Kaiserreskript und Papstreskript im Mittelalter, Tübingen 1971, S. 200-207 (umstritten); vgl. auch Hartwig CLEVE, Kaiser Friedrich II. und die Ritterorden, in: DA 49 (1993), S. 39-73, hier S. 65; 800 Jahre Deutscher Orden, hg. v. Udo Arnold, Gütersloh 1990; Friedrich BENNINGHOFEN, Unter Kreuz und Adler. Der Deutsche Orden im Mittelalter, Berlin 1990, S. 59 f. (mit Abb.). Einen bibliographischen Überblick über die bis 1983 erschienenen Beiträge zur Interpretation der Goldbulle von Rimini bietet RI 5.4, S. 195 (Nachträge zu RI 5.1, Nr. 1598). *Zur Überlieferung und Echtheit*: RI 5.4, S. 195 (zu Nr. 1598); Von Akkon bis Wien, hg. v. U. Arnold, Marburg 1978, S. 1-5 (HUBATSCH); MIÖG 29 (1908), S. 393 ff. (GRUMBLAT); VuF 16 (1974), S. 147 f. (ZINSMAIER). *Zu Lübeck*: Walter HUBATSCH, Lübecks Reichsfreiheit und Friedrich II., in: Zeitschrift des Vereins für Lübeckische Geschichte und Altertumskunde 56 (1976), S. 5-15.

15) Kreuzzugsvorbereitungen und päpstlicher Bann: VAN CLEVE (1972), S. 158-207; KANTOROWICZ, (1927), S. 127-153; vgl. auch ABULAFIA (1991), S. 157-178. *Zu den Voraussetzungen der Bannung*: Rudolf HIESTAND, Friedrich II. und der Kreuzzug, in: Friedrich II., hg. v. Arnold Esch/Norbert Kamp, Tübingen 1996, S.128-149; Wolfgang STÜRNER, Kreuzzugsgelübde und Herrschaftssicherung. Friedrich II. und das Papsttum im letzten Pontifikatsjahr Innozenz' III., in: Papstum, Kirche und Recht im Mittelalter, Tübingen 1991, S. 303-316. *Zu der von der Kurie erst 1231 anerkannten Annahme des Titels „König von Jerusalem" durch Friedrich II.*: Rudolf HIESTAND, Ierusalem et Sicilie rex. Zur Titulatur Friedrichs II., in: DA 52, 1996, S. 181-189.

16) Der Kreuzzug Friedrichs II.: Hans Eberhard MAYER, Geschichte der Kreuzzüge, Stuttgart [6]1985, S. 201-210; VAN CLEVE (1972), S. 208-228; Kantorowicz (1927), S. 163-188; vgl. auch ABULAFIA (1991), S. 178-202; ausführlich: Rudolf HIESTAND, Friedrich II. und der Kreuzzug, in: Friedrich II., hg. v. Arnold Esch/Norbert Kamp, Tübingen 1996, S. 128-149; John P. LOMAX, A canonistic reconsideration of the crusade of Frederick II, in: Proceedings of the 8th International Congress of Medieval Canon Law, hg. .v. S. Chodrow, Città del Vaticano 1992, S. 207-225; Helmuth KLUGER, Hochmeister Hermann von Salza und Kaiser Friedrich II., Marburg 1987, S. 69-122; Thomas Curtis VAN CLEVE, The Crusade of Frederick II., in: A History of the Crusades II, Madison, Milwaukee, London 1969, S. 429-462; Hans L. GOTTSCHALK, Al-Malik al-Kamil von Egypten und seine Zeit, Wiesbaden 1958, S. 121-160; Winkelmann (1889/1897), Bd. 1, S. 324-341 und Bd. 2, S. 1-241; Reinhold RÖHRICHT, Beiträge zur Geschichte der Kreuzzüge, Bd. 1, Berlin 1874 (ND Aalen 1967), S. 1-112; vgl. auch Das Staunen der Welt. Friedrich II. und das Morgenland (Ausstellungskatalog), Berlin 1994. *Zur Wahrnehmung des Kreuzzuges Friedrichs II. in der Historiographie*: Sommerlechner (1999), S. 241-308. *Zur „Selbstkrönung" Friedrichs II. als „Unter der Krone Gehen"*: Hans Eberhard MAYER, Das Pontifikale von Tyrus und die Krönung der lateinischen Könige von Jerusalem, in: Dumbarton Oaks Papers 21 (1967), S. 141-232, hier: 200-210. *Zum Verhältnis Friedrichs II. zum Islam*: vgl. die Hinweise zu Kap. 12. *Zu den Ereignissen auf Zypern*: Hans Eberhard MAYER, Geschichte der Kreuzzüge, Stuttgart [6]1985, S. 213; ausführlich: Peter W. EDBURY, The Kingdom of Cyprus and the Crusades, Cambridge 1991, S. 55-65; George HILL, A history of Cyprus, Bd. 2, Cambridge 1948, S. 89-126; Hans MÜLLER,

Der Longobardenkrieg auf Cypern, Halle 1890. *Zu Philipp von Novara*: Geoffrey N. BROMILEY, Philip of Novara's account of the war between Frederick II of Hohenstuefen and the Ibelins, in: Journal of Medieval History 3 (1977), S. 325-338; Paul RICHTER, Beiträge zur Historiographie in den Kreuzfahrerstaaten, MIÖG 13 (1892), S. 255-312 und 15 (1894), S. 593-599; Gaston PARIS, Les memoires de Philippe de Novare, Revue de l'Orient Latin 9 (1902), S. 164-205. *Zu Roger von Wendover und Matthaeus Paris*: A. GRANSDEN, Historical Writing in England, Bd. 1, London 1974, S. 356-379; Karl Rudolf SCHNITH, England in einer sich wandelnden Welt (1189-1259). Studien zu Roger Wendover und Matthäus Paris, Stuttgart 1974. *Zu den arabischen Quellen*: Francesco GABRIELI, Die Kreuzzüge aus arabischer Sicht, Zürich 1973; vgl. auch Carole HILLENBRAND, The Crusades. An Islamic Perspective, Edinburgh 1999; Amin MAALOUF, Der Heilige Krieg der Barbaren. Die Kreuzzüge aus der Sicht der Araber, München 1996. *Zu den Ayyubiden von Hamat (Hamah) und dem politischen Umfeld Ibn Wasils:* The Encyclopedia of Islam. New Edition (1960 ff.) s.v. Ayyubids, Baybars I, Hamat, Ibn Wasil. Die Darstellung Ibn Wasils und andere Quellen verarbeiteten Emir Abu 'l-Fida von Hamat (1273-1331) und der ägyptische Antiquar al-Maqrizi (1364-1442) in zusammenfassenden Kompilationen, aus denen HEINISCH (1968), S. 141, 168-173 und 191-193 Auszüge in deutscher Übersetzung bietet. Eine zusammenhängende frz. Übersetzung von al-Maqrizis „Geschichte Ägyptens" ist erschienen in Revue de l'Orient Latin 6 (1898), S. 435-489; 8 (1900/1901), S. 165-212 und 501-553; 9 (1902), S. 6-163 und 466-530; 10 (1903/1904), S. 248-371; 11 (1905-1908), S. 192-239 (Kreuzzug Friedrichs II.: Ende Bd. 9 / Anfang Bd. 10). *Zu Jerusalem als heiliger Stadt des Islam*: The Encyclopedia of Islam. New Edition s.v. al-Kuds.

17) Die Rückeroberung Apuliens und der Frieden von San Germano: VAN CLEVE (1972), S. 228-233; KANTOROWICZ (1927), S. 188-194; vgl. auch ABULAFIA (1991), S. 203-210; ausführlich: Gerhard BAAKEN, Ius Imperii ad Regnum, Köln 1993, S. 280-291; Helmuth KLUGER, Hochmeister Hermann von Salza und Kaiser Friedrich II., Marburg 1987, S. 141-162. *Zur Wahrnehmung in der Historiographie*: SOMMERLECHNER (1999), S. 303-317.

18) Die Konstitutionen von Melfi: Eine kritische Edition steht aus. In der Forschung häufig zitiert wird Cajetanus CARCANI, Constitutiones regum regni utriusque Siciliae, Neapel 1786; daneben auch: Die Konstitutionen Friedrichs II. von Hohenstaufen für sein Königreich Sizilien, nach einer lateinischen Handschrift des 13. Jahrhunderts hg. und übers. v. Hermann Conrad/Thea von der Lieck-Buyken/Wolfgang Wagner, Köln 1973 (lat./dt.); HB 4, S. 1-263; Antonius CERVONIUS, Constitutiones Regni Siciliarum, Bd. 1, Neapel 1771 (mit Kommentar). Eine englische Übersetzung mit Einleitung bietet The Liber Augustalis, übers. v. James M. Powell, Syracuse 1971. *Kommentar zu den Rechtsquellen der einzelnen Konstitutionen*: Hermann DILCHER, Die sizilische Gesetzgebung Kaiser Friedrichs II., Köln 1975. *Zur Entstehung, Struktur und Anwendung der Konstitutionen von Melfi*: Wolfgang STÜRNER, Die Konstitutionen Friedrichs II. für sein Königreich Sizilien, in: Friedrich II., hg. v. Arnold Esch/Norbert Kamp, Tübingen 1996, S. 263-276; Theo KÖLZER, Magna imperialis curia. Die Zentralverwaltung im Königreich Sizilien unter Friedrich II., in: HistJb 114 (1994), S. 287-311; Folker REICHERT, Der sizilische Staat Friedrichs II. in Wahrnehmung und Urteil der Zeitgenossen, in: HZ 253 (1991), S. 21-50; Horst ENZENSBERGER, Macht und Recht im normannisch-staufischen Sizilien, in: Mediterraneo Medievale (FS Francesco Giunta), Soveria Mannelli 1989, S. 395-415 (insb. S. 408 f. zu Liber Augustalis II.28); Kenneth PENNINGTON, Gregory IX, Emperor Fredrick II, and the Constitutions of Melfi, in: Popes, Teachers and Canon Law in the Middle Ages, hg. v. J. Sweeney/S. Chodorow, Ithaca 1989, S. 53-61; Heinz HÜBNER, Menschenwürde und Fürsorgestaat im Sizilien Friedrichs II. von Hohenstaufen, in: Rechtsstaat und Menschenwürde (FS Werner Maihofer), hg. v. A. Kaufmann u.a., Frankfurt 1988, S. 205-222; Hagen KELLER, Zwischen regionaler Be-

grenzung und universalem Horizont (Propyläen Geschichte Deutschlands), Berlin 1986, S. 489-492; Gunther WOLF, Kaiser Friedrich II. und das Recht, in: ZRG.RA 102 (1985), S. 327-343; Norbert KAMP, Die sizilischen Verwaltungsreformen Kaiser Friedrichs II. als Problem der Sozialgeschichte, in: QFIAB 62 (1982), S. 119-142; Hermann DILCHER, Die sizilische Gesetzgebung Friedrichs II. Eine Synthese von Tradition und Erneuerung, in: Probleme um Friedrich II., hg. v. J. Fleckenstein (VuF 16), Sigmaringen 1974, S. 23-41; Alois SCHÜTZ, Eine unbekannte Quelle zur Gesetzgebung Kaiser Friedrichs II. im Königreich Sizilien, in: DA 30 (1974), S. 25-55; Antonio MARONGIÙ, Politica e diritto nella legislazione di Federico II, in: Archivio storico Pugliese, 26 (1973), S. 3-23. *Zum Prooemium*: Wolfgang STÜRNER, Rerum necessitas und divina provisio. Zur Interpretation des Prooemiums der Konstitutionen von Melfi (1231), in: DA 39, 1983, S. 467-554. *Zu den Ketzerbestimmungen*: Grado G. MERLO, Federico II, gli eretici, i frati, in: Federico II e le nuove culture, Spoleto 1995, S. 45-67; Kurt-Victor SELGE, Die Ketzerpolitik Friedrichs II., in: Probleme um Friedrich II., hg. v. J. Fleckenstein (VuF 16), Sigmaringen 1974, S. 309-343. *Zu den Bestimmungen über Majestätsbeleidigung:* Andrea ROMANO, I ribelli nella legislazione e nella dottrina giuridica del regnum Siciliae, in: Ordnung und Aufruhr im Mittelalter (Ius Commune. Sonderheft 70), hg. v. M. Fögen, Frankfurt 1995, S. 139-161. *Zur Stellung des Adels*: : Errico CUOZZO, Nobilità e militia nel Liber Augustalis di Federico II di Svevia, in: De l'aventure épique à l'aventure romanesque (FS André de Mandach), hg. v. J. Chocheyras, Bern 1997, S. 99-114. *Zu den Assisen von Jerusalem:* Hans Eberhard MAYER, Geschichte der Kreuzzüge, [6]1985, S. 146 f. *Zu Alfons X. von Kastilien*: Federico II (1194-1250) y Alfonso X el Sabio (1221-1284), in: Federico II e le nuove culture, Spoleto 1995, S. 113-151. *Zum Gedanken der „Blutreinheit" im Mittelalter (vgl. Liber Augustalis III.23.2)*: John EDWARDS, La prehistoria de los estatutos de „limpieza de sangre", in: Xudeus e conversos na historia. Actas do Congreso Internacional, Ribadavia 14-17 de outubro de 1991, hg. v. Ed. Carlos Barros, Santiago de Compostela 1994, Bd. 1, S. 351-357; John EDWARDS, Race and religion in 15th and 16th century Spain. The „purity of blood" laws revisited, in: Proceedings of the Tenth World Congress of Jewish Studies, Jerusalem, August 16-24, 1989, hg. v. David Assaf, Jerusalem 1990, Bd. B.2, S. 159-166.

19) Die Bauten Friedrichs II. in Süditalien: Hubert HOUBEN, Der deutsche Beitrag zur interdisziplinären Erforschung der Kastelle Friedrichs II. von Hohenstaufen und Karls I. von Anjou. Bilanz und Perspektiven, in: Kunst im Reich Kaiser Friedrichs II. von Hohenstaufen. Akten des zweiten Internationalen Kolloquiums zu Kunst und Geschichte der Stauferzeit (Rheinisches Landesmuseum Bonn 8. bis 10. Dezember 1995), hg. v. Alexander Knaak, München, Berlin 1997, S. 33-49; Gary M. RADKE, The Palaces of Frederick II, in: Intellectual Life at the Court of Frederick II of Hohenstaufen, hg. v. William Tronzo (Studies in the History of Art 44; Center for Advanced Study in the Visual Art, Symposium Papers 24), Washington 1994, S. 178-186; Carl Arnold WILLEMSEN: Die Bauten Kaiser Friedrichs II. in Süditalien, in: Die Zeit der Staufer. Katalog der Ausstellung Stuttgart 1977, hg. v. Reiner Haussherr, Bd. 3: Aufsätze, Stuttgart 1977, S. 143-163; Dankwart LEISTIKOW, Castra et domus. Burgen und Schlösser Friedrichs II. im Königreich Sizilien, in: Kunst im Reich Kaiser Friedrichs II. von Hohenstaufen: Akten des internationalen Kolloquiums (Rheinisches Landesmuseum Bonn, 2. bis 4. Dezember 1994), hg. v. Kai Kappel, Dorothee Kemper und Alexander Knaak, München 1996, S. 21-33. *Allgemein*: VAN CLEVE (1972), S. 336-346; *Zum Triumphtor zu Capua*: Carl A. WILLEMSEN, Kaiser Friedrichs II. Triumphtor zu Capua. Ein Denkmal hohenstaufischer Kunst in Süditalien, Wiesbaden 1953. *Zum Castel del Monte*: Wulf SCHIRMER und Dorothee SACK, Castel del Monte, in: Kunst im Reich Kaiser Friedrichs II. von Hohenstaufen: Akten des internationalen Kolloquiums (Rheinisches Landesmuseum Bonn, 2. bis 4. Dezember 1994), hg. v. Kai Kappel, Dorothee Kemper und Alexander Knaak, München

1996, S. 35-44; Dankwart LEISTIKOW, Zum Mandat Kaiser Friedrichs II. von 1240 für Castel del Monte, in: DA 50 (1994), S. 205-213. Heinz GÖTZE, Castel del Monte. Gestalt und Symbol der Architektur Friedrichs II., 3. völlig neu bearb. Auf., München 1991; *Zu Foggia*: Dankwart LEISTIKOW, Die Residenz Kaiser Friedrichs II. in Foggia, in: Burgen und Schlösser 18, 1977, S. 1-12.

20) Das Falkenbuch: *Edition und Übersetzung:* Die erste vollständige Edition der sechs Bücher des Falkenbuches besorgte 1942 Carl Arnold WILLEMSEN (Friderici Romanorum Imperatore Secundi, De arte venandi cum avibus, hg. v. Carl Arnold Willemsen, 2 Bde., Leipzig 1942). Durch den Krieg war es ihm allerdings nicht möglich, sämtliche Exemplare dieser Handschriftengruppe anzusehen. Im Jahr 1969 gab Willemsen in Zusammenarbeit mit der Biblioteca Apostolica Vaticana ein Faksimile der reich illustrierten, aus den ersten beiden Büchern des Falkenbuchs bestehende Manfred-Handschrift heraus: Friedrich [II.], De arte venandi cum avibus. Ms. Pal. Lat. 1071, Biblioteca Apostolica Vaticana, Faks.-Ausg. und Kommentarband, hg. v. Carl A. Willemsen, Graz 1969. Außerdem erschien in diesen Jahren seine Übersetzung der 6-Bücher-Variante, an die Willemsen einen Kommentarband anschloß, der Korrekturen zur Edition und Ergänzungen zu den 1942 nicht aufgenommene Varianten enthält: Kaiser Friedrich der Zweite, Über die Kunst mit Vögeln zu jagen. 2 Bde., unter Mitarbeit von Dagmar Odenthal übertragen und hg. v. Carl Arnold Willemsen, Frankfurt a. M. 1964, Kommentar zur lateinischen und deutschen Ausgabe, Frankfurt a. M. 1970). Dieser Kommentarband enthält eine ausführliche Einleitung zu Überlieferung, Aufbau, Inhalt und Gestaltung des Falkenbuchs. *Überblick und Zusammenfassung der neueren Forschung*: Dorothea WALZ, Das Falkenbuch Friedrichs II., Graz 1994. Einige angefügte Drucke aus der Manfred-Handschrift vermitteln eine Vorstellung von der Qualität der Miniaturen; vgl. auch DIES., Das Falkenbuch Friedrichs II., in: Micrologus 2 (1994), S. 161-184. – Die These, daß in dem Brief des Guillelmus Bottatius nicht „das Falkenbuch" Friedrichs II. genannt ist, stammt von Johannes FRIED, Kaiser Friedrich II. als Jäger oder Ein zweites Falkenbuch Kaiser Friedrichs II.? (Nachrichten der Akadamie der Wissenschaften in Göttingen. I. Philologisch-historischen Klasse 4), Göttingen 1996; DERS.: „... correptus est per ipsum imperatorem". Das zweite Falkenbuch Friedrichs II., in: Mittelalterliche Texte. Überlieferung – Befunde – Deutungen. Kolloquium der Zentraldirektion der Monumenta Germaniae Historica am 28./29. Juni 1996, hg. v. Rudolf Schiefer (MGH Schriften 42), Hannover 1996, S. 93-124; die ältere Deutung des Briefes und seine Edition bei: Charles Homer HASKINS, Studies in the History of Mediaeval Science, New York 1924, S. 299-326. – *Zur Verfasserfrage der sog. Jamsilla-Chronik:* August KARST, Ueber des sogenannten Jamsilla, in: HistJb 19 (1898), S. 1-28 und August NITSCHKE, Die Handschriften des sog. Nikolaus von Jamsilla, in: DA 11 (1954/55), S. 233-238.

21) Das „Statutum in favorem principum": VAN CLEVE (1972); S. 363 f.; Wolfgang STÜRNER, Der Staufer Heinrich (VII.) (1211-1242). Lebensstationen eines Königs, in: Zeitschrift für Württembergische Landesgeschichte 52, 1993, S. 13-33, hier S. 24; ENGELS (1994), S. 162. *Zur Stellung der Reichsfürsten im Herrschaftsgefüge des Reiches*: Karl HEINEMEYER, König und Reichsfürsten in der späten Salier- und frühen Stauferzeit, in: BDLG 122 (1986) = Vom Reichsfürstenstande, hg. v. Walter Heinemeyer, Köln/Ulm 1987, S. 1-39; Egon BOSHOF, Reichsfürstenstand und Reichsreform in der Politik Friedrichs II., ebd., S. 41-66; Heinrich KOLLER, Die Bedeutung des Titels „princeps" in der Reichskanzlei unter den Saliern und Staufern, in: MIÖG 68 (1960), S. 63-80. *Zu den Fürstenprivilegien von 1220, 1231/32 und 1235:* Erich KLINGELHÖFER, Die Reichsgesetze von 1220, 1231/32 und 1235. Ihr Werden und ihre Wirkung im deutschen Staat Friedrichs II. (Quellen und Studien zur Verfassungsgeschichte des Deutschen Reiches in Mittelalter und Neuzeit 8,2), Weimar 1955 (*zum Statutum*: S. 61-96); kritisch dazu Erich SCHRADER, Zur Deutung der Fürstenprivilegien von 1220 und 1231/32, in: Stupor mundi[1], S. 420-454 (*zum Statutum*: S.

442-441 und 442 f.); Heinrich KOLLER, Zur Diskussion über die Reichsgesetze Friedrichs II., in: MIÖG 66 (1958), S. 29-51; außerdem: Paul ZINSMAIER, Zur Diplomatik der Reichsgesetze Friedrichs II. (1216, 1220, 1231/32, 1235), in: ZRG.GA 80 (1963), S. 82-117 (*zum Statutum*: S. 106-112).

22) Das Jahr 1235: VAN CLEVE (1972), S. 376-388; ENGELS (1994), S. 163-166; vgl. auch die Hinweise zu Kap. 23-26.

23) Der Sturz Heinrichs (VII.): Wolfgang STÜRNER, Der Staufer Heinrich (VII.) (1211-1241). Lebensstationen eines gescheiterten Königs, in: Zeitschrift für Württembergische Landesgeschichte 52, 1993, S. 13-33; Thomas VOGTHERR, Der bedrängte König. Beobachtungen zum Itinerar Heinrichs (VII.), in DA 47 (1991), S. 394-433, hier S. 410-415; VAN CLEVE (1972), S. 349-388; ENGELS (1994), S. 158-169. *Zu den organologischen Vergleichen*: Tilman STRUVE, Die Entwicklung der organologischen Staatsauffassung im Mittelalter (Monographien zur Geschichte des Mittelalters 16), Stuttgart 1978.

24) Die Eheschließung mit Isabella von England: *Zu den Ereignissen im Überblick*: VAN CLEVE (1972), S. 355 und 380-387. *Zur Beschreibung des Brautschatzes*: Christiane WOLF DI CECCA, Der Brautschatz der Isabella von England 1235 mit besonderer Berücksichtigung der Brautschatzkrone, in: AfD 41 (1995), S. 147-145. *Zu Roger von Wendover*: A. GRANSDEN, Historical Writing in England, Bd. 1, London 1974, S. 359 f. *Zu Matthaeus Paris*: EBD., S. 356-379. *Zu den als ksl. Unterhändler entsandten Deutschordensrittern*: Klaus VAN EICKELS, Die Deutschordensballei Koblenz und ihre wirtschaftliche Entwicklung im Spätmittelalter, Marburg 1995, S. 29 f.

25) Der Mainzer Landfrieden von 1235: *Zu den Ereignissen im Überblick*: VAN CLEVE (1972), S. 382 ff.; ENGELS (1994), S. 164f. *Allgemeines*: Elmar WADLE, Gottesfrieden und Landfrieden als Gegenstand der Forschung nach 1950, in: Funktion und Form. Quellen- und Methodenprobleme der mittelalterlichen Rechtsgeschichte, hg. v. Karl Kroeschell und Albrecht Cordes (Schriften zur Europäischen Rechts- und Verfassungsgeschichte 18), Berlin 1996, S. 63-91; Hartmut BOOCKMANN, Stauferzeit und spätes Mittelalter, Deutschland 1125-1517, Berlin [2]1994, S. 170; LexMA 5 (1991), Sp. 1657; Hagen KELLER, Zwischen regionaler Begrenzung und universalem Horizont (Propyläen Geschichte Deutschlands), Berlin 1986, S. 492-494; Heinz ANGERMEIER, Landfriedenspolitik und Landfriedensgesetzgebung unter den Staufern, in: Probleme um Friedrich II., hg. v. Josef Fleckenstein (VuF 61), Sigmaringen 1974, S. 167-186. Arno BUSCHMANN, Landfriede und Verfassung. Zur Bedeutung des Mainzer Reichslandfriedens von 1235 als Verfassungsgestz, in: Aus Österreichs Rechtsleben in Geschichte und Gegenwart (FS Ernst C. Hellbling), Salzburg 1971, S. 449-472. *Zum Problem der deutschen Versionen*: Ruth SCHMIDT-WIEGAND, Der Mainzer Reichslandfriede im Spannungsfeld zwischen Mündlichkeit und Schriftlichkeit, in: Verborum Amor. Studien zur Geschichte und Kunst der deutschen Sprache (FS Stefan Sonderegger), hg. v. H. Burger u.a., Berlin, New York 1992, S. 342-357; Brigitte JANZ, Wir sezzen unde gebiten ... Der Mainzer Reichslandfrieden in den Bilderhandschriften des ‚Sachsenspiegels', in: Beiträge zur deutschen Sprache und Literatur 112, 1990, S. 242-266; Arno BUSCHMANN, Zum Textproblem des Mainzer Reichslandfriedens von 1235, in: Arbeiten zur Rechtsgeschichte (FS Gustaf Klemens Schmelzeisen), hg .v. Hans-Wolf Thümmel (Karlsruher Kulturwissenschaftliche Arbeiten 2), Stuttgart 1980, S. 25-46; Ursula SCHULZE, Lateinisch-deutsche Parallelurkunden des 13. Jahrhunderts. Ein Beitrag zur Syntax der mittelhochdeutschen Urkundensprache (Medium Aevum. Philologische Studien 30), München 1975, S. 33-103. *Zu den Fürstenprivilegien von 1220, 1231/32 und 1235* (die vollständigen bibiliographischen Angaben: s. die Literatur zum Kapitel „Statutum in favorem principum"): ZINSMAIER (1963), S. 113-117; KLINGELHÖFER (1955), S. 95-112; SCHRADER (1966), S. 420-441 und 444-452; KOLLER (1958).

26) Die Gründung des Herzogtums Braunschweig: Egon BOSHOF, Die Entstehung des Herzogtums Braunschweig-Lüneburg, in: Heinrich der Löwe, hg. v. Wolf-Dieter Mohrmann, Göttingen 1980, S. 249-274; zu einzelnen Aspekten außerdem: Tania BRÜSCH, Die Brunonen, ihre Grafschaften und die sächsische Geschichte. Herrschaftsbildung und Adelsbewußtsein im 11. Jahrhundert, phil. Diss. Braunschweig 1999 (in Druckvorbereitung); Stefan WEINFURTER, Erzbischof Philipp von Köln und der Sturz Heinrichs des Löwen, in: Köln. Stadt und Bistum in Kirche und Reich des Mittelalters (FS Odilo Engels), hg. v. H. Vollrath/S. Weinfurter, Köln 1993, S. 455-481. *Zur Wahrnehmung*: Bernd SCHNEIDMÜLLER, Billunger – Welfen – Askanier. Eine genealogische Bildtafel aus dem Braunschweiger Blasius-Stift und das hochadlige Familienbewußtsein in Sachsen um 1300, in: Archiv für Kulturgeschichte 69, 1987, S. 30-61; Hans PATZE und Karl-Heinz AHRENS, Die Begründung des Herzogtums Braunschweig im Jahre 1235 und die „Braunschweigische Reimchronik", in: BDLG 122 (1986), S. 67-89, zugleich in: Vom Reichsfürstenstande, hg. v. Walter Heinemeyer, Köln/Ulm 1987, S. 67-89. *Zu Otto dem Kind*: Art. „Otto das Kind", in: Neue deutsche Biographie, Bd. 19, Berlin 1999, S. 678 f. *Zum Reichsfürstenstand*: vgl. Kap. 21.

27) Friedrich II. und die Juden (vgl. auch Kap. 11): LexMA 5 (1991), Sp. 781-793 (s.v. Juden, Judenfeindschaft, Judenrecht) und LexMA 8 (1997), Sp. 451 (s.v. Talmudverbrennungen); Rotraud RIES, Juden. Zwischen Schutz und Verteufelung, in: Randgruppen der spätmittelalterlichen Gesellschaft, hg. v. Bernd-Ulrich Hergemöller, Warendorf 1994, S. 284-327; Alexander PATSCHOVSKY, Das Rechtsverhältnis der Juden zum deutschen König (9.-14. Jahrhundert). Ein europäischer Vergleich, in: ZRG.GA 110 (1993), S. 331-371; Friedrich LOTTER, Die Juden im Kirchenrecht des Mittelalters. Bericht über neuere Literatur, in: Aschkenas 1 (1991), S. 161-172; Friedrich BATTENBERG, Das europäische Zeitalter der Juden, Bd. 1, Darmstadt 1988, S. 66-122; Peter HERDE, Die Kirche und die Juden im Mittelalter, in: Geschichte und Kultur der Juden in Bayern, hg. v. M. Treml/J. Kirmeier, München 1988, S. 71-84; vgl. auch Mark. R. COHEN, Under Crescent and Cross. The Jews in the Middle Ages, Princeton 1994; Kenneth R. STOW, Alienated Minority. The Jews of Medieval Latin Europe, Cambridge 1992; Juden in der christlichen Umwelt des späten Mittelalters, hg. v. A. Haverkamp/F.-J. Ziwes, Berlin 1992. *Regesten zur Geschichte der Juden in Deutschland:* Regesten zur Geschichte der Juden im fränkischen und deutschen Reiche bis zum Jahre 1273, bearb. v. Julius Aronius, Berlin 1887-1902 (ND Hildesheim 1970). *Quellensammlungen zur jüdischen Geschichte*: S. SIMONSOHN, The Apostolic See and the Jews, Bd. 1, Toronto 1988; Juden im Mittelalter, hg. v. Dieter Berg/Horst Steur (Historische Texte Mittelalter 17), Göttingen 1976 (lat.); Solomon GRAYZEL, The Curch and the Jews in the 13th Century, New York ^{2}1966; Julius HÖXTER, Quellenlesebuch zur jüdischen Geschichte und Literatur, Bd. 3, Frankfurt 1927 (ND Zürich 1983 u.d.T. „Quellenbuch zur jüdischen Geschichte und Literatur", Bd. 1). *Zum Begriff „dem Moses am Sinai gegebene Satzung"*: LThK^{1} 9 (1937), Sp. 982 (s.v. Talmud I). *Zu den Ereignissen in Fulda und zum Privileg Friedrichs II. für die Juden in Deutschland:* Friedrich LOTTER, Geltungsbereich und Wirksamkeit der kaiserlichen Judenprivilegien im Hochmittelalter, in: Aschkenas 1 (1991), S. 23-64; Bernhard DIESTELKAMP, Der Vorwurf des Ritualmordes gegen Juden vor dem Hofgericht Kaiser Friedrichs II. im Jahr 1236, in: Religiöse Devianz (Studien zur europäischen Rechtsgeschichte 48), hg. v. Dieter Simon, Frankfurt 1990; William C. JORDAN, The French Monarchy and the Jews, Philadelphia 1989, S. 17-19 und 136 f.; Dietmar WILLOWEIT, Vom Königsschutz zur Kammerknechtschaft. Anmerkungen zum Rechtsstatus der Juden im Mittelalter, in: Geschichte und Kultur des Judentums, hg. v. Karlheinz Müller/Klaus Wittstadt, Würzburg 1988, S. 71-89; BATTENBERG (1988), S. 106-109 und 117-122; VAN CLEVE (1972), S. 385 f.; vgl. auch die anschauliche Darstellung bei Werner KELLER, Und wurden zerstreut unter alle Völker. Die nachbibli-

sche Geschichte des jüdischen Volkes, München 1966, S. 255 f. *Zur Entwicklung der Ritualmordlegende im Mittelalter*: LThK[3] 8 (1999), Sp. 1209 f. (s.v. Ritualmord); Friedrich LOTTER, Innocens virgo et martyr. Thomas von Monmouth und die Verbreitung der Ritualmordlegende im Hochmittelalter, in: Die Legende vom Ritualmord. Zur Geschichte der Blutbeschuldigung gegen die Juden, hg. v. Rainer Erb, Berlin 1993, S. 25-72; The Blood Libel Legend. A Casebook in Anti-Semitic Folklore, hg. v. A. Dundes, Madison 1991; Encyclopedia Judaica (1972) s.v. blood accusation; R. CHAZAN, The Bray Incident of 1192. Realpolitik and Folk Slander, in: Proceedings of the American Academy for Jewish Research, 37 (1969), S. 1-18; R. CHAZAN, The Blois Incident of 1171, in: Proceedings of the American Academy for Jewish Research 36 (1968), S. 13-31: vgl. außerdem Christoph CLUSE,, „Fabula ineptissima": Die Ritualmordlegende um Adam von Bristol nach der Handschrift London, British Library, Harley 957, in: Aschkenas 5 (1995), S. 293-330; Markus WENNINGER, Das gefährliche Fest. Ostern als zeitlicher Kristallisationspunkt antijüdischen Verhaltens, in: Feste und Feiern im Mittelalter, hg. v. Detlef Altenburg u.a., Sigmaringen 1991, S. 323-332; Wolfgang TREUE, Schlechte und gute Christen. Zur Rolle von Christen in antijüdischen Ritualmord- und Hostienschändungslegenden, in: Aschkenas 2 (1992), S. 95-116; R. PO-CHIA HSIA, The myth of Ritual Murder. Jews and Magic in Reformation Germany, New Haven 1988, 226-230 (zum Ende der Ritualmordprozesse im ausgehenden 16. Jh.). *Zum Verhältnis der Juden zu den Bischöfen*: Norman ROTH, Bishops and the Jews in the Middle Ages, in: Catholic Historical Review 80 (1994), S. 1-17. *Zur Konversion von Juden zum Christentum in Westeuropa*: Robin Chapman STACEY, The conversion of Jews to Christianity in thirteenth-century England, in: Speculum 67 (1992), S. 263-283. *Zum Gedanken der Knechtschaft der Juden*: John A. WATT, The Jews, the law, and the church. The concept of Jewish serfdom in thirteenth-century England, in: The Church and Sovereignty, c. 590-1918 (FS Michael Wilks), hg. v. Diana Wood (Studies in Church History, Subsidia 9), Oxford 1991, S. 153-172. *Zur heilsgeschichtlichen Aufgabe der Juden in der scholastischen Theologie*: Arnold ANGENENDT, Geschichte der Religosität im Mittelalter, Darmstadt 1997, S. 611-613; vgl. auch Marcel DUBOIS, Les juifs dans le dessein de Dieu selon saint Thomas d'Aquin, in: Ibn Rochd, Maïmonide, Saint Thomas ou la filiation entre foi et raison, Castelnau-le-Lez 1994, S. 427-448; Joel E. REMBAUM, The Talmud and the Popes. Reflections on the Talmud Trials of the 1240s, in: Viator 13 (1982), S. 203-223.

28) Die Schlacht bei Cortenuova: VAN CLEVE (1972), S. 386-420 (zur Schlacht: S. 405-407; zur Ablehnung der Unterwerfung Mailands: S. 411 f.); SCHALLER (1964), S. 56-62; Storia di Milano, Bd. 4, Mailand 1954, S. 231 f.; KANTOROWICZ (1927), S. 399-401; dazu aus römischer Perspektive: Matthias THUMSER, Rom und der römische Adel in der späten Stauferzeit, Tübingen 1995, S. 281-294; vgl. außerdem die veraltete, aber anschauliche Darstellung bei Ferdinand GREGOROVIUS, Geschichte der Stadt Rom im Mittelalter (hg. v. Waldemar Kampf), Bd. 2, München 1978, S. 354-375 (Buch 9, Kap. 4.1-5.1); aus mailändischer Sicht: Hagen KELLER, Mailand zur Zeit des Kampfes gegen Kaiser Friedrich II., in: Europas Städte zwischen Zwang und Freiheit, hg. v. W. Hartmann, Regensburg 1995, S. 273-296. *Zur Wahrnehmung der Schlacht bei Cortenuova in der Historiographie*: SOMMERLECHNER (1999), S. 380-390. *Zur Erhebung der Gebeine der heiligen Elisabeth*: Elisabeth, der Deutsche Orden und ihre Kirche (Quellen und Studien zur Geschichte des Deutschen Ordens 18), hg. v. Udo ARNOLD, Marburg 1983; Sankt Elisabeth. Fürstin, Dienerin, Heilige, Sigmaringen 1981. Heinisch (1968), S. 29; Annales S. Panthaleonis Coloniensis maximi (bis 1237), MGH SS 17, S. 845 (Teilnehmerzahl, Krone); Richer v. Senones (bis 1264), MGH SS 25, S. 320 (Becher); VAN CLEVE (1972), S. 386-388; SCHALLER (1964), S. 56 f.; Perc E. Schramm, Kaiser Friedrichs II. Herrschaftszeichen, in: Abhandlungen der der Akademie der Wissenschaften in Göttingen. Phil.-hist. Klasse, III.36, Göttingen 1955; KANTOROWICZ (1927), S. 385 f. *Zur Absetzung*

Hg. Friedrichs von Österreich: LexMA 4 (1989), Sp. 953 f.; F. HAUSMANN, Kaiser Friedrich II. und Österreich, in: Probleme um Friedrich II. (VuF 16), hg. v. J. Flekkenstein, Sigmaringen 1974, S. 225-308; K. BRUNNER, Zum Prozeß gegen Herzog Frieedrich II. von 1236, in: MIÖG 78 (1970), S. 260 ff. *Zur difesa d'acqua von 1239*: Storia di Milano, Bd. 4, Mailand 1954, S. 240. *Zur Unterdrückung der häretischen Bewegungen in Mailand nach 1229*: Milano e la Lombardia in età comunale (sec. XI-XIII), Mailand 1993, S. 88-92 (v.a. S. 91). *Zur Bestrafung von Heiligen im Mittelalter*: Arnold ANGENENDT, Heilige und Reliquien, München [2]1997, S. 212 f. *Zur Darstellung des kaiserlichen Elefanten bei Matthaeus Paris*: RS 57.4, S. 166 f. (Text); Suzanne LEWIS, The Art of Matthew Paris in the Chronica Majora, Berkeley 1987, S. 281 f. (Abb. 177 u. 178), außerdem S. 212-216 und S. 496, Anm. 165; LexMA 3 (1986), S. Sp. 1809-1811; G.C. DRUCE, The Elephant in Medieval Legend and Art, The Archaeological Journal 76 (1919), S. 1-73. *Zum Eindruck des kaiserlichen Elefanten auf die Zeitgenossen*: HEINISCH (1969), S. 174 (Salimbene von Parma, zu 1235) und S. 345, Anm. 14 (Annales Placentini: MGH SS 18, S. 496). *Zur Übersendung des carroccio nach Rom*: THUMSER (1995), S. 289-292; Margherita GUARDUCCI, L'iscrizione sul monumento del Carroccio in Campidoglio e la sua Croce radiata, in: Xenia. Semestrale di antichità 11 (1986), S. 75-84; Margherita GUARDUCCI, Federico II e il monumento del Carroccio in Campidoglio, in: Xenia. Semestrale di antichità 8 (1984), S. 83-94. *Zum „Liber de temporibus"*: Sommerlechner (1999), S. 499 f.

29) Die zweite Bannung Friedrichs durch Gregor IX. und der Vorwurf der Häresie: VAN CLEVE (1972), S. 427-441; SCHALLER (1964), S. 63-66; Walter ULLMANN, Some reflections on the opposition of Frederick II to the papacy, in: ders., Scholarship and Politics in the Middle Ages (Variorum Collected Studies 72), London 1978, V.3-26; J.M. POWELL, Frederick II and the Church. A revisionist View, in: The Catholic Historical Review 48 (1962/63), S. 487-497; KANTOROWICZ (1927), S. 423-470; Friedrich GRAEFE, Die Publizistik in der letzten Epoche Kaiser Friedrichs II. (1239-1250), Heidelberg 1909; vgl. auch Hans Martin SCHALLER, Die Frömmigkeit Kaiser Friedrichs II., in: DA 51 (1995), S. 493-513. *Zum Schreiben Friedrichs II. an die Kardinäle*: LexMA 5 (1991), Sp. 950-952 (s.v. Kardinal) und Sp. 1431 (s.v. Konziliarismus); Ian S. ROBINSON, The papacy 1073-1198, Cambridge 1990, S. 33-120; Werner MALECZEK, Papst und Kardinalskolleg von 1191 bis 1216, Wien 1984, S. 302-320 (zur Bindung des Papstes an das *consilium* der Kardinäle im 12. Jahrhundert) und S. 354-358 (zur Zurückdrängung des Einflusses der Kardinäle unter Innozenz III.); Hans E. FEINE, Kirchliche Rechtsgeschichte, Köln [5]1972, S. 315-317 (Kardinäle) und S. 336 (Exkommunikation); VAN CLEVE (1972), 422-424; Brian TIERNEY, The foundations of the Conciliar Theory, Cambridge 1955 (jetzt auch Leiden [2]1998), S. 70 (vgl. auch den Auszug in Stupor Mundi[1], S. 455-458); K. WENCK, Das erste Konklave der Papstgeschichte, in: QFIAB 18 (1926), S. 139 f., Anm. 93 (zur Frage, warum Gregor IX. nur wenige neue Kardinäle ernannte); GRAEFE (1909). S. 11-13. Ganz ähnlich warf Friedrich II. im August 1244 (RI 5.1, Nr. 3434) Papst Innozenz IV. vor, er regiere die Kirche *proprio tantum motu nec consilio cardinalium, prout est approbati iuris et moris ecclesie Romane* („nur nach eigenem Willen, nicht mit dem Rat der Kardinäle, wie es Recht und Gewohnheit der römischen Kirche gutheißen"). *Zur Bannbulle Gregors IX.*: Die Bannbulle Gregors IX. ist nur historiographisch überliefert (vgl. RI 5.2, Nr. 7226a). In der Edition der Register Gregors IX. brechen die vorher zahlreichen Belege für Exkommunikationsfälle mit dem Ende des 12. Pontifikatsjahres plötzlich ab (Registres de Grégoire IX, Bd. 4, S. 244 s.v. anathema und v.a. S. 254 s.v. excommunicatio). *Zum Wort von den „drei großen Betrügern"*: VAN CLEVE (1972), S. 420-422; Mario ESPOSITO, Una manifestazione d'incredulità religiosa nel medioevo. Il detto di „Tre Impostori" e la sua trasmissione da Federico II a Pomponazzi, in: Archivio storico Italiano VII.16 (1931), S. 3-48; Stupor Mundi[1], S. 96 f. = HZ 146 (1932), S. 470 f. (Karl Hampe); Thomas von Cantimpré, ed. G. Colvener,

Douai 1597, 1605 und 1627 (lib. 2, cap. 48.5 = S. 440); RS 21.2, S. 148 f. (Gerald von Wales); vgl. auch HEINISCH (1969), S. 333 (Anm. 22). *Zu Nikolaus von Calvi*: RepFont 8, S. 193; P. VOGEL, Nikolaus von Calvi und seine Lebensbeschreibung des Papstes Innozenz IV. (Münstersche Beiträge zur Geschichtsforschung 72), Münster 1939. *Zum Antichrist-Motiv in der päpstlichen Propaganda*: Heinz-Dieter HEIMANN, Antichristvorstellungen im Wandel der mittelalterlichen Gesellschaft. zum Umgang mit einer Angst- und Hoffnungssignatur zwischen theologischer Formalisierung und beginnender politischer Propaganda, in: Zeitschrift für Religions- und Geistesgeschichte 47 (1995), S. 99-113. *Zum Vorwurf der homosexueller Handlungen als Element des Ketzerbildes*: Bernd-Ulrich HERGEMÖLLER, Krötenkuß und schwarzer Kater. Ketzerei, Götzendienst und Unzucht in der inquisitorischen Phantasie des 13. Jahrhunderts, Warendorf 1996, S. 324-329; HERGEMÖLLER (1994), S. 384 f.; zur Wahrnehmung homosexuellen Verhaltens im Mittelalter vgl. exemplarisch Michael ROCKE, Forbidden Friendships. Homosexuality and Male Culture in Renaissance Florence, New York/Oxford 1996 (v.a. S. 3-16 mit 255-258, 87-111 mit 290-300); vgl. auch Handbook of medieval sexuality, hg. v. Vern L. Bullough u.a., New York 1996. *Zum mittelalterlichen Bild des Islam*: Michael FRASSETTO, Western Views of Islam in Medieval and Early Modern Europe, Basingstoke 1999; Daniel NORMAN, Islam and the West. Making of an Image, Oxford [2]1993; vgl. auch Richard W. SOUTHERN, Das Islambild des Mittelalters, Stuttgart 1981. *Zur Chronica Thuringorum*: RepFont 3, S. 457 f.; ESPOSITO (1931), S. 9 f. *Zur weiteren Entwicklung der Auseinandersetzung zwischen den Kanzleien Friedrichs II. und Gregors IX.*: GRAEFE (1909); Hans-Martin SCHALLER, Stauferzeit. Ausgewählte Aufsätze (MGH Schriften 38), Hannover 1993, S. 197-478; Peter HERDE, Federico II e il Papato. La lotta delle cancellerie, in: Federico e le nuove culture, Spoleto 1995, S. 69-87; Graham A. LOUD, The case of the missing martyrs. Frederick's II war with the church, 1239-1250, in: Studies in Church History 30 (1993), S. 141-152; Peter SEGL, Die Feindbilder in der politischen Propaganda Friedrichs II. und seiner Gegner, in: Feindbilder. Die Darstellung des Gegners in der politischen Publizistik des Mittelalters und der Neuzeit, hg. v. F. Bosbach, Köln 1992, S. 41-71.

30) Friedrich II. als Kaiser der Endzeit (vgl. auch Kap. 29): Rudolf M. KLOOS, Nikolaus von Bari, eine neue Quelle zur Entwicklung der Kaiseridee unter Friedrich II., in: Stupor mundi[2], S. 130-160; vgl. auch Robert E. LERNER, Frederick II, alive, aloft and allayed, in Franciscan-Joachite eschatology, in: The Use and Abuse of Eschatology in the Middle Ages, hg. v. W. Verbeke u.a., Leuven 1988, S. 359-384. *Zum Kanzelrelief von Bitonto*: Hans Martin SCHALLER, Das Relief an der Kanzel der Kathedrale von Bitonto: Ein Denkmal der Kaiseridee Friedrichs II., in: Stupor mundi[2], S. 299-324; Hans Martin SCHALLER, Die Kaiseridee Friedrichs II., in: Stupor mundi[2], S. 494-526; Roswitha NEU-KOCK, Das Kanzelrelief in der Kathedrale von Bitonto, in: AKG 60 (1978), S. 253-267. *Zum Endzeitkaisertum jetzt umfassend*: Hannes MÖHRING, Der Weltkaiser der Endzeit, Stuttgart 1999.

31) Die Verhinderung des Konzils Gregors IX. und die Gefangennahme der Prälaten (vgl. auch Kap. 29): VAN CLEVE (1972), S. 442-454; SCHALLER (1964), S. 63-68; KANTOROWICZ (1927), S. 431-510. *Zur Rücknahme Spoletos und der Mark Ancona an das Reich*: RI 5.1, Nr. 2468a und 2469. *Zum Einmarsch Friedrichs II. in das patrimonium Petri*: KANTOROWICZ (1927), S. 467 f. und ausführlich KANTOROWICZ (1931), S. 289-292; Acta imperii inedita, hg. v. E. Winkelmann, Bd. 1, Innsbruck 1880, Nr. 723, S. 568 f. *Zur Skrofelheilung durch kgl. Handauflegung:* LexMA s.v. Skrofeln; Marc BLOCH, Les rois thaumaturges, 1931. *Zu den Ereignissen in Rom am 22.2.1240*: KANTOROWICZ (1927), S. 470; vgl. MGH SS 18, S. 483; MGH SS 22, S. 439; RS 36.3, S. 153; HB 5.2, S. 776-779; RI 5.1, Nr. 2832a; RI 5.2, Nr. 7284a, 7285, 7286. *Zur Einberufung des Konzils durch Gregor IX.*: KANTOROWICZ (1927), S.

495 f.; RI 5.2, Nr. 7311-7316; MGH Epistolae saeculi XIII e regestis pontificum Romanorum selectae, Bd. 1, Nr. 781.

32) Die Wahl Innozenz IV., der Fall Viterbos und die Flucht des Papstes nach Lyon (vgl. auch Kap. 29): van Cleve (1972), S. 442-483; Schaller (1964), S. 69-72; Kantorowicz (1927), S. 529 ff. . *Zum Konklave von 1241*: Karl Wenck, Das erste Konklave der Papstgeschichte (Rom, August bis Oktober 1241), in: QFIAB 18 (1926), S. 101-170; Karl Hampe, Ein ungedruckter Bericht über das Konklave von 1241 im römischen Septizonium, in: Sitzungsberichte der Heidelberge Akademie der Wissenschaften. Phil.-hist. Klasse 1913.1, Heidelberg 1913.

33) Die Absetzung Friedrichs II. (vgl. auch Kap. 29): VAN CLEVE (1972), S. 484-497; SCHALLER (1964), S. 72-74; KANTOROWICZ (1927), S. 548 ff.; im einzelnen: Friedrich KEMPF, Die Absetzung Friedrichs II. im Lichte der Kanonistik, in: : Probleme um Friedrich II., hg. v. J. Fleckenstein (VuF 16), Sigmaringen 1974, S. 345-360; vgl. auch Gerhard BAAKEN, Die Verhandlungen von Cluny (1245) und der Kampf Innozenz' IV. gegen Friedrich II., in: DA 50 (1994), S. 531-579; Hannes MÖHRING, Zu einem Brief des Sultans as-Salih an den Papst. Beweisstück Innozenz' IV. gegen Friedrich II., in: DA 41 (1985), S. 549-557. *Zur Wahrnehmung in der Historiographie*: SOMMERLECHNER (1999), S. 193-202.

34) Mißlungene Attentate. Tibaldo Francesco und Petrus de Vinea (vgl. auch Kap. 29): VAN CLEVE (1972), S. 490-492 und 520 f.; SCHALLER (1964), S. 74-82; KANTOROWICZ (1927), S. 577-581 und 607-611; vgl. auch Ernst VOLTMER, Personaggi attorno all'imperatore. Consiglieri e militari, collaboratori e neici di Federico II, in: Politica e cultura nell'Italia die Federico II, hg. v. S. Gensini, Pisa 1986, S. 71-93.

35) Der Tod Friedrichs II.: VAN CLEVE (1972), S. 527-530; SCHALLER (1964), S. 82 f. KANTOROWICZ (1927), S. 626-628; vgl. Josef DÉER, „Das Grab Friedrichs II.", in: Probleme um Friedrich II. (VuF 16), hg. v. J. Fleckenstein, Sigmaringen 1974, S. 23-41. *Zur Wahrnehmung des Todes Friedrichs II. in der Historiographie*: SOMMERLECHNER (1999), S. 461-469. Zur Vorstellung, Friedrich II. sei von seinem Sohn Manfred ermordet worden vgl. auch das Titelbild von SOMMERLECHNER (1999). *Zu Tod und Sterben im Mittelalter*: LexMA 8 (1997), Sp. 822-835 (s.v. Tod, Sterben); Du guoter tôt. Sterben im Mittelalter - Ideal und Realität, hg. v. Markus J. Wenninger, Klagenfurt 1998; Tod im Mittelalter, hg. v. Arno Borst, Konstanz [2]1995; vgl. auch Norbert OHLER, Sterben und Tod im Mittelalter, München 1990.

36) Friedrich II. im Urteil mittelalterlicher Historiographen: Sommerlechner (1999); vgl. auch Paolo BREZZI, La personalità di Federico II nella storiografia del suo tempo, in: Politica e cultura nell'Italia di Federico II, hg. v. S. Gensini, Pisa 1986, S. 11-38. *Zu Petrus de Vinea, seiner Briefsammlung, der Überlieferungsproblematik und den Schwierigkeiten einer Neuedition*: Hans Martin SCHALLER, Zur Entstehung der sogenannten Briefsammlung des Petrus de Vinea, in: ders., Stauferzeit. Ausgewählte Aufsätze (MGH Schriften 38), Hannover 1993, S. 225-270 (= DA 12, 1956, S. 114-159); DERS.: Die Briefsammlung des Petrus de Vinea, in: ebd., S. 463-478 (zuerst ital. 1986); vgl. auch Fulvio DELLE DONNE, L'epistolario di Pier della Vigna. A proposito di una recente ristampa, in: Bolletino di studi Latini 22 (1992), S. 317-324. *Salimbene de Adam*: Ludovico GATTI, Federico II nella Cronica di salimbene de Adam, in: Federico e le nuove culture, Spoleto 1995, S. 121-135. *Dante*: Roger DRAGONETTI, Dante and Frederick II. The poetry of history, in: Exemplaria 1 (1989), S. 1-15. *Pandolfo Collenuccio:* Hans Martin SCHALLER, Eustachius de Matera und Pandolfo Collenuccio, in: ders., Stauferzeit. Ausgewählte Aufsätze (MGH Schriften 38), Hannover 1993, S. 145-163, hier S. 153 ff. (= Tradition und Wertung. FS Franz Brunhölzl, hg. v. G. Bernt u.a., Sigmaringen 1989, S. 245-260).

Abkürzungen

AfD	= Archiv für Diplomatik
AKG	= Archiv für Kulturgeschichte
BDLG	= Blätter für deutsche Landesgeschichte
CC.CM	= Corpus Christinanorum. Continuatio Medievalis
DA	= Deutsches Archiv für Erforschung des Mittelalters
FS	= Festschrift
FSGA	= Ausgewählte Quellen zur deutschen Geschichte des Mittelalters. Freiherr vom Stein Gedächtnisausgabe
GdV	= Geschichtsschreiber der deutschen Vorzeit
Gegorio	= Rosario Gregorio, Bibliotheca scriptorum qui res in Sicilia gestas sub Aragonum imperio retulere, 2 Bde., Palermo 1791/1792
HB	= A. Huillard-Bréholles, Historia diplomatica Friderici Secundi, Paris 1852-1861 (ND 1963)
HistJb	= Historisches Jahrbuch
HZ	= Historische Zeitschrift
LexMA	= Lexikon des Mittelalters
LThK	= Lexikon für Theologie und Kirche
MGH	= Monumenta Germaniae Historica
MGH SSrG	= Monumenta Germaniae Historica. Scriptores rerum germanicarum (in usum scholarum separatim editi; NS: Nova Series)
MGH Const.	= Monumenta Germaniae Historica. Constitutiones
Muratori[1]	= Ludovico A. Muratori, Rerum Italicarum Scriptores, 25 Bde., Mailand 1723-1751
Muratori[2]	= Neuausgabe der „Rerum Italicarum Scriptores“, 34 Bde., Città di Castello/Bologna 1900-1935
QFIAB	= Quellen und Forschungen aus italienischen Archiven und Bibliotheken
RI	= Regesta Imperii
RS	= Rolls Series. Rerum Britanicarum Scriptores Medii Aevi
SS	= Scriptores
Verf.Lex.[2]	= Verfasserlexikon (2. Auflage)
Stupor Mundi[1]	= Stupor Mundi (Wege der Forschung 101), hg. v. G. Wolf, 1. Aufl., Darmstadt 1966

Stupor Mundi[2]	=	Stupor Mundi (Wege der Forschung 101), hg. v. G. Wolf, 2. Aufl., Darmstadt 1982
Rep. Font.	=	Repertorium Fontium Medii Aevi
VuF	=	Vorträge und Forschungen
VSWG	=	Vierteljahrschrift für Sozial- und Wirtschaftsgeschichte
ZfG	=	Zeitschrift für Geschichtswissenschaft
ZRG.GA/KA/RA	=	Zeitschrift der Savigny-Stiftung für Rechtsgeschichte. Germanistische/Kanonistische/Romanistische Abteilung

Die abgekürzt mit Namen des Autors und Erscheinungsjahr zitierten Werke sind anhand der „Bibliographischen Hinweisen" aufzulösen. Dort sind einleitend die grundlegenden Werke zusammengestellt, anschließend für jedes Kapitel die wichtigste Literatur. Die Abkürzungen folgen im übrigen dem Abkürzungsverzeichnis in „Lexikon des Mittelalters", Bd. 1, S. XVII-XXI.

DIE ERZÄHLENDEN QUELLEN

Aufgenommen wurden nur die wichtigsten und mehrfach zitierten Quellen. Lit.: LexMA; Verfasserlexikon²; Antonia Gransden, Historical Writing in England c. 550 to c. 1307, London u.a. 1974; Wilhelm Wattenbach, Franz-Josef Schmale, Deutschlands Geschichtsquellen im Mittelalter. Vom Tode Kaiser Heinrichs V. bis zum Ende des Interregnum. Erster Band von Franz-Josef Schmale unter Mitarbeit von Irene Schmale-Ott und Dieter Berg, Darmstadt 1976; sowie die in den jeweiligen Kapiteln angegebene Spezialliteratur.

Albert von Stade: ***Annales Stadenses***

Albert von Stade (* Ende 12. Jh., † wohl nach 1265) war seit 1232 Abt des Marienklosters in Stade, das er nach einem fehlgeschlagenen Reformierungsversuch verließ, um 1240 in das Franziskanerkloster desselben Ortes einzutreten. Dort begann er seine Weltchronik *(Annales Stadenses)*, die er bis in das Jahr 1256 fortführte. Mit der Annäherung an die eigene Zeit wird er ausführlicher, und das Werk bekommt einen eigenständigen Quellenwert; obwohl Albert mehrfach Briefe und Urkunden einarbeitete, sind seine Mitteilungen über den sächsischen Adel nicht immer zuverlässig. Er schrieb aus sächsisch-welfischer Sicht.

Andreas von Ungarn: ***Descriptio victorie (...)***

Andreas verfaßte 1272 eine Geschichte des Feldzugs Karls von Anjou gegen Manfred. Er bezeichnet sich selbst als *magister olim capellanus* der Könige Bela IV. (1235-70) und Stephan V. (1270-72) von Ungarn. Andreas, der an dem Feldzug teilnahm, will Karls Kampf und Sieg als gottgewollt darstellen, was ihn zu einer anti-staufischen Haltung zwingt.

Annales Ianuenses

Im 12. Jh. erfuhr die städtische Chronistik der italienischen Städte einen Aufschwung, da der Stolz auf ihre Heimatstadt in den Bürgern vermehrt den Wunsch nach einer „offiziellen" Geschichtsschreibung weckte, mit der das Stadtregiment eigens dafür ausgesuchte Personen beauftragte. Die *Annales Ianuenses* stellen dabei eines der wichtigsten Beispiele dar: Sie beginnen mit dem Aufbruch der Genuesen zum Ersten Kreuzzug und wurden bis ins späte 15. Jahrhundert fortgesetzt. Da die Autoren im Auftrag arbeiteten, verfügten sie stets über die notwendigen Informationen aus der politischen Führungsschicht und hatten Einsicht in die wichtigen Dokumente.

Annales Marbacenses

Die Marbacher Annalen sind in drei Phasen entstanden, erkennbar an der Art der Berichterstattung: Der erste Teil bis 1200 stammt von einem Verfasser aus Marbach, der möglicherweise mit Propst Friedrich von St. Thomas in Straßburg identisch ist. Dieser Friedrich war zugleich Pfarrer in Colmar, außerdem Kapellan Heinrichs VI. und diente auch Philipp von Schwaben. Sicher ist nur das Augustinerchorherrenstift Marbach als Entstehungsort, da sich hier die gesamten Quellen der deshalb sogenannten Marbacher Jahrbücher befinden. Seit 1201 wurden die Annalen von einem oder mehreren Schreibern mit unterschiedlich großem Interesse teils konstant fortgesetzt, teils zusammenfassend ergänzt. Von 1222 bis zum Jahr 1238, in dem die Berichterstattung abbricht, scheinen die Annalen regelmäßig fortgeschrieben worden zu sein.

Annales S. Pantaleonis Coloniensis
Die *Annales S. Pantaleonis* wurden von einem unbekannten Mönch des kölnischen Klosters St. Pantaleon in Köln um 1237 verfaßt und später bis 1249 ergänzt. Sie liegen in einer Abschrift des 13. Jahrhunderts vor und wurden lange Zeit als ein Bestandteil der *Chronica regia Coloniensis* behandelt, die für den Verfasser zwar nur eine, aber sicherlich die wichtigste Vorlage war. Die Kompilation zeigt deutlich eigenständige Züge, und der Text der *Chronica* wurde mehrfach ergänzt und überarbeitet. Nur in der zweiten Hälfte des 12. Jahrhunderts sind beide Werke nahezu identisch. Ab 1200 berichtete der Autor zunehmend als selbständiger Beobachter, der die Wirrnisse der Zeit mit kühler Distanz betrachtet.

Breve Chronicon de rebus Siculis
Die kleine Sizilische Chronik entstand um 1272 und ist nur in Abschriften des späten 14. Jahrhunderts überliefert. Der Verfasser ist unbekannt, scheint jedoch 1228 die Kreuzfahrer begleitet zu haben, so daß er für diese Zeit als Augenzeuge berichtet. Dennoch ist seine Chronik nicht immer zuverlässig.

Burchard von Ursberg: ***Chronicon***
Burchard wurde spätestens 1177 in Biberach geboren, 1209 wählte man ihn zum Propst des Prämonstratenserstifts Schussenried, seit 1215 war er Propst des Prämonstratenserstifts Ursberg. Er starb nach 1230 in Ursberg. Auf zwei Italienreisen 1198 und 1210/11 hatte er die Gelegenheit, den päpstlichen Hof und die päpstliche Kanzlei kennenzulernen. Er begann sein *Chronicon* 1229, ein Jahr später bricht es bereits ab. Burchards Werk ist für die Zeit seines eigenen Erlebens (ca. seit 1190) eine herausragende Quelle der Stauferzeit, geprägt durch eine entschieden stauferfreundliche Haltung und die Ablehnung päpstlicher Politik.

Chronica regia Coloniensis
Auf Grund äußerer Merkmale ging der Editor Georg Waitz davon aus, daß die „Kölner Königschronik“ bis 1199 in mehreren Phasen von einem Autor geschrieben worden sei und drei weitere nacheinander sein Werk fortgesetzt hätten. Diese inzwischen überholte Ansicht liegt der bis heute notwendigerweise zitierten Ausgabe der MGH zugrunde. Tatsächlich sind wohl zwei Chroniken zu unterscheiden: Die erste, als Chronik der Könige (*chronica regia* oder *regum* bzw. *imperium*) angelegt, umfaßt die Zeit von Augustus bis 1197 sowie die Jahre 1198 und 1199. Den Verfasser, der ab 1144 selbständig berichtet, zeichnet eine vorbehaltlose kaisertreue Einstellung aus, doch offenbaren seine Angaben über das Papsttum auch kirchliche Gesinnung. Davon unterscheidet sich die Haltung des zweiten Verfassers, der die Chronik – nun ausschließlich aus zeitgenössischer Perspektive – bis 1220 fortsetzte. Eine Konstante (soweit erkennbar) bildet die bedingungslose Anerkennung des Papsttums. Die äußerst günstige Beurteilung sowohl Philipps von Schwaben als auch Ottos IV. schlägt erst nach der Exkommunikation Ottos IV. zugunsten Friedrichs II. um.

Collenuccio, Pandolfo: ***Compendio delle Istorie del Regno di Napoli***
* 1444, † 1504. Nach seinem 1465 beendeten Studium nahm der Jurist verschiedene Ämter in seiner Heimatstadt Pesaro war. Ein Konflikt (seit 1489) mit dem Signore von Pesaro zwang ihn, ins Exil zu gehen, wo er aufgrund seines Ruhmes als Schriftsteller und Gesandter Aufgaben für verschiedene politische Persönlichkeiten seiner Zeit erfüllen konnte. Er erhielt sogar die Erlaubnis zur Rückkehr nach Pesaro, wo er jedoch festgenommen und hingerichtet wurde. Das historisch bedeutsamste Werk des Humanisten ist der „Abriß der Geschichte des Königreichs Neapel", in dem er die geschichtlichen Ereignisse von Kaiser Hadrian bis zum Jahre 1468 zusammenfaßte; für die Zeit Friedrichs II. besteht sein Wert vor allem in den verarbeiteten Quellen.

Enikel, Jans
* um 1230/40, † um 1302. Der Wiener Bürgersohn Jans Enikel verfaßte, wahrscheinlich seit den 1280er Jahren, zwei Reimchroniken: eine „Weltchronik" vom Beginn der Welt bis zu Friedrich II. und das sehr viel kürzere, unvollendet gebliebene „Fürstenbuch", das sich mit der österreichischen Geschichte (v.a. mit Wien) beschäftigt. Faktographisch ist der Quellenwert dieser Werke nicht allzu hoch einzuschätzen, da die Erzählfreude des Autors Sagen, Legenden und Anekdoten dem sachlichen Bericht vorzieht. Als kulturhistorische Quelle geben sie jedoch Aufschluß über die literarischen und historischen Interessen der führenden Bürgerschichten Wiens.

Kaiserchronik
Die frühmittelhochdeutsche Reimchronik wurde wahrscheinlich in den 1130er Jahren begonnen und vor 1147 fertig gestellt. Beteiligt waren vermutlich mindestens zwei unbekannte Autoren. Das Werk befaßt sich mit der Geschichte des römischen Reiches vom ersten Alleinherrscher (Caesar) bis 1147. Die mit sagenhaften Geschichten und Legenden ausgeschmückte Kaiserchronik erfuhr eine erstaunliche Verbreitung. Nach 1250 entstand die Rezension C, die eine Fortsetzung bis zum Tod Friedrichs II. enthält. Der Sprache nach zu urteilen, ist sie im bairisch-österreichischen Raum, möglicherweise in Regensburg, entstanden. Die Sicht des Verfassers ist durch die Erfahrung des Interregnum geprägt, als das Königtum als fester legitimierender Bezugspunkt und Ordnungsfaktor im Herrschaftsgefüge des Reiches weitgehend ausfiel.

al-Maqrizi
Taqi ad-Din al-Maqrizi (* 1364, gest. 1442) war Antiquar und Sammler in Kairo. Sein „Buch des Fortschreitens zur Kenntnis der Geschichte der Könige" behandelt die Zeit der Ayyubiden und Mameluken seit 1181 und stützt sich vor allem auf das Werk von Ibn Wasil; Al-Maqrizi sammelte jedoch auch andere Nachrichten, ordnete und arbeitete sie ein.

Matthaeus Paris: ***Chronica Maiora***
* vermutiich bald nach 1200, † 1259 St. Albans. Im Jahr 1217 trat Matthaeus in die Abtei St. Albans ein, wo er neben vielen anderen Werken seine *Chronica Maiora*, eine Fortsetzung der Weltchronik Rogers von Wendover für die Jahre 1234 bis 1259, verfaßte. Sein Interesse gilt dabei ganz Europa und

dem Heiligen Land. Er schreibt und urteilt aus der Perspektive seines Klosters, wodurch seine Stellungnahmen oft subjektiv erscheinen. Vor allem wendet er sich gegen die zentralistischen Bestrebungen der Kurie in Rom und am englischen Hof, wenn sie die Rechte der Landeskirche und des Adels bedrohten. Matthaeus verfügte Über Kontakte zu König Heinrich III. sowie zu zahlreichen weltlichen und geistlichen Großen und erhielt Informationen aus ganz Europa, weil St. Albans, nur ungefähr 20 Meilen von London entfernt gelegen, vielen Reisenden als Übernachtungsquartier diente. Außerdem kopierte er vielfach wichtige Dokumente und arbeitete sie in seine Schriften ein.

„Nicolaus de Jamsilla"
Nicolaus de Jamsilla galt ursprünglich als Verfasser einer Chronik aus dem 13. Jahrhundert. Seine angebliche Autorschaft beruht jedoch auf einer Verwechslung des Besitzers der Handschrift (Nicolaus de Jamsilla) durch den Editor Muratori; die Familie Jamsilla (oder: Jamvilla) kam erst mit den Anjou nach Italien. Das Werk behandelt die Geschichte des Königreichs Sizilien von 1250 bis 1258, also in der Zeit zwischen dem Tod Kaiser Friedrichs und der Krönung seines Sohnes Manfred. Dabei steht die Person Manfreds im Mittelpunkt, über den der Verfasser sehr genau informiert ist. Der Autor muß daher in jedem Fall in der näheren Umgebung des Kaisersohnes vermutet werden. Eine Identifizierung mit Goffredo (Gottfried) di Cosenza († 1269) läßt sich jedoch nicht endgültig nachweisen.

Nikolaus von Calvi
† 1237. Der Franziskanermönch und Bischof von Assisi, Nikolaus von Calvi, war Kaplan Papst Innozenz' IV., dessen Vita er verfaßte. Folglich trägt er alle nur erdenklichen Topoi zusammen, um Friedrich II., den größten Gegner Innozenz', als Häretiker darzustellen. Trotz seiner außerordentlich parteilichen Schilderung sind einige dieser Elemente in das gängige Bild des Stauferkaisers aufgenommen worden.

Petrus von Eboli: *Liber ad honorem Augusti*
† vor 1220. Der Kleriker und Arzt aus Salerno verfaßte während der sizilischen Regierungszeit Heinrichs VI. (1194-97) eine ihm gewidmete Schilderung der Auseinandersetzungen im Königreich Sizilien vom Tod Wilhelms II. (1189) bis zur Krönung Heinrichs VI. in Palermo (1194), verbunden mit einem Panegyrikus auf den Kaiser. Das in Versen verfaßte „Buch zur Ehre des Kaisers" weist einige formelle Besonderheiten auf: Es handelt sich um drei Bücher mit insgesamt 52 *particulae*, denen jeweils eine ganzseitige Miniatur zugeordnet ist. Die Bildfolge wird aus kulturhistorischer Sicht als wertvolle Quelle geschätzt; der Text des *Liber* ist der Intention seines Autors entsprechend sehr einseitig ausgerichtet.

Philipp von Novara: *Mémoires*
* um 1200 in Novara (Oberitalien), † 1270. Philipp diente während des Fünften Kreuzzugs (1217-21) einem zypriotischen Ritter als Knappe und erwarb Lehen in Zypern und im Königreich Jerusalem. Als einer der bedeutendsten Rechtsgelehrten des lateinischen Ostens verfocht er die Position seines Lehnsherrn, Johanns von Ibelin, was sich in seinem nach 1240 ent-

standenen Werk, den „Erinnerungen" widerspiegelt. In ausgesprochen parteiischer Weise schildert er die Geschichte des Krieges zwischen den Ibelin und den Anhängern Friedrichs II., wobei er sich die lehnsrechtliche Herrschaftsauffassung der Barone in den Kreuzfahrerstaaten zu eigen macht.

Reiner von Lüttich: ***Annales***
† vermutlich 1230. Der Historiograph Reiner von Lüttich wurde 1157 geboren. Er gehörte zu einer ritterlichen Familie der Diözese Lüttich, wurde 1175 Mönch und 1197 schließlich Prior in der Abtei St. Jakob zu Lüttich. Reiner setzte von 1194 bis 1230 die *Annales Sancti Jacobi* eines verstorbenen Mitbruders fort. Seine Darstellung zeichnet sich durch detaillierte Schilderungen aus. Da er mehrere Romreisen unternahm und 1215 am Vierten Laterankonzil teilnahm, konnte er häufig aus eigenem Erleben berichten. Zwar galt sein Interesse vor allem dem Bistum Lüttich, er schrieb aber ebenso über das Papsttum, das Imperium und das Königreich Frankreich. Friedrich II. gegenüber erweist er sich als wohl gesonnen.

Richard von San Germano (Ryccardus de Sancto Germano)
* vielleicht um 1165 in San Germano, † 1244. Richard wurde vermutlich in der Klosterschule von Montecassino ausgebildet. Von 1186 bis 1232 ist er als Notar seiner Heimatstadt und der Abtei urkundlich belegt. Seit 1220 stand er mehrfach im Dienst Friedrichs II., 1215 nahm er am Vierten Laterankonzil teil. Er verfaßte eine Chronik der Jahre 1208 bis 1227 (Rezension A), die er gegen Ende seines Lebens überarbeitete und um die Jahre 1189 bis 1243 erweiterte (Rezension B). Sie gilt als eine der wichtigsten Quellen zur Geschichte Süditaliens zur Zeit Friedrichs II. Richard erweist sich als gut informiert und kaiserfreundlich, bemüht sich dabei jedoch um eine sachliche Darstellung.

Ricobald von Ferrara
† nicht vor 1318. Der Geschichtsschreiber, Geograph und Notar ist 1274 im Rat des Signore seiner Heimatstadt Ferrara nachzuweisen. Nach 1293 lebte er zunächst in Padua, dann in Ravenna, bevor er wieder nach Ferrara zurückkehrte. Neben anderen Werken verfaßte er in Padua eine Weltgeschichte, die er später zu einer Kurzfassung, dem *Compendium Romanae historiae*, umarbeitete.

Roger von Wendover: ***Chronica sive Flores Historiarum***
† 1236. Roger war Mönch in der Abtei St. Albans und für kurze Zeit Prior der zugehörigen Cella zu Belvoir (Lincolnshire); er wurde jedoch um 1219 auf Grund des Vorwurfs der Verschwendung zurückgerufen. Roger verfaßte eine Chronik von der Erschaffung der Welt bis 1234. Bis zum Jahr 1188 schrieb er offensichtlich einen älteren Autor ab, von 1188 bis 1202 beruhen seine Ausführungen auf verschiedenen Vorlagen, und von da an – verstärkt seit 1212 – berichtet er selbständig. Der Benediktinermönch erweist sich als parteilich und nimmt vor allem gegen König Johann (Ohneland) Stellung; seine zeitgeschichtlichen Informationen sind nicht immer zuverlässig, seine detailreichen Schilderungen gelten dennoch als wichtige Quelle für den Umbruch der englischen Geschichte im 13. Jahrhundert. Rogers Chronik wurde von Matthaeus Paris fortgesetzt.

Salimbene de Adam: ***Cronica***
* 1221 in Parma, † wohl Ende 1288/89. Salimbenes Familie zählte zur bürgerlichen Oberschicht Parmas, die über Beziehungen zu Kaiser Friedrich II. und Papst Innozenz IV. verfügte. Salimbene trat 1238 in den Franziskanerorden ein, 1248 wurde er in Genua zum Priester geweiht und begab sich auf Weisung seiner Oberen 1249 in die Ordensprovinz Bologna, wo er – abgesehen von einer Wallfahrt nach Assisi (1265) – den Rest seines Lebens verbrachte. Von 1239 bis 1247 hielt sich Salimbene in der Toskana auf. Im Jahr 1247 traf er Papst Innozenz IV. in Lyon, um ihm von der Belagerung Parmas, das Salimbene kurz zuvor besucht hatte, durch Kaiser Friedrich II. zu berichten. In Sens begegnete er 1248 König Ludwig IX. (dem Heiligen) von Frankreich. Seine *Cronica* verfaßte er in den 1280er Jahren; annalistisch angelegt, enthält sie die Erfahrungen seines Lebens.

Thomas von Pavia: ***Gesta imperatorum et pontificum***
† um 1280. Thomas, ein aus der Toskana stammender und in Pavia aufgewachsener Franziskaner, verfaßte um 1279 seine „Taten der Kaiser und Päpste". Über die Ereignisse des 13. Jahrhunderts konnte er teilweise aus eigener Anschauung berichten (so über das Konzil von Lyon, an dem er 1245 im Gefolge des Vertreters seines Ordens teilnahm). Reisen inner- und außerhalb Italiens (u.a. nach Paris, Köln und Prag) erweiterten seinen Erfahrungshorizont. Zusätzlich erschlossen sich ihm durch seinen Orden Kontakte zu zahlreichen Gewährsleuten in ganz Europa, deren Berichte er einarbeiten konnte. Dabei differenzierte er allerdings kaum zwischen glaubwürdigen und unglaubwürdigen Berichten.

Villani, Giovanni: ***Nuova Cronica***
* 1280, † 1348 an der Pest. Der Kaufmann, Geschichtsschreiber und Staatsmann Giovanni Villani arbeitete wohl seit etwa 1320 in der Hauptniederlassung einer Kaufmannsgesellschaft in Florenz. Die Informationen, die er dank seiner Tätigkeit aus ganz Europa erhielt und die Nachrichten, die er als Mitglied der politischen Führungsschicht von Florenz und als Gesandter aus erster Hand erhielt, verarbeitete er in einer Chronik, verfaßt in der italienischen Volkssprache. Er beginnt mit den biblischen Ursprüngen und gelangt in den ersten sieben Büchern bis zur Ankunft Karls von Anjou in Italien (1265), die sechs folgenden Bücher decken die Lebenszeit Villanis ab.

Wilhelm der Bretone: *Gesta Philippi regis*
* um 1159/69, † nach 1226. Der aus der bretonischen Landschaft Léon stammende Wilhelm verfaßte in den 1220er Jahren eine bis 1219 reichende Lebensbeschreibung des französischen Königs Philipp II. Augustus. Wilhelm wurde früh Kapellan und Vertrauter des Königs (u.a. betrieb er als Gesandter an der Kurie die Auflösung der Ehe Philipps II. mit Ingeborg von Dänemark). Als Historiograph und Panegyriker schildert er die Leistungen Philipps II., wobei er sich jedoch als glänzender und wohlunterrichteter Geschichtsschreiber erweist und offensichtlich häufiger aus eigenem Erleben berichtet. Er gilt als einer der bedeutendsten mittellateinischen Chronisten in Frankreich.

Personenverzeichnis

Es wurde nur eine Auswahl der mehrfach erwähnten handelnden Personen aufgenommen. Abkürzungen: F. II.=Friedrich II., Gf.=Graf, Hzg.=Herzog, Kg.=König, Kgn.=Konigin, Ks.=Kaiser, Ksn.=Kaiserin, Mgf.=Markgraf.

Alexander III., Papst seit 1159, † 1181; Auseinandersetzungen mit verschiedenen Gegenpäpsten und Ks. Friedrich I. Barbarossa; legte den Grund zur neuen dekretalen Gesetzgebung.

Andreas II., Kg. v. Ungarn seit 1205, * 1176/77, † 1235; rief den Deutschen Orden auf Veranlassung seiner Frau Gertrud ins Land; nach deren Ermordung kam es zu Unruhen und 1225 zur Vertreibung des Ordens durch Andreas.

Anselm von Justingen, schwäbischer Adliger, Hof- und Reichsmarschall F.s II.; überbrachte Friedrich 1211/12 die Nachricht von seiner Wahl zum römischen Kg.

Avicenna, islamischer Universalgelehrter, Philosoph u. Arzt, * 973/980, gest. 1037.

Berard von Castacca, Ebf. v. Bari u. Palermo, † 1252; begleitete F. II. nach Deutschland u. unterstützte ihn später im Kampf gegen die Päpste Gregor IX. u. Innozenz IV.

Berthold, Patriarch v. Aquileia 1218-1251, * 1180/81, † 1251, Sohn Hzg. Berholds V. v. Andechs-Meranien; Parteigänger F.s II., schloß sich jedoch 1249 den Gegnern des Ks.s an.

Coelestin III., Papst (1191), * ca. 1105/06, † 1198; entstammt einer römischen Adelsfamilie (später: Orsini); sein Verhältnis zu Ks. Heinrich VI. war durch die Abwehr der drohenden Umklammerung des Kirchenstaates durch die staufischen Kg.e bestimmt.

Diepold von Schweinspeunt, † nach 1221; entstammte einer bayerischen Ministerialenfamilie; begleitete Ks. Heinrich VI. auf seinem Romzug 1191; Burgherr v. Rocca d'Arce; seit 1197 Gf. v. Acerra; wechselndes Verhältnis zu F. II.

Ekbert, Bf. v. Bamberg (1203), † 1237, Sohn Bertholds V. v. Andechs-Meranien; stand auf der Seite Kg. Philipps, geriet in den Verdacht der Mittäterschaft als dieser 1208 in Bamberg ermordet wurde; von Ks. Otto IV. aus der Acht gelöst, wandte er sich nach dessen Niederlage wieder der staufischen Seite zu.

Engelbert, Ebf. v. Köln 1216-25, * 1185/86, † 1225 (ermordet); erst nach der Schlacht von Bouvines (1214) schloß Engelbert sich endgültig der staufischen Seite an; im Jahr 1220 wurde er von F. II. zum Reichsverweser u. Vormund Heinrichs (VII.) ernannt.

Enzio (ital. Kurzform v. Heinrich), Kg. v. Sardinien (1239); * um 1224, † 1272; illegitimer Sohn F.s II., gilt als sein Lieblingssohn; geriet 1249 in bolognesische Gefangenschaft u. wurde bis zu seinem Tod festgehalten.

Friedrich I. (Barbarossa), röm. Kg. (1152), Ks. (1155), * nach 1122, † 1190 (ertrunken), Sohn Hzg. Friedrichs II. v. Schwaben u. der Herzogstochter Judith (Welfin); Vater Ks. Heinrichs VI., Großvater F.s II.

Friedrich II., Kg. v. Sizilien (1198), röm. Kg. (erste Wahl 1196, erneut 1211 u. 1212; Krönung 1215), Ks. (1220), Kg. v. Jerusalem (1225), * 26.12.1194 in Jesi, † 13.12.1250 in Castel Fiorentio bei Lucera; Sohn Ks. Heinrichs VI. u. Konstanzes; 1.∞ Konstanze, Sohn: Heinrich (VII.); 2. ∞ Isabella (Yolanda), Sohn: Konrad IV.; 3. ∞ Isabella, Tochter: Margarethe; illegitime Kinder: Manfred (aus der Beziehung mit Bianca Lancia), Enzio, Friedrich (v. Antiochien) u.a.

Friedrich II. (der Streitbare), Hzg. v. Österreich u. Steiermark, Herr v. Krain, * um 1210, † 1246 (gefallen in der Schlacht an der Leitha); Schwager Kg. Heinrichs (VII.); verschiedene Streitigkeiten führten 1235 zur Ächtung; nach Rückgewinnung seiner Länder scheiterte sein Plan, Österreich durch F. II. zum Königreich zu erheben.

Gregor IX., Papst (1227), * um 1170, † 1241; sein Pontifikat war überschattet durch den beständigen Konflikt mit F. II. wegen der wiederholten Verschiebung des Kreuzzuges; 1227 u. 1239 wurde der Ks. durch Gregor IX. exkommuniziert.

Heinrich VI., röm. Kg. (1169, zu Lebzeiten des Vaters), Kg. v. Sizilien, Ks. (1191), * 1165, † 1197; Sohn Friedrichs I. (Barbarossa), Vater F.s II.; durch die Heirat mit Konstanze, die das sizilische Königreich erbte, wurde Heinrich VI. Kg. v. Sizilien, wo er sich nur mit Mühe durchsetzen konnte.

Heinrich (VII.), Kg. v. Sizilien (1211), röm. Kg. (1220), * 1211, † 1242 (vielleicht durch Selbstmord); ∞ Margarethe v. Österreich; ältester Sohn F.s II. mit Konstanze; sein Herrschaftsbereich blieb auf das Gebiet nördlich der Alpen beschränkt; der sich zuspitzende Konflikt mit dem Vater führte schließlich zu seinem Sturz 1235 u. der Gefangenschaft bis zum Tod.

Heinrich III., Kg. v. England seit 1216, * 1207, † 1272; ältester Sohn Kg. Johanns (Ohneland); unterstützte lange Zeit die welfische Partei, der Ausgleich mit F. II. wurde 1235 durch die Ehe Isabellas, der Schwester H.s, mit dem Ks. gestärkt.

Heinrich, Hzg. v. Brabant, * 1165, † 1235; Sohn Hzg. Gottfrieds III.; nach Mitregentschaft folgte Heinrich dem Vater 1190 nach; seine Politik war geprägt vom häufigen Frontwechsel im Thronstreit zwischen Staufern und Welfen; in der Schlacht von Bouvines (1214) stand er auf der Seite Ks. Ottos IV.

Heinrich von Andechs, Mgf. v. Istrien, † 1228; aus dem Hause der Andechs-Meranier; stand im Verdacht, an der Ermordung Philipps v. Schwaben beteiligt gewesen zu sein.

Heinrich Raspe, Landgf. v. Thüringen, röm. (Gegen-)Kg., * um 1204, † 1247; zunächst treuer Parteigänger F.s II., nach der Absetzung des Ks. auf dem Konzil v. Lyon (1245) v. der päpstlichen Partei zum Gegenkg. Konrads IV. gewählt (1246).

Heinrich von Kalden, Reichsministeriale, Marschall, † 1214; unterstützte die staufische Seite, rächte die Ermordung Kg. Philipps.

Heinrich von Morra, kampanischer Adliger, nach † 1244; nach der Reform des sizilischen Großhofgerichts übernahm er den Vorsitz als Großhofjustitiar (1221-1242); mehrmals Statthalter des sizilischen Königreiches; genoß das Vertrauen F.s II. u. wurde mit wichtigen Sonderaufgaben betraut.

Heinrich von Neuffen, schwäbischer Edelfreier, häufig zusammen mit seinem Bruder u. Vater am Hof F.s II. u. Heinrichs (VII.).

Hermann von Salza, Hochmeister des von F. II. geförderten Deutschen Ordens u. seit 1220 enger kaiserlicher Vertrauter, * vor 1179, † 1239.

Honorius III., Papst (1216), * vor 1160, † 1227; verfolgte die Realisierung des von seinem Vorgänger Innozenz III. initiierten Kreuzzuges.

Innozenz III., Papst seit 1198, * 1160/61, † 1216; der Kreuzzug zählte zu seinen wichtigsten Zielen; nach dem Tod Heinrichs VI. u. Konstanzes Vormund F.s II. u. Regent des sizilischen Königreiches; neigte eine Zeit lang dem Welfen Otto IV. zu; unterstützte seit 1212 das Königtum F.s II.

Innozenz IV., Papst (1243), * um 1195, † 1254; hatte sich als Kardinal für einen Ausgleich eingesetzt, führte als Papst den Konflikt seiner Vorgänger mit F. II. fort bis zum Tod des Ks.s u. darüber hinaus gegen dessen Sohn Kg. Konrad IV.

Isabella von Brienne (Yolanda), Kgn. v. Jerusalem, * 1212, † 1228; Tochter Johanns v. Brienne u. Marias v. Montferrat; zweite Gemahlin F.s II., der durch sie den Königstitel v. Jerusalem erhielt; Sohn: Konrad IV.

Isabella von England, Tochter Kg. Johanns (Ohneland) v. England, Schwester Richards v. Cornwall, † 1214; nachdem der Plan Ebf. Engelberts v. Köln, eine Ehe zwischen Isabella u. Kg. Heinrich (VII.) zu stiften, gescheitert war, heiratete sie F. II.; Kinder: Margarethe, Carl-Otto (Heinrich), Statthalter im Königreich Sizilien.

Joachim von Fiore, * 1135, † 1202 (1205); Gründer u. Abt des Klosters S. Giovanni in Fiore, auf Grund seiner mystischen Spiritualität u. Askese galt er bald als Prophet u. als Mahner; trotz Kritik u. Überprüfungen einiger seiner Lehren betrachtete ihn die Kirche nie als Härektiker.

Johann (Ohneland), Kg. v. England 1199-1216, * 1167, † 1216; Vater Kg. Heinrichs III. v. England, Richards v. Cornwall u. Isabellas, der dritten Gemahlin F.s II.; unterstützte den Welfen Ks. Otto IV. gegen F. II.

Johann von Brienne, Kg. v. Jerusalem 1210-1225, 1231-1237 lateinischer Ks. v. Konstantinopel; * wohl ca. 1169/74; führte nach dem Tod seiner Frau u. Erbin des Königreichs Jerusalem für die Tochter Isabella die Vormundschaftsregierung; Auseinandersetzungen mit F. II. wegen der Kronrechte Jerusalems nach dessen Heirat mit Isabella (1225).

Johann von Ibelin, Herr v. Beirut (seit 1197); * 1177/78, † 1236; trat auf dem Sterbebett in den Templerorden ein. 1205-1210 Statthalter von Jerusalem; schwere Zerwürfnisse mit F. II.

(al-)Kamil (al-Malik al-K.). ayyubid. Sultan, * 1177/80, gest. 1238; 1218 folgte er seinem Vater als Sultan des Ayyubidenreiches (Ayyubiden: islamische Dynastie, vorwiegend 12./13. Jh. in Ägypten, Syrien/Palästina u. Mesopotamien; Begründer der Dynastie war Saladin).

Karl I. von Anjou, Kg. v. Sizilien; * 1226, † 1285; Sohn Kg. Ludwigs VIII. v. Frankreich u. Blancas v. Kastilien, Bruder Kg. Ludwigs IX. des Heiligen v. Frankreich; von Papst Innozenz IV. neben Richard v. Cornwall als ein möglicher Nachfolger der Staufer im Königreich Sizilien auserkoren, von Papst Urban IV. nach Italien gerufen; 1266 besiegte er den Kaisersohn Manfred.

Konrad IV., 1237 zum röm. Kg. gewählt, Kg. v. Jerusalem, * 1228, † 1254; Sohn F.s II. u. Isabellas v. Brienne; 1235 nahm Friedrich ihn mit nach Deutschland, um ihn zum Nachfolger Heinrichs (VII.) zu machen.

Konrad, Hzg. v. Masowien (Mazowiecki), * 1187, † 1247; schenkte das Kulmer Land an den Deutschen Orden als Gegenleistung für militärische Hilfe gegen die Prussen.

Konrad von Scharfenberg, Bf. v. Speyer u. Metz, * um 1165, † 1224; Protonotar im Dienst Kg. Philipps, Kanzler unter Ks. Otto IV.; nach der Bannung des Welfen leitete er auch unter F. II. die Kanzlei u. wurde einer der wichtigsten Berater.

Konrad von Urslingen, schwäbischer Edelfreier, Hzg. v. Spoleto, * ca. 1153, † 1202; enger Vertrauter Ks. Heinrichs VI.; F. II. stand 1195-1197/98 in der Obhut von Konrads Frau.

Konstanze, Kgn. v. Ungarn, Kgn. v. Sizilien, Ksn., * ca. 1182/83, † 1222; Tochter Kg. Alfons' III. v. Aragón; 1. ∞ Kg. Emmerich v. Ungarn, 2. ∞ F. II. (1208/09) auf Betreiben Papst Innozenz' III.; 1220 zusammen mit F. II. zur Ksn. gekrönt; Mutter Heinrichs (VII.).

Konstanze, Tochter Kg. Rogers II. v. Sizilien, Mutter F.s II.; * 1154, † 1198; später Heirat mit Ks. Heinrich VI. (1186); die Erbfolge Konstanzes im sizilischen Königreich nach dem kinderlosen Tod Kg. Wilhelms II. brachte den Staufern das sizilische Königtum ein.

Ludwig VIII., Kg. v. Frankreich, * 1187, † 1226; Sohn Kg. Philipps II. u. Elisabeths v. Hennegau; zusammen mit dem Vater kämpfte er gegen das englische Königtum u. besiegte Kg. Johann und mit ihm Ks. Otto IV. bei Bouvines (1214).

Ludwig IX. (der Heilige), Kg. v. Frankreich, * 1214, † 1270; Sohn Kg. Ludwigs VIII. u. Blancas v. Kastilien; Ludwig führte die traditionell guten

Beziehungen der Kapetinger zu den Staufern weiter, schloß sich jedoch nicht der papstfeindlichen Politik Friedrichs an.

Ludwig I. (der Kelheimer), Hzg. v. Bayern, * 1174, † 1231; nach zeitweiliger Unterstützung Ks. Ottos IV. schloß sich Ludwig 1211 F. II. an; 1225 wurde er zum Vormund Kg. Heinrichs (VII.) ernannt, mit dem er sich 1228 überwarf u. der ihn 1229 militärisch niederrang; ob seine Ermordung auf staufische Initiative zurückgeht, ist fraglich.

Manfred, Kg. v. Sizilien, * 1232, † 1266 (bei Benevent gefallen); illegitimer Sohn F.s II. aus seiner Beziehung mit Bianca Lancia.

Margarethe, Kgn., Tochter Hzg. Leopolds VI. v. Österreich, Enkelin des byzant. Ks.s Isaak II. Angelos und Schwester Friedrichs II. v. Österreich, * 1204/05 (1210/11?), † 1266; 1. ∞ Heinrich (VII.), Söhne: Heinrich († 1242/45), Friedrich († 1251); 2. ∞ Kg. Ottokar II. († 1242).

Markward von Annweiler, Reichsministeriale, Truchseß Heinrichs VI., erhielt 1195 die Freiheit; † 1202; Übertragung zahlreicher Lehen durch Heinrich VI.; nach dessen Tod mußte er auf Konstanzes Geheiß das Königreich Sizilien verlassen, nach ihrem Tod beanspruchte er erfolgreich die Regentschaft für F. II. beanspruchte.

Michael Scotus, Gelehrter und Übersetzer F.s II.; * 1200, † um 1235; aus Schottland oder Irland; spielte eine wichtige Rolle in der Vermittlung arabischer Werke sowie der lateinischen Aristoteles-Rezeption; galt als Astrologe und in späterer Zeit als Magier.

Otto IV., röm. Kg. (1198), Ks., * ca. 1175/76, † 1218; Sohn Hzg. Heinrichs des Löwen; 1198 von den welfischen Anhängern zum Kg. gewählt; Kampf um die Krone mit Philipp von Schwaben und F. II.; endgültiges Scheitern 1214 nach der Niederlage bei Bouvines.

Ottokar (Otakar) I. P emysl, Kg. von Böhmen,* ca. 1165, † 1230; 1198 von Philipp von Schwaben, 1203 von Otto IV. zum Kg. von Böhmen gekrönt; 1212 von F. II. als Reichsfürst mit dem Titel eines Erbkönigs u. umfangreichen Rechten anerkannt.

Pelagius Galvani, päpstlicher Legat, † 1230; von Honorius III. zum Legaten des fünften Kreuzzugs ernannt; Probleme bei der Führung und vor allem das Fernbleiben F.s II. führten zum Scheitern.

Petrus de Vinea, Großhofrichter, Diplomat, Literat, Protonotar (Chef der Kanzlei) im Dienst F.s II.; * vor 1200, † 1249; P. genoß eine besondere Vertrauensstellung, die ihm einen weitreichenden Einfluß sicherte. 1249 warf F. II. ihm Verrat und Bestechlichkeit vor, ließ ihn verhaften und blenden; bald darauf starb P., möglicherweise an den Folgen der Blendung, vielleicht auch durch Selbstmord; berühmt wurden P.s Briefe, die man bereits im 13. Jahrhundert zu sammeln begann.

Philipp II. Augustus, Kg. von Frankreich, * 1165, † 1223; noch zu Lebzeiten des Vaters Ludwig VII. Mitkönig; durch das dauerhafte Bündnis mit den staufischen Ks.n eröffnete er die Auseinandersetzung mit dem englischen Königshaus.

Richard von Cornwall, Gf., röm. Kg., * 1209, † 1272; zweiter Sohn Kg. Johanns (Ohneland), Bruder Kg. Heinrichs III., Vetter Ottos IV., Schwager F.s II.; 1240 Kreuzzug ins Hl. Land; als Innozenz IV. ihm nach dem Tod F.s II. das Königreich Sizilien anbot, lehnte er ab; 1257 wurde er in Aachen zum röm. Kg. gekrönt; der Gegenkandidat Alfons X. von Kastilien wurde in Frankfurt gewählt (Interregnum).

Roger II., Kg. v. Sizilien, * 1095, † 1154; Vater Wilhelms I., der sein Nachfolger wurde, und Konstanzes, der Gemahlin Heinrich VI.

Siegfried, Ebf. von Mainz (1200), Erzkanzler, * ca. 1165, † 1230; wechselnde Haltung während des Thronstreits; förderte und unterstützte seit 1211 F. II.; Teilnahme am Vierten Laterankonzil.

Tankred von Lecce, Kg. von Sizilien 1190-1194, Enkel Rogers II., unehelich geboren; 1161 verbannt, weil er sich an der Verschwörung gegen Wilhelm I. beteiligt hatte, später begnadigt; 1189/99 wurde er gegen die Erbregelung Kg. Wilhelms II. zum Kg. gewählt; regierte mit einigem Geschick; Heinrich VI. konnte sich erst nach seinem Tod durchsetzen.

Thomas von Capua, Ebf. von Neapel, Kardinalpriester; unter Gregor IX. mit zahlreichen Missionen betreut, u.a. war Th. an den Friedensverhandlungen mit F. II. in San Germano (1229/30) beteiligt; vermittelte zwischen Papst und Ks.

Thomas von Gaeta, in der Literatur meist als „Justitiar" bezeichnet, war Thomas von 1191 bis 1193 Notar König Tankreds; nach dem Tod Heinrichs VI. vertrat er die Interessen der Kaiserin Konstanze bei den Päpsten Coelestin III. und Innozenz III.; weitere Ämter; 1212/13 Unterhändler Friedrichs II. bei Papst Innozenz IV.; während des Deuschtlandaufenthaltes F. II. im Dienst Konstanzes; Zog sich 1220 aus seinen Ämtern zurück; Th. gilt als literarisch hochgebildet; bekannt sind seine mahnenden Briefe an den Kaiser.

Walter von Pagliara, Bf. von Troia, Kanzler, † 1229/31; gewann das Vertrauen Heinrichs VI., der ihn nach der Eroberung des Königreichs Sizilien dort zum Kanzler machte; seit dem Tod Heinrichs VI. wurde W. sowohl von Konstanze als auch von F. II. abwechseln vom Hof verwiesen und wiedereingesetzt; er wurde von F. II. endgültig verbannt, als er sich gegen die Assisen von Capua wandte.

Wilhelm II., Gf. v. Holland, röm. (Gegen-)Kg. 1247-1256; * 1228, † 1256; von der päpstlichen Partei mit den Ebf.en v. Köln, Mainz, Trier und Bremen zum Kg. gewählt; die Wahl erwies sich als bedeutsamer Schritt auf dem Weg zur Konstitution des späteren Kurfürstenkollegs.

Wilhelm II. („der Gute"), Kg. von Sizilien, * wahrscheinl. 1153, † 1189; Sohn Wilhelms I., 1166 in Palermo zum Kg. gekrönt; aufgrund seiner kinderlosen Ehe stimmte er der Heirat Konstanzes mit Heinrich VI. zu, bevor er 36jährig starb.

Verzeichnis der Abbildungen

Abb. 1: Kaiserin Konstanze übergibt der Gemahlin Konrads von Urslingen den neugeborenen Friedrich (Petrus de Ebulo, Liber ad honorem Augusti, Burgerbibliothek Bern, Cod. 120.II, f. 138r).

Abb. 2: Thronender Saturn, der Gott des „Goldenen Zeitalters“, zwischen den Sternbildern Steinbock und Wassermann (Georgius Zothorus Zaparus Fendulus, Liber Astrologiae, Bibl. Nationale Paris, Ms. lat. 7370, f. 42v; 2. Viertel des 13. Jh.).

Abb. 3: Zweites Königssiegel Friedrichs II. (1215).

Abb. 4: Karl Wilhelm Wach (1787-1845): Friedrich II. verleiht dem Hochmeister des Deutschen Ordens Heinrich von Salza 1226 die Ordensfahne mit dem Reichsadler (vor 1824; 53,2 x 31,5 cm). Nachdem sich Preußen (und v.a. seine östlichen Gebiete) als die Grundlage der „nationalen Erneuerung“ Deutschlands in den Befreiungskriegen erwiesen hatte, wurde die „Gründung des Ordensstaates“ als Erweiterung des Reiches nach Osten zu einem zentralen Ereignis der deutschen Nationalgeschichte.

Abb. 5: Goldbulle Friedrichs II.

Abb. 6: Sultan al-Kamil empfängt Friedrich II. vor den Mauern Jerusalems; (Giovanni Villani, Chronik, Bibliotheca Apostolica Vaticana, Cod. Chigi L. VIII.296, f. 75r).

Abb. 7: Arthur von Ramberg (1819-1875): Hofhaltung Friedrichs II. in Palermo (1865; 3,83 x 5,20 m). Das von der Kulturgeschichte entworfene Bild Friedrichs II. als Förderer der Künste und Wissenschaften und als Mittler zwischen Orient und Okzident wurde in der zweiten Hälfte des 19. Jahrhunderts mehrfach in repräsentativen Gemälden aufgegriffen (u.a. von Hermann Wislicenus in seiner Ausmalung der Goslarer Kaiserpfalz 1890/91). Das abgebildete Gemälde Arthurs von Ramberg entstand im Auftrag Königs Max II. Joseph von Bayern für das Maximilianeum in München.

Abb. 8: Rekonstruktion des Brückentors von Capua (Carl A. Willemsen, Kaiser Friedrich II. Triumphator zu Capua, Wiesbaden 1953, Abb. 105)

Abb. 9: Reste des Torbogens von der Residenz in Foggia.

Abb. 10: Castel del Monte.

Abb. 11: Illustrationen aus der Manfred-Handschrift des Falkenbuches.

Abb. 12: Die Heirat Friedrichs II. mit Isabella von England 1235 (Matthaeus Paris, Chronica Maiora, British Library, Roy. 14 C.VII, f. 123v).

Abb. 13: Der kaiserliche Elefant in Cremona (Matthaeus Paris, Chronica Maiora, Cambridge, Corpus Christi College 16, f. 151v).

Abb. 14: Augustalis (Goldmünze) Friedrichs II.

Abb. 15: Das Kanzelrelief von Bitonto (1229).

Abb. 16: Goldbulle Friedrichs II. (Matthaeus Paris, Chronica Maiora, Cambridge, Corpus Christi College 16, f. 72v). Daß Roger von Wendover und

Matthaeus Paris nicht nur den Text des Manifestes Friedrichs II. von 1229, sondern auch eine Umzeichnung der Goldbulle Friedrichs II. in ihre Chronik übernahmen, läßt erkennen, daß Siegel nicht nur als Beglaubigungsmittel, sondern auch als Elemente herrschaftlicher Repräsentation wahrgenommen wurden. Die Ungenauigkeit des Rückseitenbildes, das keiner erhaltenen Goldbulle Friedrichs II. entspricht, erklärt sich wahrscheinlich daraus, daß Matthaeus Paris eine Zeichnung Rogers von Wendover (und nicht das Original der Goldbulle) kopierte.

Abb. 17: Seeschlacht von Montecristo im April 1241 (Matthaeus Paris, Chronica Maiora, Cambridge, Corpus Christi College 16, f. 146). Rechts die unbewaffneten Geistlichen mit Mitra und Bischofsstab bzw. Tonsur, links die angreifenden Pisaner. Der Geleitschutz der Genuesen ist nur durch einen genuesischen Standartenträger angedeutet.

Abb. 18: Absetzung Friedrichs II. auf dem Konzil von Lyon (Matthaeus Paris, Chronica Maiora, Cambridge, Corpus Christi College 16, f. 186v). Links thronend Papst Innozenz IV., rechts der kaiserliche Gesandte Thaddaeus de Suessa mit dem Schriftband *dies ista dies ire* (Dieser Tag ist der Tag des Zornes), ein Verweis auf das Jüngste Gericht.

Quellen:

Abb. 1, 2, 4, 7, 11: Die Zeit der Staufer, Stuttgart 1977, Bd. 2, Abb. 605 (= Bd. 1, Nr. 810), Abb. 612 (= Bd. 1, Nr. 819), Abb. 707 (= Bd. 1, Nr. 1052); Abb. 706 (= Bd. 1, Nr. 1051); Abb. 617 (= Bd. 1, Nr. 824).

Abb. 12, 13, 17, 18: S. Lewis, The Art of Matthew Paris, Berkeley1987, Fig. 37 (Siegel), 163 (Isabella), 177 (Elefant), 166 (Konzil von Lyon).

Abb. 3, 6, 8, 9, 14, 15: E. Rösch, Kaiser Friedrich II. und sein Königreich Sizilien, Sigmaringen 1994, Abb. 15, 25, 29, 37, 38.